Bernd Wiese

Südafrika

mit Lesotho und Swasiland

Perthes
Länderprofile

Geographische Strukturen, Entwicklungen, Probleme
(vormals Klett/Länderprofile)

Wissenschaftliche Beratung:
Prof. Dr. Gerhard Fuchs, Universität-Gesamthochschule Paderborn

**Perthes
Länderprofile**

Geographische Strukturen, Entwicklungen, Probleme

Bernd Wiese

Südafrika
mit Lesotho und Swasiland

68 Karten und Abbildungen, 21 Übersichten und Quellentexte

und 116 Tabellen sowie 31 Farbfotos im Bildanhang

KLETT-PERTHES

Gotha und Stuttgart

Die Deutsche Bibliothek – CIP-Einheitsaufnahme

Wiese, Bernd:
Südafrika mit Lesotho und Swasiland : 116 Tabellen / Bernd Wiese. -
1. Aufl. - Gotha ; Stuttgart : Klett-Perthes, 1999
    (Perthes Länderprofile)
    ISBN 3-623-00694-7

Anschrift des Autors:
Prof. Dr. Bernd Wiese, Robert-Koch-Straße 43, D–50931 Köln

Zum Autor:
Dr. Bernd Wiese, Jahrgang 1939, ist Professor für Geographie an der Universität zu Köln.
Seit 1964 Forschungen zur Kultur- und Wirtschaftsgeographie Afrikas. Von 1970 bis 1972 Universitäts-
dozent im ehemaligen Zaïre. Danach zahlreiche Forschungs- und Vortragsreisen in Süd-, Zentral-, West- und
Nordafrika. Seit 1988 Berater / Gutachter für Entwicklungszusammenarbeit.
Autor eines Afrika-Studienbuches sowie zahlreicher Regionaler Geographien afrikanischer Länder in be-
kannten deutschen Verlagen: Zaire, Cote d'Ivoire, Senegal.
Mitarbeiter an mehreren Schulatlanten und Berater bei Schulbüchern.

Abbildung 2.2 auf S. 33 mit freundlicher Genehmigung des Berthelsmann Lexikon Verlags GmbH, Gütersloh
Abbildungen 3.4 und 3.5 auf S. 101 mit freundlicher Genehmigung des Museum of modern Art Oxford;
Oxford, UK

Titelbild:
Blick über einen Teilabschnitt der City von Johannesburg („Central Business District" – CBD).
Im Hintergrund die gelbbraunen Abraumhalden des Goldbergbaus. Foto: J. Newig, Flintbek
Fotos im Bildanhang:
G. Kröber, Erlangen: Fotos 12, 21 – 23
K.-G. Schneider (†), Köln: Foto 15
der Autor: Fotos 1 – 11, 14, 16 – 20, 24 – 31

ISBN 3-623-00694-7
1. Auflage

© Justus Perthes Verlag Gotha GmbH, Gotha 1999
Alle Rechte vorbehalten.

Druck und buchbinderische Verarbeitung: Salzland Druck & Verlag, Staßfurt
Einbandgestaltung: Kerstin Brüning, Gotha

http://www.klett-verlag.de/klett-perthes

Inhalt

8

Verzeichnis der Abbildungen

10

Vorderes Vorsatz, links: Afrika, mittlerer und südlicher Teil – Relief, 1:18750000
                            (Quelle: Haack Weltaltlas, Gotha 1990)
                  rechts: Südafrika, Wirtschaft, 1:17000000
                            (Quelle: Terra, Erdkunde 7/8, Gymnasium,
                               Nordrhein-Westfalen, Gotha und Stuttgart 1999)
Hinteres Vorsatz: Südliches Afrika, 1:15000000
                            (Kartengrundlage: Haack Pocket Atlas of the World, Gotha 1999)

Abbildungen, die konzeptionell eigene Entwürfe des Verfassers auf der Grundlage eigener
Forschungen sind, tragen den Namen des Autors.
Abbildungen, die aus einer direkten Quelle entnommen sind oder bei denen mehrere Quel-
len verwendet wurden, tragen die Bezeichnung „aus" bzw. „nach".

Die Schreibung geographischer Namen erfolgt in Südafrika in Englisch und Afrikaans, so
daß jeweils zwei Schreibungen gültig sind.

Verzeichnis der Tabellen

14

Verzeichnis der Übersichten

Verzeichnis der Quellentexte

1 Einführung

1.1 Südafrika nach der Perestroika – ein Land im Wandel

Südafrika befindet sich nach dem Ende der Apartheid 1990/91 (Übersicht 1.1) in einer Umbruchphase von erheblicher Raumwirksamkeit. Die Veränderungen im politischen System mit dem Übergang zur Demokratie (erste demokratische Wahlen zur Nationalversammlung und zu den Provinzparlamenten im April 1994, erste demokratische Kommunalwahlen für 700 Stadt- und Gemeinderäte im November 1995) haben geographisch relevante und faßbare Auswirkungen auf die Gleichstellung der Bürger vor dem Gesetz, auf gleiche Rechte hinsichtlich Arbeit, Wohnsituation, Infrastruktur, Bildung und Gesundheit. Die von der Apartheid vorgeschriebene Trennung von Daseinsgrundfunktionen nach Rassen auf nationaler, regionaler und lokaler Ebene entfällt seit den ausgehenden 1980er Jahren. Damit setzten *Veränderungsprozesse* in den Städten und im ländlichen Raum ein, die räumliche Muster und Gefüge in Südafrika, wie die Apartheidstadt oder die Bevölkerungsverteilung auf regionaler und nationaler Ebene, tiefgreifend verändern. Die Diskriminierung der Nicht-Weißen, insbesondere der Schwarzen, während der Apartheidphase und die allgemeine Diskriminierung der Frauen werden durch „affirmative action" und „empowerment", durch Politik und durch Aktionen zugunsten der Schwarzen, der Frauen, allgemein der bisher „Entmachteten" abgelöst – mit weitreichenden sozialen und ökonomischen Folgen, etwa bei der Einstellung von Beschäftigten, bei der Auswahl von Führungspersonal oder bei der Unternehmensförderung und der Vergabe von öffentlichen Aufträgen. Das „Umbau- und Entwicklungsprogramm" (Reconstruction and Development Programme, RDP 1994), wie das große Konzept der Regierung heißt, bedeutet zugleich einen andauernden Kampf gegen Rassismus in der Struktur der Gesellschaft

und der Wirtschaft. Vizepräsident Mbeki betonte im Dezember 1995, daß die Überwindung des Rassismus nicht mit dem Ende der Übergangsregierung im Jahre 1999 beendet ist. Eine neue Verteilung des Wohlstands im Sinne von Armutsbekämpfung, die Besetzung von Managementpositionen oder die berufliche Qualifizierung bleiben eine langfristige Aufgabe beim Umbau der Gesellschaft. Dieser ist aber nur möglich, wenn die neue Innen- und Entwicklungspolitik Südafrikas von einem wirtschaftlichen Aufschwung begleitet wird (GEAR, Kap. 4.1.3); denn nur ein Teil der Maßnahmen zum Abbau der Defizite in Infrastruktur, Wohnungsbau, Bildung und Ausbildung kann über Kredite bzw. Entwicklungshilfe finanziert werden.

Für das Verständnis der Individualität Südafrikas, zugleich für die Erfassung grundsätzlicher geopolitischer, sozial- und wirtschaftsgeographischer Prozesse in Ländern „nach der Perestroika" sind Gedanken zu einem *Vergleich zwischen Südafrika und Deutschland* angebracht, zwei Ländern, die von den Veränderungen auf weltpolitischer Ebene seit 1989/90 unmittelbar tangiert wurden. Denkt man über *Parallelen* nach, so ist zunächst festzuhalten, daß zwei „veränderte Staaten" auf der internationalen Bühne stehen: Südafrika, seit den 1970er Jahren aus den Vereinten Nationen und ihren Unterorganisationen wie FAO, UNESCO oder WHO ausgeschlossen, nahm 1994 seinen Sitz in den Vereinten Nationen und ihren Unterorganisationen wieder ein und wurde Mitglied der SADC. Deutschland tritt nach Jahrzehnten der „Doppelmitgliedschaft" von BRD und DDR in zahlreichen Organisationen als vereintes Deutschland auf – eine Veränderung, deren außenpolitische Bedeutung erst allmählich realisiert wird, wie die Diskussionen um einen Sitz im Weltsicherheitsrat 1996/97 zeigten. Die Veränderun-

Übersicht 1.1: Durchsetzung und Abschaffung der Apartheid in Südafrika
nach: ANSPRENGER 1994; HINZ/KIEFER 1994; Institut für Afrika-Kunde/HOFMELER 1990 ff.

Der Weg in die Apartheid

1913 Native Land Act: Abgrenzung schwarzer und weißer Siedlungsgebiete, Verbot von Landbesitz für
     Schwarze außerhalb der Reservate (Kerne der späteren Homelands)
1936 Schwarze Wähler der Kap-Provinz verlieren Stimmrecht
1937/1945 Gesetze zur Zuzugskontrolle der Schwarzen für weiße Gebiete
1948 Wahlsieg der Nationalen Partei: Apartheid wird Regierungsprogramm
1950 Population Registration Act: Klassifizierung der Bevölkerung nach der Hautfarbe als Voraussetzung
     für Segregation
1950 Group Areas Act: Beschränkung der Rechte zur Wohn- und Erwerbstätigkeit in nach Rassen
     getrennten Gebieten
1953 „Kleine Apartheid": Trennung in öffentlichen und privaten Einrichtungen
     (Parkbänke, Toiletten, Taxis u.a.)
1956 Farbige in der Kap-Provinz verlieren Wahlrecht
1960 (21. März) Massaker von Sharpville
1960 (6. April) Verbot von ANC und PAC
1961 (März) Austritt Südafrikas aus dem Commonwealth
1964 N. Mandela und andere ANC-Führer zu lebenslanger Haft verurteilt
1976 (26. Oktober) Transkei von südafrikanischer Regierung für unabhängig erklärt

Schritte aus der Apartheid

1912 Südafrikanischer Nationaler Kongreß der Eingeborenen (SANNC, ab 1923 als Afrikanischer
     Nationalkongreß/ANC bekannt) gegründet
1960 ANC, wichtigste politische Organisation der Schwarzen, verboten, geht in den Untergrund und ruft
     zum Kampf gegen Apartheid-Südafrika auf
1961 Beginn des bewaffneten Kampfes durch Umkhonto we Sizwe (MK)
1972 Gründung des Schwarzen Votkskonvents zur Koordinierung der „Black Consciouness"-Bewegung
     (Bewegung für Bewußtseinsbildung bei den Schwarzen)
1973 Neugründung schwarzer unabhängiger Gewerkschaften
1976 (16. Juni) Schüleraufstand von Soweto, heute nationaler Feiertag; Ausdehnung der Unruhen auf
     fast alte Wohngebiete der Schwarzen
1977 (4. November) Sicherheitsrat der UN verhängt Waffenembargo gegen Südafrika
1983 Einführung getrennter Parlamentskammern für Farbige und Inder
1984–1986 Umfassende Wirtschaftssanktionen der USA, der EG (EU) und vieler weiterer Staaten
1985 Gründung des Gewerkschaftsdachverbandes COSATU; landesweite Unruhen und Verhängung des
     Ausnahmezustands
1986 Wirtschaftssanktionen durch USA und EG verhängt
1986 Aufhebung der Paßgesetze und der Zuwanderungskontrolle in den Städten
1988 gemischtrassige Wohngebiete (open areas) erlaubt
1989 (August) Beginn der ANC-Kampagne des zivilen Ungehorsams
1990 (2. Februar) Präsident de Klerk bricht in einer historischen Rede anläßlich der Parlamentseröffnung
     mit der Apartheid und kündigt weitreichende Reformen an; Legalisierung politischer Parteien der
     Anti-Apartheid-Opposition (unter anderem ANC)

Die Jahre des Umbaus

1990 (11. Februar) Nelson Mandela nach 27 Jahren Haft freigelassen
1990 (März/April) Beginn bürgerkriegsartiger Situation in KwaZulu/Natal
1990 (Juni) Aufhebung des Ausnahmezustandes nach vier Jahren Dauer
1990 (Juli) Beginn einer Gewaltwelle in den Townships (vorwiegend zwischen Anhängern von Inkatha
     und ANC)
1991 (Juni) Aufhebung der wichtigsten Apartheid-Gesetze (Group Areas Act, Land Act, Population
     Registration Act, Internal Security Act); letzte Eckpfeiler der Apartheid fallen

1991 (Juli) USA heben Sanktionen gegen Südafrika auf; Südafrika tritt dem Atomwaffensperrvertrag bei
1991 (14. September) Nationale Friedensvereinbarung
1991 (20. Dezember) Beginn der Verhandlungen der Convention for a Democratic South Africa (CODESA)
1991–1992 Weltweite Sanktionen schrittweise abgebaut
1992 (17. März) Weiße Bevölkerung billigt mit 68 % Zustimmung die Reformpolitik de Klerks
1993 (März) Fünfjahresprogramm zur Ankurbelung der Wirtschaft
1993 (April) De Klerk bittet wegen der Politik der Apartheid öffentlich um Entschuldigung
1993 (Mai/Juli) Beginn der Verhandlungen über eine zukünftige Verfassung im World Trade Centre, Kempton Park
1993 (November) Verabschiedung der Übergangsverfassung
1993 (Dezember) Mandela und de Klerk in Oslo mit dem Friedensnobelpreis ausgezeichnet
1994 (Februar) Rückgabe von Walvis Bay und der Penguin Islands an Namibia
1994 (März) Aufhebung der Unabhängigkeit der sogenannten Autonomstaaten
1994 (1. April) Ausnahmezustand in KwaZulu/Natal
1994 (26.–29. April) Erste freie Parlamentswahlen für alle Bevölkerungsgruppen in Südafrika
1994 (10. Mai) Mandela wird Staatspräsident, Bildung einer Regierung der Nationalen Einheit
1994 (Mai/Juni) Aufnahme Südafrikas in OAU und Commonwealth
1994 (August) Beilritt Südafrikas zur SADC
1994 (September) Veröffentlichung des Reconstruction and Development Programme (RDP)
1995 (März) Besuch der britischen Königin
1995 (Mai) Beginn der Verhandlungen über ein Handelsabkommen mit der EU
1995 (Juni) Abschaffung der Todesstrafe
1995 (September) Besuch des deutschen Bundeskanzlers in Südafrika
1995 (Oktober) Menschenrechtskommission nimmt Arbeit auf
1995 (November) Kommunalwahlen; Wahrheits- und Versöhnungskommission nimmt Arbeit auf
1996 (März) Veröffentlichung der makroökonomischen Strategie Growth, Employment and Redistribution (GEAR)
1996 (Juli) Austritt der NP aus der Drei-Parteien-Koalition, Ende der Regierung der Nationalen Einheit
1996 (Dezember) Unterschrift des Staatspräsidenten unter die endgültige Verfassung der Republik Südafrika
1997 (Februar) Ablösung der Ubergangsverfassung durch die endgültige Verfassung
1997 (Dezember) Auf dem Parteitag des ANC geht die Parteiführung von Staatspräsident Mandela an Vizepräsident Mbeki über, der Präsidentschaftskandidat für die Parlamentswahl 1999 wird.
1998 (März) Bundespräsident Herzog auf Staatsbesuch in Südafrika
1998 (Oktober) Vortage des Abschlußberichts der Wahrheits- und Versöhnungskommission
1999 (März) Abschluß des Freihandelsabkommens mit der EU
1999 (Juni) Zweite demokratische Parlamentswahlen
1999 (Juni) Thabo Mbeki wird Staatsoberhaupt

Wichtige Ereignisse auf internationaler Ebene (1985–1992)

1985/86 Michail Gorbatschow wird Generalsekretär der KPdSU. Sofortige Einleitung von Reformen in der UdSSR unter den Maximen „Perestroika" und „Glasnost".
Der Reformer Gorbatschow leitet mit einer neuen Außenpolitik das allmähliche Ende des Ost-West-Konfliktes ein.
1987 Veröffentlichung von Gorbatschows Buch „Perestroika" (Umgestaltung), das weltweite Verbreitung findet.
1988 Niederlage der südafrikanischen Wehrmacht gegen kubanische Truppen in Angola
1989 (März) Treffen der Außenminister Südafrikas und der UdSSR in Mosambik
1989 (9. November) Öffnung der Mauer in Berlin
1989 (Dezember) Gorbatschow und US-Präsident Bush erklären den Kalten Krieg für beendet
1990 (März) Gespräche de Klerks mit UN-Generalsekretär, OAU-Vorsitzendem, den Präsidenten von Namibia, Angola, Mosambik und Sambia sowie den Außenministern der USA und der UdSSR; zugleich Treffen Mandelas mit den Außenministern der USA und der UdSSR

1990 (1. April) Unabhängigkeit von Namibia
1990 (Juni/Juli) Auflösung des RGW/COMECON und des Warschauer Pakts
1990 (Juli) Beginn der Friedensverhandlungen in Mosambik, Vertrag 1992: Parlamentswahlen unter inter-
    nationaler Beobachtung im Oktober 1994
1990 (3. Oktober) Deutsche Vereinigung
1991 (Mai) Abzug der Kubaner aus Angola
1991 (Dezember) Formelle Auflösung der UdSSR und Gründung des Staatenbundes GUS
1992 (September) Parlamentswahlen in Angola, aber anhaltender Bürgerkrieg

gen in der politischen Gewichtung – Südafrika nach dem friedlichen Umbruch
als Musterdemokratie des Kontinentes,
Deutschland nach der friedlichen Vereinigung als bevölkerungsreichstes Land der
EU und eine der führenden Welthandels-

nationen – haben für beide Länder Änderun-
gen in der *Außenpolitik zur* Folge: Südafrika
übernahm, sehr zum Unwillen seiner Nachbarn, wie Simbabwe, die Führungsrolle im
südlichen Afrika. Es ist zugleich der demokratische Konkurrent der bis 1999 in eine

Abb. 1.1: Südafrika – Verwaltungsgliederung bis 26. April 1994

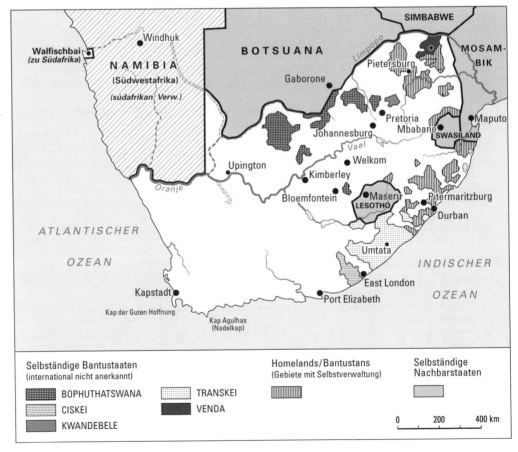

Abb. 1.2:
Südafrika – Planungs-
regionen bis 1994
nach:
Unterlagen der Devel-
opment Bank of South-
ern Africa

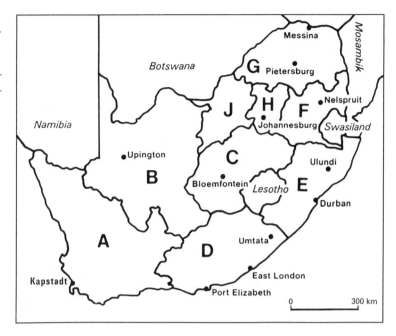

Abb. 1.3:
Südafrika –
Provinzgrenzen seit
26. April 1994
nach:
Unterlagen des Govern-
ment Communication
and Information System

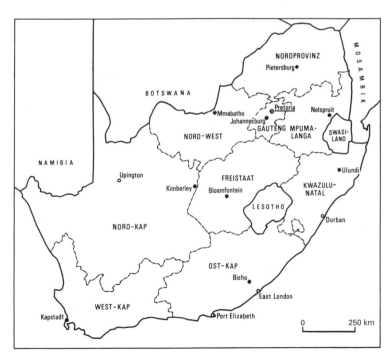

menschenverachtende Militärdiktatur abge-
glittenen Führungsmacht Nigeria in Afrika
südlich der Sahara. Deutschland übernimmt
eine neue Führungsrolle in West- und Mitteleuropa, wird wichtigster Partner für Osteuro-
pa und wird u.a. von den UN zu einer aktive-
ren Rolle in der Weltpolitik aufgefordert. Südafrikas neues Selbstverständnis wird von
seinen Nachbarn im südlichen Afrika (Simbabwe, Botswana, Namibia) kritisch beobachtet, wie auch Deutschlands Rolle in der
EU skeptische Betrachter hat. Südafrika
versucht, dem globalen und regionalen Füh-
rungsanspruch der USA eine eigene Außenpolitik entgegenzusetzen – und hatte deshalb bereits erhebliche Meinungsverschie-
denheiten mit den USA bezüglich der
Verbindungen zu Iran (1996: Besuch des ira-
nischen Staatspräsidenten in Südafrika), zu
Kuba (kubanische Ärzte seit 1996 in Südafrika tätig), zu Libyen und zu Syrien, Länder,
die zu den entschiedendsten Unterstützern
der Anti-Apartheidpolitik des ANC gehörten.
Eine neue Dimension langfristiger Zusammenarbeit tut sich seit 1995 für Südafrika mit
dem Indik-Forum auf, an dem das Land als
eine führende Nation unter den Anrainern
des Indischen Ozeans teilnimmt.

Eine innenpolitische Parallele ergibt sich
hinsichtlich der *„Wahlgeographie"* der beiden Länder: Beide haben die ersten gemeinsamen demokratischen, freien und allgemeinen Wahlen friedlich durchgeführt, ein von
allen nationalen und internationalen Beob-
achtern anerkannter Vorgang. Die demokratischen Wahlen führten in beiden Ländern
zur Konsolidierung der gemäßigten Kräfte,
da die Wähler den Links- und Rechtsextre-
misten eine Absage erteilten. Abbildung 1.4
zeigt, daß die bevölkerungsreichsten Landesteile ANC wählten, die westlichen Landesteile mit einer Dominanz der Farbigen
dagegen die Nationale Partei (NP); sie erhielt im Nordosten des Landes eine Mehrheit
durch konservative weiße Wähler. Auffallend
sind die Stimmenanteile für die Inkhata Freedom Party (IFP) in den ländlichen Gebieten

von KwaZulu/Natal, während der Verstädter-
te Korridor zwischen Durban und der Grenze
zum Freistaat ANC wählte.

Als größte *Aufgabe* nach der „Vereinigung" stellt sich in beiden Staaten neben
der politisch-demokratischen Erneuerung
der regionale wirtschaftliche und soziale
Umbau bzw. Aufbau. Eine Tageszeitung
brachte anläßlich des Staatsbesuches des
deutschen Bundeskanzlers Helmut Kohl in
Südafrika im September 1995 einen Artikel
unter der Überschrift: „Auch in Südafrika
müssen zwei ungleiche Teile vereinigt werden"; im Artikel hieß es weiter: „Bei allem
Wissen um die unterschiedlichen Vorzei-
chen, wird der Leistung der Deutschen auf
diesem Gebiet immer wieder (von den südafrikanischen Gesprächspartnern – Erg. des
Verf.) Respekt gezollt" (Kölner Stadt-
Anzeiger, 09.09.1995; vgl. FAZ 09.11.1995).
In Deutschland vollzieht sich der „Aufbau
Ost" seit 1989/90 im Sinne eines Trans-
formationsprozesses von Industrie, Dienstleistungen und Infrastruktur auf der Aus-
gangsbasis eines z.T. desolaten Erbes einer
kommunistisch-sozialistischen Planwirtschaft
auf einem Viertel des Territoriums mit ca.
15 Mio. Ew. durch die Einführung der sozialen Marktwirtschaft unter öffentlichen Leistungen in der Größenordnung von ca.
DM 200 Mrd./Jahr von West- nach Ost-
deutschland in der „zweitgrößten Handelsnation der Welt". Die Aufgabe in Südafrika ist
nicht weniger gewaltig: Südafrika muß als
„Entwicklungsland" regionale und schicht-
spezifische Unterentwicklung, etwa in den
Bereichen Strom- und Trinkwasserversorgung, Schul- und Gesundheitswesen sowie
Verkehrsinfrastruktur, in über 50 % des
Staatsgebietes überwinden – Gebiete, in denen ca. 20 Mio. Menschen leben, davon ca.
60 % unter der Armutsgrenze. Ein südafrikanischer Kollege faßte Mitte 1995 „Parallelen
und Unterschiede" zwischen Deutschland
und Südafrika mit den Worten zusammen:
„Wir haben Erste und Dritte Welt in einem
Land, in Deutschland sind es Erste und

Abb. 1.4:
Ergebnisse der
südafrikanischen
Parlamentswahlen
1994
nach:
HARBER/LUDMAN 1995,
S. 301

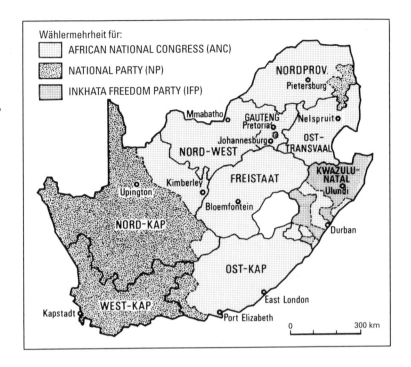

Wählermehrheit für:
- AFRICAN NATIONAL CONGRESS (ANC)
- NATIONAL PARTY (NP)
- INKHATA FREEDOM PARTY (IFP)

Partei	Wähler	%	Sitze in der Nationalversammlung
African National Congress (ANC)	12 237 655	62,65	252
National Party (NP)	3 983 690	20,39	82
Inkatha Freedom Party (IFP)	2 058 294	10,54	43
Freedom Front (FF)	424 555	2,17	9
Democratic Party (DP)	338 426	1,73	7
Pan Africanist Congress (PAC)	243 478	1,25	5
African Christian Democratic Party (ACDP)	881 104	0,45	2

Es bewarben sich weitere 12 Parteien, die aber keine Sitze im Parlament erwerben konnten.

Tab. 1.1: Ergebnisse der südafrikanischen Parlamentswahlen 1994
nach: HARBER/LUDMAN 1995, S. 300–301; für 1999 siehe Tab. A.1.1.2

Zweite Welt in einem Land". *Armut* (etwa 50 % der Bevölkerung haben pro Monat weniger als das Existenzminimum von R 350, 1997/98), *Massenarbeitslosigkeit* (CSS 1995: 29 %, SAIRR 1996: 24 %, nach Gewerkschaftsangaben regional 45 bis 50 % der erwerbsfähigen Bevölkerung), exzessi-ve *Landflucht, Massenwohnungsnot* in den Städten, unzureichende Infrastruktur (Trinkwasserversorgung, Elektrizität, Gesundheitsdienste), Demotivation der Betroffenen angesichts von *Korruption* und Selbstbereicherung der neuen Herrschenden, mangelnde Eigenverantwortung und Partizipation nach

Jahrzehnten der Abhängigkeit lassen große Teile Südafrikas wie die ehemaligen Autonomstaaten Transkei und Ciskei, seit 1994 zusammengefaßt zur Provinz Ost-Kap, oder die Nord-Provinz schon als Teile der *„Vierten Welt"* erscheinen.

Die *Hauptstadtfrage* stellt eine weitere Parallele der Situation in Deutschland und Südafrika „nach der Perestroika" dar.

Berlin ist seit 1990 deutsche Hauptstadt, und die am 20. Mai 1991 beschlossene Verlegung des Sitzes des deutschen Bundestags nach Berlin, d.h. der Umzug von Parlament und Regierung sowie zahlreicher „angeschlossener" Institutionen wie Botschaften aus Bonn, soll bis zum Jahr 2000 abgeschlossen sein. Südafrika hat drei „Hauptstädte": Pretoria als Sitz der Regierung, Kapstadt als Sitz des Parlamentes und Bloemfontein als Sitz des Obersten Gerichtshofes. Sitzungswochen des Parlamentes in Kapstadt finden das ganze Jahr über statt, abgesehen von den Ferienzeiten. Die Ministerien haben ihren „Wasserkopf" in Pretoria, nur die Minister und die „obere Etage", Staatssekretäre usw., reisen nach Kapstadt, wenn dort Sitzungszeit des Parlamentes ist, und haben entsprechend dort auch einen Amtssitz. Diese Situation bedingt für Kapstadt ca. 8700 Arbeitsplätze.

Die Diskussion dreht sich um die Frage, ob sich das Land angesichts des Finanzbedarfs für Entwicklungsvorhaben diesen Luxus leisten kann; als Lösungen werden diskutiert: eine Zusammenfassung von Regierung und Parlament in Pretoria, eine Verlegung beider Institutionen aus der „Hauptstadt der Apartheid" nach Johannesburg, eine Zusammenlegung beider Institutionen nach Midrand, einer edge city halbwegs zwischen Pretoria und Johannesburg – oder „Beibehaltung des Status quo", auch bei steigenden Kosten (Kap. 5.4.1 und Abb. 5.5).

Die *Transformation und Reduzierung der Streitkräfte* und die Schließung von Standorten bieten ebenfalls Parallelen zwischen Südafrika und Deutschland: Die Integration der Polizei und der NVA in die Länderpolizeikräfte bzw. in die Bundeswehr erfolgte bei gleichzeitigem Truppenabbau und Verringerung von Standorten angesichts sicherheitspolitisch veränderter Rahmenbedingungen. Auch in Südafrika galt nach dem Ende des Kalten Krieges, nach dem Ende der südafrikanischen Destabilisierungspolitik gegen Länder wie Angola und Mosambik, nach dem Abzug der ca. 50000 Kubaner aus Angola und der Rückkehr des Friedens in Nambia und Mosambik eine Truppenreduzierung als sinnvoll. Es wurde die drastischste Reduzierung einer Armee verkündet, die in Afrika seit dem Ende des Kalten Krieges auch vorgenommen wird: Bis Ende 1999 sollen 30000 Soldaten aus der ca. 100000 Mann starken Truppe (Mai 1997) entlassen werden – über Abfindungen, Übergangsgelder, Pensionen, Umschulungen. Zwischen 1990 und 1996 wurden die Militärausgaben von 5 % des BSP (Apartheidphase) auf 1,6 % des BSP gekürzt (vgl. Deutschland 1998: 1,3 % des BSP; Bonn International Center for Conversion (BICC): Conversion survey 1997, Oxford, S. 97–99). Der Aufbau einer neuen Armee stellte eine immmense Aufgabe dar: Bis 1989/90 war die South African Defence Force (SADF) ein entscheidender Faktor der „Destabilisierungsstrategie" Südafrikas gegenüber seinen Nachbarländern, kämpfte sie doch gegen die Befreiungsarmee des ANC – und seit 1994 wird aus den Mitgliedern der SADF, den Befreiungskämpfern des militärischen Flügels des ANC (Umkhonto we Sizwe = Speer der Nation), der Azanischen Volksbefreiungsarmee (APLA) als „Arm" des Panafrikanistischen Kongresses (PAC) und aus Soldaten der ehemaligen Homelands/Autonomstaaten die neue South African National Defense Force (SANDF) aufgestellt. Diese Integration war Ende 1997 abgeschlossen. Zugleich muß die Polizei ihr Image als Teil des staatlichen Unterdrückungsapparates verlieren und zu einer „Polizei des Bürgers" werden, – dem dient der Vorruhestand von Weißen und die beschleunigte Einstellung von Schwarzen (Kap. 3.3.3).

Das Thema *Bodenreform* bewegt zahlreiche Personen und Gruppen in beiden Ländern. Südafrika leitete eine Bodenreform (Kap. 4.7.1) ein, um das seit 1913 begangene Unrecht der Enteignung von Nichtweißen an Grund und Boden rückgängig zu machen oder eine Entschädigungslösung zu finden. Im vereinten Deutschland galt die von der sowjetischen Besatzungsmacht zwischen 1945 und 1949 durchgeführte sog. Bodenreform bis 1998 als „tabu", als unumkehrbares Rechtsgut im Rahmen der Wiedervereinigung. Betroffene Alteigentümer legten 1997 Beschwerde gegen das Entschädigungs- und Ausgleichsgesetz ein und klagten bei der Europäischen Kommission wegen des Verstoßes gegen die EU-Wettbewerbsrichtlinien, da sie sich im Vergleich mit „Wiedereinrichtern" und Nachfolgegenossenschaften von LPGs benachteiligt fühlten. In beiden Staaten wird die Frage des Landbesitzes die Justiz noch bis weit in das 21. Jahrhundert beschäftigen.

Umweltzerstörung und *ökologische Krise* gehören in beiden Ländern zu intensiv diskutierten Themen. Es gibt in beiden Staaten „Altlasten" in Bergbau- und Industriegebieten, aber auch Bodenerosion in Agrargebieten. Ressourcenschutz und Ressourcenmanagement werden zwar in beiden Ländern verbal hoch gepriesen, aber die Umsetzung ist unzureichend (Kap. 2.4).

Denkt man über die *Unterschiede* bei *Prozessen des Wandels* in beiden Staaten nach, so ist ein erster gravierender Unterschied hinsichtlich der Verfassung zu nennen: Das Gebiet der ehemaligen DDR wurde durch Beitritt in die Bundesrepublik Deutschland eingegliedert, und die Verfassung wurde übertragen. Südafrika lebte zwischen 1994 und 1997 mit einer Übergangsverfassung. Die Verfassungsgebende Versammlung hat 1996 die neue Verfassung verabschiedet, der Staatspräsident hat sie Ende 1996 unterzeichnet. Sie trat im Februar 1997 in Kraft und ersetzt schrittweise bis 1999 die Interimsverfassung – ein Prozeß, den manche Bürger auch gerne im „neuen Deutschland" gesehen hätten.

Geographisch bedeutend ist in diesem Zusammenhang auch die Situation der *Verwaltungsgliederung:* Während in Deutschland die kaum veränderten alten Länder als ostdeutsche Bundesländer an die Stelle der Bezirke traten, keine grundlegende Neugliederung der Bundesländer stattfand, wie in Diskussionen angeregt wurde, schuf die Regierung in Südafrika neun neue Provinzen (Abb. 1.3 und Kap. 6), um sich von der „Altlast" der Verwaltungsgliederung in „weiße Gebiete", „Homelands" bzw. „Autonomstaaten" und „Unabhängige Staaten" der Apartheidphase zu trennen. Für politische Geographie und Wirtschaftsgeographie relevant ist die immer wieder aufflackernde Diskussion um die föderative oder zentralstaatliche Organisation Südafrikas, über Rechte und Aufgaben der Provinzen. Während der ANC für eine starke Zentral- und Präsidialgewalt, vergleichbar mit Frankreich, eintritt, strebt die IFP einen bundesstaatlichen Föderalismus nach deutschem Vorbild an; Deutschland hat 1995 für diesen Fragenkreis hochrangige Berater entsandt. Die neue Verfassung weist den Provinzen klar definierte Aufgaben zu. Ihre Rechte der Regierung und dem Parlament gegenüber vertreten sie über den Provinzrat. Doch ist die Diskussion zwischen Zentralisten und Föderalisten noch lange nicht beendet (Kap. 6).

Gravierend sind die Unterschiede zwischen Südafrika und Deutschland hinsichtlich Massenarmut, Massenwohnungsnot, hinsichtlich Bevölkerungsentwicklung, Migration und Urbanisierung: Hier zeigt sich die Zugehörigkeit Südafrikas zur Gruppe der Entwicklungsländer – mit Wohlstandsinseln von Industrieland-Niveau. Zwar sind Armut, Arbeitslosigkeit, Wohnungsmangel oder Kriminalität auch in Deutschland aktuelle Begriffe in der Diskussion zu Politik und Gesellschaft, aber die Dimensionen sind doch sehr verschieden (Kap. 3.3).

Entsprechend unterschiedlich sind auch die Lösungsansätze: Südafrika ist, wenn auch gegen erheblichen Widerstand der Gewerkschaften und der nationalen Burenverbände, auf multilaterale oder bilaterale Geber, auf Kredite der Weltbank oder des privaten Kapitalmarktes sowie auf ausländische Investitionen angewiesen, während Deutschland über die steuerliche Belastung der Bürger und der Wirtschaft bzw. über die staatliche Kreditaufnahme und durch eine rigide Sparpolitik Lösungen sucht. Die internationale Einbindung Südafrikas ist umso wichtiger, als wirtschaftliche Entwicklung im Sinne von Wachstum und nation building, zwei wesentliche Faktoren der inneren Stabilität in der äußerst heterogenen Gesellschaft des Landes mit seiner „jungen" Demokratie, besser „in Gemeinschaft" gefördert werden können. Internationale Kooperation stellt einen stabilisierenden Faktor dar, sie muß nicht Ausbeutung entsprechen.

Umstritten ist in Deutschland und Südafrika das Verhältnis von Staat zu Selbsthilfegruppen bzw. Nichtregierungsorganisationen (NROs) beim sozialökonomischen Umbau: Dem Ruf nach „mehr Staat" zur Lösung der wirtschaftlichen und sozialen Probleme steht das Konzept einer Stärkung der Eigenverantwortlichkeit und der Selbsthilfe gegenüber. Die Kreativität und innovativen Aktivitäten von NROs sind Massenorganisationen wie politischen Parteien, Gewerkschaften oder Kirchen, auch dem Staat selbst, „suspekt".

1.2   Das Umbau- und Entwicklungsprogramm

Im September 1994 veröffentlichte die südafrikanische Regierung das Umbau- und Entwicklungsprogramm (Reconstruction and Development Programme – RDP) mit einer Laufzeit von 5 Jahren. Es handelt sich um ein integriertes sozio-ökonomisches Rahmenprogramm, mit dessen Hilfe die aus der Apartheidphase ererbten sozialen Ungleichheiten möglichst zügig abgebaut und der Lebensstandard der Bevölkerung verbessert werden soll. Die Schaffung von Wohnraum (Plan: 1 Mio. Häuser in 5 Jahren), Arbeitsplätzen (Förderung von kleinen und mittleren Unternehmen), der Ausbau des Bildungs- und Gesundheitswesens sowie der technischen Infrastruktur (Trinkwasserversorgung, Elektrifizierung) sind Kerninhalte des Programms im Sinne der *Grundbedürfnisbefriedigung*. Die Finanzierung sollte über eine Neuverteilung der Staatsausgaben, insbesondere durch Einsparungen im Rüstungsetat und beim öffentlichen Dienst, und über Wirtschaftswachstum gesichert werden, doch konnte die Regierung für dieses Programm auch umfangreiche bilaterale Mittel der Entwicklungszusammenarbeit heranziehen; an Kreditaufnahme oder einen Solidarzuschlag war nicht gedacht, wie dies im Falle des Programms „Aufbau Ost" in Deutschland geschieht. Zwischen April 1994 und März 1998 wurden insgesamt R 18 Mrd. für RDP-Projekte zur Verfügung gestellt.

Das RDP erlebte zwischen der ersten Formulierung, die sich am Wahlmanifest des ANC orientierte und weitgehend sozialistisch-marxistischen Zielsetzungen folgte, bis zu seiner Veröffentlichung im Weißbuch von 1994 eine Abschwächung radikaler Forderungen, indem politisches Gedankengut der beiden Koalitionspartner NP und IFP Eingang fand. Die Verstaatlichung privater Konzerne, z.B. im Bereich der Banken und der Bergbaugesellschaften, wurde fallengelassen. Die geplante sehr strikte Kartellgesetzgebung wurde ebenfalls ausgeklammert.

Die allgemeine Wirtschaftspolitik ist deutlich unternehmerfreundlich, hält aber an einer Politik des „Runden Tisches" fest, d.h. an einer Abstimmung zwischen den Gewerkschaften, den Unternehmern und den Politikern, wie wir sie auch in Deutschland

Kostenlose medizinische Versorgung von Schwangeren und Kindern unter 6 Jahren	
Schulspeisung (Zahl der Teilnehmer)	5 Mio. Kinder
Kliniken zur medizinischen Grundversorgung	500 Gebäude
Anschluß von Wohnhäusern an das Stromnetz	ca. 1,5 Mio. Einheiten
Zugang zu sauberem Trinkwasser auf dem Lande	ca. 3 Mio. Personen
Umverteilung von Grundbesitz aus Staatshand (Land redistribution)	ca. 325000 ha für ca. 88000 Nutznießer
Rückgabe von enteignetem Land	ca. 150000 ha an ca. 27000 Berechtigte
Wohnungsbau	ca. 385000 Häuser
Schaffung von Arbeitsplätzen	ca. 900 Projekte Öffentlicher Arbeit mit ca. 40000 Beschäftigten
Städtisches Erneuerungsprogramm (Projekte in Townships der Metropolen)	ca. R 2 Mrd. für Straßenbau, Wasserversorgung, Abwasseranlagen

Tab. 1.2: Maßnahmen im Rahmen des RDP (1994 bis Ende 1998)
nach: SAIRR 1997/98 Survey, S. 438 und Zeitungsberichten

kennen. Das RDP soll dazu beitragen, ein dauerhaftes, umweltfreundliches Wachstum zu erreichen, zum Wohlstand der Allgemeinheit beizutragen und hierüber stabile demokratische Institutionen zu entwickeln. In der politischen Konzeption sollen *Wachstum, Umverteilung* und *Versöhnung* ein einheitliches Programm bilden – ein sicherlich sehr hoher ethisch-moralischer Ansatz. Das RDP beinhaltet Strategien auf nationaler, regionaler und kommunaler Ebene; es wendet sich sowohl an die Regierungsdienststellen als auch an die freie Wirtschaft und die Bürgerorganisationen (NROs); vor allem von ihnen wird aktives Engagement erwartet im Sinne des Entwicklungskonzepts der „Hilfe zur Selbsthilfe".

Insgesamt stehen im RDP folgende Hauptprogramme zur Verwirklichung an:
- Befriedigung der Grundbedürfnisse der Bürger,
- Entwicklung der menschlichen Ressourcen,
- Demokratisierung von Staat und Gesellschaft durch Partizipation auf allen Ebenen,
- Aufbau der Wirtschaft.

Beschleunigt wurde die Umsetzung des RDP durch die sogenannten „Schwerpunktprogramme des Präsidenten". Es handelt sich um 22 Bereiche wie Landrückgabe und -neuverteilung, Krankenversorgung, Schulbau, Elektrifizierung, Ausweitung kommunaler Dienstleistungen, Schulspeisung, Förderung von Kleinbauern, ländliche Wasserversorgung und Stadterneuerung. Tabelle 1.2 gibt einen Überblick über Ergebnisse des RDP bis 1998/99.

Wie verständlich, entzündete sich seit 1994/95 die Kritik am RDP das den einen „zu sozialistisch", den anderen „zu wirtschaftsfreundlich" war. Von Beginn an kam es zu Unklarheiten bei der Verteilung und zu Unregelmäßigkeiten bei der Verwendung der Mittel. 1996 wurde das RDP-Büro geschlossen und die Mittelvergabe unmittelbar den zuständigen Ministerien auf Landes- bzw. Provinzebene übertragen, insbesondere den Behörden für Wohnungsbau und Gesundheit. BLUMENFELD (1997) gehörte zu den heftigsten Kritikern des RDP. Er betonte seine politische Berechtigung als Wahlprogramm für das Jahr 1994, kritisierte aber vehement seine wirtschafts- und entwicklungspolitische Funktion, insbesondere die starke Rolle des Staates gegenüber den Kräften des „Marktes". Die Mitte 1996 veröffentlichte makroökonomische Strategie Growth, Employment and Redistribution (GEAR) wird vor allem von Wirtschaftskreisen als ein „angemesseneres Entwicklungsprogramm" im Sinne marktwirtschaftlich-neoliberaler Politik betrachtet; ADELZADEH (1996) trug zu diesem „Anti-RDP-Programm" konservativ-neoliberaler Konzeption erhebliche Bedenken vor (Kap. 4.1). Der Finanzminister ließ 1998 mitteilen, daß das RDP „bis in das 21. Jahrhundert" mit dem Ziel der Armutsbekämpfung weitergeführt wird.

Die *Masakhane-Kampagne* mit ihrem Wahlspruch „Zusammen Aufbauen" ist eine begleitende Aktivität, um die Unterstützung und den Einsatz der Bevölkerung für das RDP zu gewinnen. Sie soll die Verantwortung der Bürger schärfen, indem sie zur Bezahlung von Infrastrukturleistungen, zum Beispiel der Strom- und Wasserrechnungen, an die neuen Kommunen aufruft; die Zahlungen waren aus Gründen des Apartheid-Boykotts jahrelang unterblieben und sind auch nach der Wende bis 1998 regional und lokal noch nicht wieder aufgenommen worden.

1.3   Zu Konzept und Aufbau dieses Buches

Zum Konzept

Es geht in der vorliegenden Darstellung um ein „Land im Umbruch", um den Nachweis von Entwicklungsprozessen und -perspektiven. Der Rückblick auf die geographischen und politischen Implikationen der Apartheidphase zwischen 1948 und 1990 bleibt bewußt kurz gehalten, da hierfür umfangreiche Materialien vorliegen (KLIMM u.a. 1980, WIESE 1987, ANSPRENGER 1994, CHRISTOPHER 1994). Die 1980er Jahre werden als Referenzjahre für Krise und Endzeit der Apartheid verwendet. Erwartungen, Erfolge, Dynamik, Faktoren und Tendenzen für neue räumliche Strukturen seit 1990/91 sollen sichtbar werden (ZUGEHÖR 1994, LEMON 1995). Die internationale Gemeinschaft, vor allem auch die Europäische Union und mit ihr Deutschland, sehen in Südafrika einen Hoffnungsträger für das südliche Afrika insgesamt, eine „Lokomotive", die die Region der Southern African Development Community (SADC) von einer der „Krisenregionen" der Erde zu einer politischdemokratisch stabilen, ökonomisch und sozial fortschrittlichen Staatengemeinschaft „anziehen" kann (Kap. 9).

Als *Quellen* für die Darstellung dienen zum einen die Forschungsreisen und Exkur-

sionen des Verfassers nach Südafrika, zum anderen aktuelle Südafrika-Aufenthalte von Doktoranden, Diplomanden und Magisterkandidaten, die der Verfasser betreute. Veröffentlichungen wurden vor allem über die Afrika-Dokumentation (AFDOK) des Übersee-Instituts in Hamburg und die Zentrale Dokumentation der Deutschen Stiftung für Internationale Entwicklung (DSE) in Bonn erschlossen. Eine Quelle für aktuelle Informationen waren Zeitungsberichte aus Südafrika; sie standen dem Verfasser zum Teil über den Pressedienst der Südafrikanischen Botschaft, zum Teil über Internet zur Verfügung. Zeitungsberichte sind als Dokumente und Arbeitsmittel in die Veröffentlichung eingearbeitet. Dem Interessierten ist ein Update der Informationen über Internet verfügbar, da Südafrika zu den wenigen Ländern des Kontinents gehört, die über ein breites Homepageangebot verfügen (Internetadressen im Literaturverzeichnis).

Zum Aufbau

Die Zukunft Südafrikas hängt aufs engste mit seinen *natürlichen Ressourcen* zusammen, dem „Geoökopotential" (Kap. 2). Es ist aber nicht einfach „die naturräumliche Ausstattung", sondern das „Ressourcen-Management", d.h. der sozial-ökologisch verantwortliche Umgang mit den Ressourcen, der zukunftsentscheidend wird. Kann Südafrika bei der Bekämpfung der Massenarmut und des regionalen Entwicklungsrückstandes in der Wasser- und Stromversorgung, im Wohnungsbau, in der Infrastruktur oder in der Kleinbauern-Landwirtschaft eine „nachhaltige Entwicklung" verwirklichen? Seit 1990 mehren sich die Stimmen, die sozialökonomische Entwicklung im Sinne von Armutsüberwindung vor Umweltschutz setzen – und eine eindeutige politische Entscheidung ist noch nicht gefallen (Kap. 2.4).

Die *„Wasserfrage"* stellt ein ökologisches Problem von erheblicher Tragweite für die Zukunft dar (Kap. 2.2). Wasser ist im subtropischen Trockenraum Südafrikas bei hohem Bedarf der Landwirtschaft, des Bergbaus und der Industrie sowie bei einer rapide fortschreitenden Verstädterung bereits ein knappes Gut. Mit Recht klassifizierten die Vereinten Nationen im „Wasserjahr 1994" Südafrika in die Gruppe der Länder mit steigendem Wasserdefizit, vergleichbar mit nordafrikanischen Staaten wie Algerien und Marokko. Die Zukunft des Landes wird zudem von episodischen *Dürren* und der fortschreitenden *Desertifikation* bedroht.

Arbeitslosigkeit, Armut und Landflucht als Massenphänomen stellen das „neue Südafrika" vor bisher „ausgeblendete" Probleme. In der Apartheidphase vom weißen Regime kontrolliert bzw. in den Medien „totgeschwiegen", erscheinen diese Indikatoren der „Dritte Welt-Situation" nun als gravierende bevölkerungs- und sozialgeographische *Entwicklungsprobleme,* die in Kapitel 3 dieses Buches dargestellt werden. Das Bevölkerungswachstum in Südafrika wurde vom Bevölkerungsfonds der Vereinten Nationen auf 2,2 % (1995) geschätzt; nach den Ergebnissen der Volkszählung 1996 lag es zwischen 1991 und 1996 bei 1,9 %, das heißt erheblich unter dem Mittel der Staaten Afrikas südlich der Sahara (2,8 bis 3 %). Es ist jedoch zu bedenken, daß die Wachstums-

raten der Bevölkerungsgruppen verschieden sind, daß erhebliche Migrationsprozesse, wie Landflucht, interregionale und internationale Wanderungen, auf die wirtschaftlichen Kernräume des Landes, wie Gauteng, Durban-Pietermaritzburg und Kapstadt, ausgerichtet sind. Die Zusammenballung von Jugendlichen und Menschen im besten arbeitsfähigen Alter in den Städten verschärft dort das Problem der Arbeitslosigkeit, die lokale altersspezifische Spitzenwerte von 50 % erreicht. Berechnungen des Human Sciences Research Council (HSRC) zeigen, daß eine Eingliederung der Arbeitssuchenden in den „formalen" Sektor der Wirtschaft die finanzielle Leistungsfähigkeit des Landes übersteigt. Damit steht Südafrika vor dem Phänomen eines exzessiven Wachstums des „informellen" Sektors, Kennzeichen der „Dritte Welt-Ökonomie" (Kap. 4.6).

Der Schaffung von Arbeitsplätzen und Einkommen in der „formalen" *Wirtschaft,* vor allem in den Dienstleistungen und in der Industrie, dienen Südafrikas Bemühungen um ausländische Investitionen (Kap. 4.1). Die Unsicherheit über die politische Zukunft des Landes „nach Mandela" – Mandela, Jahrgang 1918, wird 1999 nicht mehr als Staatspräsident kandidieren –, über die Wirtschafts- und Finanzpolitik, über das Ausmaß einer „zentralen Planwirtschaft" mit staatlichem Einfluß auf die Unternehmen, der von Teilen des ANC gefordert wird, die Arbeitsgesetzgebung und die Macht der Gewerkschaften lassen internationale Investoren zögern. Zwar halten Investitionen aus den EU-Ländern Großbritannien und Deutschland an, beleben nach der Rückkehr Südafrikas in die internationale Staatengemeinschaft Unternehmen aus den USA, Kanada oder Skandinavien ihre Investitionen in Südafrika, die sie während der Boykott-Phase zurückgezogen bzw. eingestellt hatten, aber neue Investoren kamen bis zur Wirtschaftskrise des Jahres 1998 nur aus Ost- und Südostasien. Das Ausmaß der Gewaltkriminalität, insbesondere im wirtschaftlichen Kernraum Gauteng, der mit an der Weltspitze der Morde/Tag liegt (Kap. 3.3.3), die zunehmende Korruption sowie die hinter Konkurrenten wie Mexiko oder Brasilien zurückliegende Produktivität der Beschäftigten wirken abschreckend in einer Zeit, in der sich die „Globalisierung" der Investitionsentscheidungen von internationalen Unternehmen durchgesetzt hat.

Südafrikas Stellung auf dem Weltmarkt für Bergbauerzeugnisse (Kap. 4.2), wie Gold, Diamanten oder Steinkohle, hat sich durch „Billiganbieter" aus den Ländern der ehemaligen UdSSR und durch neue Anbieter geschwächt; das zunehmende Recycling in den Industrieländern (z.B. Kupfer, Nickel) und neue Werkstoffe tragen zum Bedeutungswandel des *Bergbausektors* bei. Dagegen ist Südafrika auf der Basis seiner Steinkohlen- und Uranvorkommen ein „Energieriese", allerdings mit gravierenden Umwelt-belastungen.

Südafrika als „Industrienation" Afrikas (Kap. 4.4) neben Nigeria steht in der Post-Apartheidphase vor erheblichen Herausforderungen: Der protektionistische Wirtschaftskurs findet mit der Eingliederung in den Weltmarkt à la GATT/WTO ein Ende, da diese Weltorganisationen auf Marktöffnung und Liberalisierung pochen. Die Bedeutung der Industrie zur Veredelung der Primärerzeugnisse wächst; Kapitalintensität löst Arbeitsplatzintensität ab, so daß immer mehr Erwerbsfähige in Arbeitslosigkeit, Armut, Kriminalität oder in das Kleingewerbe und den informellen Sektor (Kap. 4.6) abgedrängt werden. Einem weltweiten Trend folgend, setzt die Beschäftigungspolitik Südafrikas auf den *Dienstleistungssektor* (Kap. 4.5), insbesondere auf den Tourismus. Die *Landwirtschaft* (Kap. 4.7) ist wie die Industrie seit Anfang der 1990er Jahre einem harten Anpassungsprozeß an den Weltmarkt unterworfen. Auch die politische Neuorientierung auf bisher vernachlässigte Sektoren wie die afrikanischen Kleinbauern (statt der von Weißen dominierten Farm- und Plantagen-

wirtschaft) kann zu erheblichen Veränderungen in der Agrarstruktur und den agraren Wirtschaftsräumen führen. Die Rolle der *Forstwirtschaft* (Kap. 4.8) bleibt in einem „holzarmen Land" wie Südafrika von grundsätzlicher Bedeutung für Bergbau, Industrie und Landwirtschaft (als Begleit-Betriebszweig), wenn sich auch die politischen Zielsetzungen in Richtung auf „social forestry" und „Agroforstwirtschaft" verschieben.

Mit einem Verstädterungsgrad von 55 % (1996) gehört Südafrika zu den stark urbanisierten Ländern des Kontinentes (Mittelwert für Afrika südlich der Sahara (ASS) 1995: 32 %). Seine Zukunft wird sich in den *Städten* entscheiden, die seit Aufhebung der Zuwanderungskontrollen 1986 ein exzessives Wachstum von Spontan-vierteln/ Squattersiedlungen erleben (Kap. 5.1). 1993/95 fehlten in Südafrika ca. 500000 Wohnungen; trotz erheblicher staatlicher Beihilfen ist die Masse der Armen nicht in der Lage, einen Anteil zum „klassischen" Haus- bzw. Wohnungsbau zu tragen, so daß neue Formen des Bauens in einer Drittewelt-Situation eingeführt werden.

Die steigende *Kriminalität* und *Gewalt* in den Städten führen seit 1992/93 zu einem Cityverfall (Kap. 5.3) und zum „Einmauern" der Reichen. Es stellt sich die Frage, ob mit einer wachsenden finanziell-sozialen Segregation der Bevölkerungsschichten zu rechnen ist: Droht den Städten Südafrikas nach dem Ende der Apartheid die Beibehaltung und Verschärfung der Ghettobildung, nunmehr auf der Basis der Einkommen, statt „De-Segregation" und multikultureller Stadt? (Kap. 5.3). Ein Vergleich mit Prozessen in US-amerikanischen Ballungsräumen drängt sich auf (LICHTENBERGER 1990). Die Frage nach dem Verhältnis der Förderung der metropolitanen Gebiete (Kap. 5.5) im Verhältnis zum ländlichen Raum stellt einen Kernbereich der *Raumordnung* und *Regionalpolitik* dar (Kap. 5.7).

Nach Kurzporträts der neun neuen *Provinzen* (Kap. 6) wendet sich das Interesse den

Tab. 1.3: Typen und Verlauf von Demokratisierung
aus: Nel 1995, S. 82

Typ	Verlauf	Kontrolle	Beispiele
Übergang durch Intervention	Militärische Intervention durch ausländische Macht	Kaum Kontrolle durch inländische Akteure Radikaler Umschwung	Japan 1945 Deutschland 1945 Grenada 1983 Panama 1989 Haiti 1994
Übergang durch Ersetzung	Opposition des Volkes entreißt einem sich auflösenden Regime die Macht	Gesamter Prozeß weitgehend unter Kontrolle der Opposition Radikaler Umschwung	DDR 1989 Portugal 1974 Philippinen 1986 Griechenland 1975 Argentinien 1983
Übergang durch Umwandlung	Reformer innerhalb der herrschenden Oligarchie beginnen Reformen (mit oder ohne Verhandlungen mit der Opposition)	Größtenteils durch autoritäre Eliten begonnen und kontrolliert Viel Kontinuität bei gleichzeitigem Umschwung	Mexiko 1982–91 Taiwan 1986– Ungarn 1989– UdSSR 1985– Spanien 1975–78 Brasilien 1974–83 Türkei 1982– *Peru *Nigeria *Sudan
Übergang durch Umsetzung	Demokratisierung als Ergebnis gemeinsamen Vorgehens von Regierung und Opposition; gewöhnlich durch Verhandlungen**	Regierung beginnt (unter Druck) gemeinsam mit Reformern, verliert aber dann die Macht/Kontrolle Zwei Versionen: A: Abziehen B: Erosion Nachfolgender Umschwung	A. CSSR 17.–28. Nov. 1989 Regierung zieht sich nach Verhandlungsbeginn von der Macht zurück. Auch Uruguay 1982–85 Bolivien 1979–80 B. Polen Aug. 1988–Aug. 1989 **Südafrika** Feb. 1990–Nov. 1993 Regierung verliert nach und nach die Kontrolle über a) Modalitäten der Mitbestimmung b) Tempo des Wandels c) Verhandlungsergebnisse

* Versuch des Übergangs wurde rückgängig gemacht, autoritäres Regime kehrte an die Macht zurück.
** Hierzu gehören auch Beispiele wie Nikaragua 1986–87, Mongolei 1990–91, Nepal 1990, Honduras 1982, El Salvador 1983 und Süd-Korea 1988.

Kleinstaaten Swasiland (Kap. 7) und Lesotho (Kap. 8) zu. Die wirtschafts- und sozialgeographischen Auswirkungen des Wandels in Südafrika auf diese Binnenländer stehen im Mittelpunkt der Darstellung.

In Kapitel 9 erweitert sich der Blick auf die Länder der Entwicklungsgemeinschaft im südlichen Afrika (Southern African Development Community, SADC). Die EU und viele Geber räumen dieser Gemeinschaft, in der Südafrika eine führende Rolle hat, reale Chancen ein, die gemeinsame wirtschaftliche und soziale Entwicklung bis zu einer regionalen Integration des südlichen Afrika

nach dem Vorbild der EU oder der NAFTA voranzubringen.

In Kapitel 10 werden entwicklungspolitische Ziele und Optionen Südafrikas vor gestellt. Das neue Südafrika steht seiner Rolle als Empfänger bilateraler und multilateraler ODA-Mittel skeptisch gegenüber angesichts der negativen Erfahrungen anderer Länder Afrikas. Das „zivilisatorische Hexagon" (Übersicht 10.1) zeigt, wie die Demokratisierung, die positive Sozial- und Wirtschaftsentwicklung sowie der friedliche Wandel miteinander verflochten sind, zu ergänzen um eine Umweltkomponente.

2 Umwelt – Nutzungspotentiale und Risiken

2.1 Naturräumliche Ausstattung und Biome

Die Geoökofaktoren stellen wesentliche Grundlagen der Besiedlung und wirtschaftlichen Nutzung dar. Sie bedingen Potentiale und Risiken der Naturräume: Geologie und Lagerstätten entscheiden über Bergbauaktivitäten, die in Südafrika einen wesentlichen Faktor des Außenhandels darstellen (Tab. 4.3). Klima, Wasserhaushalt und Böden sind bei einem geringen Entwicklungsstand der Agrartechnologie entscheidend für die pflanzliche und tierische Produktion. In Südafrika und seinen Nachbarländern sind Farmer und Kleinbauern, Bergbau und Industrie, d.h. die gesamte Volkswirtschaft, vom klimatischen Risiko der Dürre betroffen. Der Mensch als Teil der Ökosysteme greift gestaltend, oft auch zerstörend, in diese ein, man denke an Phänomene wie Bodenerosion oder Desertifikation, die weite Landstriche von Südafrika, Lesotho und Swasiland verwüsten.

Das Postapartheid-Südafrika steht vor der Aufgabe, die jahrzehntelang weitgehend auf die weiße Bevölkerung konzentrierten Bemühungen um Ressourcenschutz in eine neue, vor allem den bisher benachteiligten Gruppen zugute kommende Umweltpolitik zu verändern. Bereits Ende der 1980er Jahre setzte unter dem Einfluß der internationalen Bemühungen um eine „nachhaltige Entwicklung" ein Nachdenk- und Erneuerungsprozeß ein, der etwa im südafrikanischen Dokument zur Vorbereitung der UNCED-Konferenz in Rio 1992 seinen Ausdruck fand; es trägt den Titel: „Die Fundamente für eine nachhaltige Entwicklung in Südafrika im Aufbau" (Department of Environment Affairs 1992). Inzwischen gehören südafrikanische wissenschaftliche Institutionen wie der Council for Scientific and Industrial Research (CSIR) oder Universitätsinstitute zu erstrangigen Umweltberatungseinrichtungen in Afrika und auf der Südhalbkugel (FITZGERALD et al. 1995,

FUGGLE/RABIE 1996). Es stellt sich allerdings für Südafrika das Problem, den Versuch einer nachhaltigen Entwicklung angesichts der Notwendigkeit eines erheblichen Wirtschaftswachstums auf der einen Seite (Kap. 4.1), von Massenarmut (Kap. 3.3.1) und hohem Bevölkerungswachstum (Kap. 3.5) in ökologischen Problemgebieten wie Townships und peripheren ländlichen Regionen auf der anderen Seite zu verwirklichen – ein schwierig zu realisierendes Unterfangen (Kap. 10).

Südafrika, mit ca. 1,2 Mio. km^2 knapp viermal so groß wie Deutschland, erstreckt sich im äußersten Süden des afrikanischen Kontinentes über 13 Breitengrade zwischen dem Limpopofluß im Norden (22°52' S) und dem Nadelkap oder Kap Agulhas (34°52' S) an der Südspitze Afrikas. Seine Längenerstreckung reicht von der Mündung des Oranje-Flusses bei 16°40' E in den Atlantik bis Ponta Do Ouro bei 33° E am Indischen Ozean. Für das Raumverständnis hat man sich folgende Distanzen vor Augen zu führen: Johannesburg – Kapstadt 1400 km, das sind ca. zwei Flugstunden mit einem Airbus, oder Durban (Ostküste) bis zur Oranjemündung (Westküste) 1700 km, was der Strecke Frankfurt am Main – Barcelona entspricht. Die Küste hat eine Länge von ca. 3000 km, von Ponta Do Ouro an der Grenze zu Mosambik am Indischen Ozean im Osten bis zur Mündung des Oranjeflusses in den Atlantik im Westen, und man kann das Land mit einer riesigen Halbinsel, umgeben von Ozeanen, vergleichen. Die Lage im äußersten Süden Afrikas bedeutet eine Entfernung von ca. 10000 km zu den Haupthandelspartnern in der EU, eine Jumbo-Flugzeit von zehn bis elf Stunden. Auch die Schwellenländer Südost- und Ostasiens, wie Malaysia, Hongkong und Taiwan, ebenfalls bedeutende Handelspartner, sind ähnlich weit entfernt.

2.1.1 Relief und Großformenschatz

Das Land reicht im Rahmen der gesamtafrikanischen *Becken- und Schwellenstruktur* vom Südteil des Kalahari-Hochbeckens (ca. 1200 m NN) auf die umlaufende Plateau- und Randschwellenregion (1700 bis 2200 m NN). Die Große Randstufe, im engl. als Great Escarpment bezeichnet, grenzt das Binnenhochland gegen die vorgelagerten Rumpftreppen (500 bis 1200 m NN), die Küstenebenen und die Kapketten ab. Diese bis zu 2600 m aus dem Küstenvorland bzw. über Ausraumbecken aufragenden Kettengebirge aus quarzitischen Sandsteinen mit klammartigen Flußdurchbrüchen gehören zu den faszinierendsten Gebirgslandschaften Südafrikas. Die eindrucksvollsten Teile der Großen Randstufe auf der Ostseite Südafrikas mit einem Höhenunterschied von 1200 bis 1500 m tragen den Namen Drakensberge, weil angeblich Drachen in den unzugänglichen Teilen lebten. Das Hochland von Lesotho oder Basuto-Hochland überragt mit Hochflächen um die 3000 m NN wie eine Gebirgsfestung die Plateauregion im Osten. Die höchsten Gipfel des südlichen Afrikas, Inyasuti (3446 m NN) und Thabana N'Tlenyana (3482 m NN), liegen im äußersten Osten von Lesotho; ein überwältigender Blick auf diese Gebirgskulisse bietet sich von den Nationalparks und Schutzgebieten am Fuß des Lesotho-Hochlandes in KwaZulu/Natal. Die orographische Gliederung des Landes „zwischen den Ozeanen" ist von erstrangiger Bedeutung zum Verständnis der klimatischen Regionen, insbesondere der Niederschlagsverteilung und des gesamten Bioklimas (Kap. 2.1.2).

Die *Entstehungsgeschichte* des Großformenschatzes Kalaharibecken – Randschwellen-Hochländer – Große Randstufe – Küstenvorland und Kapketten, insbesondere die Deutung der Großen Randstufe, die von den beiden Ozeanen auf einer Entfernung von z.T. nur 200 km hinaufführt bis zu 3400 m NN, gehört zu den großen „Fragezeichen" der Geomorphologie. Kayser (1986, Tab. 1) gab einen Überblick über die Entstehungsphasen nach der „klassischen" Interpretatiton der 1950er–1970er Jahre. Birkenhauer (1991) deutete auf der Basis geologischer und geomorphologischer sowie bodenkundlicher Studien die Große Randstufe als ein gewaltiges Schichtstufenarrangement. Brunotte und Spönemann (1997, S. 3) interpretierten die kontinentale Randabdachung von Nordwest-Namibia als Ergebnis einer phasenhaften Hebung und Abtragung sowie zahlreicher bruchtektonischer und epirogener Dislokationen. Es ist zu überlegen, ob dieses „plattentektonische Modell" der Morphogenese der Randabdachung auf das gesamte südliche Afrika übertragen werden kann.

Als vorherrschende *Relieftypen* in Südafrika (Abb. 2.1 und 2.3) lassen sich das Rumpfflächen-Inselberg-Relief wie im Tiefland von Mpumalanga, das Tafelberg-Spülflächen-Relief der riesigen Trockengebiete wie in der Karoo, die monotonen, hoch gelegenen Rumpfflächen des Hochveldes wie in Oranje und Gauteng unterscheiden. Wesentlich abwechslungsreicher sind die Kapketten zwischen Kapstadt und Port Elizabeth in den Provinzen West-Kap und Ost-Kap. Die über 3000 km lange Küste Südafrikas besitzt im Süden und Südosten den Charakter einer Steilküste, so daß die Bezeichnung „Wild Coast" für die Küste der ehemaligen Transkei zutreffend ist. Im Westen und Nordosten dagegen herrschen Lagunenküsten vor, die vor allem auf der warmen Ostseite Südafrikas bevorzugte Touristenziele darstellen.

Die *Rumpfflächen*, durch Spülmulden (nicht „Täler") weit gewellte Flachformen, die den Gesteinsuntergrund kappen, mit aufragenden Inselbergen, stellen einen dominanten Landschaftstyp dar.

Die morphologischen Prozesse, die zur Bildung dieses Relieftyps führen, gehören zu den meist diskutierten Fragen der Relief-

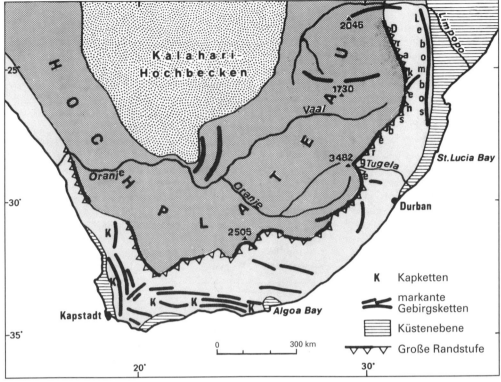

Abb. 2.1: **Dominante Reliefeinheiten in Südafrika (Zahlen = m über NN)**
WIESE 1997

Abb. 2.2: **Geomorphologisch-geologische Profile durch Südafrika**
aus: MANSHARD 1963. S. 438

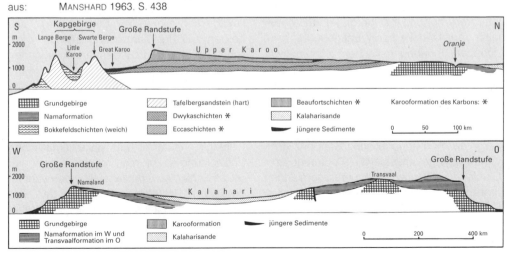

Ende Jura/Beginn Kreide: Endgültiges Auseinanderbrechen von Gondwanaland; der südliche Teil Afrikas wird stark gehoben im Rahmen von epirogenetischen Aufwölbungsprozessen.

Kreide bis Tertiär: Entwicklung der polygenetischen Südafrikanischen Rumpffläche (KING: *Gondwana landscape*). Gegen Ende dieser Periode weitgespannte Emporwölbungen, besonders in den Randgebieten der Rumpffläche.

Eozän: Neuerliche Aufwölbungen in der Randschwellenregion und anschließend Anlage des Hochland-Rand-Niveaus (KING: *Early Cänozoic Cycle*).

Mittel- bis Jungtertiär (Oligozän bis Unter-Miozän): Hauptperiode der Großen Randschwellenbildung Südafrikas. Ausbildung der Großen Randstufe mit Rumpftreppenfolge auf der Außenseite des Subkontinents.

Ober-Miozän bis Unter-Pliozän: Zeit relativer Hebungsruhe. Ausweitung des Oberen Randstufen-niveaus (King: *Late Cänozoic Cycle 1*) als Fußfläche vor der Großen Randstufe.

Spät-Pliozän: Einsetzen einer asymmetrischen „en bloc-Hebung" des Subkontinents: Ostteil um bis zu 900 m gehoben, Westteil bedeutend weniger. Anlage der Mittleren Randstufe.

Wende Pliozän/Pleistozän: Ausweitung des Unteren Randstufen-Niveaus (KING: *Late Cänozoic Cycle 2*)

Pleistozän: Erneute etappenweise en bloc-Hebung Südafrikas mit starker Erweiterung des Hebungsbereichs, im Nordosten Herauspräparierung der Lebombo-Kette.

Spät-Pleistozän: Langsame etappenweise Heraushebung. In Küstennähe eustatische Meeresspiegelschwankungen (Marine Terassen, ertrunkene Flußmündungen; Küstendünen).

Holozän: Strandbildungen, regional fortgesetzte Hebung.

Übersicht 2.1: Chronologie der Großen Randstufe   nach: KAYSER 1986, Tab. 1

gestaltung der Tropen. In Südafrika lieferten insbesondere die Studien von KAYSER (1983, 1986) wichtige Beiträge zu diesem Fragenkreis. BÜDEL (z.B. 1977, Kap. 2.3.2 und 2.3.3) deutete Rumpfflächen- und Inselbergbildung in engstem Zusammenhang mit dem Klima der lang-wechselfeuchten Tropen und einer „doppelten Einebnungsfläche", der „Spül-Oberfläche" und der „Verwitterungs-Basisfläche". Rumpfflächen lassen sich aber auch als polygenetische Flächen interpretieren, und Inselberge können ebenfalls verschiedenartiger Entstehung sein. „Doppelte Einebnungsflächen" können zwar in Äquatorialafrika bei erheblicher chemischer Tiefenverwitterung und flächenhafter Abtragung im Sinne der Flächenspülung sehr schön beobachtet werden, doch wird der Formenschatztyp „Fläche und Inselberg" als morphogenetische Sequenz (Entwicklungsfolge) Inselberg – Pediment bzw. Glacis – Fußfläche auch unter semiariden morphodynamischen Prozessen gestaltet. Rumpfflächen in Südafrika sind zum einen Altflächen (vorwiegend kreidezeitlichen bis tertiären Alters), sie werden aber auch aktu-ell unter klimazonal unterschiedlichen Bedingungen weitergebildet.

Inselberge treten auf als „zonale Inselberge", gebunden an eine Rumpfstufe, wie im Verlauf der Großen Randstufe Südafrikas, oder als azonale Inselberge, bedingt durch die Auflösung einer Wasserscheide, oder als „Härtlingsinselberge", bedingt durch Intrusionen härteren Gesteins, die im Verlauf des Abtragungsprozesses freigelegt wurden.

Flachlagernde Sedimentgesteine oder Vulkanitdecken führen zur Bildung von Tafelbergen, z.B. der Clarens-Sandstein im westlichen Lesotho und auf dem anschließenden Hochland von Südafrika.

Eine einfache „Pauschalinterpretation" des Reliefformenkomplexes Fläche – Inselberg und/oder Tafelberg ist nicht möglich. Eine Kenntnis der regionalen, oft auch der lokalen Geologie, Tektonik und paläoklimatischen Entwicklung ist zur Interpretation notwendig.

Das *Schichtkammrelief* stellt einen sehr individuellen Relieftyp in Südafrika dar. Steil einfallende Gesteine unterschiedlicher Härte, als Voraussetzung der Bildung eines Schichtkamms über einem flachen Stufenvorland im Bereich weniger widerständiger Gesteine, kommen am Witwatersrand, in den Magaliesbergen im Norden von Pretoria sowie in den Soutpansbergen in der Nord-Provinz vor.

Die *Kettengebirge* (Kapketten) stellen Gebiete ausgesprochener Individualität dar, nicht nur auf Grund ihres Reliefs mit schnellem Wechsel von Ketten, Becken, Durchbruchstälern und Hochschollen, sondern auch durch ihre Zugehörigkeit zu den subtropischen Winterregengebieten. Die Kapketten wurden bereits in der Triaszeit aufgefaltet, erhielten aber erst durch kreidezeitliche und tertiäre Hebung, Bruchtektonik und quartäre Zerschneidung ihren gegenwärtigen Formenschatz mit hochgebirgsartigen Graten und Gipfeln in den harten Tafelberg-Sandsteinen über einem Granitsockel. Entlang der Bruchlinien im Kapkettengebirge treten Erdbeben auf, wie im Verlauf der Worcesterverwerfung im Gebiet um Tulbagh im September 1969.

Südafrikas Küsten zeigen sich, wie erwähnt, im Westen und Nordosten des Landes als ausgedehnte Lagunen- und Dünenküsten. Die felsigen Steilküsten im Süden und Südosten sind den Gewalten von Wind und Wellen stark ausgesetzt. Sie gehören in Zusammenhang mit kräftigen küstennahen Strömungen und hohen Windstärken zu den gefürchtetsten Küstenzonen der Südhemisphäre; die Seekarten zeigen zahlreiche Schiffswracks, und alljährlich gehen Meldungen über Schiffsunglücke vor der Süd- und Südostküste Südafrikas durch die Presse. Lagunen (St. Lucia Wetlands, Kosi Bay, Wilderness Area) und Ästuare sind heute als besonders schützenswert erkannte Küsten-

formen; sie stehen aber unter erheblichem Druck durch den Tourismus, durch Veränderungen in der Wasserführung der Süßwasserzuflüsse und durch Schadstoffeintrag (Kap. 2.3.1, Abb. 2.13).

Betrachtet man den Großformenschatz und die Relieftypen Südafrikas unter dem Aspekt der *Naturraum-Mensch-Relation*, so muß man zunächst festhalten, daß die ausgedehnten Hochlandgebiete über 1200 m NN Höhe einen bioklimatischen Gunstraum darstellen, insbesondere auf der humiden Ostseite des Landes. Die Große Randstufe ist dagegen ein Verkehrshindernis ersten Ranges und mußte unter hohem technischen und finanziellen Aufwand überwunden werden. Die Küstentiefländer Südafrikas sind im Unterschied zu Ostafrika isoliert, schmal und stark zerschnitten, klimatisch aber auf der Ostseite bevorzugt und deshalb bedeutende landwirtschaftliche Produktionsräume. Das gleiche gilt für die Vorlandniveaus der Großen Randstufe auf der Ostseite Südafrikas, die heute zu den größten Forstgebieten Afrikas gehören (Kap. 4.8). Die Schichtkammlandschaften sowie die Kettengebirge erleichtern die Anlage von Stauseen in den schmalen Durchbruchstälern, so daß sie heute wasserwirtschaftlich eine wichtige Funktion ausüben für die landwirtschaftlichen Intensivgebiete in den trockenen Tal- und Bekkenlagen. Die Vermarktung der Lagunenküsten für den Badeurlaub bzw. für den Nationalpark-Tourismus hat inzwischen ein alarmierendes Ausmaß angenommen, man denke nur an die Küste von KwaZulu/Natal. Die Steilküsten dagegen werden bisher von Anglern und Naturfreunden bevorzugt.

(a)

(b)

Abb. 2.3: Relieftypen in Südafrika: a) Küste, b) Kapketten, c) Natal, d) Nordprovinz

aus: WANGEMANN 1868 (Erläuterungen siehe folgende Seite)

Erläuterungen zu Abb. 2.3

a) Küste bei Knysna: Der Blick geht aus der Lagune von Knysna über die Felsenkliffs am Eingang der Lagune auf den Indischen Ozean. An der Süd- und Ostküste herrscht ein lebhafter Wechsel von Klifformationen und Lagunen, der die Küste für Touristen sehr attraktiv macht. Bei der Schiffahrt ist sie dagegen gefürchtet.

b) In den Kapketten bei Amalienstein: Flüsse queren die Kapketten, ein steiles Bruchfaltengebirge, in engen Durchbruchstälern, sog. „Poorts" (hier: Zewenweekspoort). Wasser und Kühle lassen eine attraktive Schluchtvegetation aufkommen. Die Jagdgesellschaft ist stolz auf den erlegten Leoparden.

c) Die „rollenden Hügel" von Natal sind typisch für das Vorland auf der Ostseite der Großen Randstufe von Südafrika. Es sind eingeebnete Rumpfflächen in unterschiedlichen Niveaus. Darüber stehen Mesaartige Tafelberge, deren steile Felsen an den Bildrändern erscheinen.

Das hier reproduzierte Bild stammt aus der Umgebung von Wartburg, einer deutschen Gründung in den Natal Midlands.

d) Rumpfflächen mit Tafelbergen kennzeichnen das Binnenhochland im Norden von Südafrika. Gehöfte von burischen Farmen sind bis heute für diese Gegend typisch.

2.1.2 Klimagebiete – Kennzeichen und Genese

Das Klima, insbesondere der Niederschlag, muß als der wichtigste Geofaktor in Südafrika bezeichnet werden (HEINE 1988, 1998; PRESTON-WHYTE/TYSON 1989). Höhe, Verteilung und Zuverlässigkeit der Niederschläge entscheiden mit über den Erfolg der Viehweidewirtschaft auf Naturweide und über die Erträge des Regenfeldbaus; sie beeinflussen die Abflußmenge der Flüsse und damit die Wasserversorgung von Bewässerungslandwirtschaft, Bergbau, Industrie und Haushalten (Kap. 2.2).

Hinsichtlich der *Niederschläge* hat man sich vor Augen zu halten, daß 65 Prozent von Südafrika weniger als 500 mm Jahresniederschlag erhalten – große Teile des Landes gehören zu den subtropischen Trockengebieten der Erde. Diese Menge ist im Sommerregengebiet mit seiner starken sommerlichen Verdunstung das Minimum für einen rentablen Anbau auf Regenfall. Im Winterregengebiet muß die mittlere Jahresniederschlagsmenge noch 250–300 mm betragen, etwa für einen ökonomisch vertretbaren Weizenanbau, da die Verdunstung während der winterlichen Regenzeit herabgesetzt ist. Die *agronomische Trockengrenze*, d.h. die Grenzzone des ökonomisch vertretbaren Ackerbaus auf Regenfall in seinem ökologischen Rahmen, verläuft etwa von Messina in der Nord-Provinz über Bloem-

fontein in der zentralen Provinz Oranje bis Port Elizabeth in der Provinz Ost-Kap am Indischen Ozean. Sie teilt Südafrika in eine kleinere humide Ostseite, eine winterfeuchte Südwestregion und ein ausgedehntes semiarides Binnenhochland mit einer vollariden Nordwestküste. Nur der äußerste Süden um Mosselbay erhält Niederschläge zu allen Jahreszeiten durch die Überlagerung von Sommer- und Winterregen.

Entscheidend für den Erfolg der landwirtschaftlichen Nutzung ist nicht so sehr die Höhe der Niederschläge als vielmehr ihre Verteilung und Zuverlässigkeit im Ablauf des Jahres und innerhalb der Vegetationszeit. Mit abnehmender Niederschlagsmenge nimmt die Variabilität, d.h. die Veränderlichkeit, zu, weshalb die zur Trockenheit neigenden Gebiete Südafrikas besonders der Gefahr länger anhaltender Dürren ausgesetzt sind. Die feuchten Gebiete auf der Ostseite Südafrikas erhalten dagegen relativ zuverlässige Jahresniederschläge und sind daher die wichtigsten Wasserspendebereiche im Trockenraum Südafrika.

Höhe und Jahresgang der *Temperatur* zeigen drei Kennzeichen: Sehr geringe Unterschiede der mittleren Jahrestemperaturen zwischen den nördlichen und südlichen Landesteilen, einen starken Kontrast in der Höhe der mittleren Jahrestemperaturen zwischen der

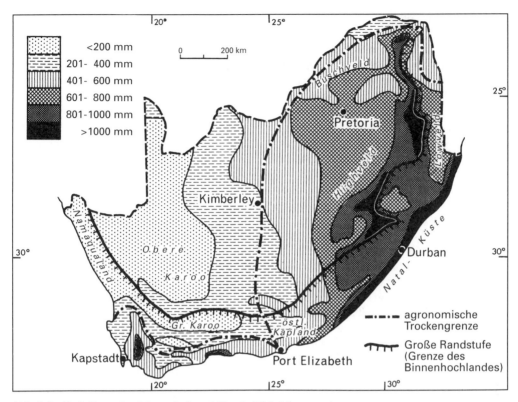

Abb. 2.4: Verteilung der Jahresniederschläge in Südafrika
nach: KLIMM et al. 1980, Karte 3

Ost- und der Westküste (vgl. Durban mit Port Nolloth) und eine sehr große Spannweite zwischen den heißen Tiefländern des Küstenraumes (Durban), den Randschwellen des Binnenhochlandes (Harrismith) und der subtropischen Hochgebirgsstufe von Lesotho (Tab. A.2.2.1: Maseru). Die Temperatur ist ein Risikofaktor für die tropischen und subtropischen Kulturen von Obst und Südfrüchten, die in ungünstigen Tallagen des Tieflandes von Nachtfrost bedroht sind. Dieser tritt an der Großen Randstufe oberhalb von ca. 1500 m sowie auf den Hochflächen von Südafrika und Lesotho regelmäßig auf und schädigt die Feldfrüchte, z.B. das Grundnahrungsmittel Mais. In Höhen über 1700 m fällt in den Monaten Juli bis September episodisch Schnee bei Kaltlufteinbrüchen aus der subpolaren Tiefdruckrinne. Die dünne Schneedecke schwindet meist nach

wenigen Tagen, aber die winterlichen Temperaturen führen zu Verlusten bei Feldfrüchten und Vieh. In seltenen Fällen kommt es zu Verkehrsbehinderungen in den Hochlandgebieten von Natal bzw. in Lesotho. In den Wintermonaten führen Kaltluftinversionen in den Groß- und Millionenstädten zu katastrophaler Immissionsbelastung (Kap. 2.3.1, Tab. 2.6). Tropische Schwüle ist in Südafrika kein Problem. Die Hitze in den Halbwüsten und Wüsten der westlichen Landesteile oder im Tiefland von Mpumalanga und in der Nord-Provinz (32 bis 38 °C) läßt sich bei sehr geringer Luftfeuchtigkeit meist ertragen, da es sich in den Nächten angenehm abkühlt. Nur an der Ostküste, wie in Durban, tritt im Sommer (Dezember/Januar) für einige Tage Schwüle auf.

Klimatisch gehört der größte Teil Südafrikas zu den *Subtropen*. Nur der Norden und

Nordosten hat Anteil an den *Tropen*, und zwar den sommerfeuchten Warmtropen, gekennzeichnet durch Frostfreiheit, Tageszeitenklima und die typischen Anbaufrüchte, wie Bananen und Zuckerrohr. Der längengradparallele Verlauf der Klimazonen Südafrikas mit einer feuchten Ostseite, dem semiariden Binnenhochland und einer wüstenhaften Westseite unterscheidet das Land allerdings von der breitengradparallelen Klimagliederung Tropisch-Afrikas. Während diese den solaren Klimazonen folgt, bedingen der warme Agulhasstrom (mittlere Wassertemperatur 25 °C) auf der Ostseite und der kalte Benguelastrom (mittlere Wassertemperatur 14 °C) auf der Westseite die südafrikanische „Anomalie". Subtropische Winterregen wie im südwestlichen Kapland treten nur am Nordsaum Afrikas wieder auf. Klimatisch teilt Südafrika mit zahlreichen afrikanischen Ländern das Problem der Trockenheit und episodischer, wirtschaftlich und sozial folgenschwerer Dürren. Die „Wasserfrage" wird zu einem Kernproblem der Zukunft (Kap. 2.2).

Bei einer klimageographischen Gliederung von Südafrika lassen sich folgende *Klimagebiete* unterscheiden:

A die *tropische Küstenzone* von Natal und Zululand sowie die Tiefländer von Mpumalanga und der Nord-Provinz

Mittlere Jahrestemperaturen von 20 °C und mittlere Jahresniederschläge von 1000 mm in 7–8 humiden Sommermonaten sowie Frostfreiheit ermöglichen den Anbau tropischer Produkte wie Zuckerrohr, Bananen, Mango und Papaya zusätzlich zu den weit verbreiteten Zitrusfrüchten. Tropische Wirbelstürme und Dürre stellen Risikofaktoren dar.

B Südafrikas *subtropische Klimagebiete*

B1. das *Sommerregengebiet* der östlichen Randstufe und des östlichen Binnenhochlandes

In den Monaten Oktober bis März fallen durchschnittlich 500 bis 1000 mm Niederschlag, meist in Form kurzer, heftiger, von Sturm begleiteter Gewitterregen. Oberhalb

von 1200 m erreichen die Jahresniederschläge an der Großen Randstufe über 1000 mm, und Nebelfeuchte bedingt bis zu 12 humide Monate; dies ist die Höhenstufe der immergrünen Bergwälder und der Forsten. Zugleich sind die östliche Große Randstufe und das Hochland von Lesotho die entscheidenden Gebiete für die Wasserspende und Quellgebiete von Flüssen, wie Senqu-Oranje, Vaal und Tugela (Kap. 2.2). Oberhalb von 1200–1300 m beeinträchtigen durchschnittlich 60 Frosttage (Juli bis August), Hagelschlag und episodischer Schneefall die Landwirtschaft. Auch wirken sich extreme Dürren wie in den ausgehenden 1980er Jahren auch in den Höhengebieten aus, so daß die Engpässe in der Wasserversorgung dramatisch werden.

B2. das binnenländische *Trockengebiet*, das sich von der Karoohalbwüste bis in die Dornsavanne im Nordwesten des Landes erstreckt

Bei Niederschlägen unter 450 mm im langjährigen Mittel und einer Variabilität von ca. 30 % eignet es sich nur für die extensive Weidewirtschaft, wenn nicht auf Bewässerungsanbau (Obst, Gemüse, Luzerne) zurückgegriffen wird.

B3. die *Halbwüsten- und Wüstengebiete* der Westseite und des unteren Oranje

Die Jahresniederschläge liegen hier unter 200 mm, und mehrere aufeinanderfolgende Jahre ohne Regenfall sind keine Seltenheit. Die Wasserversorgung auf den Farmen, aber auch in den binnenländischen Bergbauorten, wie Okiep und Pofadder, bereitet Schwierigkeiten.

B4. das kapländische *Winterregengebiet*

Im äußersten Südwesten reicht Südafrika in die Winterregenzone der Südhemisphäre (vgl. Südwestaustralien und Mittelchile). Zwischen Mai und September fallen mit Kaltfronten von Tiefdruckgebieten aus der südhemisphärischen Westwindzone durchschnittlich 600 bis 800 mm Niederschlag, in den Bergketten bis zu 3000 mm, in den Becken und Flußtälern oft weniger als 300 mm. Da-

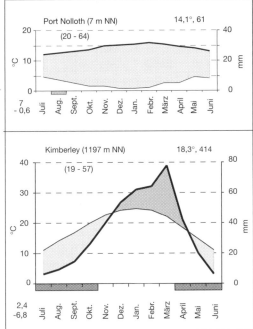

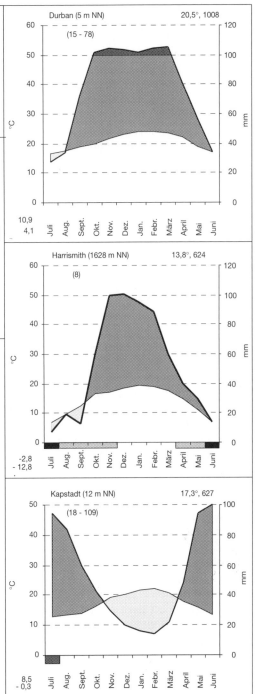

Zahlen in Klammern unter dem Ortsnamen =
Zahl der Beobachtungsjahre (evtl. erste Zahl für
Temperatur, zweite Zahl für Niederschläge);
zweite Zahl von rechts in rechter oberer Ecke =
mittlere Jahrestemperatur in °C;
erste Zahl von rechts in rechter oberer Ecke =
mittlere jährliche Niederschlagsmenge in mm;
obere Zahl in der linken unteren Ecke = mittleres
tägliches Minimum des kältesten Monats in °C;
untere Zahl in der linken unteren Ecke = absolutes
Minimum (tiefste gemessene Temperatur);
Schwarzer Balken unter der Abszisse =
Monate mit mittlerem Tagesminimum unter 0 °C =
kalte Jahreszeit;
gerasterter Balken unter der Abszisse =
Monate mit absolutem Minimum unter 0 °C =
Spät- oder Frühfröste kommen vor;
Rasterflächen in den Diagrammen:
dunkel gerastert = humide Jahreszeit; vollschwarz =
vollhumid; hell gerastert = aride Jahreszeit.

Abb. 2.5: Klimadiagramme ausgewählter
Stationen in Südafrika
nach: WALTER/LIETH 1960, Teil 3.1

her muß man die Wein- und Obstkulturen künstlich bewässern, während Weizenanbau und Schafweidewirtschaft wie im europäischen Mittelmeergebiet möglich sind. Die heißen, trockenen Sommer zwischen November und Februar sind bedingt durch die Südlage des subtropisch-randtropischen Hochdruckgürtels über dem Subkontinent.

B5. das Gebiet mit *Niederschlägen zu allen Jahreszeiten* im äußersten Süden des Landes im Hinterland von Mosselbay-Knysna Niederschlagsreichtum (über 1000 mm pro Jahr) und Verteilung auf 10–12 Monate sowie gemäßigte Temperaturen (Jahresmittel 18–20 °C) lassen immergrüne außertropische Wälder und auf Rodungsinseln immergrüne Matten entstehen. Beide sind für die Südafrikaner aus dem trockenen Binnenland eine Attraktion und für den Tourismus durch die „Garden Route" erschlossen.

Für Reisen nach Südafrika sind die Monate April und Mai besonders zu empfehlen: Im Sommerregengebiet ist die Regenzeit vorbei, im Winterregengebiet des Kaplandes hat sie noch nicht begonnen. Die sommerliche Hitze ist angenehmen Temperaturen gewichen. Für die heiß-tropischen Gebiete im Osten von Mpumalanga (Krüger-Nationalpark) und im Küstentiefland von KwaZulu/Natal sind Juni/Juli die besten Besuchsmonate – allerdings auch für die binnenländischen Touristenströme aus dem Landesinneren.

Klimagenese
Folgende Faktoren können für die klimageographische Gliederung Südafrikas und seine ökologischen Risiken verantwortlich gemacht werden:
– die Lage des südafrikanischen Subkontinentes zwischen dem südlichen Wendekreis (vgl. Wendekreiswüsten) und der südhemisphärischen Winterregenzone;
– die Lage des Subkontinentes (wie ein Keil) zwischen zwei Ozeanen, dem Indischen Ozean im Osten und dem Atlantik im Westen. Damit verbunden ist der Unterschied zwischen dem warmen (25 °C)

Agulhas-Strom auf der Ost- und Südseite und dem kalten (14 °C) Benguela-Strom auf der Westseite Südafrikas (Kap. 2.1.4, Abb. 2.10). Ersterer liefert tropisch-warme, feuchte, instabile Luftmassen, die zu ausgiebigen orographischen Niederschlägen auf der Ostseite und im Süden führen, letzterer „blockiert" durch kühl-stabile Luftmassen die Niederschlagsbildung auf der Westseite und verstärkt die durch die Zirkulation bedingte Aridität.

– die orographische Gliederung Südafrikas in die schmalen Küstensäume und das über 1500 m NN hohe Binnenhochland, an seinen Außenrändern überhöht durch die durchschnittlich 2200 m hohe Randschwelle mit dem Steilabbruch der Großen Randstufe, die auf der Ostseite einen bedeutenden Steigungsregeneffekt auslöst;
– die Verteilung von Hoch- und Tiefdruckgebieten im südhemisphärischen Sommer bzw. Winter. Sie bedingt bei Südlage der Innertropischen Konvergenzzone (ITC) (November–Januar) kräftige Frontbildung zwischen äquatorial-feucht-instabilen Luftmassen und subtropisch-kontinental-trockenen Luftmassen und ruft die typischen heftigen Sommerregen hervor (Abb. 2.6: Situation c); in abgeschwächter Form, u.a. als verbreitete Landregen, tritt dies beim Zusammentreffen der tropisch-warmen mit subpolar-maritimen Luftmassen auf (Abb. 2.6: Situation b). Im Südwinter (Juni–August) spannt sich dagegen die randtropisch-subtropische Hochdruckbrücke über Südafrika und beschert wolkenlosen Himmel über Monate.
– Kaltluftmassen mit Tiefdruckgebieten aus der südlichen Subpolarzone. In den Monaten Mai bis September, wenn die Hochdruckbrücke über dem Subkontinent sich nach Norden verlagert, bringen Tiefdruckzellen dem Südwesten des Landes zwischen der Oranjemündung, Kapstadt und Port Elizabeth kaltes, regnerisches Wetter, den Winterregen (Abb. 2.6: Situation d). Die Kaltfront kann im sonst trocken-sonni-

gen Sommerregengebiet Starkregen an der Südostküste, an den Drakensbergen und im südöstlichen Binnenland bringen, wenn Aufgleitbewegungen feuchter tropischer Warmluftmassen aus dem Nordosten sich zusätzlich einstellen (Abb. 2.6: Situation a).

Die in manchen Lehrbüchern noch vertretene Auffassung vom Südost-Passat als dem „Regenbringer" Südafrikas trifft in dieser vereinfachten Form nicht mehr zu. Dieser genetisch trockene Wind (aus absinkenden Luftmassen des subtropischen Indik-Hochs stammend) reichert sich über dem Indik nur in den unteren Luftschichten mit Feuchtigkeit an. Er bringt auf der Nordostseite des Indik-Hochs der Küste Südafrikas und der Luvseite der Gebirge Nebel und Nieselregen, ist aber nicht für die Masse der Sommerregen verantwortlich.

In einem Land, von dem 45 Prozent als semiarid und 20 Prozent als vollarid zu bezeichnen sind, besitzt der Geofaktor Niederschlag eine grundlegende Bedeutung. Die langfristige Sicherung der Wasserversorgung stellt angesichts des Risikofaktors „Dürre" eine wirtschaftlich, sozial und politisch erstrangige Aufgabe dar (Kap. 2.2).

Abb. 2.6: Typische Wetterlagen in Südafrika
nach: SCHNEIDER/WIESE 1983, Abb. 7, Wettersatellitenbildern und mündlichen Mitteilungen, FABRICIUS 1983

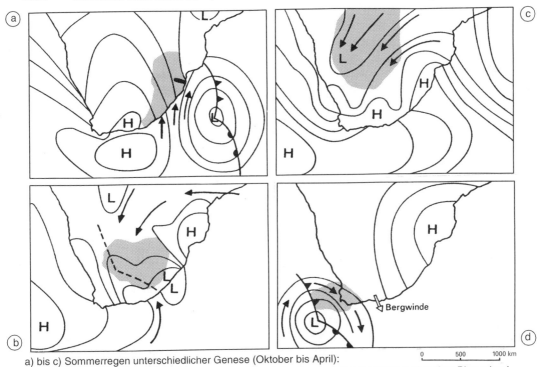

a) bis c) Sommerregen unterschiedlicher Genese (Oktober bis April):
a) subpolare maritime Kaltluft, b) innertropische Warmluftmassen, c) Frontenbildung über dem Binnenland,
d) Winterregen (Mai bis Oktober) aus einem Tiefdruckgebiet der südhemisphärischen Westwindzone
H = Hochdruckgebiet, L = Tiefdruckgebiet
Schwarzer Pfeil = Eindringen feuchter Luftmassen, Raster = Hauptniederschlagsgebiet

2.1.3   Klimatische Risiken – Dürre, Wirbelstürme, Frost

Dürre

Die Verläßlichkeit der Niederschläge stellt für die Landnutzung in Südafrika ein Kernproblem dar. Sie wird mit abnehmender Niederschlagsmenge immer risikoreicher; Dürrekatastrophen bringen die Farmbetriebe an den Rand des Zusammenbruchs und fügen der Volkswirtschaft insgesamt schwere Schäden zu. Südafrikanischen Wissenschaftlern (TYSON 1986) gelang es, einen zyklischen Wechsel von Feuchte- und Dürreperioden zwischen 1910 und 1977 auszuweisen. Das Diagramm in Abbildung 2.7 erhält seine besondere Aktualität durch die Tatsache, daß die Prognose für die 1990er Jahre nicht zutraf. Zwischen 1991 und 1995 wurden die Länder der SADC von einer verheerenden Dürre getroffen. Die Darstellung der Niederschlagtrends für das südliche Afrika von 1900/01 bis 1995/96 von HULME (in HEINE 1998, Abb. 2c) zeigt dies sehr deutlich.

Neben dem zeitlichen Ablauf von Dürre- und Feuchtperioden gilt es, ihre räumliche Verbreitung zu berücksichtigen. Die humiden und semihumiden Sommerregengebiete in den östlichen Landesteilen sind einer langfristigen Niederschlagsschwankung von 20 Jahren unterworfen. Das kapländische Winterregengebiet weist bereits eine mittelfristige Schwankungsbreite von ca. 10 Jahren auf. Die semiariden Landesteile des Binnenlandes und des Westens sind bedroht von zwei- bis dreijährigen Schwankungen. Sie weisen damit, wie die benachbarten Gebiete in Namibia und Botswana, den höchsten Grad an Dürrerisiko im südlichen Afrika auf.

Die *wirtschaftlichen Auswirkungen* der Dürre in Südafrika sind erheblich. Der Rückgang der Agrarproduktion trifft nicht nur die Farmer durch Einkommensverluste und weitere Verschuldung, sie trifft auch den Verbraucher durch Preiserhöhungen. Lang anhaltende Dürren, wie Anfang der 1980er Jahre oder 1992 bis 1995 belasten die Volkswirtschaft, da devisenbringende Agrarexporte ausfallen und stattdessen auf Importe zurückgegriffen werden muß; ein Rückgang des Wirtschaftswachstums um mehrere Prozentpunkte kann eintreten, falls die Landwirtschaft nicht genügend Exportmengen liefert, Arbeitskräfte entlassen und Devisen für Nahrungsmittelimporte gebraucht werden. Die Ernte von Mais, Hauptnahrungsmittel der schwarzen Bevölkerung und wichtiges Exportprodukt, ging 1983 von den „gewohnten" 8,4 Mio. t, die den Eigenbedarf decken und zum Anlegen einer Reserve ausreichen, auf knapp 4 Mio. t zurück; auch die Erdnuß- und Sonnenblumenproduktion erreichten nur ca. 50 % des Mittels; Notschlachtungen und Viehverkäufe ließen die Fleischpreise unter die staatlichen Richtpreise sinken. Ende 1995 wurde die Weizenernte auf 1,4 Mio. t geschätzt, statt des langjährigen Mittels von 2,4 Mio. t, so daß die Binnennachfrage nicht gedeckt werden konnte. Betriebszusammenbrüche, Arbeitslosigkeit, Armut und Landflucht sind die sozialen Folgen anhaltender Dürre, selbst wenn regionale Nahrungsmittelengpässe in Südafrika durch staatliche und private Dürrehilfe überwunden werden. Während Südafrika bisher Dürrekatastrophen aus eigener Kraft meistern konnte, mußten Nachbarländer wie Lesotho, Botswana und Simbabwe auf Ernährungssicherungsmaßnahmen internationaler Institutionen wie des World Food Programme oder Nahrungsmittelspenden der EU und der USA zurückgreifen. Auch Bergbau, Industrie und Haushalte werden von den Dürrekatastrophen betroffen: 1983 wurde in Südafrika eine landesweite Wasserrationierung verfügt, da der Wasserstand der Stauseen im Sommerregengebiet auf ca. 10 % des Fassungsvermögens gesunken war. 1988 wurde in einer Blitzaktion ein Teil des Mittellaufs des Vaalflusses „umgekehrt", um den Betrieb der Steinkohlenkraftwerke und Kohleverflüssigungsanla-

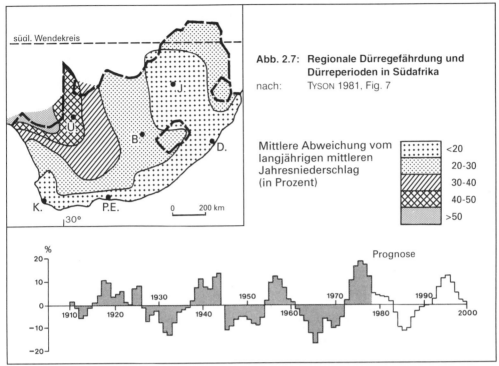

Abb. 2.7: Regionale Dürregefährdung und Dürreperioden in Südafrika
nach: Tyson 1981, Fig. 7

Mittlere Abweichung vom langjährigen mittleren Jahresniederschlag (in Prozent)

<20
20-30
30-40
40-50
>50

Die Abbildung zeigt den Wechsel von Feuchte- und Dürreperioden im Sommerregengebiet Südafrikas. Sie beruht auf der Auswertung von 62 Stationen mit Klimadaten zwischen 1910 und 1977 und einer abgeleiteten Hochrechnung bis zum Jahre 2000. Die positive oder negative Abweichung der Jahresniederschläge vom langjährigen Mittel (in %) läßt einen etwa 20jährigen Zyklus von Dürre- und Feuchteperioden erkennen. Es handelt sich um ein statistisches Mittel, dessen Interpretation noch diskutiert wird: Ein 22jähriger Zyklus entspricht der doppelten Sonnenfleckenperiode, ein 18,5jähriger Zyklus einer spezifischen Konstellation von Sonne, Mond und Planeten, wobei die Auswirkungen auf das Klima der Erde aber umstritten sind.

gen im Hochveld von Gauteng/Mpumalanga sicherzustellen (Kap. 2.2).

Die Dürrejahre enden meist mit katastrophalen Regen: Ende Dezember 1995 wurde die seit 1992 anhaltende heiße und trockene Phase von so heftigen Regenfällen und Stürmen im Ost-Kap, in KwaZulu/Natal und sogar am Witwatersrand abgelöst, daß mehr als 120 Menschen bei Überschwemmungen in Natal ums Leben kamen. Positiv war die Aufhebung der Wasserrationierung in Gauteng: Der Vaalstausee, das Hauptreservoir für die Region Johannesburg, erreichte nach Monaten bei 13 bis 15 % wieder 68 % des Stauvolumens.

In jüngster Zeit wird eine Verbindung hergestellt zwischen dem Auftreten von Feuchte- und Dürrephasen und der Walker-Zirkulation (Preston-White/Tyson 1989, S. 269 – 273). In den Feuchte-Zeiten befindet sich die aufsteigende Luftmasse der Walker-Zelle über dem tropischen Afrika. Von dort strömen äquatorial-feucht-instabile Luftmassen nach Süden, die bei kräftiger Frontenbildung im Verlauf der ITC auf der Osthälfte des südlichen Afrikas zu erhöhten Sommerniederschlägen führen. Während einer Trockenphase herrschen absteigende Luftbewegungen der Walker-Zelle über dem tropischen Afrika vor, so daß das randtropisch-subtropische Hoch erheblich verstärkt ist. Der „Feuchte-Transfer" nach Süden ist gering, Fronten- und Wolkenbildung an der ITC sind schwach. Ausgedehnte Wolkenfelder treten erst östlich des Subkontinents, über Madagaskar und dem Indischen Ozean, auf, so daß das südliche Afrika während einer derartigen El Niño-Phase unter Hitze und Trokkenheit leidet.

Angesichts des Bevölkerungswachstums und der anhaltenden Verstädterung werden die wirtschaftlichen, sozialen und innenpolitischen Folgen von Dürren in Südafrika und den SADC-Ländern immer spürbarer (HEINE 1998, GYEKYE/REMPEL 1995, MAIR 1993). Südafrikas Agrarproduktion ist bisher das Ergebnis einer florierenden Farm- und Plantagenwirtschaft, die vorwiegend von weißen Betriebsinhabern bzw. -leitern geführt wird, die im neuen Südafrika unter erheblichem politischen Druck stehen. Die Ernährungssicherung, die Südafrika als eines der wenigen Länder Afrikas bisher aus eigener Kraft schaffte, stellt angesichts der natürlichen Risikofaktoren und des Bevölkerungswachstums eine erstrangige nationale Aufgabe zur Stabilisierung des Landes und zur Krisenprävention dar.

Abb. 2.8: Dauer der Frostperiode in Südafrika (in Tagen pro Jahr)
nach: Unterlagen des Wetterdienstes Pretoria

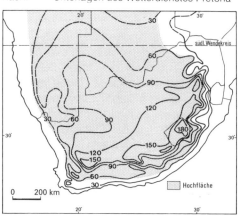

Tropische Wirbelstürme

Tropische Zyklonen, über dem Atlantischen Ozean als Hurrikans bezeichnet, treffen die nordöstlichen Landstriche Südafrikas episodisch. Die außerordentlichen Windgeschwindigkeiten (35 m/s bis über 50 m/s, d.h. Windstärke 12 = Orkan) und verheerenden Regenfälle (250 mm bis über 500 mm in fünf bis sechs Tagen; PRESTON-WHITE/TYSON 1989, S. 239) in kurzer Zeit führen zu Verwüstungen schwerster Art, begleitet von *Überschwemmungskatastrophen* in Süd-Mosambik, Swasiland und KwaZulu/Natal; der Zyklon Domoina vom Januar 1984 gehört zu diesen Katastrophenereignissen.

Die Zyklonen nehmen ihren Ausgang über den äquatorialen Breiten des Indischen Ozeans mit Wassertemperaturen von über 27 °C. Sie treten insbesondere in den Monaten Januar und Februar auf, wenn die saisonale Lage der äquatorialen Tiefdruckrinne zu einem außerordentlich starken Druckgefälle zur randtropisch-subtropischen Hochdruckzone führt. Über dem Indischen Ozean werden die Zyklonen westwärts bewegt; mit der Annäherung an den afrikanischen Kontinent schwenken sie im Verlauf der Strömungen um die Hochdruckzelle über dem südlichen Indischen Ozean südwärts und erreichen dabei über die Straße von Mosambik das südliche Afrika. Von den sechs bis zwölf Zyklonen pro Jahr gelangen einer bis fünf in diese extreme Südlage.

Frost, Schnee, Hagel

Südafrikas Landwirtschaft als ein führender Produzent und Exporteur von tropischen und subtropischen Früchten, ist durch das periodische Auftreten von Frost (Abb. 2.8) sowie episodischem Hagelschlag und Schneeeinbrüche gefährdet. Auch die Nahrungsmittelproduktion auf den Hochflächen, insbesondere in den Gebirgslagen von Lesotho, sowie die Viehhaltung und die Forstwirtschaft werden von Frost und Schneefall betroffen. Ursache hierfür ist zum einen die Höhenlage des Subkontinents mit einer mittleren Höhe von 1 800 m NN und extrem kalten Winternächten mit starker Ausstrahlung, zum andern das Vordringen subarktischer Kaltluftmassen nordwärts bis an die Grenze der Tropen (ca. 25° s. Br.). Dies führt zwischen Juni und September zu bis zu vier Monaten mit täglichen Bodenminima unter 0 °C. In den Wintermonaten Juli/August kommt es über 1 100 m NN zu Schneefall, wie er z.B. 1994 und 1996 Lesotho, den Osten von Freistaat und die Große Randstufe von KwaZulu/Natal betraf. Von den Farmern gefürchtet sind Früh- und Spätfröste, die sich bei Temperaturinversion bis in die Tieflagen der Obstanbaugebiete verheerend auswirken. Hagelschlag tritt insbesondere im Frühjahr auf, wenn die ersten großen Zyklonen die Osthälfte des Landes überziehen.

2.1.4 Biome

Terrestrische Biome

Dieser Begriff der Landschaftsökologie bezeichnet großräumige Landschaftseinheiten, die als Ökosysteme funktionieren. In engem Zusammenhang mit den klimatischen Bedingungen läßt sich in Südafrika, Lesotho und Swasiland eine *erhebliche Spannweite der Biome* feststellen (KNAPP 1973, WERGER 1978, WALTER/BRECKLE 1984, HUNTLEY 1991, Department of Environmental Affairs and Tourism 1997). Sie reicht von tropischen Savannen mit den Big Five (Nashorn, Büffel, Löwe, Elefant, Giraffe) im Norden und Osten bis zur subtropischen Wüste im Nordwesten. Der Westen und Süden des Binnenhochlandes sind Halbwüsten, auf dem östlichen Hochland-Plateau erstrecken sich endlose Kurzgrassteppen. Die immergrüne Kapflora, auch als Fynbos bezeichnet, ähnelt der Macchie des Mittelmeergebietes. In den Gebirgen steigt man durch immergrüne Bergwälder bis zu afro-alpinen Matten auf. Mit Recht wirbt Südafrika deshalb mit dem Slogan „Eine Welt in einem Land".

Die südafrikanische geoökologische Forschung unterscheidet *sechs terrestrische Biome* (Abb. 2.9), wobei die Niederschlagsjahreszeiten und der Grad der Aridität ausschlaggebend sind.

Savannenbiome sind mit ca. 33 % der Gesamtfläche in Südafrika im äußersten Norden, im Nordwesten und am Ostsaum verbreitet. Es sind Graslandformationen mit unterschiedlichem Anteil von Bäumen und Büschen. Die Formationen reichen von lichten Wäldern (z.B. Mopanewald/*Colophospermum mopane* im nördlichen Krüger-Nationalpark) über Parksavannen mit Schirmakazien, Marula (*Sclerocarya caffra*) und Affenbrotbaum (*Adansonia digitata*) bis zu Dickichten (z.B. Küsten-Scrub in KwaZulu/Natal) (KNAPP 1973, Kap. 3). Der Mensch hat die humideren Bereiche der Savannenbiome in Anbauflächen für Mais, Erdnüsse und Sonnenblumen umgewandelt, in den trockeneren Teilen herrscht Weidewirtschaft vor, wobei die Wildtierhaltung (game farming) sich stark ausbreitet (Kap. 4.7.2). Bedeutende Nationalparks, wie der Krüger-Nationalpark, und Wildschutzgebiete, etwa in KwaZulu/Natal, liegen in diesem Biom, in dem die o.g. Big Five noch in großer Zahl zu finden sind.

Grasland-Biome stehen zwar statistisch mit 26 % der Landesfläche von Südafrika erst an dritter Stelle, doch sind sie den meisten Besuchern vom östlichen Binnenhochland Südafrikas (Oranje, Gauteng, Hochlandteile von Ost-Kap, KwaZulu/Natal und Mpumalanga) sowie aus Lesotho als Hochlandsteppen oder Veld bekannt. Während die östlichen „feuchten Grasländer" nach den jüngsten Forschungsergebnissen südafrikanischer Botaniker „Feuer-Klimax-Typen" darstellen, d.h. ohne Einwirkung des jährlichen Brennens sich in lichte Waldformationen „zurückverwandeln" würden, sind die Grasländer auf dem zentralen Binnenhochland durch die

Winterkälte, im südwestlichen und westlichen Binnenhochland durch die zunehmende Aridität bedingt. Ökonomisch relevante Teile dieses Bioms sind in das „Maisviereck" umgewandelt worden, den entscheidenden Nahrungsmittel-Produktionsraum Südafrikas. Außerhalb des Maisvierecks herrscht semiintensive Weidewirtschaft: Im sog. „sweetveld" behalten die Grasfluren auch in kritischen Zeiten einen wirtschaftlich nutzbaren Nährwert und dienen deshalb als ganzjährige Weiden, während im „sourveld" (*Themeda triandra* als dominante Art) der Nährwert während der winterlichen Trockenzeit „auf Null" sinkt und nur Wanderweidewirtschaft/ Transhumanz, heute Zufütterung, weiterhelfen. Die Hochlandgebiete über 2000 m NN gehören ebenfalls zu den Graslandbiomen; sie haben in den Drakensbergen und im Hochland von Lesotho eine entscheidende Funktion für die Sicherung der Wassereinzugsgebiete und damit eine ökologische Schlüsselfunktion für das städtisch-industrielle Binnenland (Kap. 2.2). Grasland-Management gehört daher zu den wichtigsten Aufgaben einer „Planung für Nachhaltigkeit", um Nutzungsansprüche wie „Sicherung der Wasserversorgung", „Naturschutz", „Holzproduktion/Forstwirtschaft" abgewogen sicherzustellen. Die Nationalparks und Schutzgebiete an den Drakensbergen gehören zu den landschaftlichen Höhepunkten Südafrikas. Antilopen, wie Eland und Blesbok, sowie das Black Wildebeest durchziehen wie vor Jahrtausenden die Hochweiden. Da die Gebirgswelt einem erheblichen „Druck" des Tourismus ausgesetzt ist, hat z.B. die Parkverwaltung von Natal für die Drakensberge eine ökologisch angepaßte Nutzungsplanung eingeführt (Kap. 2.4.2, Übersicht 2.2).

Karoo-Biome bedecken mit ca. 35 % der Landesfläche den größten Teil des „Trockenkontinentes" Südafrika (KNAPP 1973, S. 438; WALTER/BRECKLE 1984, S. 306 – 320). Die semiariden und ariden westlichen Teile des Binnenlandes, die man auf dem zweistündigen Flug von Johannesburg nach Kapstadt überfliegt, und die westlichen Teile der Provinzen Nord-Kap und Kap-Provinz lassen sich in die halbwüstenhafte Namakaroo und die aridere Sukkulentenkaroo gliedern. Die Niederschläge sind sehr variabel, in ihrer Intensität sehr unterschiedlich, und lokal. Die Namakaroo erhält episodische Sommerregen von 200 bis 500 mm, während die Sukkulentenkaroo episodisch nur 20 bis 300 mm Winterregen erhält. Die Bodenfeuchte wird zu einem beherrschenden Faktor des Ökosystems. Eine schüttere Strauchvegetation kennzeichnet die Namakaroo; in der Sukkulentenkaroo treten zahlreiche Crassulaceen auf. Der Köcherbaum (*Aloe dichotoma*) ist eine Rarität. Im Frühling (August bis Oktober, je nach Regenfall) entwickeln *Asteraceen* in der Halbwüste des Namaqualandes ihren Blütenteppppich, eine Touristenattraktion ersten Ranges. Die episodisch, aber mit großer Heftigkeit auftretenden Feuer sind ein wichtiger Faktor dieses Biomes. Die Tierwelt (Antilopen, Schakal) ist durch jahrtausendelange Jagd und seit dem 18. Jahrhundert einsetzende marktorientierte Beweidung fast völlig ausgerottet. Der Strauß allerdings wird seit der Mitte des 19. Jahrhunderts in der Kleinen Karoo um die Stadt Outdtshoorn auf Farmen gehalten. Der größte lebende Vogel der Erde, der bis über 2 m groß und über 100 kg schwer werden kann, wurde zunächst wegen seiner Federn, heute als „Vielzweck-Vogel" gehalten: Die Haut liefert Rohstoff für Lederwaren, die Knochen werden zu Tierfutter vermahlen, aus dem Fleisch bereitet man Straußensteaks, Kopf und Beine werden als Souvenirs verkauft. Erst in jüngster Zeit sind Nationalparks in diesen Halbwüstenbiomen eingerichtet worden (Richtersveld Nationalpark, Karoo Nationalpark).

Das *Fynbos-Biom* im südwestlichen Kapland (KNAPP 1973, S. 535 – 554) umfaßt zwar nur 6 % der Landesfläche von Südafrika, ist aber hinsichtlich seiner Artenvielfalt und der Physiognomie einer „mittelmeerischen" Macchie einmalig – und jeder Reisende er-

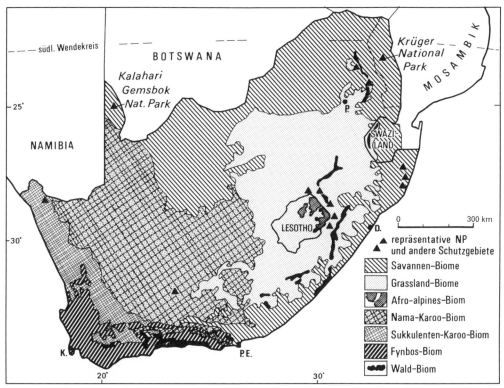

Abb. 2.9: Biome und repräsentative Nationalparks/Schutzgebiete Südafrikas
nach: Department of Environment Affairs 1992, plate IX and XVIII

fährt dies im Umland von Kapstadt in der Provinz West-Kap. Das Fynbos-Biom stellt auf kleinstem Raum eines der sechs Florenreiche der Erde dar, die *Capensis*. Die kühlen, feuchten Winter, die heißen, trockenen Sommer und eine an diese Bedingungen angepaßte immergrüne Hartlaubvegetation machen den Reiz dieses Bioms aus, vergleichbar mit dem *Chaparral* von Kalifornien und dem *Mattoral* von Chile. Die Baumvegetation (z.B. Silberbaum, *Leucadendron argenteum*), durch Einwirkung des Feuers auf marginale Flächen, wie Schluchten, reduziert, hat sklerophylle bis mikrophylle Kennzeichen; Proteazeen – darunter Südafrikas Nationalblume, die Königsprotea (*Protea cynaroides*) – Erikazeen und Rutazeen kennzeichnen die Pflanzenwelt. Man kann das Kap-Biom auch als eine „Feuer-Klimax"

bezeichnen, denn ohne die Wirkung der mindestens alle 18 bis 20 Jahre auftretenden „heißen Feuer" würden viele Samen nicht keimen und ein „Zusammenbruch" dieses Biomes wäre die Folge; „nachhaltiges" Feuer-Management gehört zu den wichtigsten Aufgaben in diesem Biom, das durch Forstwirtschaft und Tourismus bedroht ist.

Das *Wald-Biom* hat mit 0,25 % nur einen verschwindend geringen Anteil an der Fläche von Südafrika. Aufgrund der geoökologischen Bedingungen und der Waldvernichtung durch den Menschen ist es heute auf kleine Gebiete im südlichen und östlichen Küstengürtel sowie an den Drakensbergen beschränkt. Seine Verbreitung über 13 Breitengrade und ca. 2000 m Höhendifferenz bedingt ein besonderes Interesse der Wis-

senschaftler – und Touristen: Die immergrünen, 20 bis 35 m hohen subtropischen
Regenwälder an der „Garden Route" zwischen George, Knysna und Humansdorp,
die Bergregenwälder an den Drakensbergen
von KwaZulu/Natal, Mpumalanga und Nord-
Provinz, die immergrüne Küstenvegetation
an den Dünen von KwaZulu/Natal und des
Ost-Kap (Tongaland, Pondoland) gehören
zu den „Höhepunkten" der Touristen und
Botaniker in Südafrika. Bis ins Tertiär wesentlich weiter verbreitet, bedingten Klimaänderung und Einfluß des Menschen eine Reduzierung dieses Biomes auf „Nischen" mit
hinreichendem Niederschlag und außerhalb
der Einflußbereiche der jährlichen Feuer.
Wald-Management dient heute der Konservierung dieser kleinräumigen, wertvollen
Biome. Die Möbelindustrie zahlt für Stinkholz
(*Ocotea bullata*) oder Gelbholz (*Podocarpus spp.*) für exklusive Möbel erhebliche
Preise. In den Wäldern im Umfeld dicht be-
völkerter „Stammesgebiete" wie in KwaZulu/
Natal wird eine rege Sammeltätigkeit von
Heilpflanzen gepflegt, die die Biodiversität
dieser Wälder stark gefährdet (CUNNINGHAM
in HUNTLEY 1991, Kap. 5).

Litorale und marine Biome
Südafrikas Küste zeigt vielfältige morpholo-
gische und klimaökologische *Küstentypen*
(Abb. 2.10). Die Westküste wird von marinen
Terrassen begleitet, die mit Steilabbrüchen
gegen die See abfallen. Nur im Süden, ab
St. Helena Bay, treten Buchten und Lagunen
auf, wie um Saldanha Bay. Die Südküste
erstreckt sich von der False Bay bei Kapstadt bis Kap Padrone bei Port Elizabeth.
Den Kapketten sind zunächst marine Terrassen von 50 bis 250 m Höhe vorgelagert.
Falls der Tafelbergsandstein auf die Küste
trifft, haben sich malerische, nach Südosten
geöffnete Buchten gebildet, wie in Mossel
Bay, Plettenberg Bay, Algoa Bay. Die Ostküste zeigt zwei unterschiedliche „Gesichter": Felsküste vor marinen Terrassen an der
„Wilden Küste" von Ost-Kap, sandige Aus-

gleichküste mit Dünenketten und Lagunen
in KwaZulu/Natal. Sie wurden zu entscheidenden Ansatzpunkten der Hafen- und
Stadtentwicklung, erinnert sei an Durban
und Richards Bay (Kap. 5.4.5). Die Sand-
strände und Lagunenseen an der Küste von
KwaZulu/Natal sind Hauptzielgebiete des
nationalen und internationalen Tourismus.
Auch die sog. Ästuare, jahreszeitlich vom
Meer abgeschnittene Flußmündungen, insbesondere an der Ostküste, sind als bevorzugte Standorte von Ferienhäusern und
Zweitwohnsitzen z.T. vernichtet, z.T. erheblich bedroht. Der Schutz der Lagunengebie-
te von Verlorenvlei an der Westküste, der
Seen von Wilderness an der Südküste oder
des Systems von Kosi Bay an der Ostküste
ist unter dem Druck von „Entwicklung" kaum
mehr haltbar, so daß einmalige Feucht-
gebiet-Habitats verteidigt werden müssen
(Kap. 2.4).

Mit Hafenentwicklung, Industrialisierung,
Verstädterung, massivem Infrastrukturaus-
bau und Tourismus sind bereits Haupt-
ursachen der Umweltbelastung und -zerstö-
rung an Südafrikas Küsten genannt (Kap.
2.3.1). Ungestörte litorale Biome lassen sich
noch in den Nationalparks und Schutzgebieten vom West Coast National Park bei
Saldanha Bay im Westen über den Tsitsikamma National Park an der Südküste bis
zum St. Lucia Marine Reserve im Nordosten
des Landes besuchen.

Bei einer Küstenlänge von ca. 3000 km
verfügt Südafrika über ausgedehnte marine
Biome. Sie werden von den *Meeresströmungen* Mosambik-Agulhas-Stromsystem auf
der Ost- und Südseite bzw. Benguela-Strom
auf der Westseite bestimmt (Abb. 2.10). Das
Mosambik-Agulhas-System hat seinen Ursprung in der Südäquatorialströmung des
Indischen Ozeans. Von der Küste Ostafrikas
aus teilt sich die südwärtige Strömung in
zwei Zweige: einer verläuft durch den Kanal
von Mosambik (Mosambik-Strom), der andere zieht auf der Ostseite von Madagaskar
südwärts. Beide Strömungen vereinigen

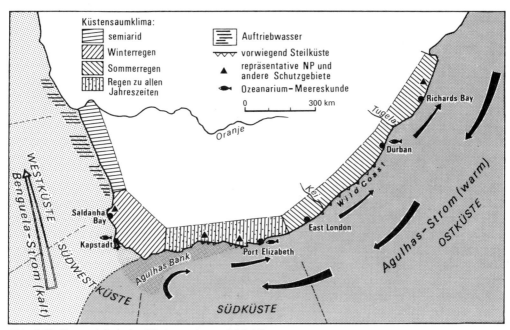

Abb. 2.10: Kennzeichen der Küstenregionen Südafrikas
nach: Department of Environment Affairs 1992, plate XII and plate XVIII

Tab. 2.1: Artenreichtum in Südafrikas Biomen
nach: Department on Environment Affairs 1992, Tab. 1.21

Biom	Artenzahl				
	Pflanzen	Amphibien	Reptilien	Vögel	Säugetiere
Fynbos	7316 (10,47)	25 (0,04)	85 (0,12)	262 (0,37)	74 (0,10)
Wald	keine Daten	13 (0,42)	21 (0,68)	313 (0,13)	37 (1,20)
Namakaroo	2147 (0,62)	12 (0,01)	78 (0,02)	252 (0,07)	69 (0,02)
Sukkulentenkaroo	2125 (2,59)	11 (0,01)	91 0,11	222 (0,27)	65 (0,08)
Grasland	3378 (0,97)	33 (0,01)	104 (0,03)	417 (0,12)	94 (0,03
Feuchtsavanne	3805 (3,00)	57 (0,04)	169 (0,13)	540 (0,43)	153 (0,12)
Trockensavanne	3380 (0,02)	52 (0,02)	177 (0,04)	519 (0,18)	171 (0,06)

in Klammern: Zahl der Arten pro 10000 ha

sich vor der Küste von KwaZulu/Natal und werden dann als Agulhas-Strom bezeichnet. Die warm-tropischen Wassermassen haben einen Abstand von 8 bis 24 km von der Küste; sie bewegen sich mit 40 bis 60 km/ Tag südwärts, je nach Windstärke. Es ist verständlich, daß der südwärts gerichtete Seeverkehr diese Strömung nutzt. Bei 23° östlicher Länge erreicht die Strömung die untermeerische Agulhas-Bank: ca. 80 % der Wassermassen werden umgelenkt und bilden den zunächst ostwärts, später küstenparallel nordwärts ziehenden Agulhas-Gegenstrom. Er ist für die Nehrungshaken vor der Süd- und Ostküste verantwortlich. Ein Teil des Agulhas-Stroms fließt an Cape Point vorbei bis in den Atlantik, wo er sich mit dem Benguela-Strom vereint.

Auch dieser Strom besteht aus zwei Systemen: einem küstenfernen, breiten System und einem schmalen, küstennahen, durch Auftriebwasser sehr kalten System: im Sommer werden bei stark ablandigen Winden Temperaturen von nur 8–10 °C im Auftriebwasser erreicht, im Winter 10 bis 15 °C.

Es ist leicht einzusehen, daß die unterschiedlichen physikalischen Eigenschaften der beiden Meeresströmungen völlig verschiedene *marine Biota* und interessante Mischzonen ergeben. Das Wasser entlang der Westküste ist reich an Sauerstoff, Nitraten, Phosphaten und Plankton. Die marine Fischfauna ist nicht so artenreich wie an der Ostküste, aber die Fische sind „gewichtiger" und die Schwärme groß. Die südafrikanische Fischerei (Kap. 4.4.2) hat deshalb ihre Hauptstandorte an der Westküste. Pilchard (*Sardinops ocellata*), Maasbanker (*Trachurus trachurus*) und Anchovie (*Engraulis capensis*) werden per Schleppnetz gefangen für Konserven- und Fischmehlfabriken. Stockfisch (*Merluccius capensis*) und Snoek (*Thyrsites atun*) sind wichtige Speisefische. Langusten (*Jasus lalandii*) gelangen in die Feinschmeckerlokale und den Export. Nach Osten nehmen entlang der Südküste die „handelsüblichen" Fische ab. Hier setzt die

Sportfischerei ein, die an Thunfisch, Marline (*Istiohoridae*) und Gelbschwanzmakrelen (*Seriola lalandii*) interessiert ist. Die Armut an Plankton und der Übergang in die tropische Fischwelt des Indischen Ozeans führen an der Ostküste in völlig neue marine Biome. Die Ozeanarien in Kapstadt, Port Elizabeth und Durban sowie „Tauchrouten" in den Küstennationalparks bieten eindrucksvolle Möglichkeiten der Erkundung der Unterwasserwelt.

Bis vor wenigen Jahren konnten osteuropäische und asiatische Fischereifahrzeuge die Bestände vor der West- und Südküste „plündern". Erst 1977 erklärte Südafrika eine Exclusive Fishing Zone. Große Schwankungen im Bestand der ökonomisch wichtigen Arten führten zur Einführung eines Quotensystems, wie es auch die EU kennt. Der Sea Fisheries Act von 1988 enthält Leitlinien für die Konservierung der marinen Ressourcen, doch ist die Kontrolle bei Mangel an Infrastruktur und Personal unzureichend. Neben der Fischfauna gehören die Meere um Südafrika zu den bedeutenden Lebensräumen von Robben, Walen und Haien. Von ca. 1800 an wurden die Wale kommerziell gejagt, und erst seit 1975 ist der Walfang in südafrikanischen Gewässern verboten.

Biodiversität

Die Spannweite der Biome in Südafrika von der Wüste bis zum außertropischen Regenwald, vom Küstentiefland bis zur afro-alpinen Höhenstufe bedingt eine große Biodiversität (Tab. 2.1; HUNTLEY 1991). Dieser bis zur Konferenz von Rio 1992 fast unbekannte Begriff bezeichnet zum einen die Varietät verschiedener Spezies, ausgedrückt durch die Artenzahl, zum anderen die genetische Variabilität innerhalb einer Spezies (genetische Vielfalt) und die Ökosystemvielfalt der Erdoberfläche. Angesichts der anhaltenden Bedrohung und Vernichtung von Arten und Standorten besitzt die Erhaltung der Biodiversität eine hohe internationale Priorität. Mit Recht stehen in Südafrika 80 %

des kleinsten Bioms, des Waldbioms, unter Schutz, und ca. 30 % für das Savannenbiom sind auch eindrucksvoll. Vom Fynbos-Biom, dem reichsten und oft als „einzigartig" bezeichneten Biom, stehen dagegen nur ca. 13 % unter Schutz, ganz zu schweigen von Werten von unter 1 % für die Grasland- und Karoo-Biome (Department of Environment Affairs 1992, Tab. 2.14). Südafrika ist eine führende Nation hinsichtlich Naturschutz (Kap. 2.4), doch bestehen angesichts der Massenarmut und der Notwendigkeit von „Entwicklung" von Landwirtschaft, Industrie, Infrastruktur und Wohnraum erhebliche Konflikte. Die Erhaltung der Biodiversität in Armutssituationen stellt eine fast unlösbare Aufgabe dar, da der „Kampf ums tägliche Überleben" vor der mittel- bis langfristigen Sicherung der natürlichen Ressourcen rangiert. Die Verwendung finanzieller Mittel, z. B. für Zuchtprogramme für Nashorn, Roan-Antilope, Säbelantilope oder Büffel, verlangt eine überzeugende Begründung, wenn es den Menschen an Nahrung und Wasser fehlt. Die Schaffung von Pufferzonen, in denen die lokale Bevölkerung kontrollierte Nutzungsrechte um Kernschutzgebiete hat,

steht erst in den Anfängen. Die Erhaltung bedrohter Arten auf Farmland ist auch in Südafrika eine zunehmend praktizierte Lösung.

Die Bedrohung der einheimischen Biodiversität durch *„alien organism"*, nichteinheimische Pflanzen oder Tiere, stellt in Südafrika ein Problem dar. Im Laufe der Entwicklung der Land- und Forstwirtschaft wurden aggressive „Eindringlinge" aus Australien oder Mittelamerika, wie *Opuntia aurantiaca*, Akazienarten (z. B. *Acacia melanoxylon*) oder Kiefern (*Pinus halepensis, Pinus radiata*) eingeführt und bedrohen heute durch massenhafte Vermehrung einheimische Biome. Am stärksten ist das Fynbos-Biom betroffen, das dem wilden Vordringen von *Hakea sericea*, Kiefern und Akazien unterliegt. Die negativen Auswirkungen auf den Wasserhaushalt, auf die Erhöhung der Brandgefahr und auf die Artenzusammensetzung veranlaßten staatliche Stellen wie den Forstdienst bereits seit den 1950er Jahren zu nationale Kampagnen, etwa zur Bekämpfung der Hakea im Fynbos, von Opuntien im Weideland der Karoo; in Stauseen wird die Wasserhyazinthe (*Eichhornia crassipes*) bekämpft.

2.2   Problemkreis Wasser

Wasser stellt im Trockenraum Südafrika *die kritische Ressource* dar, gehören doch ca. 65 % der Landesfläche zu den Trockengebieten der Randtropen und Subtropen (Department of Water Affairs 1986, Department of Environment Affairs 1992). Nur in den östlichen und südlichen Landesteilen kann mit zuverlässigen Niederschlägen gerechnet werden. 47 % des Gesamtabflusses in Südafrika kommen von lediglich 18 % der Landesfläche, aus einem etwa 400 km breiten, gut und regelmäßig beregneten Streifen auf der Ostseite des Landes im Bereich der Großen Randstufe und ihres Vorlandes. Weitere 12 % stammen aus den Kapketten im Winterregengebiet, die ca. 10 % der Landesfläche

ausmachen. Die übrigen 41 % des Gesamtabflusses werden aus dem trockenen Binnenhochland, das 72 % der Landesfläche umfaßt, erwartet. Angesichts dieser Situation ist es nicht verwunderlich, daß die gesamte Abflußhöhe Südafrikas nur bei ca. 53 Mrd. m^3 Wasser pro Jahr liegt. Wegen der hohen *Verdunstung* (1270 mm in den östlichen und südlichen Landesteilen, bis zu 2790 mm in den westlichen Landesteilen innerhalb eines Jahres), z. T. auch wegen der Speichereigenschaften der Gesteine (Kalahari: Sand; Provinz Gauteng, Provinz Nord-West: Dolomit), gelangen in Südafrika nur 9 % der Niederschläge in den oberirdischen Abfluß – im Weltdurchschnitt sind es 31 %.

Fluß	Mittlere Abflußmenge/Jahr (in Mio. m³)	Anteil an der Gesamt- abflußmenge Südafrikas (in %)	Flußlänge (in km)	Einzugsgebiet[1] (in 1000 km²)
Orange und Vaal	12057	22,5	2340	606,7
Tugela	4589	8,6	520	29,0
Olifants und Letaba	3103	5,8	760	68,3
Umzimvubu	2968	5,5	470	19,8
Komati und Crocodile	2681	5,0	340	21,7
Limpopo	2290	4,3	960	109,6
Great Usutu	2005	3,7	290	16,7
Breë	1758	3,3	310	12,6
Umzimkulu	1472	2,8	380	6,7
Pongola	1253	2,3	440	11,8

[1] ohne Flächen in Nachbarländern
Diese zehn Flüsse umfassen 64 % der gesamten mittleren Abflußmenge südafrikanischer Flüsse.

Tab. 2.2: Südafrikas zehn größte Flüsse
nach: Department of Water Affairs 1986

Abb. 2.11: Einzugsgebiete und Abfluß bedeutender Flußsysteme Südafrikas
nach: Department of Water Affairs 1986. Tab. 3.3.1

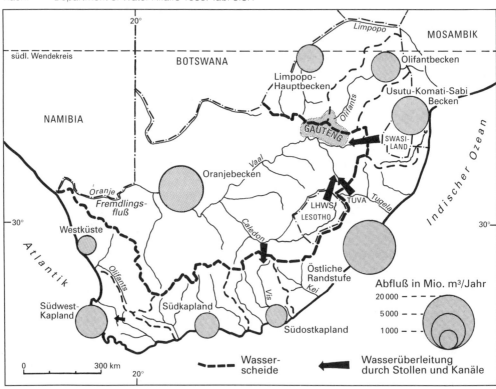

Name	Flußsystem	Speicherkapazität (in Mio. m³)	Hauptnutzung
Gariep (Hendrik Verwoerd)	Orange	5952	Bewässerung
Van der Kloof (P.K. le Roux)	Orange	3237	Bewässerung
Sterkfontein	Nuwejaarspruit	2656	Verbundsystem Tugela-Vaal
Vaal	Vaal	2536	Haushalte, Industrie, Bergbau, Wärmekraftwerke
Pongolapoort	Pongola	2500	Bewässerung
Bloemhof	Vaal	1273	Bewässerung
Theewaterskloof	Riviersonderend	480	Haushalte, Industrie
Heyshope	Assegai	460	Energieerzeugung
Brandvlei	Breë	444	Bewässerung
Woodstock	Tugela	381	Verbundsystem Tugela-Vaal, Hochwasserschutz, Energieerzeugung
Vergleiche			
Bleiloch-Talsperre	Saale	215	Energieerzeugung, Hochwasserschutz
Katse (Lesotho)	Orange/Senqu	1950	Verbundsystem LHWS
Kariba (Sambia, Simbabwe)	Sambesi	160000	Energieerzeugung

Tab. 2.3: Die größten Stauseen Südafrikas
nach: South Africa Yearbook 1998, S. 58 und ergänzende Quellen

Abb. 2.12: Bedeutende Talsperren Südafrikas
nach: Department of Water Affairs 1997

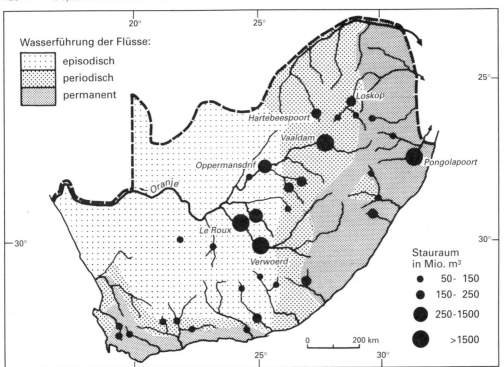

	1990		2000		2010	
	Mio. m^3/Jahr	%	Mio. m^3/Jahr	%	Mio. m^3/Jahr	%
Direkter Verbrauch						
Städtische Haushalte	2281	12,0	3220	14,4	4477	17,3
Industrie	1148	7,6	2043	9,1	2961	11,4
Bergbau	511	2,7	582	2,6	649	2,5
Wärmekraftwerke	444	2,3	779	3,5	900	3,5
Bewässerungslandwirtschaft	9695	50,9	10974	48,9	11885	45,9
Viehtränken	288	1,5	316	1,4	358	1,4
Naturschutz	182	1,0	187	0,8	191	0,7
Indirekter Verbrauch						
Reduzierung des Abflusses durch Aufforstungen	1427	7,5	1570	7,0	1700	6,6
Brauchwasser für ökologische Zwecke, z.B. für das Funktionieren von Aestuaren und Lagunen	2767	14,5	2767	12,3	2727	10,7
Gesamt	19043	100,0	22438	100,0	25888	100,0

Tab. 2.4: Entwicklung und Prognose des Wasserverbrauchs in Südafrika
nach: Department of Environment Affairs 1992, Tab. 2.1.1

Die größten Mengen werden in der östlichen Küstenregion von KwaZulu/Natal und Ost-Kap erreicht. Dagegen existiert in der westlichen Küstenregion sowie im westlichen und zentralen Binnenhochland nur ein geringer, unzuverlässiger Abfluß. Auf dem Hochland aber liegen die Ballungsgebiete von Bergbau, Energieerzeugung, Industrie und Bevölkerung, wie in der Provinz Gauteng und in der südlich anschließenden Provinz Freistaat. Berechnungen des Department of Water Affairs Anfang der 1990er Jahre ergaben, daß beim gegenwärtigen technisch-wissenschaftlichen Stand von den 53,5 Mrd. m^3 Abflußhöhe/Jahr ca. 62 % oder 33 Mrd. m^3 als Trink- und Brauchwasser verwendet werden können. Fügt man die maximal zu nutzende Grundwassermenge von ca. 6 Mrd. m^3 hinzu, so ergibt sich ein jährliches „Wasserangebot" von ca. 40 Mrd. m^3. Noch besteht allgemein in Südafrika keine Wasserknappheit, doch tritt sie lokal, regional und episodisch auf.

Das Department of Water Affairs betonte anläßlich der öffentlichen Diskussion um das neue Wasserrecht im Jahre 1997, daß Südafrika zur Zeit von den Vereinten Nationen als „water-stressed country" klassifiziert ist, kurz nach dem Jahr 2000 aber zu einem „water-scarce country" werde. VAN WYK (1998) hob in einer politisch-strategischen Analyse zur Frage der Wassersicherung im Südlichen Afrika hervor, daß zwar in der SADC-Region unmittelbar keine „Kriege um Wasser" zu erwarten seien, wie sie der Nahe und Mittlere Osten kennen. Mittel- und langfristig aber läßt sich die Frage der Sicherung der Wasserversorgung angesichts von Bevölkerungswachstum und Verstädterung für die Staaten der Region nur grenzüberschreitend lösen. Für Südafrika ist die Lage besonders ernst, da das Land ca. 80 % des Wasserverbrauchs der SADC-Länder aufweist, aber nur 10 % der gesamten Wasserressourcen. Schon heute stellt das Lesotho Highlands Water Project (Kap. 8.4) ein für Südafrika erstrangiges Wasserüberleitungssystem dar. Langfristig muß Südafrika an die Nutzung von Wasser aus dem Sambesi denken, nachdem die Option einer Wasserentnahme aus dem Okawangodelta in Botswana durch den Einspruch von Umweltorganisationen zunächst gestoppt wurde.

Der *Oranje* (1779 zu Ehren des niederländischen Königshauses so benannt, seit 1996 in Gariep = Großer Strom, Nama-Sprache, umbenannt) ist der mit 1860 km Länge und einem Einzugsgebiet von ca. 1 Mio. km^2 größte Fluß Südafrikas mit ergänzenden Teilen seines Einzugsgebiets in Lesotho, Botswana und Namibia. Er quert fast den gesamten Subkontinent von Ost nach West: Das Quellgebiet liegt in ca. 3200 m Höhe im niederschlagsreichen Hochland von Lesotho), wo er als Senqu bezeichnet wird (Kap. 8, Abb. 8.6). Er quert das östliche Binnenhochland und markiert die Grenze zwischen Freistaat und Ost-Kap. Ehe er in das semiaride westliche Hochland eintritt, nimmt er den Vaal als seinen größten Nebenfluß auf. In den westlichen Landesteilen ist er ein Fremdlingsfluß mit geringer und stark periodischer Wasserführung. Unterhalb der Aughrabiesfälle (146 m Höhe und anschließende Katarakte, Nationalpark westlich von Upington) quert er in einem cañonartigen Unterlauf die Namibwüste. In der Nähe der Diamantenbergbaustadt Oranjemund erreicht er mit minimaler Wasserführung den Atlantik. Der Oranje ist nicht schiffbar wegen der Sandbarre an der Küste, insbesondere aber auch wegen der Katarakte und der großen Abflußschwankungen. Er hat aber mit dem Vaal, der ebenfalls auf der niederschlagsreichen Randschwelle im Nordosten von Südafrika entspringt, eine entscheidende Funktion für die Wasserversorgung des wirtschaftlichen Kernraumes Pretoria-Witwatersrand-Vereeniging. Die Vaaltalsperre (Vaaldam), ca. 60 km südlich von Johannesburg, hat ein Einzugsgebiet von ca. 40000 km^2 im Sommerregengebiet des Hochlandes (mittlerer Jahresniederschlag 700 mm). Obwohl die

Vaaltalsperre nach ihrer Speicherkapazität erst den vierten Platz in Südafrika einnimmt, hat sie eine erstrangige Funktion für die Wasserversorgung der wirtschaftlichen Kernregion Südafrikas. Seit den 1980er Jahren wird Wasser (max. 20 m^3/s) aus dem TugelaBecken im Rahmen des Tugela-Vaal-Schemes zum Vaalstausee geleitet, seit 1997/98 ist der Stausee über den Wilge-Fluß mit dem Lesotho Highlands Water Project verbunden (max. 73 m^3/s) (Kap. 8, Abb. 8.6). Die Speicherkapazität von ca. 1 Mrd. m^3 (1938) wurde zweimal vergrößert: in den frühen 1950er Jahren auf 2,2 Mrd. m^3, in der Mitte der 1980er Jahre auf 2,5 Mrd. m^3. Zusätzlich übernahm der Stausee eine wichtige Funktion für den Hochwasserschutz. Der Stausee ist zugleich mit seiner Uferlinie von 900 km ein wichtiges Naherholungsgebiet für Gauteng und den nördlichen Freistaat.

Südafrika hat wenige natürliche *Seen*, und sie sind für die Wasserversorgung nur von lokaler Bedeutung. Im äußersten Norden ist der Fundudzisee in den Soutpansbergen ein „Heiliger Platz" der Venda. Die „Seen" auf dem Hochveld im Südwesten von Mpumalanga (um Ermelo), wie Chrissiesmeer, gehören zum Typ der „Pfannen", 3–4 m flache Senken, Reste ehemaliger Flußsysteme oder durch Auswehung entstanden. In der Provinz Nord-West und in der westlichen Provinz Freistaat finden sich zahlreiche Pfannen, doch schwankt ihr Umfang in Abhängigkeit von den Niederschlägen, und das Wasser hat in den semiariden Landesteilen einen so hohen Mineralgehalt, daß es nur als Viehtränke zu verwenden ist. Die Salzkonzentration im Wasser, angegeben als Total Dissolved Salts (TDS in mg/l) beträgt in den westlichen und zentralen Landesteilen über 500, in den nördlichen und östlichen Gebieten unter 300 (FLÜGEL 1991).

Der Nutzung des *Grundwassers* kommt damit besonders in den Trockengebieten eine erhebliche Bedeutung für den Bewässerungsfeldbau und die Weidewirtschaft, den Bergbau und die Städte zu (Department of Water Affairs 1986, Kap. 3.4). Umfangreiche Grundwasservorräte finden sich in den Dolomiten im Westen von Gauteng im Übergang zur Provinz Nord-West (Potchefstroom, Lichtenburg) mit Quellen, die bis zu 50000 m^3/Tag liefern. Im semiariden Landesinneren und im ariden Westen treten zwar in jüngeren Sedimenten (Kalahariformation, Flußsedimente, Küstensedimente) weitere Grundwasservorräte auf, doch haben diese meist einen leichten Salzgehalt. Auch wenn die Grundwasservorräte in Südafrika insgesamt begrenzt sind, hingen doch Anfang der 1990er Jahre ca. 70 % der Wassernutzer vom Grundwasser ab, neben unzähligen Farmen auch ca. 100 Mittelstädte. Von der Entnahmemenge von ca. 2 Mrd. m^3 pro Jahr werden ca. 80 % für die Bewässerungslandwirtschaft (für ca. 250000 ha) verwendet, angesichts der sich zuspitzenden Probleme der Wasserversorgung eine gravierende „Fehlleitung". Die übermäßige Inanspruchnahme der Grundwasservorräte führte bereits zu Grundwasserabsenkungen, die sich in Dürrejahren katastrophal auswirken. Die Situation wird verschärft durch das geringe Wissen über Verbreitung und Management von Grundwasser sowie Konflikte um das Wasserrecht. Die Kontamination von Grundwasser durch Abwässer oder Sickerwasser aus Deponien stellt eine steigende Gefährdung dieser Ressource dar.

Seit Beginn der Besiedlung war die Landwirtschaft Hauptnutzer der Wasservorräte. Mit dem Aufkommen des Bergbaus am Witwatersrand seit 1886 entstand eine ernstzunehmende Konkurrenz. Sie wurde seit 1945/50 durch die Industrialisierung und das städtische Wachstum verschärft.

Tabelle 2.4 gibt einen Eindruck von Entwicklung und Prognose des Wasserverbrauchs. Größter Verbraucher ist die Landwirtschaft, allerdings mit sinkender Tendenz. Die Daten zeigen den außerordentlichen Anstieg des Wasserbedarfs in den Verdichtungsgebieten. Bereits jetzt kann die Wasserversorgung der wirtschaftlichen Kernräume von Gauteng und Kapstadt nur durch Fernwasserversorgungsanlagen gesichert werden. In Dürrejahren herrscht Wassernotstand.

Seit der „Wende" 1989/90 ist die ungleiche Verteilung von Wasser innerhalb der Städte (zwischen Stadtteilen der Weißen und Townships der Nichtweißen), zwischen Farmen und Plantagen der Weißen und Kleinbauerngebieten der Schwarzen in das Bewußtsein der breiten Öffentlichkeit getreten. Doch noch im Dürrejahr 1995 mußte die Provinzregierung von Gauteng für die Wintermonate August und September ein Spritzverbot für Gärten verhängen – und nichtweiße Städter haben nur selten Wohnparzellen mit Gärten –, da mehr als die Hälfte des monatlichen Wasserverbrauchs einer Familie in Gauteng für die Gärten verwendet wird.

In der Entwicklung der *Wasserwirtschaft* Südafrikas lassen sich mehrere Phasen der Wasservorratshaltung unterscheiden: Reichten jahrhundertelang kleinere Farmdämme und hausnahe Bohrlöcher für die Wasserversorgung aus, so beanspruchten Bergbau und Städte seit Ende des 19. Jh. Flußwehre und Pumpwerke. Zwischen den Weltkriegen entstanden die ersten größeren *Talsperren,* wie der Vaalstausee (1934–38, damalige Kapazität 1 Mrd. m^3). Im Zuge der industriellen Entwicklung und des außerordentlichen Wachstums der städtischen Bevölkerung und ihrer Ansprüche an den Wasserverbrauch ergab sich seit Beginn der 1950er Jahre die Notwendigkeit zum Ausbau und Neubau von Talsperren. Die bedeutendsten (Verwoerd, Le Roux) entstanden am größten Stromsystem Südafrikas, dem Oranje-Vaal-System. Die Deckung des steigenden Wasserbedarfs wird heute durch wasserscheidenüberschreitende *Verbundsysteme* gewährleistet, die die Talsperren auf der niederschlagsreichen Randschwelle und in ihrem Vorland mit ganzjährig gesichertem Zufluß und geringen Verdunstungsverlusten mit den Bedarfsgebieten auf dem Binnenhochland verbinden (Abb. 2.11). Dabei konnte Südafrika auf die Erfahrungen mit ähnlichen Großprojekten im Südwesten der USA und in Australien (Snowy Mountains) zurückgreifen. Nur hohe staatliche Investitionen und neueste Technologien ermöglichten diese riesigen Projekte, deren Fertigstellung sich über Jahrzehnte erstreckte. Anfang der 1990er Jahre konnten ca. 29 Mrd m^3, das sind 54 % des gesamten mittleren Jahresabflusses der Flüsse Südafrikas, in Talsperren und Farmdämmen erfaßt werden. Davon standen ca. 20 Mrd. m^3 zur Nutzung zur Verfügung.

Die jüngste Phase der Sicherung der Wasserversorgung ist gekennzeichnet durch den zunehmenden Einsatz von wassersparenden *Technologien* in Bergbau und Industrie und an den Bau von Wiederaufbereitungsanlagen, etwa in Stahlwerken oder in Steinkohlekraftwerken. Hier kommen die erhebliche Forschungskapazität Südafrikas und seine internationalen Beziehungen im Technologietransfer zum Tragen. Mittelfristig besteht auch die Möglichkeit einer Meerwasserentsalzung in Zusammenhang mit der Nutzung von Kernenergie an der Küste von West-Kap.

Verbundsysteme

Das *Oranjefluß-Projekt* (Orange River Project, ORP) war bis in die 1990er Jahre das größte Wasserbauvorhaben Südafrikas. Im Jahre 1962 begonnen und 1992 abgeschlossen, ist es als eine Mehrzweckanlage zur Nutzung des größten Flusses von Südafrika konzipiert:

– Sicherung des Bewässerungsfeldbaus und Erschließung neuer Bewässerungsflächen in dürrebedrohten Landesteilen (Landesinneres, Täler des Sundays- und Fish River in Ost-Kap) durch Nutzung der ganzjährig wasserführenden Oberläufe von Oranje und Caledon (Versorgung von max. 250000 ha landwirtschaftlicher Nutzfläche mit Bewässerungswasser);

– Stabilisierung der ländlichen Bevölkerung durch Sicherung und Erhöhung des Einkommens (Bewässerungswirtschaft, Viehwirtschaft), Gründung neuer ländlicher Versorgungszentren und Tourismuseinrichtungen im Landesinneren;

– Hochwasserschutz vor den episodisch katastrophalen Fluten des Oranje und seiner Nebenflüsse;

– Wasserversorgung des Ballungsgebietes von Bloemfontein, das wegen des erhöhten Bedarfes in der Pretoria-Witwatersrand-Vaaldreieck-Region nicht mehr aus dem Vaal beliefert werden konnte;

– Gewinnung von hydroelektrischer Energie zur Deckung des Spitzenbedarfes, z.B. bei der Fernsehübertragung von großen Sportereignissen oder bei winterlichen Kälteeinbrüchen, wenn zahlreiche Elektroheizkörper eingeschaltet werden.

Diesen Zielen diente die Anlage von zwei Talsperren (Hendrik-Verwoerd-Staudamm, vollendet 1971, als „Schlüsselbauwerk" und LeRoux-Staudamm, 1977, Tab. 2.3) im Binnenland (Große Karoo), zwei Tunneln (darunter der 82 km lange Oranje-Fisch River-Tunnel, 1975) und Kanälen zur Wasserüberleitung aus dem Landesinneren auf die Ostseite sowie die Installierung von Generatoren für eine Stromerzeugung von 600 MW.

Wassermangel im Pretoria-Witwatersrand-Vaaldreieck-Gebiet, dem wirtschaftlichen Kernraum Südafrikas, während der Dürre der ausgehenden 1960er Jahre, veranlaßte die Planer, die Prioritäten von der Wasserversorgung der Landwirtschaft zugunsten der Industrie und der Städte zu verlagern. Ein weiterer Grund für diese Entscheidung lag im Rückgang des Anteils der Landwirtschaft am Bruttosozialprodukt, der den hohen Anteil dieses Wirtschaftssektors an der immer teurer werdenden Wasserversorgung nicht rechtfertigt. Regional ergab sich eine Verlagerung der großen Speicher- und Pumpanlagen aus dem semiariden Binnenhochland in die humiden Drakensberge und in die Grenzregion zu Lesotho. Unterhalb des Gebirgsmassives von Lesotho fand das *Tugela-Vaal-Projekt* seinen Standort: Langjährige Untersuchungen hatten ergeben, daß der Oberlauf des Tugela für die Wasserversorgung des PWV-Gebietes, der Kernregion Gauteng, langfristig eine bedeutende Rolle spielen könnte. Der Höhenunterschied von 420 m auf kürzestem Raum an der Großen Randstufe zwischen dem Tal des ostwärts zum Indischen Ozean fließenden Tugela und den Nebenflüssen des Vaal (Wilge), die das Wasser der PWV-Region zuleiten, wird seit 1974 durch eine leistungsfähige Pumpstation (Jagersrust) überwunden. Seit 1980 sind zwei 1000-MW-Turbinen eingebaut, so daß ein leistungsstarkes Pumpspeicherwerk der Spitzenbedarfsdeckung in den bevölkerungsreichen Regionen von KwaZulu/Natal und Gauteng dient. Die Steinkohlenkraftwerke, die Basis der südafrikanischen Energieversorgung, und die Kohlechemie in Mpumalanga, im Raume Nigel-Witbank-Ermelo, werden durch wasserscheidenüberschreitende Fernleitungen im Rahmen des *Komati-Great-Usutu-Vaal-Verbundsystems* versorgt. Das *Lesotho Highlands Water Project* (Kap. 8.4, Abb. 8.6) ist die jüngste Maßnahme, um den Wasserbedarf von Südafrikas Kernregion Gauteng bis in das Jahr 2020 „zu stillen". Seit 1997 (offizielle Einweihung im Januar 1998) fließt Wasser aus dem Katse-Stausee im Hochland von Lesotho über ein System von ca. 230 km Tunneln, Rohrleitungen und Kanälen in den Vaalfluß. Nachdem Pläne zur Nutzung des Okawangodeltas durch Botswana und Südafrika am Einspruch nationaler und internationaler Umweltorganisationen gescheitert sind, beschäftigen sich Fachleute mit Plänen für die Überleitung von Wasser aus dem Sambesi (oberhalb der Viktoriafälle) durch Botswana über ca. 1200 km bis nach Südafrika. Ein Vertrag der Sambesi-Anrainer Sambia, Namibia, Botswana und Simbabwe und des großen „Kunden" Südafrika wird im dürregeplagten südlichen Afrika keine leichte Aufgabe sein.

Auch im Ballungsraum Kapstadt behinderte Wassermangel lange Jahre die Industrieansiedlung, und es traten auch im Winterregengebiet kritische Perioden der Wasserversorgung auf. Die Situation wurde verschärft durch die Konkurrenz zwischen der Industrie, den Haushalten und dem bewässerungsintensiven Obstbau. Erst seit 1981 wurde die Situation entschärft durch das *Theewaterkloofscheme*, indem Flüsse aus den Kapketten zur Versorgung des Ballungsraumes Kapstadt angezapft werden und bis in die 1990er Jahre die Versorgung sichern. Angesichts umfangreicher Bauprojekte, des Bevölkerungswachstums in der Agglomeration Kapstadt, des boomenden Tourismus und der Industrieansiedlung bestehen folgende Pläne:

- Vermehrte Rückführung und Aufbereitung von Abwässern zu Trink- und Brauchwasser,
- Nutzung des Diep River-Wassers durch Entsalzung oder durch Verdünnung mit Süßwasser,
- Nutzung von Wasservorräten aus den Dünengebieten der Cape Flats durch Entsalzung oder Verdünnung mit Süßwasser,
- Entsalzung von Meerwasser unter Verwendung von Strom aus Kernenergie.

Neue Wasserpolitik

Trotz der aufgezeigten beachtlichen, mit einem hohen Finanzaufwand ausgeführten Maßnahmen stellt die Wasserversorgung angesichts des Bevölkerungswachstums, der Verstädterung und der erhofften Steigerung der Industrieproduktion eine Aufgabe für Wissenschaftler, Wasserbauingenieure und Planer dar. Das neue Südafrika hat eine „*Neue Wasserpolitik*" formulieren. Sie soll dazu führen, daß die Grundbedürfnisbefriedigung der Masse der Bevölkerung mit sauberem Trinkwasser in erreichbarer Entfernung zunächst einmal sicher gestellt wird, was für 13–16 Mio. Ew. noch nicht der Fall ist. Das RDP (Kap. 1.2) sieht die Verbesserung der Wasserversorgung insbesondere in Townships und im ländlichen Raum vor: Jeder Haushalt soll Zugang zu 20 bis 30 l

Trink- und Brauchwasser/Tag/Person in einer Entfernung bis zu 200 m haben – in Deutschland liegt der Wasserverbrauch für häusliche Zwecke bei ca. 160 l/Tag/pro Person, in Südafrika rechnet das *Department of Water Affairs* für Haushalte der weitgehend weißen Oberschicht mit über 200 l. Es geht zudem um eine generelle Restrukturierung des Managements der Ressource Wasser, auch im Rahmen von Natur- und Umweltschutz. Fragen des privaten, kommunalen und staatlichen Wasserrechts müssen überdacht werden. Im April 1997 legte das *Department of Water Affairs and Forestry* dem Parlament ein *White Paper on Water Policy* vor, das nach Konsultationen mit allen interessierten Kreisen (Landwirtschaft, Bergbau, Industrie, Wasserverbände u.a.) im Dezember 1997 zum Water Services Act führte.

Zunächst aber geht es einfach um „Wassereinsparungen": Es wurde nachgewiesen, daß durch brüchige Leitungen und tropfende Wasserhähne in einigen Städten bis zu 50 % des Wassers verloren gehen. Eine nationale Kampagne zur bewußten, restriktiven Verwendung des wertvollen Gutes „Wasser" muß bei den Privaten (Baden/Duschen, WC-Benutzung, Hausgartenbewässerung, Auffüllen des Swimming Pools) und der Land-wirtschaft ansetzen, da Industrie und Bergbau bereits durch Recycling und verbesserte Technologie erhebliche Einsparungen erreicht haben. Mit modernen Methoden des Systemmangements kann die Nutzung der Talsperren um 10–15 % gesteigert werden. In der Bewässerungslandwirtschaft läßt sich der Wasserverbrauch durch moderne Methoden der Wasserverteilung und der Bewässerung um ca. 25 % reduzieren. Wassereinsparungen über wesentlich höhere Preise zu erreichen ist bei der Armutssituation eines Großteils der Bevölkerung aus sozialen Gründen politisch wohl nicht durchsetzbar. Entwicklungspläne für Wassereinzugsgebiete, die hydrologische, wirtschaftliche und sozioökonomische Daten flexibel nutzen, sind Teil eines Nationalen Wasserplans. Zur Konfliktlösung bei der Wasserverteilung, wie sie z.B. zwischen Forstwirtschaft und Zuckerrohrplantagen in KwaZulu/Natal, Energiegewinnung und Bewässerungslandwirtschaft in Mpumalanga oder Umweltschutz gegen „Entwicklung" an der Küste auftreten, sollen durch Programme für multikriterielle Entscheidungsfindung und durch öffentliche Foren beigelegt werden, um Wasserangebot und -verbrauch im Sinne einer nachhaltigen Nutzung in Einklang zu bringen.

2.3 Umweltbelastung und Umweltzerstörung

Bergbau, Industrie, Teile der Landwirtschaft und der Städte haben in Südafrika das Niveau eines Schwellenlandes erreicht. Wie aus den Newly Industrializing Countries (NIC) Südostasiens bekannt, wird dieser „Fortschritt" mit erheblicher Umweltbelastung bzw. -zerstörung „bezahlt": fast alle Flüsse sind durch Abwässer stark geschädigt, Böden durch Rückstände von Bergbau, Industrie und Landwirtschaft vergiftet, die Luft durch Industrie- und Autoabgase sowie durch Hausbrand belastet. Hinzu kommen in Südafrika die Umweltprobleme einer „Dritte-Welt-Situation" in den Armutsgebieten der Townships, der Squatterlager und von Teilen des ländlichen Raums: Fehlende Entsorgung von Abwasser und Müll, Vegetationsvernichtung für Brenn- und Bauzwecke, Bodenvergiftung durch Kleingewerbe, Bodenerosion durch Fußwege und Viehbesatz. So verwundert es nicht, daß seit dem globalen „Umweltaufbruch" der 1980er Jahre die Probleme der Belastung von Gewässern, Luft und Boden auch in Südafrika deutlicher genannt werden. Seit den ausgehenden 1980er Jahren hinterfragen kritische Journalisten und Umweltgruppen die politischen Ursachen dieser Situation, da die Apartheidpolitik zur Massierung der Bevölkerung in den Townships oder zur Übervölkerung in den Homelands/Autonomstaaten führte und damit Umweltbelastung und -zerstörung regional „maximierte" (KOCH et al. 1990). Das „Neue Südafrika" steht vor der Schwierigkeit, die bislang von Umweltauflagen weitgehend verschonte Industrie und den Bergbau durch neue Gesetze zu einer größeren Umweltverträglichkeit zu motivieren – bei gleichzeitigem Zwang zur Produktionssteigerung und

Schaffung von Arbeitsplätzen – wir kennen aus Deutschland die Widersprüchlichkeit einer derartigen Situation. Geldmangel und fehlendes Personal erschweren die Umsetzung der Vorhaben und die Kontrolle durch das Umweltminsterium. Umwelterziehung in den Schulen, Massenbeteiligung am Umwelttag der Vereinten Nationen, am Tag des Baumes u.ä. sowie Umweltschutz fürs Firmenimage sind erfreuliche Zeichen eines Wandels.

2.3.1 Abfälle, Gewässer- und Luftbelastung

Abfälle

Jedem, der Südafrika besucht, könnte das Land als ein „Land der Plastiktüten" erscheinen: Beim Einkauf wird alles bis zu dreimal in Plastiktüten verpackt, von Pietersburg im Norden bis Kapstadt im Süden flattern Plastiktüten an Zäunen und Büschen. Eine vor Jahren versuchte Umstellung auf Papierverpackung wurde von den Kunden nicht akzeptiert – das sei „Dritte Welt"-Verpackung. So wundert es nicht, daß die Abfallbelastung hoch ist. Bei einer *Abfallmenge* von ca. 460 Mio. t/Jahr (1994) dominieren keineswegs der Hausmüll, sondern Bergbaurückstände (Tab. 2.5). Die umfangreichsten Abfallmengen kommen vom Abraum des Stein-

kohlen- und Goldbergbaus. Bei den Produktionsabläufen der chemischen Industrie, der Eisen- und Stahlindustrie, der Herstellung von Ferrochrom und Ferromangan fallen besonders überwachungsbedürftige Abfälle an. Da die Standorte des Bergbaus und die Produktionsstätten der Chemischen Industrie und der Metallindustrie sich in Gauteng, im südlichen Freistaat und im westlichen Mpumalanga konzentrieren, herrscht dort regional eine Umweltbelastung, die EU-Maßstäbe weit übertrifft. Das gleiche gilt für die Industriegebiete von Kapstadt, Durban und Richards Bay, die sich allerdings den „Luxus" einer Entsorgung in das Meer leisten können. ROGERSON (1990) zeigte überzeu-

Kategorie	1991
Bergbaurückstände	330
Kohlenasche	29
städtischer Müll (1986)	15
landwirtschaftliche Rückstände (1989)	20
Klärschlamm (1983)	12
Industrieabfälle aus der Metallindustrie	5,5
Industrieabfälle aus der Nichtmetallindustrie	6,8
Gesamt	418
Zum Vergleich Deutschland 1995:	
Haus- und Sperrmüll	21,2
Abfälle aus Gewerbebetrieben	13,5
Glas, Papier, Verpackungen	10,6
Sondermüll	7,0
Bioabfälle, kompostiert	1,9

Tab. 2.5:
Südafrikas
Abfallstrom
(Mio.t/Jahr)
nach:
Department of
Environment Affairs
1992, Tab 2.11;
für Deutschland:
Aktuell. Harenberg
Lexikon der
Gegenwart '99, S. 11

Vierhundert künstliche Wasserstellen – Der Krüger-Nationalpark trocknet aus

dpa. SKUKUZA. Den großen Flüssen des südafrikanischen Krüger-Nationalparks im Nordosten des Landes gehen Luft und Wasser aus. Ungeklärte Abwässer aus Industrie und Landwirtschaft haben zu einem Massensterben von Fischen geführt, die künstliche Bewässerung von Obstplantagen und Wäldern zum Austrocknen ganzer Ströme. Wildhüter des Parks, der mit 19485 Quadratkilometern so groß ist wie Rheinland-Pfalz, berichten von kilometerlangen Algenteppichen auf den Flüssen, die alles Leben unter sich ersticken. „Vier Fischarten sind bereits ausgestorben. Wenn wir nicht bald etwas unternehmen, werden noch andere Tierarten verschwinden", sagt der Biologe Freek Vender, Gewässerexperte im Krüger-Park.

Die Flüsse Crocodile und Sabie, Olifants und Letaba, Luvuvhu und Limpopo sind die Lebensadern des Parks. Auf ihrem langen Wege dorthin haben sie Turbinen von Kohlekraftwerken gekühlt und den Dreck aus Minen, Industrie und Haushalten geschluckt. Der Crocodile bringt Pestizide und Düngemittel von Zuckerrohrfeldern und Bananenplantagen mit, der Olifants Schwermetalle aus den Bergbaugebieten.

„Die Qualität des Trinkwassers hat sich in den vergangenen Jahren dramatisch verschlechtert", berichtet Freek Vender. Bereits zwei der fünfzehn Touristendörfer im Park werden über Bohrlöcher mit Grundwasser versorgt. Über die Auswirkungen der Verschmutzung auf große Wildtiere ist bislang wenig bekannt. Eine jetzt gegründete Forschungsgruppe soll dies untersuchen. Gespräche mit Industriellen und Bauern führten angeblich zur Einsicht, doch niemand will Geld für den Schutz der Umwelt ausgeben.

Eine weitere Ursache für das langsame Sterben der Flüsse ist die künstliche Bewässerung außerhalb des 1800 Kilometer langen Parkzauns. Immer mehr Wasser wird den Flüssen entnommen, in hunderten von Stauseen gespeichert, immer weniger bleibt für Pflanzen und Tiere übrig. Doch auch für die Bewohner der umliegenden Siedlungen wird Wasser knapp. Oft müssen Frauen und Kinder aus den Dörfern kilometerweit zu den Brunnen laufen.

Noch immer ist der Krüger-Park Heimat für 1800 Löwen, 900 Leoparden, 7600 Elefanten, 21000 Büffel und 2050 Nashörner. Er beherbergt Raritäten wie das Spitzmaulnashorn, den wilden Hund und die Säbelantilope – Tiere, die in den Nachbarstaaten längst ausgestorben sind. Doch diese Arche ist in Gefahr. Flüsse und Flußarme, die früher ganzjährig Wasser führten, versiegen heute während der Trockenzeit. So ist aus dem einst beständig fließenden Letaba ein saisonaler Fluß geworden, sein Wasser berieselt Kiefern- und Eukalyptuswälder der Forstindustrie. Inzwischen wurden vierhundert künstliche Wasserstellen eingerichtet.

„Auch Südafrika steckt in einer ökologischen Krise", sagt Gert Erasmus, Lehrer im Krüger-Informationszentrum. „Wir können es uns nicht leisten, daß Touristen wegbleiben. Wie sonst sollen wir den Park finanzieren?" Elefanten, Antilopen und Giraffen können vor allem an Wasserlöchern und Flüssen beobachtet werden – aber nur, wenn sie Wasser führen.

Quellentext 2.1: Ökologische Probleme im Krüger-Nationalpark
aus: FAZ, 22.06.1995

gende Daten und Abbildungen zur Entwicklung umweltbelastender Industrien zwischen 1968 und 1989. Zwar bestehen betriebliche Eigenentsorgung und Deponien (1994: 1300), wurden Mitte der 1990er Jahre ca. 30 % von Papier und Pappe, 22 % des Glases, 20 % des Aluminiums (Dosen) und 15 % des Kunststoffs recycelt, aber die verbleibenden Mengen, die Marginalsiedlungen sowie Gebiete mit Kleingewerbe des informellen Sektors liefern, werden nicht von der „amtlichen Entsorgung" erfaßt. Die Untersuchungen zur Erstellung einer „Abfallbilanz" schreiten fort, werden aber durch die unkontrollierten Entwicklungen in den städtischen Ballungsräumen überrollt. Seit August 1994 ist Südafrika Unterzeichnerstaat der Baseler Konvention über die Kontrolle von grenzüberschreitenden Giftmülltransporten und ihre Lagerung. Es ist aber ein offenes Geheimnis, daß immer wieder versucht wird, Industrieabfälle sowie radioaktive Rückstände aus Industrieländern in alten Bergwerken Südafrikas zu entsorgen.

Gewässerbelastung

Mit einer Küstenlinie von ca. 3000 km, die streckenweise zu den „gefürchtetsten" Seerouten der Welt gehört (Stürme, Wellengang, Nebel, Kliffs), ist Südafrika eines der am meisten gefährdeten Länder der Erde hinsichtlich der Verschmutzung von Meer und Küste. Tankerunfälle (Juni 1994: Untergang des Tankers Apollo Sea mit ca. 3000 t Öl) und Schiffsuntergänge (vor allem Erzfrachter) stellen die Rettungsdienste und Gerichte vor schwierige Aufgaben. Im Mai 1997 schlug das Nationale Transportkomitee dem Parlament die Ausdehnung der Kontrollzone für Meeresverschmutzung von 50 auf 200 Seemeilen vor, um vorbeugende und strafende Maßnahmen gegen die Meeresverschmutzung wirkungsvoller durchsetzen zu können – bei gleichzeitiger drastischer Erhöhung der Geld- und Gefängnisstrafen.

Die medienwirksamen Ölverschmutzungen sind aber nur eine spektakuläre Seite der allgemeinen Gewässerbelastung. Die hydrographischen Kennzeichen der Flüsse Südafrikas – starke jahreszeitliche Schwankungen, periodischer bis episodischer Abfluß – und die massive Wasserentnahme für Stauseen und direkte Nutzer, die den Abfluß bis auf ein ökologisch nicht mehr vertretbares Ausmaß reduziert, bedingen bei regional erheblichen Einleitungen von *Abwässern* (Mitte der 1990er Jahre ca. 780000 t/Jahr) eine hohe Belastung der Fließgewässer und des Meeres. Im Umkreis der Verdichtungsgebiete sind die Flüsse „tot". Folglich werden auch die Küstengewässer, wie die False Bay bei Kapstadt, oder die strandnahen Gewässer, wie in Durban, extrem belastet. Die Einleitung von Produktionsabfällen und häuslichen Abwässern erfolgt z.T. offshore, z.T. direkt in die Surfzone; auch ökologisch wertvolle Lagunen, in der südafrikanischen Terminologie als „Ästuare" bezeichnet, werden zerstört. Hierzu tragen seit den 1990er Jahren auch die Abwässer aus Squattersied-lungen bei, die sich auf küstennahem Staatsland oder städtischem Grund und Boden illegal entwickeln.

SAVILLE/LUMBY (1997) stellten die wirtschaftlichen Auswirkungen der Verschmutzung der Küstengewässer auf die Fischereiwirtschaft Südafrikas dar. Sie wiesen nach, daß die verarbeitende Industrie der Hauptverursacher der Gewässerverschmutzung ist. Die Auswirkungen auf Gesundheitsschäden beim Tierbestand und auf einen Rückgang der Fänge zwingen zu Umweltschutzmaßnahmen, um die für die direkte und indirekte Arbeitsplatzbeschaffung wichtige südafrikanische Fischereiwirtschaft vor gravierenden Langzeitfolgen zu bewahren.

Das Department of Environmental Affairs and Tourism stellte im September 1998 ein Konzept zum Küstenschutz vor. Das Ministerium verwies auf Konflikte, die sich aus den Unterschieden zwischen Gesetzgebung, Verwaltungsgrenzen und Abgrenzung der Ökosysteme an der Küste ergeben – ein Problem, das wir ja auch aus Deutschland etwa beim Schutz des Wattenmeers kennen. Die Gewichtung von wirtschaftlichen, sozialen und ökologischen Aspekten bei der Formulierung eines Konzeptes zum Management der südafrikanischen Küsten erweist sich als ebenso schwierig wie in anderen Ländern. Das Ministerium bezifferte den geschätzten Wert der direkten Beiträge der Küsten-Ökosysteme zur südafrikanischen Volkswirtschaft auf ca. R 44 Mrd. (Department of Environmental Affairs and Tourism 1998, Table 2). Sie ergeben sich aus der Werterschöpfung vor allem durch Tourismus, Fischerei, Landwirtschaft, Immobilien „mit Seeblick" und Verkehrseinrichtungen. Der geschätzte Wert der indirekten Beiträge zur Volkswirtschaft liegt sogar bei R 134 Mrd., wobei dem Nährstoffkreislauf auf See und an der Küste, der indirekten „Abfallbeseitigung" durch Zersatzprozesse und der Kontrollfunktion für die Biodiversität die höchsten Werte zukommen.

Emittenten	Emission (in 1 000 t/Jahr)					
	Staubpartikel (in 1 000 t/Jahr)	SO_2	NO_X	Kohlenwasserstoffe	CO	CO_2 (in Mio. t)
				(in 1 000 t/Jahr)		
Gesamt	427,3	1 217,7	407,0	313,9	371,9	142
davon						
Kraftwerke	355,8	1 110,6	371,8	0,4	43,5	135,4
Ziegeleien	unbekannt	2,6	0,1	0,4	11,5	0,6
Eisenverbindungen (Ferro-Alloy)	27,7	1,6	gering	gering	gering	0,5
Stahlindustrie	12,6	0,08	unbekannt	gering	gering	unbekannt
Petrochemische Industrie	0,4	7,0	unbekannt	245,5	gering	unbekannt
Hausbrand	19,5	40,0	2,9	19,5	87,6	4,9
Kraftfahrzeuge	4,5	gering	28,5	47,3	212,5	unbekannt

Tab. 2.6: **Luftbelastung im östlichen Hochveld (Ost-Gauteng, West-Mpumalanga 1987)**
nach: Department of Environment Affairs 1992, Tab. 2.8

Luftbelastung

Südafrika als „Industrienation des Kontinents" realisiert seine Energieversorgung zu ca. 80 % aus der *Steinkohle* (Kap. 4.3). Dieser bis in die ausgehenden 1980er Jahre vom Staat geförderte Energieträger wird auch in Millionen Haushalten täglich zum Kochen bzw. in den kalten Wintermonaten zum Heizen gebraucht. Er ist zugleich Grundlage der Öl-aus-Kohle-Großchemie von SASOL (drei Großanlagen auf dem Hochveld).

Die Verteilung der Steinkohlelagerstätten bedingt eine gravierende Luftverschmutzung auf dem östlichen Hochveld im Raum Johannesburg, Witbank, Ermelo: Dort befinden sich 16 Großkraftwerke mit Steinkohlefeuerung (installierte Leistung ca. 26 GW). Messungen der Behörden Anfang der 1990er Jahre ergaben, daß die Luftverschmutzung durch *Schwefeldioxid* sowie Staubpartikel das sechsfache der Belastung in den Kraftwerksgebieten der ehemaligen DDR und das zwölffache des Rhein-Ruhr-Ballungsraums in Westdeutschland betrug

(mittlere jährliche SO_2-Konzentration in Soweto 60 mg/m³, mittleres Stundenmittel 347 mg/m³; mittlere jährliche Staubkonzentration in Soweto 98 mg/m³; Daten für 1991 aus: Department of Environment Affairs 1992, S. 85). Mediziner und Umweltfachleute wiesen bereits in den 1980er Jahren auf die außergewöhnliche Zahl von Atemwegserkrankungen und Lungenentzündungen in den Townships von Gauteng hin, den Armutsgebieten in der Region Pretoria-Witwatersrand-Vaaldreieck. Beobachtungen und Messungen in der Troposphäre über Johannesburg und anderen Städten von Gauteng ergaben katastrophale Werte der Luftverschmutzung durch Schwefeldioxid und Staubpartikeln in den Wintermonaten Juni bis August, wenn bei Inversionswetterlagen eine Kaltluftschicht den Luftmassenaustausch hemmt; an solchen Tagen melden die Zeitungen in Johannesburg und Umgebung alarmierende *Smogwerte*. Die gleiche Erscheinung tritt in extremem Ausmaß nach kalten Nächten am Morgen lokal in zahlreichen Städten Südafrikas bei

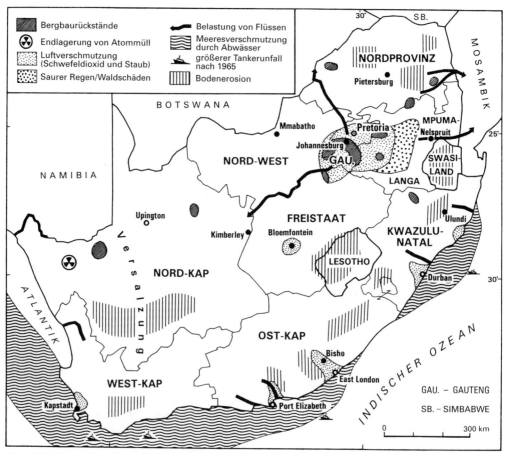

Abb. 2.13: Umweltprobleme in Südafrika
WIESE 1998

entsprechender topographischer Lage (Becken, Täler) auf (Johannesburg, Pretoria: PRESTON-WHYTE/TYSON 1989, S. 294–305; Pietermaritzburg: SIMPSON/McGEE 1996).

Es verwundert nicht, daß die Nadelwald- und Eukalyptusforsten auf den Hochflächen und an den Drakensbergen östlich von Gauteng sowie im Westen von Mpumalanga Schäden durch *sauren Regen* zeigen, Ergebnis der Konzentration von Steinkohlekraftwerken, häuslichen Feuerstätten und Industrie, wobei die Hüttenwerke für Eisenerz, Chrom, Mangan, Vanadium u.a. stark ins Gewicht fallen. Schäden an der „natürlichen" Vegetation sind in den Kurzgrasstep-

pen des Hochlandes kaum sichtbar, um so stärker aber in den Kiefernforsten im Verlauf der Großen Randstufe von Mpumalanga und der Nord-Provinz (Kap. 4.8). FORESTEK, die Forschungsabteilung des Department of Water Affairs and Forestry, beschäftigt sich mit diesem Problem.

In den 1980er Jahren sah sich die Elektrizitätswirtschaft Südafrikas gezwungen, aufgrund des öffentlichen Drucks Filteranlagen in den Kraftwerksschornsteinen installieren zu lassen, doch sind die in Deutschland verwendeten hochwirksamen Filter nicht einsetzbar, da die geringen Wasserressourcen für diese Technologie nicht ausreichen. Maßnahmen zur Senkung des Steinkohlenverbrauchs in den häuslichen Feuerstätten haben ebenfalls seit den 1980er Jahren eingesetzt, aber die Elektrifizierung der Townships und die Umstellung vom wärmenden Kohlenfeuer auf elektrische Heizgeräte scheitert dort an der mangelnden Kaufkraft, an der Armut. Es bleibt abzuwarten, ob sich die Maßnahmen zur Elektrifizierung im Rahmen des RDP sowie die Umweltpolitik des neuen Südafrika positiv auf das Stadtklima auswirken. Langfristig besteht für die Elektrizitätswirtschaft die Option des Kaufs von Strom aus den Wasserkraftwerken des humiden Zentralafrikas, da

die Energiepolitik über Elektrizitäts- und Kohlewirtschaft ihren Beitrag zum Klimaschutz leisten muß (PRAETORIUS 1997).

Der *Kraftfahrzeugverkehr* wird zu einem immer wichtigeren Faktor der Luftverschmutzung. Urbanisierung, steigende Kaufkraft und Unternehmensgründungen von Nichtweißen, z.B. in der riesigen „Taxi-Industrie", tragen zu einem rasanten Anstieg des Kraftfahrzeugbestandes bei (Tab. 4.4). Dieser wird in den Medien als Zeichen des Fortschritts kommentiert, führt aber vor allem in den Ballungsgebieten und entlang der Fernstraßen zu gravierender Luftbelastung.

2.3.2 Klimawandel

Die Diskussion um Klimaänderung hat im dürregeplagten Südafrika eine lange Tradition. Schon seit den 1930er Jahren sprechen manche Forscher von der „Austrocknung Südafrikas". Wie in Kapitel 2.1.3 dargestellt, existiert ein statistisch nachweisbarer 18jähriger Niederschlagszyklus mit je neun feuchten und neun trockenen Jahren, doch leiten ernstzunehmende Klimatologen wie TYSON aus diesem statistischen Zyklus noch keine „Klimaänderung" ab. Die Vegetationsanalysen von ACOCKS (1953) wiesen seit den 1940er Jahren auf ein Vorrücken von Karoo-Zwergstrauchvegetation, angepaßt an semiaride Bedingungen, in die östlichen Feuchtgebiete und bis Lesotho hin. Heute interpretiert man diese Erscheinung nicht als einen Indikator der „Austrockung" Südafrikas, einer klimatischen Aridisierung, sondern als ein natürliches Phänomen in Zusammenhang mit den o.g. Feuchte- und Trockenzyklen, sowie als Ergebnis anthropogenen Wirkens, wie unangepaßter Weidetechniken, welche die Desertifikation (Kap. 2.3.4) beschleunigen.

Seit 1986 beteiligt sich Südafrika am „Global Change Programme", um die Auswirkungen globaler Veränderung von Klimaparametern auf Südafrika zu ermitteln. 1989

kam eine Konferenz zum Fragenkreis „Globale Erwärmung und Nahrungsmittelproduktion in Südafrika" zu dem Ergebnis, daß regional unterschiedliche Auswirkungen zu erwarten wären: die südlichen Landesteile, das Winterregengebiet und die Karoo, werden arider, die Sommerregengebiete im Norden zeigen eine leichte Zunahme der Niederschläge. Maisanbau als Hauptnahrungsmittel und wichtiges Exportgut würde in marginalen Gebieten zusammenbrechen und müßte auf Bewässerung umgestellt werden; der Weizenanbau würde sich aus dem Winterregen- in das Sommerregengebiet verlagern, der Anbau von Äpfeln und Trauben im Kapland würde erheblich zurückgehen, wogegen tropische Früchte wie Tee, Kaffee und Obst (Bananen, Mango) oder Faserpflanzen wie Baumwolle sich ausdehnen könnten. Forschungen laufen weiter, um angesichts des Bevölkerungswachstums, der nationalen Ernährungssicherung und der Bedeutung der Agrarexporte regionale Prognosemodelle zu entwickeln (HULME 1996, MAGADZA 1994). Ende 1995 erschienen Presseberichte mit dem Titel: „Klimaalarm für den Süden Afrikas". Computermodelle der *University of East Anglia* (Norwich, Großbritannien) im Auftrag des *World Wide Fund for*

Nature (WWF) bestätigten die Tatsache einer globalen Klimaerwärmung als Ergebnis der Umweltverschmutzung in den Industrieländern. Die Dürre der Anfang-1990er-Jahre im südlichen Afrika wurde als ein Anzeichen für die Auswirkungen der globalen Klimaänderung interpretiert. Anfang 1996 trafen sich die Mitglieder des UN *Intergovernmental Panel on Climate Change* (IPCC) in Montreal; auch hier wurden Klimamodelle für das süd-

liche Afrika vorgeführt, die regional eine Zunahme der Trockenheit und Hitze als Folge des Treibhauseffektes zeigten. Als alarmierende Anzeichen wurden die Ausbreitung tropischer Krankheiten, wie Malaria, Gelbfieber und Dengefieber, in den Länder der SADC genannt; ein Rückgang der Agrarproduktion um bis zu 20 % gilt als wahrscheinlich (Abbildungen und Literatur in HEINE 1998; vergl. auch ROWLANDS 1996).

2.3.3 Desertifikation

Die in Kapitel 2.1.3 dargestellten Dürren führen wegen anhaltenden Wassermangels zu großflächigen Vegetationsschäden, die durch die Weidewirtschaft katastrophal verstärkt werden. Sie erreichen in der semiariden Strauchkaroo und der nördlich anschließenden Kalahari-Dornsavanne sowie in den westlichen Randgebieten der semihumiden Kurzgrasfluren und des Trockensavannen-Buschveldes ein besonderes Ausmaß. Auch in den humiden Landesteilen tritt in Lee- und Beckenlagen infolge anhaltender Dürrejahre Vegetationszerstörung auf. Seit der großen Dürre der 1930er Jahre gehört das Problem der Vegetationszerstörung zu den brennendsten Fragen Südafrikas. Es berührt die Weidewirtschaft und den Regenfeldbau an der agronomischen Trockengrenze, wo Mais- und Weizenanbau mit Methoden des dry farming betrieben werden. Der Überbesatz mit Schafen oder Rindern stellt den wichtigsten Eingriff des Menschen beim Prozeß der Vegetationsvernichtung und der Ausdehnung wüstenhafter Bedingungen dar. Durch Verbiß, Zertrampeln und selektive Beweidung wird die Grasflur gemindert, sämtliche eßbaren Gräser und Sträucher abgeweidet. Es bleiben nur ungenießbare, z.T. giftige Pflanzen übrig. Niederschlagsreiche Jahre täuschen über derartige Überweidungsschäden hinweg. Sie verleiten den Farmer zur spekulativen Erhöhung der Viehzahl bzw. zum Ausbau des Regenfeldbaus (Mais,

Weizen). Erst nach mehreren Dürrejahren setzt sich die Erkenntnis durch, daß wertlose einjährige Gräser und Dornpflanzen sich so stark vermehrt haben, daß die Futterbasis an Wert verloren hat und wirtschaftliche Einbußen auftreten.

Die Strauchformationen der halbwüstenhaften Karoo befinden sich in einer West-Ost-Expansion, die nach ACOCKS (1953) vor ca. 200 Jahren einsetzte. Sie haben seitdem einen ca. 300 km breiten Streifen erobert. Gleichzeitig dehnt sich die Sukkulentenvegetation der Wüste von Westen her in die Halbwüsten aus. Insgesamt kommt es zu einer katastrophalen Verarmung der ariden, semiariden und von Teilen der subhumiden Ökosysteme durch die kombinierten Auswirkungen des klimatischen Phänomens Dürre und der menschlichen Aktivitäten, die gemeinsam die Desertifikation bedingen (DEAN et al. 1995).

Bereits der Bericht der Regierungskommission zur Untersuchung der Ausbreitung der Wüste (1951) führte die ganze Tragweite des Problems der Desertifikation vor Augen und alarmierte die Öffentlichkeit. Umfangreiche *Gegenmaßnahmen* zum Schutz der Gewässer sowie zur Boden- und Vegetationskonservierung wurden eingeleitet. Der staatliche landwirtschaftliche Beratungsdienst setzte sich verstärkt für angepaßte Agrartechniken und moderne Methoden des Farm-Managements ein. Das wassersparen-

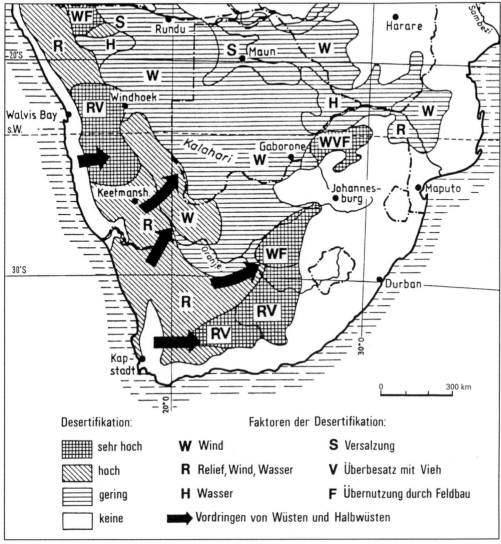

Abb. 2.14: Desertifikation im südlichen Afrika
nach: UNEP 1992, S. 32

de dry farming in Verbindung mit anspruchslosen Nutzpflanzen wie Erdnuß, Weizen und Hybridmais zielen auf eine langjährige Sicherung von Durchschnittserträgen und nicht so sehr auf singuläre Rekordernten ab. Im Falle länger anhaltender Dürren treten staatliche Subventionen in Form von Transportbeihilfen zum Abtransport des Viehs auf bessere Weideflächen oder zur Preissenkung beim Futtermitteltransport (Luzerne) ein. Auch Kreditbeihilfen für Wasserversorgungsanlagen (Bohrungen und Wasserspeicher) und für Futtersilos werden gewährt. Diese Maßnahmen hatten bis in die beginnenden 1990er Jahre die Stabilisierung der marktorientierten weißen Farmerbevölkerung zum Ziel, um die Landflucht einzudämmen, während bei der Masse der sub-

sistenzorientierten Kleinbauern in den ehemaligen Homelands/Autonomstaaten nur
punktuell bei extremer Notlage Hilfe erfolgte.
Landwirtschaftsministerium und Landbank
entwickeln seit 1994/95 neue Richtlinien zur
Unterstützung im Fall von Dürren, wobei die
bisher benachteiligten Kleinbauern eine stärkere Förderung erfahren.

Anläßlich der Sahel-Dürrekatastrophe in
Westafrika (1968 bis 1972) kam die Bezeichnung „Süd-Sahel" für die desertifikations-
bedrohte Zone im südlichen Afrika auf. Bei
ähnlich gelagerten ökologischen Verhältnis-
sen muß aber auf die fundamentalen Unterschiede in den Wirtschafts- und Betriebsformen zwischen Südafrika und Westafrika verwiesen werden. In den Trockengebieten
Südafrikas dominiert marktorientierte, kapitalintensive Farmwirtschaft im Unterschied
zum kleinbäuerlichen Regenfeldbau und
Halbnomadismus der Sahelzone (KRINGS
1993). Der Nomadismus fehlt im „Südsahel"
völlig. Räumliche Mobilität als Folge des De-
sertifikationsprozesses tritt jedoch in Form
der Abwanderung weißer Farmer nach Be-
triebsaufgabe und als Landflucht von Teilen
der verarmten schwarzen kleinbäuerlichen
Bevölkerung auf. Die Migration von „Dürre-
Flüchtlingen" im südlichen Afrika (Südafrika, Namibia, Simbabwe) ist wie in Westafrika
eine Land-Stadt-Wanderung; die weißen Farmer bevorzugen Klein- und Mittelstädte als
Ruhestandssitz, die schwarzen Kleinbauern
die Mittel- und Großstädte, wo sie auf Möglichkeiten zur Erwerbstätigkeit im informellen
Sektor hoffen.

Trotz erheblicher Anstrengungen, die Gefahr der Desertifikation durch Farmmanage-
ment zu bannen, bleibt das Risiko natur-
bedingter Katastrophen auch im südlichen
Afrika bestehen. Das Wachstum der Bevölkerung, insbesondere der kleinbäuerlichen
ländlichen Familien mit einem Jahresmittel

von ca. 3 %, Dauerfeldbau bei unangepaßter
Agrartechnik, Überbesatz mit Vieh und Vegetationsvernichtung zur Energiegewinnung
(Kochen, Heizen) werden die Zerstörung der
natürlichen Ressourcen fortsetzen und zu
anhaltender Desertifikation beitragen. Nach
südafrikanischen Regierungsunterlagen waren 1991 ca. 55 % der Landesfläche von
Desertifikation bedroht und ca. 2,5 Mio. ha
Land bereits als deren Folge zerstört. Nach
Studien von UNEP (1992, S. 32) sind vor
allem Abschnitte an der Trockengrenze Südafrikas in den Provinzen Nord-West, Freistaat
und Nord-Kap sehr stark vom Risiko weiterer
Desertifikation betroffen, doch auch große
Teile des Maisvierecks im Freistaat sowie der
Weizenanbauregion im Winterregengebiet
von West-Kap weisen ein hohes Desertifikati-
onsrisiko auf. Desertifikation stellt eine Be-
drohung für die wirtschaftliche und soziale
Entwicklung Südafrikas und aller SADC-Länder dar (HEINE 1998, MILTON/DEAN 1995).
Untersuchungen zur Rehabilitierung der
Weidegründe, zu einer nachhaltigen Nutzung der Weidegebiete und Alternativen zur
Weidewirtschaft sind Prioritäten angewand-
ter Agrarforschung in Südafrika.

Südafrika gehört seit 1995 zu den Unter-
zeichnerstaaten der UN Konvention zur Bekämpfung der Wüstenbildung. Ein Nationales Aktionsprogramm zur Bekämpfung
der Desertifikation (National Action
Programme/NAP) ist in Arbeit (Mitte 1998).
Hierin sollen durch das Department of Environmental Affairs and Tourism, das National
Botanical Institute und die Environmental
Monitoring Group die Situation der Desertifikation in Südafrika untersucht sowie Vorschläge zur Desertifikationsbekämpfung mit
modernen Mitteln, aber auch im Rückgriff
auf traditionelles und lokales Wissen vorgelegt werden, um ein integriertes nationales
Programm zu entwickeln.

2.3.4 Bodenerosion

Ein weiteres aktuelles und folgenreiches Problem stellt die beschleunigte Abtragung der Bodenkrume in Form der Bodenerosion durch Wasser und Wind dar (BECKEDAHL 1998, MOYO et al. 1993, HEINE 1988). Sie ist Ergebnis ökonomisch und sozial bedingter, ökologisch nicht vertretbarer Übernutzung von Acker- und Weideland sowie der Vegetationsvernichtung für die Energiegewinnung; auch unsachgemäßes Abbrennen der Pflanzendecke trägt zur Bodenerosion bei. Der Übergang von der Selbstversorgungs- zur marktorientierten Landwirtschaft mit dem Ziel einer schnellen Profitmaximierung führte seit dem Beginn des 20. Jh. auf Farmland in Südafrika zu ersten sichtbaren Formen der Bodenerosion, wie Rillen, Gullies/Furchen, Dongas/Schluchten oder flächenhafter Abtragung des Oberbodens. Die Verbreitung der Bodenerosion wurde verschärft durch das starke Wachstum der Bevölkerung in den ehemaligen Homelands/Autonomstaaten und in den Kleinstaaten Lesotho und Swasiland. In Südafrika bedingte die Apartheidpolitik in den ehemaligen Homelands/Autonomstaaten eine Bevölkerungsverdichtung bei zunehmendem Mangel an Land. Überbesatz mit Vieh auf dem kommunalen Weideland und Zersiedlung durch die unkontrollierte Anlage immer neuer Kleinbauernstellen verursachten Vegetationsdegradierung und leisteten einer verstärkten Bodenabtragung Vorschub, so daß von einer politisch bedingten Bodenerosion gesprochen wird. In Lesotho (Kap. 8) setzen die ökologischen Bedingungen der Ausdehnung des Feldbaus enge Grenzen, so daß in den Lowlands und Foothills eine gravierende Übervölkerung und Bodenerosion eintrat. Hier wie auch in Swasiland (Kap. 7) stellt zudem das traditionelle Bodenrecht mit weitgehend kommunalem Landbesitz einen umstrittenen Faktor dar (MOYO et al. 1993, S. 80–85 für Lesotho, S. 226 für Swasiland). Auch das Abflußverhalten der Flüsse und Bä-

che veränderte sich: Bei den sommerlichen Starkregen mit hoher Niederschlagsintensität wirkt die Aufschlagkraft der Regentropfen (*rain splash*) abtragungsfördernd. Zudem schwellen die Wasserläufe durch raschen oberflächigen Abfluß kurzfristig zu Wildbächen an: Seitenerosion und Abrisse führen zu weiterer Landvernichtung. Auch der Wind bewirkt Bodenerosion: Er bläst bei starken Winter- und Frühjahrsstürmen von den kahlen Brachflächen die mineralreichen Feinpartikeln aus und weht im Ablagerungsgebiet wertvolles Ackerland zu. Die Gesamtverluste an fruchtbarem Oberboden durch Bodenerosion seit den 1930er Jahren werden auf über 25 % der landwirtschaftlich nutzbaren Flächen Südafrikas beziffert.

Schon vor dem Zweiten Weltkrieg sah sich die Regierung Südafrikas gezwungen, eine Kommission zur Erforschung der Ursachen und Erarbeitung von *Gegenmaßnahmen* gegen die Bodenerosion einzusetzen. Diese sind sowohl technischer als auch ökonomischer Natur. Die aus den USA bekannten Maßnahmen der Bodenkonservierung wurden nach Südafrika und in die Nachbarländer Lesotho und Swasiland übertragen und angepaßt. Hierzu zählen: Anlage von Konturstreifen, Konturpflügen, Windschutzhecken, Bachverbauungen; auf Farmen und Ranchen wurden Weiderotationssysteme eingeführt, die Viehzahl pro Hektar reduziert bei gleichzeitiger Qualitätsverbesserung des Bestandes; in den ländlichen Gebieten der Homelands/Autonomstaaten wurden die Streusiedlungen zu geschlossenen Plandörfern umgewandelt mit systematischer Trennung von Acker- und Weideland, auf denen Bodenkonservierungsmaßnahmen durchgeführt wurden. Regelmäßige Beratung durch die Landwirtschaftsbehörden, ökologisch angepaßte Flächennutzung auf der einzelnen Farm, Material- und Kredithilfen hatten im Gebiet der Farmwirtschaft der Weißen den Erfolg, daß heute mindestens 60 % der erosionsanfälligen Flächen geschützt sind und ressourcenadäquat genutzt werden. Auf diese Weise konnte ein langfristig katastrophaler Verlust an landwirtschaftlichen Nutzflächen vermieden werden.

Problematisch ist die Lage noch auf den hart an der Rentabilitätsgrenze arbeitenden weißen Kleinfarmen sowie in großen Teilen der übervölkerten ehemaligen Homelands/ Autonomstaaten, wo sich das Problem der Kleinstbetriebe mit unzureichender landwirtschaftlicher Nutzfläche stellt (Kap. 4.7). Nach jüngsten Untersuchungen von WATSON (1996) in Zululand besteht ein enger Zusammenhang zwischen Rodung für landwirtschaftliche Zwecke und Bodenerosion. Bei Vernichtung des Baumbestands und anderer Vegetationsteile kommt es vor allem in den ersten Jahren der Feldbestellung zu erheblicher Bodenerosion. Diese wird durch das jährliche Abbrennen der Gras- und Strauchvegetation bei der Vorbereitung der Regenfeldbauflächen oder zur Jagd sowie durch die Überweidung (im Durchschnitt ein Drittel Überbesatz mit Klein- und Großvieh) verstärkt. Sind Erosionsrinnen (Dongas) und flächenhafter Bodenabtrag nach ca. vier bis fünf Jahren in einem relativen „Ausgleichsstadium" der degradierten Landschaft angelangt, so wirkt sich der mittelfristige Wechsel von Feuchte- und Dürreperioden im südlichen Afrika (Kap. 2.1.3) auf die weitere Bodenerosion aus: Vor allem in Phasen von Starkregen nach Dürreperioden (wie z.B. 1996 nach der Dürre 1992/95) wird die Bodenabtragung wiederum katastrophal verstärkt. Zahlreiche südafrikanische Forscher

weisen in diesem Zusammenhang auf die Gefahr der Bodenerosion hin, die sich im Rahmen der Bodenreform (Kap. 4.7.1) bei der Verteilung von bisher ungenutztem Staatsland, Kirchenland und Farmland ergeben wird. Mit Recht laufen in der Nord-Provinz im Rahmen bilateraler Entwicklungszusammenarbeit Projekte zur Verbreitung ökologisch angepaßter agroforstlicher kleinbäuerlicher Betriebssysteme, doch besteht hier sicherlich ein Wettlauf mit der Zeit, um den Boden als Grundlage der Agrarproduktion zu schützen. In den Nationalparks und Wasserschutzgebieten wird die Bodenerosion durch Fußwege und Fahrwege in steilem Gelände ausgelöst; Überwachung und Verbauung sind die Regel.

Auch die Landwirtschaftsverwaltungen von Lesotho und Swasiland bemühen sich seit Jahrzehnten, der Bodenerosion Einhalt zu gebieten. Diese Bodenkonservierungsmaßnahmen stehen jedoch in einem Wettlauf mit der Zeit: Bevölkerungswachstum und zunehmende Zahl landwirtschaftlicher Kleinstbetriebe, Anstieg des Viehbesatzes und anhaltende Brennholzgewinnung gefährden die Erfolge. Es bedarf einer Motivation der Landwirte, die arbeitsaufwendigen Maßnahmen als einen Beitrag zur mittelfristigen Einkommenssicherung zu sehen (Kap. 8). Mit Recht wiesen BRINKATE/HANVEY (1996) darauf hin, daß die Perzeption von Bodenerosion ein wichtiger Faktor für ihre Bekämpfung ist – und in Armutsgruppen andere Probleme der Überlebensstrategie im Vordergrund stehen als arbeitsaufwendige Maßnahmen gegen die Bodenerosion (vgl. für Lesotho Tab. 8.2).

2.4   Natur- und Umweltschutz

2.4.1   Nationalparks und Wildschutzgebiete

Südafrika hat ca. 10 % seiner Landesfläche als Schutzgebiete ausgewiesen. Es erfüllt damit internationale Standards bezüglich

der naturbelassenen Gebiete, da internationale Organisationen einen Wert von 10 % empfehlen. Nationalparks und Wildschutzgebiete ermöglichen es, alle Ökosysteme Afrikas von den randtropischen Savannen im Nordosten über die Steppenhochländer der östlichen Plateaus bis zu den Halbwüsten und Wüsten der westlichen Landesteile kennenzulernen, ergänzt durch das Winterregen-Macchiengebiet im äußersten Südwesten. Die Reihe der Küstenökotope spannt sich vom Greater Lucia Wetland Park im Nordosten an der Grenze zu Mosambik über den Tsitsikamma-Küstenpark an der Steilküste des immerfeuchten Südens bis zu den Lagunen an der wüstenhaften Nordwestküste.

Südafrika verfügt über eine der modernsten Natur- und Wildschutzgesetzgebungen in Afrika, aufbauend auf eine lange Erfahrung und solide wissenschaftliche Arbeit. Die Entwicklung des Bergbaus, der Städte und der Farmwirtschaft seit dem ausgehenden 19. Jahrhundert hatte zu einem massiven Rückgang des Wildbestandes geführt, beschleunigt durch einen Jagd-Fanatismus, der bis heute nachwirkt. 1891 wurden Elefant und Nilpferd, 1893 Elandantilope, Giraffe und Nashorn zunächst von der Regierung von Transvaal unter Schutz gestellt. Um letzte naturbelassene Gebiete „für alle Zeit" zu sichern, erklärte der legendäre Präsident Paul Krüger 1897 Teile des Tieflandes in den heutigen Provinzen Mpumalanga und Nord-Provinz zum Nationalpark: der Anfang für den heutigen Krüger-Nationalpark als das bekannteste Schutzgebiet Südafrikas. Im gleichen Jahr konnte die Verwaltung von Natal den Schutz der Gebiete Umfolozi und Hluhluwe durchsetzen, um sie vor der Ausdehnung des Zuckerrohranbaus und der zunehmenden Wilderei zu sichern.

Gesetzliche Grundlage für die Nationalparks war der National Parks Act von 1926, der „Schutz und Erhaltung des Wildes sowie von Objekten mit geologischem, ethnologischem, historischem oder sonstigem wissenschaftlichen Wert zum Nutzen, zum Vorteil und zur Freude der Besucher" als Ziele formulierte. In der Neufassung des National Parks Act von 1976 wurde die Bedeutung des Naturschutzes insgesamt hervorgehoben. Auch „Landschaften von großer ästhetischer Schönheit" wie Teile der Drakensberge sowie Kulturdenkmäler wie die San-Buschmann-Felszeichnungen wurden unter Schutz gestellt. Auf Landesebene wurde South African National Parks (Ende der 1990er Jahre ca. 4000 Beschäftigte) zu einer mächtigen Organisation zum Management der Nationalparks. In Natal blieben die Schutzgebiete unter der Verwaltung des Natal Parks Board, dessen Mitglieder heute zu den bedeutendsten Beratern für Naturschutz in Afrika gehören. Alle Provinzen verfügen über Schutzgebiete unter ihrer Verwaltung. Seit den 1960er Jahren hat die Zahl der privaten Parks stark zugenommen. Es sind kleine Gebiete, z.T. angrenzend an die großen Nationalparks, die zu Zwecken des Tourismus, auch des Jagdtourismus, eingerichtet wurden. Einige von ihnen gehören heute zu den Luxusadressen des Südafrika-Tourismus. Das Forstministerium wies in den 1960er Jahren große Teile der Berggebiete Südafrikas als „Wilderness Areas" aus, die der Sicherstellung der Wasserversorgung in naturnahen Landschaften dienen. Diese wertvollen Gebiete wurden Anfang der 1990er Jahre den Verwaltungen der Provinzen zugeordnet.

Im neuen Südafrika gilt, wie oben erwähnt, „Naturschutz per se" angesichts von Armut und Unterentwicklung als ein Relikt der bourgeoisen Gesellschaft, die sich durch Landenteignungen „Naturrefugien" unter Ausklammerung der Armen schaffte. Die Teilhabe bisher benachteiligter Gruppen an der Nutzung der natürlichen Ressourcen wird eingefordert, mindestens ihre Partizipation an den Einkünften aus Nationalparks und Wildschutzgebieten. Ende 1995 forderten ca. 30000 Bauern die Rückgabe von 20000 ha Land aus dem Gebiet des Krüger-Nationalparks; sie waren 1969 im Rahmen einer Erweiterung des Nationalparks enteignet und umgesiedelt worden. Nationale

Organisationen, wie die Wildlife Society of Southern Africa oder der Endangered Wildlife Trust, sowie internationale Organisationen, wie der WWF und die IUCN, kämpfen mit internationaler Experten- und Finanzhilfe um eine Akzeptanz der einmaligen Nationalparks und Schutzgebiete, z.T. sogar für ihre Erweiterung. 1996/97 finanzierte Deutschland den Bau einer Schule für Wildhüter, um die nationale Kapazität zu stärken. Die Neuformulierung der Gesetzgebung unter den Aspekten „Schutz *und* angepaßte Nutzung *und* Teilhabe der betroffenen Bevölkerung" ist in Arbeit. Ein Projekt der deutsch-südafrikanischen Entwicklungszusammenarbeit unter der Bezeichnung „People and Parks"-Transformprojekt bemüht sich um eine Beteiligung der lokalen Bevölkerung an der Nutzungsplanung.

Folgende Nationalparks und Wildschutzgebiete stellen eine repräsentative Auswahl von Biomen in Südafrika dar (O'HAGEN 1996, SYCHOLT 1995):

Krüger-Nationalpark

Der Krüger-Nationalpark im Tiefland von Mpumalanga, dem früheren Osttransvaal, und der Nord-Provinz gehört zu den bekanntesten Nationalparks der Welt. Er hat bereits einen „Druck" von ca. 1 Mio. Besuchern pro Jahr „auszuhalten", aber seine Ausdehnung von der Größe des Bundeslandes Hessen und die große Zahl an Camps erlauben es immer noch, ruhige Naturlandschaften der *Savannenbiome* zu erleben. Da der ca. 2 Mio. Hektar große Park sich über ca. 400 km vom Limpopofluß im Norden bis an den Komatifluß im Süden erstreckt, reichen die Pflanzenformationen von den Trockenwäldern aus Mopane in den nördlichen Teilen über die Dornakaziengehölze der mittleren Bereiche bis zur Grassavanne mit Combretumbäumen im Süden. Immergrüne Galeriewälder erstrecken sich entlang der Flüsse, während die Inselbergmassive mit ihren Felsburgen nur wenige Baumaloen oder Kandelabereuphorbien tragen. Die

Tierwelt ist außerordentlich reich und umfaßt das gesamte Spektrum der Savannen Afrikas, vor allem die *Big Five*, die „Großen Fünf": Elefanten, Löwen, Nashorn, Leopard und Büffel. Hinzu kommt eine große Zahl von Zebras, Giraffen, Antilopen und Nilpferden, Horden von Affen und eine reiche Vogelwelt. Im Ablauf des Jahres ändert das Wild seine Standorte mit der Verteilung der Wasserstellen: In der Trockenzeit zwischen Juni und September haben die Bäume Laub geworfen, die Savanne sieht braun-grau und kahl aus. Das Wild sammelt sich an den wenigen Wasserstellen und ist im Trockenbusch gut sichtbar. In der schwül-heißen Regenzeit zwischen November und März verteilt sich das Wild dagegen und ist bei starker Belaubung der Bäume und hohem Gras schwer aufzuspüren.

Die Beliebtheit und die hohen Besucherzahlen im Krügerpark haben dazu geführt, daß sich an seiner Westgrenze zahlreiche private Wildschutzgebiet etabliert haben, in denen man unter fachkundiger Führung *„Africa live"* erleben kann. Der *Konflikt* zwischen boomendem Tourismus, Naturschutz und Landverknappung für einheimische Bevölkerung ist hier wie an zahlreichen Stellen in Südafrika greifbar. Die Auseinandersetzung um den riesigen Krügerpark wird durch den Ausbau des Maputo-Korridors zwischen Nelspruit in Mpumalanga und Maputo in Mosambik noch verschärft, da am Südrand des Parks eine „Wachstumszone" entsteht: Ausbau der Verkehrsinfrastruktur zwischen Südafrika und der Landeshauptstadt Maputo mit bedeutender Seehafenfunktion, Erweiterung der Nahrungs- und Genußmittelindustrie im Korridor, neue Tourismuseinrichtungen und allgemeiner Siedlungsausbau. Die Regierung der Nord-Provinz liegt im Konflikt mit den Naturschutzorganisationen und der Parkverwaltung, da auch sie einen „Entwicklungskorridor", mindestens eine Fernstraßenverbindung durch den Krügerpark nach Maputo durchsetzen will.

Wildschutzgebiete in KwaZulu/Natal

Die Wildschutzgebiete Mkuzi, Hluhluwe und Umfolozi im Binnenland von Nordnatal bieten die Möglichkeit, auf Pirschfahrten oder geführten Wanderungen die Pflanzen- und Tierwelt des randtropischen Tieflandes kennzulernen. Inmitten der dicht bevölkerten Kleinbauerngebiete von Zululand sowie expandierender Städte, Industrie- und Bergbauanlagen um Richards Bay/Esikhaweni ist es der Natur- und Wildschutzbehörde von Natal bisher gelungen, Savannenwälder, immergrüne Küstenbüsche, Lagunen und Dünen vor dem Zugriff des Menschen zu sichern. Seltene Tiere, wie das Weiße und das Schwarze Nashorn, sowie zahlreiche Antilopen und Löwen lassen sich beobachten. „Druck" kommt von den Kleinbauern, die den Landmangel immer mehr spüren und die Parkflächen, ehemaliges Stammesland, argwöhnisch betrachten. Der Konflikt mit der expansiven Holzindustrie ist seit den 1990er Jahren beigelegt, doch zeigt das krasse Nebeneinander von Savannenbiom-Schutzgebiet und Eukalyptus-„Holzplantagen" den Eingriff des Menschen in weite Flächen im Nordosten von KwaZulu/Natal.

Royal Natal Nationalpark

Etwa 300 km landeinwärts von Durban liegt dieser Park in KwaZulu/Natal. Er umfaßt eine der schönsten *Gebirgsszenerien* der Welt: Die Höhenstufen der Drakensberge von Natal zwischen dem Vorland in ca. 1000 m NN bis in die Hochgebirgswelt in über 3000 m NN im Quellgebiet des Tugelaflusses. Berühmt ist das „Amphitheater" mit seinen über 100 m hohen Wasserfällen. Über den Weiden, breiten Tälern und Protea-Buschformationen der Natal Midlands stehen die Kliffs und Felswände der Sandsteinstufe, die auf etwa 2000 m Höhe hinaufführt. Dort erstrecken sich grüne Hochweiden, Moore und kleine Seen, die an alpine Mattenlandschaften erinnern. Über ihnen ragen die grau-schwarzen Basaltfelsen des Hochlandes von Lesotho auf, die mit Steilwänden,

z.T. in Türme und Zinnen aufgelöst, fast 1000 m aufragen; nur wenige Pässe für Reittiere und Allradfahrzeuge führen über diese Gebirgsmauer auf das Hochland von Lesotho in ca. 3400 m NN.

Die Natur- und Kulturdenkmäler, wie Höhlen mit Felszeichnungen der San-Buschleute, bekannte Stätten archäologischer Forschung, die Schluchtwälder und Matten, erschließen sich am besten dem Wanderer. Die hohen Basaltfelsen sind ein Paradies für Kletterer. Immer mehr Menschen aus den städtischen Ballungsgebieten kommen in die Drakensberge von Natal, um die Frische, Ruhe und Entspannung der Gebirgswelt zu erleben. In den Ferienzeiten herrscht bereits Überfüllung: Die urbanisierte Gesellschaft aus KwaZulu/Natal und Gauteng sucht das „Naturerlebnis". Dieser „Druck" auf die Drakensberge hat in den 1970er Jahren bereits zu einem zukunftsweisenden „Berg-Management" geführt (Abb. 2.15, 2.16; Übersicht 2.2).

Golden Gate Highlands Nationalpark

Dieser Nationalpark von ca. 5000 ha Fläche im äußersten Osten der Provinz Oranje umfaßt Teile des südafrikanischen Binnenhochlandes in durchschnittlich 2400 m NN und die *Bergwelt* der Malutis an der Grenze zu Lesotho. Die Felsformationen in den Sandsteinen und Basalten am Rand des Basuto-Hochlandes sind faszinierend. Die grünen Flächen der Grassteppe kontrastieren in der sommerlichen Regenzeit (November bis März) mit dem Goldgelb der Sandsteinfelsen, denen der Park seinen Namen verdankt. In den kalten, trockenen Wintermonaten (Juli/August) bleibt für Stunden und Tage in den Malutis der Schnee liegen, und es bietet sich ein in Südafrika seltenes Naturschauspiel. Der Park umfaßt die Pflanzen- und Tierwelt der montanen bis afroalpinen Stufe: Bergwiesen, alpine Matten und immergrüne Schluchtwälder, eine faszinierende Vogelwelt, Herden von Elandantilopen und Springböcken, die in den Sommermonaten auf die

Matten des Hochgebirges ziehen und den Winter im Vorland verbringen. Am besten erschließt sich der Park, in dem auch in Höhlen und Felsüberhängen bekannte Felszeichnungen der San-Buschleute zu sehen sind, dem Wanderer. Der National Parks Board unterhält zwei Camps, von denen aus auch Reittouren möglich sind.

Tsitsikamma Nationalpark

Der Tsitsikamma Nationalpark an der *Südküste* besteht aus zwei Teilen: dem Tsitsikamma Forest Nationalpark und dem Küsten Nationalpark. Dieser erstreckt sich über ca. 80 km zwischen der Mündung des Groot Rivier und Plettenberg Bay entlang einer der bekanntesten Steilküsten Südafrikas. Die Brandung des Indischen Ozeans bricht sich an den Felsen, in die die Flüsse, wie der Storms River, tiefe Schluchten eingeschnitten haben. Hier wird die Khoikhoi- oder Hottentotten-Bezeichnung „Tsitsikamma" verständlich, die „klares" oder „sprudelndes Wasser" bedeutet. Das milde, ganzjährig feuchte Klima, ergänzt durch die Gischt und Feuchte der See, läßt eine einmalige immergrüne Pflanzenwelt aufkommen. Diese setzt sich in den Wäldern des Tsitsikamma Forest Nationalparks fort. Seine Bestände aus Gelbholz (Yellow Wood), Stink Wood und Candlewood gehören zu den berühmtesten immergrünen Wäldern außerhalb der Tropen und stehen unter der besonderen Pflege der Forstverwaltung. Der Nationalpark erschließt sich dem Wanderer auf kurzen, beschilderten Rundwegen oder auf mehrtägigen Touren, etwa auf dem fünftägigen Otter Trail. Ein kleines Forstmuseum an der Paul-Sauer-Brücke und Informationsmaterial bieten einen Einstieg in die Ökologie, Nutzung und in die Schutzmaßnahmen zur Erhaltung der einmaligen Naturschätze von den Wäldern bis zur Meeresfauna.

St. Lucia Region

Diese Region stellt einen faszinierenden Ausschnitt der randtropischen Lagunenküste im Nordosten von KwaZulu/Natal dar. Von der Mündung des St. Lucia-Flusses bis an die Grenze von Mosambik erstrecken sich insgesamt vier Schutzgebiete: Der St. Lucia Park, der die Lagune (40 km lang, 2 bis 8 km breit, ca. 1 m tief) umgibt; der False Bay Park am Westufer der Lagune; der Cape Vidal State Forest im Norden der Lagune und das St. Lucia Marine Reserve entlang der gesamten Küste ca. 6 km seewärts. Zu diesem auch als Greater St. Lucia Wetlands genannten Komplex gehören einige der Highlights des Naturschutzes in Südafrika: die südlichsten Korallenriffe des Kontinentes, Brutplätze von Lederrückenschildkröten (Rote-Liste-Art), große Schwärme von See- und Watvögeln, wie Rosapelikanen und Flamingos, eine reiche Krokodil- und Nilpferdfauna. Sumpfland und Küstenwald auf den bis zu 300 m hohen Dünen bergen zahlreiche geschützte Pflanzen, wie Baumorchideen.

Das *Department of Environment* bemüht sich, daß die Region in die UNESCO-Liste des Welt-Naturerbes „erhoben" wird. *Probleme* ergeben sich aus dem Zuckerrohranbau im Einzugsgebiet der Flüsse, die die Lagune speisen und episodisch zu einem Versiegen des natürlichen Zuflusses führen, aus dem Besucherdruck, vor allem in den südafrikanischen Ferienzeiten, aus Wilderei, durch Schmuggelrouten, die das unbesiedelte Gebiet zwischen Mosambik und Südafrika nutzen. Die Gefahr des Abbaus von Titandioxid in den Dünen der Region, der weiter südlich bei Richards Bay stattfindet, konte durch massive Interventionen der südafrikanischen Umweltbewegungen 1997 verhindert werden: Das Unternehmen wird den Abbau im anschließenden Südmosambik fortsetzen, dem ärmsten Entwicklungsland im südlichen Afrika!

Kalahari Gemsbok Nationalpark

Im äußersten Norden der Provinz Nord-Kap, ca. 350 km nördlich von Upington, abgelegen von den Haupttouristenrouten, kann man in diesem ca. 1 Mio. ha großen Nationalpark die wildreichen *Steppen- und Halbwüstenlandschaften* der Kalahari erleben. Zusammen mit dem ebenfalls etwa 1 Mio. ha umfassenden Gemsbok Nationalpark im benachbarten Botswana besteht hier eine der größten Wildschutzzonen in Afrika, seit 1999 als Kgalagadi Transfrontier Park bezeichnet. Große Herden von Gemsböcken, Eland, Kudu und Blaugnus werden von Löwen, Geparden und Hyänen verfolgt. Dank der Herdenwanderungen findet das Wild noch Wasser, wo der Mensch bereits aufgeben muß. So wird die Kalahari ein menschenleeres Land, eine „desert" oder „Wüste" genannt, obwohl lichte Wälder und Dornbuschformationen vorherrschen. Rötliche Sanddünen, Wadi-Trockenflußbetten und Treibsande versetzen den Besucher allerdings in „echte" Wüstenlandschaften.

2.4.2 Planung für eine „nachhaltige Entwicklung"

Die politische Diskussion um Umwelt- und Naturschutz sowie um Umweltmanagement in einer Armutssituation hat in den Jahren seit 1990 erheblich zugenommen. Auf der einen Seite entwickelte sich in Südafrika eine immer mehr an Selbstbewußtsein gewinnende „Grüne Bewegung", auf der anderen Seite werden aus sozialpolitischer Sicht Umwelt- und Naturschutz angesichts von Arbeitslosigkeit, Armut und Hunger infrage gestellt. Der Streit zwischen der Regierung der Nord-Provinz auf der einen Seite, *South* African *National Parks* und dem Ministerium für Umwelt und Tourismus auf der anderen Seite zeigt die *Konfrontation* zwischen Wirtschaftsförderung und der Schaffung von Arbeitsplätzen bzw. Natur- und Umweltschutz: Bergbau- und Agrarentwicklung in der armen Nord-Provinz durch eine Fernstraßenverbindung mit Mosambik „kollidiert" mit Naturschutz, und das in einem der bekanntesten Nationalparks der Welt, dem Krüger-Nationalpark; dieser würde durch die neue Fernstraße im Gebiet des Letaba Camps „zerschnitten", mit Zerstörung der regionalen Ökosysteme, der Tiermigration und dem Eindringen von Wilderern. Nachteilig würde auch der seit 1990/94 boomende Tourismus betroffen (Kap. 4.5.2), an den Südafrika seine Nationalparks und Tierreservate „verkauft", in den Augen zahlreicher „armutsorientierter" Politiker allerdings an „die Reichen des Nordens". Statt eines Straßenbaus befürworten Parkverwaltung, Umwelt- und Tourismusministerium vielmehr eine Erweiterung des gesamten Schutzgebietes in einen grenzüberschreitenden, internationalen Park in Südafrika, Mosambik und Simbabwe, aus der Perspektive der Naturschützer und der Tourismusindustrie eine grandiose Idee, stieg doch Südafrika von Rang 55 (1985) auf der Liste der Tourismus-Zielländer der Erde auf Platz 29 (1994) auf, ist es Afrikas „Nr. 1" bei den Ankünften ausländischer Reisender, vor allem dank der Attraktion des „*wildlife*". Zirka 4 Mio. Hektar des geplanten internationalen Parks sollen in Mosambik von der Savanne bis zum Indischen Ozean führen, in der Masvongo Provinz von Simbabwe kommen weite Strekken dazu. Die Weltbank und private Sponsoren, wie die südafrikanische Rembrandtgruppe, haben bereits ihre Unterstützung angekündigt für das mit ca. 6 Mio. ha größte Wildschutzgebiet der Erde mit weiten Wanderungsräumen für Elefanten und mit Kulturschätzen wie den Mapungubwe Ruinen (750–1250 n.Chr.). Besucher aus Afrika sollen wesentlich stärker angezogen werden, etwa durch den Fortfall der Visapflicht für afrikanische Länder. Dies, und die Schaffung von Arbeitsplätzen für die arme ländliche Bevölkerung soll die Bedenken zerstreuen, Naturschutz sei eine Angelegenheit der „Reichen" und ein Hemmnis für „Entwicklung".

Hier ist darauf zu verweisen, daß sich seit den 1960er, verstärkt seit den 1980er Jahren

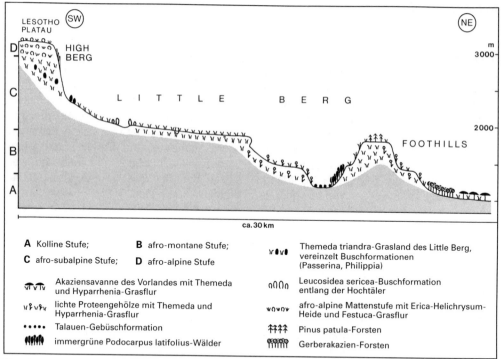

A Kolline Stufe;   **B** afro-montane Stufe;   ꝡ♦ꝡ♦ Themeda triandra-Grasland des Little Berg, vereinzelt Buschformationen (Passerina, Philippia)

C afro-subalpine Stufe;   **D** afro-alpine Stufe

ꝡⅴꝡ Akaziensavanne des Vorlandes mit Themeda und Hyparrhenia-Grasflur   ∩∩∩∩ Leucosidea sericea-Buschformation entlang der Hochtäler

ꝡ⚲ꝡ⚲ꝡ lichte Proteengehölze mit Themeda und Hyparrhenia-Grasflur   ꞷѻꞷѻꞷ afro-alpine Mattenstufe mit Erica-Helichrysum-Heide und Festuca-Grasflur

•••• Talauen-Gebüschformation   ♯♯♯♯ Pinus patula-Forsten

♠♠♠♠♠ immergrüne Podocarpus latifolius-Wälder   ♈♈♈ Gerberakazien-Forsten

Abb. 2.15: Vegetationsprofil durch die Drakensberge von KwaZulu/Natal
nach: Killick 1963

Übersicht 2.2: Naturschutz und Raumordnung in den Drakensbergen von KwaZulu/Natal

Die Tabelle und die Reihenfolge der Abbildungen (Abb. 2.16) verdeutlichen an einem Beispiel aus Südafrika den Funktionswandel einer Gebirgsregion im Entwicklungsprozeß (Wiese 1985, 1988). Bevölkerungswachstum und Landmangel, veränderte wirtschaftliche Anforderungen, aber auch steigendes Umweltbewußtsein bzw. die Notwendigkeit zum Schutz der natürlichen Ressourcen – in diesem Fall für die Wassergewinnung – führen zu erheblichen Nutzungsänderungen im zeitlichen Ablauf. Eine ökologisch fundierte und auf ökonomische Optimierung ausgerichtete Landnutzungsplanung und ihre Umsetzung hat in den Natalischen Drakensbergen zu einer auf Nachhaltigkeit angelegten Mehrzwecknutzung geführt.

	Dominante Nutzung	Bevölkerungsdichte	Hauptakteure
Erste Phase	Jagd und Sammelwirtschaft von Wildbeutern; Holznutzung und Sammelwirtschaft von Hackbauern	weniger als 1 Ew./km^2	lokale Bevölkerung
Zweite Phase	Bevölkerungswachstum bei Verdrängung der Wildbeuter; Rodung und Agrarkolonisation durch Hackbauern und Farmer, z.T. Fernweidewirtschaft;	ca. 20 Ew./km^2	lokale Bevölkerung und Zuwanderer
	Spezialisierung der Farmwirtschaft (Gemüsebau, Obstbau, Tee, Kaffee);	ca. 100 Ew./km^2	Staat, Private
	erste Maßnahmen zum Bodenschutz		Staat
	Forstwirtschaft, Tourismus		Staat, Private
Dritte Phase	planmäßige Mehrzwecknutzung der ökologischen Höhenstufen auf wissenschaftlicher Grundlage mit dem Ziel einer nachhaltigen Nutzung der Gebirgsregion; Reduzierung der Land- und Forstwirtschaft; Einschränkung der Infrastruktur und des Tourismus	planmäßige Entsiedelung bei Verdichtung im Vorland	Wissenschaftler, internationale Naturschutzorganisationen, Staat nach Gesprächen mit lokaler Bevölkerung

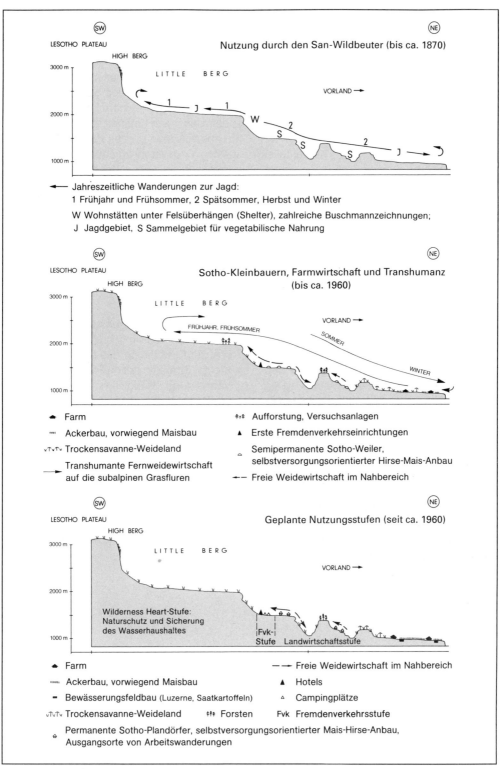

Abb. 2.16: Funktionswandel einer Gebirgsregion und ihres Vorlandes: von der Wildbeuternutzung zum Management (Drakensberge von KwaZulu/Natal) nach: WIESE 1988

auf der internationalen Ebene der Begriff „Naturschutz" zu einem umfassenderen *Umweltmanagement* im Sinne einer nachhaltigen Entwicklung verändert hat. Im neuen Südafrika ist es ein entscheidendes Element, Schutz von Flora und Fauna oder von Wassereinzugsgebieten und Küstenteilen der Bevölkerung verständlich zu machen: Die angepaßte Nutzung, nicht mehr der Totalschutz, soll eine Nachhaltigkeit erreichen, die die Bedürfnisse der Gegenwart befriedigt und die Lebensräume für die kommenden Generationen sichert (HUNTLEY et ai. 1989; KOCH et al. 1990; MESSNER 1994).

Wir wissen selbst, wie schwierig dieser Ansatz in Deutschland angesichts der Wirtschaftslobby zu verwirklichen ist, und im Schwellenland Südafrika ist dies noch schwieriger durchzusetzen. *Bewußtseinsbildung* am Internationalen Umwelttag (5. Juni), am Nationalen Baumtag (im September) und am Nationalen Meerestag (im Dezember) sowie durch Wettbewerbe hat Erfolg bei Teilen der südafrikanischen Bevölkerung, erreicht aber die urbanen Problemgebiete, wie die Squattercamps oder rurale Armutsräume, kaum. Eine mittel- und langfristige Umweltpolitik ist eine wesentliche Herausforderung für die nächsten Jahre.

Mit den Handbüchern von FITZGERALD et al. (1995) sowie von FUGGLE/RABIE (1996) liegen Basiswerke für Umweltmanagement und für eine nachhaltige Entwicklung in Südafrika vor. Ende 1996 veröffentlichte das Department of Environmental Affairs and Tourism ein Green Paper mit dem Titel „An Environmental Policy for South Africa". Es sollte Mitte 1997 in einem White Paper dem südafrikanischen Kabinett vorgelegt werden, um anschließend an das Parlament zur Diskussion und Verabschiedung weitergeleitet zu werden. Im Green Paper wurden in Anlehnung an internationale Konzepte für eine nachhaltige Umweltpolitik 56 Ziele für eine nationale Umweltpolitik formuliert; sie lassen sich zu „Ziel-Blöcken" zusammenfassen:

– Umverteilung der Ressourcen, und zwar im Staatshaushalt und „in der Natur", um die Ungerechtigkeiten und Ungleichheiten der Ressourcenzuteilung in der Apartheidzeit wiedergutzumachen;
– Schaffung eines angemessenen institutionellen Rahmens mit breiter Partizipation, u.a. zur Erarbeitung des National Environmental Strategic Action Plan (NESAP);
– Vermeidung, Reduzierung und Kontrolle von Abfällen,
– Aufbau von Kapazitäten für Umweltmanagement,
– Förderung von Information und Forschung im Umweltschutz,
– Umweltschutzmaßnahmen in der Wirtschaft,
– internationale Zusammenarbeit im Umweltschutz,
– nachhaltiges Management der natürlichen Ressourcen auf lokaler, regionaler und nationaler Ebene.

3 Die Bevölkerung – Situation und Tendenzen des Humankapitals

3.1 Größe, Zusammensetzung und Verteilung der Bevölkerung

Datenkritik

Größe und Zusammensetzung der Bevölkerung waren in der Apartheidära ein wichtiges Politikum. Die Einwohnerzahl spielte für das „Gewicht" des Landes in Afrika, innerhalb der Schwellenländer und auf der Weltbühne eine Rolle. Deshalb waren auch Organisationen wie die OAU oder die UN als Vertretung der Apartheidgegner an „hohen Zahlen" interessiert. Die Zusammensetzung der Bevölkerung auf der Basis der amtlich-juristisch unterschiedenen vier Bevölkerungsgruppen von Weißen, Schwarzen, Asiaten und Farbigen hatte für die Regierenden vor allem eine innenpolitische Funktion: „Die schwarze Gefahr" (nach der absoluten Zahl, nach den natürlichen Zuwachsraten) war für die politisch-ökonomisch dominante weiße Minderheit Ansporn für eine „positive Bevölkerungspolitik" bezüglich natürlichem Wachstum und Einwanderung. Eine Manipulation der Zahlen für „weißes Territorium" und „Homelands/Autonomstaaten" diente der „Verdrängung" der Schwarzen sowie einer Budgetplanung ohne die „traurige Realität" der Massenarmut.

Jede Analyse der Bevölkerungsdaten wird durch die 1976 begonnene Schaffung von vier Nationalstaaten (1976: Transkei, 1977: Bophuthatswana, 1979 Venda, 1981 Ciskei), als TBVC-Staaten bezeichnet, beeinflußt. Alle nationalen Bevölkerungsstatistiken vor 1976 beziehen die Bevölkerung dieser Gebiete ein. Nach 1976 erfolgte die Ausgliederung der Bevölkerung der vier „unabhängigen Staaten" aus den Statistiken. Seit 1982 beschränken sie sich auf die vier ehemaligen Provinzen und die sechs „selbstverwalteten Homelands" (Abb. 1.1). Faktisch bedeutet dies, daß man von 1981 an alle Bevölkerungsstatistiken des Statistischen Amtes von Südafrika um die Bevölkerung der TBVC-Staaten ergänzen muß. Dies taten z. B. die Vereinten Nationen und die Weltbank: Hieraus ergeben sich die z. T. erheblichen Abweichungen zwischen den nationalen südafrikanischen Daten und den Zahlen dieser Organisationen.

Doch sind auch erhebliche Zweifel hinsichtlich der *Verläßlichkeit* der nationalen Daten angebracht: Die höchste Konsistenz weisen die Statistiken für die weiße Bevölkerung auf. Die Daten über die Asiaten und Farbigen sind bereits weniger zuverlässig. Mit den größten Fehlerquoten sind die Daten für die Schwarzen behaftet, und zwar sowohl für die Einwohnerzahlen als auch insbesondere für Daten wie Geburten- und Sterbezahlen, für die keine Register geführt wurden. Den Volkszählungen von 1980 und 1985 liegt eine gravierende Untererfassung der Schwarzen zugrunde, zurückzuführen auf einen Volkszählungsboykott durch die schwarze Bevölkerung. Das Ergebnis der Volkszählung vom 6. März 1985 wurde vom HSRC daraufhin von 23,386 Mio. Ew. auf 27,704 Mio. Ew. nach oben korrigiert, doch ergaben Analysen des CSS (1997a), daß die zugrundeliegenden Geburtenraten für die Nichtweißen auf unhaltbaren Modellrechnungen beruhten.

Die *erste amtliche Volkszählung* des neuen demokratischen Südafrika im Oktober 1996 durch das Statistische Zentralamt führte zu einer völligen Überraschung: Mit 37,9 Mio. Ew. lag die Gesamt-Bevölkerungszahl nach der amtlichen Schätzung ca. 4 Mio. unter der allgemein verwendeten Schätzung von 42,1 Mio. Ew. für 1996 (CSS 1997a, Tab. 3.2). Man spürt dem Berichtstext des CSS vom Juni 1997 über die vorläufigen Ergebnisse zur Größe der Bevölkerung Südafrikas noch an, wie brisant diese Überraschung war, angesichts der für Afrika verbreiteten Darstellung der anhaltenden „Bevölkerungsexplosion". Sowohl das Statistische Zentralamt als auch beauftragte unabhängige Gutachter führten eine Überprüfung der Daten bezüglich einer „Unterzählung" bzw. „Überzählung" im Rahmen eines speziellen Post-Volkszählungs-Surveys *(Post-Enumeration Survey)* durch. Das Statistische Amt Südafrikas veröffentlichte im Oktober 1998 (Statistics South Africa/SSA 1998a) die amtlichen Endergebnisse der Volkszählung von 1996, die auch in diesem Buch verwendet werden (Gesamteinwohnerzahl 40,6 Mio.). Die Ergebnisse der Haus-zu-Haus-Befragungen (ca. 9 Mio. Wohnstätten in Citygebieten, Vororten, informellen Siedlungen, auf Farmen und in Kasernen) durch ca. 100000 „Zähler" im Oktober 1996 lieferten tatsächlich nach zwanzig Jahren „Apartheid"-Daten die ersten zuverlässigen Fakten über Bevölkerungszahl, Zusammensetzung, Erwerbstätigkeit, Wohnsituation u.a. Diese Daten dienen nun als eine solide Grundlage für Entscheidungsträger in Politik, Wirtschaft u.a. Bereichen. Aus diesem Grunde wurden auch die bisher als „rassistisch" deklarierten Daten zur Zusammensetzung der Bevölkerung nach vier Bevölkerungsgruppen (Schwarze, Farbige, Asiaten/Inder, Weiße) erhoben, da sie eine gezielte Förderung von Problemgruppen und -gebieten ermöglichen. Im Unterschied zur Apartheidzeit wurden diese Kategorien aber nicht nach der juristischen Entscheidung der Behörden erfaßt, sondern nach der persönlichen Beurteilung der Befragten, was vor allem bei den Farbigen einige Veränderungen bei der Zuordnung ergeben haben dürfte.

Die Verwendung des Begriffs Ethnie (Kap. 3.2.2) hat sich seit den 1990er Jahren in zahlreichen wissenschaftlichen Publikationen über Südafrika durchgesetzt. Dahinter steht ein Wandel der Begriffe: „Rasse" ist seit den Apartheidjahren und angesichts der gesamten Rassismus-Diskussion aus dem Vokabular von Politikern – außer extrem rechten – und Wissenschaftlern verschwunden. Dies dient sowohl zur Abgrenzung vom Rassismus der Apartheidphase als auch vom Rassismus als Ideologie. Zudem erwies sich ein wissenschaftlicher Nachweis von Rasse über kulturanthropologische Kennzeichen als unhaltbar. Der Ersatzbegriff „Ethnie" befriedigt insofern nicht, als er bis in die 1980er Jahre als Synonym für „Stamm" (tribe) verwendet wurde – und erst seit dem Ausgang der 1980er Jahre seinen Inhalt änderte. In der südafrikanischen amtlichen Statistik wird seit 1998, wie erwähnt, der offene Begriff der Bevölkerungsgruppe verwendet.

In den folgenden Tabellen werden die alten amtlichen Daten (z.B. der Volkszählung 1991) noch aufgeführt. Für die Ausführungen aber werden die Ergebnisse der Volkszählung vom Oktober 1996 (SSA 1998a) verwendet. Für sozialgeographische Analysen empfiehlt sich darüberhinaus die Nutzung der seit 1994 jährlich im Oktober durchgeführten Haushaltsumfrage (CSS bzw. SSA: *October household survey*, OHS), vergleichbar mit dem jährlichen Mikrozensus des Statistischen Bundesamtes in Deutschland.

Größe und Zusammensetzung der Bevölkerung

Mit ca. 40,6 Mio. Ew. (Volkszählung 1996) ist Südafrika der *bevölkerungsreichste Staat* im südlichen Afrika. Die Bevölkerungszahlen der Provinzen zeigen erhebliche Unterschiede: KwaZulu/Natal zählt mit ca. 8,4 Mio. Ew. die meisten Menschen; Gauteng als der wirtschaftliche Kernraum des Landes steht mit ca. 7,3 Mio. Ew. an zweiter Stelle, während z.B. die flächengrößte Provinz Nord-Kap mit ihren Wüsten- und Halbwüstengebieten nur ca. 0,8 Mio. Ew. hat (Tab. 3.1 und Abb. 3.1). Wie nicht anders zu erwarten, ist die Zahl der Frauen auf der Ebene des Landes und der Provinzen stets höher als die der Männer – mit Ausnahme von Gauteng, wo die Zahl der Frauen als Ergebnis von geschlechtsspezifischer Migration um ca. 1 % unter der Zahl der Männer liegt. Die jüngsten Daten zeigen einen Verstädterungsgrad (Definition auf juristischer Basis: Gebiet einer town, city oder metropolitan area) von 55,4 % – verglichen mit der Rate für Afrika südlich der

Sahara von knapp über 30 % ein beachtlicher Wert (Kap. 5).

Aufgrund der geschichtlichen Entwicklung und der historischen Wanderungsbewegungen weist Südafrika eine einmalige *Bevölkerungszusammensetzung* auf. Ihr Kennzeichen ist *Heterogenität*, die ihren Ausdruck findet im Zusammenleben von vier, in der offiziellen Statistik unterschiedenen, Bevölkerungsteilen: Schwarzen, Weißen, Farbigen und Asiaten. Südafrika nennt sich deshalb gerne eine „Regenbogennation".

In diesem Bild stehen alle Farben gleichberechtigt und leuchtend nebeneinander und bilden gemeinsam den bewunderten Regenbogen. Anläßlich des 4. Jahrestags der Parlamentswahlen von 1994, am 27. April 1998, am sog. Freiheitstag, dem höchsten weltlichen Feiertag im neuen Südafrika, betonte Staatspräsident Mandela noch einmal, daß Südafrikas Vielfalt eine Quelle seiner Stärke ist. Er unterstrich „die Einheit in der Vielfalt einer Gemeinschaft". Zum gleichen Jahrestag aber wurden auch kritische Töne laut, die „das Ende der Regenbogennation" erwarten. Ursache waren Äußerungen des Generalsekretärs des ANC und von Mitgliedern der Gewerkschaft

Abb. 3.1: Südafrika – Größe, Zusammensetzung und Dichte der Bevölkerung nach Provinzen (1996)
nach: SSA 1998a. Tab. 2.1, 2.6

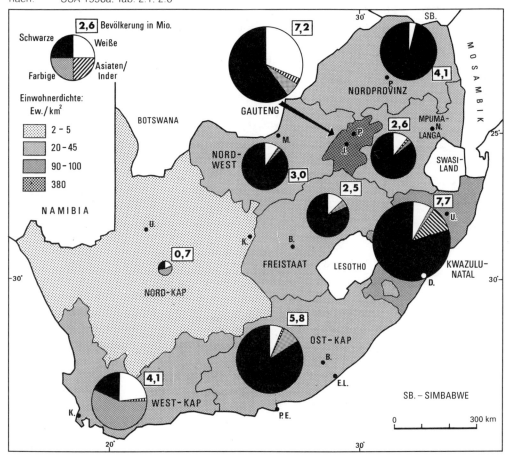

	Zahl und Zusammensetzung (in Mio.)				
	1970[1]	1980[1]	1991[1]	1996[2]	1999[3]
Gesamtbevölkerung	22,78	29,20	38,01	40,58	43,05
Schwarze	16,09	21,17	k.A.	31,13	33,24
Farbige	2,17	2,69	k.A.	3,60	3,79
Asiaten/Inder	0,65	0,89	k.A.	1,05	1,09
Weiße	3,86	4,52	k.A.	4,43	4,53
nicht spezifiziert	k.A.	k.A.	k.A.	0,37	0,40

[1] Schätzung CSS 1997c auf der Basis der Volkszählung des jeweiligen Jahres; [2] Volkszählung 1996, SSA 1998a;
[3] Schätzung SSA Juli 1999

	Zahl und Zusammensetzung nach Provinzen 1996 (in Mio.)								
	West-Kap	Ost-Kap	Nord-Kap	Freistaat	KwaZulu/Natal	Nord-West	Gauteng	Mpuma-langa	Nord-Provinz
Gesamt	3,956	6,303	0,84	2,634	8,417	3,355	7,348	2,801	4,929
Schwarze	0,827	5,448	0,279	2,224	6,881	3,059	5,147	2,497	4,765
Farbige	2,146	0,469	0,435	0,079	0,118	0,047	0,279	0,020	0,008
Asiaten/Inder	0,040	0,019	0,002	0,003	0,791	0,010	0,161	0,013	0,006
Weiße	0,822	0,330	0,112	0,316	0,558	0,223	1,702	0,253	0,118
nicht spezifiziert	0,122	0,036	0,012	0,011	0,069	0,017	0,059	0,016	0,033

Volkszählung 1996, SSA 1998a

	Mittlere jährliche Zuwachsrate (in %)[1]		
	1970–80	1980–91	1991–95
Gesamt	2,52	2,47	2,06
Schwarze	2,78	2,78	2,40
Farbige	2,19	1,90	1,43
Asiaten/Inder	2,31	1,78	1,40
Weiße	1,58	1,07	0,67

[1] Schätzung CSS 1997c, Tab. 3.2.

	Geburtenrate (in ‰)			
	1970[1]	1980[1]	1991[2]	1994[3]
Schwarze	40,0	37,0	34,0	25,3
Farbige	34,1	30,8	23,2	21,7
Asiaten/Inder	32,3	25,5	20,5	18,1
Weiße	22,9	16,7	14,1	13,7

[1] Schätzung CSS 1997c auf der Basis der Volkszählung des jeweiligen Jahres;
[2] Schätzung CSS 1997c, Tab. 3.8; [3] nach October Household Survey 1994

	Lebenserwartung (bei Geburt in Jahren)				
	Gesamt	Schwarze	Farbige	Asiaten/ Inder	Weiße
1980	58,8	56,2	58,5	65,4	70,4
1991	62,3	60,3	66,5	68,9	73,1

nach CSS 1997c, Tab. 3.13, 3.14

	Lebenserwartung nach Provinzen 1991 (bei Geburt in Jahren)								
RSA	West-Kap	Ost-Kap	Nord-Kap	Freistaat	KwaZulu /Natal	Nord-West	Gauteng	Mpuma-langa	Nord-Provinz
62,8	67,7	60,7	62,7	61,9	61,6	59,7	66,0	62,4	62,7

nach CSS 1997c, Tab. 3.13, 3.14

Tab. 3.1: Daten zur Bevölkerungsgeographie und Demographie Südafrikas

COSATU, die ihren Willen zum Ausdruck brachten, in den Parlamentswahlen im Sommer 1999 für eine Zweidrittel-Mehrheit des ANC im Parlament zu kämpfen, um anschließend mit dieser Mehrheit Verfassungsänderungen durchzusetzen, um eine schnellere Afrikanisierung der Gesellschaft, einen beschleunigten und gründlicheren Wandel zugunsten der Schwarzen zu erreichen.

Die *Schwarzen*, bantusprachige Völker, sind numerisch dominant (Tab. 3.1), und seit den ersten demokratischen Wahlen im April 1994 auch politisch entscheidend. Sie haben einen Anteil von 76 % an der Gesamtbevölkerung. Sie dominieren statistisch und politisch in allen Provinzen, außer in den westlichen Landesteilen (Provinzen West-Kap und Nord-Kap, Abb. 3.1, Tab. 3.1).

Bis zur „Wende" 1990/91 in Südafrika waren die *Weißen* politisch und ökonomisch dominant. Diese Minderheit, 1996 4,4 Mio., mit einem Anteil von 11 % an der Gesamtbevölkerung, hatte zur Erhaltung ihrer privilegierten Stellung die „Apartheidpolitik" entwickelt und kodifiziert. Wenn auch mit der Schaffung demokratischer Verhältnisse seit 1994 das unmittelbare politische Gewicht der Weißen verloren ist, so sind sie wirt-

schaftlich noch immer dominant. Dies zeigt sich auch darin, daß die größte Ballung von Weißen mit 1,7 Mio. (gleich 40 % der Gesamtzahl) in Gauteng lebt, weitere ca. 0,8 Mio. in der Provinz West-Kap, den beiden führenden Wirtschaftsregionen des Landes. Die Weißen betrachten sich als »weiße Afrikaner«, nicht als »Kolonialisten«, da sie seit Generationen in Südafrika leben, das Land als ihre Heimat betrachten und ohne Bindung an ein europäisches „Mutterland" sind, wie früher Portugiesen in Mosambik und Angola, Engländer in Kenia oder Franzosen in Algerien. Der für Afrika hohe, aber zurückgehende Anteil von Weißen an der Gesamtbevölkerung (Südafrika 11 %, Namibia 6 %, Simbabwe 1,4 %) deutet die besondere Problematik der südafrikanischen Situation an.

Die kulturell und sprachlich den Weißen nahestehenden *Farbigen* (Coloureds) bilden mit 3,6 Mio. und einem Anteil von 9 % an der Gesamtbevölkerung die drittgrößte Bevölkerungsgruppe. Sie sind, historisch bedingt, stark auf die Provinz West-Kap konzentriert; bedeutende Minderheiten finden sich in Gauteng und an der Südküste. 1996 lebten 60 % oder 2,1 Mio. der Coloureds in der Provinz West-Kap, und zwar „geballt" im Großraum Kapstadt und seinen Randzonen, wie Boland und Breede River, 0,5 % in der Provinz Ost-Kap und 0,4 % in der Provinz Nord-Kap.

Die asiatische, vorwiegend *indische Bevölkerung* umfaßt rund eine Million Menschen oder 2,6 % der Gesamtbevölkerung. Inder leben aus historisch-geographischen Gründen und wegen der bis in die 1980er Jahre geltenden Einschränkung ihrer Mobilität überwiegend in der Provinz KwaZulu/Natal (1996: 0,8 Mio.), und zwar in der Agglomeration Durban-Pietermaritzburg. Zirka 15 % der Asiaten leben heute in Gauteng, ein Hinweis auf den „Drang" aller Bevölkerungsgruppen in das ökonomische „Herzland" von Südafrika. Zu den Asiaten gehört eine sehr kleine chinesische Minderheit (ca. 6000 Personen). Ihre Einwanderung ist auf das Jahr 1904 zurückzuführen, als die Regierung nach dem Burenkrieg 43000 Bergarbeiter aus Nordchina ins Land holte, um dem Mangel an Arbeitskräften zu begegnen. Bereits 1906–1907 wurden die meisten Chinesen wegen anhaltender Unruhen in den Bergwerken wieder ausgewiesen, so daß nur eine sehr kleine Gruppe in Südafrika verblieb.

Bevölkerungsverteilung

Verteilung und Dichte der Bevölkerung in Südafrika sind gekennzeichnet durch

- einen markanten Ost-West-Gegensatz (z.T. dicht besiedelter Osten, westlich von 25° ö.L. sehr dünne Besiedlung),
- deutliche Dichteunterschiede zwischen ehemaligen „weißen Gebieten" und „Homelands/Autonomstaaten" als Ergebnis der 1913 begonnenen Landaufteilung,
- eine zunehmende Konzentration auf die vier dominanten städtischen Ballungsgebiete Witwatersrand, Pretoria, Durban und Kapstadt.

Betrachtet man Verteilung und Dichte der Bevölkerung detaillierter und untersucht man ihre *Ursachen*, so ist die geringe Dichte (unter 3 Ew./km^2) in der westlichen Landeshälfte (ca. 40 % der Landesfläche, u.a. Buschmannland, Obere Karoo) auf die Trockenheit und die Dürregefährdung zurückzuführen. Die Bevölkerung konzentriert sich auf Bewässerungsgebiete, wie am unteren und mittleren Oranjefluß, oder in „Bergbauinseln" wie in Pofadder und Aggeneys.

Im anschließenden kapländischen Winterregengebiet steigt die Dichte abrupt aus dem binnenländischen Trockengebiet auf 50–100 Ew./km^2 an, sogar außerhalb des Ballungsraumes Kapstadt. Als Altsiedelland und Kernraum der burischen Besiedlung mit intensiver Bewässerungswirtschaft (Weinbau, Obstbau) und zahlreichen Mittelstädten, wie Stellenbosch oder Wellington, sind die Täler und Beckenlandschaften Hauptsiedlungsgebiete der Weißen und Farbigen; sie erfahren eine anhaltende Zuwanderung aus den Armutsgebieten der Transkei und der Ciskei, der heutigen Provinz Ost-Kap.

Die östliche Landeshälfte, die besser beregneten Sommerregengebiete etwa östlich des 25. Längengrads, weisen eine mittlere Bevölkerungsdichte von 30–50 Ew./km^2 auf. Dieses Mittel wird in den Küstenebenen, im Vorland der Großen Randstufe sowie auf dem Hochveld von Gauteng und des nördlichen Freistaates erheblich überschritten. Es handelt sich um Verdichtungsgebiete sehr unterschiedlicher Art: Landwirtschaftliche Bevölkerung (50 bis 120 Ew./km^2) in alten Kernsiedlungsräumen der Zulu und Xhosa, ergänzt durch britische Einwanderer und Inder. In den ehemaligen Homelands/Autonomstaaten überwiegt eine kleinbäuerliche Selbstversorgungswirtschaft von Familienbetrieben, in den weißen Siedlungsgebieten eine marktorientierte Farm- und Plantagenwirtschaft mit weißen Betriebsleitern und nichtweißen Landarbeitern. Gauteng und der nördliche Freistaat (380 Ew./km^2) sind bergbaulich-industrielle Kernregionen im Binnenland und stellen bedeutende Zuwanderungsgebiete dar. Die Drakensberge bilden eine siedlungsarme Gebirgsstufe, genutzt von der Weidewirtschaft, der Forst- und der Wasserwirtschaft.

Die *weiße Bevölkerung* lebt vorwiegend auf dem nordöstlichen Binnenhochland, in der Provinz Gauteng, sowie in der südwestlichen Küstenzone. Allein im Pretoria-Witwatersrand-Vaaldreieck-Verdichtungsraum konzentrieren sich auf 3 % der Landesfläche 1,8 Mio. Weiße, das sind ca. 40 % der weißen Bevölkerung. Um diesen Verdichtungsraum findet sich eine zahlenmäßig bedeutende weiße ländliche Bevölkerung, besonders im Farmgebiet des Maisvierecks zwischen Mafeking, Middelburg, Ladysmith und Bloemfontein. Eine bandförmige Fortsetzung erstreckt sich gegen Osten, Richtung Ermelo, wo Industriestandorte auf Steinkohlebasis entstanden, und nach Westen, in Richtung Lichtenburg, in der Verlängerung der Goldfelder des Far-West-Rand. In den übrigen Farmgebieten Südafrikas prägt sich eine zunehmende Verdichtung der weißen Farmer in den Bewässerungsgassen aus, wie im Lowveld von Mpu-

malanga, in den Becken und Tälern der Kapketten und der Stromoase des mittleren Oranje.

Betrachtet man die Verteilung der *schwarzen Bevölkerung*, so wird deutlich, daß sie nicht nur zahlenmäßig, sondern auch flächenhaft die gesamte Osthälfte Südafrikas beherrscht. Besondere Verdichtungen der schwarzen Bevölkerung sind im hufeisenförmigen Bogen der ehemaligen Homelands/ Autonomstaaten vorhanden, von der Ciskei im Südosten bis Bophuthatswana im Nordwesten. Gegenüber der mittleren Bevölkerungsdichte Südafrikas von 21 Ew./km² weisen die ehemaligen Homelands/Autonomstaaten eine mittlere Dichte von 50 Ew./km² auf; der Dichtewert der ländlichen Bevölkerung erreicht in Teilen von KwaZulu/Natal über 100 Ew./km². Beim gegenwärtigen Ausbildungsstand und technologischen Niveau müssen die Kleinbauerngebiete als übervölkert bezeichnet werden – eine der Ursachen für die Landflucht bzw. Wanderarbeit (Kap. 3.4.1).

3.2 Kulturelles Erbe und Akkulturation

3.2.1 Siedlungsgeschichte

Südafrika gehört nach vorgeschichtlichen Forschungen wie Ostafrika zu den Wiegen der Menschheit (Tab A3). Steinwerkzeugfunde in der Nord-Provinz (Makapansgat) und am Witwatersrand (Sterkfontein) verweisen auf ca. 2 Mio. Jahre alte Siedlungsplätze hominider Gruppen. Sie entwickelten wildbeuterische Lebensformen steinzeitlicher Kulturen. Die *Felsbilder* und Gravierungen in Südafrika gehören zu den berühmtesten vor- und frühgeschichtlichen Funden des afrikanischen Kontinents. Diese landläufig als „Buschmann-Felszeichnungen" bezeichneten Darstellungen von Jagd- und Tanzszenen, werden den *San* als Schöpfern zugewiesen. Diese *Wildbeuter*, die sich heute noch in kleinen Gruppen in Namibia und

Botswana finden, bewohnten schon lange vor der Zeitenwende das südliche Afrika; ihre letzten Kunstwerke entstanden in der Mitte des 19. Jahrhunderts.

Eine weitere frühe Siedlungsschicht wird durch die *nomadischen Khoikhoi* nachgewiesen, von den burischen Siedlern als Hottentotten bezeichnet. Sie nutzten im Rahmen klein- und großräumiger Wanderungsbewegungen die semihumiden bis ariden Gebiete Südafrikas. Die sog. Kap- und Ost-Hottentotten sind seit dem 18. Jahrhundert in die Gruppe der Farbigen aufgegangen.

Eine revolutionäre Veränderung bedeutete die *Einwanderung von bantusprachigen Völkern* aus Ost- und Zentralafrika um die Zeitenwende. Sie brachten den Ackerbau, die

Eisenverarbeitung (Speerspitzen, Äxte, Haken für den Feldbau) und die Töpferei nach Südafrika. Frühe Zeugnisse dieser eisenzeitlichen Kultur finden sich im Norden und Nordosten des Landes. Die oberflächennahen Eisen-, Kupfer- und Goldvorkommen wurden bereits abgebaut, verhüttet und zu Gebrauchs- und Schmuckgegenständen verarbeitet (Funde 50 bis 1000 n. Chr.). Die Südost-Bantu erweiterten ihre Siedlungs- und Wirtschaftsgebiete auf der feuchten Ostseite Südafrikas und auf dem Binnenhochland, wobei die San-Wildbeuter und die Khoinama-Nomaden nach Süden und Westen verdrängt oder überlagert wurden. Bis ca. 1500 n. Chr. hatten die Südost-Bantu ihr Siedlungsgebiet bis an die Fish-River-Linie, etwa auf die Höhe des heutigen East London–Bloemfontein vorgeschoben. Diese Gruppen waren nicht, wie die o.g. Khoisan, nur in lockeren Familienverbänden organisiert; sie entwickelten vielmehr im Laufe ihrer Geschichte bedeutende Häuptlingstümer und arbeitsteilige, hierarchisch organisierte Gesellschaften, bei Zulu und Swasi als Königreiche bezeichnet (THOMPSON 1996).

Im Zeitalter der Entdeckungen und des beginnenden Aufbaus der Kolonien trat das südliche Afrika in die Interessensphäre der *europäischen Seemächte*. Die Anlage einer Versorgungsstation (Frischwasser, Obst, Gemüse, Fleisch, auch als Vorbeugung gegen den Skorbut) auf dem Seeweg nach Indien erwies sich als notwendig. Portugiesische Seefahrer und Entdecker (Bartolomäus Dias 1487 am Kap der Guten Hoffnung, 1498 Entdeckung des Seeweges um Südafrika nach Ostindien durch Vasco da Gama), niederländische und englische Ostindienfahrer hatten bereits die südafrikanische Küste erkundet, ehe die Niederländisch-Ostindische Handelskompagnie am 6. April 1652 die erste Dauersiedlung mit einer Festung an der Tafelbucht gründete, das heutige Kapstadt. Entgegen der ursprünglichen Absicht (territoriale und zeitlich begrenzte Dauer der Niederlassung) entwik-

kelte sich seit dem ausgehenden 17. Jh. wegen des wachsenden Bedarfes der Seeschiffe und der Absatzmöglichkeiten der neu eingeführten Anbaufrüchte (Weizen, europäische Obstsorten, Wein für die Kolonialgebiete der Niederlande in Südostasien) eine Kolonie freier Bürger mit Zuwanderern aus Frankreich (1688 ca. 200 Hugenotten-Flüchtlinge) und Deutschland mit einer fortschreitenden Landnahme im heutigen Kapland – der Beginn einer weißen Dauersiedlung in Südafrika. Es setzte ein Prozeß der allmählichen Besiedlung Südafrikas durch Weiße von Südwesten her ein, unter Verdrängung der Khoikhoi und San in die nördlich gelegenen Trockengebiete. Wegen des Mangels an Arbeitskräften wurden *Sklaven* aus West- und Ostafrika sowie aus Südostasien (Teile des heutigen Indonesien wurden seit 1610 von der Niederländisch-Ostindischen Kompagnie beherrscht) eingeführt, zum Einsatz in der Landwirtschaft und im Handwerk. Bis 1834 existierte Sklavenarbeit als eine Arbeitsform der Kolonialzeit in Südafrika (vgl. Nordamerika: seit 1619 Einfuhr von Negersklaven aus West- und Zentralafrika, Aufhebung der Sklaverei durch den amerikanischen Kongreß 1865).

Seit 1780 kam es im Gebiet um den Großen Fischfluß zu häufigeren kriegerischen Auseinandersetzungen zwischen den nach Nordosten vordringenden weißen Siedlern und den nach Südwesten vorstoßenden Afrikanern (Xhosa). 1820 wurden in der Border Region im Hinterland von Port Elizabeth und East London ca. 5000 britische Siedler als Wehrbauern zum Schutz der Grenze der Kapkolonie angesiedelt, 1857 bis 1859 folgten ca. 2000 ehemalige deutsche Legionäre aus britischen Armeediensten und ca. 2000 Familien aus dem Spreewaldgebiet/Brandenburg; im British Settlers Memorial-Museum in Grahamstown und im Museum von King Williams Town sind diese Siedlungsphasen dokumentiert. Lebendig ist die deutsche Tradition noch in New Germany um Wartburg (dort am Hotel ein echtes „Wartburg-Auto", Oktober 1995) sowie in Zentral-Natal, wo sich zwischen 1857 und 1897 ca. 120 deutsche Familien ansiedelten.

Der endgültige Übergang der Kapregion an Großbritannien 1814, die Einführung von Englisch als Amtssprache statt des Niederländischen, die Durchsetzung englischen Rechts, die Missionierung durch die Anglikanische Kirche im bisherigen Bereich des Calvinismus, die Abschaffung der Sklavenarbeit im Jahre 1834, eine liberale Politik gegenüber den Nama und den San, verschärften den Gegensatz zwischen Briten und Buren und führten zum *Großen Treck* (1836 bis 1838). Er wurde zum entscheidenden Vorgang der Ausbreitung des weißen Siedlungsraumes in Südafrika und bedingte die hufeisenförmige Verteilung der ehemaligen Homelands/Autonomstaaten. Die Hauptstoßrichtung der Treckburen auf der Suche nach Unabhängigkeit von Großbritannien und nach Selbstbestimmung, vergleichbar dem Zug der Mormonen durch den Mittelwesten der USA bis Salt Lake City (1848), richtete sich nach Nordosten, in Anlehnung an die dünn besiedelten Steppenhochländer der heutigen Provinzen Freistaat (gegründet 1842), Gauteng, Teilen von Mpumalanga und der Nord-Provinz. Ein Vorstoß der burischen Siedler an den Indischen Ozean wurde von Großbritannien unterbunden, das seine koloniale Einflußsphäre der Küste entlang vorschob (Marinestützpunkte und Handelsorte nach der Devise: Britannia rules the waves.) Der Gegensatz zwischen Buren und Briten vertiefte sich: Es war der Unterschied zwischen bäuerlich-konservativ, patriarchalisch und alttestamentlich-religiös motivierten und auf Unabhängigkeit bedachten Buren und der weltweit organisierten kolonial expansiven Großmacht des Vereinigten Königreiches. Diese Kolonialmacht nahm auch auf afrikanische Reiche keine Rücksicht und vernichtete 1879 endgültig das Zulukönigreich in Natal, das zu einer Siedlungskolonie britischer Einwanderer

wurde. Für die aufkommende Farmwirtschaft im randtropischen Natal sowie speziell für die Zuckerrohrpflanzungen holte Großbritannien seit 1860 *Inder* als Vertragsarbeiter aus seinem indischen Kolonialbesitz nach Südafrika. Die britische Einflußsphäre wurde 1884 über das heutige Lesotho und Botswana, 1890 über das heutige Swasiland ausgedehnt.

Grundlegende politisch-wirtschaftliche Veränderungen in Südafrika traten nach der *Entdeckung der Diamanten* um Kimberley (1867) und *des Goldes* am Witwatersrand (1886) ein: Aus einem armen, im Vergleich mit den britischen Siedlungskolonien USA, Kanada und Australien am Rande des damaligen Weltgeschehens liegenden Agrarraum wurde innerhalb kürzester Zeit ein erstrangiges Ziel britischen Kapitals, britischer Kolonialpolitik und internationaler Einwanderung (von 1890 bis 1913: 24 000 Einwanderer). Der Bergbauboom führte zum Beginn einer außergewöhnlichen Verstädterung in den von Wanderhirten mit ergänzendem Regenfeldbau nur temporär genutzten Hochflächen (Knoten: Gauteng mit Witwatersrand/ Johannesburg und Kimberley). Der Versuch, die Südafrikanische Republik (das frühere Transvaal) und die heutige Provinz Freistaat dem britischen Imperium einzuverleiben, die Kapkolonie mit Rhodesien, dem heutigen Simbabwe und die britischen Kolonialgebiete „vom Kap bis Kairo" zu verbinden, führte zum Burenkrieg (1899 bis 1902). Nach diesem Krieg wurden das ehemalige Transvaal und die heutige Provinz Freistaat britische Kolonien, eingegliedert in „Britisch-Südafrika". Das besonders von burischer Seite stark unterstützte Streben nach politischer Selbstbestimmung fand in der Union von Südafrika im Jahr 1910 seine Anerkennung. Die Union nahm ihren Platz als sich selbst regierendes Dominion im Rahmen des Britschen Empire ein, wie Kanada, Australien und Neuseeland.

Die Landflucht der Kleinbauern als Ergebnis der Dürrekatastrophe der ausgehenden 1920er und beginnenden 1930er Jahre, verstärkt durch die folgende Weltwirtschaftskrise, ließ die Zahl der städtischen Bevölkerung emporschnellen. Die zwischen den Weltkriegen einsetzende Industrialisierung zog auch viele Schwarze aus ihren Stammesgebieten in die Städte, wo sie in Spontansiedlungen lebten, die z. T. zu Slums absanken. Die Entwicklung der Landwirtschaft oder Wanderweidewirtschaft zu einer marktorientierten Farmwirtschaft (Innovationen: weißer Mais als Nahrungsmittel, gelber Mais als Futtermittel; australische Merinos zur Erhöhung der Wollproduktion 1905–1915) führte zu einer starken Nachfrage nach schwarzen Arbeitskräften auch im weißen Farmgebiet.

Eine weitere Phase der Erschließung und Siedlungsgründung in Südafrika setzte *nach dem Zweiten Weltkrieg* ein: Bergbauprospektion, Industrialisierung, zugehörige Verkehrserschließung, Seuchenbekämpfung und ein hoher technischer Standard führten zur Dauerbesiedlung der letzten fast unbesiedelten Gebiete an den Grenzen der Ökumene gegen die Wüsten bzw. in peripheren Teilen des Staatsgebietes. So wurden zum Beispiel die Hafenorte Richards Bay in KwaZulu/Natal und Saldanha im West-Kap oder Bergbauorte wie Phalaborwa in der heutigen Nord-Provinz gegründet. Zugleich wuchsen die Großstädte an der Küste und im Binnenland, wie Kapstadt, Pretoria oder das Pretoria-Witwatersrand-Vaaldreieck/Gauteng, zu mehrkernigen Verdichtungsräumen an. Im Rahmen der getrennten Entwicklung entstanden in den ehemaligen Homelands/Autonomstaaten planmäßig angelegte städtische Siedlungen als Wachstumspole, aber die ländlichen Gebiete der ehemaligen Reservate dienten nur als „Arbeitskräfte-Reservoire" für die Bergbau-, Industrie- und Farmgebiete der Weißen.

3.2.2 Ethnien, Ethnizität, ethno-politische Spannungen

Ethnien als kulturelle, sozio-politische und territoriale Gruppen unterschiedlicher Größe sind seit Jahrhunderten ein strukturierendes Element des südlichen Afrika. Das Spektrum reicht von Gemeinschaften, die, wie die Wildbeuter, in Familienverbänden organisiert sind, bis zu komplexen, arbeitsteilig organisierten Königreichen wie bei Zulu und Swasi. Zahlreiche Ethnien sind bereits in frühkolonialer Zeit durch Reiseberichte bekannt geworden, andere wurden erst in der Kolonialzeit oder während der Apartheidphase zu Herrschafts- und Verwaltungszwecken „geschaffen". *Ethnogenese*, d.h. Neubildung und Verfall von Ethnien als „Wir-Gruppen", oft erst bestimmt durch das andere „Gegenüber", setzt sich bis heute fort. Anläßlich der ethnisch geprägten Konflikte und der Genozide in afrikanischen Ländern, wie Liberia (1989 bis 1997), Rwanda (Massenmorde 1992 und 1996/1997) oder Kenia (zuletzt 1997), aber auch der bürgerkriegsartigen Unruhen in KwaZulu/Natal seit 1989/90 sind ethnische Strukturen als Konfliktfelder in Afrika jedem bewußt. Mit Recht sprechen TETZLAFF (1993) und KREILE (1997) in solchen Fällen von einer *„politisierten Ethnizität"*, der machtpolitischen Ausnutzung der Ethnie als Solidargemeinschaft durch Politiker oder Militärs. Ethnizität wurde während der Apartheidphase gefördert nach dem alten politischen Prinzip „divide et impera" (teile und herrsche).

Eine Studie der Konrad-Adenauer-Stiftung (KOTZE 1997) wies nach, daß bei zahlreichen Südafrikanern auch Mitte der 1990er Jahre die Selbstidentifikation über den sprachlich-kulturellen Kontext geschieht, über die Zugehörigkeit zu einer „Ethnie". Die Verfasserin weist auf die Gefahr hin, daß eine noch nicht erreichte Identifikation mit der „Nation Südafrika" im Krisenfall zu einem bedrohlichen Aufflackern ethnischer Gegensätze führen kann, so daß „nation building" mit

Recht zu einem Hauptanliegen der Regierung gehört.

CHERRY (1994) stellte für KwaZulu/Natal die berechtigte Frage nach dem Zusammenhang zwischen ethnischem Konflikt und Entwicklung und verweist auf die Notwendigkeit einer „politischen Kultur" im neuen Südafrika. Als einen Faktor des anhaltenden Konflikts in KwaZulu/Natal bezeichnet sie die Polarisierung zwischen traditionellen Führern (headmen, chiefs) und auf demokratischer Partizipation bestehenden jungen Leuten und Frauen. Dieser soziopolitische Gegensatz besteht vor allem im ländlichen Raum und in den periurbanen Gebieten, während sich in den städtischen Ballungsräumen bereits demokratische Strukturen und neue Allianzen (Parteien, Gewerkschaften) etabliert haben; ein Blick auf die Ergebnisse der Parlamentswahl vom April 1994 in KwaZulu/Natal bestätigt dies (Abb. 1.4 und Tab. 1.1).

Südafrikas *Schwarze, Blacks oder Africans*, wie die Bezeichnung in Statistik und Presse lautet, sind die zahlenmäßig und, seit den Parlamentswahlen 1994, politisch dominante Bevölkerung. Sprachlich-kulturell werden vier Hauptgruppen unterschieden (BREUTZ 1975): Nguni, Sotho-Tswana, Tsonga und Venda (Kap. 3.2.3, Tab. 3.2, Abb. 3.2).

Die *Nguni* sind mit den zulu-, xhosa- und swasisprachigen Einwohnern sowie mit den Ndebele die größte schwarze Bevölkerungsgruppe. Die jüngere politische Entwicklung zwischen ANC und IFP führte dazu, daß in Südafrika heute eine tiefe Kluft existiert zwischen Teilen der Zulu und Xhosa. Das Zulukönigtum, das unter Shaka zwischen 1815 und 1828 militärisch-administrativ und territorial seinen Höhepunkt erlebte, eint die *Zulu* im Stolz auf ihre Geschichte; nach der Zahl der Sprecher sind sie heute die größte Ethnie Südafrikas, dominant in der Provinz KwaZulu/Natal und in Teilen von Gauteng. Traditionalisten stehen in gewalttätiger Opposition zu fortschrittlichen Kräften, allen voran dem sozialistischen/sozialdemokratischen ANC: So ist KwaZulu/Natal seit 1988/89 ein Schlachtfeld, in dem ein nichterklärter Bürgerkrieg herrscht. Erst 1994/95 gelang es einer Kommission aus Vertretern der Parteien, der Kirchen, der Gewerkschaften und der traditionellen Führer, ein Friedensabkommen in KwaZulu/Natal zu schließen, das einen Rückgang der politisch motivierten Gewalt zur Folge hatte (Kap. 3.3.3).

Der Südosten des Landes, die Provinz Ost-Kap, wird beherrscht von den *Xhosa*; aufgrund der Binnenwanderung gibt es auch große Xhosagemeinden in Gauteng und im Großraum Kapstadt. Die Xhosa können ebenfalls auf eine große kriegerische Tradition zurückblicken, gelang es ihnen doch, ihr Territorium gegen burische und britische Siedler am Keifluß zu verteidigen. Bis heute besitzen die Häuptlinge der Lineages, zu interpretieren als weitreichende Sippen, wichtigen sozialen, religiösen und politischen Einfluß. Die Region der Xhosa ist eine Hochburg des ANC. CHERRY (1994, S. 618–627) betont, daß in der ehemaligen Transkei und Ciskei die ethnische Identifikation bereits in erheblichem Maße von der „Verwerfung" zwischen „Arbeit und Kapital" abgelöst wurde; zudem waren und sind NROs sehr aktiv, die Erfahrungen in demokratischer Kultur vermitteln.

Das Königreich Swasiland sowie die westlich und nördlich anschließenden Gebiete sind die Heimat der *Swasi*. Im 19. Jahrhundert formte der spätere König Sobhuza I. eine kleines Königreich, das der Besetzung durch die Buren entgehen konnte, indem es „Schutz" als britisches Protektorat fand, im Westen und Norden aber Gebiete an das heutige Südafrika verlor. So leben in Swasiland Mitte der 1990er Jahre ca. 0,9 Mio. Swasi, in Südafrika ca. 1 Mio. Sozio-kulturell stehen die Swasi den Zulu sehr nahe: Sie sind Ackerbauern mit ergänzender Viehhaltung, haben eine lange militärische Tradition, und ein Königtum. Arbeiterwanderung, Erfahrungen mit Demokratie in Südafrika und Demokratiebewegung in Swasiland führen zu einer zunehmenden Opposition gegen Königtum und Tradition in einem der letzten Königreiche Afrikas (Kap. 7).

Das Verbreitungsgebiet der *Sotho* hat zwei Schwerpunkte: die Provinz Mpumalanga und die Nord-Provinz sowie den Kleinstaat Lesotho (Kap. 8), dazwischen „schoben sich" im 19. Jahrhundert weiße Siedler im Gebiet des heutigen Gauteng und der Provinz Freistaat, indem sie das Land der Sotho eroberten und sie enteigneten. Die Nordsotho oder Pedi in Mpumalanga entwickelten Häuptlingstümer, die heute noch in rudimentärer Form existieren. Die Menschen wurden vom Kulturwandel in Farmarbeit, Bergbau und Industrie stark überprägt bzw. als Kleinbauern in die Armut abgedrängt. Heute sind die meisten Nordsotho Arbeiter und Angestellte im Raume Gauteng. Die Südsotho in Lesotho sowie im anschließenden östlichen Freistaat wurden unter König Moshoeshoe I. Anfang des 19. Jahrhunderts zu einem „Königreich" vereint. Den Buren gelang es, die westlichen Gebiete, heute Teil von Oranje, zu besetzen. Die Sotho zogen sich in die Bergfestung der östlichen Drakensberge zurück, wurden in ökologisch marginale Gebirgsteile abgedrängt, in das Basotho-Hochland (Kap. 8). Die seit dem 19. Jahrhundert einsetzende Arbeiterwanderung nach Südafrika, der Einfluß der Kirchen und des Schulwesens hat bei den Sotho einen erheblichen sozialen Wandel verursacht. Die Männer sind als Arbeiter oder Angestellte in Südafrika tätig, die Frauen führen die bäuerlichen Betriebe weiter, die an der Armutsgrenze wirtschaften.

Die *Tswana* in der Provinz Nord-West von Südafrika gehören zum großen Block der Tswana-Sprecher, der dem Nachbarland Botswana seinen Namen gab. Als Hirtenvolk mit ergänzendem Ackerbau aus Nordosten in das südliche Afrika eingewandert, kamen die Tswana seit dem Beginn des 19. Jahrhunderts unter den Einfluß der Kolonialherren: Kaufleute, Missionare, Lehrer, „Ausbeuter" in Bergbau und Industrie. So

haben auch die Tswana eine lange Zeit des Kulturkontaktes und -wandels durchgemacht. Die Masse der Tswana in Südafrika besteht heute aus Arbeitern und Angestellten; die bäuerlichen Betriebe sind marginalisiert.

Im äußersten Norden von Südafrika leben die *Venda*. Der „Heilige See der Venda" und die „Schlangentanz-Zeremonie" sind in Tourismus-Prospekten von Südafrika zu finden – und sie sind inmitten der Berglandschaft der Soutpansberge mit dem „Heiligen See" (Lake Fundudzi) wirklich faszinierend. Sozioökonomisch und kulturell sind die Venda wie ihre Sotho-Nachbarn nach der Eroberung und Besetzung der umgebenden fruchtbaren Gebiete durch weiße Farmer verarmt oder in das „System" der Arbeitsmigration eingebunden. Zahlenstarke Minderheiten leben und arbeiten heute in Gauteng, wenn sie nicht als Wochenpendler die Kontakte zu ihrer Familie und ihrer Heimat unterhalten.

Die *Tsonga* in Mpumalanga gehören einer großen südostafrikanischen Sprach- und Kulturgruppe an, die sich weit nach Mosambik fortsetzt. Ihre Einwanderung nach Südafrika setzte erst im 19. Jahrhundert ein und setzt sich heute als Armutswanderung aus dem von 25 Jahren Bürgerkrieg heimgesuchten Mosambik fort. Sie sind Arbeiter auf Farmen, in Forstbetrieben, in der Agroindustrie von Mpumalanga und der Nord-Provinz und Kleinbauern.

Betrachtet man die Schwarzen unter dem Gesichtspunkt der Ethnizität, so muß man dies auch bei den *Weißen* tun. Seit der Mitte des 17. Jahrhunderts als Holländer, Deutsche oder Franzosen, seit 1820 als Engländer eingewandert, haben sie zwei eigenständige Kulturen entwickelt: die *afrikaans-burische* und die *südafrikanisch-britische Kultur*. Afrikaans und Englisch waren bis 1994 die beiden Amtssprachen Südafrikas. So stellen die Weißen keine einheitliche kulturelle Gruppe dar. Zwar suchte man in der Apartheidphase eine weiße Volksgruppe zu formen, aber die burisch-afrikaanse Tradition auf der einen Seite, die britische Tradition auf der anderen Seite und die zahlreichen Einwanderergruppen aus West- und Südeuropa (Deutsche, Italiener, Portugiesen) oder Einwanderer aus dem Nahen Osten (Israel, Libanon) machten eine solche „Blockbildung" unmöglich.

Sprachlich-kulturell, z.T. auch sozioökonomisch und politisch, lassen sich trotz einer Abschwächung der Kontraste seit den 1960er Jahren bis heute die afrikaanssprachigen Weißen (ca. 65 %) und die englischsprachige Gruppe unterscheiden. Beide Gruppen sind stark verstädtert, wenn auch das Muster der Denk- und Verhaltensweisen der afrikaansen Bevölkerung noch stärker durch ihre Herkunft aus dem ländlichen Raum, von der Farm, geprägt ist. Afrikaans-Nationalismus, der zwischen 1948 und dem Ende der 1980er Jahre Südafrikas Politik bestimmte, findet sich im neuen Südafrika nur bei wenigen erzkonservativen Buren, die in Parteien wie der *Freedom Front* (FF) zusammengeschlossen sind. Sie halten die Idee eines rein weißen „Volksstaates" noch aufrecht, dessen Realisierung aber im neuen Südafrika wie eine Groteske anmutet; die kurz vor den Parlamentswahlen 1994 vom ANC signalisierte Bereitschaft zur Reflexion über einen derartigen Anachronismus war ein politischer Schachzug: Er verhinderte einen Bürgerkrieg. Im Mai 1995 legten konservative Afrikaans-Politiker Pläne für einen „Volkstaat" vor, aber Ende 1995 lehnte der ANC dieses Konzept mit Recht ab (Kap. 6.10).

Die Bevölkerung britischer Herkunft verfügte seit dem 19. Jahrhundert über enge Geschäfts- und Kapitalverflechtungen mit Großbritannien, sie hatte meist eine bessere Ausbildung als die burische Bevölkerung und dominierte in Bergbau, Industrie und im Finanzwesen. Seit der bewußten Förderung der Buren in Handel, Industrie und Wissenschaft (Gründung von afrikaansbeherrschten Banken, Industrieunternehmen, Universitäten in den 1960er Jah-

ren) hat sich eine ökonomische Angleichung zwischen den Gruppen vollzogen.

Die *Farbigen* (*Coloureds*) stellten in der Apartheidklassifikation eine eigenständige Gruppe dar (THOMAS 1980), hervorgegangen aus Verbindungen zwischen Weißen mit Khoisan oder Schwarzen. Ihre Umgangssprache ist Afrikaans, und ihre Lebensformen sind durch die lange Akkulturation in der Kapregion und einem Urbanisierungsgrad von 83 % (1996) stark westlich geprägt. Sozioökonomisch sind sie in mittlere Positionen in Handel, Handwerk und Industrie aufgestiegen, wenn auch viele noch als Arbeiter mit ihren Familien knapp über der Armutsgrenze leben. Die soziale und politische Problematik der Farbigen im neuen Südafrika ergibt sich aus ihrer Position „zwischen" Schwarz und Weiß: Sie werden von den politisch dominanten Schwarzen als Teil der Bourgeoisie betrachtet, als Teil der „Privilegierten", mindestens in den letzten Jahrzehnten der Apartheid, so daß sie im Rahmen der „affirmative action" oder des „empowerment" der bislang Unterdrückten kaum eine Förderung erfahren.

Das Wahlverhalten bei den Parlamentswahlen 1994 (Abb. 1.4) und bei den Kommunalwahlen 1995 zeigte im hohen Prozentsatz der Stimmen für die NP in der Provinz West-Kap (ca. 60 %), daß etwa die Hälfte der Farbigen im ANC noch keine „Heimat" gefunden hat. Ein Zeitschriftenartikel im April 1995 trug die Überschrift: „Zwischen den Stühlen. Keine Führungspositionen für Farbige – Farbige werfen Mandela neuen Rassismus vor" (Focus, 24.4.1995). Organisationen wie die Kleurlings Weerstandsbeweging (Farbige Widerstandsbewegung) bemühen sich seit Mitte der 1990er Jahre um eine politisch-wirtschaftliche Vertretung „farbiger" Interessen. Die massive Stimmabgabe für die NP, die Partei von de Klerk, war vom ANC nicht erwartet worden und schlug um so mehr ein. Eine Tagung des *Institute for Democracy in South Africa* (August 1995), gemeinsam mit der Friedrich Naumann Stiftung, diente der Diskussion des Wahlausgangs und der Frage nach seinen Ursachen (JAMES et al. 1996). Zahlreiche Redner unterstrichen, daß die Zustimmung zur NP, der alten Apartheidpartei, nicht als Rassismus von Seiten der Farbigen gegen die Schwarzen zu interpretieren ist (was manche Politiker taten). Es waren vielmehr die Ankündigungen von *affirmative action*, die Ängste um den Arbeitsplatz auslösten, und der bevorstehende Kampf um finanzielle Ressourcen, etwa für Schul- und Gesundheitswesen, der vor allem Unter- und Mittelschicht-Farbige nicht ANC wählen ließen. Das Wahlverhalten der Inder in Natal spiegelt das Ergebnis im West-Kap wider: Auch in KwaZulu/Natal gaben ca. 60 % der Inder während der Parlamentswahlen 1994 ihre Stimme für die NP ab, ungewiß über die Zukunft eines demokratischen Südafrika mit schwarzer ANC-Mehrheit, in Erinnerung an die blutigen Auseinandersetzungen zwischen Schwarzen und Indern 1985 in Natal und die Ausweisungen von Indern aus Ländern Ostafrikas. Die Ergebnisse der Parlamentswahlen 1999 zeigen Erfolge des ANC auf breiter Front (Tab. A.1.1.2; LANGE 1999).

Die *Kapmalaien* (ca. 150000 Personen) leben fast alle in Kapstadt, wo das historische *Malay Quarter* den ehemaligen Siedlungskern dieser Gruppe bildet. Die Kapmalaien gehören vorwiegend dem sunnitischen Islam an und haben enge Bindungen an die islamische Welt. Die in der Apartheidära kaum beachtete Minderheit entwickelte seit den 1990er Jahren im Rahmen der Gemeinschaft der Muslime ein neues Leben. Ihre Kontakte zum fundamentalistischen Islam wirken sich in der militanten Pagad-Bewegung aus, die seit 1994/95 mit Gewalt gegen Drogengangs vorgeht, da die südafrikanische Polizei versagt (Kap. 3.3.3).

Südafrikas kulturell-ethnische Vielfalt wird noch erhöht durch die ca. 1 Mio. *Inder* (ARKIN et al. 1989; JÜRGENS/BÄHR 1996). Es ist die größte Zusammenballung von Indern in Afrika (vgl. Kenia: ca. 90000; Simbabwe: ca. 10000) und die größte indische Minder-

heit außerhalb Südasiens. Zirka 80 % der Inder leben im Ballungsraum Durban-Pietermaritzburg; der Verstädterungsgrad der Inder liegt bereits über 90 %. Ein Denkmal in der Fußgängerzone von Pietermaritzburg erinnert an Ghandi, der seine Laufbahn als Rechtsanwalt in Südafrika begann, wo er für die Gleichstellung der Inder eintrat (1894 Gründung des *Natal Indian Congress*), bevor er 1914 nach Indien zurückkehrte. Der Ursprung der indischen Bevölkerung in Südafrika geht auf das Jahr 1860 zurück, als die britische Regierung aus dem damaligen britischen Kolonialreich Vertragsarbeiter für die Zuckerrohrplantagen an der Küste des heutigen KwaZulu/Natal holte. Hindu aus Madras stellten die ersten „Kontingente", später kamen Moslems aus Gujarati hinzu. Die meisten Plantagenarbeiter entschieden sich für ein Verbleiben in Natal, wo sie zu Farmern wurden; andere ließen sich als Handwerker nieder, gründeten Handels- und Industriebetriebe; man findet zahlreiche Ärzte, Rechtsanwälte und Lehrer. Die Wohnviertel der Inder in den Städten Südafrikas und die zahlreichen indischen Namen in Südafrikas *business world* und in der Regierung zeigen, daß die Masse der Ober- und Mittelschicht angehört.

Die Hindutempel (ca. 40 % der Inder) bzw. Moscheen (ca. 20 % der Inder sind Moslems) sowie die neben Englisch verwendeten *home languages* Tamil, Hindi, Urdu u.a zeigen, daß diese Gruppen noch zahlreiche kulturelle Elemente ihrer Heimat besitzen; das Kastenwesen wurde dagegen als Folge der Akkulturation in Südafrika fast völlig aufgegeben. Im neuen Südafrika profitieren die indischen Geschäftsleute und Unternehmer von der neuen Freizügigkeit und bauen ihre Wirtschaftsbasis aus, wie das außerordentliche Wachstum des Handels und der Flugverbindungen zwischen Südafrika und Indien zeigt. Der sozioökonomische Status der meisten Inder hat sich an das Niveau der Oberschicht-Weißen angeglichen: 1993 betrug das durchschnittliche monatliche Haushaltseinkommen einer indischstämmigen Familie R 3261, einer weißen R 5602 – und einer schwarzen R 996. Der Wohlstand zahlreicher indischer Familien ist ein „Reizthema" gegenüber der Armut bei der Masse der Schwarzen (Tab. 3.4). Politisch nehmen Inder im ANC und in der Regierung einflußreiche Positionen ein, wie die Parlamentspräsidentin und Kabinettsposten zeigen.

Zu den Asiaten gehören auch ca. 6000 *Chinesen*, die überwiegend in der Provinz Gauteng leben. Es sind nicht die Nachfahren jener Bergarbeiter, die 1904 in Nordchina für die Goldminen am Witwatersrand rekrutiert wurden; sie wurden alle repatriiert. Die heutige chinesische Gemeinschaft ist das Ergebnis einer sporadischen Einwanderung, die 1891 mit der Ankunft chinesischer Händler aus Madagaskar und Mauritius einsetzte. Bis heute dominieren Tätigkeiten der Mittelschicht im Handel, aber einige südafrikanische Chinesen sind zu Ärzten, Rechtsanwälten und wohlhabenden Unternehmern aufgestiegen. Eine radikal antikommunistische Haltung bedingt eine enge Anlehnung an Nationalchina (Taiwan), mit dem Südafrika bis 1997 diplomatische Beziehungen unterhielt.

3.2.3 Sprachen

Wie Gesamt-Afrika zeigt auch Südafrika eine große *Sprachenvielfalt* (Tab 3.2, Abb. 3.2 und 3.3). Neben den Sprachen der traditionellen Ethnien existieren die europäischen Sprachen Englisch und das vom Niederländischen abgeleitete Afrikaans. Als Ergebnis der Einwanderung besteht eine Vielzahl von sprachlichen Minderheiten. Als eine Pidgin-Korrespondenzsprache hat sich Fanagalo seit dem ausgehenden 19. Jh. in Bergbau- und Industriegebieten ausgebreitet.

Wie in zahlreichen Ländern Afrikas beinhaltet die *Sprachenfrage* ein erhebliches Konfliktpotential: die Unruhen in Soweto (1976), die das Ende des Apartheidregimes und den Sieg der schwarzen Mehrheit einleiteten, entzündeten sich am Sprachenstreit: Die Jugendlichen lehnten den Unterricht in Afrikaans als Sprache der Unterdrücker ab und forderten als Unterrichtssprache Englisch. Im neuen Südafrika existieren seit 1994 elf als gleichberechtigt anerkannte Sprachen – es bleibt abzuwarten, ob man sie als Amtssprachen bezeichnen kann – und zwar neben den ehemaligen Amtssprachen Englisch und Afrikaans neun regional verbreitete Bantusprachen. Diese sprachpolitische Entscheidung kommt sicherlich der Masse der Sprecher entgegen, erschwert aber die amtliche Kommunikation erheblich und verteuert sie. So wurde der Arbeitsentwurf der endgültigen südafrikanischen Verfassung im November 1996 in allen elf „Amtssprachen" verteilt. Die politische Tendenz ist gespalten: Der ANC und große Teile der Medien fördern Englisch als Amtssprache, doch beherrschen nur ca. 20 % der Südafrikaner Englisch so fließend, daß es bis auf die lokale Ebene benutzt werden könnte. Man muß aber an das Beispiel Namibia denken: Dort wurde nach der Unabhängigkeit 1990 Englisch zur einzigen Amtssprache erklärt, obwohl nur 3 % der Bevölkerung Englisch als „Muttersprache" (home language) bezeichneten. Eine Umfrage des HSRC (1990) ergab für Südafrika, daß bis zu 50 % der Bevölkerung sich für Englisch, bis zu 45 % für eine afrikanische Sprache und max. 27 % sich für Afrikaans als Amtssprache entschieden. Mit Recht trug ein Zeitungsartikel Anfang 1993 die Überschrift: „Am Kap ringen die Politiker um den Einfluß von Afrikaans oder Englisch" (Handelsblatt 21.02.93). Konservative burische Kreise sträuben sich aus Furcht um den Verlust eines wesentlichen Kennzeichens südafrikanischer Identität gegen die Einschränkung von Afrikaans, die Sprachenkommis-

	RSA	West-Kap	Ost-Kap	Nord-Kap	Frei-staat	KwaZulu /Natal	Nord-West	Gau-teng	Mpu-ma-langa	Nord-Prov.
Sprecher, gesamt (in 1000)	38049	3418	6340	721	2598	7956	3153	6458	2704	4701
davon Anteil (in %)										
Afrikaans	15,1	62,2	9,6	66,0	14,7	1,9	8,8	20,5	9,3	2,6
Englisch	9,1	20,0	4,2	2,6	1,5	16,0	1,0	16,1	2,0	0,4
Afrikaans/ Englisch	0,2	0,7	0,1	0,1	0,1	0,1	0,1	0,4	0,1	0,0
isiNdebele	1,5	0,0	0,0	0,0	0,3	0,0	2,6	1,4	11,3	1,6
Sepedi	9,8	0,1	0,0	0,2	1,1	0,1	5,2	8,8	10,2	56,7
Sesotho	6,9	0,2	2,1	0,7	57,4	0,3	5,0	11,2	1,9	0,3
siSwati	2,6	0,0	0,0	0,0	0,2	0,0	1,0	1,3	30,2	0,8
Xitsonga	4,2	0,0	0,0	0,1	0,8	0,0	5,4	3,8	3,8	22,7
Setswana	7,2	0,1	0,0	19,0	6,4	0,0	59,0	7,2	2,6	1,5
Tshivenda	1,7	0,0	0,0	0,0	0,1	0,0	0,5	1,1	0,1	11,8
isiXhosa	17,5	15,3	82,6	6,2	9,4	1,2	6,3	6,2	1,7	0,2
isiZulu	22,4	0,1	0,8	0,3	5,2	79,3	2,7	18,4	24,2	0,8
sonstige	1,8	1,3	0,6	4,8	2,8	1,1	2,4	3,6	2,6	0,6

Tab. 3.2: **Muttersprachen in Südafrika und seinen Provinzen (1991)**
nach: CSS 1997c, Tab. 3.11. Die Ergebnisse der Volkszählung 1996 weichen bezüglich der prozentualen Verteilung der Sprecher minimal von den o.g. Daten ab. Vgl. http://www.statssa.gov.za/censuspr/population.ht

sion des ANC sprach sich deutlich für eine Stärkung der bisher vernachlässigten afrikanischen Sprachen aus. Im Schulwesen setzt sich mehr und mehr Englisch als Unterrichtssprache durch.

Abbildung 3.2 zeigt die Verbreitung der Hauptsprachen und die Ausbreitungsprozesse, die Ergebnis der Binnenmigration sind (Kap. 3.4.1). Kritische Beobachter in der afrikaansen Szene interpretieren die starke Migration von Xhosa in die Provinz West-Kap als einen vom ANC geförderten Prozeß, um über die Zusammensetzung der Bevölkerung eine Veränderung der Wahlergebnisse zu erreichen. Doch ist Kapstadt und Umland ein Attraktionspol für Migranten auf nationaler und internationaler Ebene. Das Migrationsverhalten wirkt sich auch auf Gauteng aus, das eine erhebliche Zuwanderung von Sprechern aus Südafrika und dem gesamten Afrika südlich der Sahara aufweist. Abbildung 3.3 läßt am Beispiel von Gauteng die regionalen „Sprachgebiete" der Apartheidära erkennen: Ende der 1980er/Anfang der 1990er Jahre waren das Gebiet der Pretoria Municipality und die südlichen Vororte von Johannesburg noch von Afrikaans-sprachigen Weißen der Mittel- und Unterschicht beherrscht, die sozioökonomisch „gehobenen" nördlichen Vororte von Johannesburg von Englisch-sprachigen Weißen; afrikanische Sprachen hatten eine flächenmäßig

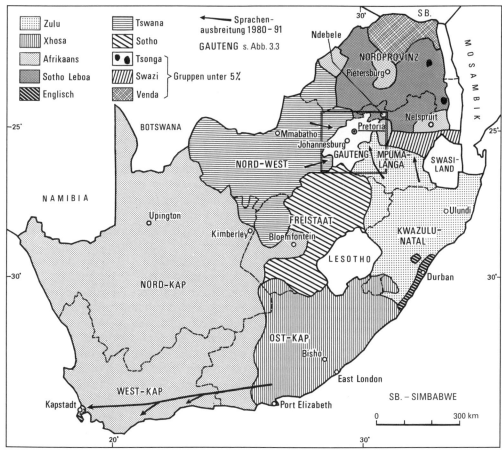

Abb. 3.2: Sprachgebiete in Südafrika (Verbreitung von Muttersprachen 1991)

nach: VAN DER MERWE / VAN NIEKERK 1994, map 4.5

Übersicht 3.1: Weihnachts- und Neujahrsgrüße in den elf südafrikanischen Amtssprachen und auf Deutsch

aus: RSA 2000, 12/95

GESEËNDE KERSFEES EN 'N VOORSPOEDIGE NUWE JAAR (Afrikaans)
HAPPY CHRISTMAS AND A HAPPY NEW YEAR (Englisch)
UKRESIMUSI OTHABISAKO NONYAKA OMUTJHA ONEPUMELELO (Ndebele)
KEREMOSE YA LETHABO LE KATLEGO MO NGWAGENG O MOSWA (Pedi)
KERESEMOSE E MONATE LE KATLEHO SELEMONG SE SETJHA (Sotho)
KHISIMULI LONENJABULO KANYE NANCIBIJANE NENCUBEKE'EMBILI (Swasi)
KHISIMULI YA NTSAKO NA LEMBE LERINTSHWA LERI NGA NA MIKATEKO (Tsonga)
KERESEMOSE E E MONATE LE KATLEGO MO NGWAGENG O MOSWA (Tswana)
KHISIMUSI YA VHUDI NA NWAHA MUSWA URE NA MVELAPHANDA (Venda)
IKRISIMESI EMYOLI, NONYAKA OMTSHA OQAQAMBILEYO (Xhosa)
UKHISIMUZI OMNANDI, NONYAKA OMUSHA ONEMPUMELELO (Zulu)
FROHE WEIHNACHTEN UND EIN GLÜCKLICHES NEUES JAHR (Deutsch)

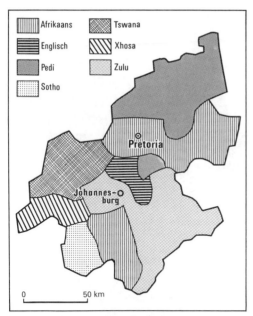

Abb. 3.3: Sprachgebiete in Gauteng
nach: VAN DER MERWE 1993b

dominierende, aber randliche Position. Heute haben sich die Verbreitungsgrenzen der afrikanischen Sprachen bis in die Citygebiete hinein ausgeweitet, und die „Inseln" von Afrikaans und Englisch sind kleiner geworden. VAN DER MERWE (1993b) hat am Beispiel von Kapstadt die Veränderung städtischer Sprachgebiete in der Spät-Apartheidphase überzeugend dargestellt. Er wies auf der Grundlage von Daten der Bevölkerungszählung 1991 im Vergleich mit den Unterlagen von 1980 nach, daß das relativ einfache Verbreitungsmuster in den ländlichen Räumen, wie es Abbildung 3.2 zeigt, in den Städten von einem wesentlich differenzierteren Gliederungmuster abgelöst wird. Hier sind trotz der in der Apartheidphase vorgeschriebenen räumlichen Trennung nach Rassen, die oft auch sprachliche Einheiten bilden, durch Migrationsprozesse vielfältige kleinräumige Sprachgebiete entstanden. So zeigt Kapstadt (1991) in den weißen Wohngebieten die Dominanz des Englischen, in den von Farbigen dominierten Wohngebieten von Afrikaans, in den schwarzen Wohngebieten vorwiegend Xhosa-Sprecher. Zwischen 1980 und 1991 begann ein Trend der Ausdehnung von Englisch, zugleich eine Zunahme der Xhosa-sprachigen Bevölkerung. Für die Sprachplanung, etwa für die Kommunikation in der Stadtverwaltung oder an den Schulen, stellen Sprachveränderungprozesse eine erhebliche Aufgabe dar.

3.2.4 Religionen

Religionen und Apartheid-Südafrika – Religionen und neues Südafrika, eine nicht unmittelbar geographische Fragestellung? Dabei wird oft übersehen, daß Religionen einen erheblichen Einfluß auf Politik, Sozialstruktur und Entwicklung haben. GRAYBILL (1995) legte eine Studie vor über Religion und Widerstand in Südafrika, in der sie Gestalten wie Albert Lutuli, Robert Sobukwe, Steve Biko und Desmond Tutu in ihrer Funktion analysierte. Hier interessiert die Rolle der Kirchen im neuen Südafrika, ihre Bedeutung für die Verwirklichung von Menschenrechten, Gerechtigkeit und Wohlfahrt.

Christentum dominiert in Südafrika – ca. 80 % der Südafrikaner gehören christlichen Bekenntnissen an, allerdings in unterschiedlichen „Schattierungen". Jede Klein- und Mittelstadt in Südafrika ist gekennzeichnet durch das Neben-, Gegen- und Miteinander von durchschnittlich 15 christlichen Bekenntnissen, ablesbar an der Zahl der Gotteshäuser im Stadtbild bzw. der Kirchen im Telefonbuch (neben den „etablierten Kirchen", wie der Niederdeutsch-Reformierten Kirche (NGK), der Römisch-Katholischen Kirche und der Anglikanischen Kirche auch Methodisten, Lutheraner und andere). Hindus, Moslems und Juden bilden kleine, aber politisch-ökonomisch wichtige Minderheiten. Nicht zu unterschätzen ist die Rolle der Afrikanischen Unabhängigen Kirchen, zu denen ca. 30 % der Schwarzen gehören. Sie waren in der Apartheidphase ein Sammelbecken für „Erlösung" und „Heilserwartung" jenseits der Amtskirchen. Sie tragen diese Funktion heute als Hoffnungsträger, als authentische afrikanische Religionen in einer Zeit des Umbruchs.

Die christlichen Kirchen sind im Südafrikanischen Kirchenrat (SACC) vereinigt. Zu seinen markantesten Repräsentanten gehört der protestantische Kirchenführer Frederick Beyers Naudé, als entschiedener Gegner der Apartheid vom alten Regime mit siebenjährigem Hausarrest „gebannt". Die Kirchen des Rates, auch die Katholische Bischofskonferenz, treten im neuen Südafrika mit einer Botschaft der Hoffnung, mit Kernbegriffen wie „Heilung der Apartheid-Wunden" und „Versöhnung" auf. Christliche Überzeugung und Verantwortung haben einen hohen Stellenwert, etwa bei der Verwirklichung des Umbau- und Entwicklungsprogramms, bei der Förderung des Friedens in KwaZulu/Natal, beim Kampf gegen Waffenhandel und Korruption, bei der Suche nach Gerechtigkeit.

Der *Islam* ist durch die Einwanderer aus Südostasien seit dem 17./18. Jahrhundert in Südafrika nachgewiesen, am stärksten repräsentiert durch die Gruppe der Kapmalaien. Auch ca. 20 % der Inder Südafrikas gehören dem Islam sunnitischer Richtung an. Im neuen Südafrika mit ca. 1 Mio. Muslimen, davon ca. 400000 im Raum Kapstadt, breitet sich eine islamische Bewegung aus, gefördert durch die Einwanderer aus West- und Ostafrika. Zugleich mit der Aufnahme diplomatischer Beziehungen zum Iran macht sich eine zunehmende islamisch-fundamentalistische Strömung bemerkbar. Sie wird seit 1995/96 überaus medienwirksam, da sie im Rahmen der sogenannten Pagad-Bewegung militant gegen Drogenhändler und andere Kriminelle im Großraum Kapstadt vorgeht (Kap. 3.3.3). Hier entwickelt sich ein für die zukünftige gesellschaftlich-politische Ordnung Südafrikas wichtiger Faktor. Der einwöchige Besuch (Januar 1996) des Imam der Heiligen Moschee von Mekka bei Moslem-Gemeinden in Johannesburg, Durban und Kapstadt zeigt die Bedeutung, die man den südafrikanischen Gemeinschaften beimißt.

3.2.5 Kulturwandel – Lebensformen in Stadt und Land

Der jahrhundertelange Kontakt zwischen weißen Siedlern, Händlern, Missionaren und Schwarzen löste umfangreiche und tiefgreifende Prozesse des Kulturwandels mit erheblichen sozialgeographischen Konsequenzen aus. Sie betrafen alle Beteiligten in unterschiedlichem Grad.

Die *schwarze Bevölkerung* Südafrikas wurde am nachhaltigsten vom Kulturwandel und seinen Folgen betroffen. War es zunächst der Kontakt mit Händlern und Missionaren (Rheinische Mission, Berliner Mission, Schwedische Mission, Anglikaner, Presbyterianer, Methodisten, Quäker, Katholiken), der neue Elemente der materiellen Kultur, der Schrift sowie das Christentum ins Land brachte, so war es in einer zweiten Phase der breitflächige Kontakt mit den Treckburen bzw. mit britischen Siedlern, der eine Wandlung der traditionellen Kultur der Bantuvölker Südafrikas bedingte. Setzte zunächst der Wandel noch langsam ein, so erhöhte sich die Geschwindigkeit des Kulturwandels und seine Intensität mit dem Eintritt Südafrikas in die Bergbauphase seit der 2. Hälfte des 19. Jh.: Von nun an wurde die *Wanderarbeit* zu einem entscheidenden Umgestaltungsfaktor traditioneller Gesellschafts- und Kulturformen. Seit dem Zweiten Weltkrieg hatte die massenhafte Abwanderung junger Leute aus den Homelands in die Städte des weißen Gebietes die nachhaltigste Auswirkung auf den Kulturwandel: eine anhaltende *Urbanisierung* setzte ein (Kap. 5.1; Tab. 5.1). Dieser Kulturwandel vollzog sich in den Homelands verstärkt mit den Modernisierungsmaßnahmen im ländlichen Raum (Schulbau, Verdorfung, Aufbau zentraler Orte) seit 1955. Es ist aber zu bedenken, daß die Veränderungen der Lebensformen in Stadt und Land durch die Apartheidpolitik politisch bewußt gelenkt wurde. Durch sogenannte „getrennte Entwicklung" sollten die kulturellen Traditionen und Lebensweisen der Bevölkerungsgruppen erhalten bleiben. Jedoch vollzog sich insbesondere in den städtischen Townships die Entwicklung einer Schwarzen- bzw. Farbigen-Eigenkultur, die bisher soziologisch und sozialgeographisch kaum untersucht wurde.

Neue soziale Gruppen
Der Kulturwandel ließ mehrere *neue soziale Gruppen* von Schwarzen entstehen: Den Wanderarbeiter; den Halbverstädterten; den in die unteren sozialen Schichten aufgestiegenen Arbeiter, Angestellten und Selbständigen in den Städten; den sich ausweitenden Mittelstand von Facharbeitern, Angestellten, Beamten und Selbständigen in den Metropolen; die neue schwarze Elite (Unternehmer, Ärzte, Dozenten, Politiker; Kap. 3.3). Hier werden Faktoren und Bereiche des Kulturwandels sichtbar: Die Schule als Stätte formaler Bildung, der Beruf als Kontaktfeld, das politische Umfeld, die Kirchen und Sekten als Stätten religiöser und sozialer Erfahrung, Civics/NROs als Gruppen demokratischer Selbstverwaltung. Der ländliche Raum, die Homelands/Autonomstaaten, blieben bis in die 1970er Jahre Reliktgebiete, sind aber seitdem infolge der Kontakthäufigkeit beschleunigt in den Kulturwandel einbezogen. Doch haben demokratische Bewegungen wie Civics/NROs hier noch einen schweren Stand, sind Maßnahmen zur Verbesserung

der Situation der Frauen und anderer traditionell benachteiligter Gruppen schwierig durchzuführen.

Im kulturellen Leben Südafrikas werden Dichtung, Musik, Tanz und bildende Kunst der afrikanischen Völker in moderner Form weitergeführt, genannt seien: der Erfolg des Musicals Ipi Tombi, das die Erfahrungen eines Zulu-Wanderarbeiters in Johannesburg schildert; die Malerei der Schwarzen, wie sie in einer großen Ausstellung in Johannesburg 1981 als ein Rückblick auf dreißig Jahre Malerei schwarzer Künstler gezeigt wurde; genannt sei das von Missionsschulen angeregte Kunsthandwerk (Schnitzerei, Weberei, Flechtarbeiten) oder der von Amerika beeinflußte Black Jazz. Wie in einem Zeitungsartikel über neue Entwicklungen in den Medien Südafrikas mit Recht betont, hat sich die Medienlandschaft der Industrieländer an „Überfälle und Gewalt in Johannesburg" sowie Enthüllungen um Winnie Mandela als Klischees gewöhnt. Wer aber das Land wirklich erfassen will, muß seine Geschichte, Musik und Literatur studieren, ein Gespür haben für die außerordentliche Bedeutung der Religion und Kirche – was bei Journalisten und Lesern Zeit erfordert (Frankfurter Rundschau 11.11.97 in einem Bericht über „Forum Südliches Afrika" der Deutschen Welle in Köln).

Traditionelle Autoritäten
Der Prozeß der Demokratisierung seit 1989/90 hat zu einer anhaltenden Diskussion um die Stellung und Rolle der *Häuptlinge* oder *chiefs* geführt, der traditionellen Autoritäten der afrikanischen Gesellschaft. Sie üben, z.T. kontrolliert von einem Häuptlingsrat, die lokale Rechtssprechung aus, sie besitzen Vergaberechte für Grund und Boden, sie erheben Abgaben (in Geld oder Naturalien) von ihren Untertanen, sie besitzen eine bedeutende Funktion in der Ahnenreligion und üben letzlich sogar (über Zauberer oder Kriminelle) Einfluß auf Leben und Tod ihrer Untergebenen aus. In den ländlichen Gebieten

sind sie anerkannte, fast unumstrittene Autoritäten, aber ihr Einfluß reicht bis in die Städte, wo ein hoher Anteil der Bevölkerung noch Bindungen zum ländlichen Raum hat. Leopardenfell und Fliegenwedel als Symbole haben sie heute getauscht gegen repräsentative Autos, Nadelstreifenanzug und Mobiltelefon. Durch ihre Verankerung in erblichen Dynastien sind sie in den seltensten Fällen „Neuerer", meist antidemokratisch-konservative „Führer". Innovative Jugend, unternehmerische Aufsteiger und Frauen haben gegen sie meist keine Chance, so daß sie bis auf wenige Ausnahmen ein Hemmnis für eine demokratische Entwicklung darstellen. Von den politischen Parteien, in Südafrika von ANC und IFP, sind sie wegen der Macht über ihre Untertanen umworben, da sie das Wahlverhalten von Millionen beeinflussen können.

Anläßlich der Kommunalwahlen Ende 1995 stellte das *Institute for Democracy in South Africa* in einer Umfrage fest, daß 40 % der Befragten sich dafür aussprachen, daß die chiefs „automatisch" einen Sitz in den Kommunalverwaltungen erhalten; 36 % der Befragten sprachen sich dafür aus, daß die traditionellen Führer sich der Wahl stellen müßten. Nur 23 % äußerten die Meinung, traditionelle Führer hätten im neuen Südafrika keine Rolle mehr zu spielen. Knapp über 50 % der Befragten waren der Auffassung, die traditionellen Autoritäten sollten keiner politischen Partei angehören. Die

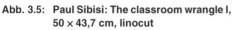

Verfassung von 1993 erkennt die traditionellen Autoritäten (*traditional leaders*) und die einheimischen Gesetze (*indigenous laws*) ausdrücklich an. In der Verfassung wurde ein „Rat traditioneller Führer Südafrikas" eingerichtet (*Council of Traditional Leaders of South Africa*, CONTROLESA), dessen 20 Mitglieder durch die traditionellen Autoritäten gewählt sind. Er hat die Aufgabe, die Regierung hinsichtlich von Fragen der Tradition zu beraten, die im nationalen Interesse sind. In sechs der neun neuen Provinzen wurden ebenfalls solche Räte eingerichtet.

Die Rolle dieser traditionellen Führer war 1995/96 Thema einer brisanten politischen Diskussion in Südafrika, da sie z.B. im Konfliktgebiet KwaZulu/Natal durch Einmischung in die Parteipolitik eine entscheidenden Rolle für Krieg oder Frieden spielen. Der ANC sieht im Hinblick auf die Demokratisierung des Landes und die wirtschaftliche Entwicklung der ländlichen Regionen die Rolle der traditionellen Autoritäten in der Pflege der alten Bräuche und in der Ausführung der traditionellen Zeremonien. Auf lokaler Ebene wurden die traditionellen Autoritäten in den Kommunahlwahlen 1995 durch demokratisch gewählte Ortsräte ersetzt – ein erhebliches Konfliktfeld. Dies brachte dem ANC den Vorwurf ein, das gesamte System der traditionellen Verwaltung zerstören zu wollen. Der Rat traditioneller Führer Südafrikas betonte Ende 1995, er werde Formen der westlichen Demokratie nicht akzeptieren; die

traditionellen Führer seien die Hüter der Macht. Es sei zu früh, demokratische Strukturen in den ehemaligen Stammesgebieten einzuführen. Anfang 1996 widersetzte er sich vehement einer Gesetzesvorlage, die die Kontrolle der Häuptlinge über Land in Gemeinschaftseigentum (communally owned land, auch als „Stammesland" bezeichnet) einschränkt. Im Februar 1996 kam es zwischen dem ANC und der IFP zu einem Kompromiß über die zukünftige Rolle des Königs der Zulu (*Zulu King*): Der König ist konstitutioneller Monarch über die gesamte Landesfläche von KwaZulu/Natal und seine Einwohner, nicht nur über die Angehörigen des Zulu-Volkes, d.h., KwaZulu/Natal ist formell ein Königreich innerhalb Südafrikas. Seine Rolle ist nunmehr eine unpolitische, stärker formale, insbesondere als Friedensstifter in dieser Unruhe-Provinz (nach Daily News 02.02.1996)

Die Erhaltung traditioneller, meist erblicher Herrschaftsstrukturen auf ethnischer Basis ist in Gesamtafrika ein Hindernis der Modernisierung (vergleiche die Rolle des Königs der Swazi, Kap. 7). Die Häuptlinge arbeiten zusammen mit den traditionellen Zauberern (inyangas): Sie heilen Krankheiten, schützen vor Krankheit und Mißernten, können aber auch „Todeszauber" aussprechen – die Opfer werden vergiftet oder in ihren Hütten verbrannt. Nur wenige lokale und regionale Führer werden zu Trägern von Innovationen.

3.3   Die sozio-ökonomische Struktur

Das Phänomen der heterogenen Bevölkerung Südafrikas spiegelt sich in ihrer sozialökonomischen Schichtung wider, in der Apartheidphase von Kritikern zusammengefaßt unter der Bezeichnung: Rassengesellschaft–Klassengesellschaft. Die Zuordnung zu einer der amtlich registrierten Rassen (Schwarze, Farbige, Asiaten/Inder, Weiße) entschied bis 1990/91 über Lebens-

ablauf und Zukunftschancen: Die Rasse bestimmte den Wohnort, die Schule und die Universität, den Beruf und das Einkommen, sogar den Friedhof, den Strand oder die Bibliothek. Seit den ausgehenden 1960er Jahren schärften Mobilität, Kontakthäufigkeit und Verstädterung das Bewußtsein und die politische Willensbildung der Nichtweißen hinsichtlich der Diskriminerung und der krassen sozialen Ungleichheiten.

Zwar wurden in den 1980er Jahren wichtige diskriminierende Gesetze aufgehoben (Übersicht 1.1), setzte sich das Prinzip „Gleicher Lohn für gleiche Arbeit" ohne Rassendiskriminierung in der freien Wirtschaft allmählich durch, brachte *affirmative action* seit 1994 einen Impuls im Sinne des Abbaus von Ungleichheiten bei der Erwerbstätigkeit, aber Südafrika gehört heute wie Kenia (0,57) und Brasilien (0,60) zu den *zerrissenen Gesellschaften*: Die für die Einkommensverteilung ermittelten Werte des Gini-Koeffizienten, einem Maß für Gleichheit/Ungleichheit (0 = völlige Gleichheit, 1 = maximale Ungleichheit), betrugen 1970 0,68, beliefen sich 1993 nur noch auf 0,58 (Weltbank 1999), das heißt, die Ungleichheit hat sich in den letzten Jahren leicht verringert. Zwar gehört Südafrika mit nationalen Durchschnittswerten des BIP/Kopf von US-$ 3210 (1997) zur Gruppe der Länder mit mittleren Einkommen (upper-middle-income-group, World Bank Atlas 1999), gemeinsam mit Brasilien und Mexiko, bei einer detaillierten Betrachtung nach Bevölkerungsgruppen und Regionen aber werden gravierende sozioökonomische Unterschiede sichtbar.

Verwendet man den Index für menschliche Entwicklung (*Human Development Index*, HDI des UNDP, 1998; Werte 1995) als Indikator menschlichen Wohlergehens, so liegt Südafrika mit einem Wert von 0,717 vor der Volksrepublik China (0,650) und Indonesien (0,679) und kanpp hinter Tunesien (0,744). Südafrika stand an erster Stelle der Staaten Afrikas südlich der Sahara vor Botswana (0,678) und Simbabwe (0,507), und weit über dem Durchschnitt der Länder Afrikas südlich der Sahara (0,380). Südafrika erlebte zwischen 1960 und 1995 eine Steigerung des HDI-Wertes von 0,464 auf 0,717, d.h. von einem niedrigen zu einem mittleren Niveau menschlicher Entwicklung. Eine Unterscheidung nach ethnischen Kriterien (folgende Daten für das Stichjahr 1991; Tab. 3.3) zeigt aber, daß die Schwarzen mit 0,500 auf der Ebene von Swasiland/Ägypten, die Weißen mit 0,897 auf der Ebene von Neuseeland/Luxemburg leben – Erste Welt und Dritte Welt in einem Land. „Entwicklung" hat auch einen regionalen Aspekt: Die Daten des CSS zeigen, daß die Provinz West-Kap den höchsten südafrikanischen HDI-Wert (0,826) im Unterschied zur Nord-Provinz mit dem niedrigsten Wert (0,470) besitzt. Sucht man eine Vergleichssituation im Rahmen der HDI-Skala, so liegt West-Kap etwa auf dem Rang von Venezuela, die Nord-Provinz auf dem Rang von Simbabwe (CSS May 1995, S. 2). Es „tröstet" wenig, daß Mosambik (0,252) und Guinea (0,191), zur Gruppe der ärmsten Länder der Erde zählend, noch tiefere Werte aufweisen.

Die Regierung der nationalen Einheit war 1994 mit der Devise angetreten, das Erbe der Apartheidära gerade hinsichtlich der krassen sozioökonomischen Rassen- gleich Klassenunterschiede zügig abzubauen. Dem diente das in Südafrika und weltweit anerkannte Umbau- und Entwicklungsprogramm RDP (1994; Kap. 1.2). Seine Ablösung durch das Wirtschaftsprogramm „Wachstum, Beschäftigung und Umverteilung" GEAR (1996; Kap. 4.2) wird von Kritikern als eine Kapitulation der Regierung vor einem radikalen sozialen Umbau betrachtet. Der Druck internationaler Wirtschafts- und Finanzkreise führte dazu, trotz der sozialistischen Zielsetzung der Regierungspartei ANC, dem wirtschaftlichen Wachstum, insbesondere durch ausländische Direktinvestitionen, Vorrang vor sozialem Umbau und sozialer Gerechtigkeit einzuräumen. In aktueller Terminologie heißt dies: Die insider, d.h. die Weißen und eine kleine nichtweiße Ober- und Mittelschicht, profitieren vom neuen Südafrika, die outsider, die Masse der Schwarzen und große Teile der Farbigen, bleiben weiter „draußen", im Sinne fortgesetzter Armut.

Index der menschlichen Entwicklung[1] (Human Development Index – HDI)				
	Gesamt	Schwarze	Farbige	Asiaten/Inder	Weiße
1980	0,557	0,394	0,532	0,655	0,739
1991	0,677	0,500	0,663	0,836	0,897

nach CSS 1997c, Tab. 3.15

Index der menschlichen Entwicklung nach Provinzen 1991									
RSA	West-Kap	Ost-Kap	Nord-Kap	Freistaat	KwaZulu /Natal	Nord-West	Gauteng	Mpuma-langa	Nord-Provinz
0,677	0,826	0,507	0,698	0,657	0,602	0,543	0,818	0,694	0,470

nach CSS 1997c, Tab. 3.16

[1] Der HDI-Index wird aus folgenden Komponenten berechnet: Lebenserwartung bei Geburt, Alphabetisierung Erwachsener und Einschulungsrate, Einkommen. Die Tiefst- und Höchstwerte liegen auf einer Skala zwischen Null und Eins. Werte unter 0,5 zeigen ein niedriges Niveau menschlicher Entwicklung an, Werte zwischen 0,5 und unter 0,8 verweisen auf ein mittleres Niveau, Werte von 0,8 und höher auf ein hohes Niveau menschlicher Entwicklung.

Tab. 3.3: **Index der menschlichen Entwicklung in Südafrika nach Bevölkerungsgruppen und Provinzen**
nach: CSS 1997c, Part 3

3.3.1 Reichtum und Armut

Verteilung und Höhe der *Einkommen* entsprechen bis heute weitgehend der Zugehörigkeit zu einer Bevölkerungsgruppe, wobei das Pro-Kopf-Einkommen ein deutliches Gefälle aufweist – von den Weißen über die Asiaten und Farbigen bis zu den Schwarzen (Tab. 3.4). Zwar stiegen die Einkommen der Nichtweißen bei zunehmender Qualifikation seit den ausgehenden 1970er Jahren prozentual stärker als die der Weißen, aber immer noch bestehen erhebliche Unterschiede im Pro-Kopf-Einkommen. Hinsichtlich des gesamten verfügbaren Haushalts-Jahreseinkommens sind auch Mitte der 1990er Jahre die Haushalte der Schwarzen mit 26 % in der Einkommensgruppe R 0 bis R 6839/Jahr die ärmsten im Lande, verglichen mit einem Anteil von 12 % bei den Farbigen und von nur 2 % bei Asiaten/Indern bzw. Weißen. Umgekehrt zeigt sich, daß 64 % der Haushalte von Weißen in die höchste Einkommensgruppe von

über R 53092 fallen, immerhin noch 45 % der Haushalte von Asiaten/Indern, aber nur 16 % bei Farbigen und sogar nur 9 % bei Schwarzen (CSS 1996b, Fig. 36). Das Statistische Amt von Südafrika (CSS 1997b) veröffentlichte einen umfangreichen Bericht über Einkommen und Ausgaben aller Bevölkerungsgruppen in Südafrika im Stichjahr 1995 (http://www.statssa.gov.za/ies/ies.ht).

Die Einkommenssituation ist überwiegend das Ergebnis einer in der Apartheidphase bewußt vernachlässigten Bildungs- und Ausbildungspolitik für Nicht-Weiße. Sie spiegelt sich bis heute in der Beschäftigungssituation der unterschiedlichen Rassen nach Berufsgruppen wider (Abb. 3.6). Während der überwiegende Teil der Schwarzen und Farbigen, insbesondere Frauen, in die Kategorie „Ungelernte/Angelernte" fällt, ist die Situation bei Asiaten/Indern (erhebliche Anteile vom Facharbeiter aufwärts bis zum Manager), insbesondere aber bei den Weißen, wesentlich positiver, auch was die Stellung der Frau anbelangt. Die Ausstattung der Haushalte ist ein Hinweis auf die Ungleichheiten innerhalb der südafrikanischen Gesellschaft, wie er sich im Zugang zu Grundbedürfnissen, wie Wasserversorgung, Energieversorgung, sanitäre Einrichtungen darstellt (Tab. 3.5). Angesichts dieser Situation wird die Zielsetzung des RDP (Kap. 1.2) verständlich, das eine Angleichung der Lebensbedingungen der unterschiedlichen Bevölkerungsgruppen über eine Verbesserung der materiellen Infrastruktur in den Bereichen Wasserversorgung, Stromversorgung, sanitäre Einrichtungen und Gesundheitswesen vorsah. Wenn auch insbesondere in absoluten Armutsräumen, wie in Teilen der ehemaligen Homelands/Autonomstaaten und in einigen Townships, seit 1994 eine deutliche Verbesserung der Situation eingetreten ist, so ist eine grundlegende Veränderung noch nicht festzustellen (Kap. 1.2 und 10).

Eine raschere Ablösung der in der Aparthei-dära angelegten Berufs- und Einkommensverteilung nach Rassen hat seit 1994 durch *affirmative action* begonnen, sie macht sich aber noch nicht substantiell bemerkbar. Um diesen Prozeß zu beschleunigen, wurde Anfang 1998 das Gleichstellungsgesetz (*Employment equity bill*) im Parlament eingebracht, das die positive Diskriminierung im Sinne einer schnellen Beförderung Schwarzer durchsetzen soll: Mit Hilfe einer Black-only-Klausel sollen Unterneh-

men mit mehr als 50 Beschäftigten gezwungen werden, die Zusammensetzung ihrer Beschäftigten bis auf die Managementebene der prozentualen Verteilung der Bevölkerung anzupassen. Dies bedeutet, daß Firmen in Südafrika 75 % Schwarze, 52 % Frauen und 5 % Behinderte einstellen müssen. Diese „umgekehrte Diskriminierung" soll unter anderem dafür sorgen, daß bis zur Jahrtausendwende 60 % aller Manager und 30 % aller Vorstandsmitglieder Schwarze sind. Bei Mißachtung des Quotensystems drohen empfindliche Geldstrafen bis zu DM 350000. Jedes Unternehmen ist verpflichtet, ein rassen- und geschlechtsspezifisches Profil seiner Belegschaft zu entwerfen. Es mehren sich allerdings die Stimmen, die davor warnen, daß dieses neue Gesetz das Beschäftigungsproblem noch verschärfen wird (nach Handelsblatt 20.02.98, 23.02.98).

Im neuen Südafrika ist ein Anwachsen der *Oberschicht* festzustellen: Politiker und Militärs, Unternehmer und Kaufleute, höhere Beamte und Angestellte stellen mit ihren Familienangehörigen den neuen Wohlstand in Wohnsituation, Kleidung, Fahrzeugen und Schulbesuch (Privatschulen) dar. Die Familien bilden dabei ein enges Netzwerk gegenseitiger Verpflichtung, das zu Vetternwirtschaft und Korruption verführt, wie die zahlreichen Skandale, etwa in den Bereichen Gesundheitsministerium oder Ministerium

Tab. 3.4: **Einkommensklassen in Südafrika (in % der Beschäftigten, 1996)**
nach: SSA 1998a, Tab 2.37

| | Monatseinkommen pro Beschäftigten (in R) | | | | | | | |
| | Männer | | | | Frauen | | | |
	W	A	F	S	W	A	F	S
3501 und mehr	64,3	29,3	11,5	6,0	36,4	10,0	7,1	5,2
1501 – 3500	22,5	30,4	27,5	20,1	40,3	32,4	21,5	13,3
1001 – 1500	5,1	18,3	31,3	23,1	10,4	28,0	21,0	12,5
501 – 1000	3,2	6,1	20,4	24,3	8,3	16,3	18,5	24,4
0 – 500	4,9	4,2	16,8	26,8	7,0	8,0	30,0	47,6

W = Weiße, A = Asiaten, F = Farbige, S = Schwarze

	Gesamt	Schwarze	Farbige	Asiaten/Inder	Weiße
Hauptquelle des häuslichen Trink- und Brauchwassers	100	100	100	100	100
Fließendes Wasser in der Wohnung	47,6	27,4	76,0	97,7	98,4
Fließendes Wasser auf der Parzelle	18,8	25,1	17,5	0,6	0,1
Wasser aus Gemeinschaftszapfstelle	11,9	16,9	3,2	0,2	0,0
Wasser aus Bohrloch	9,1	12,7	1,0	0,9	1,2
Wasser aus Quelle, Fluß oder Wehr	10,8	15,6	1,6	0,3	0,1
sonstige	1,6	2,3	0,7	0,2	0,0
Hauptenergiequelle zum Kochen	100	100	100	100	100
Strom	49,8	30,6	76,1	98,5	98,4
Gas	4,8	6,1	5,7	0,5	0,9
Paraffin	17,2	24,2	5,6	0,5	0,3
Holz	22,8	31,7	11,6	0,4	0,3
Steinkohle	5,1	7,3	1,0	0,2	0,1
sonstige	0,1	0,1	0,0	0,0	0,0
Sanitäre Einrichtungen	100	100	100	100	100
Toilette mit Wasserspülung	54,9	36,6	84,3	97,1	99,9
Latrine (Eimer)	4,3	5,6	5,0	1,1	0,0
Trockentoilette	32,0	45,2	8,4	1,7	0,1
keine Einrichtungen	8,9	12,6	2,4	0,1	0,0
Müllabfuhr	100	100	100	100	100
städtische Müllabfuhr	53,4	36,8	81,6	95,4	92,9
städtische Müllhalde	4,5	5,2	7,4	0,5	1,3
private Abfallhalde	28,5	38,4	10,6	3,7	5,4
keine Entsorgung	13,7	19,6	0,5	0,4	0,4

Statistics South Africa veröffentlichte 1998 mit den Ergebnissen der Volkszählung 1996 auch „Households of South Africa". Die Werte sind weitgehend identisch mit den hier verwendeten Daten.

Tab. 3.5: Ausstattung der Haushalte in Südafrika als Indikator von Ungleichheit (1994, in %)
nach: CSS 1997c, Tab. 5.3, auf der Basis des October Household Survey 1994

für Wohnungsbau, zeigen. Die *städtische Mittelschicht* erlebt einen erheblichen Umbau in der Zusammensetzung der Beschäftigten: Im öffentlichen Dienst wird seit 1994 *affirmative action* umfassend angewendet, so daß die Zahl der Nichtweißen in der unteren Mittelschicht erheblich anstieg. Weiße, die in Rente gingen, sanken dagegen an die Armutsgrenze ab. Der Zuwachs von Facharbeitern oder Selbständigen in Klein- und Mittelbetrieben blieb gering: Der wirtschaft-

liche Aufschwung seit 1994/95 führte nicht zu einem Anstieg der Beschäftigtenzahlen, vielmehr wurden durch Rationalisierung Stellen abgebaut. Trotz der verbalen Bekundungen der Politiker und der Bemühungen von NROs, wie der *Small Business Development Corporation*, konnte auch das Kleingewerbe nicht, wie erhofft, von der veränderten Situation profitieren (Kap 4.6).

In der südafrikanischen Presse werden immer wieder Erfolgsgeschichten von

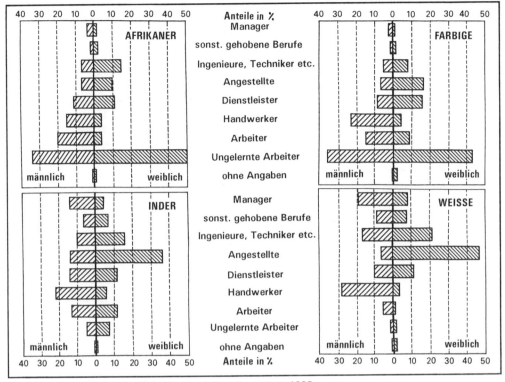

Abb. 3.6: Beschäftigte in Südafrika nach Berufsgruppen 1995
nach: CSS 1996b, Fig. 18–21

Geschäftsleuten und Unternehmern aus der Gruppe der Schwarzen oder Farbigen vorgestellt, es bildet sich eine neue politisch-ökonomische Elite von Nichtweißen heraus, aber die vertikale Mobilität ist insgesamt gering, der Reichtum in Südafrika in wenigen Händen konzentriert. So leidet der Mittelstand bei anhaltender Inflation und Wertverlust des Rand unter Einkommensverlusten, nimmt das Problem der *Armut* eine Schlüsselrolle ein. Mit Recht trug ein Leitartikel im Deutschen Allgemeinen Sonntagsblatt (21.02.92) den Titel: „Die neue Apartheid der Armut". Der Verfasser machte deutlich, wie fehlende Bildung und berufliche Qualifikation große Teile der Schwarzen zu Bürgern zweiter Klasse machen, wie Klassen- statt Rassenschranken das neue Südafrika bestimmen. Sichtbar wird dies in der Konfrontation zwischen Be-

wohnern „feiner Vorstadtviertel", wie Randburg im Norden von Johannesburg, und informellen Siedlungen aus Behelfshütten ohne Straßen, Strom und fließendes Wasser. Die Marktmechanismen im neuen Südafrika bedingen den Rückgang von Tätigkeiten, die im Apartheid-Südafrika illegal betrieben wurden, aber Einkommen brachten: die Shebeen-Wirte in den Townships bekommen Konkurrenz durch die Produkte der Großbrauereien, kapitalschwache Kleinunternehmer müssen ihre Geschäfte schließen wegen des Marktzugangs von „weißem Kapital" in den Townships, z. B. von Fast-Food-Ketten. Die Liberalisierung des Außenhandels verschärft die Konkurrenzsituation der Unternehmen, die Arbeitskräfte abbauen und oft genug in die Armut entlassen. Im neuen Südafrika wird auch das Phänomen der „Armen Weißen" im-

Es stimmt etwas nicht mit der Verteilung der Kräfte im Post-Apartheid Südafrika. In derselben Woche, in der COSATU sich im Erfolg bunter Straßenproteste sonnen konnte, fand die „Kriegserklärung gegen die Armut", unterstützt von staatlichen und nichtstaatlichen Organisationen, kaum eine Erwähnung in den Medien.

Die Erklärung, angeführt von Südafrikas nationaler Vereinigung von NROs (*SA National Coalition of Nongovernmental Organisations*), zeichnet ein trübes Bild einer hoffnungslos geteilten Gesellschaft, in der sich die Kluft zwischen Habenden und Habenichtsen (*haves and have-nots*) in einem alarmierenden Maß weiter öffnet. Im letzten Jahr, in dem durch das Regierungsprogramm „Wachstum, Arbeit und Umverteilung" 126000 neue Arbeitsplätze geschaffen werden sollten, wurden 100000 Stellen abgebaut – und dies in einem Land, in dem die Arbeitslosigkeit regional 40 % erreicht und in dem ca. 2,3 Mio. Schwarze unter-

ernährt sind, inklusive 87 % der schwarzen Kinder unter 12 Jahren. Die ca. 2 Mio. Mitglieder von COSATU sind Teil einer machtvollen Minderheit (*empowered minority*), die formale Arbeit hat. Auch wenn es wahr ist, daß eine beschäftigte Person bis zu einem Dutzend Arbeitslose unterhalten kann, so muß man sich zugleich vor Augen halten, daß die Mitglieder von COSATU eher in die Kategorie der Habenden als in die der Habenichtse (*have-nots*) fallen, jene riesige Unterklasse in den peri-urbanen und ländlichen Gebieten, die bisher nur wenig von den Vorteilen der Veränderung Südafrikas in eine nicht-rassische Demokratie gehabt hat. Es ist immerhin begrüßenswert, daß COSATU zusammen mit dem Sozialministerium (*Welfare Department*), dem Südafrikanischen Kirchenrat (*SA Council of Churches*) und der Obdachlosen-Vereinigung (*Homeless People´s Federation*) ein Sponsor der „Kriegserklärung gegen die Armut" ist.

Quellentext 3.1: Kriegserklärung gegen die Armut
aus: Sunday Independent, 24.08.1997, Übersetzung vom Verf.

mer deutlicher sichtbar. Eine Überschrift wie „Weißes Elend am Kap" (Die Zeit 02.01.96) macht deutlich, daß es arme Weiße in Südafrika immer gegeben hat, daß ihre apartheidbedingte Bevorzugung seit 1989/90 aber beendet ist und sie, die sich erniedrigt fühlen, in zunehmendem Maße in Alkohol und Drogen flüchten. Zudem breitet sich Neid auf die neureichen Nichtweißen aus, herrscht Abwarten statt Anpacken.

Armut, definiert als fehlende Befriedigung der Grundbedürfnisse bezüglich Alphabetisierung, Arbeit, Einkommen, Wohnung, Gesundheitsfürsorge, traf 1994 etwa 45 % der Gesamtbevölkerung, ca. 18 Mio. Menschen. Daten vom Anfang der 1990er Jahre, orientiert an einem „Minimum-Warenkorb" pro Haushalt, zeigten, daß 67 % der Haushalte von Schwarzen, ca. 40 % der Haushalte von Farbigen, 18 % der Haushalte von Asiaten/ Indern und immerhin 7 % der Haushalte von Weißen unter dieser „Armutslinie" leben (NOLAN 1995, S. 154). Regionale Maxima treten

in den ländlichen Teilen der ehemaligen Homelands/Autonomstaaten, der heutigen Provinzen Ost-Kap, KwaZulu/Natal, Mpumalanga und Nord-Provinz auf; wachsende Armut wurde aber auch in den Townships des Vaaldreiecks nachgewiesen (SLABBERT et al. 1996).

MENCK (1997) stellte einen engen Zusammenhang zwischen Armut und Arbeitslosigkeit her, eine Gleichung, die wir ja auch in Deutschland inzwischen kennen (KLAGGE 1998). Eine Senkung der Armut in Südafrika ist angesichts von Arbeitslosenraten bis zu 50 % bei den Schwarzen mit mangelnder Bildung und Qualifikation (von den arbeitslosen Schwarzen hatten 1995 89 % keine abgeschlossene Grundschulausbildung, 98 % keine berufliche Ausbildung, 76 % keine berufliche Praxis), angesichts von Entlassungen statt von Einstellungen in der formalen Wirtschaft nicht zu erwarten. Mit Wachstumsraten um 2,5 % besteht auch wenig Aussicht, daß sich diese Situation mittelfristig ändert. Anstieg der Tätigkeit im informellen Sektor, notfalls Bettelei und Kriminalität sind „aktuelle" Lösungen, die aber auf die so notwendigen ausländischen Investitionen negativ wirken (Kap. 4.1). MENCK plädiert für eine stärkere Stützung des informellen Sektors und der NROs bei der Armutsbekämpfung, aber das Verhältnis von Staat zu NROs hat sich verschlechtert, und die staatliche Verwaltung wird sich die Milliardenbeträge aus Mitteln der Entwicklungshilfe zur Armutsbekämpfung nicht entgehen lassen. Die Südafrikanische Kommunistische Partei sprach Ende 1997 mit Recht von einer „Ein-Drittel-Gesellschaft" in Südafrika: Ein Drittel der Bürger gehört zu den „Besitzenden" von Arbeit und Einkommen, zwei Drittel leben ohne formale Beschäftigung unter der Armutsgrenze – ein menschliches Drama, sozialer Sprengstoff.

3.3.2 Arbeitslosigkeit als Massenproblem

Noch stärker als in Mittel- und Westeuropa drängen Jugendliche in Südafrika auf den Arbeitsmarkt. Arbeitslosigkeit (Tab. 3.6) und Armut, die vor allem die gering ausgebildeten Schwarzen und Farbigen treffen, haben erhebliche innenpolitische und wirtschaftlich-soziale Konsequenzen. Eine aktive Wirtschafts- und Mittelstandspolitik unter Einbeziehung aller Bevölkerungsteile ist für das neue demokratische Südafrika eine Überlebensfrage. In Südafrikas Wirtschaft (Kap. 4.1) begann nach den Parlamentswahlen 1994 ein Aufschwung mit jährlichen Wachstumsraten um 2,5 %, aber Berechnungen von SANLAM zeigen, daß die Arbeitslosenrate erst im Jahre 2020 auf ein „normales Niveau" von ca. 2 % zurückgeführt werden kann – schlechte Aussichten für die junge Generation und für die notwendige rasche Bekämpfung der Arbeitslosigkeit. Sie stieg nach Unterlagen der DBSA zwischen 1980 und 1991 von 18,4 % auf 37 % an. Für 1993 gehen Schätzungen der südafrikanischen Banken von einer Arbeitslosenrate von 46 % aus; die Gewerkschaften sprechen 1996/97 von einer Rate bis zu 50 %. Mit einer Arbeitslosenquote von ca. 11 % hat die Region Kapstadt landesweit das geringste Niveau, in Port Elizabeth werden 25 % erreicht; in den ehemaligen Homelands liegen die Raten bei 35 % und höher. In den ländlichen Gebieten und den rural townships, Planstädten/ Schlafstädten im ländlichen Raum und in den Squattersiedlungen werden Höchstwerte erreicht. Eine Veröffentlichung von SSA (1998b) zeigt die Situation von Arbeitslosigkeit und Erwerbstätigkeit für den Zeitraum von 1994 bis 1997 detailliert auf (http://www.statssa.gov.za/u&e/prelim_p.ht).

ROGERSON (1995) wies nach, daß der formelle Sektor der Wirtschaft bereits seit Mitte der 1960er Jahre nicht mehr in der Lage ist, allen Arbeitssuchenden eine Beschäftigung zu bieten. Der Anteil der Erwerbstätigen im informellen Sektor wuchs von ca. 30 % in den 1960er Jahren auf über 50 % im Jahre 1990 – und dieser Anteil nimmt weiter zu. Ursachen für diese Situation sind die Wirtschaftskrise der 1980er Jahre, der Rückgang der Beschäftigung in der Landwirtschaft, im Bergbau und in der Industrie sowie die wachsenden Ansprüche der Unternehmen an Qualifikation und Produktivität der Beschäftigten. Besonders KwaZulu/Natal, die Provinz Ost-Kap und die Nord-Provinz leiden unter dem Fehlen neuer Arbeitsplätze; dies macht das Ausmaß der Landflucht aus diesen Regionen verständlich. Doch auch in den Zielgebieten, wie dem West-Kap oder Gauteng, werden die meisten Zuwanderer in den informellen Sektor abgedrängt.

LEVIN (1995) unterbreitete Vorschläge für Strategien zur Schaffung von Arbeit. Er betont zunächst die entscheidende Bedeutung einer angemessenen makro-ökonomischen Finanz- und Steuerpolitik, die Produktions-

Arbeitslosenraten auf Landesebene

Bevölkerungsgruppe	Arbeitslose[1] (in 1000)	Arbeitslosenrate[2] (erweiterte Definition)		Arbeitslosenrate[3] (enge Definition)
	1995	1995	1996	1995
Schwarze				
Gesamt	3665	36,9	42,5	21,5
Männer	1592	28,9	34,1	16
Frauen	2073	46,9	52,4	27
Farbige				
Gesamt	347	22,3	20,9	16
Männer	151	17,8	18,3	13
Frauen	195	27,8	24,1	19
Asiaten/Inder				
Gesamt	57	13,4	12,2	11,5
Männer	28	9,9	11,1	9
Frauen	29	19,9	14,0	14
Weiße				
Gesamt	135	5,5	4,6	4
Männer	54	3,7	4,2	3
Frauen	82	8,3	3,1	5

[1] auf der Grundlage der erweiterten Definition, angewandt im OHS 1994
[2] Arbeitslosenrate in Prozent der wirtschaftlich aktiven Bevölkerung, d.h. zwischen 15 und 65 Jahren, die ohne Arbeit sind, weder im formellen noch im informellen Sektor
[3] Personen, 15 Jahre und älter, die im Monat, der der Zählung vorausgeht, selbst auf Arbeitssuche waren
nach: CSS 1997c, Tab. 10.4; CSS 1996a, S. 15; für 1996 nach SSA 1998b, Tab. 2.30.

Arbeitslosenrate nach Provinzen (erweiterte Definition, 1994)

	RSA	West-Kap	Ost-Kap	Nord-Kap	Freistaat	KwaZulu/Natal	Nord-West	Gauteng	Mpuma-langa	Nord-Provinz
Gesamt	32,6	17,3	45,3	32,5	24,4	32,2	36,6	28,7	36,4	47,0
Männer	26,2	14,3	40,2	24,5	16,7	25,7	28,4	25,7	27,6	33,2
Frauen	40,6	21,5	50,4	44,8	33,8	39,9	48,6	33,1	49,2	59,2

Tab. 3.6: Arbeitslosigkeit in Südafrika　　　　　nach: CSS 1997c, Tab. 10.2

wachstum schafft – eine, wie wir in Deutschland und Südafrika inzwischen wissen, unzureichende Strategie. Für Südafrika hält LEVIN die strukturelle Veränderung der Wirtschaft von einer abgeschotteten „Wagenburg-Wirtschaft" zu einer offenen Marktwirtschaft für einen weiteren wichtigen Schritt, doch hat dies inzwischen mehr zu Unternehmensschließungen und Entlassungen geführt als zur Schaffung von Arbeitsplätzen. Auch die weiteren Maßnahmen, die LEVIN vorschlägt, wie Vorruhestand, Teilzeitarbeit, Arbeitsbeschaffungsmaßnahmen für Jugendliche, haben bisher weder in Deutschland noch in Südafrika merkliche Erfolge gehabt. Nachdenklich stimmt der Vorschlag, die Einwanderung einzudämmen – man denke an die Diskussion um das Asylrecht in Deutschland (Kap. 3.4). Ob die in Aussicht gestellten Maßnahmen zu einer Verbesserung des städtischen Umfeldes zum Erfolg führen, bleibt abzuwarten. Letztlich muß LEVIN auf den informellen Sektor als Auffangbekken der neu auf den Arbeitsmarkt Drängenden verweisen, auf die Bedeutung der Eigeninitiative sowie lokaler Initiativen. Er macht jedoch mit Recht darauf aufmerksam, daß die Schaffung von Arbeit für die Armen am unteren Ende der Sozialpyramide das größte Problem darstellt.

Die Regierung mißt dem Kampf gegen die Arbeitslosigkeit eine hohe Priorität zu, um Armut und Kriminalität zu bekämpfen. Seit 1994 wurden im Rahmen des RDP arbeitsintensive Sektorprogramme bei der Wasserversorgung, beim Straßenbau und anderen öffentlichen Arbeiten geschaffen. Das Regierungsprojekt *„Jobs for South Africa"*, unmittelbar nach den Wahlen 1994 geschaffen, erwies sich nach Berichten südafrikanischer Zeitungen im Dezember 1996 als ein *„Jobs Flop"*: Von den 11000 Stellen im öffentlichen Dienst, die im Rahmen des Programms der *„affirmative action"* ausgeschrieben waren, wurden weniger als ein Viertel besetzt, da man die Konsequenzen von Rationalisierungsmaßnahmen nicht bedacht hatte und die Qualifikation zahlreicher Bewerber unzureichend war. Angesichts dieser Situation wird die Bedeutung sichtbar, die der informelle Sektor als Mittel gegen die Arbeitslosigkeit besitzt (Kap. 4.6).

3.3.3 Gewalt und Kriminalität

Das Ausmaß von Gewalt und Kriminalität gehört zu den bedrückendsten Erfahrungen im neuen Südafrika (Abb. 3.7 und 3.8). In Südafrika im allgemeinen, in Gauteng und West-Kap im besonderen, werden Kriminalitätsraten erreicht wie in den Zentren der USA, und Südafrikas *Mordrate* ist mit 2 Opfern/Stunde (Dezember 1995) die höchste der Welt. Nach Daten der WHO (1999) belegt Südafrika mit 60 Morden pro 100000 Einwohner (1998) weltweit einen Spitzenplatz bei Gewaltverbrechen. In der zweiten Jahreshälfte 1995 stellte die Regierung R 52 Mio. aus dem RDP zur Verfügung, um einen besseren Polizeieinsatz in Gauteng zu erreichen. Besonders die zunehmenden Fälle von Bandenterror in Schulen und schwarzen Wohngebieten bereiten Anlaß zur Sorge. „Gut geführte" Syndikate haben sich auf Autodiebstahl konzentriert: Zum Beispiel wurden zwischen Januar und November 1995 im Großraum Johannesburg 8160 Kfz gestohlen – 25/Tag. Ebenso alarmierend stieg die Zahl der schweren Raubüberfälle und der Vergewaltigungen; die Regierung führte ein spezielles Rehabilitationsprogramm für diese Tätergruppe in den Gefängnissen ein.

Der Großraum Johannesburg ist eine der gefährlichsten Regionen der Welt bezüglich Mord, Raubüberfall, Hauseinbruch und Autodiebstahl (LOUW et al. 1998). Im Jahre 1997 wurden 24 % der Haushalte in Gauteng von einem Verbrechen getroffen. Das erste Diagramm in Abbildung 3.8 zeigt, wie Schwarze im langjährigen Mittel die Hauptopfer von Verbrechen werden – dies gilt auch auf Landesebene –, da sie ganz einfach die zahlenmäßige Mehrheit der Bevölkerung Südafrikas stellen. Dramatisch ist die Tatsache, wie am Beispiel von Kapstadt (CAMERER et al. 1998) dargestellt, daß Verbrechen wie Raubüberfall in öffentlichen Verkehrsmitteln, auf Geschäfts- und Wohnstraßen gehäuft auftreten. Am Beispiel von Kapstadt wird auch deutlich, daß Schwerverbrechen wie Mord, Vergewal-

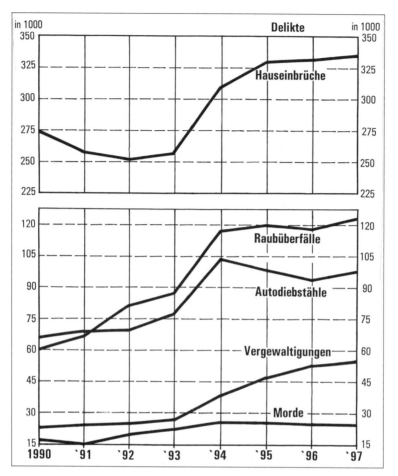

Abb. 3.7:
Verbrechens-
entwicklung
in Südafrika
nach:
SAIRR 1997/98
Survey, S. 29, 31

tigung und schwerer Raub vor allem in den Vororten der Farbigen und Schwarzen auftreten, während Autodiebstahl und Wohnungseinbrüche gehäuft im „Stadtzentrum" begangen werden, womit hier die Wohngebiete der Weißen in der Agglomeration bezeichnet sind. Nach einer Analyse des Statistischen Amtes von Südafrika aus dem Jahr 1998 (SSA 1998c) besteht ein enger Zusammenhang zwischen Einkommenshöhe eines Haushalts und der Zahl der „Nicht-Gewalt-Verbrechen", wie Einbruch und Autodiebstahl, während für Gewaltverbrechen dieser Zusammenhang nicht nachweisbar ist. Die Graphik zu Johannesburg (Abb. 3.8) verdeut-

licht noch einmal, daß das Verbrechensrisiko für Weiße und Asiaten/Inder in der City am höchsten ist, aber auch Schwarze und Farbige nicht verschont bleiben. Für Schwarze bergen zusätzlich die Townships ein erhebliches Verbrechensrisiko. Überraschend ist das geringe Verbrechensrisiko in den Spontansiedlungen; hier „funktioniert" wegen der extrem hohen Bevölkerungsdichte die „Überwachung" der Wohnstätte durch Familienmitglieder und Freunde – und die Lynchjustiz in diesen Siedlungen schreckt potentielle Täter ab.

Eine „technische" *Ursache* für die enormen „Zuwachsraten" an Kriminalität liegen

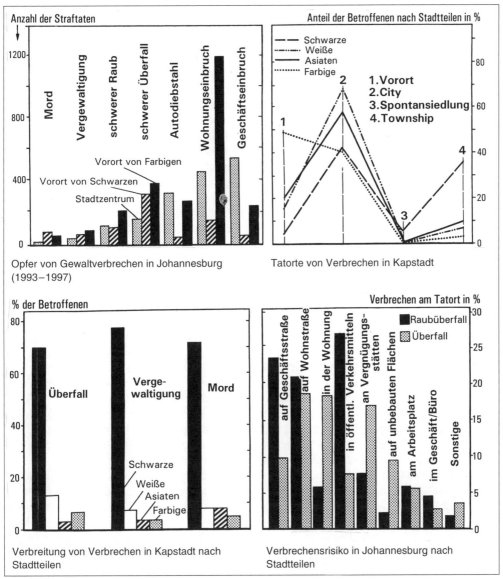

Abb. 3.8: **Kriminalität in Südafrikas Städten** nach: SHAW/LOUW 1998, Fig. 1, 11, 16, 17

in der statistischen Erfassung der Ereignisse, die z.B. bis zum Anfang der 1990er Jahre in den sog. Homelands nur selten erfaßt wurden. Die wahren Ursachen liegen in den tiefen Brüchen einer Gesellschaft im Wandel; SENGHAAS (1995) wies nach, wie der Weg in die Demokratie auch ein Weg ins Chaos sein kann, falls die Rechtsstaatlichkeit zusammenbricht. Dieser Prozeß begann in Südafrika mit den bürgerkriegsartigen Unruhen seit 1986, die zur Ausrufung des Ausnahmezustandes führten. Nach Angaben des SAIRR vom August 1994 betrug die Zahl der bei politisch motivierten Gewalttaten

Ermordeten zwischen August 1984 und Juni 1994 20840, insbesondere in KwaZulu/Natal und Gauteng. Der ANC weist darauf hin, daß bereits in der Apartheidphase die Wurzeln für die heutige Kriminalität gelegt wurden, da ein rassistisches Klima Nährboden für Kriminalität schuf. Die bürgerkriegsartige Situation zwischen 1980 und 1990 bedingte eine starke Zunahme der Kriminalität (+22 % bei Schwerverbrechen: SHAW 1995, S. 217). Doch auch zwischen 1990 und 1994 nahm die Kriminalität weiter zu: Zwar nahm die Zahl der politisch motivierten Verbrechen ab, doch stieg die Zahl der Autodiebstähle um 34 %, von Raubüberfällen um 40 %.

Die Krise des Polizeiapparates in der Post-Apartheid-Phase, die hohe Zahl von Polizisten-Selbstmorden, bedingt durch psychischen Streß und Terror, die aus Gründen der *„affirmative action"* eingestellten, unzureichend ausgebildeten Polizisten, die wegen schlechter Bezahlung sehr anfällig sind für Korruption, eine politisch verunsicherte Rechtssprechung und Straferlaß wegen überfüllter Gefängnisse sind weitere Gründe für das Ausmaß der Gewalt. Hinzu kommt die „allgemeine Bewaffnung": Gegen immer brutaler werdende Gangs bewaffnen sich die Bürger – Handel mit Feuerwaffen ist wie der Bau von Alarm- und Schutzanlagen ein einträgliches Geschäft, sind doch Waffen aus den „Restbeständen" des Bürgerkriegs in Mosambik, über die Grenze geschmuggelt, leicht und billig zu erwerben. Ein weiterer Grund ist die unkontrollierte Zuwanderung in die Städte; allein in Gauteng treffen ca. 1000 Menschen pro Monat aus anderen Landesteilen auf der Suche nach Arbeit ein; der Weg aus der Armut (Kap. 3.3.1) zu einem mindestens „kleinen Einkommen" führt schnell in die Kriminalität, die seit den ausgehenden 1980er Jahren als eine „Karriere" angesehen wird: schnelles Geld bei geringem Risiko. Die Bewegungsfreiheit, eine demokratische Rechtsprechung und Rechtsanwendung (in Afrika weitgehend unbekannt) und die hohe Kaufkraft in Südafrika sind at-traktiv für internationale *Verbrecherkartelle*, die ihre Netzwerke in Südafrika ausbauen. Eine Analyse von SEGER (1995) ergab, daß im Drogengeschäft vorwiegend Nigerianer und Kolumbianer tätig sind, wie wir es ja auch in Deutschland kennen; hinzu kommen Menschenhandel (mit Armutsflüchtlingen aus Afrika), massenhafter Autodiebstahl zur „Versorgung" von Nachbarländern und von Staaten Ost- und Zentralafrikas sowie Diamanten- und Gold-schmuggel. Auf der gemeinsamen Regionalkonferenz der SADC-Länder und der EU über illegalen grenzüberschreitenden Drogenhandel im Oktober 1995 (SADC/EU *Regional Conference on Illicit Cross-Border Drug-Trafficing*, 10/1995) konfrontierte der Leiter der südafrikanischen Abteilung zur Bekämpfung des Organisierten Verbrechens die Teilnehmer mit zwei katastrophalen Tatsachen:

– Südafrika ist einer der Hauptkanäle im globalen *Drogengeschäft* geworden: Lagos/Nigeria und Kapstadt sind die *„drug gateways"* Afrikas für südamerikanische und asiatische Kartelle, die Kokain, Heroin und Mandrax im Wert von Milliarden Rand durch diese Städte schleusen; 1994 wurden Drogen im Wert von R 7,5 Mrd. sichergestellt und vernichtet – 10 bis 15 % des geschätzten Gesamtwertes.

– Südafrika ist der größte *„dagga"*/*Cannabis*-Produzent der Welt – und löste darin Marokko ab. Wie jüngste Luftbildaufnahmen zeigen, wird in Südafrika auf ca. 83000 ha Dagga angebaut, davon liegen ca. 80000 ha allein in der ehemaligen Transkei. Der Umsatz der „dagga-Industrie" in Südafrika, Lesotho und Swasiland belief sich 1994 auf ca. R 54 Mrd. Für die Behandlung von Drogenabhängigen werden in Südafrika ca. R 80 Mio./Jahr ausgegeben – die sozialen und wirtschaftlichen Folgen für die Entwicklung des Landes sind noch nie quantifiziert worden.

Eine *Bekämpfung* der Kriminalität, darin sind sich alle Parteien und Verbände einig, ist eine Voraussetzung für die erfolgreiche Durchführung des RDP, zur Ankurbelung der ausländischen Investitionen und zur Steigerung des Tourismus. Ende 1995 fand in Midrand eine Konferenz der Polizeichefs aus 11 Ländern des südlichen Afrika (SADC) statt, um Maßnahmen einer grenzüberschreitenden Verbrechensbekämpfung zu diskutieren, deren Ausmaß in Form von Autodiebstahl und -schmuggel (1995 wurden in Südafrika ca. 110000 Autos gestohlen, 30 % mehr als in 1994), Drogenhandel, Waffenschmuggel und illegaler Einwanderung seit 1992/94 dramatisch zugenommen hat. Die gravierende Armut in Südafrikas Nachbarländern ist ein Nährboden der Kriminalität in Form von Waffenschmuggel, Drogen- und Menschenhandel. Südafrikas lange Grenzen sind für Kriminelle und illegale Einwanderer kein Hindernis, stellt das Land doch für die Einwohner der Region ein „Wirtschaftsparadies" dar. „Mauern" gelten seit 1995 als eine Möglichkeit der Verringerung der Gewalt – und die Luxusviertel um Johannesburg werden bereits zu „eingemauerten Vororten" mit Alarmanlagen, griffbereiten Schußwaffen und privaten Wachdiensten. In den neuen Ghettos entsteht ein „Gemeinschaftsgefühl" und

etwas mehr Sicherheit für die Wohlhabenden, aber das Ziel einer offenen, multikulturellen Stadt wird zur Illusion. Lynch-Justiz breitet sich aus und Bürgerwehren wie die Muslim-Miliz (*People Against Gangsterism And Drugs*, PAGAD, gegründet Mitte 1996 in Kapstadt) nehmen den Kampf gegen Drogensyndikate auf. Nach Zeitungsberichten von Anfang 1998 muß aber von einer Kapitulation der Polizei vor den Bandenkriegen gesprochen werden. Hohe Arbeitslosigkeit, mangelnde Zukunftsaussichten, vor allem für heranwachsende Jungen, und die Schwäche der Polizei lassen die Hoffnung, der Gewalt Herr zu werden, aussichtslos erscheinen; Zitat eines Polizeisprechers im Januar 1998: „Das geht schon seit 40 oder 50 Jahren so, und es wird auch noch 50 Jahre lang so weiter gehen" (Frankfurter Rundschau 7.1.98). Armutsbekämpfung, soziale Gerechtigkeit durch Umverteilung und Arbeitsbeschaffungsprogramme würden vielleicht weiterhelfen, doch treten in der zweiten Hälfte der 1990er Jahre weltweit eine sich erweiternde soziale Kluft und zunehmende Spannungen auf (Globale Trends 1998, S. 12 und Kap. Weltgesellschaft).

3.3.4 Bildung und Ausbildung

Wie die Erwerbstätigkeit und das Einkommen, so hingen bis zu Beginn der 1990er Jahre auch Bildung und Ausbildung für den einzelnen unmittelbar zusammen mit seiner Zugehörigkeit zu einer der amtlich unterschiedenen Rassengruppen. Seit den 1980er Jahren vollzogen sich unter dem Druck der Forderungen der Wirtschaft nach qualifizierten Arbeitskräften erste Angleichungsprozesse: Die Ausgaben für das Schulwesen der Schwarzen als der am stärksten benachteiligten Gruppe wurden erhöht; für Farbige wurde 1980 die Schulpflicht eingeführt, für Inder bereits 1965, für Schwarze erst in der Post-Apartheidphase: Die Schulpflicht beträgt seit 1996 einheitlich 9 Jahre

und dauert bis zum vollendeten 15. Lebensjahr – ein Konzept, das sich vor allem in den ländlichen Gebieten für die Kinder von Farbigen und Schwarzen noch nicht voll durchsetzen läßt. Neue Universitäten mit Nebenstellen in den schwarzen Großsiedlungen, wie Soweto, tragen zur Ausbildung von nichtweißen Akademikern bei: Anfang 1995 bildeten schwarze Studenten erstmals die größte Gruppe an den südafrikanischen Universitäten.

Im neuen Südafrika wurde die Rassentrennung an den Schulen 1990 offiziell aufgehoben, doch die in der Apartheidphase grundgelegten Unterschiede im Bildungswesen bestehen noch fort. HORN und HENNING

(1997) zeigten die ersten Veränderungen im Schulsystem zwischen 1990 und 1992 auf. Die Möglichkeit der Umwandlung von „weißen" Schulen in nichtrassische Einrichtungen wurde als erstes von der weißen englischsprachigen Oberschicht im Kapland aufgegriffen, breitete sich von dort über Port Elizabeth nach Durban und Johannesburg aus. Die afrikaanssprachigen-burischen Städte in den ehemaligen Provinzen Kap, Natal, Transvaal und Oranje-Freistaat folgten sukzessive bis gegen Ende der beiden Jahre. Die Autoren betonen, wie sich in vielen Schulen eine neue tolerante nichtrassische Erziehung im Sinne einer Desegregation der Gesellschaft durchsetzte.

Das Mitte 1995 von der Regierung veröffentlichte *White Paper on Education and Training* bezeichnet Gleichheit und Nicht-Diskriminierung als die erstrangigen Ziele der Bildungsreform. Die Schaffung eines Bildungsministeriums auf nationaler Ebene (*Ministry of Education*, Mai 1994, anstelle von über 10 zuständigen Einrichtungen) und die Einführung eines neuen Syllabus, der sich von weiß-ethnozentrisch-christlichen Inhalten entfernt, sind erste Schritte auf dem Weg der Bildungsreform. Bis Ende 1997 aber existiert noch kein einheitliches Erziehungssystem für alle Südafrikaner, obwohl dies von der Regierung als eine erstrangige politische Aufgabe erkannt ist. Die im Rahmen des White Paper in einer ersten landesweiten Studie veröffentlichten Daten über den *Bildungsstand* der Bevölkerung in Südafrika (Abb. 3.9, Tab. 3.8) machen die Notwendigkeit radikaler Schritte deutlich: Die Studie zeigte, daß als Folge der Apartheidpolitik eine erhebliche Kluft besteht zwischen dem Bildungsstand der Weißen und der Schwarzen, den Hauptkonkurrenten am Arbeitsmarkt. Abbildung 3.9 zeigt, daß schwarze Frauen und Männer den niedrigsten Bildungsstand haben, jedenfalls was die formale Bildung anbelangt. Wie nicht anders zu erwarten, besitzen dagegen weiße Frauen und Männer den höchsten Bildungs-

stand, wobei fast alle Weißen einen Abschluß von Standard 6 und mehr haben, 24–30 % der Frauen und Männer sogar eine weiterführende Schule nach Standard 10 besucht haben, während dies nur bei 6 % der Schwarzen der Fall ist. Abbildung 3.9 deutet auch die sich vollziehenden Verbesserungen der Bildungssituation bei den Nicht-Weißen an: von den jüngeren Schwarzen (Altersgruppe 10–14, 15–19) haben nur 2 bis 3 % keine Schulbildung – im Unterschied zu den älteren Jahrgängen. Ferner wird deutlich, daß die Zahl der Schwarzen mit einem Abschluß von Standard 10 und höher deutlich gestiegen ist, d.h. der Anteil der Afrikaner mit höherer Bildung und der Möglichkeit zum Einstieg in gehobene Positionen, wie Management, wächst. Allerdings bestehen auch im Bildungsbereich erhebliche regionale Unterschiede: So ist z.B. der Anteil der Bevölkerung „ohne Bildung" (no education) in den ländlichen Gebieten der ehemaligen Homelands/Autonomstaaten, wie in KwaZulu/Natal, Nord-Provinz und in Nord-West, außerordentlich hoch, und auch die Zuwanderer in die squatter camps der städtischen Ballungsgebiete stellen eine derartige Problembevölkerung dar (nach Unterlagen des HSRC 09/1997). Die politischen Grundsätze von *empowerment* und *positive discrimination*, von der Bevorzugung Nicht-Weißer, bisher Benachteiligter bei Einstellungen, scheitern oft am Bildungsstand, oder sie werden auch bei geringerem Bildungsstand des schwarzen Bewerbes durchgesetzt – ein Grund für die Auswanderungsbereitschaft der Weißen.

DELVARE (1995) wies mit Recht auf ein ernsthaftes Problem hin, und zwar die hohe Zahl der südafrikanischen Studenten, insbesondere Schwarze, die ihr Studium an Universitäten und Fachhochschulen nicht erfolgreich beenden. Zum einen sind die volkswirtschaftlichen Folgekosten dieser Bildungsfehlinvestition bedeutend, zum anderen fehlen diese Akademiker der expandierenden Wirtschaft, die unter dem o.g. brain

Mittlere Dauer des Schulbesuchs nach Bevölkerungsgruppen (in Jahren, Personen 25 Jahre und älter)

	Gesamt	Schwarze	Farbige	Asiaten/Inder	Weiße
1980	5,43	3,63	5,72	6,98	10,96
1991	6,86	5,53	6,64	8,78	11,02

nach CSS 1997c, Tab 6.7

Mittlere Dauer des Schulbesuchs nach Provinzen (in Jahren, Personen 25 Jahre und älter, 1991)

RSA	West-Kap	Ost-Kap	Nord-Kap	Freistaat	KwaZulu/Natal	Nord-West	Gauteng	Mpuma-langa	Nord-Prov.
6,86	8,45	6,65	6,25	6,50	6,48	5,75	8,59	5,34	4,61

nach CSS 1997c, Tab. 6.8

Alphabetisierungsrate der Erwachsenen nach Bevölkerungsgruppen (Personen 15 Jahre und älter, die ihre Muttersprache – home language – lesen und schreiben können)

	Gesamt	Schwarze	Farbige	Asiaten/Inder	Weiße
1980	74,43	66,03	84,05	91,64	98,90
1991	82,16	76,64	91,06	95,48	99,52

nach CSS 1997c, Tab 7.1

Alphabetisierungsrate der Erwachsenen nach Provinzen (Personen 15 Jahre und älter, die ihre Muttersprache – home language – lesen und schreiben können, 1991)

RSA	West-Kap	Ost-Kap	Nord-Kap	Freistaat	KwaZulu/Natal	Nord-West	Gauteng	Mpuma-langa	Nord-Prov.
82,16	94,57	72,34	79,83	84,42	84,26	69,46	92,91	75,48	73,64

nach CSS 1997c, Tab. 7.2

Tab. 3.7: Bildungsindikatoren in Südafrika

drain von weißen Fachkräften leidet. Als Hauptgrund für das Scheitern beim Studienabschluß werden die schlechten Bildungsvoraussetzungen der Studentinnen und Studenten genannt, zurückzuführen auf erhebliche Defizite des Schulwesens wie schlecht ausgebildete und gering motivierte Lehrer, zu große Klassen, Mangel an Unterrichtsmaterialien und die langen Phasen politisch motivierter Unruhen an den Schulen.

Der Aufbau eines neuen *Schulsystems* wird von den Provinzen (*Provincial Department of Education*, seit 1995) umgesetzt. Dabei treten nicht nur verwaltungstechnische Schwierig-keiten auf, sondern die enorme Erwartungshaltung der Bevölkerung ist bei begrenzten Mitteln nur schwer zu befriedigen. 1995 wurden 85 % des gesamten Bildungsetats für die Gehälter der Lehrer ausgegeben, die restlichen 15 % reichten kaum für Neuanschaffungen, wie Schulbücher, aus.

Der Abbau der krassen Unterschiede zwischen „weißen" und „schwarzen" Schulen vollzieht sich nur sehr langsam, wenn auch durch Baumaßnahmen im Rahmen des RDP (Kap. 1.2) eine allmähliche Verbesserung der Ausstattung in den ländlichen Gebieten und Townships eintritt. Die Einführung einer

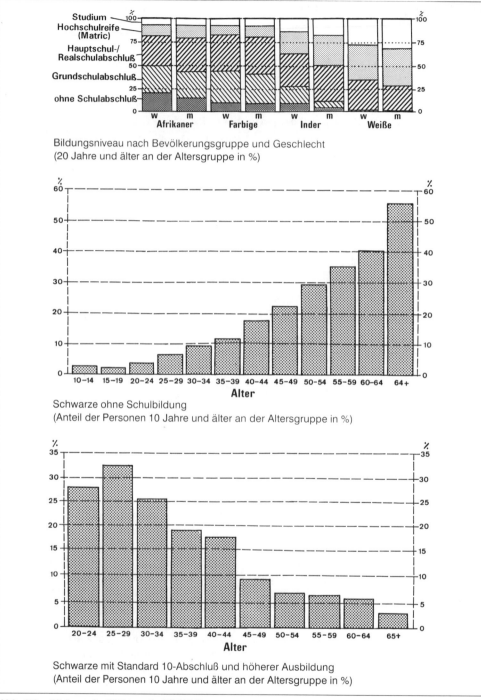

Bildungsniveau nach Bevölkerungsgruppe und Geschlecht
(20 Jahre und älter an der Altersgruppe in %)

Schwarze ohne Schulbildung
(Anteil der Personen 10 Jahre und älter an der Altersgruppe in %)

Schwarze mit Standard 10-Abschluß und höherer Ausbildung
(Anteil der Personen 10 Jahre und älter an der Altersgruppe in %)

Abb. 3.9: Bildungsindikatoren in Südafrika
nach: CSS 1996b, Fig. 9, 10, 11 (OHS 1995)

zehnjährigen Schulpflicht für Schwarze ist eine Frage der zahlenmäßigen – und damit auch finanziellen – Dimension der Aufgabe. Zudem kann man sich fragen, ob angesichts der aussichtslosen Lage auf dem formalen Arbeitsmarkt eine lange formale Ausbildung Sinn macht, ob nicht eine Grundbildung mit angeschlossener technisch-handwerklicher Berufsbildung für eine selbständige Tätigkeit im Kleingewerbe/informellen Sektor notwendiger ist.

3.3.5 Kampf gegen Krankheiten und Seuchen

Südafrika verfügt als Erbe der Apartheidphase über eine ausgezeichnete Gesundheitsstatistik für Weiße, während die Situation für die Nichtweißen wesentlich schlechter dokumentiert ist. Neuere Analysen des *Medical Research Concil of South Africa* zeigen, daß die Bevölkerung Südafrikas auch in Hinsicht auf Krankheiten und Seuchen eine „geteilte Gesellschaft" ist. Todesursache bei den Weißen und Indern sind Schlaganfall, Herzversagen und Krebs – die typischen Zivilisationskrankheiten der Industrieländer. Bei den Schwarzen und Farbigen dagegen treten Tuberkulose, Masern sowie Lungenentzündung als häufige Todesursachen auf – Kennzeichen einer Dritte-Welt-Armuts-Situation. Die Ausbreitung von tropischen Krankheiten wie Malaria, aber auch von Geschlechtskrankheiten und HIV-Infektionen hat seit 1990/91 ein alarmierendes Ausmaß erreicht – sicherlich nicht nur als Ergebnis einer veränderten statistischen Erfassung. Mediziner und Soziologen machen vor allem die stark zugenommene internationale Migration und das wachsende Ausmaß der Armut mit menschenunwürdigen Lebensbedingungen für diese Veränderung verantwortlich. Für die Ausbreitung der Tropenkrankheiten nach Süden in die Randtropen und Subtropen, z.B. die Malariaepidemie 1996 in KwaZulu/Natal, Mpumalanga und der Nord-Provinz, wird auch bereits die anthropogen mitverursachte Klimaänderung verantwortlich gemacht (Kap. 2.3.2).

Krankheiten und Seuchen zeigen ein auffallendes räumliches *Verteilungsmuster*: die ehemaligen Homelands/Autonomstaaten sind die Hauptverbreitungsgebiete von Tuberkulose, Masern und Meningitis, charakteristischen Krankheiten von Dritte-Welt-Ländern. Die städtischen Armutsgebiete, Teile der Townships und informellen Siedlungen zeigen ein massiertes Auftreten von Geschlechtskrankheiten, HIV-Infektionen sowie Erkrankungen infolge von Drogen- und Alkoholmißbrauch. In den Mittel- und Oberklasseviertln der Städte häufen sich, unabhängig von der Rassenzugehörigkeit, die o.g. Zivilisationskrankheiten; Alkohol- und Drogenkonsum sowie HIV-Infektionen breiten sich auch hier aus.

Neuere Untersuchungen (LUIZ et al. 1995) weisen auch für Südafrika ein alarmierendes Ansteigen der HIV-Infektionen und der AIDS-Rate nach. Während 1987 nur 37 HIV-Fälle erfaßt waren – internationale Isolierung und scharfe Migrationskontrolle verhinderten das massive Vordringen von AIDS in Südafrika – gehen Schätzungen für 1990 von bis zu 168 000 HIV-positiven Personen aus, für 1996 von ca. 2,5 Mio. (Schätzung des Gesundheitsministeriums auf der Basis von Schwangerschaftsuntersuchungen). Nach Berechnung des *Medical Research Council* werden in den Jahren 2005 bis 2010 bis zu sechs Millionen (ca. 20 % der Bevölkerung) HIV-Infektionen und mindestens 600 000 Fälle von AIDS auftreten. Eine Auswirkung auf Bevölkerungszahl und Erwerbsfähigkeit ist unausweichlich.

Die Übertragung erfolgt bei den Weißen hauptsächlich im homosexuellen Milieu und bei Drogenabhängigen, vor allem bei Männern. Dagegen ist die Infektionsrate bei der

	Malaria	Cholera	Diphterie	Masern	Tuberkulose
1985	k.A.	700	46	15738	53129
1986	k.A.	280	18	12492	50991
1987	k.A.	34	28	21120	53627
1988	k.A.	6	19	13886	57704
1989	k.A.	3	12	18267	68075
1990	k.A.	1	34	10622	64865
1991	k.A.	2	12	2088*	67056
1995	29172 (1996)	5	6	10526	85099
1997	23096	3	2	k.A.	63164

* wahrscheinlich Ergebnis einer Impfkampagne

Tab. 3.8: Meldepflichtige Krankheiten und Malaria in Südafrika
nach: Statistisches Bundesamt 1995, Tab. 4.2; für 1995 folgende: SAIRR 1997/98 Survey, S. 187

schwarzen Bevölkerung auf Grund des Sexualverhaltens bei beiden Geschlechtern hoch, mit einem erheblichen Anteil HIV-infizierter Neugeborener. Der Entwicklungstrend von AIDS in Südafrika gleicht den Erfahrungen im übrigen Afrika: hohe AIDS-Prävalenz (bis zu 30 %) bei städtischen Schwarzen, vor allem in der Altersgruppe 20 bis 29 Jahre, geringe Raten (unter 10 %) im ländlichen Raum. Erschütternd sind die Aussagen von LECLEREC-MADLALA (1997), einer Medizinethnologin an der Universität Durban-Westville. Ihre Untersuchungen ergaben, daß junge Südafrikaner in der Provinz KwaZulu/Natal aus Angst, selbst AIDS-infiziert zu sein, vorsätzlich andere Personen anstecken und damit ihr persönliches Schicksal zu einem kollektiven machen. Mediziner und Wirtschaftswissenschaftler weisen auf die mittel- und langfristigen Kosten der Behandlung und der indirekten Kosten durch den Ausfall von Arbeitskräften hin. Information und Vorbeugung besitzen deshalb seit 1990/91 eine hohe Priorität. Anti-Aids-Kampagnen des Staats und von Großunternehmen, wie des Bergbaukonzerns Anglo-American oder der südafrikanischen Telcom sind die Regel. Dabei ist jedoch zu bedenken, daß Bildungsmangel und sozio-kulturelle, zum Teil sogar politische Bedenken diese Maßnahmen behindern: Der Gebrauch von Kondomen galt als politisch bedenklich, da er von der Apartheidregierung als Mittel der Bevölkerungskontrolle propagiert wurde; die konservativen südafrikanischen Kirchen lehnen den Gebrauch von Kondomen ab; zu beachten ist auch, daß bei den Männern eine Verweigerungshaltung besteht.

Das neue Südafrika sucht eine „neue" *Gesundheitsversorgung* (SAYB 1998). Die Gesundheitspolitik zielt auf eine Basisversorgung für alle, insbesondere für die Armen. Dies trifft die bisher auf international hohem technischen Niveau arbeitenden öffentlichen Krankenanstalten voll: Der Weg führt von der „high tech"-Medizin zu einer „Massenversorgung" – auf niedrigem Niveau. Die Zahl der Ärzte, die den öffentlichen Dienst wegen schlechter Bezahlung und mangelnder Zukunftsperspektiven verlassen, in den privaten Sektor wechseln oder auswandern, hat seit 1994/95 alarmierende Ausmaße angenommen (nach Angaben des Innenministeriums verließen zwischen 1995 und 1997 über 100 Ärzte und Zahnärzte pro Jahr Südafrika). Ende 1995 reisten die Gesundheitsministerin und Mitglieder des

Interim SA Medical and Dental Council nach Kuba, um kubanische Ärzte anzuwerben, das kubanische Gesundheitssystem kennenzulernen und die Übertragbarkeit nach Südafrika zu diskutieren. International gilt das kubanische Gesundheitswesen für Entwicklungsländer als vorbildlich, und so ist dieser Besuch für eine Delegation des „Dritte-Welt"-Südafrika nur selbstverständlich. Ende 1996/Anfang 1997 wurde eine zunehmende Kritik am Einsatz der ca. 340 kubanischen Ärzte laut: Da diese weder Englisch noch Afrikaans noch eine der Südafrika verbreiteten Umgangssprachen beherrschen, häuften sich Fälle von Fehlmedikation. Anfang 1996 veröffentlichte die Regierung Pläne, angehende Ärzte in die ländlichen Armutsgebiete zu schicken; dort steht regional nur ein Arzt für über 10000 Einwohner zur Verfügung, während in den

städtischen Ballungsgebieten lediglich 1000 Einwohner auf einen Arzt kommen: Bei den Studenten brach ein Sturm der Entrüstung aus. Das „Erste-Welt"-Südafrika, die Wohlhabenden aller Farben, werden zu Kunden von exzellenten Privatpraxen und -kliniken, die in großer Zahl in Südafrika entstehen – der Weg in ein „Zwei-Klassen-Gesundheitswesen", wie es aus anderen Ländern Afrikas und aus den USA bekannnt ist. Angesichts dieser Situation raten Landeskenner zu einer Wiederbelebung des lokalen Medizinmanns, amtlich als *traditional healer* bezeichnet. Ein großer Teil der schwarzen Bevölkerung sucht auch heute im Fall einer Erkrankung sowohl den Arzt als auch den Heilkundigen auf. Die Anwendung von Heilkräutern, aber auch die wohl mehr psychisch bedingte Wirkung von Orakelbefragung und magische Kräfte führen häufig zu einer Heilung.

3.4   Räumliche Mobilität

Südafrika erlebt seit dem Fortfall der Wanderungskontrollen im Jahre 1986, angesichts der sich immer weiter verschärfenden regionalen sozio-ökonomischen Disparitäten innerhalb des Landes, in der SADC (Kap. 9) sowie angesichts von Bürgerkriegen und zunehmender Armut in zahlreichen Ländern Afrikas, eine erhebliche Zunahme der Migrationsprozesse. Es lassen sich folgende Migrationstypen unterscheiden:

– anhaltende Landflucht und Zuwanderung in die Verdichtungsräume,
– rural-rurale Wanderung, z.B. die Aufsiedlung von Abwanderungsgebieten weißer Farmer durch Farbige und Schwarze bzw. spontane Agrarkolonisation in Erschließungsgebieten im Rahmen der Bodenreform,

– internationale Arbeitsmigration, kontrolliert und spontan, als Folge traditioneller Wanderarbeit und des Kern-Peripherie-Gefälles zwischen Südafrika und zahlreichen SADC-Ländern,
– Flüchtlingswanderungen im Sinne der Zuwanderung von Flüchtlingen und Asylsuchenden aus den Nachbarländern, der SADC und Afrika südlich der Sahara.

SOLOMON (1994, S. 60) schätzt die Zahl der Binnenmigranten in Südafrika auf ca. 4,1 Mio.: Bis in die letzten Jahre des Apartheidsystems zwangsumgesiedelte Menschen; Armutsmigranten; Dürremigranten; Flüchtlinge aus Zentren von Gewalttätigkeiten, wie KwaZulu/Natal; südafrikanische Wanderarbeiter; die Zahl der „Außenmigranten", legale oder illegale, wird auf 2 bis 6 Mio. geschätzt (SOLOMON 1996, S. 117).

3.4.1 Binnenwanderungen

Nach dem Fortfall der Wanderungskontrollen, die das Apartheidregime zur Kontrolle der Binnenwanderung zwischen 1945 und 1971 eingerichtet hatte, setzte der für Entwicklungsländer typische Prozeß der *Landflucht* in Südafrika voll ein (Abb. 3.10). Er erfaßte vor allem die *schwarze Bevölkerung*, die bis in die Mitte der 1980er Jahre durch Mobilitätskontrolle und Zwangsumsiedlungen weitgehend in den Homelands/Autonomstaaten angesiedelt war. Die dort herrschende Armut (Kap. 3.3.1), der Mangel an Infrastruktur sowie Perspektivlosigkeit führten zu einem starken Anwachsen der Landflucht im neuen Südafrika. Hinzu kommt seit der zweiten Hälfte der 1980er/Beginn 1990er Jahre eine Vertreibung von Landarbeitern von weißen Farmen, da Mechanisierung und generelle Rationalisierung Entlassungen bedingten. Es sind zahlreiche Fälle bekannt, in denen Familien von Landarbeitern, die bereits über Generationen auf der Farm leben und Subsistenzlandwirtschaft betrieben, im Rahmen der Eskalation im ländlichen Raum vertrieben wurden. Ergebnis der Binnenwanderung und internationaler Zuwanderung ist eine massive Expansion der informellen Siedlungen oder Squatter-Camps in den städtischen Ballungsgebieten zwischen Kapstadt im Süden und Pietersburg im Norden, inbesondere in der Provinz Gauteng mit der Pretoria-Witwatersrand-Vaaldreieck-Agglomeration sowie mit den Bergbau- und Industriestandorten im Westen der Provinz Mpumalanga (Witbank, Middelburg, Secunda) (Kap. 5.1 und 5.2). Es sind vorwiegend Jugendliche und junge Männer, die in die Städte abwandern und dort zunächst bei Verwandten Aufnahme finden. Die Migration von jungen Frauen nimmt zu, da sie sich im städtischen Milieu der Sozialkontrolle des ländlichen Raums entziehen können und als Hausangestellte oder über Prostitution ein Bareinkommen erwirtschaften und einen eigenen Haushalt gründen. Bei einem erheblichen Teil der Zuzügler erfolgt nach einiger Zeit eine Familiengründung, oder es entstehen Familien mit alleinerziehenden Müttern, so daß die Nachfrage nach Wohnraum und infrastruktureller Versorgung zunimmt. Die Verbindungen zum ländlichen Raum bleiben gewahrt, und gegenseitige Besuche und Hilfsleistungen sind für das Überleben entscheidend.

Die Landflucht nimmt auch bei den *Farbigen* der Kap-Provinz zu, wobei eine auffallende Wanderungsabfolge festzustellen ist: Abwanderung der Weißen von den Farmen und Kleinstädten der Karoo; Nachfüllen durch Farbige; Abwandern der Farbigen in den Ballungsraum Kapstadt; Zuwanderung von schwarzen Arbeitskräften aus den Armutsgebieten, wie der Region Ost-Kap, der früheren Ciskei und Transkei. Im Rahmen des sozialökonomischen Aufstiegs treten die Farbigen in frühere Positionen der Weißen ein und folgen ihren Wanderungsbewegungen nach Gauteng, sobald ein bestimmtes Ausbildungsniveau und eine entsprechende Erwartungshaltung erreicht sind.

Das Migrationsverhalten der *Inder* besteht bei einer sehr hohen Verstädterungsrate in einer ausgeprägten Stadt-Stadt-Wanderung. Aus ihrem traditionellen Verdichtungsgebiet Durban–Pinetown–Pietermaritzburg wandern sie im Zuge der Entwicklungsachse Newcastle–East Rand in das Gebiet von Gauteng, zum Witwatersrand.

Eine Landflucht von *weißen Farmern* setzte bereits in den 1970er Jahren ein, als sich die Sicherheitsbedingungen in abgelegenen ländlichen Räumen, insbesondere an den Grenzen zu den ehemaligen Homelands/Autonomstaaten und zu den Nachbarländern verschlechterten. Viehdiebstahl und Raubüberfälle, in steigendem Maße auch Raubmorde, führten dazu, daß vor allem ältere Farmerfamilien ihre Farm verkauften oder verpachteten, um ihren Lebensabend in einer Klein- oder Mittelstadt zu

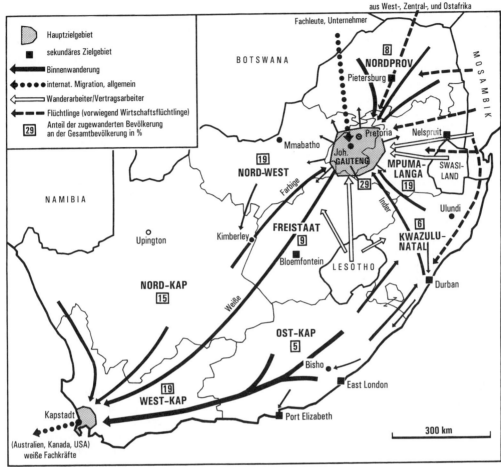

Abb. 3.10: Wanderungsbewegungen in Südafrika
      WIESE 1999 *nicht im Lit.*

Quellentext 3.2: Südafrika – Hoffnung auf den Sonnenaufgang
aus: Neues Deutschland, 21.2.98

Jeden Monat strömen tausende in die Provinz Gauteng

Oft ziehen sie in den frühen Morgenstunden aus, um eine neue Bleibe zu finden. Sie markieren mit Kreide unbebautes Land, zeichnen ihre Grundstücke und skizzieren ihr Heim. Dann ziehen die Männer eine Flagge auf, meist in den Nationalfarben, benennen das Camp nach einem bekannten Politiker und bauen ihre Hütten. Schnell ziehen Frauen und Kinder nach. Auf diese Art und Weise sprießen über Nacht riesige Armensiedlungen in den Industriegebieten aus dem Boden. Tausende kommen jeden Monat in die Provinz Gauteng, nach Schätzungen sind es 20 000 Menschen, die Land vereinnahmen und sich niederlassen.

Lorraine Sithole, Mutter mit drei Kindern, gehört dazu. Vor einem Jahr hat sie – mit 280 anderen Familien – auf einem Landstrich an den Rändern des Townships Mamelodie East nahe Pretoria eine Unterkunft gefunden. Doch ihre Zukunft ist ungewiß: Das Räumungskommando hat sich schon angekündigt. „Die Bulldozer sind nicht gekommen, vielleicht morgen. Gott wird uns helfen", glaubt Lorraine. Das besetzte Gebiet wurde „Bohlabatsatsi" getauft – wo die Sonne aufgeht.

Aber der Alltag ist hart. Die Regeln schreibt eine Land-Mafia vor, die von den Siedlern 70 Rand monatlich pro Hütte kassiert, plus 20 Rand Lohn, dazu 5 Rand für Wasser, abgezweigt von der Versorgungsleitung des Nachbarlagers. Fana Konyane, einer der Bosse im Camp, erklärt ganz knapp: „Wir sind alle Bürger, die den ANC gewählt haben. Alles, was wir wollen, ist ein Platz zum Leben."

Menschenfluten strömen nicht nur aus KwaZulu/Natal, North-West, Free State und Eastern Cape in die entwickelte Provinz Gauteng, sondern auch Bewohner anderer afrikanischer Länder werden von diesem Industriemagneten angezogen. Die Zahlen schwanken, angeblich sind etwa drei Millionen Hütten illegal gebaut worden. Die Kommune schätzt die Bevölkerung des Großraums Johannesburg-Pretoria auf elf Millionen Menschen. Das wäre nach Kairo die größte Metropole Afrikas, möglicherweise weltweit sogar die Stadt, die am schnellsten wächst.

„Wenn man das Problem gründlich überlegt, wird klar: Es ist kaum in den Griff zu kriegen", sagt Daniel Motokeng, Mitglied des Exekutivrates für Wohnungs- und Bodenangelegenheiten in Gauteng. Die Herausforderung für die Behörden liege nicht nur in der Versorgung derer, die in einer Außenseiterwelt leben. Werden sie jemals zu den Steuerzahlern gehören, die von Straßen, Schulen und Gesundheitsvorsorge profitieren?

Die neue Zuwanderungswelle begann nach den Wahlen 1994. Und noch leben die meisten der neuen Bewohner unter miserablen Bedingungen, in Wellblech- oder Holzhütten, ohne Wasser und Müllabfuhr. In Bekkersdal im Westen werden beispielsweise 80000 Siedler mit sieben Wasserleitungen versorgt. Die Entfernungen zur Innenstadt bieten allerdings eine Chance für Taxi-Unternehmen, und schon nach kurzer Zeit fahren Minibusse in alle Richtungen.

Während viele Townships und Dörfer langsam Stromanschlüsse erhalten, sind diese Squattercamps hoffnungslos verloren. Die Familie Nokhipa beispielsweise lebt in zwei Räumen in der Nähe von Mamelodie bei Kerzenlicht. Die Kinder gehen weite Schulwege zu Fuß, die Eltern sind arbeitslos und überleben mit Hilfe der Verwandtschaft. Als Schlafstatt für den Nachwuchs dient der Zementboden in der Küche, zwei Decken schützen vor der Kälte des Winters. Sie leben von Maisbrei und Hühnerleber, Brot ist Luxus.

17 Millionen Südafrikaner leben ohne Elektrizität, vier Millionen haben nur Zugang zu unbehandeltem Wasser, und für weitere acht Millionen Menschen gibt es nur schlechte sanitäre Anlagen. Motokeng erklärt, er wolle mehr Gelder in den Wohnungsbausektor pumpen, und die lokalen Verwaltungen müßten sich um die Versorgung der Siedlungen kümmern. „Sie verschränken die Arme und warten auf die Provinzregierung, die mit den Problemen fertig werden soll."

Die Landbesetzer sind meistens genau über ihre Rechte informiert: Obwohl sie illegal staatlichen Grund und Boden nutzen, kann die Regierung die Hütten nicht einfach mit Bulldozern – wie in alten Tagen – dem Erdboden gleichmachen. Ein Räumungsantrag muß vorliegen, und es wird geprüft, wohin die Siedler verfrachtet werden können.

Die Townships schwellen ebenfalls täglich an. Zwar ziehen viele Menschen aus den Hinterhof-Hütten, die noch auf einem Township-Grundstücke stehen, hinaus aufs freie Feld, doch andere kommen nach. Alexandra, im Norden Johannesburgs, ist in den vergangenen zehn Jahren auf 500 000 Menschen angewachsen. Bretterbuden und Hütten sind überbelegt, das ganze Gebiet ist eine einzige Ansammlung von Armut und Müll. Toiletten gibt es kaum, Ziegen und Hunde rennen umher, der nahegelegene Fluß steigt häufig über die Ufer. Margaret Motsiyo, Bewohnerin der Hütte Nummer 861, sucht dann meistens Zuflucht in anderen Hütten, weiter oben am Hügel. Sie kam aus dem ländlichen Tzaneen in der Nord-Provinz nach Alexandra, in der Hoffnung auf ein besseres Leben. Doch sie verlor drei ihrer fünf Kinder, sie „sind einfach krank geworden".

Die Versorgung im Township ist katastrophal, viele Hüttenbewohner zahlen schon lange keine Miete mehr. Das einzige, was in Alexandra als Zeichen des Fortschritts gilt: eine alte kommunale Wasserleitung und geteerte Straßen. „Wir brauchen einen Marshall-Plan hier", sagt Mayekiso.

Einige Gebiete in Alexandra platzen schier aus den Nähten, so daß Hütten selbst auf dem benachbarten Friedhof entstanden sind. Schulen gibt es in dieser Ansiedlung, doch dort herrscht die Gewalt. Zwischen 60 und 80 % der Erwachsenen sind arbeitslos. Andere, die einen Job haben, fahren per Taxi – die einzige Verbindung mit dem übrigen Südafrika – ins benachbarte Sandton, die reichste Gegend in Johannesburg. Nur einen Steinwurf vom Elend entfernt sind luxuriöse Hotels zu finden, die exklusivste Einkaufsmeile und alles, was eine reiche weiße Schicht verlangt.

verbringen. Diese Situation bestand auch 1997 noch, und die *South African Agricultural Union* (SAAU) machte in einem Gespräch mit Mandela Mitte 1997 auf die alarmierenden Folgen für die Agrarwirtschaft aufmerksam (Kap. 4.7). Es bleibt abzuwarten, welchen Einfluß die Landreform (Kap. 4.7.1) auf die Binnenmobilität der Farmer haben wird, da Landbesetzungen bereits in den ausgehenden 1980er Jahren eingesetzt haben.

3.4.2 Internationale Wanderungen

Südafrika gehört zu den Ländern der Südhalbkugel mit einer langen Wanderungsgeschichte (Kap. 3.2.1). Seit dem Zweiten Weltkrieg war die Wanderungsbilanz langfristig positiv. Die Regierungen der Apartheidära betrieben eine positive Einwanderungspolitik, um die Zahl der weißen Bewohner Südafrikas durch Zuwanderung von Einzelpersonen und Familien zu erhöhen. Als in Afrika seit den 1960er Jahren der „wind of change" einsetzte, die Länder des Kontinentes ihre Unabhängigkeit erhielten, wurde Südafrika Zielgebiet von internationaler Migration aus den ehemaligen Kolonialländern Portugals, aus Angola und Mosambik, sowie aus Simbabwe, das unter einem langen Befreiungskampf zu leiden hatte. Die Soweto-Unruhen von 1976 hatten einen scharfen Rückgang der Immigration zur Folge, doch führten attraktive Maßnahmen der Regierung schnell zu einer Wiederbelebung der Einwanderung. Die Verschärfung der innenpolitischen Lage und die wirtschaftliche Rezession seit den 1980er Jahren führten zu einem rapiden Rückgang der Einwanderung, sogar zu einem bis dahin fast unbekannten Maß an Auswanderung. Seit 1994 hat Südafrika einen jährlichen Bevölkerungsverlust durch Auswanderung zu verzeichnen.

Bei den Daten der Tabelle 3.9 ist zu bedenken, daß es sich um amtliche Zahlen des Innenministeriums handelt; als Einwanderer gilt eine Person, deren Antrag auf Einwanderung mit dem Ziel der permanenten Ansiedlung in Südafrika positiv entschieden wurde – bis Mitte der 1980er Jahre relativ stark kontrolliert, seit den 1990er Jahren bei erheblicher Zunahme der illegalen Einwanderung nur noch eine „Mindestgröße". Das gleiche gilt für die Auswanderung: Die amtlichen Zahlen insbesondere der 1990er Jah-

Tab. 3.9: Südafrika – Ein- und Auswanderung
SAIRR 1997/98 Survey, S. 107, 108

Jahr	Einwanderer	Auswanderer	Gewinn/Verlust
1965	38337	9479	28858
1970	41523	9278	32245
1975	50464	10255	40209
1976	46239	15641	30598
1977	24822	26000	–1178
1978	18669	20686	–2017
1979	18168	15694	2986
1980	29365	11363	18002
1981	41542	8791	32751
1982	45784	6832	38952
1983	30483	8247	22236
1984	28793	8550	20243
1985	17284	11401	5883
1986	6994	13711	–6717
1987	7953	11174	–3221
1988	10400	7767	2633
1989	11272	4911	6659
1990	14499	4722	9777
1991	12379	4256	8123
1992	8686	4289	4397
1993	9824	8078	1746
1994	6398	10235	–3837
1995	5064	8725	–3661
1996	5407	9708	–4301
1997	4532	10079	–5547

re stellen „Mindestzahlen" dar, da die tausenden von Südafrikanern nicht erfaßt sind, die das Land unter dem Vorwand eines temporären Besuches im Ausland („Tourist") für immer verlassen. Hier liegt die „Dunkelziffer" bei mindestens 80 % der amtlichen Daten, wie Stichproben für Zielländer wie Australien ergaben. Die Wirklichkeit der 1990er Jahre sieht so aus, daß qualifizierte Erwerbsfähige, insbesondere Weiße, das Land verlassen, unqualifizierte und gering qualifizierte Wirtschaftsflüchtlinge aus Afrika in großer Zahl, kleinere Gruppen auch aus dem Mittleren Osten und Asien illegal zuwandern, so daß in der Realität ein „Einwanderungsüberschuß" besteht.

Arbeitsmigration

Arbeitsmigration vollzog sich bis in die Mitte der 1980er Jahre weitgehend als kontrollierte, zeitlich befristete Arbeiterwanderung aus den Nachbarländern Südafrikas (vor allem Lesotho und Mosambik) in die Bergbau- und Industriegebiete sowie in Bereiche von Farm- und Plantagenwirtschaft (SCHNEIDER/ WIESE 1983, Abb. 89; WITULSKI 1990, Fig. 11 und 12). Seit dem Fortfall der strikten Migrationskontrolle im Jahre 1986 und dem Beginn der Rezession, die Entlassungen von Kontraktarbeitern in großem Umfang zur Folge hatte, nahm die Zahl der spontanen Wanderarbeiter erheblich zu, die als Illegale vor allem aus Mosambik einströmen.

Die *kontrollierte Arbeiterwanderung* in die Bergbaubetriebe Südafrikas ist nach der Zahl der Betroffenen und der wirtschaftlichen Bedeutung für die Entsendeländer an erster Stelle zu nennen. Sie setzte mit der Erschließung der Goldlagerstätten am Witwatersrand (1886) voll ein und erreichte zwischen den 1950er und 1980er Jahren ein zunehmendes Ausmaß (JAMES 1992; THOMPSON 1996). Die kontrollierte Arbeiterwanderung umfaßt nicht nur eine innersüdafrikanische Komponente aus den Armutsgebieten der ehemaligen Homelands/ Autonomstaaten, sondern auch eine umfangreiche internationale Arbeitsmigration aus den Ländern der heutigen SADC, die z.T. mit Südafrika in bilateralen Verträgen abgesichert ist. Die Rezession der 1980er Jahre und die anhaltende wirtschaftliche Krise, insbesondere im Bergbau (Kap. 4.2.3), führte zu einer Einschränkung der nationalen und internationalen Wanderarbeit (Tab. 3.10). Hinzu kommt eine veränderte politische Einstellung der Gewerkschaften und der Regierung im neuen Südafrika zur Arbeitsmigration: Anstelle der unausgebildeten ausländischen Arbeitskräfte werden südafrikanische Arbeitssuchende, möglichst mit einer Fachqualifikation bevorzugt, da die nationale Arbeitslosigkeit, wie gezeigt, gravierend ist. Zudem hat sich der Trend von der Wanderarbeit zur Beschäftigung von ortsansässigen Arbeitnehmern verstärkt (CRUSH/JAMES 1995; DAVIES/HEAD 1995).

Zu der statistisch durch die Chamber of Mines zuverlässig erfaßten Bergbau-Wanderarbeit kam bis 1986 eine von staatlichen Stellen kontrollierte Wanderarbeit, vor allem in die Industrie und die Farmwirtschaft. Aufenthaltsgenehmigungen auf Zeit wurden im Rahmen des *permit*-Systems für bestimmte Städte und Distrikte erteilt und überwacht. Seit 1986/87, insbesondere seit den Massenentlassungen im Bergbau und auf den Farmen in den 1980er Jahren, hat sich eine umfangreiche illegale Wanderarbeit entwickelt. Heute gehört die Migration aus den ehemaligen Homelands/Autonomstaaten, Provinzen wie Ost-Kap oder Nord-Provinz, zur südafrikanischen Binnenwanderung. Die grenzüberschreitende Migration aus Mosambik und anderen Nachbarländern ist Teil der internationalen Migration, die, wie gesagt, immer größere Zahlen an Illegalen aufweist.

Untersucht man die *Push- und Pullfaktoren* der Arbeitsmigration, so ist die Hauptursache im wirtschaftlichen Kern-Peripherie-Gefälle im südlichen Afrika zu sehen. Es sind Armutsmigranten, die Lohnarbeit suchen. Sowohl aus den Nachbarländern Südafrikas

	1986	1987	1990	1992	1997
Herkunftsland Südafrika					
Transkei	133965	128513	98924	77282	
Ciskei	13116	12249	9925	6331	
Bophuthatswana	15172	15197	10862	7764	
sonstige Gebiete	103897	117553	105251	79693	
gesamt	*266150*	*273402*	*224262*	*171070*	
Ausland					
Lesotho	103742	105506	98200	83877	
Mosambik	56237	45917	43172	42467	
Botswana	19106	17939	14918	11159	
Swasiland	14239	15743	16387	15120	
Malawi	17923	17620	29	0	
gesamt	*211247*	*202725*	*172706*	*153371*	
total	477397	476127	396968	324441	321843

Tab. 3.10: Beschäftigte im südafrikanischen Goldbergbau
nach: Unterlagen der Chamber of Mines in: CRUSH/JAMES 1995, Tab. 3; seit 1993 wurden von der Chamber of Mines keine detaillierten Zahlen mehr veröffentlicht,

als auch aus den ehemaligen Homelands/ Autonomstaaten kommen Männer und in steigendem Maße auch Frauen im arbeitsfähigen Alter in die Bergbau- und Industriegebiete sowie auf die Farmen und in die wohlhabenden Haushalte Südafrikas. Seit den ausgehenden 1980er Jahren nimmt die Tätigkeit der Migranten im informellen Sektor zu, da der formelle Sektor schon die auf den Arbeitsmarkt drängenden jungen Südafrikaner nicht absorbieren kann (Kap. 3.3.2).

Die Höhe des *Einkommens* muß als der wichtigste wirtschaftliche Pullfaktor bezeichnet werden; mit einem einjährigen Wanderarbeitsaufenthalt läßt sich das mehrfache Einkommen eines kleinbäuerlichen Betriebs im Herkunftsgebiet erwirtschaften. Zudem lagen schon jahrzehntelang die Minimumlöhne in Südafrika über denen der Nachbarländer, und die von den Gewerkschaften durchgesetzten aktuellen Minimumlöhne sind in Afrika südlich der Sahara nirgends zu erzielen. Seit 1990/91 sind es häufig auch Einkommen aus einer selbständigen Tätig-

keit im informellen Sektor, die bei der Kaufkraft in Südafrika erheblich über dem Niveau der Nachbarländer bzw. des übrigen Afrika liegen. Das Infrastrukturangebot im Gesundheitswesen, im Unterhaltungssektor und im Konsumbereich stellt einen weiteren Pullfaktor dar. Die Entfernung aus den traditionellen Bindungen der Großfamilie und der Aufsicht der Nachbarn sowie ein Gewinn an Sozialprestige spielen beim Zug in die Stadt eine wichtige sozialpsychologische Rolle. Ländliche Armut wegen unzureichender Betriebsgrößen, Fehlen nichtlandwirtschaftlicher Arbeitsplätze, von Ausbildungs- und Aufstiegsmöglichkeiten, z.T. auch soziale Spannungen wirken mit bei dem Entschluß, einen Arbeitsvertrag zu unterschreiben und sich zunächst für ein bis zwei Jahre auf Wanderarbeit zu begeben und den Vertrag später zu wiederholen bzw. auf eigene Faust, auch im illegalen Milieu sein Glück zu suchen.

Eine *politisch-ökonomische Interpretation* im Sinne des dependenztheoretischen Ansatzes sieht in der Arbeitsmigration das Ergebnis der Herrschaft des Kapitals der Metropole über die Arbeitskraft der Peripherie, die zugleich zur Aufrechterhaltung des Systems in der Unterentwicklung gehalten wird. Demgegenüber sind die positiven wirtschaftlichen Folgen des zwischenstaatlichen Kapitaltransfers und der privaten Überweisungen und Geschenke zu berücksichtigen; die Rückkehrer können zugleich aufgrund ihrer besseren Ausbildung und als Träger von Innovationen zur Entwicklung der zurückgebliebenen ländlichen Gebiete beitragen.

Die *sozialen Probleme* der Männer bzw. Frauen in den städtischen oder werkseigenen Massenunterkünften (Hostels) wurden in der Apartheidphase weitgehend ignoriert, da alle Beteiligten (Arbeitgeber, Vermieter, Staat) an diesem unmenschlichen System verdienten; neuere Studien, wie in CRUSH/JAMES 1995, dokumentieren die Schicksale der Gastarbeiter und ihrer Familien im städtischen Umfeld. Auf die Herkunftsgebiete der Wanderarbeiter wirkt sich die Abwesenheit von 10–50 % Prozent der arbeitsfähigen Männer negativ aus: So bleiben Arbeiten zur Feldbestellung oder Ernte den bereits sehr belasteten Frauen und Alten überlassen; notwendige Entscheidungen über Investitionen werden wegen der Abwesenheit des Familienoberhauptes nicht getroffen.

Angesichts der sozialen Mißstände, der hohen Zahl illegaler Wanderarbeiter und der Forderung der Unternehmen nach Dauerarbeitskräften mit besserer fachlicher Qualifikation setzte sich bereits in den 1980er Jahren die Einsicht durch, qualifizierten Wanderarbeitern und ihren Familien ein *Dauerwohnrecht* im damals „weißen Südafrika" zu gewähren. Es begann die Erweiterung der Townships im Umland der metropolitanen Gebiete und der Wandel vom Wanderarbeiter zum Tagespendler. Die neue politische Haltung der kontrollierten Wanderarbeit gegenüber zeigt sich in folgendem Vorgang: Ende 1995 traf das Innenministe-

rium auf Druck der National Mineworkers Union (NMU) und mit Einverständnis von Präsident Mandela eine wichtige Entscheidung: ausländische Wanderarbeiter im Bergbausektor, die mehr als 5 Jahre in Südafrika leben, können die südafrikanische *Staatsangehörigkeit* beantragen; zunächst sind 90000 Personen vorgesehen. Die Chamber of Mines erklärte dazu, daß 1993 und 1994 43 bzw. 44 % der ca. 400000 Beschäftigten im Gold- und Steinkohlenbergbau Ausländer waren, vorwiegend aus dem südlichen Afrika. Mit Recht vermerkten Kommentatoren, daß die Entscheidung der Regierung endlich Rechtsgleichheit für schwarze und weiße Beschäftigte bringt – letztere konnten schon lange die südafrikanische Staatsbürgerschaft nach 5 Jahren Aufenthalt in Südafrika beantragen. Zugleich ist zu erwarten, daß durch die Stabilität des Arbeits- und Wohnplatzes die soziale Situation der ehemaligen Wanderarbeiter verbessert wird; der zu erwartende Zuzug der Familien im Rahmen von Familienzusammenführung wird aber den Wohnungsmarkt noch mehr belasten. Die finanziellen Auswirkungen des Rückgangs des Kapitaltransfers auf die Herkunftsländer der Wanderarbeiter haben bereits politische Reaktionen hervorgerufen, sind doch Länder wie Lesotho (Kap. 8) oder Mosambik auf den Kapitaltransfer angewiesen.

Flüchtlingsmigration

Hat die Arbeitsmigration auf die Farmen, Plantagen oder in die Bergbaubetriebe Südafrikas, wie oben dargestellt, eine fast 100jährige Tradition, so ist die Flüchtlingszuwanderung ein *neues Phänomen*: nach der Abschaffung der Apartheid und dem Aufbau eines demokratischen Südafrika erlebt das Land einen ungewohnten Zuzug von Flüchtlingen und Asylsuchenden (UNHCR 1995, Kasten 5.1). Die von Kriegen zerrütteten und verarmten Länder von Mosambik und Angola bis Zaire, Rwanda, Somalia, Äthiopien und Liberia, ja sogar das ehemalige Jugoslawien sind Herkunfts-gebiete von Flüchtlingen. Nach Aussagen des Hochkommissars der Vereinten Natio-nen für Flüchtlinge haben nur wenige der Migranten formal um die Anerkennung als Flüchtling gebeten. Im oben genannten Bericht heißt es wörtlich: „Eindeutig zwi-schen Flüchtlingen und Wirtschaftsmigran-ten zu unterscheiden, ist deshalb schwierig." Wesentlich größer nach Umfang und politi-schem Gewicht ist das Problem der Men-schen, die ohne Einreisegenehmigung nach Südafrika kommen und im Land bleiben. Für 1992 schätzte das Innenministerium die Zahl der *illegalen Einwanderer* auf eine Million (vgl. Zahl der offiziellen Einwanderer inkl. Flüchtlinge 8700); bereits 1994 erhöhte sich die Schätzung des Innenministeriums be-züglich der Zahl der illegalen Einwanderer auf 2 Mio., eine Schätzung für 1995 nennt sogar ca. fünf Millionen illegale Immigranten (International Herald Tribune vom 17.08.95). Die Toleranz der Behörden angesichts der neuen demokratischen Verfassung sowie die Chancen, im Wirtschafts- oder Bildungs-bereich im wohlhabendsten Staat Afrikas südlich der Sahara Beschäftigung zu finden, sind wesentliche *Zuwanderungsmotive.* Die ungelernten oder schlecht ausgebildeten Arbeitskräfte sind ein Reservoir an billigen, nicht gewerkschaftlich organisierten Arbeits-kräften in Bergbau, Landwirtschaft, Industrie und Dienstleistungen.

Die Unterscheidung zwischen Flüchtlin-gen und Wirtschaftsmigranten löste in Süd-afrika die gleiche Diskussion aus wie in Deutschland. In beiden Ländern treten negative Reaktionen auf die Anwesenheit von Ausländern immer häufiger auf; in Süd-afrika treffen auch Afrikaner bei der einheimi-schen Bevölkerung auf ablehnende Reaktio-nen: die Neuankömmlinge werden als un-faire Konkurrenten im Wettbewerb um die wenigen Arbeits- und Ausbildungsplätze im formellen Sektor sowie um staatliche Hilfs-leistungen, etwa im Gesundheitswesen und bei der Wohnungsversorgung, betrachtet.

SOLOMON (1996, S. 120) berichtet, daß der Südafrikanische Dachverband der Straßen-händler und des informellen Handels (African Chamber of Hawkers and Informal Business, ACHIB) gegen die Konkurrenz der illegalen Migranten besonders in den Stadt-zentren von Johannesburg, Pretoria, Durban und Kapstadt Front macht. Die Medien ver-mitteln bereits den Eindruck, das Land wer-de von Fremden überflutet und mit kriminel-len Machenschaften im Drogen- und Waffen-handel überzogen; eine *„Sündenbock"-Mentalität* breitet sich aus. Die Zahl der An-griffe auf Migranten nimmt zu.

Amtliche Stellen bemühen sich um *Ein-dämmung* der Flüchtlingsmigration: In wichtigen Grenzabschnitten wurden Sonder-einheiten der Polizei stationiert, um illegale Ausländer aufzugreifen. Die Einwanderungs-gesetze wurden seit 1994 verschärft, um die Aufenthalts- und Arbeitserlaubnis für Aus-länder zu beschränken und Arbeitgeber här-ter zu bestrafen, die illegale Arbeitskräfte beschäftigen. Auch die legale Beschäftigung von Ausländern wurde seit 1994 erschwert, um angesichts hoher Arbeitslosenraten (Kap. 3.3.2) und der Politik des *empower-ment* erstrangig Südafrikanern eine Chance zu geben. Abschiebung von Ausländern gehört inzwischen zum Alltag: 1994 wurden ca. 91 000 illegale Einwanderer aus 63 Ländern abgeschoben, vor allem aus Mosambik, Simbabwe und Lesotho. Die südafrikanische Bischofskonferenz beklagte bereits die zunehmend schlechtere Behand-lung von Einwanderern und Asylsuchen-den, und auch der Gewerkschaftsverband COSATU verurteilte im April 1995 die Tatsa-che, daß Migranten und Asylsuchende zur Zielscheibe von Mißhandlungen wurden. In dem Dokument heißt es: „Fremdenfeind-lichkeit und ethnischer Haß sind für die Arbeiterschaft Südafrikas wie für die ganze Welt eine Katastrophe". COSATU plädiert für die Festlegung von Einwanderungs-quoten sowie für ein Programm zur Schaf-fung neuer Arbeitsplätze und Existenzgründungen in der gesamten SADC-Region (Kap. 9).

Das südafrikanische Innenministerium legte 1997 ein Draft Green Paper on International Migration vor (Department of Home Affairs 1997). Darin wird vorgeschlagen, den Aufenthalt von illegalen Einwanderern aus den SADC-Ländern durch eine temporäre Arbeitserlaubnis zu legalisieren. Eine freie Mobilität von Bürgern der SADC-Länder in der Region wurde angesichts der sozialökonomischen Disparitäten zwischen den Mitgliedstaaten – man denke an Armutsländer wie Kongo/Zaire, Tansania, Malawi und Mosambik gegenüber „reichen" Mitgliedern wie Botswana, Mauritius und Südafrika – abgelehnt. Diese Auffassung vertreten auch MINNAAR und HOUGH (1996) in einer Studie des HSRC. Mittelfristig muß eine Lösung für die internationale Migration innerhalb der SADC-Länder Maßnahmen wie die Harmonisierung der Asylpolitik, eine Verbesserung der Information der Migranten über die rechtlichen Bedingungen im Zielland und kompatible Grenzformalitäten umfassen – vor allem aber einen gemeinsamen Kampf der Länder gegen Armut, Umweltzerstörung und politische Instabilität.

3.5 Bevölkerungswachstum und Perspektiven

Zu den in Kapitel 3.1 genannnten „Überraschungen" der ersten Volkszählung im demokratischen Südafrika im Oktober 1996 gehörte die Tatsache, daß alle Prognosen des Bevölkerungswachstums seit der Volkszählung von 1971 sich als überhöht herausstellten (CSS 1997a). Die Statistiker und Demographen des CSS sowie unabhängige Gutachter wiesen nach, daß die zur Korrektur der Fehlerquoten verwendeten Prozentsätze nicht an der Wirklichkeit Südafrikas, sondern an den statistischen Modellen orientiert waren. Die Wirklichkeit in den Homelands/Autonomstaaten war nicht bekannt, und die auf der Bais der Volkszählungen von 1971 und 1985 verwendeten Daten waren bestenfalls „modellkongruent". So mußte der CSS 1996/97 alle Grunddaten über das Bevölkerungswachstum und seine Komponenten revidieren (Tab. 3.1).

Zunächst müssen alle „Katastrophenszenarien" bezüglich der Zuwachsraten der Bevölkerung und der Verdoppelungszeiten aufgegeben werden. Die mittlere jährliche *Zuwachsrate* der südafrikanischen Gesamtbevölkerung liegt mit 1,9 % pro Jahr deutlich unter den Werten für Afrika südlich der Sahara (1990 bis 1995: 3 %). Die bisher angesetzte „Bevölkerungsexplosion" war überzogen: Die Werte für Geburten- und Sterberaten sowie für die Fertilitätsrate (Zahl der Kinder pro Frau im gebärfähigen Alter) waren zu hoch angesetzt, zu sehr an Werten von Ländern Tropisch-Afrikas orientiert. Verstädterung, der Übergang zur Kleinfamilie und Erfolge von Programmen der Familienplanung ließen die o. g. Zahlen auf ein für Afrika niedriges Niveau sinken. Die Fertilitätsrate Südafrikas nahm von 4,2 (1980) auf 3,2 (1995) ab. Diese Ergebnisse spiegeln einen Trend wider, den der UN-Bevölkerungsfonds Ende 1997 betonte: Erstmals haben sich die Zuwachsraten der Bevölkerung in den Entwicklungsländern weltweit abgeschwächt (Kinder je Frau z.B. Kenia 1980: 7,5, 1995: 5,4; Indien 1980: 4,5, 1995: 3,4). Es erstaunt nicht, daß die natürlichen Zuwachsraten bei Indern und Weißen infolge der schon seit langem vollzogenen Verstädterung, des Bildungsniveaus und des sozial-ökonomischen Aufstiegs auf dem Niveau von Industrieländern liegen.

Das Wachstum der weißen Bevölkerung, das bis in die Mitte der 1980er Jahre durch eine politisch geförderte *Einwanderung* verstärkt wurde, ist angesichts der veränderten Bedingungen im neuen Südafrika erheblich zurückgegangen. Bereits nach den Soweto-

Herkunfts- bzw. Zielland	1980	1985	1990	1991	1995
Einwanderer	29365	17284	14499	12379	5064
aus Europa	13581	9388	7560	5767	2272
darunter Großbritannien und Nordirland	10117	5168	3395	2489	–
aus Afrika	13992	6391	3084	2065	1304
darunter aus Simbabwe	12502	5434	1637	889	–
aus Asien	789	506	2837	3650	927
aus Ozeanien	405	302	179	195	85
aus Australien	261	203	140	134	
Auswanderer	11363	11401	4722	4256	8725
nach Europa	5975	7669	2371	2408	2963
darunter nach Großbritannien und Nordirland	4326	5975	1804	1800	–
nach Afrika	925	758	269	212	1114
darunter nach Simbabwe	768	649	203	151	–
nach Asien	264	192	97	62	163
nach Ozeanien	2685	1928	1356	978	2449
nach Australien	2543	1803	1292	928	
Einwanderersaldo	+18002	+ 5883	+ 9777	+ 8123	−3661

Tab. 3.11: Südafrika – Ein- und Auswanderer nach Herkunfts- und Zielland
nach: Statistisches Bundesamt 1995, Kap. 3.5; 1995: CSS 1997c, Tab 3.9

Unruhen von 1976 setzte eine erste *Auswanderung* von Weißen ein, vorwiegend aus höheren Positionen (Ärzte, Ingenieure, Rechtsanwälte), was als *brain drain* bezeichnet werden muß. Die Politik der *affirmative action* und des *empowerment*, der politisch gesteuerten Bevorzugung von bislang benachteiligten Nichtweißen bei der Besetzung von Stellen im öffentlichen Dienst sowie in Privatunternehmen, löste seit 1990/91 eine erneute Auswanderungswelle von Weißen aus; auch junge Weiße betrachten sich in einer beruflich perspektivlosen Situation und versuchen, im Ausland eine Existenz zu gründen. Die amtlichen Auswanderungszahlen (Tab. 3.9, 3.11) geben die reale Situation seit 1989/90 nur annäherungsweise wieder; die wirkliche Zahl der Auswander, so berichtete 1997 eine Kapstädter Zeitung, läßt sich eher an den vollen Auftragsbüchern der Speditionsfirmen erkennen, die Einrichtungen nach Europa, Australien und Kanada verschiffen.

Völlig neu ist die Auswanderung von *Farmern*, die angesichts der politischen Veränderungen, der hohen Kriminalitätsrate, der Dürren und der gestiegenen Kosten für Farmarbeiter aus Südafrika in andere afrikanische Länder, wie Mosambik oder Kongo, auswandern; 1995 wanderten nach Regierungsverhandlungen zwischen Südafrika und Kongo 20 Farmerfamilien (von 120 geplanten) nach Kongo/Brazzaville aus, um im Niarital mit der Farmwirtschaft zu beginnen, 1996 zogen ca. 20 Familien in die Niassaprovinz im Norden von Mosambik. Der HSRC schätzte Anfang 1993, daß mehr als 250000

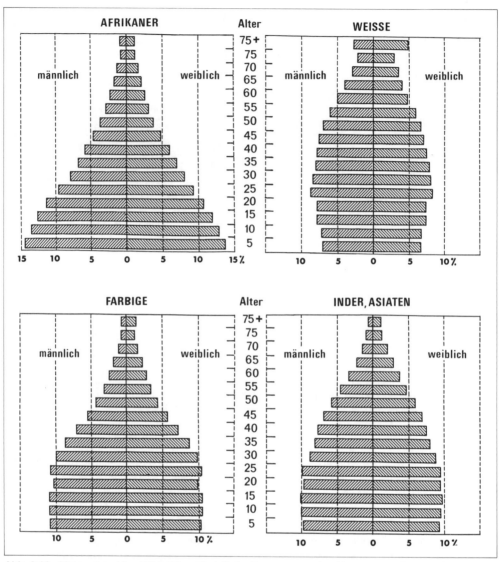

Abb. 3.11: Alterspyramiden Südafrikas (Anteil der Personen an der Altersgruppe in %, 1995)
nach: CSS 1996b, Fig. 4, 5, 6, 7

Weiße das Land wegen der Wirtschaftkrise, der Gewalttaten und der ungewissen politischen Zukunft verlassen wollten.

Asiaten aus China, Taiwan, Indien und Pakistan sowie Osteuropäer gehören zu den neuen *Einwanderern*, meist Techniker, Unternehmer und Kaufleute. Hinzu kommen zahlreiche ausgebildete Einwanderer aus Afrika (insbesondere Simbabwe, Ghana, Nigeria), die als Ärzte, Lehrer, Ingenieure oder Krankenschwestern im neuen Südafrika mit seinen attraktiven Löhnen und Gehältern bzw. einer zahlungsfähigen Oberschicht eine Chance zur Einkommenssteigerung sehen – wenn man nicht in die EU, in die USA oder nach Kanada geht.

Die *Alterspyramiden* (Abb. 3.11) zeigen das unterschiedliche Stadium der Bevölkerungsgruppen Südafrikas im Prozeß des demographischen Wandels: Die Alterszusammensetzung der Schwarzen entspricht in ihrer Pyramidenform der Gruppe der Entwicklungsländer, während die Glockenfom bei den weißen eine Altersgliederung wie in den Industrieländern verdeutlicht.

Die *Bevölkerungsprojektionen* der Jahre 1996/97 sagen eine Verdoppelung der Bevölkerung Südafrikas für das Jahr 2029 auf ca. 80 Mio. Ew. voraus. Die Zeitspanne von ca. 33 Jahren „Verdoppelungszeit" ist für Afrika südlich der Sahara relativ lang – die Durchschnittsraten liegen bei 25 bis 27 Jahren. Die Zunahme bedeutet nicht nur einen wachsenden Druck auf die natürlichen Ressourcen (Verfügbarkeit von Wasser, Kap. 2.2); angesichts der fortschreitenden Bodenerosion und der Landvergabe im Rahmen der Bodenreform tritt auch eine Verknappung der Ressource „Boden" ein. Zugleich wird die Dimension der sozio-ökonomischen Aufgaben, wie Schaffung von Plätzen in Bildung und Ausbildung, von Arbeitsplätzen, Armutsbekämpfung, Eindämmung der Gewalt und Kriminalität, klar.

Quellentext 3.3: Fast jeder zehnte Südafrikaner ist infiziert
aus: FAZ, 11.1.99

Mbeki: AIDS verursacht nationale Krise

Fast jeder zehnte Südafrikaner ist mit dem HI-Virus infiziert; jeder zehnte Neuinfizierte in der Welt lebt in Südafrika. Der Schwerpunkt der AIDS-Epidemie hat sich in den vergangenen Jahren in den Süden Afrikas verlagert. AIDS sei die schwerste Krise Südafrikas, sagt der südafrikanische Vizepräsident Mbeki.

Jede einzelne Statistik zeigt, wie schwerwiegend sich die Epidemie in Südafrika auf Gesellschaft und Wirtschaft auswirkt. Jeder vierte Polizist ist infiziert, jeder siebte Beamte, jede fünfte schwangere Frau. In zwei Jahren sei, so das Gesundheitsministerium, mindestens ein Fünftel aller Arbeitskräfte infiziert. Etwa 140000 Südafrikaner starben 1998 an AIDS. Das Amerikanische Statistikamt befand, daß die durchschnittliche Lebensdauer von Südafrikanern von 65 auf 56 Jahre gesunken ist; im Jahr 2010 werde sie bei 48 Jahren liegen.

Südafrika zählt zu den vier Ländern der Welt, in denen sich AIDS am schnellsten ausbreitet. Das hängt mit der instabilen Gesellschaft zusammen, die in den Jahren der Apartheid und des Übergangs von Gewalt und Unsicherheit geprägt war und ist, von rascher Verstädterung und zerrüttetem Familienleben, auch wegen der hohen Zahl von Wanderarbeitern. Dazu kommen der Zerfall traditioneller Werte, Armut, eine unzureichende Ausbildung und eine aus den Jahren der Apartheid und des Widerstandes stammende Skepsis gegenüber staatlichem Ratschlag.

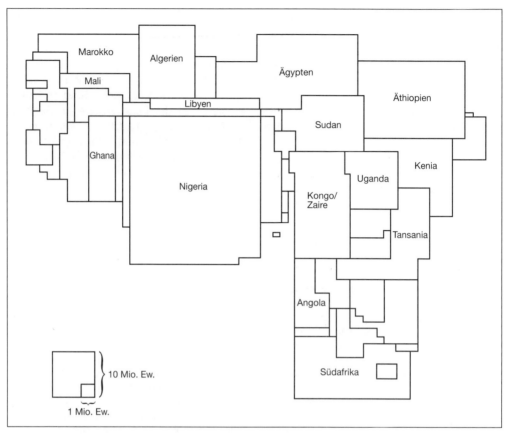

Abb. 3.12: Südafrikas Bevölkerung im Rahmen des Kontinents
(Bevölkerungszahl in proportionaler Darstellung je Land)
nach: Weltentwicklungsbericht 1995

4 Wirtschaftsstrukturen und Wirtschaftsräume

4.1 Kennzeichen, Faktoren und Perspektiven der wirtschaftlichen Entwicklung

Wer eine Wirtschaftskarte des südlichen Afrika betrachtet, stößt unmittelbar auf einen markanten Gegensatz: Einerseits die Häufung von Bergbau- und Industriesymbolen in Südafrika und auf dem Hochland von Simbabwe, andererseits die fast leeren Flächen der Savannen Ost-, Zentral- und Südafrikas bis zur Wüste in Namibia, in denen nur schwerpunktartig bergbauliche oder landwirtschaftliche Aktivgebiete zu finden sind.

Vielzahl und Größenordnung der Symbole für Bodenschätze, Energieproduktion und Industrieanlagen deuten bereits auf die weltwirtschaftliche Funktion des Bergbaus im südlichen Afrika hin: Simbabwe verfügt über eine breite Bergbaupalette. Botswana stieg in wenigen Jahren neben Namibia zu einem der Weltlieferanten von Diamanten auf. Angola (mit Cabinda) gehört zu den führenden Erdölproduzenten Afrikas. Alle genannten Staaten werden jedoch hinsichtlich der Vielfalt, der weltwirtschaftlichen Bedeutung und der Reserven an Bodenschätzen von Südafrika übertroffen.

Aufgrund der Nachfrage durch den Bergbau sowie durch staatliche Industrieförderung entwickelte sich in Südafrika bereits in den 1920er Jahren eine Grundstoffindustrie (Eisen und Stahl, Chemie/Sprengstoffe). Die Bevölkerungskonzentration und Kaufkraft in den Bergbaugebieten und Seehafenstädten trug zum Aufbau einer Konsumgüterindustrie bei, die heute in Afrika südlich der Sahara führend ist. Das gleiche gilt seit den 1960er Jahren für die Produktionsgüterindustrie (Kraftfahrzeugindustrie, Elektroindustrie, Rüstungsindustrie), die während der Boykottjahre (1976 bis 1989) staatliche Förderung und Protektionismus erfuhr. Seit 1994 muß sich die gesamte südafrikanische Wirtschaft in einem neuen regionalen und weltpolitischen Umfeld orientieren (FINE/ RUSTOMJEE 1996; MAASDORP 1996; STRIJDOM 1995).

Das Verkehrswesen in Südafrika (Seehäfen, Eisenbahn, Fernstraßen, internationale Flughäfen) hat eine entscheidende Bedeutung für die Bergbau- und Industriegebiete der Binnenregionen. Zustand und Funktionsfähigkeit des Eisenbahn-, Fernstraßen- und Flugverkehrs führen dazu, daß Südafrikas Verkehrsdienste bis nach Zentralafrika (Südkongo) in Anspruch genommen werden. Ein exzellentes Telekommunikationsnetz sorgt für eine unmittelbare Verflechtung zwischen den bergbaulichindustriellen Ballungsgebieten und den Außenhandelspartnern auf der Nordhalbkugel. Die Industrieländer sind zugleich Herkunftsgebiete eines seit 1990/91 boomenden Tourismus, der die Tierwelt, die Naturlandschaften und Metropolen, wie Johannesburg (Geschäftsreiseverkehr) oder Kapstadt (Urlaubsreiseverkehr), zum Ziel hat.

Die landwirtschaftlichen Aktivitäten für den Binnenmarkt und für den Export konzentrieren sich auf der humiden Ostseite des Subkontinents, wo Mais-Erdnuß-Baumwoll-Farmwirtschaft sowie Zuckerrohr- und Zitrusfrüchte-Plantagenwirtschaft dominante Bereiche darstellen. Im äußersten Südwesten ist das kapländische Winterregengebiet Produktionsraum von Weizen, Wein und Kernobst sowie Standort einer binnenmarkt- und exportorientierten Nahrungs- und Genußmittelindustrie. Extensive Viehwirtschaft (Fleischrinder, Wollschafe) nimmt die weiten Flächen des semiariden Binnenlandes und der ariden westlichen Landesteile ein. Die ehemaligen Homelands/Autonomstaaten dagegen sind gekennzeichnet durch gemischtwirtschaftliche, kleinbäuerliche Subsistenzbetriebe an der Armutsgrenze.

4.1.1 Kennzeichen

Die südafrikanische Wirtschaft zeigt folgende tradierte Grundzüge und jüngere Entwicklungen im neuen Südafrika (PIAZOLO 1998, 1996):

– Sie ist bis in die 1990er Jahre gekennzeichnet durch das Zusammenwirken von privaten und staatlichen Unternehmen. Der *Staat* ist beim Aufbau und bei der Sicherung der industriellen Basis in wichtigen Bereichen der Grundstoffindustrie, wie der Eisen- und Stahlindustrie, der Kohleverflüssigung, der Kunstdüngerproduktion, sowie in der Energieversorgung, in der Wasserwirtschaft und im Verkehrswesen engagiert. Mit Hilfe der staatlichen Industrie-Entwicklungsgesellschaft Industrial Development Corporation (IDC) betreibt er eine branchenspezifisch und regional ausgerichtete Förderpolitik. In der Mitte der 1990er Jahre setzte eine nicht unumstrittene *Privatisierung* von Staatsunternehmen ein. Staatliche Forschungseinrichtungen, wie der Rat für Wissenschaftliche und Industrielle Forschung (CSIR), fördern die nationale Wirtschaftsentwicklung durch angewandte Forschung.

– Südafrikas Wirtschaft konnte bis in die Mitte der 1990er Jahre als eine „gelenkte Wirtschaft" bezeichnet werden, in der die freie Marktwirtschaft durch staatliche Preiskontrollen und Genehmigungsverfahren eingeschränkt wurde. Seither hat der Prozeß der *Deregulierung* eingesetzt, der aber nicht von allen Sozialpartnern akzeptiert wird.

– Fünf „*Konglomerate*" beherrschten (1995) 85 % der an der Börse von Johannesburg geführten Unternehmen; es sind Anglo American Corp./De Beers, die Sanlam Gruppe, die Rembrandt Gruppe, die Liberty Life Gruppe und der Versicherungskonzern SA Mutual (FOURIE 1996). Diese Konzentration hat ihre Ursachen in der Dimension, die kapitalintensive Bergbauunternehmen haben müsssen, sowie in der Tatsache, daß südafrikanische Unternehmen in den 1970er und 1980er Jahren wegen scharfer Kapitalverkehrskontrolle und des weltweiten Boykotts keine Investitionsalternativen außerhalb von Südafrika hatten. Der südafrikanische Konzern Anglo American z.B. kontrolliert neben der Produktion von Gold, Platin, Kohle und Diamanten auch Industrieprodukte (Automobile, Chemie, Stahl, Elektronik, Nahrungsmittel), Banken und Versicherungen sowie Immobilienmaklerbüros. Der Staat drängt zunehmend auf *Dekonzentration*, um den Einfluß dieser fünf beherrschenden Unternehmensgruppen auf Wirtschaft und Politik einzudämmen. Diese selbst begannen bereits 1997/98 mit neuen Investitionen in Afrika sowie weltweit, dem Trend der Globalisierung folgend. Anglo American verlegte 1999 seinen Hauptsitz in die Global City London.

– Südafrika hat starke außenwirtschaftliche Verflechtungen, einerseits die Beziehungen zu den Industrienationen, an der Spitze die Länder der EU, die USA, Japan und Taiwan, andererseits zu afrikanischen Staaten bis nach Zentral- und Westafrika. Hierin spiegelt sich die Spannweite Südafrikas als Rohstofflieferant der Industrieländer (Diamanten, Steinkohle, Mangan, Chrom, Platin, Vanadium, Eisenerz, Kupfer, Wolle, Zucker, Obst) sowie als Nahrungsmittel- und Konsumgüterlieferant in afrikanische Länder; Südafrika selbst ist überwiegend Empfänger von Investitionsgütern aus den Industrieländern. Die Warenexporte Südafrikas beinhalten zwar Industriegüter, wie Chemieprodukte und Metallwaren, haben aber noch nicht den Anteil von Industriewaren am Exportwert wie in den Schwellenländern Südost- und Ostasiens erreicht.

– Südafrikas Verarbeitende Industrie hat als Ergebnis einer Importsubstitutionspolitik und der Sanktionsjahre eine ausgeprägte *Binnenorientierung*. Bis Anfang der 1990er Jahre schirmten Einfuhrkontrollen und Schutzzölle sie nach außen ab. Seit dem Beitritt zum GATT/WTO-Abkommen im Jahre 1994 muß Südafrika diese Maßnah-

BIP nach Wirtschaftsbereichen (absolut, %)	1975	1985	1995
BIP gesamt	25,1 (100,0)	112,4 (100,0)	430,4 (100,0)
Primärer Sektor			
Land- u. Forstwirtschaft, Fischerei	2,1 (8,4)	6,5 (5,9)	18,8 (4,3)
Bergbau	2,9 (15,6)	16,7 (14,9)	33,3 (7,7)
Sekundärer Sektor			
Verarbeitende Industrie	6,0 (23,9)	25,9 (23,0)	104,5 (24,3)
Elektriziät, Gas u. Wasser	0,6 (2,4)	4,8 (4,3)	17,8 (4,1)
Baugewerbe	1,3 (5,2)	4,1 (3,6)	13,6 (3,2)
Tertiärer Sektor			
Groß- u. Einzelhandel, Hotel- und Gaststättengewerbe	3,6 (14,4)	13,3 (11,8)	70,1 (16,2)
Verkehr u. Fernmeldewesen, Lagerung	2,4 (9,6)	9,9 (8,8)	32,7 (7,6)
Geld- u. Kreditwesen, Immobilien	2,8 (11,2)	12,6 (11,2)	56,9 (13,2)
Sonstige Dienstleistungen*	1,1 (4,4)	4,7 (4,2)	17,4 (4,0)
Regierung (öffentlicher Dienst)	2,4 (9,6)	13,9 (12,3)	65,5 (15,2)

* Kommunale, soziale und persönliche Dienstleistungen

Tab. 4.1: Entstehung des Bruttoinlandprodukts von Südafrika nach Wirtschaftsbereichen (zu laufenden Preisen, in Mrd. Rand)   nach: CSS 1997c, Tab. 20.2.

Abb. 4.1: Bruttoinlandprodukt Südafrikas nach Provinzen (1991, zu Faktorkosten)
nach: CSS 1995b. Tab. 20.3. 20.4

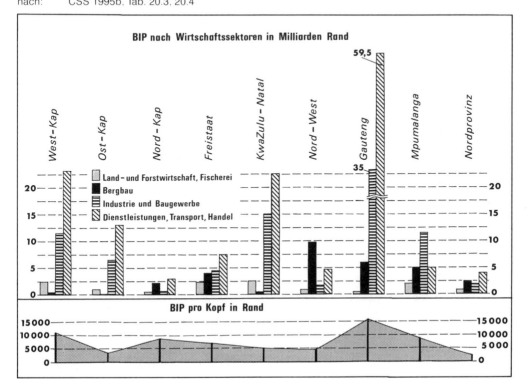

men stufenweise abbauen und sich dem globalen Wettbewerb stellen. Bis zum Jahre 1999 sollen die Außenzölle auf das vom GATT-Abkommen erlaubte Niveau schrittweise gesenkt werden, z. B. für Autos von 65 auf 40 %, für Textilien von 95 auf 45 %. Diese Öffnung wird von den bisher hinter „Schutzmauern" Profitmaximierung betreibenden Unternehmen nur sehr schwer akzeptiert, zahlreiche Unternehmen, etwa im Textil- und Bekleidungssektor, kämpfen ums Überleben und reagieren zunächst mit Entlassungen, da zugleich auch die staatlichen Exportfördermaßnahmen abgebaut werden müssen.

– Es handelt sich um eine Wirtschaft, in der sich sektoral und regional Kennzeichen der Industrieländer und der Entwicklungsländer verbinden. Die Spannweite von selbstversorgungsorientierten kleinbäuerlichen Familienbetrieben in den ehemaligen Homelands/Autonomstaaten bis zu weltmarktorientierten Plantagen, vom informellen Sektor der Straßenhändler bis zu multinationalen Bergbau-, Industrie- und Dienstleistungsunternehmen ist ein Kennzeichen von Entwicklungsländern. Sie beinhaltet eine außerordentliche Ungleichheit in der Produktivität, in der Wirtschaftskraft, im politischen Einflußvermögen, in der regionalen Wirtschaftsstruktur.

An der Wirtschaftsstruktur Südafrikas läßt sich der Wandel von einem ausgesprochenen Agrarland (bis etwa 1870) über ein Agrar-Bergbauland (bis zum Zweiten Weltkrieg) zu einem *Schwellenland* aufzeigen („Startposition" Mitte der 1970er Jahre, Stagnation in den 1980er Jahren; Abb. 5.10). Südafrika besitzt jedoch auch in der zweiten Hälfte der 1990er Jahre innerhalb der Staaten Afrikas eine erstrangige wirtschaftliche Stellung und ist die dominante Nation der SADC-Länder (Kap. 9, PIAZOLO 1998). Deshalb ist die Kategorisierung des Landes umstritten: Bis 1994 war Südafrika vom Entwicklungshilfeausschuß (DAC-Liste) der OECD hinsichtlich des Zugangs zu ODA-Mitteln der öffentlichen Entwicklungshilfe als „lower middle income country" klassifiziert, und nur der „schwarze Bevölkerungsanteil Südafrikas" war Empfänger von Entwicklungshilfemitteln. 1995 erfolgte die Aufnahme Südafrikas als „Gesamtnation" in die DAC-Liste. Die Diskussion zur Frage, ob Südafrika zur Gruppe der Schwellenländer gehört, vergleichbar mit den Newly Industri-

Tab. 4.2: Beschäftigte in Südafrika nach Wirtschaftsbereichen (in Mio.)
nach: CSS 1997c, Tab. 10.3

Wirtschaftsbereich	1970	1980	1990	1995
Landwirtschaft	1,64	1,24	1,21	–
Bergbau	0,65	0,77	0,76	0,59
Verarbeitende Industrie	1,07	1,46	1,52	1,51
Elektrizität, Gas, Wasser	–	0,05	0,05	0,04
Baugewerbe	0,32	0,37	0,42	0,37
Groß-/Einzelhandel, Hotel- und Gaststättengewerbe	0,62	0,76	0,79	0,76
Verkehr und Fernmeldewesen	0,28	0,35	0,27	0,21
Geld- u. Kreditwesen	–	0,12	0,19	0,20
Öffentlicher Dienst (Regierung, Provinzen)	0,46	0,62	0,82	1,36
Öffentlicher Dienst (Kommunen)	0,19	0,33	0,46	0,23

Ausfuhr	1980	1990	1995	Einfuhr	1980	1990	1995
Gesamt, ohne Gold	9775	42859	81220	Gesamt	14381	44125	98614
Gold	10141	18070	20178				
Nahrungs- und Genußmittel	1641	3866	7505	Nahrungs- und Genußmittel	290	1505	5102
Metallerze	593	3272	4643	sonstige Rohstoffe	629	1763	3838
Chemische Erzeugnisse	444	2174	6997	Chemische Erzeugnisse	1227	5527	12323
Diamanten, ohne Industriediamanten	1241	5375	9936	Textilien	357	1457	2815
Metalle und Metallwaren	1554	8149	15649	Metalle und Metallwaren	680	2154	3636
Maschinen und Fahrzeuge	400	2514	8392	Maschinen und Fahrzeuge	5485	18027	42914
				Sonstige bearbeitete Waren	1412	7633	18201
Sonstige	3902	17508	28097	Sonstige	4302	5879	9785

Die Außenhandelsdaten beziehen sich auf das Gebiet der South African Customs Union (Botswana, Lesotho, Namibia, Südafrika)

Tab. 4.3: Ausfuhr und Einfuhr Südafrikas nach Warengruppen (in Mio. Rand)
nach: CSS 1997c, Tab. 16

alizing Countries (NICs) Südost- und Ostasiens wird in Kap. 4.9 vertieft.

Analysiert man Größe und Zusammensetzung des Bruttoinlandprodukts (BIP) als Maßstabsgröße für die gesamtwirtschaftliche Leistung des Staates (Tab. 4.1 und Abb. 4.1), so zeigt sich auch in Südafrika der weltweite Trend zum Rückgang der Land- und Forstwirtschaft am BIP. Bemerkenswert für Südafrika ist der rapide Rückgang des Bergbauanteils am BIP. Ihm steht zur Zeit nur ein geringer Anstieg im Bereich des sekundären Sektors bei der Verarbeitenden Industrie gegenüber; hier besteht eine wichtige Aufgabe für die Wirtschaftspolitik der kommenden

Jahre. Der tertiäre Sektor folgt dem typischen gesamtwirtschaftlichen Trend einer Zunahme seines Anteils am BIP, wobei insbesondere der öffentliche Dienst sowie das Geld- und Kreditwesen Zuwachsraten aufweisen.

Die Entstehung des BIP nach Provinzen (Abb. 4.1) zeigt erhebliche räumliche Disparitäten, sowohl im Gesamtumfang als auch in der Zusammensetzung nach Wirtschaftssektoren. Die Spitzenposition der Provinz Gauteng hinsichtlich der Dienstleistungen und der Industrieproduktion wird überaus deutlich. West-Kap und KwaZulu/ Natal folgen auf den Rängen zwei und drei,

Übersicht 4.1: Der deutsche Afrikahandel
nach: Unterlagen des Bundesministeriums für Wirtschaft 1998

Deutschland ist mit einer Ausfuhr von DM 5,9 Mrd. (1997; 1995: DM 5,7 Mrd) und einer Einfuhr von DM 3,6 Mrd. (1997; 1995: DM 2,7 Mrd.) Südafrikas wichtigster Handelspartner. Der Anteil des gesamten Kontinentes am deutschen Außenhandel bleibt verschwindend gering. 1997 betrugen die gesamten deutschen Ausfuhren nach Afrika DM 17,5 Mrd., die Einfuhren Deutschlands aus

den Ländern Afrikas DM 16,1 Mrd. Der Anteil Afrikas an den Gesamteinfuhren und -ausfuhren Deutschlands liegt damit knapp über 2 %. Zu den Haupteinfuhrgütern Deutschlands aus Afrika gehören Rohöl, Kakao, Kaffee, Südfrüchte sowie Gold, Ferrochrom und Platin. Südafrika ist seit langem Deutschlands Handelspartner Nr. 1 auf dem afrikanischen Kontinent.

Ost-Kap und Mpumalanga nehmen die folgenden Plätze ein. Bei Mpumalanga fällt der bedeutende Anteil der Industrie auf, bedingt durch die Verhüttung von Erzen. Die Provinz Nord-West ist deutlich als Bergbauregion markiert. Am Ende der gesamten BIP-Skala rangieren die Provinz Nord-Kap und die Nord-Provinz, wobei letztere auch hinsichtlich des BIP pro Kopf einen „Dritte Welt"-Rang einnimmt.

Die Entwicklung der Beschäftigten nach Wirtschaftsbereichen (Tab. 4.2) zeigt den alarmierenden Rückgang der Beschäftigten im Bergbau, vor allem auf die Einbrüche im Goldbergbau zurückzuführen (Kap. 4.2). Demgegenüber hat die Industrie ihre führende Stellung als Beschäftigungsbereich behalten. Sie hat aber nicht die ihr zugedachte Rolle als „Beschäftigungsmotor" für die arbeitssuchenden, inzwischen besser qualifizierten jungen Leute erfüllt, da Produktivitätswachstum im Vordergrund der Unter-

nehmensstrategie steht – ein auch aus Deutschland bekanntes Phänomen, das wir als „Wachstum ohne Arbeit" bezeichnen. Der Öffentliche Dienst ist laut Statistik der einzige „Wachstumsbereich", was aber mehr durch statistische Umschichtungen bedingt ist – seit 1994 werden die ehemaligen Beschäftigten der TBVC-Staaten als Beschäftigte auf der Ebene des Staates oder der Provinzen geführt. Wie in Kap. 4.5 ausgeführt, wurde seit 1994 auch der Öffentliche Dienst einer „Verschlankung" unterzogen. Dabei ging es zum einen um die „Entlassung" von einigen tausend „Karteileichen" – Personen, die auf den Gehaltslisten stehen, aber nicht (mehr) existieren –, zum anderen um Entlassungen, die unsinnigerweise Schlüsselsektoren, wie das Schul- und Gesundheitswesen, trafen. Die Masse der jungen Leute und der seit 1994 in die Arbeitslosigkeit Entlassenen müssen sich eine Erwerbstätigkeit im informellen Sektor suchen (Kap. 4.6).

4.1.2 Faktoren

Der wirtschaftliche Aufstieg Südafrikas bis in die 1970er Jahre beruhte auf einer Kombination reicher natürlicher Ressourcen (vor allem Bodenschätze), günstiger Humanfaktoren in der Verbindung von einheimischer Bevölkerung und Zuwanderern, starkem Kapitalzustrom aus dem Ausland (außer in den Krisenjahren 1982/84 bis 1992/94) sowie auf der Verbindung von staatlicher und privatwirtschaftlicher Initiative bei der wirtschaftlichen Entwicklung. Die Binnenmarktorientierung wurde durch die Autarkiepolitik der Apartheidregierungen seit 1945 sowie durch die internationalen Boykottmaßnahmen der 1980er Jahre verschärft.

Ist das landwirtschaftliche Potential für einen ertragreichen Regenfeldbau durch den Faktor „Wasser" auf ca. 12 % der Landesfläche beschränkt, so ließ das bergbauliche Potential seit den Funden von Diamanten (1866) und Gold (1886) und der Erschlie-

ßung wertvoller strategischer Mineralien, wie Chrom und Vanadium (seit 1945), Südafrika zu einer der bedeutendsten Bergbaunationen der Welt werden. Der Aufstieg vom Entwicklungsland zum Schwellenland, der in der take off-Phase der 1970er Jahre, um mit Rostow zu sprechen, greifbar nahe schien, wurde durch die Jahre des internationalen Boykotts, den Abzug von Unternehmen und Kapital abgebrochen. Betrug die mittlere jährliche Zuwachsrate des BIP zwischen 1947 und 1980 4,3 %, förderte ein expandierender Markt die Bereitschaft ausländischer Kapitalgesellschaften und Banken zu Investitionen bzw. zur Kreditvergabe, so wurden die Jahre zwischen 1982/84 und 1992 zu einer langen Rezession. Seit 1992/94 begann dank des politischen Neuanfangs, zunehmender innenpolitischer Stabilität und ausländischem Kapitalzufluß eine Phase wirtschaftlicher Erholung (HOFFMAN 1997).

Die Regierung verfolgt einen zunehmend marktwirtschaftlich orientierten Kurs, der ab 1994 zu einem jährlichen Wachstum des BIP von zwei Prozent führte. Die zum Abbau der Arbeitslosigkeit und der gravierenden Einkommensunterschiede notwendige Rate von fünf bis sechs Prozent wurde nicht erreicht – und bleibt wohl auch in dieser Größenordnung mittelfristig eine Illusion.

Als bedeutende Faktoren der aktuellen und mittelfristigen wirtschaftlich-sozialen Entwicklung müssen folgende Bereiche genannt werden:

Verkehrs- und Kommunikationsinfrastruktur

Südafrika verfügt über eine in Afrika einmalige Verkehrs- und Kommunikations-Infrastruktur (Abb. 4.2, Tab. 4.4). Eisenbahnen, Seehäfen, Ölpipelines, Straßengütertransport, Luftfahrt und Telekommunikation werden allerdings weitgehend noch von staatseigenen Unternehmen betrieben. TRANSNET (Johannesburg) ist die Verwaltungsholding für die Unternehmen SPOOR NET (Eisenbahn), PORTNET (Seehäfen), PETRONET (Pipelines), AUTONET (Landtransporte) und South African Airways (SAA, staatliche Fluggesellschaft). Südafrikas Seehäfen bedienen auch große Teile von Zentral- und Ostafrika, da ihre Infrastruktur und ihr Management wesentlich weiterentwickelt sind. Das RDP hält Mittel für den Ausbau der Seehäfen Durban, Kapstadt und Richards Bay in Höhe von R 600 Mio. bereit. Ein regionalwirtschaftlich bedeutendes Projekt ist der sogenannte „Maputo-Development-Corridor". Die Straßen- und Eisenbahnverbindungen zu diesem eng mit der südafrikanischen Kernregion Gauteng verknüpften Hafen in Mosambik werden erheblich ausgebaut. SAA erweiterte Mitte der 1990er Jahre ihre Flotte und ist die führende Airline Afrikas, Partner der Lufthansa. Inzwischen bestehen auch nationale private Carrier. Im Straßen-Fernverkehr von Personen und Gütern bis Zentral- und Ostafrika verfügen private Unternehmen über eine feste Position. TELCOM-Südafrika hat die größte Zahl von Fernsprechkunden auf dem afrikanischen Kontinent; das Unternehmen vergab Ende 1995 einen Großauftrag für den Ausbau des Telekommunikationsnetzes, ein Zeichen für die Expansionstendenzen des südafrikanischen Marktes. Tabelle 4.4 zeigt die Entwicklung der Verkehrs- und Kommunikationsinfrastruktur. In den 1990er Jahren fällt der Rückgang des Verkehrsträgers „Eisenbahn" auf, der Trend zum Kraftfahrzeug dagegen setzt sich ungebrochen fort. Die Seehäfen zeigen die Zunahme der Importe nach der Öffnung Südafrikas (Güter, gelöscht). Der kleine Einblick in die Ausstattung der Haushalte mit Telefon, in Deutschland eine Selbstverständlichkeit, macht das sehr geringe bis geringe Ausstattungsniveau südafrikanischer Haushalte deutlich, wobei die Spannweite von Gauteng und West-Kap bis Nord-Provinz reicht. Daß der Aufbau der Telekommunikation in den Townships und im ländlichen Raum zu einem politisch-technischen Programmpunkt der Regierung wurde, verwundert nicht – und man vergleiche den Ausbau der Telekommunikation in den neuen Bundesländern.

Südafrika ist auf einem Kontinent, der weitgehend „den Anschluß verliert", wie eine Überschrift zur Telekommunikation in Afrika im Mai 1998 lautete, ein Vorreiter in der globalen Vernetzung. Südafrikas Telekommunikationsminister fördert das weltumspannende Netz als „die wichtigste technologische Erfindung seit dem Telefon". In Südafrika offerieren bereits über 120000 Web-Hosts Informationen über Firmen und Organisationen, während auf dem restlichen Kontinent nur knapp 7500 Anbieter existieren. In 39 von 54 Ländern Afrikas gibt es noch keine Internet-Anschlüsse. Nichtdemokratische Regierungen fürchten den schwer kontrollierbaren Informationsaustausch – man denke an die Volksrepublik China – oder wollen die Kontrolle von Kommunikationskanälen nicht ausländischen Konzernen – statt Staatsmonopolen – überlassen. Demokratisierung

Verkehrsträger Eisenbahn	1985	1990	1994	1995
Streckenlänge (in km)	23821	21163	21303	20319
– davon elektrifiziert (in km)	7913	9090	9086	9078
Fahrgäste (in Mio.)	658,7	527,7	404,8	415,2
– davon im Fernverkehr (in Mio.)	20,4	3,5	1,8	1,7
– davon im Nahverkehr (in Mio.)	638,3	524,2	403,0	413,5

nach: CSS 1997c, Tab. 18.1, 18.2

Straßennetz und Kraftfahrzeugbestand	1980	1990	1992
Nationalstraßen (in 1000 km)	k.A.	k.A.	137,5
Kraftfahrzeugbestand (in Mio.)	4,269	6,145	6,340
– davon Minibusse (Taxis, in Mio.)	0,073	0,196	0,217

nach: CSS 1997c, Tab. 18.3

Luftverkehr	1980	1990	1993
Zahl der Passagiere (in Mio.)	4,2	6,1	4,6
Fracht (in Mio. t)	64,4	62,6	62,1

nach: CSS 1997c, Tab. 18.5

Seehäfen (Umschlag in Mio. t)	1980	1990	1993
gelöscht	11,7	13,6	21,7
verladen	66,5	97,9	97,3

nach: CSS 1997c, Tab. 18.5

Anteil der Haushalte mit ... (in %, 1995)	Schwarze	Farbige	Asiaten/Inder	Weiße
Radio	83,8	85,9	95,0	97,9
Fernsehen	43,8	83,6	95,5	96,2

nach: CSS 1997c, Tab. 19.1, 19.2

Zahl der Telefone (pro 100 Haushalte, 1994)									
RSA	West-Kap	Ost-Kap	Nord-Kap	Freistaat	KwaZulu/Natal	Nord-West	Gauteng	Mpuma-langa	Nord-Provinz
9,5	20,1	4,4	9,9	7,1	7,2	5,3	21,7	4,9	1,9

nach: CSS 1997c, Tab. 19.4

Tab. 4.4: Verkehrs- und Kommunikationsinfrastruktur Südafrikas

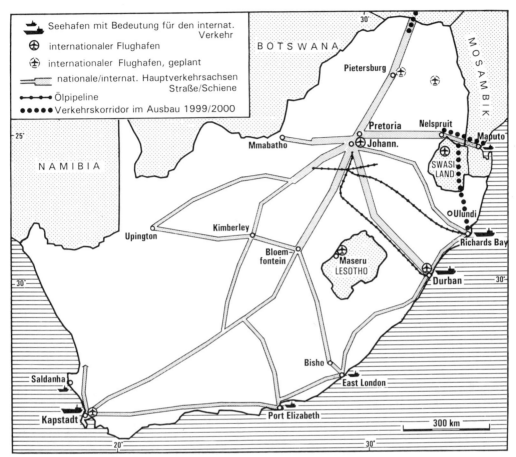

Abb. 4.2: Verkehrsinfrastruktur Südafrikas
WIESE 1998

und Deregulierung sind wichtige Faktoren dafür, daß Südafrika zum Vorreiter dieser High-Tech in Afrika geworden ist. In Südafrika verfügen zudem von 100 Haushalten 10 über einen Telefonanschluß, in Afrika südlich der Sahara gibt es im Durchschnitt *einen* Telefonanschluß für 100 Haushalte).

Finanzinstitutionen, Banken

Das südafrikanische Geld-, Kredit- und Versicherungswesen ist im Unterschied zu anderen afrikanischen Ländern weit entwickelt, solide etabliert und besitzt die für eine moderne Wirtschaft notwendige Funktion.

Es ist der wichtigste Wirtschaftszweig innerhalb des Dienstleistungssektors und zeigt deutliche Wachstumstendenzen. In der zweiten Hälfte der 1990er Jahre treten zunehmende Konzentrationsprozesse auf, bedingt durch die Wachstumszwänge im Rahmen der Globalisierung. Die Zentralbank (South African Reserve Bank, SARB) ist verantwortlich für die Formulierung und Umsetzung der Geld- und Währungspolitik; sie erhielt bisher von internationalen Gutachtern „gute Noten".

Die Johannesburger *Börse* (Johannesburg Stock Exchange, JSE) ist ein nicht zu übersehender Positivfaktor der südafrikanischen Wirtschaft, nicht nur hinsichtlich des „images". Sie ist (1995) die zwölftgrößte Börse der Welt, gemessen am erwarteten Umsatz von R 60 Mrd. Die politische und wirtschaftliche Öffnung Südafrikas hatte zwischen 1993 und 1995 eine Verdoppelung des Umsatzes zur Folge. Ende 1995 führte die Börse im Sinne der Öffnung und Modernisierung eine „Revolution" durch: Nach jahrelangem Protektionismus sind nun ausländische Makler sowie Firmen und Banken zum Handel zugelassen, bisher nur „natürliche Personen". Die Kapitalanforderungen an die Makler wurden zum gleichen Zeitpunkt an die Vorschriften der EU angeglichen. Die Johannesburger Börse will damit international stärker wettbewerbsfähig werden; sie verglich sich in einer Werbebroschüre 1995 in Größe und Bedeutung der Kapitalisierung mit der Börse in Hongkong, einem Drittel der Frankfurter Börse und einem Fünftel der Londoner Börse.

Kapitalbewegungen

Südafrikas „Rückkehr" in die Weltwirtschaft in einer Zeit globaler Verflechtungen ist ein bedeutender Faktor der künftigen wirtschaftlichen, sozialen und politischen Entwicklung (STRIJDOM 1995). Wirtschaftlich zahlte sich nach Aussagen des Gouverneurs der Zentralbank (Ende 1995) das Ende der Apartheid schnell aus: Zwischen April 1994, dem Antritt der Regierung Mandela/De Klerk, und Juni 1995 betrug der Nettokapitalzufluß ca. R 19 Mrd., nach Jahren der Kapitalflucht (Juli 1985 bis Juni 1994: R 49 Mrd.) ein „Durchbruch" für wirtschaftliches Wachstum. Nach der Überwindung der Vertrauenskrise in die südafrikanische Währung von 1996 nahm der Netto-Kapitalzustrom wieder zu. Allerdings bevorzugen ausländische Investoren mehr Aktien und Anleihen als langfristige Kapitalanlagen.

Die allmähliche Erholung der Wirtschaft, die 1992/93 einsetzte, gibt eine Motivation für Investitionen nach etwa einer Dekade

des „De-Investment", und der Rückgang der Inflationsrate auf 6,4 %, die niedrigste Rate seit 1972, trägt das ihre zu wirtschaftlichem Wachstum bei. Der Zustrom von Auslandskapital erfüllt zwar noch nicht die Erwartungen, die die südafrikanische Regierung mit dem Wirtschaftsprogramm GEAR von 1996 verbindet (Kap. 4.1.3), doch trägt es zum gesamtwirtschaftlichen Wachstum nicht unerheblich bei. Der Kapitalzufluß aus dem Ausland wird auch mittelfristig für Einkommen und Wohlstand entscheidend sein, da die inländische Kapitalbildung bei verbreiteter Armut (Kap. 3.3.1) für eine Finanzierung des wirtschaftlichen und sozialen Wandels nicht ausreicht. Eine Aufhebung der Devisenverkehrskontrolle wird von nationalen und internationalen Wirtschaftskreisen dringend erwartet. Mitte der 1990er Jahre kamen etwa 50 % des Bestands an Auslandsinvestitionen aus Ländern der EU, allen voran Großbritannien und Deutschland. Zweitgrößter Investor sind die USA; die Länder Ost- und Südostasiens holten bis zum Finanz- und Wirtschaftscrash Ende 1997 stark auf. Mit diesem Einbruch verlor Südafrika als sehr bedeutend eingestufte neue Investoren.

Die *deutschen Unternehmen* gehören nach Unterlagen der BfAi von 1997 weiterhin zu den größten ausländischen Investoren und Arbeitgebern in den Bereichen Fahrzeugbau, Maschinenbau, Elektrotechnik und Chemie (Tab. 4.5). So kündigte die Bayer AG Anfang 1996 den Bau einer der größten Fabriken der Welt für Chromchemikalien, gemeinsam mit der südafrikanischen Chemiegruppe Sentrachem, an; Anfang 1998 wird aus diesem Grunde die Produktion im Stammwerk Leverkusen stillgelegt. Die Firma hofft, durch die Produktionsverlagerung ihre Position als zweitgrößter Hersteller von Chromchemikalien auf der Welt zu stärken. Zugleich rückt die Produktion näher an die Rohstoffquellen heran, und auch die strategisch günstige Lage Südafrikas zwischen den Märkten in Asien und Süd-/Nordamerika ist ein Faktor für den neuen Standort, zumal auch die Ledergerbung bereits aus Europa nach Südamerika, Australien und Südafrika verlagert wurde (nach FAZ 27.02.96).

1994 flossen DM 2,5 Mrd. an deutschen Direktinvestitionen nach Afrika, davon über 90 % nach Südafrika – ein mittelfristig anhaltender Trend. Nach Auffassung internationaler Wirtschaftskreise hat das südliche Afrika alle Chancen, zu einer Boomregion des 21. Jh. zu werden. Politische Stabilität und ein Wirtschaftswachstum von fünf bis sechs Prozent sowie die Pläne zur Umgestaltung der SADC in eine Freihandelszone sind Faktoren für diese von Kennern wie PIAZOLO (1998) allerdings kritisch bewertete Prognose.

Mit der *„Südliches Afrika Initiative der deutschen Wirtschaft (SAFRI)"* wollen Unternehmen wie DaimlerChrysler, BMW, Krupp-Hoesch, Hoechst, Siemens, Lufthansa, Commerzbank und andere ihre wirtschaftlichen Interessen bündeln. Dieser Branchenmix entspricht der deutschen Präsenz in Südafrika: Automobilindustrie und Zulieferer, Maschinenbau, Telekommunikation, Finanz- und Unternehmensberatung. Technologietransfer und eine Ausbildungsoffensive sollen Südafrika und die Regionalorganisation SADC stärken (Kap. 9). Mit Recht aber bezeichnen Kritiker diesen Weg als eine Gratwanderung, da bei einer Massenarbeitslosigkeit von ca. 40 % und weit verbreiteter Armut der „Weg Südostasiens" im südlichen Afrika nicht einfach kopiert werden kann.

Handelsabkommen

Seit 1910 besteht die südafrikanische Zollunion (*Southern African Customs Union, SACU*); sie umfaßt Südafrika, Botswana, Lesotho, Namibia und Swasiland. Der Außenhandel dieser Zollunion wird nach einem einheitlichen Verfahren abgewickelt, und die Einnahmen werden nach einem episodisch veränderten Schlüssel auf die Mitgliedsländer aufgeteilt. Nach MCCARTHY (1994) sind die Einnahmen aus Zöllen und Importaufschlägen für das Staatsbudget der

Kleinstaaten Lesotho und Swasiland bedeutend. Dies ist für MCCARTHY der Grund für die Langlebigkeit des Abkommens, obwohl die SACU ein Übereinkommen zwischen sehr ungleichen Partnern ist. Sie bedeutet einen erheblichen Marktvorteil für südafrikanische Produkte in den Partnerländern, die selbst von diesem offenen Warenaustausch für ihre Entwicklungsbemühungen wenig profitieren. Die anhaltend polarisierte Wirtschaftsentwicklung der Partnerländer kann auf Dauer kaum durch Transferzahlungen ausgeglichen werden. Im neuen Südafrika werden sich direktere Formen der Kooperation mit den Partnerländern durchsetzen, wie sie zum Beispiel beim Lesotho Highlands Water Project bereits Wirklichkeit wurden. Nach MCCARTHY sollte die SACU den Schritt zu einer wirklichen Wirtschaftsgemeinschaft (Common Market) tun. Schwierig wird sich die Eingliederung der SACU in die SADC entwickeln, doch ist hier ein gemeinsamer Markt noch nicht in Sicht (Kap. 9).

Besteht somit in Teilen des südlichen Afrikas ein freier Warenverkehr, dem auch die Währungsunion der *Rand Monetary Area* (Südafrika, Lesotho, Swasiland, Namibia, Botswana) dient, so mußte sich auf der anderen Seite das neue Südafrika harten Verhandlungen auf wirtschaftlicher Ebene stellen. Die 1995 begonnenen Verhandlungen mit der EU (KUSCHEL 1996), dem größten Handelspartner-Block Südafrikas, verlangten „bittere Kompromisse" für südafrikanische Agrarexporte (Äpfel, Wein, Fruchtsäfte, Konserven) in die EU, gegen die sich die „Südländer" (Spanien, Portugal, Italien) wehrten. Anfang 1999 wurde das Freihandelsabkommen endlich unterzeichnet. Der Abschluß dieses Abkommens zwischen Südafrika und der EU ist eine „zweischneidige" Sache: Zwar profitiert Südafrika kurz- bis mittelfristig, aber in ca. 10 bis 12 Jahren muß es seine Grenzen der Konkurrenz europäischer Waren öffnen: Sind Firmenzusammenbrüche und zunehmende Arbeitslosigkeit die Folgen oder kommt es durch Libera-

Tab. 4.5: Ausgewählte deutsche Unternehmen in Südafrika: Beschäftigung und Sozialengagement
nach: HOFFMANN 1997, Tab 5.1

		BMW	VW	SIEMENS	BOSCH
in RSA seit		1968	1946	1896	1971
Branche		Automobil	Automobil	Elektronik	Elektronik
Umsatz (in R Mio.)		2400	400	3600	600
Geschäftsoperationen		Produktion und Vertrieb	Produktion und Vertrieb	Produktion und Vertrieb	Produktion und Vertrieb
Art der Direktinvestitionen		Absatzorientierung/Binnenmarktausrichtung	Absatzorientierung/Binnenmarktausrichtung	Absatzorientierung/Binnenmarktausrichtung	Absatzorientierung/Binnenmarktausrichtung
Eigenständigkeit		niedrig	niedrig	hoch	sehr niedrig
geplante Investitionen (in R Mio.)		1100 (bis 2000)	330 (bis 1998)	geplant in unbekannter Höhe	geplant in unbekannter Höhe
Local content (in %)		60	65	60	<40
Beschäftigung	direkt	3600	6700	4600	1100
	indirekt	ca. 26000	ca. 20000	k.A.	ca. 7000
Soziale Aufwendungen 1996 (in R; geschätzt)		3 – 4 Mio.	3 – 4 Mio.	12 – 14 Mio.	200000–300000
Sozialprogramm		ja	ja	ja	nein
Unternehmenstyp		selektiv	progressiv	selektiv	restriktiv

Leistungen		BMW	VW	SIEMENS	BOSCH
	Bildung	•Training on the job • AMIC-Project: Grundbildung und Facharbeiterausbildung •30–40 Stipendien für Universitäten/J. •Stipendien an Mitarbeiter zur betrieblichen Weiterbildung •Vorschulkindergarten für 100 Kinder (5 Lehrkräfte)	• Training on the job •z.Zt. 40 Auszubildende/J. • Multiskilling-Programm zur betrieblichen Weiterbildung •Grundbildung für 200 Schwarze/J. •50 Universitätsstipendien/J. •Intern.Traineeprogramm für 100 Personen •Unterstützung von 36 Vorschulzentren für 2000 Kinder	•Training on the job •rd. 200 Auszubildende/J. •Unterstützung von Universitäten (4 Lehrstühle von Siemens getragen) • 60 Universitätsstipendien/J. •internationale Entsendung von Mitarbeitern	•Training on the job •Teilnahme am Multiskilling-Programm •Finanzierung von 4 Lehrkräften zur Erwachsenenbildung in Brits
	Haus-bau	Kredite von 70000 R zinsgünstig an Mitarbeiter	•Kredite von R 50000 an Mitarbeiter •Entwicklung eines Fertighauses •bislang 500 Häuser fertiggestellt	•Kredite zum Zinssatz von 2 % an Mitarbeiter •Finanzierung von 800 Häusern in den letzten 3 Jahren	keine
	son-stige	•Small Business Development Programme •Alkoholabhängigen-Hilfsprogramm •Schenkung von 100 Polizeifahrzeugen •Kommunalentwicklungs-programm mit Unterstützung von ca. 25 Projekten	•Ausbildung u. Reintegration von 180 Arbeitslosen •Verkehrserziehungs programm •Transport •Sportvereine •Sponsor des nationalen Olympiateams •Unterstützung von 50 Selbsthilfeprojekten in Uitenhage •Unterstützung lokaler Projekte des RDP	•Transport • Sponsor des nationalen Olympiateams •Unregelmäßige Unterstützung sozialer Projekte (auch RDP-Projekte)	Finanzierung von • Social Clubs • Social diversity workshops
Unternehmens-typ		selektiv	progressiv	selektiv	restriktiv

Erfolgreich investieren in Südafrika – Gute Gründe, warum es sich lohnt:
• Südafrika hat eine hochentwickelte, funktionierende Infrastruktur.
• Südafrika erfreut sich eines wachsenden und entwicklungsfähigen Binnenmarktes.
• Südafrikas strategische Lage zwischen dem südamerikanischen Kontinent und den Randgebieten des Indischen Ozeans bietet Möglichkeiten für aussichtsreiche Handelsbeziehungen.
• Ausländer können problemlos und kostengünstig Firmen in Südafrika gründen, mit oder ohne Beteiligung Einheimischer. Solche Unternehmen können vollständig im ausländischen Besitz sein.
• Es steht ausländischen Investoren frei, ihre Gewinne außer Landes zu transferieren.
Gewerbetreibenden, die sich in besonderen Entwicklungsgebieten engagieren wollen, werden attraktive Vorteile eingeräumt.
• Südafrika hat sowohl ein großes Potential an lernwilligen und lernfähigen Arbeitskräften als auch an geschultem Personal. Unter fachkundiger Anleitung und Ausbildung werden in der Republik auch heute schon Spitzenqualitäten produziert. Verglichen mit der EU ist das Gehalts- und Lohnniveau niedrig – ein wichtiger Aspekt für Investoren!

Löhne – Kosten – Preise (in Rand, R 1 = DM 0,35 per Juni 1996)
1. Stundenlöhne
Facharbeiter   15,00 – 24,00
angelernter Arbeiter   12,00 – 15,00
ungelernter Arbeiter   6,50 – 7,50
(mittlerer Stundenlohn Juni 1995: Südafrika R 22, Malaysia R 7, Polen R 6, China R 2, Indonesien R 1, Deutschland DM 70, nach Unterlagen des Afrikaanse Handelsinstituut)
2. Monatsgehälter
Produktionsleiter   10000 – 15000
Produktionsingenieur   8000 – 11000
Buchhalter   3500 – 5000
Sekretärinnen   2500 – 3500
Maurer   3000 – 3500
LKW-Fahrer   2000 – 2500
Farmarbeiter   1500 – 1800
3. Jahresgehälter
Top Management   120000 – 180000
mittleres Management   65000 – 100000
4. Stromkosten (Industrie)
Südafrika pro kWh   0,06 – 0,30
Deutschland pro kWh DM   0,17
5. Wasserkosten (Industrie, pro m³)
Südafrika   0,80 – 1,80
Deutschland DM   2,80
6. Immobilien (Kaufpreise)
Industrielandpreise, Nähe Großstadt130 – 200/m²
Ein-Familien-Haus
(300 m² Wohnfl., 2000 m² Grund, nähe Großstadt) 400000 – 1 Mio.
Eigentumswohnungen (100 m² Wohnfl.) 300000 – 400000

Übersicht 4.2: Warum es sich lohnt, in Südafrika zu investieren
nach: Unterlagen der Botschaft von Südafrika, Juni 1996, März 1999

lisierung und freie Marktwirtschaft zu Aufschwung und Wohlstand? Auch die Verhandlungen über eine Freihandelszone für das größere südliche Afrika, die SADC, und ihr Verhältnis zur CODESA gestalten sich schwierig (Kap. 9).

Gewerkschaften und Arbeitsgesetzgebung

Das neue Südafrika ist zum erheblichen Teil auch das Ergebnis des Widerstandes der Gewerkschaften gegen das Apartheidregime. Schon Jahre vor dem „Durchbruch" 1990/91 hatten die südafrikanischen Arbeitgeber und die Gewerkschaften die katastrophalen Auswirkungen der Apartheid auf die wirtschaftliche und soziale Entwicklung des Landes erkannt, bei den politisch Verantwortlichen aber kein Gehör gefunden. Die Ergebnisse der Wiehahn-Kommission im Jahr 1979 bedeuteten einen ersten Durchbruch: die Legalisierung der „schwarzen" Gewerkschaften. 1995 wurde ein weiterer, vom Arbeitsminister als „revolutionär" bezeichneter Schritt getan: die neue Arbeitsgesetzgebung (*Labour Regulations Act*) wurde vom Parlament verabschiedet und trat am 1. Mai (Tag der Arbeit) 1996 in Kraft. Diese für internationale – und auch für deutsche Verhältnisse – äußerst arbeitnehmerfreundliche Gesetzgebung kann sich jedoch für Südafrika zu einer „Achillesferse" entwickeln: Wirtschaftskreise stellen die Frage, ob das im Aufbau befindliche neue Südafrika sich eine derart „luxuriöse" Arbeitsgesetzgebung leisten kann, um im sich verschärfenden internationalen Wettbewerb mitzuhalten – eine Argumentation, die wir ja auch aus Deutschland (1994/95) kennen und die den Arbeitgebern den Vorwurf des „frühkapitalistischen Verhaltens" einbrachte. „Flexibilisierung von Arbeitszeiten im Austausch für Arbeit" – die Diskussion in Deutschland wird von den südafrikanischen Arbeitgebern genau verfolgt, da dies auch in Südafrika ein Modell für die Verringerung der Massenarbeitslosigkeit (Kap. 3.3.2) sein kann. Die NMU hat bereits 1994/95 für den in einer Existenzkrise steckenden Goldbergbau durch die Akzeptanz von realen Lohnabstrichen und 7-Tage-Arbeitswoche „Flexibilität" gezeigt.

Der Aufstieg und das politische Gewicht der Gewerkschaften, zusammengefaßt im Dachverband COSATU, der bei seinem Aufbau umfangreiche Assistenz vom Deutschen Gewerkschaftsbund (DGB) erhielt, bedeutet für das neue Südafrika einen erheblichen Machtfaktor. Ende 1996 waren etwa 20 % der wirtschaftlich aktiven Bevölkerung von ca. 14 Mio. Mitglieder einer Gewerkschaft. Im Unterschied zu Deutschland nimmt die Zahl der Mitglieder ständig zu. Mit dem *National Economic, Development and Labour Council* (NEDLAC), dem entscheidenden nationalen „runden Tisch" von Arbeitgebern, Arbeitnehmern und Regierung, verfügt Südafrika über eine „Denk- und Steuerungsfabrik" von Bedeutung. Ende 1995 legte NEDLAC ein Dokument über „soziale Partnerschaft" in Südafrika vor, einen wichtigen Beitrag zur Formulierung einer Wachstumsstrategie. Dabei standen skandinavische Länder Pate mit der Kombination einer staatlichen Preis- und Inflationskontrolle, „im Tausch" gegen eine wirtschaftlich und sozial akzeptable Lohnpolitik von Gewerkschaften und Unternehmern zu praktizieren.

Tab. 4.6: Gewerkschaften Südafrikas
nach:　　　Handelsblatt 02/12/95

Dachverband	Einzelgewerkschaften	Mitglieder
Congress of South African Trade Unions (COSATU)	14	1300000
National Council of Trade Unions (NACTU)	21	317000
Federation of South African Labour Unions (FEDSAL)	13	280000
Federation of Independent Trade Unions (FITU)	22	217000
Union South African Trade Unions (USATU)	11	60000
South African Confederation of Labour (SACOL)	5	45000

Schwarze Unternehmer/Black Businessmen

Schwarze Unternehmer sind ein wirtschaftlich und politisch stark zunehmender Faktor im neuen Südafrika und für die Zukunft entscheidend. Während der Apartheidphase durch Gesetze und Polizeiaktionen unterdrückt oder in Homeland-Nischen abgedrängt, haben sie seit 1989/90 einen steigenden Anteil an Unternehmensgründungen bzw. -beteiligungen, z.T. mit ausländischen Partnern. Stützung dieser Politik kommt vom *National Empowerment Consortium* (NEC), einer Vereinigung von Gewerkschaften, schwarzen Unternehmern und US-Investoren. Die Expansion wird vom ANC politisch gestützt, der Mitte 1995 z.B. mit Recht das Vorherrschen weißer Monopole, etwa im Medienbereich, kritisierte. Inzwischen setzte eine Übernahme von Teilen der Medienlandschaft wie des M-Net-Fernsehens und so verbreiterer Zeitungen wie Sunday Times, Financial Mail bis hin zum südafrikanischen Playboy durch gemischte oder schwarze Unternehmen ein. Ein Bericht der Süddeutschen Zeitung vom 17.07.1995 trägt mit Recht den Titel: „Südafrikas Schwarze: Kapitalisten ohne Kapital": die wirtschaftliche Emanzipation der schwarzen Südafrikaner verläuft immer noch schleppend, da finanzielle Ressourcen, Ausbildung und Managementerfahrung fehlen. Eine Meldung von Anfang 1998 aber zeigt, wie sich die Situation ändert: Die *Black Empowerment*-Gruppe Pamodzi und zwei Partner planten die Übernahme der Lebensmittelkette Foodcorp für R 1,8 Mrd., die bislang größte Empowerment-Transaktion in Südafrika.

Privatisierung

Die Forderung der Weltbank und anderer internationaler Organisationen, wie der WTO, nach Privatisierung von Staatsunternehmen gehört in Südafrika wie in anderen Entwicklungs- und Schwellenländern (aber auch in Deutschland – man denke an die Post, die Bahn u.a.) zu den von Arbeitnehmerseite heiß umstrittenen Prozessen. Anfang Dezember 1995 trug die südafrikanische Regierung ihre Absicht vor, staatliche Unternehmen, wie die Telefongesellschaft Telkom, die Fluggesellschaft SAA, auch das Chemieunternehmen MOSSGAS, neu zu strukturieren und mindestens zu teilprivatisieren. Wie in Deutschland waren die Reaktionen unterschiedlich: Während die Südafrikanische Wirtschaftskammer (SACOB) als Sprecher der Unternehmer die Vorschläge begrüßte und als wichtigen Teil einer erfolgreichen Wirtschaftspolitik bezeichnete, kam es zu Streiks des Personals der genannten Gesellschaften. Regierung und Gewerkschaften einigten sich auf die Erarbeitung eines Rahmenabkommens zur Umstrukturierung der Staatsbetriebe. Anfang 1998 waren die TELCOM, das Eisen- und Stahlunternehmen ISCOR sowie die Großchemie SASOL teilprivatisiert. 1999 erwarb SWISSAIR 20 % der südafrikanischen Fluggesellschaft SAA. Vorgesehen sind die Privatisierung des Verkehrsunternehmens TRANSNET und von Teilen der petrochemischen Industrie.

4.1.3 Perspektiven

Die Untersuchung einer amerikanischen Unternehmensberatungsfirma (WEFA, 1996) über die Wettbewerbsfähigkeit Südafrikas im internationalen Kontext ergab, daß das Land bei einem 46-Länder-Vergleich deutlich am Ende der Skala rangierte: In fünf von acht Kategorien (Alphabetisierungsrate, Ausbildungsniveau, Arbeitsproduktivität, internationale Erfahrung und Leistung des Management) war Südafrikas Bewertung niedriger als das Mittel der Entwicklungsländer (nach: Business Day 01.08.96). Der World Economic Forum's Africa Competitiveness Report (1998) zeichnete ein „gemischtes" Bild: Südafrika erhielt hohe Rangzahlen für die Bereiche „Infrastruktur", „offenes Handelsregime", „Geld- und Kreditwesen", „Erziehung und Soziales" sowie „Rechtsstaatlichkeit", ansonsten in Afrika südlich der Sahara weitgehend unterentwickelte Bereiche. Das Land steht jedoch bezüglich „Regierungsvorschriften im Personalwesen", „Arbeitsgesetzgebung", „Gewerkschaften und Streiks" sowie „Verbrechensverhütung" an letzter Stelle der Länder Afrikas (nach Business Report 05.03.1998). Bis auf das letztgenannte Element kann man die anderen Indikatoren des neuen Südafrika aus der Sicht des Arbeitnehmers, aller sozial engagierten Menschen und zahlreicher Entwicklungsexperten auch positiv sehen – die Perspektive des World Economic Forum ist eben die des Großkapitals.

Verlautbarungen von Unternehmen und potentiellen Investoren sehen in der Kriminalität (Kap. 3.3.3) ein echtes Investitionshemmnis. So drohte z.B. BMW-Südafrika im Januar 1996, ein sich über vier Jahre erstreckendes Investitionsvorhaben von R 1 Mio. wegen der eskalierenden Kriminalität nicht durchzuführen. Nach Mitteilung der Deutsch-Südafrikanischen Handelskammer in Johannesburg sind 1997 etwa 70 % der deutschen Klein- und Mittelbetriebe in Südafrika Opfer von Verbrechen geworden. Beklagt wird auch die fehlende Qualifikation der Arbeitssuchenden, wie vorne dargestellt ein schwer zu überwindendes Erbe der Apartheidphase. Arbeitslosigkeit und Massenarmut bedingen eine im Verhältnis zur Gesamtbevölkerungszahl (ca. 40 Mio.) geringe Kaufkraft, so daß die Unternehmen auf die Märkte Südostasiens und Australiens drängen. Wenn auch die makroökonomischen Daten wie Inflationsrate und Devisenreserven positive Zeichen für Investoren zeigen, so stellten Risikoanalysten wie PIAZOLO (1998) die Frage, ob der wirtschaftlichen „Lokomotive" der SADC nicht „die Luft ausgeht". Die Verlegung der Hauptsitze von traditionsreichen südafrikanischen Konzernen wie Anglo American oder GENCOR 1998/99 von Johannesburg nach London erscheint Fachleuten als ein symbolträchtiger Akt.

Das staatliche Wirtschaftsprogramm GEAR

Um mittel- bis langfristig attraktive Investitions- und Wachstumsbedingungen zu schaffen – und damit Arbeit und Einkommen für bisher benachteiligte Südafrikaner – rückten die Regierung und der ANC unter heftigem Protest der Gewerkschaften bereits 1996 von „linken" Positionen ab. Zur Erreichung eines volkswirtschaftlich als notwendig erachteten mittleren jährlichen Wachstums von fünf bis sechs Prozent sieht das Wirtschaftliche Entwicklungsprogramm Südafrikas mit dem Titel „Wachstum, Beschäftigung und Umverteilung – eine makroökonomische Strategie" (Growth, Employment and Redistribution, GEAR) vom Juni 1996 folgende Strategieelemente vor:

– Schaffung von Einkommen und Arbeitsplätzen, insbesondere in der Verarbeitenden Industrie und in der Bauwirtschaft, wobei man auf die enorme Nachfrage nach Wohnraum und Ausstattung baut;

– Öffnung der Binnenwirtschaft durch Verminderung der Zolltarife, die bisher die einheimische Industrie schützten, die nunmehr im Konkurrenzkampf höhere Leistung erbringen muß;

– Verpflichtung zu gemäßigten Lohn- und Gehaltsforderungen;

– Ausbildungsförderung besonders für Schwarze mit dem Ziel der Behebung des Fachkräftemangels, der sich durch Abwanderung seit 1994 verschärft;

– Abschwächung der regionalen Ungleichgewichte durch eine deutliche Verbesserung der Infrastruktur und durch Industrieentwicklung an ausgesuchten Schwerpunktorten, anstelle der bisherigen Streuung der Fördermaßnahmen nach dem Gießkannenprinzip;

– Kürzung des Verteidigungshaushaltes und Abbau von Subventionen zur Verfügbarkeit von Mitteln für Lehrer, Krankenhauspersonal, Polizei und Infrastrukturausgaben;

– weitere Schritte zur stufenweisen Locke-
rung der Devisenkontrollen;
– beschleunigte Privatisierung staatlicher
Unternehmen.

Das Strategiepapier wurde von Unterneh-
merseite begrüßt; auch mehrere Gewerkschaften stimmten weitgehend zu, aber
COSATU und die Südafrikanische Kommunistische Partei bleiben scharfe Gegner dieses neoliberal-marktwirtschaftlichen Programms, da es die Belange der Arbeitnehmer unzureichend schützt.

Anfang 1998 stufte die international führende Wirtschaftsagentur Standard & Poor's
Südafrikas Kreditwürdigkeit von „positiv" zu
„stabil" herunter; als Gründe wurden angeführt, daß Wirtschaftswachstum, Sparquote
und Investitionsniveau zu niedrig seien. Zu
bedenken gibt auch, daß 1998 davon die
Rede war, die Verwaltung der Nord-Provinz
und der Provinz Ost-Kap der Zentralregierung
zu unterstellen, wegen des administrativen
Chaos und der grassierenden Korruption in
diesen Provinzen (SZ 13. März 1998; Kap 6).

4.2   Ein Bergbaustaat von Weltrang

4.2.1 Allgemeine Charakterisierung

Südafrika gehört mit Australien, Brasilien,
Kanada und den Staaten der früheren
UdSSR zu den fünf größten mineralhaltigen
Zonen der Erde. Das Land besitzt eine führende Stellung auf dem Weltmarkt für Edel-
metalle (Gold und Platin) und Diamanten sowie für strategische Mineralien, wie die
Stahlveredler Chrom, Titan, Vanadium. Ferner ist Südafrika einer der führenden Welt-
produzenten von Asbest, Antimon, Uran und
Steinkohle. Gold und Schmuckdiamanten
stellten jahrzehntelang einen wesentlichen
Bestandteil der staatlichen Einnahmen dar,
bis seit den 1970er Jahren eine Verbreiterung der Exportpalette erreicht wurde, auf
der Basis des Energieträgers Kohle, von
Eisen und Kupfer sowie der oben genannten
strategischen Mineralien.

Südafrika besitzt eine Spitzenstellung unter den Bergbauländern Afrikas, wenn auch
südafrikanische Konzerne nach der
„Wende" 1990/91 in Ländern wie Mali
(Gold), Ghana und Sierra Leone (Diamanten) aktiv wurden und die absolute Dominanz der 1970er und 1980er Jahre zurück-
ging. Deutschland gehört zu den führenden
Abnehmern südafrikanischer mineralischer
Rohstoffe. Zirka 70 % der Manganerz- und
Chromerzimporte sowie steigende Mengen

an Steinkohle und Zinnkonzentrat kommen
aus Südafrika.

Der Bergbau gehört mit ca. 560000 (1997)
Beschäftigten zu den führenden Wirtschaftsbereichen; die angeschlossenen Bera-
tungs-, Ingenieur- und Forschungsinstitutionen haben Weltrang. In einer detaillierten
Analyse stellte das Department of Mines and
Energy den Bergbausektor Südafrikas vor
(1997;   http://www.dme.gov.za/minerals/
part1.ht). Der Anteil des Bergbaus am BIP
belief sich 1996 auf 8,1 %. Der Anteil am BIP
ist allerdings rückläufig (Tab. 4.1), da die Verarbeitende   Industrie   und   der   Dienstleistungssektor zunahmen, u.a. durch die
Aufbereitung und Verarbeitung von Bergbauprodukten sowie technische Beratungs-
leistungen im Bergbausektor für Länder Afrikas. Bis in die ausgehenden 1990er Jahre
aber leistet der Bergbau einen Anteil am Exportwert von 40 bis 50 %. Mit Recht betonen
die Verfasser die Bedeutung dieses Sektors
für den Aufbau der physischen Infrastruktur,
z.B. des Eisenbahnnetzes, und der Verarbeitenden Industrie des Landes. Auch für den
gesamten südafrikanischen Subkontinent
besaß der Bergbausektor Südafrikas bis Anfang der 1990er Jahre eine entscheidende
Rolle für die Beschäftigung von Wander-

| Produkt | Produktion (in 1000 t) | | Südafrikas Stellung in der Welt | | | | | | |
| | | | Förderung 1996 | | | Anteil an den Weltreserven | | |
	1980	1995	Menge	Anteil an Weltförderung (%)	Welt-rang	1980 (%)	1996 (%)	Welt-rang
Gold (in t)	673	524	497 t	21	1	51	39	1
Chromerz	3414	5086	4,9 Mio. t	44	1	63	68	1
Vanadium	k.A.	k.A.	15 t	57	1	34	45	1
Manganerz	5695	3199	3,2 Mio. t	14	3	78	83	1
Ferrochrom	k.A.	k.A.	1,4 Mio. t	36	1	k.A.	k.A.	k.A.
Platin (in t)	k.A.	183	0,19 Mio. t	47	1	66	55	1
Diamanten (1000 Karat)	8522	9684	10 Mio. Karat	9	5	21	k.A.	5
Steinkohle	115000	206211	206 Mio. t	6	5	10	11	5

Tab. 4.7: Südafrikas Bergbau
nach: South Africa 1983, S. 560, 561; Statistisches Bundesamt 1995, Tab. 8.4; SAYB 1998, S. 99

	RSA	West-Kap	Ost-Kap	Nord-Kap	Freistaat	KwaZulu/Natal	Nord-West	Gauteng	Mpuma-langa	Nord-Provinz
Beschäftigte										
1990	739000	3536	1662	31831	175915	21510	183590	198356	87679	34922
1997	552000	2191	489	20600	109875	10863	159481	141685	72982	36536
Löhne und Gehälter (in Mrd. R),										
1990	10,03	0,07	0,02	0,55	1,73	0,34	2,45	2,75	1,50	0,65
1997	18,14	0,07	0,02	1,01	3,44	0,46	4,63	3,82	3,30	1,36
Beitrag zum Brutto-Regional-Produkt der Provinz (in %, 1994)	–	0,5	0,2	44,6	28,6	2,4	42,3	6,2	33,7	26,3

Tab. 4.8: Bergbau Südafrikas nach Provinzen
nach: CSS 1997c, Tab. 12.2; Chamber of Mines 1997, http://www.bullion.org.za/statistics/fact.htm;
           http://www.dme.gov.za/minerals.ht.

arbeitern und damit für den Staatshaushalt von Ländern wie Lesotho oder Mosambik (Kap. 3.4.2, Tab. 3.10). Dies ist jedoch in Frage gestellt durch den Zwang zu wesentlicher Erhöhung der Produktivität, vor allem im Gold- und Steinkohlenbergbau, wo zwischen 1987 und 1996 fast 200000 Arbeitsplätze abgebaut wurden – bei 7–10 abhängigen Personen pro Bergarbeiter sind die ökonomischen und sozialen Folgen in den

Herkunftsländern, wie Lesotho, leicht vorstellbar. Die südafrikanische Bergbau-
gewerkschaft NMU bemüht sich, z.T. über
die Finanzierung im Rahmen der bilateralen
Entwicklungszusammenarbeit, in den Heimatgebieten der entlassenen Bergarbeiter
Ausbildungs- und Beschäftigungsprogram-
me durchzuführen. So wurde 1997 mit Hilfe
von Großbritannien in der Provinz Mpumalanga und in Lesotho ein Programm für ländliche Entwicklungszentren ins Leben geru-
fen, in denen ca. 3500 Kleinunternehmer mit
ca. 4000 Beschäftigten tätig werden sollen
(South Africa Yearbook 1998, S. 96).

Wie aus Tabelle 4.8 ersichtlich, ist die Zahl
der Beschäftigten im Bergbau rückläufig. Be-
schäftigungswirksam ist der Bergbau allerdings bis heute in den Provinzen Gauteng
(Gold), Freistaat (Gold), Nord-West (Platin,
Gold) und Mpumalanga (Steinkohle). In den
Provinzen West-Kap, Ost-Kap und KwaZulu/
Natal ist der Bergbau hinsichtlich Beschäftigung und Beitrag zum Brutto-Regional-
produkt zu vernachlässigen. Zum letzteren
trägt er dagegen in den bergbaubestimmten
Provinzen Nord-Kap und Nord-West fast zur
Hälfte bei. Bemerkenswert ist, daß der Bergbau in den Provinzen Freistaat und Gauteng
trotz seiner Bedeutung für die Erwerbstätigkeit nur einen geringen Beitrag zum Brutto-
Regionalprodukt leistet, da insbesondere
Gauteng, wie in Kapitel 4.1 dargestellt, inzwischen vom Dienstleistungssektor sowie von
der Verarbeitenden Industrie dominiert wird.

4.2.2 Bergbau- und Energieressourcen

Der Anteil Südafrikas am präkambrischen
afrikanischen Sockel, Teil des Gondwana-
kontinentes, verbindet das Land mit seinen
Nachbarländern, wie Simbabwe und Namibia, und den Staaten Zentralafrikas, wie Demokratische Republik Kongo/Zaire. Ausdehnung, Vielfalt und Erschließungsgrad der Lagerstätten in den Sockelgesteinen und den
paläozoischen bis holozänen Deckschichten
aber geben Südafrika eine individuelle weltwirtschaftliche Bedeutung. Die Sockelgestei-
ne bestehen aus Sedimenten wie Sandsteinen, Quarziten und Konglomeraten, die z.B.
die Goldlagerstätten als sedimentäre Lagerstätten beinhalten. Hinzu kommen Tiefenge-
steine wie Granit oder vulkanische Gesteine,
in deren Umfeld sich hydrothermale Lagerstätten, wie Platin am Buschveldkomplex,
finden. Die flachlagernden Deckschichten
(Sandsteine, Schiefer) enthalten umfangreiche Lagerstätten, wie Steinkohle, Eisenerz
und Mangan. Kreidezeitliche Vulkanschlote,
sog. pipes, beinhalten als Primärlagerstätte
Diamanten, wie bei Kimberley; von der Abtragung freigelegt und vom Wasser transpor-
tiert, findet man sie auch in sog. Sekundär-
lagerstätten an der Nordwestküste Südafrikas. Die Goldvorkommen waren bis in die
ausgehenden 1980er Jahre ein wesentlicher
Faktor für Südafrikas Stellung auf dem Weltmarkt. In Zeiten von Energiekrisen sind
Südafrikas riesige Steinkohlen- und Uranvorkommen ein energie- und außenwirt-
schaftlich entscheidendes Element; sie ent-
schädigen für die minimalen Erdölvorkom-
men. Der Reichtum Südafrikas an seltenen
strategischen Mineralien (z.B. Chrom und
Platin) gibt dem Land seine geostrategische
Funktion und bedingt ein bedeutendes Engagement internationaler Konzerne.

Erdöl ist der einzige „Mangelfaktor" im
Energiebereich. Es ist leicht vorstellbar, welchen Aufwand und welche Geheimhaltung
bis 1993 betrieben wurden, die Rohölversor-
gung zu sichern, eine strategische Reserve
anzulegen, Verarbeitungsanlagen und Pipelines zu schützen. Das milliardenschwere,
unrentable MOSSGAS-Projekt, die Förderung und Verarbeitung von Erdgas bei Mosselbay in der Provinz West-Kap, ist ohne diesen Hintergrund undenkbar. Die riesigen
Investitionen und Forschungsarbeiten zur

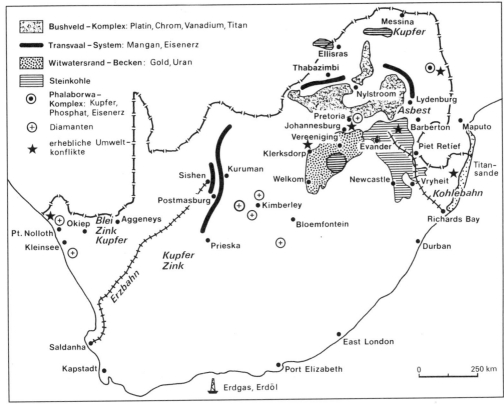

Abb. 4.3: Bedeutende Lagerstätten und Bergbaustandorte in Südafrika
WIESE (1998) nicht i. Lrf

Kohleverflüssigung in den Anlagen von Sasolburg in Gauteng und Secunda in Mpumalanga sind ebenfalls das Ergebnis dieser Autarkiepolitik (Kap. 4.3).

Seit 1991/92 hat sich die Situation grundlegend geändert: Südafrika hat freien Zugang zum Welt-Erdölmarkt, und in kurzer Zeit wurden Lieferverträge mit dem Iran (sehr zum Unwillen der USA) und Ägypten geschlossen; von letzterem kauft Südafrika ab 1995 30000 Barrel/Tag, das sind 9 % des Tagesbedarfs des Landes.

1997 nahm Südafrika vor der Südküste bei Bredasdorp eine eigene Erdölproduktion auf. Das Oribi-Ölfeld liefert ca. 20000 Barrel Hochqualitäts-Öl pro Tag, Ende der 1990er Jahre ca. 6 % des nationalen Tagesbedarfs. Vielversprechend sind die Erdgasfunde vor der Südküste, so daß mittelfristig mit einer Steigerung der Förderung (1997 ca. 1,8 Mrd. m^3 pro Jahr aus dem Gasfeld bei Mossel Bay) zu rechnen ist. Es stellt sich die Frage, inwieweit die Produktion von Treibstoff aus Gas durch MOSSGAS nicht in eine andere Form der Energienutzung umgewandelt wird (Kap. 4.3).

Gunst- und Ungunstfaktoren des Bergbaus

Die wirtschaftlichen *Vorteile* zahlreicher südafrikanischer Rohstoffvorkommen beruhen auf ihrem Umfang, dem z. T. erheblichen Erzgehalt und ihrer Erschließbarkeit (Abb. 4.3); die Kombination dieser drei Faktoren kann optimale Bedingungen schaffen, wie im Fall der Eisenerzgroßtagebaue von Sishen oder Thabazimbi oder auch des Steinkohlebergbaus von Mpumalanga. Bei geringem Erzgehalt, wie bei den Kupferlagerstätten von Phalaborwa (Cu-Gehalt 0,7–1,5 % pro Tonne Gestein) oder Okiep (mittlerer Erzgehalt 1,5 %), erhöht der Charakter der Sammellagerstätte die Wirtschaftlichkeit. Die Sammellagerstätte des Phalaborwa-Intrusionskomplexes in der Nord-Provinz bietet eine bergbaulich einmalige Kombination von Kupfer, Vermikulit, Magnetit und Apatit. Aus einer bereits in afrikanischer Frühgeschichte genutzten Kupferlagerstätte entstand ein Tagebau- und Hüttenkomplex mit weitreichender Exportfunktion, zugleich ein Erschließungszentrum in der Trockensavanne der Nord-Provinz.

Ein weiterer Positivfaktor für die Entwicklung des Bergbaus in Südafrika war die Verfügbarkeit von Wanderarbeitern als Billigarbeitskräfte, wenn dies auch erhebliche negative soziale Auswirkungen hatte (Kap. 3.4.2). Eine Untersuchung der Witwatersrand-Universität zum Goldbergbau (1996) ergab, daß die Löhne der Bergarbeiter an oder unter der Armutsgrenze liegen; eine Anhebung auf das Existenzminimum würde für zahlreiche Bergwerke das Ende bedeuten. Deshalb kam der Ruf nach Subventionen für den Goldbergbau und Restriktionen für die Beschäftigung ausländischer Arbeitnehmer auf. Exportfördernd wirken die Zuverlässigkeit und die Qualität der Lieferung – für afrikanische Lieferländer (im Unterschied zu Südamerika oder Südostasien) keineswegs selbstverständlich.

Wichtige *limitierende Faktoren* für den Bergbau Südafrikas ergeben sich aus der z. T. extremen Binnenlage der Standorte, der Distanz vom Abbauort zur Verarbeitungsstätte oder zum Exporthafen und aus der Wasserversorgung. Zahlreiche große Bergbaubetriebe liegen im zentralen und westlichen Trockenraum abseits von perennierenden Gewässern, andere stehen in Konkurrenz zum Wasserverbrauch der großstädtischen Haushalte oder der Verarbeitenden Industrie. Das zunehmende Umweltbewußtsein in Südafrika läßt erhebliche Umweltkonflikte als Folge der Bergbauaktivitäten deutlich werden, die in der Apartheidphase verschwiegen wurden, wie Gewässerverschmutzung, Bodenkontaminierung und Vernichtung schützenswerter Biotope.

Hoher Kapitalbedarf und Facharbeitermangel machen sich besonders in Zeiten einer Hochkonjunktur oder im Zeichen zunehmenden internationalen Wettbewerbs bemerkbar. Der südafrikanische Bergbau ist auf internationale Kooperation im Rahmen multinationaler Konzerne (z. B. Anglo American Corporation, Lonhro), auf das internationale Bank- und Kreditwesen sowie auf den internationalen Arbeitsmarkt angewiesen.

Wie alle Rohstoffexportländer wird auch Südafrika von den Folgen der Preisschwankungen auf dem Weltmarkt betroffen. Es hat jedoch den Vorteil, im Gegensatz zu vielen Entwicklungsländern, über ein breites Angebot landwirtschaftlicher und bergbaulicher Exportprodukte zu verfügen. Zudem nimmt der Export von Halbfertigwaren und Industrieerzeugnissen ständig an Umfang zu. Die Diversifizierungspolitik bezüglich der Bergbauexporte sollte bei nachgebenden Gold- und Diamantenpreisen durch Platin-, Kohle-, Chrom- und Manganverkäufe Einnahmengewinne sicherstellen. Doch diese „einfache Rechnung" geht nicht auf, da neue Lieferländer auf dem Weltmarkt auftreten. Die Wirtschaftspolitik muß den Übergang vom „Erzexporteur" zu einem Lieferanten von Veredelungsprodukten erleichtern, was erhebliche Investitionen notwendig macht und angesichts der globalen Konkurrenzsituationen schwierig ist.

Südafrikanische Bergbaukonzerne, wie Gencor, investieren seit der ersten Hälfte der 1990er Jahre in Produktionssektoren wie die Aluminiumproduktion und in anderen afrikanischen Ländern (z. B. Ashanti-Goldminen in Ghana, Sadiola-Goldmine in Mali, Schwermineralabbau in Mosambik) oder in Übersee

(Nickel in Kolumbien), um die Rückgänge bei den Gewinnen aus der Goldproduktion auszugleichen. Die größte südafrikanische und afrikanische Minengruppe, die Anglo American Corporation, will erheblich in Bergbauprojekte in der Demokratischen Republik Kongo/Zaire investieren, einem der geologisch reichsten Länder der Welt; dort trifft sie allerding auf die Konkurrenz kanadischer und australischer Konzerne, während sie mit American Mineral Fields in Südzaire zusammenarbeitet (Zinkmine von Kipushi). 1998/99 erlebte südafrikas Bergbau einen gewaltigen Umstrukturierungsprozeß der Unternehmen: Die Zusammenlegung einzelner Goldminen in Holdings. Sie notieren als Global Players an den Börsen von London und New York.

Im September 1998 legte die Regierung in einem White Paper on Minerals and Mining Policy for South Africa (Department of Minerals and Energy 1998) ihre Vorstellungen über eine langfristige Strategie für den südafrikanischen Bergbau vor. Die Vorbereitungen hatten bereits Ende 1995 mit einem Diskussionsdokument begonnen, das nach langen Konsultationen im Februar 1998 zu einem Green Paper on Minerals and Mining Policy for South Africa geführt hatte. Wie zu erwarten, spielen im neuen Südafrika nicht nur ökonomische, sondern in erster Linie politische und soziale Leitgedanken eine Rolle. Zwar wird die Bedeutung einer investitionsfreundlichen Politik für die Zukunft des Bergbaus betont, zugleich aber werden bisher vernachlässigte und kritische Bereiche, wie Bergbaurechte und Information über Prospektionen, Partizipation der ansässigen Bevölkerung an Eigentum und Management der Bergbaubetriebe, soziale Belange, wie Gesundheit, Sicherheit oder Wohnungsbe-

darf der Bergarbeiter, sowie die Umweltverträglichkeit des Bergbaus angesprochen. Für die auf der Basis des White Paper zu erarbeitende neue Gesetzgebung ist die bereits 1898 gegründete Chamber of Mines of South Africa mit Sitz in Johannesburg ein wichtiger Ansprechpartner der Regierung; die von ihr repräsentierten Finanz- und Bergbauunternehmen liefern ca. 85 % der Bergbauproduktion Südafrikas. Ebenso mächtig ist aber auch die Bergarbeitergewerkschaft NMU, eine der größten und bestorganisierten Arbeitnehmervertretungen des Landes.

Eine mittelfristige Prognose des Department of Minerals and Energy (1997) sieht für die Jahre 1998 bis 2002 ein Gesamtwachstum des Außenhandelswertes von Bergbauprodukten um ca. 25 % voraus. Dabei wird die Bedeutung von Gold weiter abnehmen, während man für Steinkohle, Platin, Zink und Titan sowie Ferrochrom ein Wachstum prognostiziert. Die einst blühende Asbestindustrie Südafrikas wird endgültig schließen, während man für die Kunstdüngerproduktion (Phosphorsäure) mit kräftigem Exportzuwachs rechnet. Allerdings betont die Prognose mit Recht die Abhängigkeit Südafrikas vom Wachstum der Wirtschaft in den Industrieländern – hier geht die Studie von einem mittleren jährlichen Zuwachs von 2,5 % aus – sowie von der wirtschaftlichen Entwicklung der Schwellenländer (emerging economies), wobei Südafrika vor allem auf Ost- und Südostasien als Kunden für Bergbauprodukte setzt. Die strukturellen Veränderungen auf dem Weltmarkt für Bergbauprodukte durch einen geringeren Input an Rohstoffen in die Produktion, durch Recycling und durch Umweltauflagen bergen noch Unbekanntes.

4.2.3 Bergbaugebiete und Bergbauinseln

Gold und Uran am Witwatersrand
Bergwirtschaftlich führend sind der Süden der ehemaligen Provinz Transvaal, die heutige Provinz Gauteng, Nord-West-Provinz und der Norden der Provinz Freistaat. Hier stellt das geologische Witwatersrand-Bek-

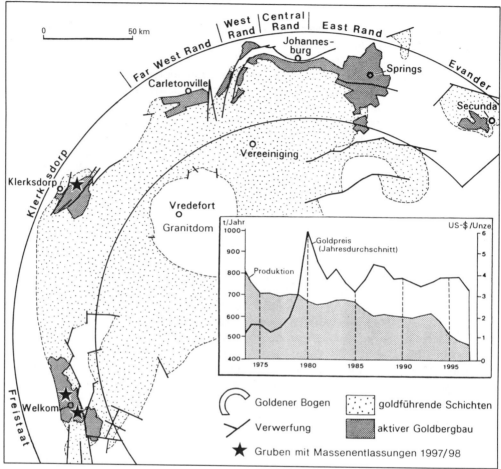

Abb. 4.4: Der Goldene Bogen (Witwatersrand, Freistaat) in der Krise
nach: Unterlagen des Chamber of Mines und PIAZOLO 1998, Abb. 4

ken mit seinen Gold- und Uranlagerstätten seit der Entdeckung des Goldes bei Johannesburg (1886) die weltwirtschaftlich dominante Region dar. In bis zu 8000 m mächtigen Sedimenten sind goldhaltige Seifen und Uran enthalten. Sie sind das Ergebnis der Abtragung von einem nördlich gelegenen Urkontinent in ein Binnenmeer von der Größe des Kaspischen Meeres. Zirka 50 Goldbergwerke liegen im ca. 500 km langen Goldenen Bogen (Abb. 4.4 und 4.5), der der Uferzone des ehemaligen Binnenmeeres folgt. Die Raffinierung zu 99,6 prozentigem

Handelsgold erfolgt in der zentralen Aufbereitungsanlage in Germiston. Die Produktion wird an die Südafrikanische Zentralbank verkauft, die den Vertrieb auf dem internationalen Goldmarkt, wie in London, Zürich oder New York, durchführt.

Der Tiefbergbau in über 3000 m Tiefe (70 km westlich von Johannesburg das tiefste Goldbergwerk der Welt: Western Deep Levels ca. 3800 m, 1996) ist nur möglich wegen der günstigen geothermischen Tiefenstufe (Zunahme der Temperatur in Mitteleuropa 1 °C auf 30–35 m, in Südafrikas Gold-

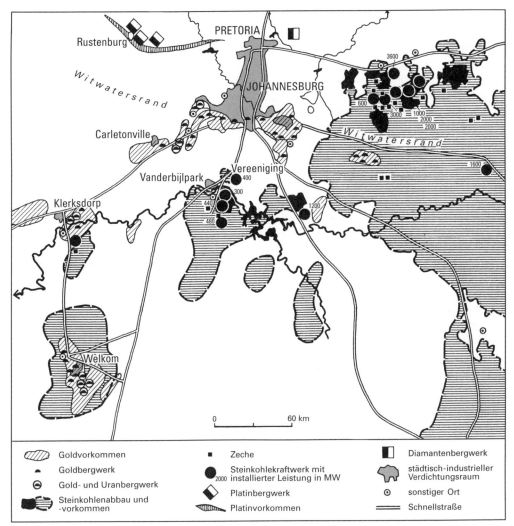

Abb. 4.5: Bergbau und Energieerzeugung auf dem Hochveld (Gauteng, Freistaat, Mpumalanga)
Wiese 1998

minen 1 °Celsius auf 100 m); trotzdem beträgt die Gesteinstemperatur in 3600 m Tiefe ca. 60 °C, die Lufttemperatur trotz Kühlung 32 °C, die Luftfeuchtigkeit bis 90 % – unter Tage herrschen volltropische Verhältnisse, die außerordentliche Anforderungen an Beschäftigte und Technologie stellen. Hohes technisches Können und erheblicher Kapitalaufwand sind notwendig, um angesichts der Temperaturen, des Gesteinsdruckes, der Härte der quarzitischen Konglomerate und des steilen Einfallswinkels der Schichten goldhaltiges Gestein aus fast 4000 m Tiefe zu fördern. Dabei enthält 1 t Konglomeratgestein oft nur 5 g Gold, nicht vergleichbar mit den reichen alluvialen Goldlagerstätten in Kalifornien oder in Amazonien. Das Gestein erfährt an der Oberfläche eine mechanische und chemische Aufbereitung, wobei riesige Mengen von Gesteinsrückständen, zermahlen bis zur Korngröße von Feinsand und Staub, auf die weißleuchtenden Abraumhalden gespült werden, die die Goldbergbauzone beherrschen. Die hochgiftigen, mit Cyanid belasteten Rückstände aus der Goldgewinnung stellen eine erhebliche Gefährdung für den Wasserhaushalt dar; Stürme in der Region entwickeln sich zu Staubstürmen; eine Aufforstung der Abraumhalden ist wegen der Schadstoffbelastung der Sedimente äußerst schwierig, aber langfristig erfolgreich.

Der traditionsreiche *Gold*bergbau zeigt in der zweiten Hälfte der 1990er Jahre ein düsteres Bild: Produktivitätsverluste aufgrund von sinkender Arbeitsproduktivität, Lohnerhöhungen, der Verfall des Goldpreises auf dem Weltmarkt seit 1987 und abnehmender Goldgehalt des Gesteins trugen zu dieser Situation bei. Lag die Goldproduktion 1984 noch bei ca. 683 t, so wurden 1998 nur 474 t erreicht, was einen Verlust von über R 3 Mrd. an Devisen bedeutet. Zwischen 1989 und 1997 wurden 180 000 Bergarbeiter aus dem Goldbergbau entlassen (SAYB 1998, S. 97). 1997 erfolgten erste Stillegungen von Goldbergwerken und weitere Entlassungen. Ein „Gold Crisis Committee" aus Vertretern der Regierung, der Arbeitgeber und der Arbeitnehmer versucht seit 1998, sozialverträgliche Lösungen beim Abbau der Arbeitsplätze zu sichern. Die wirtschaftliche Bedeutung von Gold für Südafrika nimmt auch wegen veränderter Weltmarktbedingungen anhaltend ab.

Eng mit dem Goldbergbau verbunden ist die Gewinnung von *Uran*erzen am Witwatersrand, die ein Nebenprodukt bei der Goldaufbereitung darstellen. Südafrikas Reserven an Uranoxid gehören zur Weltspitze. Nachdem in den Jahren 1954 bis 1956 die Urangewinnung in größerem Maßstab eingesetzt hatte, wurde 1968 die Nuclear Fuels Corporation (NUFCOR) als zentrale staatliche Handelsorganisation gegründet. Seit der ersten Ölkrise, 1973, erlebte der Kernbrennstoff Uran als Energieträger einen starken Nachfrageschub, der Südafrika zu erheblichen Investitionen veranlaßte. In diesem Rahmen wurde das Atomforschungszentrum in Pelindaba westlich von Pretoria mit einem Versuchsreaktor eingerichtet; während der Apartheidära verstummten die Stimmen nie, die Südafrika zum Bau einer Atombombe für fähig hielten – vergleichbar mit Pakistan und Indien. Im neuen Südafrika wurde die Anlage von Pelindaba 1996 stillgelegt, und Südafrika unterzeichnete im selben Jahr das Atomwaffenkontrollabkommen, so daß Afrika als „atomwaffenfreier Kontinent" gefeiert wurde. Die Bedeutung Südafrikas auf dem Weltmarkt von Uran wird darin deutlich, daß es nach den USA und noch vor Kanada die größten Reserven der westlichen Welt besitzt.

Platin und Chrom am Buschveldkomplex

Der ausgedehnte Intrusionskörper des Buschveldkomplexes, der sich nördlich von Pretoria von der Nord-West Provinz bis in die Provinz Mpumalanga erstreckt, gilt als eine der geologischen Raritäten der Erde: Die Randzonen der bis zu 6 000 m mächtigen Ergußgesteine weisen eine Lagerstättenfolge von Chrom-, Platin- und Nickelerzen von Weltrang auf. Diese für die Weltraumfahrt und die Rüstung bedeutsamen strategischen Mineralien treten hier in einem für die ehemalige westliche Welt wirtschaftlichstrategisch entscheidenden Umfang auf. Die Bergbaubetriebe finden sich an den Rändern des geologischen Komplexes, die Standorte der Hüttenindustrie auf dem Hochveld der Provinz Mpumalanga um Witbank und Lydenburg. Ende 1996 übernahm der südafrikanische Konzern Anglo American Beteiligungen des britischen Mischkonzerns Lonrho an den südafrikanischen Platinminen, so daß er zu einem der größten Platinproduzenten der Welt aufstieg. Der weiterhin steigende Weltbedarf an Platin von ca. 5 %/Jahr sichert Südafrikas Produzenten wachsende Umsätze.

Diamanten um Kimberley

Die schlotförmigen Intrusionskörper von diamanthaltigem Gestein (Blue Ground) bedingen eine sehr punkthafte Verteilung des *Diamantenbergbaus* und der angeschlossenen Siedlungen (Company Towns wie Cullinan, Koffiefontein südlich oder Finsch nordwestlich von Kimberley). Nur in Kimberley ist es durch die Konzentration von drei Diamantenschloten zur Entstehung eines Oberzentrums gekommen. Das zum nationalen Denkmal erklärte und von einem Bergbaumuseum ergänzte Big Hole-Gelände gibt einen Eindruck von der geologischen Struktur und den frühen Tagebautechniken mit Hacke, Schaufel und Seilwinde (Lagerstätte 1866 entdeckt, 1870 ca. 50000 Schürfer). Das Bergbaumuseum zeigt das Leben einer „Gräberstadt" und die Bedeutung von Unternehmertum und Kapital. Die Gewinnung von Diamanten aus Alluviallagerstätten, sogenannten Seifen, an der Nordwestküste Südafrikas ist jüngeren Datums, aber heute ebenfalls bedeutend. De Beers, eine Schwestergesellschaft der südafrikanischen Anglo American Corporation, der größten Bergbaugruppe der Welt (1997/98) kontrollierte bis Anfang der 1990er Jahre das globale Rohdiamantengeschäft für Schmuckdiamanten. Die Konzernzentrale in Kimberley und die Central Selling Organisation (CSO) in London teilten Anfang 1996 mit, „das Diamantengeschäft wieder fest in der Hand zu haben": Die unkontrollierten Verkäufe russischer Diamanten (seit 1993) seien gestoppt, Lösungen im Streit mit nichtkonformen Minen in Australien böten sich an, der Diamantenmarkt komme wieder in ruhigeres Fahrwasser – Absatz und Gewinn stiegen 1995 (nach: Handelsblatt 07.03.1996). Im Juni 1996 jedoch schied die australische Argyle, die größte Diamantenmine der Welt (Produktion: 40 Mio. Karat 1995) aus dem Verkaufskartell (CSO) des Diamantenkonzerns De Beers aus und wird in Zukunft ihre Rohdiamanten direkt in den Schleifzentren in Antwerpen verkaufen. Anfang 1998 schlug die Asienkrise auf dem Weltmarkt für Schmuckdiamanten durch. Marktführer De Beers, der noch ca. 60 % des weltweiten Handels mit Rohdiamanten kontrolliert, reagierte mit einer starken Senkung der Edelsteinverkäufe. Damit hofft das Unternehmen, dem starken Nachfrageschwund in Japan und dem allgemeinen Überangebot an verarbeiteten Diamanten zu begegnen und den Diamantenpreis vor einem Einbruch zu bewahren. Es ergab sich eine interessante Verlagerung des Diamantenschmuckverkaufs von Japan in die USA, wo 1998 fast 40 % (1996: 33 %) des Diamantenschmucks verkauft werden (nach Handelsblatt 12. Mai 1998).

Bergbau am Rand der Ökumene

Eine junge Bergbauzone erstreckt sich vom Westen in den Osten der Nord-West Provinz (Okiep und Aggeneys: Blei, Zink, Kupfer, Silber; Sishen, Kuruman, Vryburg: Eisen, Mangan) und weiter bis in den Westen der Nord-Provinz (Thabazimbi: Eisen; Ellisras: Steinkohle). In diesem peripheren Trockenraum Südafrikas liegen Bergbauinseln mit Großbetrieben von internationalem Rang, die Ausmaße wie im Rheinischen Braunkohlenrevier erreichen können. Man kann hier wie in West-Australien von einer Pionierfront der Ökumene sprechen. Sie ist zum einen binnenmarktabhängig, Basis der einheimischen Eisen- und Stahlindustrie ISCOR, zum anderen weltmarktabhängig, durch die Lieferung von Massengut-Exporten, angewiesen auf hochleistungsfähige Transporteinrichtungen wie die Erzbahn von Sishen-Posmasburg nach Saldanha an der Westküste nördlich von Kapstadt.

Steinkohlenbergbau in Mpumalanga und KwaZulu/Natal

Eine ähnliche Funktion für den Export der Steinkohle besitzt die Kohlebahn aus dem Süden der Provinz Mpumalanga (um Ermelo und Witbank) über die Steinkohlenfelder im nördlichen KwaZulu/Natal (Newcastle–

Dundee–Vryheid) zum Seehafen Richards Bay, dem 1976 eröffneten Massenguthafen in KwaZulu/Natal. Steinkohle rückte seit der Energiekrise 1977/78 zu einem wichtigen Devisenbringer für Südafrika auf. Seit 1995 exportieren Südafrikas Steinkohlezechen eine Rekordmenge von knapp 60 Mio. t/Jahr im Wert von R 7–8 Mrd., davon knapp 55 % nach Europa und 35 % in die Fernen Osten (Chamber of Mines). Die traditionelle Bedeutung der Steinkohle als Basis der südafrikanischen Energiewirtschaft (Kap. 4.3) und der Kohlechemie (SASOL I bis III) konnte bedeutend erweitert werden. Die gewaltigen Abbaumengen (ca. 220 Mio. t/Jahr) werden möglich durch die Kombination sehr günstiger Lagerstättenverhältnisse mit Hochtechnologieeinsatz, Effizienz und Zuverlässigkeit der Unternehmen. Die durchschnittliche Mächtigkeit der Flöze beträgt 1 bis 8 m; sie liegen oberflächennah (Tiefe 60 bis 120 m, max. 300 m), fast waagerecht und verwerfungsfrei, so daß ca. 50 % der Förderung im Tagebau erfolgen. Die Gunst der Lagerstätten ermöglicht eine starke Mechanisierung bei abnehmendem Arbeitskräfteaufwand. Das Coal Bureau als zentrale Forschungsein-

richtung der Bergwerksgesellschaften ist in der Lage, mit Hilfe von Computern eine betriebswirtschaftlich-technisch optimale Planung neuer Bergwerke durchzuführen. Rauchlose Verbrennung und Herabsetzung des Schadstoffgehalts in den Emissionen der Kohlekraftwerke sind Forschungsschwerpunkte des Südafrikanischen Rates für Wissenschaftliche und Industrielle Forschung (CSIR). Der Steinkohlenbergbau in Südafrika, bis heute Basis der Energieversorgung, der chemischen Industrie und bedeutender Exportbereich, war bis Mitte der 1990er Jahre ein Wachstumssektor. Wie in Kapitel 2.3 dargestellt, bedeutet die Nutzung der Steinkohle jedoch eine erhebliche Umweltbelastung. Fragwürdig wird die Nutzung der Steinkohle mittelfristig auch durch den zu erwartenden Fortfall der Subventionen für die Kohleverflüssigung und Kohlechemie (SASOL) sowie durch eine Verbundplanung zur grenzüberschreitenden Nutzung der gewaltigen Ressourcen an Wasserkraft zwischen den Ländern der SADC und den Ländern Zentralafrikas, wie Zaire, zur Elektrizitätserzeugung. Dafür nehmen die Exportbemühungen der Steinkohlenunternehmen zu.

4.3   Südafrika – ein „Energieriese"

Energie, insbesondere Elektrizität, kann als ein Schlüssel für wirtschaftliche und soziale Entwicklung bezeichnet werden – gemäß dem Ausspruch von Lenin: „Fortschritt ist Sowjetmacht plus Elektrifizierung!". Gehört Südafrika bisher bereits zu den Energieriesen Afrikas, dominiert es hinsichtlich der installierten Kraftwerksleistung und der Stromversorgung der Bevölkerung das gesamte Afrika südlich der Sahara, so nimmt die Ausweitung der Elektrifizierung für bisher benachteiligte Bevölkerungsgruppen und Gebiete einen wichtigen Platz im RDP seit 1994 ein (Kap. 1.2). Elektrizität als eine der grundlegenden Voraussetzungen für Fortschritte in Bildung, Technologie, Gewerbe

und Industrie trägt dazu bei, den Lebensstandard der Bevölkerung zu heben. Das Land steht dabei allerdings vor dem Problem, daß sich trotz eines im internationalen Vergleich sehr geringen Strompreises ein Großteil der Bevölkerung wegen Armut Strom nicht leisten kann, sondern weiterhin Holz als Energiequelle verwendet.

So verwundert es nicht, wenn auf der einen Seite das Ministerium für Wasserwirtschaft und Forsten seit 1994/95 „soziale Forstwirtschaft" mit Kleinforsten für die ländliche Holzversorgung als Energiequelle propagiert, auf der anderen Seite der staatliche Stromkonzern „Electricity Supply Commission" (ESCOM) im Rahmen eines Elektrifizierungsprogramms bis zum Jahre 2000 die Stromversorgung für zusätzliche 2,5 Mio. Haushalte zur Verfügung stellen soll; die bisher erreichten Daten verdienen Beachtung: 1992 wurden 145000, 1993 208000 und 1994 sogar 250000 Haushalte ans Netz angeschlossen. Bis 2000 soll der Anteil von Haushalten mit Stromversorgung von 40 % (1992) auf 70 % angehoben werden.

Bei den *Primärenergieträgern* spielt die Steinkohle eine hervorragende Rolle. Die Lagerstätten und Reserven gehören zu den größten der Welt. In den Jahren des Ölboykotts profitierte die Elektrizitätswirtschaft (Abb. 4.5, 4.6) von der enormen staatlichen Förderung der Kohleverstromung. Südafrika verfügt mit einer installierten Kraftwerksleistung von ca. 36000 MW über die größte Kohlekraftwerkskapazität Afrikas. Die Atomenergie konnte wegen der Isolierung Südafrikas im Hightechbereich nur eine beschränkte Bedeutung erlangen; es besteht lediglich das Atomkraftwerk Koeberg bei Kapstadt mit einer installierten Leistung von 1800 MW. Es ist verständlich, daß in einem Trockenraum wie Südafrika Wasserkraft als heimischer Primärenergieträger nur sehr beschränkt zur Verfügung steht und kaum noch ausbaufähig ist. Zwei Spitzenlast-Wasserkraftwerke bestehen bei Kapstadt bzw. Johannesburg mit 320 bzw. 220 MW Kraftwerksleistung; zwei Pumpspeicherwerke (an den Drakensbergen in KwaZulu/ Natal, 1000 MW; in den Kapketten bei Kapstadt, 400 MW) dienen ebenfalls der Abdeckung von Verbrauchsspitzen. Erdöl- und Erdgasvorkommen sind äußerst gering (Kap. 4.2) und dienen aufgrund der in der Apartheidphase verfolgten Autarkiepolitik über Verflüssigungsanlagen (MOSSGAS) der chemischen Industrie. Die Benutzung von Holz und Biomasse als Energieträger beschränkt sich, wie oben angedeutet, auf Armutshaushalte in den Städten und im ländlichen Raum, wobei gerade in den Städten ein „Energiemix" praktiziert wird: Ist ausreichend Geld vorhanden, benutzt man Elektrizität für Kühlschränke, Fernseher, etc.; wurde die Leitung wegen ausstehender Rechnungen abgeschaltet, greift man auf Kerosin zum Kochen und zur Beleuchtung zurück; reicht auch dafür das Geld nicht aus, so kocht und heizt man mit Kohle.

Sie ist, wie oben bereits angedeutet, der entscheidende Energieträger mit einem Anteil von über 80 % an der Primärenergieversorgung; Erdöl hat einen geschätzten Anteil von 10 %; alle anderen Primärenergieträger kommen gemeinsam nur auf knapp 7 % (Bundesstelle für Außenhandelsinformation 1995). Damit erreichte Südafrika einen Selbstversorgungsgrad von insgesamt 90 %. Konnten durch staatliche Maßnahmen die Erdölimporte zwischen 1975 (23 %) auf 10 % (1992) des Gesamtenergieimports gesenkt werden, so trat im neuen Südafrika eine allmähliche Verschiebung in der Energiebilanz ein. Die Aufhebung des UN-Erdölembargos zwang zu einer Überprüfung der bisherigen Erdölsubstitutionspolitik und angesichts niedriger Erdölpreise zu einer neuen Energiepolitik. Der Ausbau der Erdölraffineriekapazitäten in Durban und Kapstadt, der Neubau einer Raffinerie nach einem Lieferabkommen mit Saudi-Arabien (November 1997) und die Diskussion um eine Deregulierung der Treibstoffindustrie zeigen, wie der politisch geförderte und hochsubventionierte Energiebereich sich unter dem Einfluß marktwirtschaftlicher Kräfte verändert (International Energy Agency 1996, PISCHEL 1996, VAN HOREN/EBERHARD 1996).

Der staatliche südafrikanische Stromversorger ESCOM sowie das Staatsunternehmen SASOL verbrauchen etwa 70 % der Steinkohlenproduktion. Um Witbank/Ermelo, dem größten Steinkohleabbaugebiet der Welt mit Dominanz kostengünstiger Förderung im Tagebau, konzentrieren sich Kohlekraftwerke mit einer installierten Leistung von 33100 MW, die ca. 90 % der in Südafrika erzeugten Elektrizität liefern (Stromthemen 4/1995). Aufgrund der wirtschaftlichen Rezession der 1980er und beginnenden

	1980	1990
Gesamtverbrauch	74,2	109,5
davon		
Elektrizitätserzeugung	43,6	61,7
Koksproduktion	6,2	11,4
Öl und Treibstoffe aus Kohle	1,8	10,9
sonstiger Industrieverbrauch	10,2	12,3
Haushalte	3,6	2,6
Eisenbahnen	1,4	0,3

Tab. 4.9: Steinkohleverbrauch in Südafrika nach Produktionszielen (in Mio. t)
nach: Geojournal 1981, S. 48; Statistisches Bundesamt 1995; SAYB 1998, S. 106

	Erzeugung gesamt (Mio, kWh)	durch ESCOM geliefert (in %)	Kohleanteil an der Stromerzeugung von ESCOM (in %)
1970	50791	78,2	100
1975	74894	87,4	98,2
1980	99967	91,1	98,8
1985	141384	91,2	k.A.
1990	165516	93,6	k.A.
1996	163560	k.A.	k.A.

Tab. 4.10: Elektrizitätserzeugung in Südafrika
nach: Geojournal 1981, S. 48; Statistisches Bundesamt 1995

Land	Bevölkerung (in Mio.)	Kraftwerksleistung (MW)	Stromanschluß[1]
Angola	10,6	617	k.A.
Botswana	1,4	152	3,6
Lesotho	1,9	3	1,5
Malawi	9,5	185	2,0
Mosambik	14,8	2350	2,7
Namibia	1,5	360	k.A.
Sambia	8,3	1608	9,4
Simbabwe	22,0	1724	13,2
Südafrika	39,3	35926	44,0
Swasiland	0,8	118	2,1
Tansania	25,8	439	8,6
Zaire	41,0	2180	16,7

[1] Anteil der angeschlossenen Haushalte an allen Haushalten

Tab. 4.11: Stromversorgung im südlichen Afrika
aus: Stromthemen 4/95, S. 5

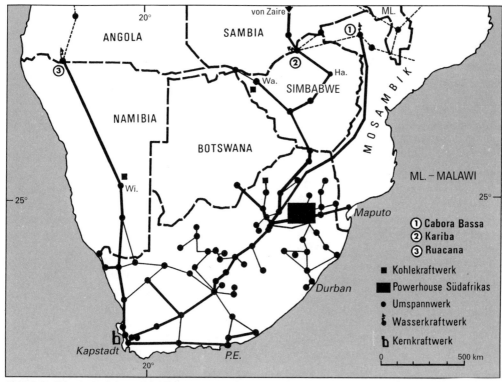

Abb. 4.6: Stromverbund im südlichen Afrika
WIESE 1998

1990er Jahre bestehen heute große Überkapazitäten, so daß ca. 6000 MW 1995 außer Betrieb waren. Der jährliche erwartete Zuwachs des Stromverbrauchs von 2,5 % aufgrund der gesamtwirtschaftlichen Entwicklung und der Elektrifizierungsmaßnahmen im Rahmen des RDP-Programms führt zu einem Abbau der Überkapazitäten um das Jahr 2010.

Deshalb bemüht sich das neue Südafrika verstärkt um den Aufbau eines Stromverbundes im größeren südlichen Afrika. Die brachliegenden Kapazitäten könnten zunächst einmal dazu verwendet werden, Staaten mit Strommangel wie Botswana oder Mosambik zu versorgen. Andererseits könnten die gewaltigen Wasserkraftreserven von Ländern wie Sambia und Zaire langfristig genutzt werden, um die Stromerzeugung umweltfreundlicher zu gestalten. Auch

gegenseitige Hilfe bei Kraftwerksausfällen wäre möglich, erinnert sei an die Dürrekatastrophe von 1992/93, als die Wasserkraftwerke in Sambia und Simbabwe schließen und auch Südafrika die Nutzung der Wasserkraftanlagen reduzieren mußte. Für Namibia ergäbe sich der Vorteil, daß es jeweils in der zweiten Jahreshälfte preiswerten Kohlestrom aus Südafrika beziehen kann, wenn wegen der jahreszeitlichen Schwankungen der Wassermenge Energie importiert werden muß. Die Untersuchungen und Planungen für einen Stromverbund im südlichen Afrika, vergleichbar mit dem Verbundnetz Europas zwischen Dänemark und Sizilien, sind bereits weit vorangeschritten – zur Realisierung fehlt den meisten Staaten Geld und know-how; hier besteht eine wichtige Aufgabe der Entwicklungszusammenarbeit mit den SADC-Ländern (Kap. 9).

Die Nutzung der Sonnenenergie wurde im „Sonnenland" Südafrika bisher stark vernachlässigt. Dies wird angesichts der bis 1990/92 verfolgten Energiepolitk verständlich. Forschungsaufträge zur Untersuchung einer wirtschaftlichen Nutzung dieser Energieform wurden seit 1990 vom National Energy Council vergeben. Obwohl hervorragende Bedingungen für die Nutzung der Solarenergie in Südafrika bestehen – in weiten Landesteilen über 2500 Stunden Sonnenschein pro Jahr – spielt sie bisher in der energiepolitischen Konzeption nur eine untergeordnete Rolle.

Die Zusammenarbeit zwischen der Regierung (Bergbau- und Energieministerium), der Finanzwirtschaft und dem Privatsektor für eine erfolgreiche Verbreitung der Solartechnik hat in der zweiten Hälfte der 1990er Jahre begonnen. Damit soll die Zahl der Haushalte, die Photovoltaik zur Stromerzeugung nutzen (Mitte der 1990er Jahre ca. 60000, zusätzlich ca. 700 Schulen und Kliniken), durch Kreditfazilitäten, vor allem im ländlichen Raum, erhöht werden. Auch für Schulen, von denen auf dem Land ca. 85 % ohne Stromanschluß sind, und für Kliniken im ländlichen Raum besteht ein erheblicher Nachholbedarf an Stromversorgung, die über Solarenergie dezentral und kostensparend (bis zu einem Drittel Einsparung gegenüber Strom aus dem Netz) möglich ist (nach Unterlagen der BfAi, 1997). Solarenergie wird in zunehmendem Maß für Wasserpumpen und zur Warmwasserbereitung genutzt.

Die Nutzung der Biotechnologie zur Verbesserung der Energiebilanz über Äthanol-gewinnung aus Zuckerrohr wurde in einer Anlage in Nordnatal erprobt, erwies sich aber als wirtschaftlich und sozial nicht haltbar.

Damit stellt sich aber in Südafrika wie in zahlreichen Schwellenländern das Problem des Klimaschutzes: Im größten Energiekonsumenten des Kontinentes nimmt der Kohlendioxidausstoß jährlich um ca. 3 % zu, bedingt durch niedrige Strompreise, ineffizienten Energieeinsatz in Bergbau und Industrie sowie durch die politisch-sozial forcierte Elektrifizierung im Rahmen des RDP (Kap. 1.2). Eine Studie des Deutschen Instituts für Wirtschaftsforschung (DIW) wies 1998 das Kernproblem auf, das sich für Südafrika mit der Unterzeichnung der Klimarahmenkonvention ergibt: der Konflikt zwischen einer entwicklungspolitisch gewollten preisgünstigen, flächendeckenden Elektriztätsversorgung einerseits und den Maßnahmen zur Energieeinsparung und zum Klimaschutz andererseits. Das DIW schlägt als Prioritäten vor, den Hausbau vor allem in den winterkalten Ballungsräumen, wie Gauteng und Kapstadt, mit Energiesparmaßnahmen zu koppeln und die Energieeffizienz in der Industrie und im Bergbau erheblich zu steigern – mit positiven Effekten für die Steigerung des BIP um 1,5–3 %. Das kürzlich erschienene White Paper on the Energy Policy of the Republic of South Africa (Department of Minerals and Energy, Dezember 1998; http://www.polity.org.za/govdocs/white-papers/energy98wp98-01.ht) gibt einen ausgezeichneten Überblick über das neue, zukunftweisende Energiekonzept des Landes.

4.4   Die Industrienation Afrikas

4.4.1   Die Industrialisierung

Faktoren
Südafrika verfügt über günstige Faktoren für eine industrielle Entwicklung. Reiche Rohstoffressourcen, darunter Primärenergie-quellen wie Steinkohle und Uran, ein großes Arbeitskräftereservoir, das die Nachbarländer miteinbezieht, und eine erhebliche Ballung von nationalem und internationalem

Kapital stellen das Fundament der südafrikanischen Industrie dar. Ein aufschlußreicher Vergleich bietet sich an mit anderen afrikanischen Ländern, die reich an Bodenschätzen sind, wie Demokratische Republik Kongo – Ex-Zaire – (Diamanten, Kupfer, Kobalt), Angola (Erdöl, Diamanten) oder Simbabwe (Gold, Chrom, Asbest). Es müssen aber auch limitierende Faktoren genannt werden, die sich in ihrer Gewichtung verändern bzw. die in Verbindung treten können:
– die große räumliche Distanz zu den wichtigsten Handelspartnern auf der Nordhalbkugel,
– die begrenzte Verfügbarkeit von Wasser im subtropischen Trockenraum,
– der Mangel an ausgebildeten Arbeitskräften,
– die Auswirkungen der Boykott- und Desinvestment-Jahre zwischen 1980/82 und 1990/92.

Letztere Phase brachte zwar in einigen Sektoren einen Industrialisierungsschub, abgeschirmt vom Weltmarkt aber blieb die Produktivität der südafrikanischen Unternehmen zurück. Nach Jahren der „Meidung", von denen Nachbarländer wie Lesotho und Swasiland als Ausweich-Investitionsstandorte profitierten (Kap. 7 und 8), bedeutet die politische Stabilität im neuen Südafrika eine neue Chance. Ist das Vertrauen in die südafrikanische Wirtschaftspolitik zurückgekehrt, so lassen gute Renditeaussichten und die Expansion des Konsumgütermarktes Südafrika wieder zu einem bevorzugten Investitionsfeld werden, wie die Daten seit 1994 zeigen. Südafrika nimmt die erste Stelle für deutsche Direktinvestitionen in Afrika ein, weit vor anderen afrikanischen Ländern.

Die Industrialisierung Südafrikas (NORDAS 1995) geschah in einer gemischten Form staatlicher und privatwirtschaftlicher Initiative. Kapitalintensive Grundstoffindustrien (z.B. Eisen- und Stahlwerke ISCOR 1928, Kohleverflüssigungswerk SASOL I 1950, Phosphatindustrie FOSKOR 1951, Aluminiumhütte ALUSAF 1968, SASOL II und III

1976 bzw. 1979) mit innovativen Investitionen wurden, besonders in Zeiten wirtschaftlicher Rezession bzw. unter äußerem Druck, durch den *Staat* vorgenommen. Dabei ging es um die Schaffung von Arbeitsplätzen, die Verbesserung der Autarkiesituation durch Importsubstitution (während des Zweiten Weltkrieges abgeschnitten vom Industriegüterlieferland Großbritannien; seit 1960 Boykottaufrufe der Vereinten Nationen) sowie um die Auslösung von Kopplungseffekten in der Privatwirtschaft. Die staatliche Investitionsförderung und die Aktivitäten der Industrieentwicklungsgesellschaft (IDC, seit 1940) hatten seit den 1960er Jahren das Ziel, die Industrie zu dezentralisieren, um die regionalen Ungleichgewichte innerhalb Südafrikas abzubauen.

Der Bergbau ist eng mit der industriellen Entwicklung des Landes verflochten – und wird dies auch in Zukunft sein (FINE/RUSTOMJEE 1996). Dem Bergbau kommt in Südafrika eine entscheidende Bedeutung für den Aufbau der Grundstoff- und Produktionsgüterindustrie zu (Chemische Industrie: Sprengstoffe, Säuren; Nichteisen-Metallindustrie; Eisenschaffende Industrie); die südafrikanische Hüttenindustrie hat technologisch eine Spitzenstellung inne. Aus dem Bereich der Investitionsgüterindustrie werden Bergwerksausrüstungen exportiert. Hier zeigt sich der Erfolg einer intensiven privatwirtschaftlichen und staatlichen Forschung, der wichtige Innovationen (z.B. Herstellungsprozesse von Ferrochrom) gelungen sind.

Eine wichtige Rolle für Investitionen, Arbeitsplätze und Innovationen stellen die Niederlassungen internationaler Firmen, sog. *Multis*, in Südafrika dar. Sie garantieren den Transfer von Know-how und Kapital, werden zu Reinvestitionen im Inland und zu Exportbemühungen veranlaßt und spannen Südafrika in das internationale Entscheidungs- und Finanzgefüge ein. Entgegen der weit verbreiteten Verurteilung der multinationalen Konzerne zeigt sich in Südafrika ihre wichtige Rolle bei der Gleichberechtigung zwischen den Rassen am Arbeitsplatz: Hier wirkte der Verhaltenskodex der EG oder der USA sowie die Notwendigkeit der Behebung des Facharbeitermangels fördernd auf die Ausbildung und Integration der Beschäftigten. Die Automobilindustrie, z.B. von Pretoria, hatte in den Boykott- und Krisenjahren zwischen 1980 und 1992 auf dem Gebiet der Arbeitsbeziehungen eine führende Rolle bei der Schaffung von Gleichheit am Arbeitsplatz und bei der Entwicklung der Gewerkschaften inne. Seit Mitte der 1990er Jahre investieren auch Großunternehmen der Schwellenländer Ost- und Südostasiens in Südafrika: Eine der größten ausländischen Investitionen (US-$ 435 Mio.) wurde Mitte 1996 von dem malaysischen Öl- und Gasunternehmen Petronas getätigt, das 30 % vom größten südafrikanischen Ölkonzern Engen übernahm.

Entwicklungsphasen und Räume
Das von der Landwirtschaft dominierte Südafrika kannte bis in die Mitte des 19. Jahrhunderts keine industriellen Produktionsstätten. Die handwerklichen Betriebe besaßen eine starke Streuung in Abhängigkeit von der Bevölkerungsdichte. Neben das traditionelle afrikanische Handwerk, wie Töpferei und Lederverarbeitung, traten europäische Arbeitsstätten der Holzverarbeitung, des Baugewerbes, von Textil und Bekleidung. In den Seehafenstädten Kapstadt und Durban entstanden erste Ansätze frühindustrieller Fertigung (Verarbeitung importierter Rohstoffe und Halbfertigwaren). Die bergbaubestimmte Phase der südafrikanischen Wirtschaft führte seit dem ausgehenden 19. Jahrhundert zu einer allmählichen Industrialisierung. Neben den wachsenden Hafenstädten mit ihrer Verarbeitenden Industrie und ihren Dienstleistungen zogen die binnenländischen Bergbaustandorte, vor allem das Goldbergbaugebiet des Witwatersrand, Einwanderer und Einheimische an. Nahrungs- und Genußmittelindustrie sowie Textil- und Bekleidungsindustrie begannen mit der Versorgung des Binnenmarktes und

lösten allmählich die Importwaren aus Großbritannien ab. Die Konzentration von Bergbau, Bevölkerung und Kaufkraft sowie die Verkehrslage und Agglomerationsvorteile förderten bereits in dieser Phase die Verdichtung der Industrie und Dienstleistungen am Witwatersrand.

Der Zweite Weltkrieg zwang zur Importsubstitution und zur Lieferung von Industriegütern für die Alliierten Truppen, und diese Situation führte Südafrika in die industrielle Revolution. Der Ausbau der einheimischen Grundstoffindustrie, der Produktionsgüterindustrie und ihrer Zuliefererbetriebe, z.T. unter staatlichem Druck, sowie die folgende Steigerung von Erwerbstätigkeit und Kaufkraft leiteten den Prozeß einer Expansion von Industrie und Dienstleistungen ein. Es erfolgte der Übergang vom Agrar-Bergbaustaat zum Bergbau-Industriestaat. Staatliche Industrieentwicklungs- und Wachstumspolitik sowie Forschungsförderung erwiesen sich als weitere wichtige Faktoren der Expansion. Aus sozioökonomischen und innenpolitischen Gründen bemühte sich die Regierung in den 1970er Jahren mit einer Industrie-Dezentralisierungspolitik um eine Verringerung der regionalen Ungleichgewichte. Große Infrastrukturvorhaben, wie der Bau des Seehafens Richards Bay in KwaZulu/Natal, wurden mit massiven Industrieinvestitionen gekoppelt; die Förderung von Klein- und Mittelbetrieben in den ehemaligen Homelands/Autonomstaaten hatte bescheidene Erfolge. Es trat eine regionale Verlagerung und Betriebsgründungswelle im Umkreis der Agglomerationen ein, aber eine durchgreifende Erweiterung der Industriestandorte gelang nicht.

Ende 1997 waren ca. 1,42 Mio. Menschen in der Industrie beschäftigt, 1991 waren es noch ca. 1,61 Mio. Auch Ende der 1990er Jahre war die Industrie der wichtigste Beschäftigungsbereich in Südafrika, obwohl seit 1990 anhaltend Arbeitsplätze abgebaut wurden, besonders in der Textil-, Bekleidungs- und Schuhindustrie. Die Zahl der Be-

Umsatzstärkste Bereiche (in Mrd. R)	1980	1990	1995
Nahrungs- und Genußmittel	6,2	26,5	41,4
Chemische Produkte	1,9	9,7	15,9
Produkte auf Erdöl- und Kohlebasis	2,2	10,4	16,2
Eisen und Stahl	3,8	13,3	19,1
Metallwaren (exkl. Maschinen)	2,9	15,4	33,5
Kraftfahrzeuge (inkl. Ersatzteile und Zubehör)	0,1	0,1	0,1

1991	RSA	West-Kap	Ost-Kap	Nord-Kap	Freistaat	KwaZulu/Natal	Nord-West	Gauteng	Mpuma-langa	Nord-Provinz
Beschäftigte (in Mio.)	1,615	0,259	0,171	0,011	0,063	0,352	0,062	0,586	0,073	0,042
Produktionswert (in Mrd. R)	194,6	26,0	15,8	1,1	7,8	40,7	5,3	81,3	13,9	1,4

Tab. 4.12: Südafrikas Industrie
nach: CSS 1997c, Tab. 13.1, 13.2

schäftigten nahm auch nach dem Ende der Apartheid trotz des politischen Willens zur Schaffung von Arbeitsplätzen ab, da die Betriebe bemüht sind, die Produktivität zu verbessern – eine Situation, die wir ja auch aus Deutschland kennen, die in der südafrikanischen Situation aber noch mehr Menschen durch Arbeitslosigkeit trifft (Kap. 3.3.2). Regierung und Privatwirtschaft sehen in Industrie und Tourismus die wichtigsten Wachstumspotentiale für Südafrika; Export Development Zones und Spatial Development Initiatives sollen die regionale Industrieentwicklung fördern.

4.4.2 Industriesektoren

Südafrika verfügt über ein breites Industriespektrum, so daß man es als „Werkstatt eines Kontinents" bezeichnet hat. Dies trifft um so mehr zu, als nicht nur der kaufkräftige und expandierende Binnenmarkt, sondern auch über 40 Länder Afrikas, vor allem die in der Südafrikanischen Zoll- und Währungsunion SACU zusammengeschlossenen Länder Botswana, Lesotho, Namibia und Swasiland, sowie die SADC-Länder (Kap. 9) Industrieprodukte aus Südafrika beziehen. In West- und Ostafrika trifft Südafrika allerdings auf die Konkurrenz der Industrie der EU, Japans und der asiatischen Schwellenländer, die ihre Handelsimperien dem innerafrikanischen Konkurrenten gegenüber sichern und ausbauen wollen. Südafrikas Industrie steht dabei nach jahrelangem Schutz durch hohe Einfuhrzölle vor dem Problem eines härteren Wettbewerbs auf dem Binnenmarkt. Mittel- bis langfristig müssen sich die Produzenten um vergrößerte Volumina im Export bemühen. Als Beispiel für eine erfolgreiche Maßnahme sei Volkswagen Südafrika genannt: Das Werk in Uitenhage bei Port Elizabeth in der Provinz Ost-Kap erhielt 1998 vom Mutterkonzern einen Exportauftrag über 65000 Golf für Großbritannien sowie für Audi-Fahrzeuge für den australischen Markt. Damit steigt Volkswagen Südafrika zugleich zum größten südafrikanischen Fahrzeugexporteur und zum größten Autohersteller auf dem afrikanischen Kontinent auf (nach Handelsblatt 12. Mai 1998).

Betrachtet man die *Industriestruktur* Südafrikas, so fällt die breite Entwicklung der Industriegruppen und -zweige auf. Die *Grundstoff- und Produktionsgüterindustrie* verfügt mit der chemischen Industrie, der Mineralölverarbeitung sowie der Eisenschaffenden Industrie über führende Zweige, die wertmäßig und technologisch in der Spitzengruppe der südafrikanischen Industrie und der Industrie des afrikanischen Kontinents rangieren. Die Chemische Industrie geht in ihren Anfängen auf den Bedarf des Bergbaus an Sprengstoffen zurück (1896 Gründung von Modderfontein bei Johannesburg, heute eine der größten Sprengstoffabriken der Welt). Bis zum Zweiten Weltkrieg stellten die Enge des Marktes, die Bereitstellung erheblicher Kapitalmengen und die notwendige Größenordnung der Anlagen limitierende Faktoren der weiteren Entwicklung dar. Mit der Kohleverflüssigungsanlage SASOL I in Sasolburg (1950) wurde ein entscheidender Schritt zur Entwicklung der Chemischen Industrie getan. SASOL liefert zusätzlich zu Benzin und Dieseltreibstoff aus Steinkohle zahlreiche Grundstoffe für die Weiterverarbeitung in der privaten chemischen Industrie. Der Nordosten der Provinz Freistaat war ein idealer Standort für SASOL I, da die Anlage an den Kohlefeldern am Vaal-Fluß und gleichzeitig am Hauptmarkt, dem Witwatersrand, errichtet wurde. Mit den Großanlagen von SASOL II und III ist Südafrika zum weltweit führenden Produzenten von „Öl aus Kohle" geworden. Der Standort im östlichen Transvaal, heute im äußersten Westen der Provinz Mpumalanga, ergab sich wiederum aus der Lage zu den Kohlegruben bzw. zur wichtigsten Abnehmerregion der Produkte, der heutigen Provinz Gauteng. Seit 1990/91 sind Erdölimporte wieder frei verfügbar, so daß die Kohleverflüssigungsanlagen mittelfristig wohl zurückgefahren werden. Das Land ist dabei, die Raffineriekapazität mit Schwerpunkten in den Seehäfen Durban und Kapstadt bzw. in Boksburg und Sasolburg im industriellen Verdichtungsraum von Gauteng erheblich zu erweitern.

Die Kunstdüngerindustrie erhielt einen entscheidenden Anstoß mit der Gründung der staatlichen FOSKOR (1951). Sie bereitet in Phalaborwa das Mineral Apatit zum Grundstoff der Kunstdüngerherstellung auf. Heute kann die südafrikanische Landwirtschaft ohne devisenverzehrende Importe ihren Bedarf decken und die Industrie sogar Kunstdünger exportieren.

Anfang 1996 wurde in Richards Bay die größte Aluminiumschmelze der Welt eröffnet. Das Aluminiumunternehmen ALUSAF wird mit 670000 Jahrestonnen aus den Schmelzen in Hillside/Pietermaritzburg und Bayside/Richards Bay zum fünftgrößten Aluminiumhersteller der Welt. 80 % der Produktion werden exportiert und bringen einen beachtlichen Zustrom an Devisen. Die Lage am Tiefseehafen Richards Bay sowie die Verfügbarkeit von billigem Strom (ein Drittel der deutschen Stromkosten) sind wichtige Standortfaktoren.

Die Eisen- und Stahlindustrie, dominiert vom staatlichen ISCOR-Konzern und assoziierten Betrieben, sowie die *Metallverarbeitende Industrie* gehören nach Beschäftigtenzahl und Ertrag zu den führenden Industriezweigen Südafrikas. ISCOR wurde 1928 durch den Staat zur Schaffung einer Schwerindustrie-Basis mit Koppelungseffekten für die Metallverarbeitende Industrie gegründet, für deren Erzeugnisse der Bergbau einen erheblichen Bedarf besitzt (Maschinen, Ausrüstungen). Auf das erste Eisen- und Stahlwerk mit angeschlossener Drahtzieherei und Walzwerk in Pretoria (1928) folgte 1948 bis 1950 der Bau des Hütten- und Walzwerkes in Vanderbijlpark und 1974 die Eröffnung der Hütte mit Walzwerk und Drahtzieherei in Newcastle. Die Standorte sind, bedingt durch die Lage zum wichtigsten Binnenmarkt, dem Witwatersrand, durch die Erreichbarkeit der Rohstoffe (Eisenerz aus Thabazimbi bzw. Sishen, Steinkohle aus Natal, Dolomit aus dem Raum Pretoria-Johannesburg) und die Sicherung der Wasserversorgung. Das Produktenspektrum von ISCOR reicht von Blechen für die Automobilindustrie über verzinkte Bleche bis zu Profilstählen für Eisenbahnschienen, Kabeln für den Bergbau und Drähten. Mit Stahlblechen und Halbzeug erschloß sich ISCOR den Export nach Übersee. Anfang 1996 unterzeichnete ISCOR einen Vertrag mit deutschen, österreichischen und französischen Firmen zum Bau eines Stahlwerkes in Saldanha an der Westküste Südafrikas bei Kapstadt. Dieses Saldanha Steel Project war jahrzehntelang umstritten wegen der Auswirkungen auf die ökologisch wertvolle litorale und marine Umwelt der Lagune von Saldanha. Erst nach Durchführung einer Umweltverträglichkeitsprüfung wurde der Bau genehmigt. Das Hüttenwerk mit einer Kapazität von 1,3 Mio. t/Jahr soll Ende 1997 in Betrieb gehen, das Walzwerk soll 1998 die Produktion aufnehmen, wobei an eine Exportrate von 100 % gedacht ist. Für diesen „neuen Ruhrkomplex", mit DM 1,8 Mrd. Gesamtkosten eines der größten Industrieprojekte Südafrikas, erhielt Mannesmann-Demag den Auftrag zum Bau des Stahl- und Walzwerkes (Gesamtwert ca. DM 290 Mio.), Siemens wird die elektrischen Anlagen liefern (nach FAZ 16.01.96).

Innerhalb der Investitionsgüterindustrie gehören der Kraftfahrzeugbau sowie der Maschinenbau zu den führenden Industriezweigen. Letzterer liefert schwere Maschinen und Anlagen, besonders für Bergwerke, und deckt den Binnenbedarf zu ca. 80 %. Auch der Waggon- und Lokomotivbau für die Eisenbahn hat eine beachtliche Position erreicht.

Der *Kraftfahrzeugbau* in Südafrika begann bereits 1924 mit der Errichtung des Ford-Montagewerkes in Port Elizabeth, einem Seehafen-Import-Standort mit etwa gleicher Distanz zu den Märkten am Witwatersrand, in Kapstadt und Durban. Eineinhalb Jahre später folgte General Motors am gleichen Standort. Nach dem Zweiten Weltkrieg setzte die eigentliche Expansion der Automobilindustrie ein; als Beispiel sei die Gründung der VW of South Africa 1951 in Uitenhage/Port Elizabeth genannt. 1995 ist Volkswagen of South Africa (mit 6700 Mitarbeitern drittgrößter ausländischer Arbeitgeber in Südafrika) erstmals Marktführer in Südafrika mit einem Marktanteil von 25 % gegenüber 17 % für Toyota, dem stärksten Konkurrenten (nach FAZ 21.08.95). An die Stelle der Montage importierter Teile trat seit den 1970er Jahren zunehmend die Verwendung einheimischer Produkte, Ergebnis der staatlichen Einflußnahme seit 1962. So entstanden zahlreiche Zulieferfirmen mit Arbeitsplätzen vorwiegend für Mischlinge und Schwarze, häufig in Grenzindustriezonen und Wachstumspolen. Gleichzeitig vollzog sich eine bedeutende Standortverlagerung der Fertigung von den Küstenstandorten (Port Elizabeth – Ford/Chrysler, East London – Mercedes, Durban – Toyota) an neue Produktionsstätten im Binnenland, u.a. in der Grenzindustriezone nördlich von Pretoria (Schwerpunkt Rosslyn mit BMW, Datsun-Nissan, Renault, Fiat und Sigma-Motors; Alfa Romeo in Brits westlich Pretoria). Entscheidende Standortfaktoren sind die Nähe der größten Kaufkraftkonzentration Südafrikas in der Provinz Gauteng, die Arbeitskraftreserven sowie staatliche Investitionshilfen in den Wachstumspolen. Alle großen Automobilproduzenten haben Expansionspläne. Dies geschieht vor dem Hintergrund, daß die Zahl der Kraftfahrzeuge (1980: 3,4 Mio.) bis zum Jahre 2000 10 Mio. erreichen wird – Indikator des sozioökonomischen Aufstiegs, insbesondere bei den Schwarzen, bei denen sich die Zahl der Fahrzeuge von 1965 bis 1980 bereits verdreifachte. BMW teilte Anfang 1996 mit, daß es bis zum Jahre 2000 rund DM 400 Mio. in seine Produktion in Südafrika (Werk Rosslyn/

Pretoria) investieren wird, da die Gesamt-
nachfrage erheblich ist und von Südafrika
rechtsgesteuerte Modelle nach Australien
und Südostasien ausgeführt werden. Für
BMW (Ende 1995 3000 Mitarbeiter) bedeutet
dies einen Anstieg von 25 % bei den Beschäftigten, für die Zulieferer rechnet man mit
3000 bis 7000 neuen Arbeitsplätzen (nach
FAZ 18.11.95, 24.01.96).

Der *Schiffbau* (Schwerpunkt Durban) wurde
1996 eingestellt, da auch der Bau kleinerer
Spezialeinheiten, wie des Antarktis-For-
schungsschiffes, von Hafenschleppern und
Küstenwachbooten im Rahmen des globalen
Wettbewerbs nicht mehr konkurrenzfähig war.

Die *Rüstungsindustrie* gehörte bis zur
„Wende" 1992/94 zu den jungen, expansiven Industriezweigen, gefördert durch die
staatliche Armaments Corporation of South
Africa (ARMSCOR). Bedingt durch den internationalen Waffenboykott und die Strategie
der Destabilisierung des südlichen Afrika
(Angola, Mosambik, Sambia), entwickelte
das Land eine auf „Dritte Welt"-Bedingun-
gen ausgerichtete Rüstungsproduktion
(Kampfhubschrauber, motorisierte Haubit-
zen). Ende 1994 gehörte Südafrika nach
einem Bericht der Zeit (22.09.95) als „Waffenschmiede" zu den „top ten" der Waffen-
handelsnationen: Angesichts internationaler
Proteste beschloß das Kabinett 1995, einen
Parlamentsausschuß zur Kontrolle der Waf-
fenexporte einzurichten, da aus der Apartheidphase Schwarzmarktpraktiken üblich
sind (nach FR 22.07.95). Ein erster Erfolg
war die Stornierung eines DM 490 Mio. Auf-
trags an die Türkei aufgrund der Menschen-
rechtsverletzungen gegen die Kurden. Der
Erzbischof und Friedensnobelpreisträger
Desmond Tutu forderte, daß Südafrika ganz
aus dem Waffengeschäft aussteigt. Aber
1996/97 war Südafrika trotzdem ein wichtiger Lieferant von Kriegsausrüstungen, die
von großkalibriger Munition bis zu Angriffs-
hubschraubern reicht. Hauptabnehmer waren Schweiz, Singapur, Kolumbien und Pakistan (nach The Star, 23.10.98). Der gesamte

militärisch-industrielle Komplex Südafrikas
umfaßt die staatliche „Waffenschmiede"
DENEL sowie weitere etwa 700 Firmen mit
ca. 50000 Beschäftigten. In hochspezialisier-
ten Bereichen, wie der feinmechanischen,
der optischen und der elektronischen Industrie, ist Südafrika noch angewiesen auf die
USA, die EU-Länder und Japan, wobei die
Montage in südafrikanischen Tochterfirmen
stattfindet.

Die *Textil- und Bekleidungsindustrie* gehört
zu den beschäftigungsintensivsten, umsatz-
stärksten Industrien Südafrikas. Hier bot sich
auch bei noch niedrigem Pro-Kopf-Einkommen ein weiter Binnenmarkt; als Arbeitskräfte
standen zahlreiche Schwarze und Mischlinge mit geringer Ausbildung zur Verfügung.
Die Herstellung von Textilien und Bekleidung
konzentriert sich im westlichen Kapland in
der Nähe des Hafens Kapstadt, über den
heute auch der Export nach Westeuropa erfolgt. Wollindustrie auf der Basis der Merino-
Wollschafhaltung hat ihren Schwerpunkt in
Port Elizabeth, verlagert sich aber zum
Verdichtungsraum Durban. Für die Textil-,
Bekleidungs- sowie für die Schuh- und
Lederindustrie sind das Vorhandensein von
Inder- und Mischlingsarbeitskräften und -un-
ternehmern im Verdichtungsraum Durban–
Pinetown–Pietermaritzburg bzw. in und um
Kapstadt oder von Billiglohngruppen in den
ehemaligen Homelands/Autonomstaaten
bedeutende Standortfaktoren. Gerade diese
Industriezweige aber spüren die Erfüllung
der südafrikanischen Verpflichtungen gegenüber dem GATT-Abkommen und die Billigimporte aus den Schwellenländern und Entwicklungsländern Ost- und Südostasiens als
außerordentliche Belastung. Die Textilindustrie erwartet, daß während der Anpassungs-
zeit von 10 Jahren der Staat Mittel für die
Modernisierung, aber auch für Umschulung
zur Verfügung stellt. Mit ca. 80000 Beschäftigten und weiteren ca. 200000 indirekt von
der Textilindustrie abhängigen Arbeitsplätzen
gehört dieser Bereich zu den größten Indu-
striesektoren des Landes.

Im Bereich der *Nahrungs- und Genuß-mittelindustrie* hat Südafrika ein breites Spektrum auf den Binnenmarkt sowie auf den Export orientierter Industrie entwickelt; sie gehört nach Beschäftigung und Umsatz zu den führenden Industriezweigen. An der Spitze stehen die Zucker- sowie die Obst- und Gemüsekonservenindustrie, die in Natal (Zuckerrohrplantagen), im westlichen Kapland (Obstbau) und in Osttransvaal (Gemüsebau) konzentriert sind. Molkereien und milchverarbeitende Industrie haben sich im Umland der Ballungsräume entwickelt. Mühlenindustrie sowie die Herstellung von Ölen und Fetten haben ihren Standort in den Seehäfen oder an den Bevölkerungskonzentrationen im Binnenland. Die Getränkeindustrie ist dispers im gesamten Land verbreitet, während die Weinkellereien sich im kapländischen Weinbaugebiet konzentrieren.

Die *Fischereiindustrie* hat ihre Standorte zwischen Kapstadt und Lamberts Bay an der Südwestküste, wo der kalte, planktonreiche Benguelastrom reiche Fischgründe bietet. Pelagische und Küstentrawler-Fischerei liefern Sardinen, Maasbanker und Makrelen für die Fischkonservenindustrie, hauptsächlich aber für die binnenorientierte Fischmehl- und Fischölherstellung. Angesichts des Rückganges der Sardinen- und Makrelenfänge wurden seit den 1970er Jahren strenge Konservierungsmaßnahmen getroffen, nachdem jahrelang Raubbau getrieben worden war. Die Hummerfischerei zwischen Port Alfred, der Agulhasbank (Südküste) und Lamberts Bay unterliegt ebenfalls strikten Kontrollmaßnahmen, um diesen wertvollen Devisenbringer (Exporte in die USA und Japan) zu konservieren. In den ausgehenden 1990er Jahren fanden ca. 280000 Personen ihren Erwerb in der Fischerei und der Fischverarbeitenden Industrie (SAYB 1998, S. 65). Die Fangmenge von ca. 580000 t brachte einen Umsatz von ca. R 2 Mrd., für die Küstenregion im Südwesten des Landes ein wesentlicher Wirtschaftsfaktor.

Nach der Verabschiedung eines neuen Fischereigesetzes (Marine Living Resources Bill, 1998) ist der Fischfang nur noch mit Lizenz, für die meisten Arten mit einer jährlich neu festgelegten Quotenregelung möglich. Das Gesetz sieht wesentlich höhere Strafen für Vergehen in der 200 Seemeilen-Fischereizone Südafrikas vor, wo insbesondere Trawler aus Japan, Korea und Taiwan für Jahrzehnte die Bestände an Thunfisch ausbeuteten; 1997 waren noch ca. 100 Trawler zugelassen. Das neue Gesetz stärkt die Nutzungsrechte südafrikanischer Unternehmen und Küstengemeinschaften, soll aber gleichzeitig eine nachhaltige Nutzung der marinen Ressourcen des Landes gewährleisten. Dem dient die Verlängerung des Moratoriums zum Walfang, das schon 1982 in Kraft trat, und auch das Abschlachten von Robben (*Arctocephalus pusillus pusillus*) wurde auf Druck von Umweltorganisationen eingestellt. Das Sea Fisheries Institute in der Nähe von Kapstadt bildet die zentrale Aufsichts- und Forschungseinrichtung.

Die *Holz-, Zellulose- und Papierindustrie* gehören zu den ungewöhnlichsten Aufbauleistungen Südafrikas. Die Abhängigkeit von Importen konnte angesichts der langsamen Regenerierung der einheimischen Hölzer nur durch große Kiefern- (Pinusarten aus Mexiko), Eukalyptus- (Arten aus Australien) und Gerberakazienforsten (Arten aus Australien) erreicht werden, die heute mehr als 1 Mio. ha bedecken (Kap. 4.8). Sie folgen der humiden Ostseite der Großen Randstufe und den feuchten Teilen der Kapketten. Hier konzentrieren sich Sägewerke, zunächst für die Produktion von Grubenholz und Telegrafenmasten (Eukalypten) sowie für Bauholz (Kiefern), heute für die Möbelindustrie, für Sperrholz- und Spanplattenfabriken sowie für eine bedeutende Zellstoff- und Papierindustrie. Sie kann den Bedarf Südafrikas an Papier, Pappe, an Gruben-, Bau- und Möbelholz fast völlig decken und hat bereits, etwa in Japan, Exportmärkte erobert.

4.4.3 Industriegebiete

In der räumlichen Verteilung der Industrie (Abb. 4.7) spiegelt sich die Verbreitung der natürlichen Ressourcen, der Bevölkerung und ihrer Kaufkraft, räumlich wirksame Unternehmensentscheidungen und raumwirksame Staatstätigkeit wider. Beherrschend ist die Stellung der nordöstlichen Landesteile mit der *Provinz* Gauteng, die sich mit dem Pretoria-Witwatersrand-Vaaldreieck-Gebiet deckt, der größten Konzentration von Bergbau-, Industrie- und Dienstleistungsunternehmen im südlichen Afrika – und in Afrika überhaupt. In diesem Raum, der nur ca. 2 % der Landesfläche Südafrikas umfaßt, entstanden 1996 fast 38 % des Bruttoinlandprodukts, ca. 50 % der südafrikanischen Industrieproduktion. Hier konzentrierten sich ca. 17 % der Gesamtbevölkerung und ca. 40 % des weißen Bevölkerungsanteils.

Angesichts dieser Situation verwundert die Attraktivität der Provinz Gauteng für Investitionen in Industrie und Dienstleistungen sowie hinsichtlich der Zuwanderung von nationalen und internationalen Migranten nicht; gleichzeitig stellen sich in diesem mehrkernigen Verdichtungsraum erhebliche Aufgaben für die Ordnungskräfte, für Landesplanung und Raumordnung Südafrikas (Kap. 5.4.1, 6.1). Der Witwatersrand mit der Weltstadt Johannesburg ist das wirtschaftliche Herz Südafrikas. Gold- und Uranbergbau bilden die bergbauliche Basis, die durch einen breiten Industriesektor von der Grundstoffindustrie bis zur Konsumgüterindustrie ergänzt wird. Johannesburg kann als eines der Zentren weltwirtschaftlicher Aktivität von multinationalen Unternehmen bezeichnet werden.

Das nur 60 km entfernte Pretoria ist seit 1910 Landeshauptstadt, somit eine typische Beamtenstadt. Seit dem Zweiten Weltkrieg stieg es zu einem wichtigen Industriestandort auf (Stahlwerk, Metallindustrie, Elektroindustrie, Fahrzeugbau). Auch in den Nachbarstädten, wie Brits und Rustenburg, hat sich eine kräftige Industrieentwicklung voll-

zogen, gefördert durch staatliche Investitionsbeihilfen im Rahmen der Dezentralisierungspolitik. Im Süden der PWV-Region dominiert die chemische Industrie mit der Chemiestadt Sasolburg (Kohleverflüssigung, Raffinerie, Grundstoffindustrie) und die Eisen- und Stahlindustrie (Hüttenstandort Vanderbijlpark).

Die Verkehrsachse von Gauteng zur Seehafen-Metropole Durban wurde zur entscheidenden industriellen Entwicklungsachse mit Städten wie Newcastle (Stahlwerk) und Pietermaritzburg (Industrie- und Dienstleistungszentrum in KwaZulu/Natal und Industriewachstumspol). Durban selbst konnte sich durch seine Anbindung an Gauteng zum umschlagstärksten Seehafen Afrikas (Massenguthäfen ausgenommen) entwickeln und wurde zum zweitwichtigsten Industriestandort und Verdichtungsraum Südafrikas. Ausgehend von der Handelsniederlassung in der Mitte des 19. Jahrhunderts, entwickelte sich ein breites Spektrum hafenorientierter Industrie, wie Nahrungs- und Genußmittelindustrie, später Raffinerien und chemische Industrie. Die Bevölkerungskonzentration förderte Konsumgüterindustrien, wie Textil- und Bekleidungsindustrie sowie Möbelherstellung. In diesen Bereichen wurde der Unternehmergeist der indischen Bevölkerung entscheidend, die auch große Bereiche des Groß- und Einzelhandels beherrscht.

Kapstadt verfügt im westlichen Kapland über ein wertvolles unmittelbares Hinterland, leidet jedoch unter der großen geographischen und ökonomischen Distanz zu Gauteng. Exportorientierte Nahrungs- und Genußmittelindustrie, auf den Export und den Binnenmarkt ausgerichtete Textil- und Bekleidungsindustrie, das Druckgewerbe als Ergebnis von Kapstadts Rolle als Universitätsstadt und Medienzentrum, Raffinerien und chemische Industrie geben Kapstadt die Funktion einer Industriestadt, die seine

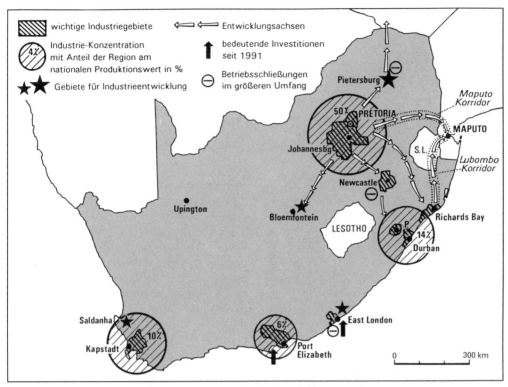

Abb. 4.7: **Industriegebiete in Südafrika und regionale Entwicklungstendenzen**
WIESE 1998

Stellung als zweite Landeshauptstadt (Sitz des Parlaments) und erstrangige Touristenmetropole ergänzt. Auch die beiden Seehafenstädte *Port Elizabeth* und *East London* an der Süd- bzw. Südostküste sind bedeutende Industriestandorte. Die Agglomeration von Port Elizabeth–Uitenhage in der Provinz Ostkap wird bestimmt durch die Automobilindustrie (VW of South Africa) und Zulieferbetriebe (Reifen, Farben und Lacke, Textilien). Ansatz hierfür war die Montage von Kraftwagen am Importhafen, aber inzwischen hat sich eine z.T. schon exportorientierte eigenständige Industrie entwickelt. East London trägt den Charakter einer Wirtschaftsinsel in Ostkap, durch ausgedehnte Farmgebiete geringer wirtschaftlicher Produktion, wie die Große Karoo, sowie die kleinbäuerlichen Armutsgebiete der Transkei und Ciskei in der heutigen Provinz Ost-Kap von dem wirtschaftlichen Kernraum Südafrikas getrennt. Die Stadt hat mit erheblichen Schwierigkeiten zu kämpfen: Textil- und Bekleidungsindustrie sowie die Schuhindustrie leiden unter Billigimporten aus Südost- und Ostasien, da die Produktivität der südafrikanischen Arbeitskräfte weit unter der der Konkurrenten in dieser Region liegt. Auch die binnenländischen Zentren *Bloemfontein* (Hauptstadt der Provinz Freistaat, Sitz des Obersten Gerichtshofes Südafrikas) und *Kimberley* (Hauptstadt der Provinz Nord-Kap, Diamantenbergbau und Dienstleistungszentrum) können den außerordentlichen Polarisierungsgrad der südafrikanischen Industrie nur gering abschwächen.

Die sog. „äußere Peripherie", die ehemaligen Homelands/Autonomstaaten von Nord-Provinz bis in die Provinz Ost-Kap, zeigt minimale industrielle Entwicklung. Landflucht, Funktionsverlust von Kleinstädten, nicht nachhaltige Entwicklungsimpulse bei einer Dritte Welt-Situation des Humankapitals lassen das Kern-Peripheriegefälle noch wachsen – mit allen sozialen und politischen Implikationen (Kap. 5.7).

4.5 Dienstleistungen – eine Zukunft auch in Südafrika

4.5.1 Allgemeine Dienstleistungen

Der Dienstleistungssektor gehört auch in Südafrika zu den stärksten Wachstumssektoren hinsichtlich Wertschöpfung und Beschäftigung (Tab. 4.1, 4.2). HORN (1995) wies nach, wie sich die Bewegung von Beschäftigung aus dem Primären Sektor zunächst in den Sekundären, seit den 1980er Jahren in den Tertiären Sektor auch in Südafrika vollzogen hat. In den ausgehenden 1980er Jahren setzte der Trend ein, daß immer mehr Schulabgänger unmittelbar im Tertiären Sektor Beschäftigung fanden, während die Aufnahmekapazität des Sekundären Sektors stagniert und im Primären sogar rückläufig ist. Er plädiert deshalb dafür, die seit den 1930er Jahren industrieorientierte Wachstumspolitik des Staates stärker auf den Tertiären Sektor zu verlagern, was in Ansätzen bereits geschah, etwa bezüglich des Tourismus. Es stellt sich allerdings das Problem, daß auch im Tertiären Sektor die Kapitalintensität etwa im Kommunikationswesen, im Geld- und Kreditgewerbe oder im Gesundheitswesen zunimmt, die Qualifikationsanforderungen an Unternehmer (z.B. im Management) und Beschäftigte (Sprachen, Softwarekenntnisse) steigen. Hier ist Südafrika durch Mängel im Erziehungs- und Ausbildungswesen (Kap. 3.3.4) und Fachkräftemangel asiatischen und lateinamerikanischen Konkurrenten gegenüber unterlegen. Ob Südafrika daher den Anteil des Tertiären Sektors am BIP von ca. 50 % auf ca. 70 % (Niveau von Brasilien, Mexiko) oder sogar 75 bis 79 % (Niveau von Singapur, Griechenland: HORN 1995, S. 43) wird steigern können, ist zunächst kritisch zu sehen. Zu bedenken ist auch, daß die sozioökonomische Schichtung der Bevölkerung (Kap. 3.3) sich dahingehend auswirkt, daß ein „geteilter" Dienstleistungssektor besteht: Von den ca. 40 Mio. Ew. leben, wie in Kap. 3.3.1 dargestellt, ca. 30 % in Armut: Sie können formale verbrauchsorientierte Dienstleistungen kaum in Anspruch nehmen, sie nutzen das große Angebot informeller Dienstleistungen (Kap. 4.6), die statistisch nur schwer zu fassen sind. Nach Schätzungen südafrikanischer Wirtschaftsforschungsinstitute verfügen nur ca. 5 Mio. Südafrikaner über eine Kaufkraft wie die Bewohner der Industrieländer: Diese Menschen nehmen die verbrauchsorientierten Dienstleistungen einer modernen Gesellschaft in Handel, Freizeit- und Kulturwirtschaft in Anspruch, sie nutzen die Banken und Versicherungen, sie sind Hauptzielgruppe der Medien.

Der *Einzelhandel* ist die dominante verbrauchsorientierte Dienstleistung. Der Absatz von Waren, vorwiegend an private Haushalte, hat Millionen von „Punkten". Ihre Spannweite reicht vom fliegenden Händler über Märkte und Gemischtwarenläden bis zu glitzernden Supermärkten und Einkaufszentren (Malls). Der Umsatz aller Einzelhandelsbetriebe hat sich nach Unterlagen des CSS (1996) infolge des wirtschaftlichen Aufschwungs seit 1994 positiv entwickelt; insbesondere bei Automobilen (oft Gebrauchtwagen) konnten Umsatzzuwächse bis zu 30 % erreicht werden. Die Warenhäuser und Verbrauchermärkte konnten vom Boom

„nach der Wende" profitieren, und die zahlreichen Neubauten in Südafrikas Städten und an seinen Autobahnen künden von dieser Entwicklung. Viele Einzelhändler, die in der Apartheidphase in Townships oder in Altgebäuden an Bahnhöfen den Einzelhandel betrieben, werden allerdings durch Neubauten der großen Ketten, wie OK Bazaar oder Woolworth in ihrer Existenz bedroht. Die neue Elite in Politik, Militär und Privatunternehmen sorgte für ein „Aufblühen" von Edelboutiquen, die mit besten Geschäften in den Industrieländern konkurrieren können. Auch der „informelle Einzelhandel" blühte angesichts des (wenn auch geringen) Kaufkraftanstieges auf. Er wird vor allem gespeist durch zahlreiche legale und illegale Zuwanderer aus Ländern West- und Ostafrikas, in denen einzelne Ethnien oder Familien eine lange Handelstradition haben, wie Senegalesen, Malinesen oder Nigerianer. Der informelle Einzelhandel ist auch ein Tätigkeitsbereich der Armen – und der Kriminellen: Tagsüber werden Gegenstände wie Autoersatzteile verkauft, die man nachts gestohlen hat – mangels Mitteln, sich die zu verkaufenden Teile beim Großhändler zu besorgen. Der Handel mit gestohlenen Fahrzeugen, Waffen und Drogen hat (nicht nur als Einzelhandel) alarmierende Ausmaße erreicht (Kap. 3.3.3). Dies trifft auch für den *Großhandel* zu: Im Verkauf von Fertigwaren an Unternehmen zum Weiterverkauf hat sich im neuen Südafrika ein großer illegaler Bereich entwickelt; er nutzt die wesentlich erleichterte Mobilität und die zunehmende Korruption zu umfangreichem Schmuggel: So drohten die Unternehmen der Elektronikbranche, wie Philips, mit der Einstellung der Produktion in Südafrika, da bis zu 90 % der im illegalen Handel befindlichen Geräte eingeschmuggelt waren, vorwiegend aus asiatischen Schwellenländern. Das Gleiche gilt für Zigaretten, wo ein lebhafter Schmuggel, z.B. mit Simbabwe, besteht. Die Zukunft des legalen Großhandels bezüglich Beschäftigung und Umsatz kann für den Großhandel mit Rohstoffen und Halbwaren, wie Brennstoffen oder Baustoffen, als aussichtsreich, für den Großhandel mit Fertigwaren als problematisch bezeichnet werden, da in zahlreichen Ländern Afrikas der Schmuggel diesen Sektor ausgehöhlt hat. Nach einer Schätzung der Zollbehörden von Anfang 1996 gelangen etwa 30 % aller Importe unverzollt ins Land, vor allem in den Bereichen Textilien und Bekleidung, Autoreifen, Tonträger, pharmazeutische Produkte und Alkoholika.

Banken haben in Südafrika im Unterschied zu den meisten afrikanischen Ländern eine angesehene und wichtige Funktion sowohl hinsichtlich Bankgeschäften als auch in ihrer Funktion in der Gesamtwirtschaft. Neben die alteingesessenen britischen Bankhäuser, wie Barclays Bank, traten seit dem Zweiten Weltkrieg Banken afrikaanser Finanzierung, wie die Volkskas, die zu bedeutenden nationalen Institutionen wurden. Während der Boykottjahre bis 1991 vom internationalen Kapitalmarkt abgeschlossen, aber auch vor internationaler Konkurrenz geschützt, erlebt der Bankensektor bezüglich Geschäftsvolumen und Beschäftigung einen Boom. Auch ausländische Geld- und Kreditinstitute, wie die deutsche Commerzbank, eröffnen Tochtergesellschaften in Südafrika. Alle Banken, mit Ausnahme der staatlichen Reserve Bank, und Versicherungen haben ihre Hauptverwaltungen in Johannesburg, das die „Finanzmetropole" Südafrikas und mit der Börse einen der entscheidenden Finanzplätze Afrikas darstellt. Weitere Bankenplätze sind Kapstadt, Durban, Bloemfontein und Port Elizabeth – in abnehmender Reihenfolge ihrer Bedeutung.

Kommunikation und *Medien* entwickeln sich in den wenigen demokratischen Ländern Afrikas zu einem wichtigen Dienstleistungssektor. Die traditionelle mündliche Kommunikation, die z.B. in Westafrika mit den „grigots" noch eine lebendige Rolle spielt, ist in Südafrika seit langem durch elektronische Massenmedien, wie das Radio, für die breite Öffentlichkeit oder in jüngster Zeit durch Fernsehen, Telefon und Handy verdrängt. Das Fernsehen hat seit den politischen Ereignissen von 1990/91 einen boomartigen Verkaufserfolg und Zuschauerrekorde erlebt. Es ist entscheidender Meinungsmacher für Politik und Wirtschaft. Verständlicherweise ist der Kampf um die Beherrschung der Medien, die bis Ende der 1980er Jahre von der Regierung kontrolliert wurden, im neuen demokratischen Südafrika mit einer freien Presse voll entbrannt. Das Gleiche gilt für die Printmedien, wie Zeitungen und Zeitschriften: Auch hier drängen schwarze Geschäftsleute auf eigene Konzerne, um in diesem bisher „weiß" beherrschten Bereich Gewicht und Verbreitung zu finden. Die Entwicklungen der Unternehmensstruktur in der Medienbranche sind im Fluß, und der Sektor wird für Beschäftigung und Gesamtwirtschaft immer bedeutender. Südafrika verfügt als eines der wenigen Länder Afrikas über eine freie Presse: auflagenstarke Tageszeitungen, Sonntagszeitungen und Wochenzeitschriften sind auf dem Markt. Johannesburg kann als die Medienhauptstadt von Südafrika bezeichnet werden, wobei Kapstadt um die Beibehaltung seiner anerkannten Stellung kämpfen muß.

Der *Freizeitsektor* und damit verbundene Dienstleistungen haben in Südafrika eine lange Tradition, allerdings vorwiegend für die weiße Bevölkerung. Hier war das Geld, die freie Zeit, auch die Tradition vorhanden, Freizeit als Merkmal für Lebensqualität zu begreifen, für Erholung, Vergnügung, Unterhaltung und Bildung. Die Nichtweißen waren von Einrichtungen wie Sportclubs, Sportarenen, Parks, Theatern und Museen ausgeschlossen. Erst seit den 1980er Jahren entwickelte sich in den Homelands/Autonomstaaten eine kommerzielle Freizeitindustrie mit Freizeit- und Erlebnisparks, wie Sun City nördlich von Pretoria, die für alle Rassen zugänglich waren. Im neuen Südafrika ist die gesamte Rassentrennung aufgehoben, sie wirkt sublimer, heute über die sozial-finanzielle Schichtung (Kap. 3.3). Mit der Öffnung

der Sportstätten, der Nationalparks, der Kultureinrichtungen, der gesamten Freizeitinfrastruktur hat diese einen enormen Aufschwung genommen bezüglich Umsatz und Beschäftigung. Allerdings erfolgt eine anhaltende Konzentration von bedeutenden Sportereignissen, Rockfestivals, Kunstschauen u.ä. auf die Metropolen, wie Johannesburg, Durban und Kapstadt. Zudem ist die große Masse der Bevölkerung aufgrund der geringen Einkommen nicht in der Lage, sich Freizeitaktivitäten leisten zu können – viele Familien kämpfen ums tägliche Überleben. So bleibt die Zukunft des Freizeitsektors in Südafrika hinsichtlich Beschäftigung im Unterschied zu einem Land wie Deutschland fraglich, da eher Problemfelder „Freizeit–Armut", „Freizeit–Umwelt-Konflikt" oder „Urbane Freizeit" auftauchen.

Die Abschaffung der Rassentrennung auf dem Arbeitsmarkt führte seit den 1980er Jahren, verstärkt seit 1990/91 zu einer erheblichen Steigerung der Erwerbstätigen in *freien Berufen"*. Rechtsanwälte, Berater, Versicherungs- und Maklerbüros sowie Ärzte können nun ohne rassische Diskriminierung ihre Praxen eröffnen, oft in besten Geschäftslagen für die unterschiedliche Klientel. JÜRGENS (1991) hat am Beispiel von Durban die Veränderungen in der City dieser Metropole detailliert analysiert.

Der *Öffentliche Dienst* stellt im neuen Südafrika einen Bereich „im Umbruch" dar. Für Jahrzehnte eine „Festung" des Apartheidregimes, gehalten durch Weiße und wenige Nichtweiße, erlebt dieser Bereich der Dienstleistungen einen – politisch motivierten – radikalen Wandel. Die Diskussionen in der Tagespresse, Demonstrationen und Streiks der Jahre zwischen 1991 und 1995 haben sich allmählich gelegt, aber immer noch sind die Folgen von „affirmative action" und „empowerment", d.h. der bevorzugten Besetzung von Stellen durch Mitglieder bisher benachteiligter Gruppen (sprich: Schwarze), die Fragen von Vorruhestand, Abfindung, Frühpensionierung von Weißen und „neuer

Diskriminierung" von Farbigen nicht ausgestanden. Zugleich mußte der Öffentliche Dienst im Rahmen der Neugestaltung des Haushalts „schlanker" gestaltet werden: Der in der Apartheidära „aufgeblasene" Staatsapparat mit ca. 1,1 Mio. Beschäftigten (Ende 1997) in 30 nationalen und 9 Provinzverwaltungen (vgl. Bundesland NRW 1993: 318850 Landesbeschäftigte, 282873 Beschäftigte bei Kreisen und Gemeinden) wurde zwar verringert, aber mit der Schaffung der neun neuen Provinzen (Kap. 6) und der Reform der Gemeinden und Kreise wurden auf diesen Ebenen neue Arbeitsplätze geschaffen. Wirtschafts- und sozialgeographisch bedeutend ist die Tatsache, daß die Kaufkraft der Beschäftigten des Öffentlichen Dienstes für viele Klein- und Mittelstädte entscheidend ist, daß die neuen Hauptstädte der Provinzen durch den Öffentlichen Dienst erheblich an Kaufkraft gewonnen haben und daß dieser Dienstleistungssektor ein politisch bewußt geförderter Bereich des sozioökonomischen Aufstiegs der Schwarzen in die Mittel- und Oberschicht ist (Kap. 3.3). So stieg der Anteil der Schwarzen an Stellen im Managementbereich des Öffentlichen Dienstes von 3 % (1994) auf 33 % (1997) im Staatsdienst und 54 % in den Provinzverwaltungen. Für 1999 gelten als Zielsätze der affirmative action für die Beschäftigung von Schwarzen im mittleren und höheren Öffentlichen Dienst 50 % für Männer und 30 % für Frauen (SAYB 1998, S. 50).

4.5.2 Tourismus

Die Werbeslogans der südafrikanischen SA TOUR sind wohl vielen bekannt: „It's sunny today in South Africa", und „South Africa – a world in one country" (HEEB/WIESE 1996; HEEB/SCHUMACHER/WIESE 1996). Betrachtet man Klima (Kap. 2.1.2), Nationalparks (Kap. 2.4.1) und Bevölkerungszusammensetzung (Kap. 3.2), so kann man diesen Aussagen nur zustimmen. Eine Befragung der internationalen Reisenden am Flughafen Johannesburg ergab in den 1990er Jahren, daß die Hauptattraktionen für die ausländischen Gäste lauteten: „Sunshine, beaches, people, scenery". Geographisch interessant ist dabei die Nennung von „Landschaftseindrücken" (scenery), aber angesichts von Gebirgslandschaften, wie den Drakensbergen oder den Kapketten, sowie den Küstentypen oder den Wüstenformen ist auch diese Aussage berechtigt. Die Nennung von „people" zeigt, daß viele ausländische Besucher Südafrika als ein „afrikanisches" Land betrachten, wo „Stammesleben" und „Stammesriten" Ziele des Tourismus sind. Diese Erwartung beruht auf zwei Mißverständnissen: Die Jahrhunderte der Akkulturation und der apartheidbedingten Unterdrückung alles „Afrikanischen", der von Kirchen und Schulen geförderten „Verwestlichung", haben sichtbare Spuren in der Kultur der Schwarzen hinterlassen – Stammesleben hat sich nur im Verborgenen erhalten, abseits der Touristenrouten. Was dem Touristen in den „Stammesdörfern" (cultural villages) geboten wird, ist eben „für Touristen". Das zweite Mißverständnis beruht auf der Verkennung, z.T. Verneinung des modernen Afrika, wie es die Medien in Deutschland zeichnen. „Black businessmen", eine engagierte südafrikanische Botschafterin, südafrikanische Sportler – ihr Bild verblaßt hinter den täglichen Horrormeldungen „aus Afrika".

Die seit 1990/91 kräftig steigenden *Touristenzahlen* zeigen mehrere Entwicklungen an: Die Zahl der Besucher aus Übersee, bedeutend als Devisenbringer, nahm erheblich zu, so daß Südafrika als Zielland des internationalen Tourismus nach Jahren des Boykotts aufholte (Abb. 4.9). Hier spielen die weltberühmten Nationalparks, aber auch die Weltstädte Kapstadt und Johannesburg so-

Touristen	Einheit	1980	1985	1990	1991	1992
insgesamt	1 000	702,8	727,6	1 029,1	1 709,6	2 891,7
A: nach Herkunftsgebieten bzw. ausgewählten Herkunftsländern						
aus Afrika darunter:	%	43,1	44,8	52,0	69,8	80,5
Lesotho	%	2,9	2,7	3,6	14,3	30,7
Simbabwe	%	24,3	25,0	24,9	21,2	13,6
Swasiland	%	4,8	5,6	6,9	10,7	14,8
Botswana	%	6,4	5,6	6,9	7,9	8,3
aus Europa darunter:	%	39,2	37,4	34,0	21,5	13,7
Großbritannien	%	17,6	17,0	13,2	8,4	5,2
Deutschland	%	7,1	8,7	8,1	5,1	3,1
aus Amerika	%	11,1	10,6	6,5	3,9	2,6
aus Asien	%	3,9	4,8	5,1	3,5	2,3
aus Australien und Ozeanien	%	2,7	2,4	2,2	1,2	0,9
B: nach dem Reisezweck						
Tourismus	%	77,9	75,4	79,8	80,2	70,1
Geschäftsreise	%	20,2	21,8	18,6	18,6	16,4
Studienreise	%	2,0	2,8	1,5	1,2	0,8
Transit	%	..	..	..	..	4,6
Vertragsarbeiter	%	..	..	..	..	6,0
andere Gründe	%	..	..	..	..	1,9

Tab. 4.13: Tourismus in Südafrika – Auslandsgäste nach Herkunftsgebieten und Reisezweck
nach: Statistisches Bundesamt 1995, Tab. 11.1; Gesamtzahl 1998: 5,7 Mio., Prognose 2002: 8,5 Mio.

wie die exzellente Verkehrs- und Hotelinfra-struktur die entscheidende Rolle (Abb. 4.8). Zum anderen hat die Zahl der Touristen aus Ländern Afrikas massiv zugenommen: Die Flugboykotte sind beendet, alle afrikani-schen Gesellschaften haben Johannesburg im Streckennetz – und die Besucher sind weitgehend Geschäftsreisende und Ein-kaufsreisende: Die massierte Kaufkraft des Landes zieht Geschäftsleute an, das für Afri-ka ungewöhnliche Warenangebot lockt und die liberalen Einreiseformalitäten ebenfalls. Gewachsen ist natürlich auch die Zahl der Dienstreisen im privaten und öffentlichen Be-triebsbereich, wie die stets gut gefüllte Busi-ness-Class und First-Class der Fluggesell-schaften beweisen.

Ein absoluter Wachstumsbereich der 1990er Jahre ist der *Konferenz-Tourismus.* Seit dem friedlichen Wandel zur Demokratie ist Südafrika, Dank seiner ausgezeichneten Infrastruktur, der Möglichkeiten zu Shop-ping – und zur Jagd –, ein neuer Stern am Himmel der internationalen Konferenz-Län-der. Eine Consultant-Analyse Mitte der 1990er Jahre ergab, daß 40 bis 60 internatio-nale Konferenzen pro Jahr in Südafrika statt-finden – mit steigender Tendenz. 1995 hatte

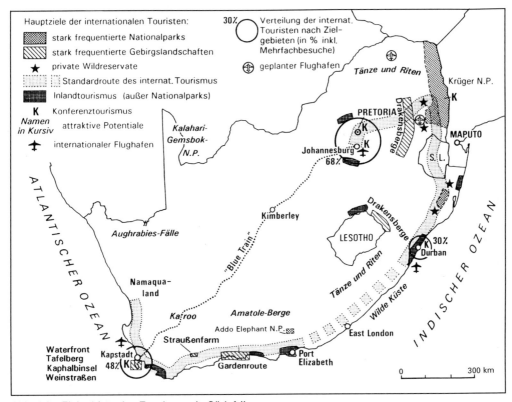

Abb. 4.8: Zielgebiete des Tourismus in Südafrika
Wiese 1997 *Kaure mien, WIESE 1997*

die SA conference industry einen Umsatz von R 2,6 Mrd. Das jährliche Umsatzwachstum betrug R 900 Mio., und Experten rechnen bis zum Jahr 2000 mit einem Umsatz von R 3,5 Mrd. Der Konferenztourismus ist eine wichtige Devisenquelle und ein bedeutender Arbeitsmarkt: 1995 bestanden ca. 60000 Arbeitsplätze in diesem Bereich, und ca. 20000 sollen pro Jahr hinzukommen.

Der seit 1990/91 zu verzeichnende Boom in Geschäftsreisen, Konferenzreisen und in anderen Tourismusbereichen hat sich für alle *Fluggesellschaften* gelohnt. Auch die staatliche südafrikanische Luftverkehrsgesellschaft SAA (South African Airways) profitierte: Im Geschäftsjahr 1994/95 hatte sie nach Jahren des Defizits einen Gewinn von DM 85 Mio. zu verzeichnen, was allerdings auch auf erhebliche Zuwächse im Frachtverkehr zurückzuführen war. Bei allen Fluglinien müssen in der Haupttouristensaison zwischen Oktober und März die Buchungen monatelang vorher erfolgen. So ist es verständlich, daß SAA Ende 1995 neun Boeing-Großraumflugzeuge bestellte (777-200 und 747-400) und daß alle internationalen Fluggesellschaften die Zahl der Flüge mit Zielort Johannesburg und/oder Kapstadt erhöhten.

Der *inländische Tourismus* rangiert nach der Zahl der Übernachtungen bedeutend vor den ausländischen Gästen. Bei seiner Analyse hat man sich wiederum die sozio-ökonomische Situation der Bevölkerung und die Folgen der bis in die ausgehenden 1980er Jahre verfolgten Rassentrennung vor Augen zu halten: Die weiße Bevölkerung konnte –

Rang 1985	Rang 1996	Vergleiche: Rangordnung nach Bruttodeviseneinnahmen 1996
1 Marokko	Südafrika 1	1
2 Tunesien	Tunesien 2	2
3 Algerien	Marokko 3	3
4 Südafrika	Simbabwe 4	9
5 Kenia	Kenia 5	4
6 Simbabwe	Botswana 6	10
7 Senegal	Algerien 7	
8 Botswana	Mauritius 8	5
9 Nigeria	Namibia 9	7
10 Côte d'Ivoire	Reunion 10	
11 Swaziland	Tansania 11	6
12 Reunion	Swaziland 12	20
13 Mauritius	Ghana 13	8
14 Sambia	Sambia 14	16
15 •	Senegal 15	11
16 •	Uganda 16	13
17 •	Côte d'Ivoire 17	14
18 •	Malawi 18	
19 Ghana	Nigeria 19	17
20 Tansania	Benin 20	
24 Malawi		
26 Benin		
36 Uganda		

Abb. 4.9: **Die 20 Top-Zielländer des Tourismus in Afrika – Veränderung der Rangordnung zwischen 1985 und 1996 (nach Touristenankünften)**
nach: World Tourism Organisation 1997, S. 55, 57 (Ägypten ist statistisch Teil des Middle East)

und kann – sich einen Ferien-Langzeiturlaub an der See leisten, was nur für sehr wenige Nichtweiße zutrifft. Für die wachsende nichtweiße Mitelschicht sind Verwandtenbesuche im Heimatgebiet wichtiger. Auch die „städtischen Intellektuellen", die in den Drakensbergen oder entlang der Küste wandern, „um zu sich selbst zu finden", sind angesichts der soziokulturellen Entwicklung noch weitgehend eine „weiße Gruppe". Städtetourismus als Ergebnis von Dienstreisen oder zu Einkaufszwecken hat eine steigende Bedeutung für die neue Elite Südafrikas und seiner Nachbarländer, da Shopping als Erlebnis in Kapstadt, Johannesburg oder Durban anspricht. Auch die Vergnügungs- und Freizeitparks mit Casinos in Gauteng haben ihre Besucherzahlen steigern können, da diese Art von Freizeit und Erholung neue Interessentenschichten in ganz Afrika findet.

Tourismus mit seinen vor- und nachgeschalteten Wirtschaftssektoren ist ein boomender Dienstleistungsbereich in Südafrika, der Ende der 1990er Jahre ca. 8 % zum BIP beitrug und ca. 730000 Personen einen Arbeitsplatz bot. Bis zum Jahre 2000 soll der Anteil am BIP auf über 10 % und die Beschäftigtenzahl auf über 800000 gesteigert werden – falls sich das Land nicht durch eine „Hochpreispolitik", wie sie 1996/97 einsetzte, und durch nachlassende Serviceleistungen selbst schadet. Untersuchungen von SATOUR ergaben, daß 10 Touristen je einen neuen Arbeitsplatz „schaffen", nicht nur im Beherbergungs- und Gaststättengewerbe, sondern auch in Verkehrsunternehmen, bei Reiseveranstaltern und Reisebüros, in Vergnügungsparks und Casinos, in Handel und Handwerk.

Wie Abb. 4.9 zeigt, ist Südafrika mit ca. 1,2 Mio. Übersee-Touristen (von den insgesamt ca. 4,5 Mio. Besuchern, 1996) das beliebteste Reiseland in Afrika. Die Welttourismusorganisation teilte Anfang 1999 mit, daß Südafrika Ägypten als beliebtestes Reiseziel in Afrika abgelöst hat. Für das Jahr 2000 rechnen Fachleute mit ca. 2,5 Mio. Überseetouristen. Mit Recht sieht die Regierung die Not-

wendigkeit von Verbesserungen in der Dienstleistungsmentalität, beim Transportangebot (Bahn und Taxis), bei einem korrekten Preis-Leistungs-Verhältnis im Hotel- und Gaststättengewerbe und einer Bekämpfung der Kriminalität. Im ländlichen Raum gelten Ökotourismus mit Wanderungen und Wildbeobachtung sowie Adventure-Tourismus mit Bergsteigen und Wildwasserfahrten, in den Städten Konferenz- und Casinotourismus als „Wachstumssektoren". Neu ist die Entdeckung des internationalen „Messetourismus", da Südafrika selbst als Handelsnation und die gesamte SADC als Region sich Afrika und den internationalen Märkten weiter öffnet. Dazu sind Fachmessen (z. B. die Bergbaumesse Electra Mining, die Industriemesse Saitex) an Messeplätzen wie Johannesburg, nach entsprechenden Investitionen auch Durban und Kapstadt, geeignet. Die Perspektiven, die KOCH (1994) für einen richtig verstandenen Ökotourismus aufzeigt – Partizipation, gerechte Aufteilung der Einnahmen, basisadäquate Entwicklung im Sinne von ländlichem Aufbau – bleiben wohl wie in den meisten Ländern der Dritten Welt eine Vision.

4.6 Der informelle Sektor – ein Mittel gegen Massenarbeitslosigkeit?

Eine Untersuchung des Bureau of Market Research der UNISA im Jahre 1995 zeigte den erheblichen Umsatz des informellen Sektors in der Kernregion Südafrikas: In den Townships von Gauteng gaben die Käufer über R 5 Mrd./Jahr im informellen Sektor aus, meist in spaza shops/Gemischtwarenläden und shebeens/Kneipen-Gaststätten. Die Gesamtausgaben für Güter und Dienstleistungen im informellen Sektor der Townships wurden auf R 30 Mrd. geschätzt; etwa 15 % der Erwerbstätigen, das sind ca. 1,6 Mio. Menschen, arbeiteten Mitte der 1990er Jahre im informellen Sektor der Provinz Gauteng. Die Untersuchung eines Marktforschungsinstituts ergab, daß auf Landesebene Ende 1995 ca. 718000 informelle

Kleinunternehmen auf der Straße oder am Wohnsitz existierten: 217000 Straßenhändler, 74000 Schneider, 56000 Tante-Emma-Läden (spaza shops), 20000 Handwerker, 14000 Treibstoffverkäufer, 12000 Frisöre/Frisösen und weitere 43000 „professionals". Damit erweist sich dieser Sektor als ein Auffangbecken für große Teile der Arbeitslosen und Unterbeschäftigten. Tätigkeiten in den *Dienstleistungen*, wie im ambulanten Handel, als Autowäscher oder Schuhputzer, sowie im *Handwerk*, z.B. als Schneider, Frisör, Kfz.-Mechaniker oder sogar im produzierenden *Kleingewerbe* (Möbel, Haushaltsartikel, Bekleidung) gehören in allen Ländern Afrikas zu einem Wachstumssektor. Die im informellen Sektor Tätigen werden in Südafrika in

Früher arbeitete Edward Masinga als Beamter im Verkehrsministerium von Mosambik. Als er sich weigerte, der Frelimo-Partei beizutreten, wurde er entlassen. Er ging nach Südafrika und arbeitete zunächst als Fahrer in Johannesburg. Als er auch diesen Job verlor, kaufte er sich mit ein paar Hundert Rand einen Obst- und Gemüsestand. Seither sitzt er Woche für Woche an einer Hauptverkehrsstraße in Alexandra Township und verkauft Obst und Gemüse. Rund 100 Rand verdient er damit pro Woche, und wenn es gut läuft, bringt er auch schon mal 200 Rand nach Hause.

Der Handel mit medizinischen Kräutern hat in Südafrika eine lange Tradition. Dies hängt auch mit dem Symbolgehalt der Pflanzen zusammen. In Durban und Umgebung gibt es etwa 500 Händler und Händlerinnen, die Wildpflanzen als Arzneimittel verkaufen.

Die Bevölkerung begrüßt den Straßenhandel, da er der Stadt Atmosphäre gibt, Arbeitsplätze schafft, Dienstleistungen und billige Waren anbietet. Auch viele Einzelhändler sehen im Straßenhandel eine sinnvolle Ergänzung.

Quellentext 4.1: Straßenhandel in Südafrika
nach: PRESTON-WHYTE/ROGERSON 1991

zwei Kategorien unterteilt (SAIRR 1997/98 Survey, S. 363): Solche, die in diesem Sektor als einer „Überlebensstrategie" tätig sind (survivalists) und solche, deren Kleinunternehmen (micro enterprises) die im folgenen genannten Kennzeichen des informellen Sektors tragen. Dieser ist laut BMZ (1996) gekennzeichnet durch eine arbeitsintensive Produktion, geringen Kapitalaufwand, Produktion für den lokalen Markt, insbesondere für die Schichten mit geringer Kaufkraft, und einen lockeren Zusammenhang mit den formalen Strukturen von Handel und Gewerbe; es herrschen allerdings unzureichende Einhaltung von Sicherheitsbestimmungen und Tätigkeiten außerhalb der fiskalischen staatlichen Kontrolle vor. Im informellen Sektor sammeln sich vorwiegend Erwerbsfähige mit geringer oder fehlender Schul- und Berufsausbildung; sie eignen sich ihre Fertigkeiten durch „learning by doing" an. Die Einkommen sichern häufig nur das Existenzminimum der Familie. Dies trifft auf die „survivalists" zu, meist Straßenhändler, von denen viele nur ein Monatseinkommen unterhalb der Armutslinie (1995 R 300) hatten (vgl. auch NDUNA 1990). Die „mico enterprises" dagegen, vor allem Gemischtwarenläden, Taxiunternehmen, Kleingewerbe, erreichen ein Jahreseinkommen bis zu R 150000. Sie konzentrieren ihre Aktivitäten

in den Metropolitan Areas (Kap. 5), wo Kaufkraft und Nachfrage am höchsten sind, bieten aber ihre Dienstleistungen bis in die Kleinstädte an. Auffällig ist eine bis heute deutliche Teilung innerhalb der im informellen Sektor Erwerbstätigen: Während fast 90 % der „survivalists" Schwarze sind, wird die Masse (ca. 70 %) der micro enterprises von Weißen getragen – eine sozioökonomische Gliederung, die das Ausmaß der Förderungsnotwendigkeit bei den Nichtweißen zeigt. Mehr als die Hälfte aller survivalists und ca. 40 % der Kleinunternehmer sind Frauen, die durch ihre Tätigkeit 50 bis 75 % des Haushaltseinkommens erwirtschaften.

Die *Interpretation* dieser Tätigkeiten ist zwiespältig: Sie werden zum einen gedeutet als die Fortsetzung der Marginalisierung großer Teile der erwerbsfähigen Bevölkerung, ihrer Not und Armut, zum anderen als Ergebnis der Innovationskraft unternehmerischer Männer und Frauen, die bis zu Unternehmern/-innen in die Mittelschicht aufsteigen können. In der staatlichen Förderpolitik und in der Entwicklungszusammenarbeit wurde dieser Bereich bis Ende der 1980er Jahre unterschätzt, und im Apartheid-Südafrika waren Tätigkeiten im informellen Sektor sogar verboten: Straßenhändler wurden vertrieben, die Waren beschlagnahmt oder zerstört, die informellen

Aktivitäten in den Townships polizeilich verfolgt. Im neuen Südafrika dagegen erfahren Kleingewerbe und informelle Dienstleistungen eine bewußte *Förderung* durch staatliche und halbstaatliche Organisationen, wie die 1981 gegründete Small Business Development Corporation (SBDC). Der National Small Business Enabling Act (1995) schuf Rahmenbedingungen, Institutionen und Förderungsmöglichkeiten im neuen Südafrika: Betriebsstätten werden kostengünstig zur Verfügung gestellt, der Zugang zu zinsgünstigen Krediten erleichtert, eine berufliche und/oder kaufmännische Ausbildung ermöglicht (BARNARD 1996). Es ist jedoch eine „angepaßte Förderung" notwendig, um geschäftliche und persönlich-psychische Katastrophen zu vermeiden. Selbsthilfeorganisationen haben eigenständige Förderansätze mit Erfolg umgesetzt, so daß ihre Mitglieder ihr persönliches unternehmerisches Potential entfalten konnten. Der informelle Sektor, als Schattenwirtschaft umschrieben, zu Unrecht mit Schwarzarbeit

in Deutschland gleichgesetzt, erweist sich bei der Nutzung von Nischen als eine Strategie gegen Armut, wobei seine Integration in die formale moderne Ökonomie umstritten bleibt. Durch die Schaffung von Beschäftigung und Einkommen sowie durch die Produktion von Gütern und Dienstleistungen trägt er in Südafrika nach Schätzungen bereits zu 7–8 % zum BIP bei und ist zugleich ein Mittel zur sozio-ökonomischen Transformation bisher benachteiligter Bevölkerungsgruppen (VERHOEF 1996, MEAD 1994, PRESTON-WHYTE/ROGERSON 1991). Ein Weg durch Südafrikas Städte zeigt, wie auf den Flohmärkten Mitglieder aller Bevölkerungsgruppen Handarbeiten oder sonstiges zum Verkauf anbieten, wie fliegende Händler Erfrischungsgetränke, Backwaren, Gemüse oder Obst anbieten, wie kleine Werkstätten für Reparaturen oder Produktion zur Verfügung stehen. Mit ca. 300000 Beschäftigten gehört die schwarze Minitaxiorganisation zu den größten Beschäftigungssektoren des Landes.

4.7 Agrare Wirtschaftsformen und Wirtschaftsräume

4.7.1 Leistung und Risiken der Agrarproduktion

Südafrika besitzt die leistungsstärkste Agrarwirtschaft Afrikas südlich der Sahara (Tab. 4.1, 4.14). In günstigen Niederschlagsjahren kann das Land den binnenländischen Nahrungsmittelbedarf decken und bis zu einem Drittel seiner Agrarproduktion exportieren (Tab. 4.3). Die Landwirtschaft ist zugleich die Basis für eine bedeutende Nahrungs- und Genußmittelindustrie (Kap. 4.4.2). Diese Leistung wird angesichts des Rückgangs der Zahl weißer Farmbetriebe in zunehmendem Maß von agro-industriellen Großbetrieben erbracht (vgl. Entwicklung in der EU). Die Steigerung der landwirtschaftlichen Produktion in der Farm- und Plantagenwirtschaft weißer Betriebsführer war bis in die

ausgehenden 1980er Jahre möglich durch die politisch bedingte Förderung dieser Bevölkerungsgruppe. Erhöhter Kapitaleinsatz dank des Zugangs zu Krediten, Mechanisierung, Ausbau der Bewässerungswirtschaft, vermehrter Einsatz von Kunstdünger und Pflanzenschutzmitteln, Zuchterfolge und Veterinärmaßnahmen ließen Südafrikas Farm- und Plantagenwirtschaft zu einem erstrangigen Sektor aufsteigen und die führende Rolle für Ernährungssicherung und Export in Afrikas Landwirtschaft übernehmen. Garantierte Festpreise der landwirtschaftlichen Vermarktungsorganisationen, der sog. *Boards*, sicherten das Wachstum für die marktorientierten Betriebe. Importkontrollen

	Einheit	1970	1980	1990	1995	1997
Zahl der marktorientierten Farmen (weiße Betriebsführer)		90400	70000	61600 (1992)	...	60000
Viehbestand						
Rinder	1000 Stück	11372	12848	13488	13015	13700
Schafe	1000 Stück	36956	33491	33588	28784	29200
Produktion[1]	1000 t					
Mais		6178	11040	9180	4856	10168
Weizen		1396	1490	1790	2135	2712
Zuckerrohr		12144	14062	18084	16714	20951
Fleisch		856	1297	1586	1299	...
Wolle (in Mio. kg)		139	110	106	61	55
Wert der Produktion	Mio. Rand					
Gesamt		1328	6234	21180	30701	39802
davon Ackerbau		573	2897	7455	9321	13326
davon Mais		227	1310	2815	2825	5357
davon Zuckerrohr		85	315	1205	1657	2282
davon Sonderkulturen		221	988	4483	7590	9461
davon Kernobst		57	233	1164	1964	2354
davon Gemüse		51	208	930	1525	1930
davon Zitrusfrüchte		29	102	511	988	1236
davon Produkte der Viehwirtschaft		534	2349	9243	...	17015

[1] beachte: Menge von Dürren beeinflußt, wie 1995 im Sommerregengebiet (Kap. 2.1.3)

(1988) 1992	RSA[1]	West-Kap	Ost-Kap	Nord-Kap	Frei-staat	KwaZulu/Natal	Nord-West	Gau-teng	Mpuma-langa	Nord-Provinz
Markt-orientierte Farmen (in 1000)	(62,4) 61,6	(8,7) 8,7	(6,6) 6,4	(6,9) 7,4	(10,3) 11,5	(6,3) 5,9	(8,2) 8,3	(2,7) 2,3	(6,4) 6,1	(5,5) 5,0
Beschäf-tigte (in 1000)	(1297) 1051	(187) 183	(106) 77	(81) 75	(201) 162	(211) 165	(152) 114	(50) 23	(183) 164	(127) 87
Bruttoein-kommen (in Mrd. R)	(14,1) 17,6	(2,7) 3,7	(0,9) 1,2	(0,7) 0,9	(2,5) 2,7	(2,1) 2,7	(1,3) 1,8	(0,9) 1,1	(2,2) 2,6	(0,9) 1,3

[1] ohne ehemalige Homelands/Autonomstaaten

Tab. 4.14: Südafrikas Landwirtschaft in Daten
nach:　　　Statistisches Bundesamt 1995, Tab. 7.6; CSS 1997c, Tab. 11.1, 11.2; SAYB 1998, S. 78 ff.

schützten die einheimische Produktion. Erhebliche Bedeutung besaßen schon damals die staatlichen Forschungs- und Beratungseinrichtungen für Ackerbau, Obstbau, Weinbau, Zukkerrohr und Viehwirtschaft. Mit dieser Infrastruktur sowie staatlichen Subventionen und speziellen Hilfen in Katastrophenfällen (Dürren, Überschwemmungen; Kap. 2.1.3) gelang es, die Auswirkungen der natürlichen Risikofaktoren auf der Seite der politisch bevorzugten weißen Farmbetriebe zu minimieren.

Für die Masse der kleinbäuerlichen Bevölkerung in den ehemaligen Homelands/Autonomstaaten, 1997 ca. 1.3 Mio. Betrieben, war die Förderung der landwirtschaftlichen Produktion unzureichend. Sie ist bis heute für ein ausreichendes Familieneinkommen zur Wanderarbeit (Kap. 3.4.2) einiger Familienmitglieder oder zur Abwanderung in die Metropolen gezwungen. Bis zu 70 % der wirtschaftlich aktiven Bevölkerung sind kurz- oder langfristig abwesend und fehlen bei der landwirtschaftlichen Entwicklung in ihren Heimatgebieten. Hier liegt eine der Ursachen für die Unterentwicklung in den Periphergebieten von Nord-Provinz bis in die Provinz Ost-Kap. Der Fortbestand des landwirtschaftlichen Dualismus zwischen Farm/Plantage und Kleinbauer an der Grenze des Existenzminimums ist ein Kernproblem, das Südafrika aus der Apartheidphase geerbt hat.

Nach der „Wende" 1990/91 stehen die weißen Farmer Südafrikas vor einer veränderten Situation, die im Jahre 1995 bis zur Androhung einer Blockade der Landeshauptstadt Pretoria durch Farmer führte. Folgende Punkte berühren die Existenz der bisher staatlich favorisierten Farmwirtschaft:
– die Bodenreform (land reform),
– die neue Arbeitsgesetzgebung für Farmarbeiter,
– die Kriminalität, der Zusammenbruch von Recht und Ordnung mit einer alarmierenden Anzahl von Raubüberfällen und Morden an Farmern (Todesopfer 1997: 84,

1998: 146, besonders in Ostkap, der Nord-Provinz und in Mittelnatal),
– Nahrungsmittelimporte, die in der Apartheidphase nur bei Dürrekatastrophen stattfanden,
– steigende Zölle für sonstige Importe (auch inputs für die Landwirtschaft),
– der allmähliche Abbau von Subventionen,
– der Übergang zum Prinzip der Marktorientierung unter Fortfall der Preisbindungen durch die Control Boards.

Die schwarzen Kleinbauern dagegen erwarten eine bedeutend bessere Förderung durch Ausbildung, Beratung und Zugang zu Krediten. Sie verlangen zugleich die Rückgabe enteigneten Landes und die Zuteilung von Neuland. Südafrika steht vor der Verpflichtung, die im White Paper on Agriculture (1995) verkündete neue Agrarpolitik umzusetzen, was bis zum Ende der 1990er Jahre nur in Ansätzen geschah.

Ihre Grundsätze lauten:
– finanzielle und technische Unterstützung für neue Farmer,
– Forschung und Beratung für neue Farmer,
– Förderung von Frauen und Landarbeitern,
– Schaffung eines wirtschaftlich erfolgreichen Sektors von schwarzen Landwirten,
– Entwicklung eines effizienten, marktorientierten Handels landwirtschaftlicher Produkte,
– Ernährungssicherung von der Ebene der Nation bis auf die der Haushalte,
– Entwicklung einer Politik für Katastrophenmanagement, um die Folgen von Dürrekatastrophen zu minimieren.

SARTORIUS VON BACH/NUPPENAU (1995) untersuchten Wirkungszusammenhänge in der ländlichen Entwicklung der traditionellen Kleinbetriebe Südafrikas, um deren Förderung es politisch in erster Linie geht. Primäre Kreditprogramme und landwirtschaftliche Praxis sind erstrangige Variablen für eine erfolgreiche Agrar-Entwicklungspolitik, die differenziert gestaltet und regional angepaßt sein muß. ERASMUS/HOUGH (1994) wiesen nach, wie auch die Betriebsleiter der marktorientierten Farmbetriebe, vor allem Weiße, einen Ausbildungsbedarf haben, angesichts der enormen Herausforderungen, die sich durch die Strukturveränderungen im politischen und kommerziellen Bereich (marktgerechte Preise, Kreditwirtschaft, Inflation, politische und soziale Faktoren) ergeben.

Bodenreform

Eine der grundlegenden politischen Forderungen des ANC und der Regierung ist die Bodenreform. Sie soll die gravierende Ungerechtigkeit in der Verteilung von Grund und Boden in Südafrika rückgängig machen – ca. 13 % der Bevölkerung, meist Weiße, besitzen ca. 60 % von Grund und Boden –, den Enteigneten und Benachteiligten, vorwiegend Schwarzen, Recht auf ihren alten Besitz geben und den Zugang zu Land für Mitglieder bisher benachteiligter Gruppen (Schwarze, Farbige, Inder) erleichtern. Im White Paper on South African Land Policy (1997) legte die Regierung drei grundlegende Maßnahmen zur Bodenreform fest: Landrückgabe (land restitution), Umverteilung von Land (land redistribution) und eine Reform des Bodenrechts (land tenure reform) Mit „Landbesitz" geht es, wie in allen Ländern der Welt, um Geld, Macht, um Zugang zu Wasser und Weide, um Lebenssicherung.

Die *Ursachen* für die aktuelle katastrophale Situation liegen in der Kolonialzeit,
– als burische Siedler im Rahmen des Großen Treck einheimische Hirten und Bauern in marginale Gebiete vertrieben;
– als in der britischen Kolonie Südafrika, z.B. in Natal, die schwarze Kleinbauernbevölkerung dezimiert und vertrieben und weiße Farmer angesiedelt wurden, um für das „Mutterland" Zucker u.a. zu produzieren.
Sie liegen in der Apartheidphase,
– als mit den Bodengesetzen von 1913 und 1936 die Aufteilung in „weiße" und „schwarze Gebiete" erfolgte. Hiermit wurde der Erwerb von Eigentum an Grund und Boden für die Rassengruppen Südafrikas festgelegt: Die schwarze Mehrheit der Bevölkerung konnte bis 1990/91 nur 13 % der

Landesfläche als Grund und Boden erwerben, die übrige Staatsfläche war den Weißen und zu sehr geringem Teil den Asiaten/Indern und Farbigen vorbehalten. Zirka 63 % der Landesfläche wurden vom Staat an weiße Siedler verkauft, womit sich die Nationale Partei mit einer fest verwurzelten Klientel, besonders von Farmern, eine treue Wählerschaft schuf. Nur ein kleiner Prozentsatz blieb Staatsland, wegen ökologischer Nachteile (Trockenheit, Hangneigung), als Truppenübungsplatz oder als Schutzgebiete nicht zu veräußern.
– als durch Zwangsumsiedlungen und Vertreibung auf dem Höhepunkt der Apartheid (1960 bis 1980) schwarze Kleinbauern enteignet wurden, ihr Land als „schwarze Flecken" beseitigt und weißem Land eingegliedert wurde.
Die Tatsache, daß über 60 % der Landesfläche in Privatbesitz sind, ist für ein ehemaliges afrikanischen „Kolonialland" eine Ausnahmesituation, verglichen mit Simbabwe oder Kenia. Die Verfügbarkeit von Land für eine Bodenreform ist durch die Rechtslage und die horrenden Bodenpreise stark eingeschränkt. Die Verwirklichung des politischen Willens zur Bodenreform sorgt in Südafrika wie in den Nachbarländern Namibia oder Simbabwe für eine erhebliche Verhärtung zwischen weißen Farmern und der Regierung, zwischen Farmern und Landarbeitern, zwischen Farmern und Kommunen. Die Armen, Landlosen und Enteigneten hegen hohe Erwartungen in die Verwirklichung dieses politischen Versprechens und gehen in zunehmendem Maß zu Landbesetzungen über. Diese Aktivitäten werden von skrupellosen Geschäftemachern für politische und finanzielle Zwecke mißbraucht: die Spannung im ländlichen Raum steigt. Vertreibungen von Besetzern 1995 haben die Situation noch angeheizt. Es wird „salomonischer Weisheit" bedürfen, einen Kompromiß zu finden zwischen den Interessen der weißen Farmer, die „die Nation ernähren", und den Erwartungen der Landlosen – man denke an die Situation

in Brasilien bzw. im gesamten Mittel- und Südamerika. Lösungen sind dringend geboten, um die Kriminalität zu senken und den Frieden auf dem Lande sicherzustellen.

Die Diskussion um die Bodenreform hat zu einer Fülle von Publikationen geführt; genannt seien hier nur BINSWANGER/ DEININGER (1993), MARCUS et al. (1996) und POGGENSEE (1996); ein breites Spektrum an Beiträgen findet sich auch bei VAN ZYL et al. (1996). Faßt man die Vorschläge zusammen, so stimmen die meisten Autoren darin überein, daß die Rückgabe von enteignetem Land an die Alteigentümer eine vorrangige Bedeutung besitzt. Die meisten sind sich auch einig in der Forderung nach einer Landzuteilung für alle bisher Benachteiligten, d.h. vor allem für Schwarze und Mischlinge, die seit 1913 bzw. 1936 keinen Landbesitz mehr außerhalb der Homelands/Autonomstaaten erwerben konnten. Über die Verfügbarkeit von Land für diese Umverteilung herrscht zwar Klarheit, da Staatsland, ehemalige Truppenübungsplätze, Teile von Wasserschutzgebieten oder auch brachliegendes Farmland zur Verfügung stehen, doch über den Modus des Zugangs zu diesen Bodenflächen herrscht Uneinigkeit. Radikale Autoren plädieren für eine entschädigungslose Enteignung der (weißen) Eigentümer, die das Land den Vorbesitzern „geraubt" haben; andere Autoren sehen im Kauf zum Marktwert eine Lösung, doch fragt es sich, woher Südafrika bei zum Teil horrenden Bodenpreisen diese Summen nehmen soll – die Weltbank bot sich bereits an; kritische Autoren verweisen auf die bisherigen Negativbeispiele einer Bodenreform im südlichen Afrika (Mißbrauch durch die Ministerialbürokratie in Simbabwe, fehlende Durchführung in Namibia) und warnen vor einer übereilten Realisierung mit katastrophalen ökonomischen und ökologischen Folgen auf lokaler bis nationaler Ebene.

Zwischen 1994 und 1996 begann das Department of Land Affairs auf der Basis des Gesetzes zur Landrückgabe (Restitution of Land Rights Act, November 1994) mit der Verteilung von Land im Sinne der Bodenreform. Es handelt sich zunächst um die Rückgabe von Flächen an solche Gemeinden und Familien, die auf Grund der Landgesetze von 1913 bzw. 1936 enteignet oder zwangsumgesiedelt wurden. Bis Anfang 1998 waren ca. 23000 Anträge auf Rückgabe von Land bei der Kommission zur Wiederherstellung der Bodenrechte (*Restitution of Land Rights Commission*) eingetroffen, und zwar ca. 20000 für Eigentum in Städten, nur ca. 3000 für Eigentum auf dem Lande. Mit „Präsidialen Projekten" wurde die Wiederansiedlung und Erschließung gefördert, z.T. auf bereitgestelltem Staatsland. Für erhebliche Spannung zwischen der Regierung und den Farmern sorgt ein Gesetz, das es Farmarbeitern ermöglicht, das von ihnen bewirtschaftete Land zu kaufen. Viele Farmer reagieren mit Vertreibung der zum Teil bereits zwei Generation lang auf der Farm lebenden Familien, um den Erwerb von Grund und Boden zu verhindern.

Das oben genannte Gesetz von 1994 stellt sicher, daß Farmland zum Zeitwert vom Staat erworben werden kann, um anschließend zur Verteilung zur Verfügung zu stehen. Bewirtschaftete Flächen sind von dieser Regelung ausgenommen, aber es existiert bereits genügend aufgegebenes Farmland, insbesondere in der Nähe der ehemaligen Homelands/Autonomgebiete, das zum Verkauf und zur Verteilung an schwarze Interessenten zur Verfügung steht. Nach Untersuchungen aus den 1980er Jahren sind in Teilen der heutigen Provinzen Ostkap, Freistaat und Nord-Provinz bis zu 50 % der Farmen verlassen und nicht bewirtschaftet. Enteignungen und Zwangsverkäufe von Agrarland von weißen Farmen sind für den Minister für Landangelegenheiten nur das letzte Mittel, die Nachfrage zu befriedigen. Eine Regelung für die Rechtssicherheit von Stammesland (*tribal land*) und Land in Gemeinschaftseigentum (*communal land*) steht noch aus – sie ist aber angesichts des

Drucks in Richtung auf eine Privatisierung dringend notwendig. Zirka 700000 ha Staatsland standen 1997 aus der Verwaltung des ehemaligen Bantu-Trust zur Verfügung, um an bäuerliche Siedler übergeben zu werden. Zwischen 1994 und 1998 wurden ca. 18000 ha Staatsland im Rahmen von etwa 100 Projekten an ca. 20000 Haushalte verteilt, um im Rahmen der land redistribution für mehr Gerechtigkeit beim Bodenbesitz für Arme, Landarbeiter und Frauen zu sorgen (SAIRR 1997/98 Survey, S. 326).

Es ist zu bedenken, daß es mit einer Bodenreform zur Veränderung der agrarsozialen Situation in Südafrika nicht getan ist. Die neugeschaffenen Bauernstellen brauchen landwirtschaftliche Beratung, Kredite und weitere Maßnahmen, um sie wirtschaftlich überlebensfähig zu machen. Auch muß überlegt werden, welche Betriebsform – Bewässerungslandwirtschaft, Agroforstwirtschaft, ökologischer Landbau – lokal angemessen ist. MARCUS et al. (1996) und OTTARWAY (1996) verweisen auf die kuriose Situation, daß sich die Nachfrage nach Land vorwiegend auf Bauland bezieht, – und sie sprechen deshalb von einer „Bodenreform ohne Bauern".

4.7.2 Betriebsformen der Landwirtschaft

Farmwirtschaft

Die Spannweite der Betriebsformen der marktorientierten Farmwirtschaft Südafrikas Ende der 1990er Jahre reicht von der 20000 bis 30000 ha großen Karakulfarm im trockenen Westen bis zur 10 ha großen Gemüsebau-Bewässerungsfarm im Osten, vom 100 ha großen Weingut im mediterranen Kapland bis zur ca. 3000 ha großen Fleischrinderfarm in der randtropischen Savanne der Nord-Provinz. Zwar werden ca. 85 % der Fläche Südafrikas landwirtschaftlich genutzt, aber nur ca. 13 % sind für einen Anbau auf Regenfall geeignet.

Die *Weidewirtschaft* stellt flächenmäßig und nach dem Produktionswert bislang die dominante Form der landwirtschaftlichen Nutzung in Südafrika dar. Da die Tragfähigkeit der Naturweide in den Steppen und Halbwüsten nur bei 5 bis 25 ha pro Großvieheinheit liegt, müssen die Viehfarmen Betriebsflächen von 5000 ha und mehr haben. Zur Überwindung von Futtermangelzeiten in Dürren verfügten viele Farmen über 3 bis 5 Einheiten in unterschiedlichen ökologischen Lagen; Futterbau und Kunstweiden unter Bewässerung haben die Transhumanz aber abgelöst. Produkte wie Fleisch und Milch dienen in erster Linie der Versorgung des Binnenmarktes; Merino- und Angorawolle, Häute und Felle (Karakul) stellen nach Umfang und Wert wichtige Exportprodukte dar. Die Straußenzucht in der Karoo ist eine ökologisch angepaßte Betriebsform, die aus dem Verkauf von Fleisch, Häuten, Federn und aus dem Tourismus Einkommen erzielt (Kap. 4.5).

Östlich der agronomischen Trockengrenze dominiert flächenmäßig der *Ackerbau* auf Regenfall (ca. 10 Mio. ha Anbaufläche, 1997) mit den Hauptprodukten Mais (Futtermais: Binnenmarkt, Speisemais: Binnenmarkt und Export), Hirse und Erdnuß im Sommerregengebiet, Weizen (für den Binnenmarkt) im Winterregengebiet. Im Umland der Ballungsgebiete wird der Ackerbau durch Milchviehwirtschaft sowie Rinder- und Schweinemast ergänzt, so daß gemischtwirtschaftliche Betriebe entstehen. Auffällig sind seit den 1970er Jahren die agroindustriellen Großbetriebe der Legehennen- und Hähnchenproduktion sowie der Schweinehaltung. Preiswertes Hähnchenfleisch hat breite Käuferschichten – und Schnellimbisse – erobert. Die *Bewässerungswirtschaft* an den perennierenden Flüssen der Ostseite Südafrikas bzw. in den Bewässerungsoasen im trockenen Binnenland und im Westen stellt die kapital- und arbeitsintensivste Form der Landwirtschaft dar, die sowohl für den Binnenmarkt (Gemüse, Frischobst, Konserveninindustrie) als auch als Devisenbringer (Frischobst, Konserven) eine erhebliche Bedeutung besitzt.

Südafrika verfügt über insgesamt ca. 1,2 Mio. ha Bewässerungsfläche (1997), davon ca. 660000 ha Fläche unter Beregnung, ca. 400000 ha mit Becken- und Furchenbewässerung und etwa 150000 ha unter Mikrobewässerung. Es wird deutlich, daß noch eine erhebliche Reserve besteht für die Steigerung der Effizienz des Wasserverbrauchs, die bei der Mikrobewässerung bei 85 bis 95 %, bei der Oberflächenbewässerung aber nur bei 55 bis 65 % liegt (Kap. 2.2). Die Wahl der Anbaufrüchte spielt bei der betriebswirtschaftlichen Entscheidung eine wichtige Rolle, da Luzerne, Zuckerrohr, tropisches und subtropisches Obst oder Gemüseanbau sich anbieten. Im neuen Südafrika vollzieht sich hinsichtlich der Bewässerungslandwirtschaft eine Abkehr vom Government Water Scheme und eine Hinwendung zu Irrigation Boards, die allen Bevölkerungsgruppen offen stehen.

Eine Sonderform landwirtschaftlicher Betriebe stellen die „Forstfarmen" in KwaZulu/Natal und im ehemaligen Osttransvaal dar: Seit dem Zweiten Weltkrieg entwickelte sich die Forstwirtschaft von privaten Betrieben auf der Ostseite der Großen Randstufe und in ihrem Vorland zu einem bedeutenden Wirtschaftszweig mit Zulieferfunktion für die Papier-, Möbel- und Bauindustrie.

Der *Strukturwandel* der Landwirtschaft hat auch Südafrika erfaßt. Tabelle 4.14 zeigt eine abnehmende Zahl von marktorientierten Farmen auf nationaler und regionaler Ebene bei steigendem Produktionswert und zunehmendem Bruttoeinkommen. Auch die Zahl der Beschäftigten in der Landwirtschaft geht im neuen Südafrika zurück. Dies wurde seit den ausgehenden 1980er Jahren durch die Arbeitsgesetzgebung ausgelöst, die die

Hungerlöhne der Farmarbeiter formal abschaffte; der Rückgang wurde beschleunigt durch die Gesetzgebung der 1990er Jahre, die den Farmarbeiterfamilien mit langer Tradition Dauernutzrecht auf ihrer Wohn- und Wirtschaftsparzelle zusprach. Zahlreiche Farmer reagierten mit der Entlassung und Vertreibung der Landarbeiter und ihrer Familien, eine soziale Katastrophe, da sie die Masse der Arbeitslosen in den Städten vergrößerten. Der Konzentrationsprozeß in der Farmwirtschaft bedeutet die Ablösung der traditionellen Farm (Boereplaas) durch agro-industrielle Großbetriebe amerikanischen Zuschnitts, etwa Legehennenbetriebe mit 280000 Tieren, ein Prozeß, wie er auch in Mittel- und Westeuropa zu verfolgen ist. Die gemischtwirtschaftliche Farm (Maisbau, Fleischrinder, Schafe; Weizen, Obst, Schafe) stellt den älteren, schwindenden Typ des landwirtschaftlichen Betriebs in Südafrika dar. Bis heute existieren noch kleine Farmbetriebe (10–20 ha Regenfeldbaufläche und Weideland). Sie ermöglichen wegen ihrer geringen Größe und des Kapitalmangels keine Intensivierung mit dem Ziel des Vollerwerbsbetriebs, sondern sie zwingen den Betriebsinhaber zum Nebenerwerb (Beschäftigung bei der Eisenbahn, der Post oder im Straßenbau – vgl. Deutschland). Nur in der Umgebung der Ballungsgebiete kann die gemischtwirtschaftliche Farm (ca. 100 ha) aufgrund ihres Standortvorteils bestehen. Seit den 1970er Jahren ist ein deutlicher Trend zur Verpachtung, z.T. sogar zum Verkauf von Farmen an kapitalträchtige Gesellschaften festzustellen, die agro-industrielle Betriebe einrichten.

Verkauf erfolgt auch als Folge von Verschuldung – 30 bis 40 % der „marktorientierten Farmen" gelten als „unökonomisch", was in der Apartheidphase durch massive Subventionen verschleiert wurde. Die Kriminalität im ländlichen Raum ist ein weiterer Grund für den Verkauf von Farmen.

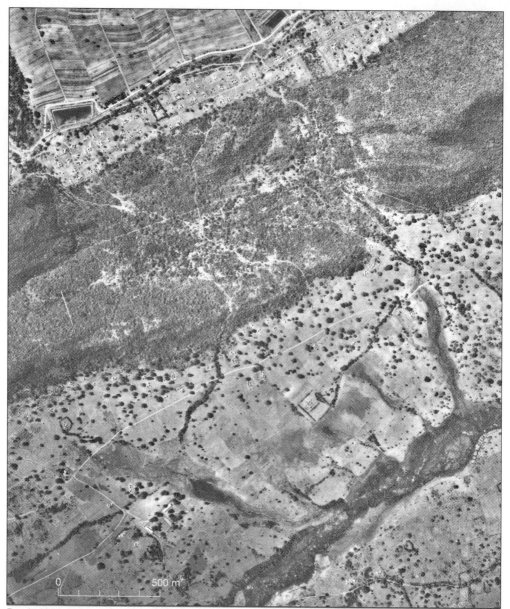

Das Luftbild zeigt im unteren Teil Gehöfte, die sich an einer Schichtstufe entlang aufreihen. Die lockere Reihung entspricht der alten Siedlungsform. Die Anbauflächen liegen talwärts. Quer durch die Bildmitte erstreckt sich ein Schichtkamm, dessen Busch- und Baumbestand für Brenn- und Bauholzzwecke genutzt wird; die degradierten Flächen weisen auf Schäden durch Überweidung hin. Nördlich des Höhenrückens ist das Band einer planmäßigen Dorfsiedlung zu erkennen. Sie wird begrenzt durch eine befestigte Fahrstraße und einen Bewässerungskanal, der kleine Staubecken speist. Die Planflur in schmalen Streifen deutet auf einen Bewässerungsfeldbau hin.

(Bild vom 14. Oktober 1980. Venda, Originalmaßstab 1:15000; Freigabe: Government Printer 1980)

Abb. 4.10: Luftbildausschnitt aus einer Kleinbauernlandschaft in Nord-Provinz

Das Bild zeigt einen Ausschnitt aus der Farmlandschaft im Tiefland der südöstlichen Nord-Provinz. Der Leta-ba-Fluß ist die Leitachse der Entwicklung, da er ganzjährig Wasser führt. Die Bildmitte wird gequert vom Le-taba-Nordkanal, der, an das Gelände angepaßt, parallel zur Straße verläuft; ein ähnlicher Kanal existiert auf der Südseite des Flusses. Baumkulturen (Zitrusfrüchte, Mango) und Gemüseanbau bestimmen die planmäßig angelegten Großparzellen der Farmen, die als Streusiedlungskerne sichtbar sind. Im oberen linken Bildteil er-streckt sich Trockensavanne, die noch erschlossen werden kann.

(Bild von 1968. Originalmaßstab 1:25000; Freigabe: Government Printer 1980)

Abb. 4.11: Luftbildausschnitt aus einer Farmlandschaft in Nord-Provinz

Plantagenwirtschaft

Südafrika ist, wie oben dargestellt, ein Land der Farmwirtschaft bzw. von Kleinbauern. Plantagen im Sinne von agro-industriellen Großbetrieben von über 1000 ha Betriebsfläche treten lediglich bei extrem weltmarktorientierten Produkten wie Zuckerrohr oder Zitrusfrüchten auf. So weist der sog. Zuckerrohrgürtel in der Küstenzone von KwaZulu/ Natal bis in die Bewässerungsgassen im Osten von Swasiland und Mpumalanga ein Nebeneinander von Farmen und Plantagen auf. Diese großflächigen Monokulturbetriebe weltmarktorientierter Massenproduktion mit einem hohen, saisonal schwankenden Arbeitskräftebedarf und industrieller Aufbereitung bzw. Verarbeitung sind in dieser Zone jüngeren Datums. Sie entstanden in Erschließungsräumen des Tieflands von Swasiland bzw. von Mpumalanga seit den 1960er Jahren, als Staatsland zur Verfügung gestellt wurde. Einer der größten Plantagenbetriebe Südafrikas sind die Letaba Estates südlich Tzaneen in der Nord-Provinz: Auf etwa 2000 ha Fläche, davon ca. 1100 ha mit Anbau von Zitrusfrüchten, sind im Durchschnitt 1500 Arbeitskräfte beschäftigt; Konserven und Säfte werden hergestellt, die Bewässerungskanäle, Beregnungsanlagen, Fahrstraßen und Arbeitersiedlungen gehören zu den umfangreichen Infrastrukturanlagen. Für die meisten Verarbeitungsbetriebe, wie Zuckerfabriken oder Konservenindustrie, bestehen Lieferverflechtungen zu Plantagen, Farmen und Kleinbauern; diese sind häufig nach dem *Nukleus-Prinzip* in die Produktion eingegliedert, als Ergänzung zur Kern (nucleus)-Plantage. Inzwischen produzieren Plantagen in Südafrika auch für den Binnenmarkt, genannt seien die Tee- und Kaffeeplantagen entlang der Großen Randstufe. Seit den 1980er Jahren zeigt sich ein Trend zur Diversifizierung der Produktion auf den Plantagen: So verbindet z. B. „Westfalia Estate" den Anbau von Zitrusfrüchten, Avocados und Tee mit der Forstwirtschaft, so daß eine breite wirtschaftliche Basis besteht.

Die Kernobstplantagen in der Provinz West-Kap erleben seit der Öffnung Südafrikas zu Beginn der 1990er Jahre einen Exportboom, allerdings auch eine zunehmende Konkurrenz durch andere südhemispherische Produzenten, wie Chile und Argentinien, die wie Südafrika um den Zugang zum EU-Markt kämpfen. 1988 hat sich Südafrika der NS-Gruppe angeschlossen, in der sich die Produktionsländer von Südfrüchten auf der Südhalbkugel zusammengeschlossen haben, um mit einer abgestimmten Exportpolitik in Verhandlungen mit der „Festung EU" aufzutreten.

Kleinbauernwirtschaft

Der Gegensatz zwischen marktorientierter Farmwirtschaft weißer Betriebsleiter (1997 ca. 60000 Betriebe) und vorwiegend selbstversorgungsorientierter Kleinbauernwirtschaft der Schwarzen (1997 ca. 1,3 Mio. Betriebe), als agrarwirtschaftlicher *Dualismus* bezeichnet, stellt ein erstrangiges Entwicklungsproblem Südafrikas dar. Die Kleinbauernwirtschaft konzentriert sich aufgrund der Landaufteilung auf die 1913 festgelegten, 1931 erweiterten ehemaligen Homelands/ Autonomstaaten. Die naturräumliche Ausstattung dieser Gebiete erlaubt auf ca. 60 % ihrer Gesamtfläche einen Ackerbau auf Regenfall, während in den übrigen Teilen nur eine Weidewirtschaft mit ergänzendem Regenfeldbau bzw. Bewässerungswirtschaft auf ausgewählten Parzellen möglich sind. Dürren stellen zudem die schwarzen Kleinbauernbetriebe vor größere Probleme als die weißen Farmer, deren Kapitalausstattung besser ist.

Bereits die Ergebnisse der Tomlinson-Kommission (1955) zeigten, daß damals nur ca. 50 % der in diesen Gebieten lebenden Bevölkerung ihren Lebensunterhalt aus der Landwirtschaft bestreiten konnten, die übrigen Bewohner waren gezwungen, durch eine Tätigkeit außerhalb der Landwirtschaft ein angemessenes Einkommen zu erwirtschaften oder an der Armutsgrenze zu leben. Angesichts des hohen natürlichen Bevölkerungswachstums ergab sich ein zunehmender Druck auf die vorhandenen Landreserven. Die landwirtschaftlichen Nutzflächen wurden in ungeeignete Lagen ausgedehnt oder die Betriebe aufgeteilt, so daß Kleinstbetriebe (unter 1 ha) oder Nebenerwerbsbetriebe entstanden. Verschärft wurde die Situation durch Überweidung (im Rahmen der repräsentativen Rinderhaltung) mit Vegetations- und Bodenzerstörung. Die durch Landmangel, Bevölkerungsdruck und Landschaftsdegradierung bedingte Verarmung der Kleinbauern ließ die Homelands/ Autonomstaaten zu landwirtschaftlichen Notstandsgebieten absinken. Dies führte wie in anderen überbevölkerten ländlichen Gebieten Afrikas zu einer Verstärkung der Arbeitsmigration (Kap. 3.4) bzw. zur Abwanderung in die Städte (für Westafrika vgl. WIESE 1993). Die Abwesenheit der jüngeren Arbeitskräfte hemmt wiederum die Entwicklungsmöglichkeiten, da sie als Innovations- und Entscheidungsträger fehlen.

Weitere entwicklungshemmende Faktoren wie das traditionelle Bodenrecht (zeitlich befristetes Nutzungsrecht des Bauern am Stammesland statt Individualbesitz), einfache Agrartechniken (Hackbau statt Pflugbau), fehlender Bewässerungsfeldbau und geringer Ausbildungsstand der Landwirte konnten seit Mitte der 1950er Jahre in ausgewählten Gebieten schrittweise überwunden werden. Dies gelang im Rahmen eines mehrphasigen, Jahrzehnte umfassenden landwirtschaftlichen Förderprogrammes, das die Sicherung der Eigenversorgung mit Nahrungsmitteln für alle Homelands/Autonomstaaten zum Ziel hatte. In einer ersten Phase wurde im Sinne einer Flurbereinigung eine Zusammenlegung der Ackerbau- und Weideflächen unter Anlehnung an das ökologische Standortgefüge durchgeführt. Gleichzeitig faßte man die traditionelle Streusiedlung zu Plandörfern zusammen, die eine verbesserte Infrastruktur mit Schulen, Gesundheitsstationen und Läden erhielten.

Eine durchgreifende Verbesserung der Weidewirtschaft wurde in der zweiten Phase durch die Einführung der Rotationsweide auf eingezäunten Weidecamps anstelle des freien Weidegangs und durch die Einführung von Zuchtvieh eingeleitet. Bodenverbesserungs- und Schutzmaßnahmen galten der Sicherung des Dauerfeldbaus, der die traditionelle Landwechselwirtschaft ablöste. Zugleich setzte eine Mechanisierung auf Musterfarmen ein, mit der Möglichkeit der Lohnarbeit für die Kleinbetriebe (Pflügen, Säen). Seit der dritten Phase ermöglichen landwirtschaftliche Produktionsgenossenschaften den preisgünstigen Erwerb von Kunstdünger, Saatgut und Geräten. Diese „klassischen" Maßnahmen der Agrarentwicklung führten seit den 1960er Jahren zu einer zunehmenden Zahl landwirtschaftlicher Vollerwerbsbetriebe mit wachsender Marktorientierung des Nahrungsmittelfeldbaus (Mais, Gemüse, Obst). Für die Masse der Bewohner aber blieben die Homelands/ Autonomstaaten Wohngebiete von Wochenpendlern, die ihre Familien durch Geldüberweisungen und Sachmittel unterhielten – eine Situation, die sich auch im neuen Südafrika noch nicht geändert hat.

Ein weiterer Schritt bei der landwirtschaftlichen Entwicklung der Homelands/Autonomstaaten war die Einführung von agroindustriellen Marktprodukten der Plantagenwirtschaft seit der Mitte der 1960er Jahre. Dies geschah zum einen durch Aufkauf und Eingliederung von weißen Farmen in die Homelands/Autonomstaaten, zum anderen durch die Umwandlung von Stammesland in neue landwirtschaftliche Nutzflächen. So entstanden Zuckerrohr-, Zitrus-, Sisal-, Tee- und Kaffeeplantagen. Gleichzeitig wurden Musterranches als Form des viehwirtschaftlichen Großbetriebes aufgebaut. Diese kapitalintensiven Projekte wurden von Experten der landwirtschaftlichen Entwicklungsgesellschaften der ehemaligen Homelands/Autonomstaaten geleitet. Sie trugen zur Schaffung von Arbeitsplätzen im ländlichen Raum

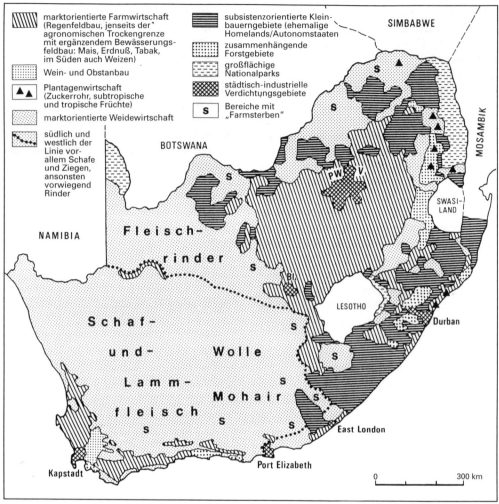

Abb. 4.12: Agrare Wirtschaftsräume Südafrikas
WIESE 1998

und zur Steigerung des Regionaleinkommens bei. Sie leiteten jedoch keine „nachhaltige", breitenwirksame landwirtschaftliche Entwicklung ein. Deshalb wurde ein weiterer Schritt getan: Die Propagierung von Marktprodukten, wie Obst (Avocado, Banane, Zitrusfrüchte), im kleinbäuerlichen Betrieb unter fachmännischer Beratung und Vermarktung durch die Genossenschaft. Diese Entwicklung wird seit 1991/92 gefördert, um eine neue Mittelschicht marktorientierter

Bauern zu schaffen. Die Erfahrungen sind zwiespältig: Aus der Provinz Ostkap, der ehemaligen Ciskei, liegen Berichte vor, wie in der Bewässerungswirtschaft erfahrene ehemalige Landarbeiter mit Erfolg genossenschaftlich das von Weißen übernommene Farmland nutzen. Auf der anderen Seite stehen Beispiele dafür, daß die Parzellen als Bauland verwendet werden, da an einer landwirtschaftlichen Tätigkeit kein Interesse besteht. Eine Analyse des Landwirtschaftsministeriums in der Nordwest-Provinz (1997) ergab, daß auf Landesebene ca. 30 % der sog. Subsistenzbetriebe nicht über eigenes Land verfügen, sondern Pachtland bearbeiten oder Land illegal nutzen. In ca. 60 % der Betriebe reichte die Produktion nicht einmal für die Subsistenz der Familie aus – Landwirtschaft war nur ein notwendiger Teilerwerb für das Familieneinkommen. Alarmierend ist die Situation, daß nur 0,2 % der Klein- und Kleinstbetriebe marktorientiert wirtschaften und den Lebensunterhalt der Familie aus der Landwirtschaft bestreiten konnten (SAIRR 1997/98 Survey, S. 368).

Als *Fazit* ist festzuhalten, daß insgesamt wenige Kleinbauern den Weg zu marktorientierten Vollerwerbsbetrieben gefunden haben. Die Attraktivität der Löhne und Gehälter in Bergbau, Industrie und Dienstleistungen motiviert nicht zu einer vollen Tätigkeit in der Landwirtschaft. Im südafrikanischen Kontext bleibt zugleich das Problem des Mangels an landwirtschaftlichen Nutzflächen bestehen, das sonst in Afrika durch Rodungs- und Agrarkolonisationsprozesse angegangen wird (für Côte d'Ivoire in Westafrika vgl. WIESE 1988b). Südafrikas landwirtschaftliche Nutzfläche ist durch ökologische Gegebenheiten begrenzt und durch Gesetz aufgeteilt, so daß Reserveflächen für eine bäuerliche Landnahme bis Anfang der 1990er Jahre fehlten; hier bringt die begonnene Bodenreform eine tiefgreifende Veränderung. Bei der Darstellung dieser Thematik in Kapitel 4.7.1 wurde aber bereits darauf hingewiesen, daß die aktuelle Nachfrage nach Land durch bisher benachteiligte Gruppen, wie die Masse der Schwarzen, auf Land für Wohnzwecke, zur Alterssicherung oder in seiner Sozialfunktion (Statussymbol, Machtsymbol) beruht, nur selten zielt sie auf Zwecke der landwirtschaftlichen Produktion, der Betriebsgründung oder -erweiterung.

Die Wirtschaftspolitik Südafrikas steht vor der Aufgabe, eine ständig wachsende Zahl von nichtlandwirtschaftlichen Arbeitsplätzen zu schaffen, da bei den ökologischen Grenzen der Landwirtschaft in Südafrika, bei der bestehenden Landaufteilung, der strukturellen Übervölkerung der östlichen und nördlichen Landesteile und der mittleren jährlichen Geburtenrate von 3,1 % im ländlichen Raum eine Absorbierung der jungen Leute und Familien im ländlichen Raum nicht möglich ist und auch von diesen Gruppen nicht angestrebt wird. Da die landlose, im informellen Sektor tätige marginalisierte städtische Bevölkerung das erstrangige Problem für die Zukunft Südafrikas darstellt, muß man sich angesichts dieser gewaltigen Aufgabe die Frage nach der Dimension der Förderung für den ländlichen Raum stellen.

4.7.3 Agrare Wirtschaftsräume

Die Gliederung Südafrikas in agrare Wirtschaftsräume der marktorientierten Landwirtschaft ist, wie nicht anders zu erwarten, das Ergebnis der Überlagerung ökonomischer und ökologischer Standortfaktoren; entscheidend sind der Faktor Wasser sowie die Lage und Distanz zum Absatzmarkt. Wie bei der Darstellung der Bodenrechtssituation deutlich wurde, wirkte sich seit 1913 der Faktor „Landapartheid" entscheidend aus, indem er eine bis heute anhaltende Zweiteilung des Staatsgebiets in Wirtschaftsflächen der Weißen und der Schwarzen schuf. Wie in Kapitel 4.7.2 erläutert, lassen sich bis heute Gebiete vorwiegender Marktorientierung und Bereiche vorwiegend subsistenzorientierter Betriebe unterscheiden. Die folgenden Ausführungen beziehen sich zunächst auf die Darstellung der agraren Wirtschaftsräume der marktorientierten Betriebe.

Die *Weidewirtschaftsgebiete* erstrecken sich von der wüstenhaften Westseite (Namaqualand) über die Karoo-Halbwüste im südlichen Binnenland bis zu den winterkalten Steppen der östlichen Randschwelle und den afro-alpinen Matten des Gebirgsmassives von Lesotho. Das *Merino-Wollschaf*, gegen Ende des 18. Jh. aus Spanien eingeführt, zu Beginn des 20. Jh. durch australische Zuchttiere ergänzt, bildete die Basis für die Besiedlung des binnenländischen Trockenraumes und die führende Stellung Südafrikas auf dem Weltwollmarkt. Bedeutsam ist, daß bei gleichbleibendem Bestand von ca. 2 Mio. Wollschafen die Erzeugung pro Tier von 3,7 kg auf 4,2 kg im Jahr erhöht werden konnte. Risikoreich bleibt die Wollschafwirtschaft durch die starken Preisschwankungen auf dem Weltmarkt sowie durch die immer wiederkehrenden Naturkatastrophen (Dürren im Westen und Binnenland, Schneefall in den Höhenlagen des Ostens). Die geringe natürliche Tragfähigkeit der Strauchsteppe bzw. der Höhengrasländer (1 Schaf pro ha) birgt die Gefahr einer Überweidung und folgender Degradierung, so daß die Desertifikation in den Gebieten der Schafweidewirtschaft vordringt. Futterbau und Ausbau des Rotationsweidesystems sollen die Futterversorgung vor allem in Krisenzeiten sichern und zur Stabilisierung der natürlichen Weide beitragen. Weitere Maßnahmen zur Sicherung und Steigerung des Betriebseinkommens ergeben sich aus der Spezialisierung auf die aus Südwestafrika/Namibia übernommene Karakul-Pelzproduktion im ariden Westen bzw. aus dem Übergang zur Woll-Fleisch-Produktion im feuchten Osten in der Nähe der Ballungsgebiete.

Mit der Zunahme der Niederschläge, dem Überschreiten der agronomischen Trockengrenze und dem Übergang in die feuchteren Höhengebiete und Savannen wird die *Fleischrinder*-Weidewirtschaft zum führenden Betriebszweig. Auf den durchschnittlich 500 ha großen Farmen dominiert das Afrikander-Fleischrind, selektiert aus wärme- und seuchentoleranten einheimischen Rindern. Sie werden zur Erhöhung der Fleisch-

leistung mit englischen Rassen aufgekreuzt. Zeburinder sowie Bosmararinder erwiesen sich als besonders widerstandsfähig gegen Hitze und Wassermangel bei guter Fleischproduktion. Verstädterung und Kaufkraftanstieg führten zu einer lebhaften Nachfrage nach Fleisch, die z.T. durch Importe aus Nachbarländern gedeckt werden muß. Die Zusammenfassung von Farmen zu Ranch-Großbetrieben von 15000 bis 20000 ha (ca. 5000 Rinder), Maststationen und Neuzüchtungen weisen auch bei der Fleischrinderwirtschaft auf den Trend zur Agro-Industrie hin. Im Buschveld der nördlichen Landesteile besteht eine traditionelle gemischte Farmwirtschaft fort; sie verbindet Rinderweidewirtschaft mit Regenfeldbau von Mais und Sonnenblumen, von Tabak, Baumwolle und Erdnuß und setzt je nach Marktsituation zusätzlich auf Gemüse und Zitrusfrüchte unter Bewässerung.

In ökologisch risikoreichen Gebieten, weit entfernt von den Hauptmärkten, wie im Westen und im semiariden Binnenland, aber auch im Hochland von Natal, setzen sich im Sinne einer ökologisch angepaßten Nutzung mit Kostenminimierung *Wildfarmen* durch (Antilopen, Strauße). Deutet sich hier eine Extensivierung an, so stellt der Übergang zum Abmelkbetrieb, zur Produktion von Frischmilch bzw. von Industriemilch für die Weiterverarbeitung in der Umgebung der Ballungsgebiete, wie in der Provinz Gauteng, um Kapstadt und Durban–Pietermaritzburg, eine hohe Stufe der Intensivierung dar.

Kernraum des *Ackerbaus* in Südafrika ist das Maisviereck im steppenhaften *Sommerregengebiet* des östlichen Hochveldes, von den Städten Mafeking im Westen, Witbank im Osten, Bloemfontein im Süden und Vryburg im Südwesten begrenzt. Auf den durchschnittlich 300 ha großen Farmen erfolgt der Maisanbau in großen Blockfluren in Monokultur. Hoher Mechanisierungsgrad, die Verwendung von ausgewähltem Hybridsaatgut sowie erheblicher Einsatz von Kunstdünger und Pestiziden machen die Maisfarmen des Freistaates und von Mpumalanga zu äußerst kapitalintensiven, aber auch (in Feuchtjahren) zu sehr gewinnträchtigen Unternehmen. In Dürrejahren dagegen werden die Farmer und die Volkswirtschaft durch Ernteausfälle hart getroffen, so daß der Staat über einen Stabilisierungsfond helfen muß.

Eine weitere bedeutende Region des Getreideanbaus befindet sich im *Winterregengebiet* des südwestlichen Kaplandes. Hier liegt das traditionelle Zentrum des Weizenanbaus, vergleichbar mit mediterraner Landnutzung, ergänzt durch die Schafweidewirtschaft. Aufgrund der steigenden Nachfrage, bedingt durch Kaufkraftanstieg und Änderung der Eßgewohnheiten der städtischen Mittelschicht (Übergang von Maisbrei zu Weizenbrotverzehr), dehnte sich der Weizenanbau in die kühleren östlichen Sommerregengebiete des Freistaates aus. Dies war möglich durch ökologisch angepaßte Hochleistungs-Weizensorten und Erzeugerpreise, die über denen für Mais liegen.

Das kapländische Winterregengebiet (Abb. 4.13) besitzt eine ausgeprägte Individualität im Rahmen der südafrikanischen Agrarlandschaften. *Wein- und Obstbau* (Äpfel, Pfirsiche, Aprikosen, Zitrusfrüchte) kennzeichnen den mediterranen Typ der seit dem 17. Jahrhundert intensiv gestalteten Agrarlandschaft, gekennzeichnet durch den Wechsel von Becken und Gebirgen, von Wein- und Obstgütern, ausgestattet mit besten Restaurants in historischen oder historisierenden Gebäuden des 18. Jahrhunderts, in einem der beliebtesten Touristengebiete des Landes. Das Kapland ist nach Produktionsumfang und Exportanteil das führende Obstanbaugebiet Südafrikas. Wenn auch der Binnenmarkt expandiert, so dominiert doch der Export über den Seehafen Kapstadt, insbesondere nach West- und Mitteleuropa, seit 1991/93 auch in die Transformationsländer Ostmittel- und Osteuropas, als entscheidender Devisenbringer. Für den Arbeitsmarkt und die Wirtschaftskraft der Provinz West-Kap besitzt der Obst- und Weinanbau durch seine Arbeits- und Ertragsintensität eine wirtschaftliche Schlüsselfunktion. Über 25 % der arbeitenden Bevölkerung ist auf Obstplantagen oder Weingütern beschäftigt, vorwiegend Mischlinge; die Arbeitsspitzen werden abgedeckt durch Wanderarbeiter aus der Provinz Ost-Kap, der ehemaligen Transkei und Ciskei. Tafeltrauben und Obst stehen in ihrem mittleren jährlichen Kapitalnettoertrag bei weitem an der Spitze der südafrikanischen Agrarprodukte. Erhebliche Investitionen aber sind notwendig für wartungsarme Berieselungsanlagen und den Maschinenbesatz angesichts der steigenden Löhne für Landarbeiter und der Abwanderung der Arbeitskräfte in den Ballungsraum Kapstadt.

Die *Weinerzeugung* ist, besonders seit der „Wende" mit der „Rückeroberung" ehemaliger und der Erschließung neuer Märkte, ein expandierender Wirtschaftszweig im Binnen- und Außenhandel. Bereits zwischen 1993 und 1995 hatten sich die Weinexporte Südafrikas auf rund 70 Mio. Liter verdreifacht. Zirka 5000 Weinbaubetriebe mit ca. 440 000 Beschäftigten bewirtschafteten Mitte der 1990er Jahre ca. 100 000 ha Rebfläche, die eine jährliche Produktion von ca. 10 Mio. Hektoliter ergibt. Edlere Sorten und höhere Qualität sollen die Einnahmen der Winzern sichern und erhöhen, da eine Vergrößerung der Rebfläche aus topographischen und klimatischen Gründen nicht möglich ist. Im winterfeuchten Küstengürtel des „mediterranen" westlichen Kaplandes (mittlerer Jahresniederschlag 600 mm) überwiegt der Anbau von roten und weißen Qualitätsweinen, während in den trocken-heißen Becken und Tälern (mittlerer Jahresniederschlag 200 mm) im Inneren der Kapketten Trauben für Dessert- und Branntweine unter Bewässerung angebaut werden; hier sind auch die besten Standorte für Tafeltrauben. Sie erzielen wie die übrigen Obstsorten, einschließlich der Apfelsinen, hohe Exporterlöse, da sie auf den Märkten West- und Mitteleuropas zu einem günstigen,

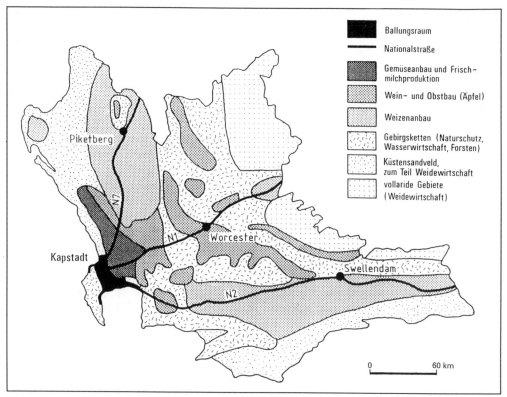

Abb. 4.13: Intensitätszonen der Landwirtschaft um Kapstadt
WIESE 1998

für die europäischen Produzenten fast konkurrenzlosen Zeitpunkt (März, April) angeboten werden. Die EU-Zollschranken sowie die wachsende Konkurrenz Israels bzw. Australiens und Chiles (andere Winterregengebiete der Südhalbkugel) erhöhen allerdings den Wettbewerb um die kaufkräftigen Märkte. Der Weizenanbau hat wie im europäisch-nordafrikanischen Mediterranraum eine lange Tradition und erbringt in günstigen Niederschlagsjahren eine beachtliche Produktion für den Binnenmarkt. Abbildung 4.13 zeigt die Intensitätszonen der Landwirtschaft um den Ballungsraum Kapstadt; unschwer ist zu erkennen, wie sich geoökologische Leitlinien mit ökonomischen Faktoren bei der Gliederung des Agrarraumes verbinden.

Die Südküste entlang der touristisch bekannten Region „Garden Route" erhält 700 bis 1200 mm Jahresniederschlag, verteilt über 10 bis 12 Monate. Die vollhumiden Bedingungen führen zu einer in Südafrika ungewöhnlichen Landnutzung: Regenfeldbau von Hafer und Kartoffeln, Obstbau und Milchrinderhaltung auf kleinen bis mittleren Farmen. Sie konkurrieren allerdings mit der Forstwirtschaft und dem Schutz der immergrünen subtropischen Wälder (Kap. 2.4.1 und 4.8).

Ausgedehnte Anbauflächen von subtropischen und tropischen Baum- und Strauchkulturen kennzeichnen den Südwesten bzw. die *randtropischen Tiefländer* auf der Ostseite Südafrikas. Aus dem südhemisphärisch-mediterranen Kapland dehnte sich seit dem 17. Jh. der Anbau von *Zitrusfrüchten* bis in das randtropische Sommerregengebiet von Natal und Osttransvaal aus. Für dieses Südafrika-typische Markenprodukt „Outspan" ist die Spannweite der Betriebsformen groß: Sie reicht von der Kleinfarm mit wenigen Bäumen bis zur Plantage (maximaler Bestand ca. 500000 Bäume). Zirka 90 % der Jahresproduktion werden unter dem Namen Outspan exportiert. *Tropische Früchte* wie Mango, Avocado und Papaya werden auf den Farmen und Plantagen der Provinzen KwaZulu/Natal, Nord-Provinz und Mpumalanga ergänzend angebaut für den Export bzw. die südafrikanische Nahrungsmittelindustrie. Wie bei diesen tropischen Früchten erkennt man bei dem erst in den 1960er Jahren eingeführten Kaffee- und Teeanbau in Höhenlagen zwischen 800 und 1500 m die Autarkiebestrebungen des Staates, Bemühungen um Verbreiterung der Exportpalette sowie intensive angewandte Forschung zur erfolgreichen Kultur dieser Nutzpflanzen an ihren ökologischen Grenzen.

Zuckerrohr stellt das typische Plantagenprodukt des randtropischen Tieflandes von KwaZulu/Natal dar. Es wurde als kolonialzeitliches Exportprodukt Mitte des 19. Jahrhunderts von den Engländern nach Natal eingeführt und bildet bis heute eine der wirtschaftlichen Grundlagen dieser Provinz und der südafrikanischen Agrarwirtschaft insgesamt. Wie in Kapitel 3.2.2 dargestellt, ist die Einwanderung der Inder nach Südafrika aufs engste mit der Zuckerrohr-Plantagenwirtschaft verbunden (Vertragsarbeiter). Sie gestaltet die Agrarlandschaft des natalischen Küstentieflandes und gibt Südafrika einen führenden Rang unter den Zuckerproduzenten der Welt (zum Beispiel Erntejahr 1994/95 16 Mio. t Zuckerrohr in 16 Mühlen zu 1,7 Mio. t Rohzucker verarbeitet; Eigenverbrauch Südafrikas 1,3 Mio. t, Rest gleich Export; Zuckerterminal in Durban mit einer Lagerkapazität von 450000 t).

Die Ausführungen zeigten die große Variationsbreite der landwirtschaftlichen Produktionsgebiete, der Bedingungen und Betriebsformen der marktorientierten Landwirtschaft in Südafrika. Trotz erheblicher ökologischer Risiken ist es in diesem Land gelungen, durch Arbeitseinsatz aller Bevölkerungsgruppen, Kapitalaufwand und Innovationsbereitschaft die leistungsfähigste Agrarwirtschaft Afrikas südlich der Sahara aufzubauen.

4.8   Forstwirtschaft

Südafrika verfügt heute nur über wenige Gebiete mit *natürlichen Wäldern*, in der amtlichen Terminologie Südafrikas als indigenous forests bezeichnet (Kap. 2.1.4). Nur in den Gebirgslagen des kapländischen Winterregengebiets, in der südlichen immerfeuchten Küstenzone, an der niederschlagsreichen östlichen Großen Randstufe und im nordöstlichen Tiefland von KwaZulu/Natal sind Reste von subtropischen Feuchtwäldern erhalten, Mitte der 1990er Jahre ca. 336000 ha (das sind nur 0,3 % der Landesfläche; DWAF, Mitteilung Dezember 1994). Nur ca. 58000 ha (ca. 17 %) werden durch das DWAF nachhaltig bewirtschaftet, eine Aufgabe, die für ca. 124000 ha in den ehemaligen Homelands/Autonomstaaten und ca. 154000 ha in Privatbesitz noch zu lösen ist.

Vor allem die immergrünen außertropischen Regenwälder an der Südküste und die Bergwälder an der Ostseite der Großen Randstufe, aber auch die Silberbaumbestände des Kaplands wurden seit dem 17. Jh. durch den Holzeinschlag vernichtet; insbesondere die weißen Siedler brauchten Bau- und Möbelholz, seit dem ausgehenden 19. Jh. Grubenholz und Eisenbahnschwellen für den expandierenden Bergbau und das Transportwesen. Zu bedenken ist auch,

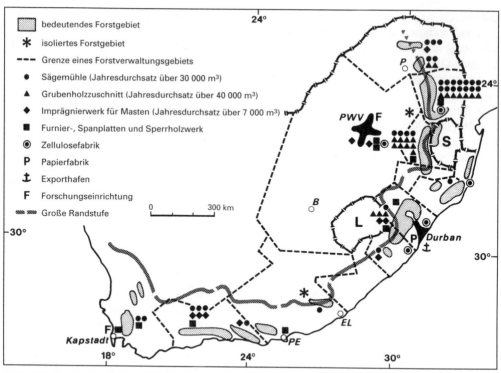

Abb. 4.14: Forstwirtschaft und Holzindustrie Südafrikas
WIESE 1998

daß bis in das beginnende 20. Jahrhundert zahlreiche Gebrauchsgegenstände, wie die bekannten Transportwagen der Buren, aus Holz gefertigt wurden. In den Siedlungsgebieten der Afrikaner, den randtropischen Savannen im Osten und Nordosten des Landes, war die Vernichtung der Baumvegetation geringer, da sie lediglich im Rahmen des Haushaltsbedarfs an Brennholz und Bauholz erfolgte und nicht für gewerbliche und industrielle Zwecke.

Bereits seit dem 18. Jahrhundert existierten im westlichen Kapland, dem Gebiet der niederländischen Vereinigten Ostindischen Handelskompanie (VOC), Baumschutzverordnungen sowie Verpflichtungen zur Aufforstung. Der alarmierende Niedergang der Nutzholzbestände führte seit dem Ende des 19. Jahrhunderts im damals britischen Süd-

afrika zu ersten größeren *Aufforstungen* mit Eukalypten (bes. *Eukalyptus saligna*) als Schnittholz, Grubenholz und für Telefonmasten, von Kiefern (bes. *Pinus patula, Pinus elliottiit*) als Grundstoff für die Zelluloseherstellung und als Schnittholz. Angesichts der klimageographischen Gliederung des Landes (Kap. 2.1.2) konzentriert sich die Forstwirtschaft auf der feuchten *Ostseite* zwischen dem Süden der Provinz West-Kap und den nordöstlichen Teilen der Nord-Provinz. Mittlere Jahresniederschläge über 800 mm gelten als Voraussetzung für ein ertragreiches Wachstum der Bäume. Bei Eukalypten werden Zuwachsraten erreicht, von denen man in den gemäßigten Breiten nur träumen kann: nach 8 bis 10 Jahren eignen sie sich als Grubenholz, nach ca. 30 Jahren als Schnittholz. Insbesondere seit dem Zweiten Weltkrieg wurde der Staat zu einem Großunternehmer in der Forstwirtschaft. Doch der private Sektor stieg von KwaZulu/Natal bis in die Nord-Provinz zum bedeutendsten Investor auf: Extensiv genutzte Weideflächen, gering ergiebige Savannenwaldungen und nur mit Fynbos bestandene Berggebiete wurden aufgeforstet, „produktiv" gemacht. Anfang der 1990er Jahre waren ca. 75 % der Forstflächen in Südafrika in Privatbesitz, ca. 25 % in Staatsbesitz.

In Natal besitzt die Gerberakazie (*Acacia mollissima*) eine lange Tradition in der Forstwirtschaft. Die Rinde dieses Baums wurde zur Herstellung des Gerbstoffes Tanin verwendet, doch sank die Nachfrage durch die Konkurrenz synthetischer Gerbstoffe erheblich. Heute erfolgt die Verwendung der Gerberakazie weitgehend für die Zelluloseherstellung, wenn sie nicht lokal als Brennholz sowie für Einzäunungen genutzt wird.

Eine leistungsstarke *Holzindustrie* entwickelte sich im Anschluß an die Forstwirtschaft. Die handwerklichen Betriebe des 17. bis 19. Jh. (Möbelherstellung, Schnittholz, Bauholz) wurden vor allem seit dem Zweiten Weltkrieg von Industrieanlagen für Grubenholz, Bauholz, Schnittholz, insbesondere aber auch für die Zelluloseherstellung ergänzt. Von der gesamten Forstfläche von ca. 1,5 Mio. ha (1997, ca. 1,1 % der Staatsfläche) dienen ca. 37 % der Produktion von Holz für die Zelluloseherstellung, weitere ca. 39 % der Schnittholzproduktion und ca. 16 % der Produktion von Grubenholz; die restlichen acht Prozent sind für Masten, Streichhölzer, Verpackungen und ähnliches vorgesehen. Auf der bevölkerungsreichen Ostseite Südafrikas, vor allem in den Provinzen Mpumalanga und KwaZulu/Natal, gehören die Forstwirtschaft und die Holzindustrie zu den wichtigsten Arbeitgebern im ländlichen Raum. Anfang der 1990er Jahre (1991) fanden ca. 64000 Menschen in der Forstwirtschaft und ca. 58000 in der angeschlossenen Holzverarbeitenden Industrie

Arbeit; 1996 hatte sich die Zahl der Beschäftigten in der Forstwirtschaft auf ca. 46000 verringert, in der Holzverarbeitenden Industrie dagegen auf ca. 97000 erhöht (DWAF Juni 1997). Die Aufbauleistung wird deutlich am Exportwert von Holz- und Holzprodukten: Deren Anteil am Gesamtausfuhrwert stieg von 1,5 % (1981) auf 3,1 % (1991). 1997 kamen ca. acht Prozent des Exportwertes der Verarbeitenden Industrie aus der Holzindustrie, ca. 80 % Zellulose und Papier.

Aufgrund der neuen Forstpolitik seit 1994 zieht sich der Staat aus der Forstwirtschaft zurück. Die früheren staatseigenen Forsten wurden 1994 in die South African Forestry Company (SAFCOL) eingebracht, ein parastatal (GmbH mit dem Staat als alleinigem Aktieninhaber). Zirka 150000 ha Forsten der ehemaligen Homelands/Autonomstaaten (1997) stehen zur Übertragung an SAFCOL oder zur Privatisierung an. Diese stellt, wie alle Privatisierungen, ein innenpolitisches Problem dar: Arbeitsplätze in den marginalen Bergregionen sind bedroht, die Konzentration auf wenige große Industrieeinheiten ist zu erwarten; zusätzlich bestehen erhebliche Probleme beim Bodenrecht (Land in Stammesbesitz).

Seit den 1980er Jahren hat sich eine breite Diskussion über die *ökologischen Folgen der Forstwirtschaft* entwickelt. Bereits seit den 1940er Jahren war der negative Einfluß der Forsten auf den regionalen Wasserhaushalt bekannt: Kiefern und Eukalypten verbrauchen erhebliche Mengen an Wasser, so daß es regional zu einem Rückgang des Abflusses von 30 %, im Extrem zum Versiegen von Quellen und kleinen Flüssen kam. Der Verlust von Wassereinzugsgebieten durch Aufforstung verschärfte die Situation. Auch die völlige Vernichtung der Biodiversität in großen Teilen der Bergwälder, der Savannenwaldungen bzw. des Fynbos durch Monokulturen von exotischen Arten wurde beklagt. Seit den ausgehenden 1980er Jahren versucht die Forstverwaltung, über ein Forstmanagement die ökologischen Schäden zu minimieren; es wurden sogar Kampagnen zur Vernichtung von verwilderten Kiefern-, Eukalypten- und Gerberakazienbeständen durchgeführt, die als Eindringlinge (invader plants) Wassereinzugsgebiete bedrohten. In der privaten Forstwirtschaft finden diese Ansätze einer ökologisch angepaßten Forstwirtschaft bisher nur wenig Nachfolge.

Die Forstwirtschaft erhielt im neuen Südafrika im Rahmen einer *Revision der Forstpolitik* Anfang der 1990er Jahre neue Funktionen, die in zwei wichtigen Dokumenten niedergelegt sind: dem Forestry White Paper mit dem Titel „Sustainable Forest Development in South Afrika" (DWAF März 1996) und dem National Forestry Action Programme/NFAP (DWAF September 1997). Zwar besitzen der Schutz der natürlichen Wälder – besser: Restwälder – sowie die Sicherung des nationalen Holzbedarfs und der Zellulose- und Papierproduktion durch eine industrielle Forstwirtschaft weiterhin eine hohe Priorität, auch angesichts der Arbeitsplätze in diesem Sektor, doch finden die sozialen Aufgaben der Forstwirtschaft, wie Brennholzversorgung für die lokale Bevölkerung, sowie die ökologischen Zusammenhänge, wie Bodenschutz und Sicherung des Wasserhaushalts, eine stärkere Berücksichtigung. Der Minister für Wasserwesen und Forsten drückte die neue Situation Mitte 1996 so aus: „... to weld together the three strains of conservation forestry, commercial forestry and community forestry". Zugleich nimmt Südafrika seit 1994, aufbauend auf jahrzehntelangen Erfahrungen mit der Forstwirtschaft und dem Management natürlicher Wälder im Sinne einer Waldkonservierung, eine wichtige Stellung ein bei der Entwicklung einer Wald- und Forstpolitik für die SADC-Länder und die African Forestry and Wildlife Commission (AFWC) der FAO.

Seit Mitte der 1990er Jahre stellt *Community Forestry* einen wesentlichen Aktivitätsbereich des Ministeriums für jene Gemeinschaften dar, die auf eine ständige Versor-

gung mit Brennholz angewiesen sind, nach Schätzungen Ende der 1990er Jahre mindestens 12 Mio. Ew., bis zu 30 % der Bevölkerung, die pro Jahr ca. 10 Mio. m^3 Feuerholz einschlägt. Die Gemeinschaftsprojekte, ausgerichtet auf eine nachhaltige Nutzung von Naturwäldern, die Anlage von Brennholzforsten oder von Baumpflanzungen um Gehöfte und in städtischen Wohngebieten, besitzen auch eine zunehmende Bedeutung im Umweltschutz, da die Baumpflanzungen auch als Windschutzanlagen, für Zwecke der Agroforstwirtschaft, zur Wiederaufforstung degradierter Gebiete und zur Bekämpfung der Desertifikation verwendet werden. Die Eingliederung von Frauen in diese Projekte geschieht vor allem seit der im Oktober 1995 durchgeführten Konferenz „Greening of South Afrika" (Südafrika soll grün werden): Hier wurde die Rolle der Frau für Umweltschutz, Verbesserung der natürlichen Ressourcen sowie für die Schaffung von Einkommen für bisher benachteiligte Gemeinschaften verdeutlicht. Die Programme der Community Forestry werden im Rahmen der bilateralen Entwicklungszusammenarbeit von Ländern wie Irland, USA, Finnland, Dänemark und Großbritannien unterstützt. Die Forstabteilung des Ministeriums für Wasserwirtschaft und Forsten gehört zudem zu einer der wichtigsten Institutionen der Bildung des ökologischen Bewußtseins der Bevölkerung, nicht nur am „Tag des Baumes", wenn alljährlich von Schulkindern und Erwachsenen tausende von Bäumen gepflanzt werden. Ein im Apartheid-Südafrika unbekanntes Bewußtsein für den Wert der einheimischen Wälder und ihrer Ressourcen kommt von den traditionellen Heilern (traditional healers). Diese „Busch-Apotheker" nutzen die einheimische Vegetation von Kräutern, Wurzeln oder Rinden seit Jahrhunderten zu Heilzwecken. Die Heiler beklagen die Vernichtung wertvoller Heilpflanzen, auch geschützter Arten, aus Unwissenheit oder aus Geldgier. CUNNIGHAM (1991) gab einen eindrucksvollen Überblick über Heilpflanzen in Südafrika; er gehört heute zu den bekanntesten Fachleuten und Beratern hinsichtlich traditionellem Wissen und Heilpflanzenkultur in Afrika.

Eine Tagung zur Forschungssituation in Südafrikas Forstwirtschaft (DWAF Mitteilung Mitte 1997) ergab, daß zahlreiche Indikatoren dafür sprechen, daß der Bedarf des Landes an „Holzfasern" (in allen Formen) sich über die nächsten 25 Jahre verdoppeln wird.

Forschungen zur Steigerung der Erträge, zum Waldschutz und zur Holznutzung sind dringend notwendig; sie können dazu beitragen, etwa die Hälfte des geschätzten Neubedarfs in Höhe von ca. 8,2 Mio. m^3 Holz zu decken, was einer Aufforstungsfläche von ca. 28400 ha entspricht, die angesichts der restriktiven Vergabe von Genehmigungen für Aufforstungen und der Landknappheit kaum zu verwirklichen ist.

4.9   Südafrika – ein Schwellenland

Wie in Kapitel 4.4.1 dargestellt, erreichte Südafrika in den 1970er Jahren den Status eines Landes in der „Startposition" zu einem der Newly Industrializing Countries (NICs), will man in der Terminologie der Entwicklungs-/Modernisierungsphasen einer „nachholenden Entwicklung" bleiben. Die 1980er Jahre waren aufgrund der extremen Autarkiepolitik und des zunehmenden weltweiten Boykotts ein „verlorenes" Jahrzehnt für Südafrika – wie sie für das gesamte Afrika südlich der Sahara und auch die lateinamerikanischen Schwellenländer aufgrund der Schuldenkrise ein „verlorenes Jahrzehnt" darstellten. Auslandsinvestitionen konzentrierten sich auf die Hochertragsländer Südost- und Ostasiens, wo zweistellige Zuwachsraten auftraten. Für Entwicklungsstrategen wurde der Aufstieg von Taiwan und Südkorea sowie der Stadtstaaten Hongkong und Singapur „beispielhaft". Nachdem Mexiko und Brasilien mindestens hinsichtlich der wirtschaftlichen Zuwachsraten diesen Beispielen gefolgt waren, wurde die Diskussion nach der „Wende" 1989/91, vor allem aber seit 1994, auch um das Schwellenland Südafrika neu entfacht. Wie aus Tab. 4.15 ersichtlich und in Kap. 3.3 bereits angesprochen, gehört Südafrika hinsichtlich des BIP-Pro-Kopf in die Gruppe der „upper-middle-income countries", d.h. der Schwellenländer, in einer Gruppe mit Brasilien, Mexiko, Malaysia und Thailand – und dem Transformations-

land Polen. Beim Grad der Industrialisierung ist wieder die gleiche Gruppenbildung erkennbar. Verwendet man dagegen den Anteil der Industrie am Exportwert als Indikator der Schwellenland-Kategorie, so zeigt sich, wie Südafrika hier „zurückhängt" gegenüber Mexiko oder Polen. Länderanalysten wie PIAZOLO (1998, 1996) und Wirtschaftspolitiker der neoliberalen Schule sehen in einer beschleunigten, exportorientierten, weltmarktintegrierten Industrialisierung den entscheidenden Wachstumsmotor für Südafrikas Aufstieg zu einem NIC, während Wirtschaftswissenschaftler wie STRIJDOM (1995) für eine Verbindung von weltmarkt- und binnenmarktorientiertem Wachstum sprechen. Das in Kapitel 4.1.3 vorgestellte Wirtschaftsprogramm GEAR entspricht neoliberalen Ansätzen, und der designierte Staatspräsident Mbeki ließ bisher auch keinen Zweifel daran, daß er im Rahmen der seit 1997/98 angekündigten „Renaissance Afrikas" zu einer derartigen Politik bereit ist. Es fragt sich aber, ob diese Option angesichts der sozialen Probleme, wie geringer Bildungsstand, Qualifikationsdefizite und Massenarmut, des politischen Widerstandes der Gewerkschaften, des linken ANC-Flügels und der SAKP, des Verhaltens der ausländischen Anleger/Spekulanten und der Kriminalität zu verwirklichen ist. Skeptiker sehen die Gefahr, daß Südafrika nach dem Verlust des „Mandela-Faktors" Mitte 1999 von der grassierenden Korruption,

	BIP/Kopf (in US-$) 1997	Anteil von Industrie- produkten am Exportwert (in %) 1996	Lebenserwartung bei Geburt 1996		Analphabetenquote bei Erwachsenen (in % der Personen 15 Jahre und älter) 1995		Telefonhaupt- leitungen (pro 1 000 Personen) 1996
			Männer	Frauen	Männer	Frauen	
Südafrika	3210	49	62	68	18	18	100
Argentinien	8950	30	69	77	4	4	174
Brasilien	4790	54	63	71	17	17	96
Korea, Rep.	10550	92	69	76	1	3	430
Malaysia	4530	76	70	74	11	22	183
Mexiko	3700	78	69	75	8	13	95
Polen	3590	74	68	77	0	0	169
Thailand	2740	73	67	72	4	8	70
vgl. Nigeria	280	1	51	55	33	53	4
vgl. Deutschland	28280	87	73	80	0	0	538

Tab. 4.15: Indikatoren von Schwellenländern
nach: World Bank Atlas 1999

vom Staatsversagen und von der Marginalisierung großer Teile Afrikas „eingeholt" wird
und zu einem „Entwicklungsland" absinkt.

Die weltbekannte Investmentgruppe Mor-
gan Stanley dagegen zählte Südafrika im
Januar 1999 zu den „top five emerging markets" der Welt: Hongkong, Malaysia, Indien,
Süd-Korea und Südafrika erhielten bei einem
globalen Vergleich der finanziellen Verwund-
barkeit, der Gewinnaussichten und der Liqui-
dität die Bestnoten; am Ende der globalen
Skala rangierten Rußland, Brasilien, Chile,
Taiwan und Türkei (nach Business Report 15,
Januar 1999).

BRIXEN und TARP (1996; vgl. TARP/BRIXEN
1996) legten eine detaillierte quantitative
Studie über die mittelfristigen makroökono-

mischen Perspektiven Südafrikas bis 2000/
2002 vor. Sie machten deutlich, daß für die
Lösung der drängenden sozialen Probleme
eine Erhöhung der Staatsausgaben möglich – und notwendig – ist. Hier droht nach
ihren Szenario-Berechnungen auch keine
„Schuldenfalle", falls sich mittelfristig gemäßigt optimistische Prognosen bezüglich
Kapitalzufluß und Wachstum bewahrheiten.
Tritt dies nicht ein, so ist auch ihr mittel-
fristiges ökonomisch-soziales Szenario dü-
ster. Der Wirtschafts- und Entwicklungspolitik
Südafrikas stellt sich die schwierige Aufgabe,
Wachstum *und* Umverteilung zu verbinden
(Kap. 1.2; 10); BRIXEN und TARP halten dies
auf der gesamtwirtschaftlichen und politischen Basis Südafrikas für möglich.

5 Städte und Zentren

5.1 Von der kontrollierten Verstädterung zur „Explosion der Städte"

Vor der Gründung der Versorgungsstation und des Stützpunktes der Vereinigten Ostindischen Handelskompanie (VOC) am Kap (1652) existierten keine Städte in Südafrika. Sie stellen ein von außen herangetragenes, *allochthones Kulturelement* dar. Die Expansion der Städte europäischen Charakters und ihre spezifische südafrikanische Ausprägung laßt sich in folgende *Phasen* gliedern (SCHNEIDER/WIESE 1983).

– Von der Mitte des 17. Jahrhunderts bis in das 18. Jahrhundert entstanden die kapholländischen Städte des engeren westlichen Kaplandes als Verwaltungs-, Kirch- und Handelsorte (Gründung von Kapstadt 1652, Paarl 1657, Stellenbosch 1679);

– Anfang und Mitte des 19. Jahrhunderts wurden die Hafenorte an der Ostküste als Handels-, Umschlags- und Verwaltungsstützpunkte der Engländer gegründet (Port Elizabeth 1820, Durban 1824, East London 1845);

– Seit der Mitte des 19. Jahrhunderts gründeten burische Siedler Kirch- und Schulorte mit ergänzender Verwaltungs- und Handelsfunktion auf dem Binnenhochland (Bloemfontein 1846, Lydenburg 1847, Pretoria 1855, Ermelo 1880);

– Die Diamantenfunde von Kimberley (1867) sowie die Goldfunde am Witwatersrand (1886) brachten das plötzliche Entstehen der Bergbaustädte des Binnenhochlandes und losten durch Importe ein Wachstum der Hafenorte aus;

– Von etwa 1900 bis Ende der 1930er Jahre trat ein starkes städtisches Wachstum ein, zunächst durch Push-Effekte Verwüstungen durch den Burenkrieg (1899–1902), Dürrekatastrophen und Armut ließen ehemalige weiße Kleinfarmer und Schwarze aus den Reservaten in die Städte abwandern; die in der zweiten Hälfte der 1930er Jahre einsetzende Industrialisierung wirkte als Pull-Effekt;

– Die in den 1940er und 1950er Jahren stark ansteigende Zahl industrieller Arbeitsplätze führte zu starker Zuwanderung durch Schwarze; mit der Durchsetzung der Rassentrennungsgesetze entstand die Apartheidstadt (Kap. 5.5). Die Gründung von Industriestädten wie Welkom (1947) oder Sasolburg (1954) wurde vom Staat gefördert.

– Seit der Mitte der 1960er Jahre erfolgten zahlreiche Stadtgründungen in den Homelands/Autonomstaaten, um die Abwanderung in die Städte des „weißen Gebietes" einzudämmen, in der Theorie sogar umzukehren, und Kerne für zentrale Orte zu schaffen (z.B. Bisho, Mmbabatho, Thoyohandu). Gleichzeitig wurden mit staatlichen Mitteln Township-Wohngebiete für Nichtweiße an der Peripherie der Städte bzw. Agglomeration angelegt. Mit dem Ziel eines gesamtwirtschaftlichen Aufschwungs, der Diversifikation und Steigerung der Bergbauexporte (Steinkohle, Eisenerz) kam es zur Gründung von Bergbaustädten, wie Sishen-Kathu und Aggeneys in der Provinz Nord-Kap, Ellisras in der heutigen Nord-Provinz, von Industriestädten, wie Secunda in Mpumalanga oder Atlantis in West-Kap. Hinzu kamen neue Seehafenorte, wie Richards Bay in KwaZulu/Natal oder Saldanha nördlich von Kapstadt.

– Die jüngste Phase der Verstädterung wurde 1986 eingeleitet durch die Abschaffung der Paßgesetze, mit denen die Zuzugskontrolle für Schwarze entfiel. Mit der vollen Bewegungsfreiheit setzte eine „Dritte-Welt-Verstädterung" ein: massive Zuwanderung von „Landflüchtigen"/„Armutsflüchtlingen" aus den ehemaligen Homelands/ Autonomstaaten Südafrikas verbindet sich mit Migranten aus den Armutsländern Afrikas; Squattersiedlungen wurden zum Alltag – es erfolgte der Übergang von der spezifi-

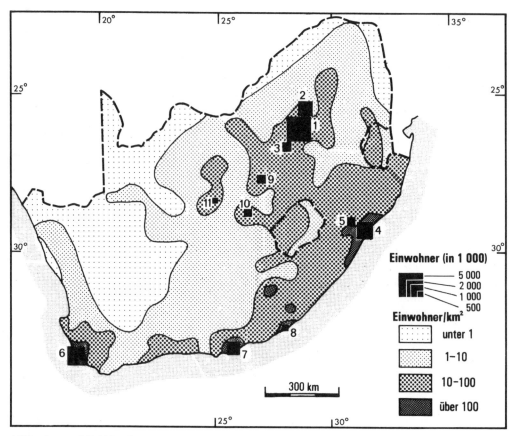

1 Witwatersrand (5,8 Mio. Ew.), 2 Pretoria (1,2 Mio. Ew.), 3 Vaaldreieck (0,8 Mio. Ew.), 4 Durban (1,8 Mio. Ew.), 5 Pietermaritzburg (0,5 Mio. Ew.), 6 Kapstadt (2,4 Mio. Ew.), 7 Port Elizabeth-Uitenhage (0,8 Mio. Ew.), 8 East London (k.A.), 9 Städte der Freistaat-Goldfelder (k.A.), 10 Bloemfontein (0,3 Mio. Ew.), 11 Kimberley (k.A.)

Abb. 5.1: Metropolitane Gebiete in Südafrika (1996)
nach: Unterlagen des SSA 1998a

schen Ausprägung der südafrikanischen Apartheidstadt in eine „Dritte-Welt-Situation". Dabei ist die Tendenz zur zunehmenden Konzentration in den drei dominanten metropolitanen Gebieten Pretoria-Witwatersrand-Vaaldreieck (PWV), Durban und Kapstadt sehr deutlich, ein weiterer Trend für Entwicklungs- und Schwellenländer.

Wie Tabelle 5.1 zeigt, ist die *Verstädterung* bei Weißen und Indern bereits weitgehend vollzogen, während sie bei Farbigen und Schwarzen als aktueller Prozeß entweder im Sinne einer schrittweisen Wanderung von der Kleinstadt zur Metropole oder im Zusammenhang mit einer massiven Landflucht und mit internationaler Zuwanderung unmittelbar in die Metropolen verläuft. Südafrika weist eine regional differenzierte Verstädterung auf (Tab. 5.2). Der wirtschaftlich-politische Kernraum des Landes, die Provinz Gauteng, hat den höchsten Urbanisierungsgrad und die stärkste Zuwanderung, während Peripheriegebiete, wie Nord-Provinz oder Ost-Kap, geringe Prozentsätze aufweisen und die Abwanderung überwiegt (Abb. 3.10). Untersuchungen der Urban Foundation ergaben, daß die

Jahr	gesamter Verstädterungsgrad	Weiße	Mischlinge	Asiaten	Schwarze
1946	38,6	75,6	62,5	72,8	24,3
1951	43,2	79,1	66,2	77,6	27,9
1960	46,6	83,6	68,3	83,2	31,8
1970	47,9	86,8	74,1	867	33,0
1980	48,3	89,0	77,2	91 3	33,4
1990	49,2	91,0	88,0	98,0	47,0
1996	55,4	..	..	..	..
2000	64,0	95,0	90,0	96,0	62,0

Tab. 5.1: Verstädterung in Südafrika nach Bevölkerungsgruppen (in %)
nach: SCHNEIDER/WIESE 1983, S. 10; CSS 1998; Schätzungen der Vereinten Nationen

	Einwohnerzahl	städtische Bevölkerung[1]		ländliche Bevölkerung	
	(gesamt, in 1000)	(in 1000)	Anteil (in %)	(in 1000)	Anteil (in %)
Südafrika gesamt	37859	20960	55,4	16898	44,6
Gauteng	7171	6911	96,4	260	3,6
West-Kap	4118	3703	89,9	415	10,1
Nord-Kap	746	535	71,7	211	28,3
Freistaat	2470	1718	69,6	752	30,4
KwaZulu/Natal	7672	3341	43,5	4331	56,5
Mpumalanga	2646	1014	383	1632	61,7
Ost-Kap	5865	2188	37,3	3677	62,7
Nord-West	3043	1060	34,8	1983	65,2
Nord-Provinz	4128	490	11,9	3638	88,1

[1] CSS definierte „Stadt" als ein Gebiet, das einer Stadtverwaltung (municipality) oder einer Gemeindeverwaltung (local authority) untersteht, die ländlichen Gebiete werden durch andere regionale Körperschaften, wie z.B. Stammesautoritäten (tribal authority) verwaltet.

Tab. 5.2: Verstädterungsgrad in Südafrika nach Provinzen 1996
nach: SAIRR 1997/98 Survey, S. 104–105

Verteilung der schwarzen Bevölkerung zwischen 1985 und 2010 ein Plus von acht bis zehn Prozent in den metropolitanen Gebieten, ein Minus von fünf bis zehn Prozent in den ländlichen Gebieten erreichen wird. Dies bedeutet, daß sich die regionalen Disparitäten in Südafrika weiter verschärfen werden, daß der weltweite Trend, insbesondere in Entwicklungs- und Schwellenländern, zur Metropolisierung auch in Südafrika nicht aufgehalten wird. Die Provinz Gauteng entwickelt sich dabei zu einer Megalopolis, deren Bevölkerungszahl von ca. 8 Mio. (1998) auf ca. 13–18 Mio. (2010) anwachsen wird. Tabellen 5.3 und 5.4 lassen wesentliche Ursachen der Land-Stadt-Wanderung erkennen, wobei insbesondere das BIP pro Kopf und der Human Development Index als Gesamtindikator „menschlichen Wohlergehens" die Attraktivität der Stadt unterstreichen.

	Lebenserwartung (in Jahren bei Geburt)	Alphabetisierungsrate (Erwachsene in %)	BIP (pro Kopf in US-$)	HDI[1]
1980				
Südafrika gesamt	59	74	2782	0,557
Stadt	62	89	4825	0,639
Land	56	58	1064	0,379
1991				
Südafrika gesamt	63	82	3885	0,677
Stadt	65	92	6297	0,807
Land	60	69	1460	0,466
1996				
Südafrika gesamt	64	82	4330	0,717

[1] für HDI-Erläuterungen vgl. Tab. 3.3

Tab. 5.3: Ausgewählte Entwicklungsindikatoren für Stadt und Land in Südafrika
nach: CSS 1995b, Tab. 3; UNDP 1998, Tab. im Anhang

5.2   Wohnungsnot und Mangel an Infrastruktur – Lösungen in Aussicht?

Nach Erhebungen des CSS lebten Ende des Jahres 1995 etwa 2,5 Mio. Familien in Südafrika in Squatter Camps, Spontansiedlungen aus Wellblech- oder Holzbauten ohne Wasser, Elektrizität und sanitäre Anlagen. Mit einer geschätzten Zahl von 250000 Menschen, die jährlich in die Großstädte ziehen, wächst der Bedarf an Wohnraum stetig. Unter „Wohnung" versteht man in Südafrika ganz überwiegend ein Haus, und wenn es auch noch so klein ist, da die Gewohnheit, in einem mehrgeschossigen Mietshaus bei hoher Bebauungsdichte zu leben, völlig fehlt. 1994 stellte die Regierung deshalb einen Plan zum Bau von 1 Mio. Niedrigkosten-Häusern bis 1999 auf. Anfang 1999 aber mußte die Ministerin für Wohnungsbau zugeben, daß zwischen 1994 und 1998 zwar ca. R 10 Mrd. für Wohnungsbauprogramme aufgewendet wurden, sodaß ca. 3 Mio. Menschen ein Dach über dem Kopf erhielten, daß aber nur ca. 700000 Niedrigkosten-Häuser errichtet wurden. Die Probleme bestehen einmal darin, daß viele arme Familien nicht in der Lage sind, auch nur geringe Hypotheken aufzunehmen, da sie für die Banken nicht kreditwürdig sind. Hier schuf der Staat einen Ausweg, indem er selbst eine Haftungsverpflichtung übernimmt. Seit 1996 ist die National Housing Finance Institution mit Mitteln für Niedrigkosten-Einheitshäuser ausgestattet. Bedrohlich ist auch die Zahl der Haushalte, die ihre Darlehen nicht zurückzahlen: 1998 setzten etwa 50000 Haushalte den Zahlungsboykott fort, da sie darin eine „legale Maßnahme" in Reaktion auf erlittenes Unrecht unter dem Apartheidregime sahen. Ein weiteres Problem besteht im Erwerb von Grund und Boden für die Baumaßnahmen, da im Rahmen der Umstrukturierung die Landfrage häufig nicht geklärt ist (Kap. 4.7.1). Die Volkszählung im Oktober 1996 ergab, daß der Fehlbestand an Wohnungen nicht, wie noch 1994 geschätzt, 1,5 Mio. Wohnungen beträgt, sondern sich auf 2,6 bis 3 Mio. Wohneinheiten beläuft. Es ist aber nicht nur die Wohnungsnot im allgemeinen, die ein erstrangiges nationales Problem darstellt, sondern auch der gravierende Mangel an Infrastruktur (Tab. 5.4).

	Gesamt	Schwarze	Farbige	Inder	Weiße
	Wasserversorgung				
Wasseranschluß in der Wohnung					
Stadt	74,1	56,1	79,7	97,5	98,8
Land	16,8	12,0	43,6	80,6	77,9
Wasseranschluß auf dem Grundstück					
Stadt	19,8	33,9	16,7	1,0	0,2
Land	20,9	21,4	32,4	5,5	0,9
	Sanitäreinrichtung				
Wassertoilette in der Wohnung					
Stadt	65,5	42,1	70,2	96,6	98,5
Land	10,9	4,7	38,2	72,0	97,6
Toilette auf dem Grundstück					
Stadt	19,8	33,2	16,6	1,4	1,4
Land	4,6	4,6	8,0	10,4	0,7
	Telefonversorgung				
Telefonanschluß, privat					
Stadt	48,2	25,8	44,5	74,7	84,6
Land	7,5	2,9	8,9	62,7	86,9
Telefonanschluß, öffentlich (Telefonzelle, bei Nachbarn oder im Laden)					
Stadt	32,5	49,8	31,2	14,4	6,6
Land	40,9	42,4	51,1	24,7	6,3
ohne Zugang zu Telefonanlagen					
Stadt	19,1	24,9	24,4	10,8	8,8
Land	51,5	54,6	40,0	12,5	6,3

Tab. 5.4: Infrastrukturausstattung von Haushalten in Städten bzw. im ländlichen Raum in Südafrika (nach Bevölkerungsgruppen, 1995 in %)
nach: SAIRR 1997/1998 Survey, S. 312, 330, 334

Squatting

Illegale Landbesetzung zu Wohnzwecken hat seit 1990/91 in Südafrika ein katastrophales Ausmaß erreicht. So war z.B. Ende 1995 das im Rahmen des RDP finanzierte größte Wohnungsbauvorhaben in Gauteng, Golden Highway Development, mit der Schaffung von Wohnraum für 15000 Wohnungssuchende durch die Besetzung der 400 ha großen Baufläche bedroht. In der bekannten Township Alexandra bei Johannesburg setzte die Alexandra Civic Organisation 1996 die Zerstörung von Squatterwohnstätten durch, da man den gemeinsam mit der Stadtverwaltung ausgearbeiteten Verbesserungsplan für die bestehende Wohnsituation realisieren wollte. In den 1980er Jahren wurden Squattersiedlungen vereinzelt toleriert. Mit dem oben erwähnten Fortfall der Zuzugskontrolle setzte die Entwicklung von informellen Siedlungen seit 1986 massiv im gesamten Südafrika ein.

**In Südafrikas Großstädten belegen Obdachlose die Parks mit Beschlag –
die Weißen drohen mit Steuerboykott**

Johannesburgs Wohnviertel verlieren allmählich ihre Grünflächen. Landflüchtige, Obdachlose und Einwanderer aus den Nachbarstaaten Mosambik und Simbabwe besetzen die Parks, um darauf Bretterbuden zu errichten. Die Behörden schauen dem Treiben der wilden Siedler tatenlos zu.

„Rettet unser Wohnviertel", beschwört die Hundertschaft von Demonstranten die Mitbewohner und Passanten. „Der Park ist zum Spielen da, nicht zum Wohnen" steht auf einem Plakat. Für den Fall, daß die Stadtverwaltung die Eindringlinge nicht aus dem geliebten Park entfernt, drohen die Demonstranten einen Steuerboykott an. Die Siedler lassen keinen Zweifel daran, daß sie es als Pflicht und Schuldigkeit der Stadtbehörden betrachten, den Landflüchtigen und Obdachlosen eine Unterkunft zu verschaffen. „Wenn uns die Behörden keine Häuser geben, müssen wir sie halt selber bauen", sagen sie.

Was im Moffa-Park geschieht, ist nicht Einzel-, sondern Regelfall in Südafrikas größter Stadt. Nach Angaben der Stadtverwaltung haben Obdachlose rund 80 % aller Parks und Grünanlagen in Beschlag genommen. Den Stadt- und den Provinzbehörden, die vom ANC dominiert werden, ist die Sache längst über den Kopf gewachsen. Der Vorsteher der Abteilung für Wohnungsbau in der Provinz Gauteng verhängte im Juni letzten Jahres ein Moratorium über die Räumung von Bretterbudensiedlungen. Gleichzeitig sprach er sich aber auch gegen neue Landbesetzungen aus.

Eine der größten Obdachlosensiedlungen von Johannesburg befindet sich mitten in der Stadt, auf dem Areal des Zentralbahnhofs. Bretterbudensiedler haben die Autounterstände auf der Rückseite des Bahnhofs in Beschlag genommen und in Hütten verwandelt. Und jeden Abend finden sich im einstigen Dritter-Klasse-Wartesaal Hunderte von Obdachlosen zum Übernachten ein. Bewaffnete Eisenbahner wachen darüber, daß sich die Bretterbudensiedler und die Passagiere nicht kreuzen. Die räumliche Distanz zwischen Südafrikas dritter und erster Welt, zu Zeiten der Apartheid eine kilometerbreite „Sicherheitszone" zwischen Stadt und Township, ist auf ein paar Meter geschrumpft.

Quellentext 5.1: Die Erste und die Dritte Welt rücken zusammen
aus: Generalanzeiger, Bonn, 09.09.1995

JÜRGENS und BÄHR (1994) berichteten über Squatter und informelle Wohnbereiche in südafrikanischen Städten. Squatting als Teil des „informellen Wohnens" bedeutet die illegale Nutzung von Grundstücken und/oder Gebäuden. Eine Verbindung zur Slumbildung muß nicht zutreffen. Die demographischen und sozialen Strukturen von Squattersiedlungen zeigen soziale Netzwerke, interne Kontrollmechanismen sowie das Funktionieren von Selbsthilfegruppen, die dazu berechtigen, die positiven Aspekte aufstrebender Familien zu betonen. Eine Politisierung der Squattersiedlungen allerdings führt episodisch zu den in den Medien immer wieder dargestellten Gewaltwellen. Südafrikanische Schätzungen der Anzahl von Sqattern liegen zwischen 1,3 und 7 Millionen Menschen, 1997 bereits bei 8 Millionen. Mit Recht wiesen JÜRGENS und BÄHR (1994) darauf hin, daß angesichts der zu erwartenden anhaltenden Urbanisierung der schwarzen Bevölkerung das Ausmaß des informellen Wohnungsmarkts noch zunehmen wird. Angepaßte Technologien und Finanzierungsangebote sowie site-and-service schemes, im Sinne der Verfügbarkeit von Basisinfrastruktur, sollen katastrophale Lebensbedingungen für die Armutsgruppen und Zuzügler vermeiden helfen, die den sozialen Frieden im Lande gravierend gefährden. Nach einer Untersuchung des Statistischen Landesamtes von 1991 lebten 13 % der Schwarzen in einem shack, einer Hütte aus Wellblech, Pappe und anderem. Seit den Jahren 1989/90 haben Landbesetzer zwar

Das baut auf

Obdachlose aus Südafrika und Indien haben eines gemeinsam:
Den Traum von den eigenen vier Wänden. Deshalb helfen sie sich gegenseitig – Haus für Haus.

Das gelobte Land liegt für Laxmi Naidu zwischen einem muffigen Kanal und einer Müllkippe, anderthalb Autostunden vom Zentrum Bombays entfernt, aber immer noch in der Stadt. Bald sollen hier 530 Häuser entstehen. Sie werden, so erzählt die Inderin ihrer Besucherin aus Afrika, denen auf der gegenüberliegenden Seite des Kanals ähneln: Ein-Zimmer-Kajüten mit doppelter Wohnhöhe, einer Zwischendecke zum Schlafen und grünen Türrahmen. Steinbänke laden zum Verweilen auf kleinen Terassen ein. Fernseher plärren, Frauen fegen Schmutzwasser in ein Abflußrohr vor der Tür. Seit Jahren träumt Laxmi Naidu von einem bescheidenen Haus wie diesem – auf einer Grundfläche von 15 m^2. Ganze vier bewohnt sie heute. Die 41jährige Witwe hat 16 Jahre lang ein Stück Gehsteig im geschäftigen Innenstadtviertel Byculla für sich und ihren Sohn verteidigt. Vier Quadratmeter zum Leben.

Die Besucherin aus Afrika haust ähnlich erbärmlich: Mercy Nqakula muß sich mit ihrem Mann und zwei Söhnen einen 12 m^2 großen Pappverschlag teilen, den sie aus Altpapier und Sperrmüll zusammengenagelt hat. Zigmal ist das Quartett mit seiner Notunterkunft umgezogen, von einem illegalen Township zum nächsten – derzeit campieren sie auf einem buschigen Streifen Land, unter Hochspannungsmasten, direkt neben einer Autobahn, Aber auch die 42jährige Mersy Nqakula hat, wie

ihre Gastgeberin, eine Vision: Exakt 54 m^2 möchte sie ihr eigen nennen, ein richtiges Ziegelhaus mit drei Zimmern. Und seit sie in Indien ist, weiß sie genauer denn je: sie wird sich diesen Traum vom Paradies nicht mehr nehmen lassen. Sie wird ihn wahr machen.

Daß sie überhaupt zusammen kamen, daß eine obdachlose Südafrikanerin nach Asien jetten kann, um einer obdachlosen Inderin zu begegnen, ist einer ungewöhnlichen Initiative zu verdanken. Seit 1992 besuchen sich Landlose aus verschiedenen Ländern wie Südafrika, Kenia, Indien, Thailand, Kambodscha und Vietnam, um voneinander zu lernen, wie man zu einem Dach über dem Kopf kommen kann. Zum Lehrplan gehört der Hausbau im Do-it-yourself-Verfahren ebenso wie die Taktik bei harten Behördengesprächen über Baugenehmigungen und Landzuteilungen. Der Austausch wird von Deutschland mitfinanziert, vom kirchlichen Hilfswerk Misereor und von der Katholischen Zentralstelle für Entwicklungshilfe in Aachen – bisher mit etwa 3 Millionen Mark. „Kein Mensch hat etwas dagegen, wenn Banker und Industrielle herumfliegen, um sich abzustimmen. Doch als wir begannen, dies auch kleinen Leuten zu ermöglichen, waren die Vorbehalte riesengroß", so der Programm-Verantwortliche. Allmählich überzeugen die Erfolge auch Skeptiker.

Quellentext 5.2: Das baut auf
aus: Süddeutsche Zeitung 30.08.1997

eine gewisse „Sympathie" von Seiten des ANC, doch muß auch zur Kenntnis genommen werden, daß die Grundstückswerte in der Nähe der illegalen Siedlungen sinken; auch gehen, wie oben bereits erwähnt, in der Nähe der Ballungsgebiete ganze Landstriche durch illegale Besetzung verloren, die die Gemeinden zur Errichtung von Siedlungen im Niedrigkostenbereich vorgesehen hatten. So verdrängen Landbesetzer Slumbewohner, die mit staatlicher Hilfe in billige, aber feste Häuser umzuziehen hofften. Die Verdrängung „der Armen durch die Ärm-

sten" stellt das Gelingen des staatlichen Wohnungsbauprogramms in Frage. Nach heißen Debatten entschloß sich das Parlament Südafrikas im Frühjahr 1998, den Prevention of Illegal Squatting Act der Apartheidära abzuschaffen. Seit dem Jahre 1998 ist es unter der neuen Gesetzgebung eine Straftat, illegale Landbesetzer ohne ein Gerichtsurteil zu vertreiben. Das Gericht kann die Genehmigung zur Vertreibung nur erteilen nach gründlicher Abwägung der Situation und unter der Bedingung, daß die Vertreibung „fair and equitable" ist – ein Fall

In der Sandebene der Cape Flats hat sich in einem Winkel zwischen der Autobahn und der False Bay die Marginalsiedlung Crossroads entwickelt. Nach Untersuchungen der Universität Kapstadt wird die Siedlung vorwiegend von ehemaligen Wanderarbeitern und ihren Familien bewohnt. Durch Eigeninitiative der Einwohner besteht inzwischen eine beachtliche Infrastruktur im informellen Sektor, z.B. Einzelhandels- und Handwerksbetriebe. In Selbsthilfe errichteten die Bürger Schulen, Wasserstellen, Basiskanalisation und Müllabfuhr.

Abb. 5.2: Marginalsiedlung Crossroads, Kapstadt
Luftbild, Freigabe durch Government Printer 1980; Lage: südlich des Flughafens, vgl. Abb. 5.7

Zur Behebung der Wohnungsnot bei den Farbigen leitete die Stadtverwaltung Kapstadt seit 1974 den Bau einer Satellitenstadt mit ca. 40000 Wohnungen für ca. 250000 Ew. ein. Das Neubaugebiet liegt ca. 30 km südöstlich der Innenstadt in den sandigen Cape Flats.

Das Foto zeigt das Muster der Einfamilienhaus-Reihenbebauung, die großen Schulkomplexe sowie das Schnellstraßensystem. Die Großbaustellen sind inzwischen durch Schnellbahnstationen und Einkaufszentren geschlossen.

Abb. 5.3: Satellitenstadt Mitchells Plain, Kapstadt
Luftbild, Freigabe durch Government Printer 1980, zur Lage vgl. Abb. 5.7

der wohl kaum zu beweisen ist. Man kann sich den Widerstand der Grundbesitzer, aber auch der Kommunen gegen diese neue Gesetzgebung vorstellen, doch schafft sie endlich Sicherheit für hunderttausende von Siedlern.

Jüngste Forschungen von Sozialgeographen (SEETHAL 1996) und Soziologen (SPEIGEL 1997) wiesen nach, daß das abschreckende äußere Erscheinungsbild dieser Marginalsiedlungen nicht darüber hinwegtäuschen darf, daß die sozialen Beziehungen dort auf der Basis der weitläufigen afrikanischen Clan-Beziehungen Netzwerke praktischer Solidarität schaffen, so daß auch entfernte Verwandte hier tragfähige Überlebensstrukturen finden. Altansässige und Neuankömmlinge schließen sich zu „grassroot"-Vereinigungen zusammen, um ihre Vorstellungen über sozialen und wirtschaftlichen Fortschritt zu artikulieren und durchzusetzen.

Wohnungsbau

Mit Recht bezeichnet das RDP (Kap. 1.2) den Wohnungsbau als eine erstrangige politische und soziale Aufgabe. Aus diesem Grund versprach die Regierung, im Rahmen des RDP bis zum Jahr 2000 mindestens eine Million Häuser zu fördern, vorwiegend durch eine einmalige Unterstützung beim Kauf oder Bau eines Hauses. Zugleich soll die Bauindustrie und die Gesamtwirtschaft über diesen Sektor angekurbelt werden. Als äußerst schwierig bei der Verwirklichung des Programms erweist sich die Tatsache, daß etwa die Hälfte der Wohnungssuchenden ein Jahreseinkommen von unter US-$ 300 hat und somit von den Banken nicht für kreditwürdig erachtet wird. Deshalb werden im Rahmen der „Programme des Präsidenten" Kreditgarantien für besonders bedürftige Familien bereitgestellt. Selbsthilfeorganisationen spielen bei der Errichtung der Häuser sowie bei der Entwicklung der Infrastruktur eine große Rolle. Auch die bilaterale Zusammenarbeit unterstützt den Bau von Wohnun-

gen, Deutschland z.B. den ländlichen Wohnungsbau (1995 ca. DM 50 Mio.).

Die Dimension der Projekte ist gewaltig Für das Finanzjahr 1995/96 verfügte z.B. die Wohnungsbaubehörde der Provinz Gauteng (Gauteng Provincial Housing Board) über R 437 Mio. (plus R 284 Mio. Übertrag aus dem Finanzjahr 1994/95) für Zwecke des sozialen Wohnungsbaus. Ende 1995 stimmte die Wohnungsbaubehörde der Provinz Gauteng Subventionen in Höhe von R 96 Mio. für den Bau von Häusern für 100000 Wohnungssuchende in KwaThema, Langaville und Tsakane östlich von Johannesburg zu, eines der größten Wohnungsbauprojekte des Landes. Auch die halbstaatlichen Unternehmen nehmen mit ihren Mitteln an der Bekämpfung der Wohnungskrise teil. Ende 1995 legte Transnet Housing, die Baugesellschaft der südafrikanischen Eisenbahn, einen Plan zum Bau von 1200 Wohnungen für Beschäftigte vor, davon allein 850 low-cost houses in Richards Bay, Seehafen und Industriestadt in KwaZulu/Natal.

Eine Verkehrsanbindung der Squattersiedlungen ebenso wie der Townships ist „lebenswichtig" für deren Bewohner und für das Funktionieren der Städte und Stadtregionen. Diese tragen an den „Altlasten" der Apartheidstadt, in der wegen politischterritorialer Trennung die Masse der arbeitenden Bevölkerung in Groß-Wohnsiedlungen, den Townships, lebt. Massive Pendlerströme werden von öffentlichen Verkehrsmitteln und Minibus-Taxis bewältigt. Die South African Rail Commuter Corporation (SARCC) bietet in allen metropolitanen Gebieten den Basis-ÖPNV an. Nach dem Armutsbericht Südafrika 1998 müssen aber mehr als 60 % der Ärmsten bis zu einer Stunde zu Fuß zur Arbeit gehen, da sie sich kein anderes Transportmittel leisten können.

Hostels – Veränderungen möglich?

Wohnheime für alleinstehende Männer, selten auch für Frauen, sind ein Erbe der Apartheidphase in Südafrikas Städten, in der der

Zuzug von Familien in die „weißen Gebiete" bewußt verhindert wurde – man denke an die ersten Jahre der Gastarbeiterunterbringung in Deutschland. Waren die Arbeitskräfte notwendig und willkommen, so bereitete ihre Unterbringung erhebliche Probleme. Nach dem Ende der Apartheid hat auch in Südafrika die Diskussion um diese menschenunwürdige Art von „Behausung" mit ihren sozialen Konsequenzen, wie Gewalt und Prostitution, voll eingesetzt.

PENDERIS und VAN DER MERWE (1994) untersuchten Wohnsituation und Perspektiven in Hostels von Stellenbosch. Die Hostelbewohner sind überwiegend Wanderarbeiter aus den ehemaligen Homelands Transkei und Ciskei, der heutigen Ostprovinz. Über die Hälfte von ihnen haben Familien im Heimatdorf; der Aufenthalt in der südwestlichen Kapregion gibt ihnen die Möglichkeit, einen Arbeitsplatz im Bereich der formalen Wirtschaft zu finden, so daß die Arbeitslosenrate mit neun Prozent der Bewohner außerordentlich gering ist.

Die Bewohner klagen über die erbärmlichen und außerordentlich unbefriedigenden Wohnverhältnisse in den überfüllten und oft baufälligen Einheiten. Eine Strategie zur Auflösung dieser Einrichtungen existiert noch nicht, da, wie oben dargestellt, eine allgemeine Wohnungsnot herrscht und es z. Z. nicht abzusehen ist, wo die ca. 8000 Hostelbewohner der untersuchten Siedlung untergebracht werden könnten. Diese wünschen für sich natürlich ein kleines Eigenheim mit sanitären Anlagen, einem Vorgarten, einem Gemüsegarten und Geflügelhaltung. Die Behörden stellen seit Beginn der 1990er Jahre Mittel zur Renovierung der Hostels zur Verfügung, wobei eine Mitwirkung der Bewohner bei Entscheidungen über die Infrastruktur dringend gewünscht wird.

Die Maßnahmen und die finanziellen Mittel, die die Regierung seit 1994 zur Verbesserung der Wohnsituation und der Infrastruktur für bisher benachteiligte Gruppen einsetzt, sind begrüßenswert, doch ist der Umfang der noch ausstehenden Aufgaben gewaltig.

5.3 Cityverfall – Cityförderung

Mit dem Ende der Apartheid-Gesetze, die die freie Wahl des Wohn- und Arbeitsplatzes einschränkten, erlebten die Citybereiche der südafrikanischen Städte einen durchschlagenden Wandel. Der freie Zugang zur Eröffnung von Geschäften und Büros für Mitglieder aller „Rassen", der Mitte der 1980er Jahre in den „Free trading areas" begonnen hatte, setzte sich ab 1990/91 voll durch. Zugleich wurden die Citygebiete mit ihren massiven täglichen Beschäftigten- und Käuferströmen Zielgebiet des ambulanten Handels und Standorte von Flohmärkten in einer Zahl, die zum einen durch die extreme Armut und die hohe Arbeitslosigkeit, zum anderen durch die neuen afrikanischen Mittelklassekonsumenten in der City zu erklären ist. Auf diese Käuferschicht sind heute das Warenangebot und die Formen des Einzelhandels ausgerichtet.

Schon 1981 hatte der Geograph BEAVON von der Witwatersrand-Universität in Johannesburg einen Artikel veröffentlicht mit dem markanten Titel „From Hypermarkets to Hawkers" („Von Supermärkten zu Straßenhändlern"), und seine Szenarien wurden noch übertroffen: Teile der City von Johannesburg, Pretoria, Durban oder Kapstadt sind von Straßenhändlern „überschwemmt", Fußgänger finden kaum noch Platz auf den Gehwegen, Geschäft des „formellen Sektors" fühlen sich „abgedrängt" und benachteiligt, lokal herrscht ein unkontrollierbares Gewirr wie auf den Märkten Westafrikas. Seit 1991/92 kommt es in den Citybereichen der südafrikanischen Städte immer wieder zu Handgreiflichkeiten zwischen südafrikanischen und ausländischen, meist westafrikanischen Händlern. Berichtete BEAVON für den Beginn der 1980er Jahre noch von ca. 3000 Ständen, so sind es heute schätzungsweise 5000 mit einem Ausländeranteil von mindestens 50 %.

ROGERSON (1995) gab eine anschauliche Darstellung der Situation in der City von Johannesburg für das Stichjahr 1994. Eine Konzentration der informellen Händler stellte er um die Sammeltaxi-Stände, die Busbahnhöfe und in der Fußgängerzone der City fest – was auch nicht weiter verwundert. Im Warenangebot bestehen Erfrischungen, Lebensmittel, aber auch Bekleidung und Bijouteriewaren nebeneinander; auch handwerkliche Dienstleistungen, wie Reparaturarbeiten an Fahrrädern oder Schuhen, werden angeboten.

Die Folgen für die „traditionelle" City sind gravierend: vor dem Lärm, dem Schmutz, den Belästigungen ziehen sich kaufkräftige Schichten – und die bisher von ihnen frequentierten Einzelhandelsgeschäfte, wie Juweliere, extravagante Modehäuser, Herrenausstatter und Souvenirhändler für Touristen – aus der City in Nobelviertel und von privaten Sicherheitskräften „sauber" gehaltene Einkaufszentren in den Vororten zurück, Sonderangebote von Fünf- und Vier-Sterne-Hotels „ziehen" nicht, da neue Paläste mit scharf bewachten Gartenanlagen in eleganten Vierteln entstehen; in den Citybereichen ergibt sich eine Situation, wie sie als „city decay"/innerstädtischer Verfall aus den USA bekannt ist.

Die Stadtverwaltung von Johannesburg ergriff Ende 1995 mit dem „Block Management Project" in der City Maßnahmen, die Sauberkeit zu verbessern, die Sicherheit der Kunden zu erhöhen, die Abwanderung der Nutzer und den Verfall der City aufzuhalten. „Kontrollpatrouillen" aus Verkehrspolizei, einem Koordinator für den ambulanten Handel (street vendor liaison officer) und Straßenkehrern wurden auf City-Blockbasis aufgestellt – finanziert aus dem RDP. Gleichzeitig richtete man nach amerikanischem und französischem Vorbild „Wasch- und Reinigungsräume" für Obdachlose in der City ein – ein

Alarmzeichen, das zeigt, daß „das Schicksal der City" in den Städten Südafrikas der Entwicklung in den Großstädten der Industrie- und Entwicklungsländer folgt. In Johannesburg setzte Ende der 1990er Jahre die Verlagerung von Büroarbeitsplätzen in die Subzentren der vornehmen Wohnvororte des Nordens und die „edge city" Midrand ein (Abb. 5.5). Die Maßnahmen zur Erhöhung der Sicherheit und der Revitalisierung der City können entscheidend werden für Johannesburg: Im Oktober 1995 lag der rateable property value/besteuerbarer Grundwert des CBD bei R 10,1 Mrd., was Steuereinnahmen von R 180 Mio./Jahr bedeutete, und die ca. 280000 Arbeitsplätze im formellen Sektor stellten 34 % der Gesamtarbeitsplätze des metropolitanen Gebietes von Johannesburg und sogar 6 % der Arbeitsplätze auf nationaler Ebene dar, mehr als der gemeinsame Wert der CBDs von Pretoria, Durban und Kapstadt. Anfang 1998 aber standen mindestens 300000 m^2 Büroflächen in der Innenstadt von Johannesburg leer. Anfang 1999 waren südafrikanische Zeitungen begeistert von den „günstigen Büromieten" in der City von Durban (ca. US-$ 8/square foot) bzw. Johannesburg (ca. US-$ 13/square foot). Diese nehmen nämlich auf einer Rangskala von 140 untersuchten Städten, an deren Spitze Tokyo mit US-$ 137/square foot steht, die Ränge 2 und 4 ein – ein Ranking, das nicht unbedingt für die Attraktivität dieser Citystandorte spricht.

Für den CBD von Durban lassen sich die gleichen Veränderungsprozesse nachweisen Wie BÄHR und JÜRGENS von ihrer Südafrika-Exkursion 1994 berichten, hat sich im Bereich des neuen Personenbahnhofs ein Angebot von Möbelgeschäften und Hausrat etabliert, das auf die neue afrikanische Mittelschicht orientiert ist. Gleichzeitig hat der Straßenverkauf erheblich zugenommen, da er das große Kundenpotential der Tagespendler nutzt. Vereinzelt kommt es bereits zu pavement dwellers, zu Squatterbehausungen auf Bürgersteigen, mit erschreckenden bauli-

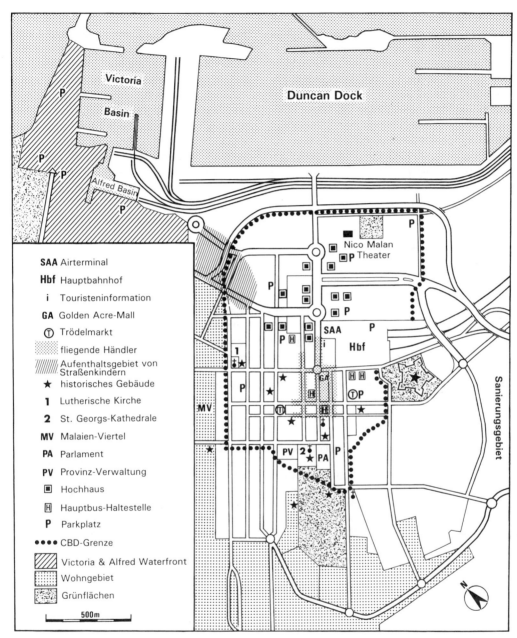

Abb. 5.4: Die City von Kapstadt
KITTELMANN/WIESE 1999

chen und hygienischen Zuständen. JÜRGENS (1998) hat die jüngsten Entwicklungen in Kapstadt dargestellt, wo der Tourismus eine wichtige Einkommensquelle für fliegende Händler, aber auch für Straßenkinder und Bettler geworden ist.

Für die Veränderungen in der City ist auch die Relation dieses Stadtteils zur Transformation von Handel und anderen Dienstleistungen in den Townships seit 1990/91 zu beachten, wie sie HARRISON et al. (1997) dargestellt haben. Sie betonen, daß die lokale Ökonomie in oder um die Townships in der Postapartheidphase von politischer Seite gefördert wird. Die Schaffung von Einkommen und Beschäftigung in Klein- und Mittelbetrieben hat dabei Vorrang. Kriminalität und Gewalt aber behindern die Expansion stark. HARRISON und Mitarbeiter verweisen auf die Leitfunktion von Investitionen der Öffentlichen Hand an neuen Standorten, auf die der private Sektor folgen kann. Durch den Ausbau der Infrastruktur in zahlreichen Townships wurden die Investitionsmöglichkeiten verbessert.

Die Prozesse in den Innenstädten Südafrikas können nicht pauschal als eine Angleichung an die Situation der Groß- und Millionenstädte „Afrikas südlich der Sahara" interpretiert werden; sie gleichen vielmehr globalen Prozessen in sich zunehmend polarisierenden Gesellschaften in Industrie- und Entwicklungsländern.

5.4   Metropolitane Gebiete

Die südafrikanische Landesplanung unterschied bis Anfang der 1990er Jahre 12 metropolitane Gebiete, im Deutschen als Verdichtungsräume bezeichnet. Aus ihnen heben sich drei beherrschende Komplexe heraus: Der mehrkernige Verdichtungsraum Pretoria-Witwatersrand-Vaaldreieck, der sich mit der Provinz Gauteng deckt; der mehrkernige Verdichtungsraum Durban-Pinetown-Pietermaritzburg, der sich vom Indischen Ozean ins Binnenland der Provinz KwaZulu/ Natal erstreckt; die Konurbation von Kap-

Quellentext 5.3: Casinos und Vergnügungszentren, Attraktionen im Umfeld der Metropolen
nach: WIESE nach Unterlagen www.cbn.co.za/ Juni 1999.

Die *Carousel Casino & Entertainment World*, 55 km nördlich von Pretoria, bezeichnet sich selbst als einen der schönsten Entertainmentkomplexe der Südhalbkugel. Sie wirbt mit fun and action für die ganze Familie. Der Komplex in Viktorianischer Architektur (Stil aus der Zeit der britischen Queen Viktoria) bietet auf 123 ha ein Casino mit 5200 m^2 voller slots, Pokermaschinen u.ä. Zahlreiche Bars, Restaurants und Show Bars sorgen für Abwechslung bei den Gästen, denen ein Parkplatz mit 4000 Stellplätzen für Pkws und Busse zur Verfügung steht.

Morula Sun, nur 20 Fahrminuten von Pretoria entfernt, bietet die Atmosphäre eines traditionellen Tswanadorfes, aber auch hier stehen dem Gast mehr als 1000 slot machines zur Verfügung. Kindergarten und Videofilme sorgen für die Kleinen.

Der *Palace of the Lost City* in Sun City bietet eine Disney-Welt Imagination in der afrikanischen Savanne, eine Fantasiewelt mit Dschungel, Felsengärten, Wasserfällen und Pools. Das 5-Sterne-Plus-Hotel gehört zu den „feinsten" der Welt – und so liegen die Zimmerpreise ab R 2100 aufwärts (De-zember 1998 bis November 1999). Bars, Top Restaurants, Exklusivboutiquen sowie Konferenzausstattung stehen zur Verfügung. Die Suiten bieten „afrikanischen Charme", seien es King, Royal oder Desert Suiten. Man wirbt mit „Nearest City - Johannesburg, Nearest Airports - Johannesburg International and Pilanesburg International.

Seit 1996 ist der Betrieb von bis zu 40 Casinos in Südafrika gesetzlich vorgesehen. Die Investoren streben nach Gauteng, wo bis zu sechs Casinos gebaut werden können, und nach West-Kap. Im Westen von Gauteng ist eine US-$ 100 Mio. Investition geplant mit ca. 1400 Spielmaschinen, 50 Spieltischen, 17 Restaurants, sowie Konferenz- und Ausstellungsräumen. Für Besucher aus Simbabwe ist ein kleines Casino mit 500 Spielmaschinen und einem Investitionsvolumen von US-$ 40 Mio. in Pietersburg, der Hauptstadt der Nord-Provinz geplant, Südafrikas „Vierter Welt". In West-Kap wurde trotz zahlreicher Anträge noch keine Lizenz erteilt, da Interessenten und Mitglieder der Lizenzkommission wegen Bestechung vor Gericht stehen.

stadt im äußersten Süden der Provinz West-Kap. In diesen Verdichtungsgebieten lebten 1996 fast ein Drittel der Gesamtbevölkerung und ca. 60 % der städtischen Bewohner des Landes. Etwa 90 % der Inder, 70 % der Weißen, 55 % der Mischlinge und 40 % der Schwarzen waren in diesen metropolitanen Gebieten konzentriert (Anteil an der jeweiligen Gesamtbevölkerung). Trotz erheblicher Gegenmaßnahmen, wie Zuwanderungskontrolle, Einschränkung der freien Wahl des Wohn- und Arbeitsplatzes und Förderung des Pendlerwesens (Tages- und Wochen-pendler), besaßen diese Verdichtungsgebiete aufgrund ihres hohen Lohnniveaus und ihrer Infrastruktur die höchste Attraktivität. Sie sind deshalb bis heute Zielgebiete der nationalen und internationalen Zuwanderung (Kap. 3.4, Abb. 3.10). Mittlere jährliche Zuwachsraten der städtischen Bevölkerung von ca. 3 % sind für Afrika südlich der Sahara (1970–1995 5 %, 1995–2015 4 %) geringe Werte, für große Teile der Bevölkerung Südafrikas bedeuten sie seit den ausgehenden 1980er Jahren den sich beschleunigenden Weg in eine „Dritte-Welt"-Situation.

5.4.1 Johannesburg und der Witwatersrand

Der Witwatersrand mit der dominanten Kernstadt Johannesburg (Witwatersrand gesamt 1995: 5,8 Mio. Ew.; 1980: 1,7 Mio. Ew.; Soweto: 1,5 Mio. Ew.; Witwatersrand gesamt einschließlich Soweto: 4,8 Mio. Ew.) ist die beherrschende West-Ost-Achse der Provinz Gauteng (Kap. 6.1). Der Witwatersrand stellt die bedeutendste bergbaulich-industriell-tertiärwirtschaftliche Konzentration Südafrikas und des gesamten südlichen Afrika dar. In diesem Gebiet von ca. 15500 km² werden Schätzungen des HSRC zufolge im Jahre 2010 etwa 12 Mio. Menschen leben.

Der Witwatersrand als bandförmiger, mehrkerniger *Verdichtungsraum* zwischen den Städten Springs/Evander im Osten und Randfontein/Carletonville im Westen folgt den goldführenden Schichten (Golden Arc) des Witwatersrandsystems (Kap. 4.2.3, Abb. 4.4). In weniger als 100 Jahren stieg Johannesburg (BÄHR 1994; JÜRGENS/BÄHR 1998) vom Goldgräbercamp zu einem Bergbau-, Industrie- und Dienstleistungszentrum von Weltrang auf. Die ältere Bergbau- und Industriezone entstand seit den ersten Goldfunden (1886) in ca. 1800 m Höhe in der Schichtkammlandschaft der Wasserscheide zwischen Limpopo und Vaal, die bis dahin als Weidegründe von Bantu-Viehhaltern genutzt wurde.

Die *City* von Johannesburg stellte bis in die ausgehenden 1990er Jahre die wichtigste Konzentration höchstrangiger nationaler und internationaler tertiärwirtschaftlicher Arbeitsplätze dar. Die industriellen Arbeitsplätze konzentrieren sich in der älteren Industriezone mit Metallverarbeitung, chemischer Industrie, Nahrungs- und Genußmittelindustrie. Die industrielle Mobilität im Sinne einer Dekonzentration hat seit den 1980er Jahren eine Verlagerung zahlreicher Betriebe in neue Industrieparks auf ehemaligem Bergbaugelände oder an die Peripherie der Kernstadt (z.B. Richtung Internationaler Flughafen Johannesburg in Kempton Park) zur Folge. Die alten Standorte werden durch Betriebe des Dienstleistungssektors (Handel, Büros) oder durch Verkehrsanlagen (Busbahnhof, Containerterminal) eingenommen, seit den ausgehenden 1980er/beginnenden 1990er Jahren auch von Squattern. Gleichzeitig erfolgt eine Abwanderung von Unternehmensverwaltungen und hochrangigem Einzelhandel aus der City und der Innenstadt in die nördliche Außenzone (z.B. Randburg, Sandton), Ergebnis der exzessiven Mieten, der Parkplatznot und der Kriminalität in der City: Die US-Business Intelligent Agency plazierte Johannesburg 1998 auf Platz 4 der gefährlichsten Städte der Erde – nach Algier,

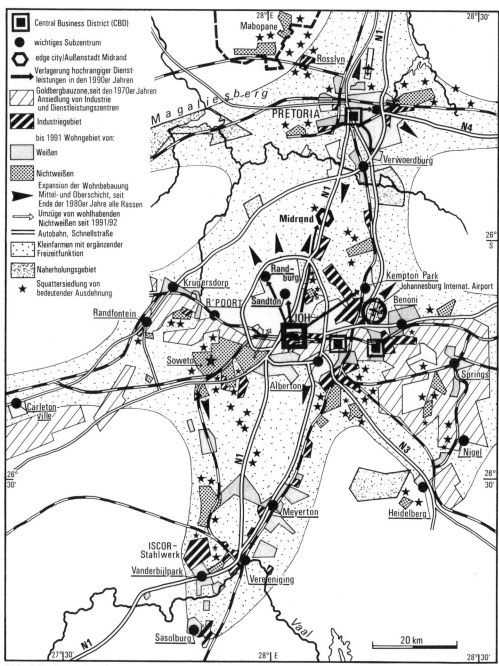

Abb. 5.5: Pretoria-Witwatersrand-Vaaldreieck-Verdichtungsraum
nach: SCHNEIDER/WIESE 1983, Abb. 21; JÜRGENS/BÄHR 1994, Abb. 1

Bogota und Caracas. Die nördlichen Vororte, wie Sandton, Rosebank, Parktown und die Edge City Midrand, auf dem Weg nach Pretoria übernehmen immer mehr hochrangige Funktionen, da city decay und Kriminalität ein Ausweichen aus der City notwendig machen. Im November 1998 meldeten die südafrikanischen Tageszeitungen, daß sich die Börse in Johannesburg, die mit Abstand größte Afrikas, dem Zug großer Unternehmen in die nördlichen Vororte aus der Innenstadt Johannesburgs angeschlossen hat. Nach dem Auszug der Hauptsitze vieler Unternehmen werden die Bürogebäude zum Teil von der Provinzverwaltung Gauteng, zum Teil von der Gemeindeverwaltung, in seltenen Fällen auch vom Einzelhandel und von Büros gemietet bzw. in Produktionsstandorte umgewandelt.

Doch zeigt Johannesburg zugleich den Übergang von einer durch Rassendiskriminierung und Unterdrückung gezeichneten zu einer freien, bisweilen chaotischen Gesellschaft: „Geldverdienen, Aufbauen, Schaffen" ist die Devise. In der Innenstadt hat noch immer etwa die Hälfte der 300 größten Unternehmen des Landes ihren Sitz, sind Rundfunk und Fernsehen, die größten Zeitungen und die wichtigsten Theater Südafrikas zuhause. Sie ist auch weiterhin die größte Ballung von Einzelhandelsgeschäften im südlichen Afrika, ergänzt durch ca. 5000 Straßenhändler. So wundert es nicht, daß Johannesburg nach Kairo und Lagos die dritte Weltstadt Afrikas ist (nach: FAZ, 8.10.96). Artikel wie „Szenen der Hoffnung" (Kölner Stadt-Anzeiger, 10./11.01.98), die von Armut und Aufbruch in Soweto berichten, oder „Das wilde Chaos und die Armut" (Frankfurter Allgemeine, 13.11.97) beweisen, daß die Stadt zahlreiche Gesichter hat. Wenn auch für den allgemeinen Tourismus unattraktiv, so ist Johannesburg für den Shopping-Tourismus sowie für den Messe-Tourismus der bedeutendste Standort in Südafrika und im gesamten SADC-Raum. 70 % der Messen in Südafrika finden in Johannesburg statt, wobei das EXPO CENTRE mit ca. 5 Mio. m^2 Ausstellungsfläche die bedeutendste Einrichtung ist.

Die Wohngebiete in den Außenzonen zeigen auch Ende der 1990er Jahre noch die für die Städte Südafrikas typische Gliederung nach Rassen (JÜRGENS/BÄHR 1993, Abb. 1a, 1b; dieselben 1998, Abb. 10). Bis in die 1950er Jahre herrschte ein Fleckenteppich von Wohngebieten, wobei auch gemischte Wohngebiete bestanden. Mit der Durchführung der strikten Rassentrennung im urbanen Maßstab (Group Areas Act 1950) wurde die Apartheidstadt verwirklicht. Dabei erfolgte in Johannesburg eine Verdichtung der weißen Wohngebiete Richtung Norden, der nichtweißen Wohngebiete (inklusive Soweto) Richtung Süden als Ergebnis planerischer Entscheidungen hinsichtlich der Lage der Wohnstätten zu den Arbeitsplätzen und der Situation des Wohnumfeldes. Während im Norden aufgelockerte, durchgrünte Wohngebiete der weißen oberen Mittel- und Oberschicht expandierten, konzentrieren sich im Süden die Schlafstädte der Inder (Lenasia), der Mischlinge (Nancefield, Ennerdale) sowie preisgünstige Wohnsiedlungen von Weißen, vor allem Arbeiterviertel. Durch Zwangsumsiedlungen, natürliches Wachstum und Zuwanderung wurde Soweto (Southwestern Township) zur größten schwarzen Siedlung in Südafrika (1981: 1,5 Mio. Ew., Schätzung; 1996: 3 Mio. Ew., Schätzung).

BOLLENS (1998) legte eine vergleichende Studie über Jerusalem, Belfast und Johannesburg vor. Er bezeichnet sie als ethnisch-polarisierte Städte, in denen wie in einem Prisma die Konflikte des Landes offengelegt werden. Nach seinen Ergebnissen schafft die israelische Politik in Jerusalem paradoxerweise eine Instabilität, die dem politischen Ziel einer verbesserten Kontrolle der Stadt und der Region widerspricht. Für Belfast sieht BOLLENS die Möglichkeit einer kurzfristigen Abstinenz von Gewalt, ist aber einem langfristig gültigem Friedensprozeß gegenüber skeptisch aufgrund der hemmenden

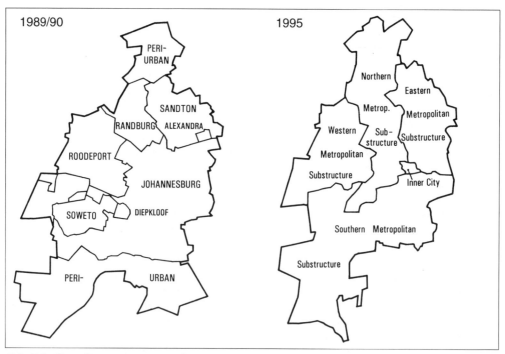

Abb. 5.6: Verwaltungsgrenzen von Greater Johannesburg Metropolitan Area
nach: für 1989/90 SWILLING/BOYA 1991, S. 178; für 1995 JÜRGENS/BÄHR 1998, Abb. 3

ethnisch-politischen Raumgliederung und der protestantisch-katholischen Gegensätze. Für Johannesburg ergaben seine Untersuchungen, daß die Bemühungen der Politiker um Überwindung der in der Apartheidphase geschaffenen Verwerfungen im städtischen Raum angesichts einer kapitalistisch-marktwirtschaftlichen Ordnung, einem „freien Spiel der Kräfte" nicht greifen.

Ein häufig vernachlässigtes Element im neuen Südafrika muß hier noch angesprochen werden: Die Verwaltungsneugliederung auf der Ebene der Städte und Gemeinden. Die lokale Verwaltungsebene spielt im Demokratisierungsprozeß eine bedeutende Rolle: Sie sorgt für eine Dezentralisierung der politischen Macht; sie bewirkt Partizipation der Bevölkerung im Demokratisierungsprozeß; sie kann effizient werden, da sie sich an den lokalen Bedürfnissen orientiert (MAHARAJ 1997). Die Regierung

legte 1998 das White Paper on Local Government in South Africa vor, das detailliert zu diesem Fragenkreis Auskunft gibt (http://www.polity.org.za/govdocs/white papers/localgov/wpindex.html). Diese tiefgreifende Verwaltungsreform löste die nach Rassengruppen gegliederte und durch eine außergewöhnliche Aufspaltung der Verwaltungszuständigkeiten gekennzeichnete Apartheidstadt ab. An ihre Stelle traten seit Mitte der 1990er Jahre funktionale Einheiten, wobei keine Rücksicht mehr genommen wurde auf die rassische/ethnische Zusammensetzung der Bevölkerung; so wurden, wie aus Abb. 5.6 ersichtlich, Vororte mit Hoch-Einkommensgruppen, wie Sandton, mit Mittel- bis Niedrig-Einkommensgruppen, wie in Alexandra, bewußt zusammengelegt, damit „die Reichen den Armen helfen". Inzwischen hat sich nach heftiger Diskussion das Konzept der Megacity als übergeordnete Verwaltungseinheit für die südafrikanischen Agglomerationen durchgesetzt: Im März des Jahres 1998 entschied das Ministerium für die Angelegenheiten der Provinzen und die Entwicklung der Verfassung, daß für die großstädtischen Gebiete das Megacity-Modell eingeführt werden soll, um eine effiziente und gerechte Verwaltung oberhalb der metropolitanen Substrukturen zu gewährleisten. Es bleibt abzuwarten, wie sich diese Entscheidung in der Wirklichkeit bewährt.

5.4.2 Pretoria, Landeshauptstadt und Industriestadt

Pretoria hat auch im neuen Südafrika seine Funktion als Regierungssitz behalten, die es seit 1910 inne hat neben Kapstadt als Sitz des Parlaments und Bloemfontein als Sitz des Obersten Gerichtshofs. Anfang der 1990er Jahre gab es eine Diskussion zum Thema „One Nation, One Capital", da man sich mit Recht fragte, ob sich Südafrika drei Hauptstädte leisten könne. Ein erster Vorschlag ging dahin, den Sitz den Parlaments nach Pretoria zu verlagern, um Regierung und Volksvertreter enger zusammenzubringen und jährlich erhebliche Kosten einzusparen, die durch die Fahrten der Parlamentarier und die doppelte Bürohaltung entstehen. Die Alternative, den Sitz der Regierung nach Kapstadt zu verlegen, wurde nie ernsthaft erwogen, da Pretoria im wirtschaftlichen Kernraum des Landes liegt und die Provinzen sowie die Nachbarländer leichter zu erreichen sind als vom exzentrisch gelegenen Kapstadt aus. Auf der anderen Seite würden bei der Verlegung des Parlaments nach Pretoria Kosten zwischen R 50 Mio. und R 300 Mio. entstehen, u.a. für neue Gebäude. Schließlich einigten sich die Vertreter von Politik und Wirtschaft darauf, den status quo beizubehalten, wobei Faktoren wie politische Vielfalt und Toleranz, wirtschaftliche Diversifizierung und Rücksichtnahme auf Tradition eine Rolle spielten. So besitzt Pretoria, das allerdings die Funktion als Sitz der Provinzverwaltung von Gauteng an Johannesburg abtreten mußte, in großen Teilen den Charakter einer Beamtenstadt; Regierungsbauten, Botschaften, Ober- und Mittelklasseviertel kennzeichnen vor allem die östlichen Stadtteile.

In den 1930er Jahren wurde westlich des Stadtkerns mit dem ISCOR-Stahlwerk der Grundstein gelegt für die industrielle Entwicklung der Stadt. So gehört Pretoria heute zu den Zentren der metallverarbeitenden Industrie sowie der Investitionsgüterindustrie in Südafrika. Gestärkt wurde diese Industrialisierung durch die Nähe der Ministerien, von Bankenzentralen und wissenschaftlichen Institutionen, wie dem Council for Scientific and Industrial Research (CSIR, seit 1945), der Universität von Pretoria (seit 1907), der Fernuniversität UNISA (seit 1946), dem Afrika-Institut (seit 1955) und dem Human Sciences Research Council (seit 1968).

Der Reichtum an historischen Gebäuden aus der Voortrekker-Zeit, an monumentalen Regierungsgebäuden, wie dem Union Building, die malerische Lage der Stadt zwischen den Bergketten, die berühmte Jakaranda-Blüte im September, aber auch Shoppingmöglichkeiten in den Fußgängerzonen und Malls machen Pretoria zu einem beliebten Touristenziel. Im Nahbereich bestehen beliebte Freizeiteinrichtungen an den Stauseen, im Nationalpark am Pilanesberg sowie in den Las Vegas nachempfundenen Vergnügungszentren Sun City und Lost City.

Die Siedlungsentwicklung wird bis heute bestimmt durch das Schichtkammrelief des Magaliesberg mit einem Wechsel von Schichtkämmen aus Quarziten und Ausraumzonen in Schiefertonen. So wundert es nicht, daß die Wachstumsspitzen der Stadt lange Zeit nach Westen und Osten verliefen, und erst seit den 1960er Jahren großflächig nach Norden ausgriffen. Dort besteht seit der Mitte der 1990er Jahre ein wachsendes Konfliktpotential in den Squatter-Großsiedlungen im ehemaligen Bophuthatswana, wo sich zehntausende von Zuwanderern niedergelassen haben. Die Kriminalität, die von diesen unkontrollierbaren Siedlungen ausgeht, führte 1998/99 zu Razzien durch Polizei und Militär, die der Verbrechensbekämpfung im Großraum Pretoria dienten. Im Süden besteht inzwischen ein geschlossenes Verstädterungsband über die Edge City Midrand bis Johannesburg mit dem internationalen Flughafen, so daß Pretoria Teil des PWV-Komplexes ist.

5.4.3 Durban-Pietermaritzburg

Die Seehafenstadt Durban ist wichtigster Hafen Südafrikas und umschlagsstärkster Stückguthafen Afrikas, Endpunkt der Entwicklungsachse Witwatersrand-Newcastle-Indischer Ozean. An der Bucht von Natal entstand seit 1823/24 unter britischem Einfluß Südafrikas zweitgrößte Bevölkerungs- und Industriekonzentration. Um die spezialisierten Hafenanlagen (Zuckerterminal, Containerterminal) wuchs ein leistungsfähiges, breit gefächertes Industriespektrum: Erdölraffinerien, Nahrungs- und Genußmittelindustrie, Textil- und Bekleidungsindustrie, Möbelindustrie, Kfz-Montage, Papierfabriken.

Nördlich des Hafens erstreckt sich die City. Hier spiegelt sich die Zusammensetzung der Bevölkerung und ihrer wirtschaftlichen Aktivitäten in der Existenz zweier Kerne wider: Einem bis Mitte der 1980er Jahre „weißen" Central Business District um die Smithstreet und einem Inder-CBD um die Greystreet.

Die Abbildung in JÜRGENS/BÄHR (1992, S. 178) zeigt, wie sich in der Spätapartheidphase innerhalb der Free Trading Area von 1989 nördlich des CBD-Kerns im Bereich der Greystreet der von Indern beherrschte Citybereich entwickelt hat. Zahlreiche Bearbeiter sprechen von einer bazarähnlichen Anordnung der Geschäfte, und das orientalische Flair führt dazu, daß dieses Gebiet eine Touristenattraktion für Durban ist. Seit den ausgehenden 1980er Jahren hat sich nur ein sehr kleiner Kern von schwarzen Unternehmern im CBD von Durban niedergelassen, da es sowohl an Kapital als auch an Management-Kenntnissen bei schwarzen Unternehmern mangelt; ihre Chance zur Unternehmensgründung ist in den Townships wesentlich besser.

Die Goldene Meile am Indischen Ozean ist Durbans bedeutendste Touristenattraktion. Großhotels internationalen Standards an der Seefront und Appartementhäuser in einer zweiten Zeile sind Ziele eines erheblichen saisonalen nationalen und internationalen Tourismus. Immer beliebter wird Durban auch als Konferenzstadt auf nationalem und internationalem Niveau; für Ende 1999 erwartet die Stadt die Durchführung des Commonwealth Gipfels im International Convention Center, in dessen unmittelbarer Nähe ca. 4500 erstklassige Hotelzimmer zur Verfügung stehen.

Am Beispiel von Durban lassen sich im Sinne der *racial ecology* der Apartheidphase die Zusammenhänge von Topographie, Bioklima, Bodenpreisgefüge, Bebauungstyp, rassischer Zugehörigkeit, staatlicher Einflußnahme, freiwilliger und erzwungener Mobilität nachweisen – und die jüngsten Entwicklungen im neuen Südafrika. Eine Kartierung in der ersten Hälfte der 1980er Jahre, wie sie SCHNEIDER/WIESE (1983, Abb. 115) vorlegten, zeigt halbkreisförmige Wachstumsringe um den Hafen und die City. Sie besitzen eine Aufteilung der Wohngebiete nach den Planungsvorgaben der Apartheidphase sowie in Anlehnung an Topographie und Bioklima, an Arbeitsstätten und Verkehrsachsen. JÜRGENS (1991) hat die Anfänge der Veränderungen der Apartheidstadt Durban aufgezeigt.

Der Verdichtungsraum Durban-Pinetown-Pietermaritzburg stellt in besonderer Weise ein Zuwanderungsgebiet aus dem dicht besiedelten KwaZulu/Natal dar. Pietermaritzburg entwickelte sich aus einer Voortrekkersiedlung zum britisch bestimmten Verwaltungszentrum der Provinz Natal, seit den 1960er Jahren zu einem bedeutenden, staatlich geförderten Industriestandort. An der Achse Durban-Pietermaritzburg haben sich agrare Intensivbetriebe (Hühnerfarmen, Abmelkbetriebe) und Agroindustrie niedergelassen. Die Verdichtung von Industrie und Intensivlandwirtschaft führt dazu, daß Arbeitsuchende sowohl in den Küstensaum als auch in die industriell bestimmte Achse im Binnenland zuwandern. Dies hat zum einen eine katastrophale Überbelegung in den bestehenden schwarzen Townships/Schlafstädten, zum anderen die Entwicklung von großen Squattersiedlungen in der städtisch-ländlichen Übergangszone zur Folge (JÜRGENS/BÄHR 1994, Abb. 2). Luft und Gewässerverschmutzung haben ein katastrophales Ausmaß erreicht, und das anhaltende städtische Wachstum macht alle Planungen der Apartheidphase zunichte. Neue Strukturen für den Verdichtungsraum haben mit der Kommunalreform 1994 begonnen, sind aber noch in der Entwicklung.

5.4.4 Kapstadt und seine Agglomeration

Kapstadt, 1652 durch Jan van Riebeeck für die Holländisch-Ostindische Handelskompagnie zur Versorgung der Schiffe auf der Westeuropa-Süd- und Südostasienroute gegründet, wurde zum Ausgangspunkt der weißen Besiedlung und der Städtegründungen in Südafrika. Im Anschluß an die Hafenfunktion entwickelte sich ein Zentrum des Handels, des Geld- und Kreditwesens, der Kultur sowie der Forschung und Lehre. Seine industrielle Bedeutung hat sich trotz zahlreicher Bemühungen in den letzten Jahrzehnten verringert, während der Tourismus zu einem führenden Wirtschaftszweig aufstieg. Die Attraktivität der Metropole im äußersten Süden des Landes zeigt sich im Bevölkerungszuwachs; die Einwohnerzahl des Verdichtungsraumes stieg von ca. 800000 (1960) auf 2,4 Mio. (1995) bei einer mittleren jährlichen Wachstumsrate von 3,2 %. JÜRGENS (1998) hat Entwicklungspotentiale und -hemmnisse von Kapstadt im neuen Südafrika dargestellt.

Als historisches Zentrum des Kaplandes ist die Stadt seit 1910 Sitz des Parlamentes. Die zahlreichen Archive, Museen und Bibliotheken sowie die Universität, die Technische Hochschule und andere Forschungsstätten (Groote Schuur-Hospital, der Nationale Botanische Garten in Kirstenbosch) dokumentieren die führende Stellung von Kapstadt als Kultur-, Ausbildungs- und Forschungszentrum. Seine Lage zwischen Tafelbucht und False Bay, die weltbekannte Kulisse des Tafelbergmassives, die historischen Stätten und die Sehenswürdigkeiten des Kaplandes (alte Städte, wie Paarl und Stellenbosch, sowie Weinkellereien) machen Kapstadt zum führenden Zentrum des nationalen und internationalen Tourismus (Tab. 5.5). Zugleich ist es dank seines mediterranen Klimas und der landschaftlichen Schönheit ein beliebter Ruhesitz der Mittel- und Oberschicht aus Südafrika und den Industrieländern; die Frankfurter Allgemeine Zeitung veröffentlichte am 9. April 1998 einen Artikel mit der Überschrift „Immer mehr Deutsche erwerben Ferienwohnungen am Kap", und seit 1998/99 kann man von Deutschland aus eine Reise nach Südafrika buchen inklusive zwei Tage für Besichtigung und Auswahl von Immobilien.

Als Hauptzuwanderungsziel der gesamten ehemaligen Kapprovinz, heute geteilt in die Provinzen West-Kap, Ost-Kap und Nord-Kap, steht Kapstadt vor den Problemen der

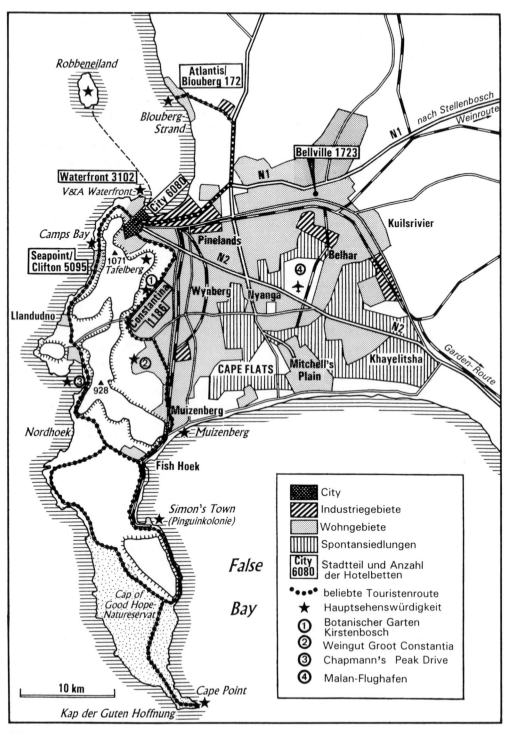

Abb. 5.7: Kapstadt, Kaphalbinsel und Cape Flats   KITTELMANN/WIESE 1999

Potentiale und Hemmnisse für den Städtetourismus in Kapstadt*		
Potentiale		Hemmnisse
• Natürliche Lage • Kulturelle Vielfalt • Bauhistorisches Erbe/Stadtbild • „Kurze Wege" im CBD • Qualitativ hochwertiger Einzelhandel • Flanierqualität im CBD, an der Waterfront und auf der Atlantikpromenade • Regionale Küche und Weine • Politische Bedeutung als Parlamentssitz • Gedenkstätten an Mandelas Leben (z.B. Robben-Island)	• Internationaler Flughafen • Einrichtungen für Kongresse und Messen • Staatliche und regionale Förderung des Tourismus als „Industriezweig" • Weltweite Entwicklungen im Reiseverhalten • Wurzeln der *weißen Bevölke*rung in den reisefreudigsten Ländern der Erde (England, Deutschland, USA) fördern Familien- und Wirtschafts-kontakte	• Hohe Kriminalität • Hohe Verkehrsbelastung der Kaphalbinsel und des Groß-raums Kapstadt an Wochen-enden und in der Hochsaison • Mängel im Öffentlichen Personennahverkehr • Korruption

Entwicklung der Besucherzahlen von Kapstadt (1992–1995)**

		1992	1993	1994	1995
Internationale Touristen		436726	408178	562529	838020
Inländische Touristen	Privat	224105	353310	247076	259430
	Geschäftlich	378688	397622	417504	438379
	Insgesamt	602793	705932	664580	697809
Insgesamt		1039519	1114110	1227109	1533829

Besucherzahlen der Hauptattraktionen von Kapstadt (1992–1996)

	1992	1993	1994	1995	1996
V&A Watersrand	9 Mio.	13,2 Mio.	14,7 Mio.	16,5 Mio.	18 Mio.
Kap der Guten Hoffnung/ Cape Point	410508	k.A.	k.A.	k.A.	762000
Tafelberg (inkl. Seilbahn)	386827	364825	355000	452123	450000
Botanischer Garten Kirstenbosch	399635	388872	404000	480914	530000
Groot Constantia	202496	290000	371200	501120	350000
South African Museum	347191	314916	298973	340194	320000
Castle	71619	138882	108831	130856	k.A.

* Zusammenfassung KITTELMANN, ** City of Capetown, City Planners's Department 1997, S. 3/4, *** WESGRO 1998

Tab. 5.5: Städtetourismus in Kapstadt
aus: KITTELMANN 1998, Tab. 9–11

Arbeitsplatz- und Wohnraumversorgung. Mit Mitchells Plain wurde ab 1974 eine Satellitenstadt für 250000 Ew. gebaut, wobei die Arbeitsplätze in der 25 bis 27 km entfernten City von Kapstadt oder in der nördlichen Industriezone liegen. Atlantis, ca. 45 km nördlich der Kernstadt, fungiert als Trabantenstadt für den Ballungsraum. Mit staatlicher Investitionshilfe entstand an diesem nationalen Wachstumspol eine Industriestadt, die funktional stark an Kapstadt gebunden ist. Unübersehbar sind in der Agglomeration Kapstadt die ausgedehnten Marginalsiedlungen (Abb. 5.7).

Zur Steigerung der Attraktivität der Kernstadt wurde seit Anfang der 1990er Jahre das V&A *Waterfront-Projekt* in Angriff genommen (KILIAN/DODSON 1995a, 1995b). Es handelt sich um die Umgestaltung zweier ehemaliger Hafenbecken zu einem attraktiven Shopping- und Vergnügungskomplex, ein Projekt, vergleichbar mit dem Umbau der Hafenfront in Sydney (CRAIG-SMITH/FARGANCE 1995). Als jüngste Attraktion existiert seit Mitte 1995 an der „Waterkant" das 5000 m^2 „Two Oceans Aquarium": Man kann durch einen Glastunnel spazieren, um so die einheimische Fischwelt „auf dem Meeresboden" zu erleben. Die Victoria und Albert Waterfront wird inzwischen von 20 Mio. Besuchern pro Jahr aufgesucht und gilt als eine der wichtigsten Attraktionen Südafrikas neben dem Krüger-Nationalpark.

Kapstadt, zu Füßen des Tafelbergs und um den Tafelberg herum gewachsen, gehört zu den schönsten Städten der Welt. Es entwickelt sich zum erstrangigen Touristenziel, da Johannesburg als Zielort zu gefährlich wurde, und Kapstadt seit 1990/91 aufs engste mit dem Namen Mandela verknüpft ist. Mit der Bewerbung um die Austragung der Olympischen Spiele (2004) hoffte die Stadt, in die erste Reihe der Sportstädte der Welt aufzurücken. Eine endgültige Entscheidung über die Bewerbung von Kapstadt als Austragungsort für die Fußballweltmeisterschaft im Jahre 2006 steht noch aus, hier sind deutsche Städte wichtige Konkurrenten.

Ende der 1990er Jahre hat das Ausmaß der Kriminalität auch in Kapstadt ein Niveau erreicht, das die Attraktivität der Stadt erheblich beeinträchtigt (Abb. 3.8). Besonders die islamisch-fundamentalistische Organisation PAGAD hat sich in einen Kampf mit Drogenkartellen und der südafrikanischen Polizei eingelassen, der Anfang 1999 von den Medien die Bezeichnung „Stadtterrorismus" erhielt.

5.4.5 Port Elizabeth, East London, Richards Bay

An der ca. 1800 km langen Küstenstrecke zwischen Kapstadt und Durban haben sich wegen der „Hafenfeindlichkeit" der Kliffküste mit extremen lokalen Strömungsverhältnissen, sowie wegen des Konzentrationsprozesses der Umschlagpunkte der Seeschifffahrt und wirtschaftlich rückständiger Hinterlandgebiete in der Provinz Ost-Kap (ehemalige Transkei, Ciskei und Karru-Halbwüste) nur zwei größere Hafen- und Industriestädte durchgesetzt: Port Elizabeth und East London (WIESE 1981).

Port Elizabeth bildet mit Uitenhage ein metropolitanes Gebiet von ca. 1 Mio. Ew. Bis heute besitzt die Agglomeration mit ihrem traditionellen Schwerpunkt in der Automobilindustrie und Zulieferbetrieben eine ausgeprägte Monostruktur. PE, wie man kurz sagt, ist zwar die größte Stadt der Provinz Ost-Kap, das bedeutendste Dienstleistungs- und Forschungszentrum (Universität, Technische Hochschule), aber die „Retortenstadt" Bisho, Verwaltungszentrum der früheren Transkei, ist Sitz der Provinzregierung. Der Hafen von PE hat ein weitreichendes Hinterland; er dient auch dem Erzumschlag aus den Bergbauorten der Provinz Nord-Kap. Die konzentrisch-sektorale Anordnung der

Flächennutzung von Port Elizabeth zeigt die historisch-genetische und apartheidbedingte Raumordnung südafrikanischer Küstenstädte. Diese wird durch die aktuellen Prozesse der Ausdehnung von Squattersiedlungen, aber auch der infrastrukturellen Verbesserung in den Townships überlagert. Die auf den ehemaligen „weißen Kern" ausgerichtete sektorale Struktur weicht einer Mehrkernestruktur, wobei die großen Einkaufszentren (Kabega Park, Newton Park, Green Acres Scheme) Indikatoren dieser Veränderung sind.

East London befindet sich in einer ungünstigen geopolitischen und verkehrsgeographischen Situation: Zwischen der ehemaligen Ciskei und Transkei gelegen, Endpunkt eines „Weißen Korridors" in Richtung King Williams Town, ist die Stadt Teil der „Dritte Welt"-Provinz Ost-Kap (Kap. 6.6), so daß ihr Image bei Investoren sehr niedrig ist. Die breit gefächerte Verbrauchsgüterindustrie ist nicht in der Lage, Arbeitsplätze für die zahllosen Arbeitsuchenden aus der Armutsprovinz Ost-Kap zu schaffen, da East London trotz erheblicher Investitionsanreize unter dem Konzentrationsprozeß auf die metropolitanen Gebiete von Gauteng, Durban/Pietermaritzburg und Kapstadt leidet. Größter Arbeitgeber in der Region ist Mercedes Benz/Mercedes Chrysler; seit 1994 wurden erhebliche Investitionen getätigt, um die Nachfrage im südlichen Afrika sowie im austral-asiatischen Raum zu decken.

Verweilt man in der südafrikanischen Küstenzone, so ist auffallend, daß in der Pro-vinz Ost-Kap nördlich von Port Elizabeth ein Stagnations- und Schrumpfungsprozeß stattfindet, der durch die „Peripherielage" des Gebietes im alten und „neuen" Südafrika bedingt ist. Dagegen besitzt der neue *Tiefwasserhafen* Richards Bay in KwaZulu/Natal ein bedeutendes Wachstumspotential. Dies wurde mit Hilfe staatlicher Fördermittel genutzt: Dort entstand ein industrieller Wachstumspol bedeutenden Ausmaßes mit einer Aluminiumhütte, einer Kunstdüngerfabrik, einer Zellulosefabrik und Metallaufbereitung; darüber hinaus wurde Richards Bay mit seinem Kohleterminal zum umschlagsstärksten Hafen Südafrikas (1981: 28 Mio. t, 1997: 84,2 Mio. t) als Endpunkt der Kohlebahn aus Mpumalanga. In *Saldanha* konnte 1996 nach lang anhaltenden Bemühungen von staatlicher und privater Seite der Schritt vom Erzumschlagterminal (1981: 14 Mio. t, 1997: 22,1 Mio. t) am Endpunkt der Sishen-Saldanha-Erzbahn zum Hüttenstandort vollzogen werden. Die internationale Krise auf dem Stahlmarkt und in der Seeschiffahrt hatten Pläne für den Bau einer Hütte und eines Trockendocks in den 1980er Jahren zunichte gemacht. Seit 1991/92 war erneut Bewegung in das Projekt eines Hüttenwerkes in Saldanha gekommen, aber diesmal meldeten sich die Umweltschützer vehement zu Wort, um eine Gefährdung des Saldanha-Naturschutzgebietes, wenige Kilometer südlich des Hüttenstandortes, zu verhindern. Nach zwei Umweltverträglichkeitsprüfungen wurde die Entscheidung zum Bau des Hüttenwerks getroffen (Kap. 4.4.2).

5.5   Wandel der Apartheidstadt – Desegregation oder neue Ghettoisierung?

Die Apartheid hatte sich auf drei Ebenen konkretisiert: auf der nationalen Ebene (Homelands/Autonomstaaten), auf der regionalen Ebene durch Segregation in den Städten und Ballungsräumen sowie lokal, z.B. in der rassisch getrennten Nutzung öffentlicher Einrichtungen. Die Apartheidstadt, basierend auf dem Group Areas Act von 1950, besaß eine spezifische Gliederung aufgrund der Ausweisung von Wohngebieten nach Rassen, die durch neutrale Zonen (Schutzzonen/buffer zones) getrennt waren (SCHNEIDER/WIESE 1983, Abb. 114; BÄHR/JÜRGENS 1993, Abb. 1a).

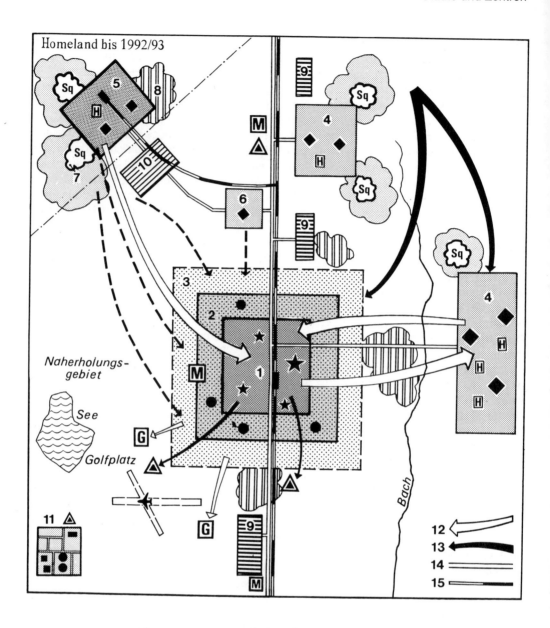

Naherholungs-
gebiet

See

Golfplatz

Homeland bis 1992/93

Bach

Am Beispiel der *Stadt* zeigt sich die Ungerechtigkeit, Unmenschlichkeit und ökonomische Unhaltbarkeit des Apartheidsystems:
– obwohl die Angebote an Waren und Dienstleistungen im CBD von allen Bevölkerungsgruppen nachgefragt wurde, war eine selbständige geschäftliche Betätigung

bis in die 1980er Jahre hier nur Weißen erlaubt;
– obwohl ein Großteil der Arbeitskräfte (z.B. das Personal in Geschäften und Hotels) aus Schwarzen, Coloureds oder Indern bestand, mußten diese ihre Wohnung in getrennten Townships nehmen und wurden oft in periphere Gebiete abgedrängt, manchmal

1 City: Expansion des informellen Sektors, Straßenhandel, Kleingewerbe, Bettelei, Straßenkinder, Kleinkriminalität(★),Obdachlose,Verlagerung(↦)hochrangigerDienstleistungseinrichtungeninSubzentren(▲).

2 Cityrandzone: Appartementhäuser durch Spekulanten überbelegt, Zuzug aus Zentral- und Westafrika: Ghettoisierung (●) und urban decay wie in den USA, sanierungsbedürftige Wohngebäude von neuer Elite (Inder, Farbige) oder von Zuwanderern gekauft und erneuert: Gentrification, Expansion von Gewerbebetrieben und Industrie in ehemaligen Lager- und Bürohäusern.

3 Wohngebiet, bis Anfang der 1990er Jahre Weißen vorbehalten, soziale Viertelbildung unter dem Einfluß von Topographie, Bioklima und Grundstückspreisen. Selektive Migration in geringem Umfang: Abwanderung (⇢) von wohlhabenden Weißen in neue Eliteviertel (gated communities (Ⓖ)), Zuwanderung (→) von neuer nichtweißer Elite in beste Wohnlagen, von nichtweißem Mittelstand in der Nähe von Townships, allgemeine „Einmauerung" aus Sicherheitsbedürfnis.

4 Township, planmäßige Wohnsiedlung für Schwarze bis Beginn der 1990er Jahre. Einfamilien-Reihenhäuser in Massenwohnungsbau. Raumbelegung und Parzellenbebauung durch Untervermietung stark steigend, teilweise Verslumung; Renovierung in Mittelklasseviertein, Erweiterung von Elite-Wohnvierteln, starke Entwicklung des informellen Sektors (Märkte, fliegende Händler, Handwerk (Ⓗ)), Ausbau des formellen Handels und Gewerbes (Gewerbeparks (◆)), Infrastrukturverbesserung (Elektrifizierung, Wasserversorgung, Abwasseranlagen) in „Problemgebieten" im Rahmen staatlicher Programme oder in Eigeninitiative der Bewohner, hohe Kriminalität.

5 Satellitenstadt, bis Anfang der 1990er Jahre nur für Schwarze; Prozesse wie in 4.

6 Township, bis Anfang der 1990er Jahre für Inder bzw. Farbige, bereits erhebliche soziale Segregation. Verdichtung der Wohnbebauung, weitere soziale Segregation (neue Elite, Mittelschicht, Zuwanderer); steigende Kriminalität, Ausbau der Infrastruktur.

7 Kerne von Squattersiedlungen/Hüttenvierteln (Ⓢ); sie wachsen seit Ende der 1980er Jahre stark an (◌).

8 Neue Squattersiedlungen seit den 1990er Jahren (◍).

9 Industriegebiet der 1970er bis 1980er Jahre (▤).

10 „Grenzindustrie" der 1970er bis 1980er Jahre (▤), Erweiterung bei Zufluß von Auslandsinvestitionen.

11 Edge city/Außenstadt (Konferenzzentrum, Messegelände).

12 tägliche Pendlerbewegungen (⇔).

13 allgemeine Zuwanderung (↪) aus dem In- und Ausland.

14 Hauptstraße (häufig car hijacking) (=).

15 Eisenbahn, Schnellbahn (häufig Raubüberfälle, Vergewaltigungen) (▬▬).

16 Mall/Einkaufszentren (Ⓜ).

Abb. 5.8: Verdichtungsgebiet in Südafrika – Prozesse in der Spät- und Postapartheidphase – ein Modell
Wiese 1999

sogar zwangsumgesiedelt. Nur Hausangestellten war es als Ausnahme erlaubt, auf dem Grundstück ihrer weißen Arbeitgeber zu wohnen.

Die Folge dieser erzwungenen Segregation ist bis heute eine umfangreiche *Mobilität:* Allmorgendlich schon ganz früh verfrachten zahllose Nahverkehrszuge, Busse und Sammeltaxen hunderttausende schläfriger Menschen in die Innenstädte – und abends, nach Geschäftsschluß leeren sich die Zentren schnell und werden zu menschenarmen Stadtkernen – bis auf die steigende Zahl der Obdachlosen.

Im Verlauf des *Wandels der Apartheidstadt* über die Spätapartheidphase (1980er Jahre) zur Postapartheid (1990er Jahre) haben sich die juristischen Voraussetzungen für Wohn- und Arbeitsplätze in den Städten völlig verändert, aber die grundlegende räumliche Verteilung der Bevölkerungsgruppen nach Rassen löst sich erst allmählich auf. Bähr/ Jürgens (1993, Abb. 1a, Abb. 1b, ebenfalls 1998 Abb. 4 und Abb. 10) haben diesen Prozeß analysiert und stellten am Beispiel von Johannesburg dem Modell der Apartheidstadt das Modell der Postapartheidstadt gegenüber. Ihre Ergebnisse lassen sich für

Bevor der Reisende in die Welt der Großstädte eintaucht, bietet ein kurzer Aufenthalt in Grahamstown (Provinz Ostkap) die Gelegenheit, die Probleme der Nach-Apartheid-Gesellschaft sozusagen an einem Miniaturmodell zu studieren. Die physische Struktur dieser Stadt spiegelt nach wie vor die gesetzlich längst aufgehobene Rassentrennung wider.

Da ist zunächst die alte Kolonialstadt britischer Prägung im Tal, von einer ehemaligen Festung bewacht. Und dann sind die anderen Stadtteile da, die Townships und squatter camps, die sich vom Rand des Tals hinauf bis zum Kamm der Hügelketten erstrecken, die Grahamstown umgeben. Der „weißen" Stadt am nächsten liegt ein breiter Streifen kleiner, recht schmucker Häuschen mit gepflegten Gärten – das Township der Kap-Misch-

linge, deren Vorfahren Buren und Schwarze waren und die während der Apartheid gegenüber anderen nichtweißen Bevölkerungsgruppen gewisse Vorrechte hatten. Dann folgt das schwarze Township, ein Gewirr kleiner bis winziger Häuser und Hütten, teils aus Ziegeln, teils aus Pappe und Wellblech, in dem die Mehrheit der Grahamstowner lebt. Und schließlich die squatter camps, Ansammlungen der schlimmsten Armenhütten, in denen die Neuankömmlinge leben, die auf der Suche nach Arbeit erst vor kurzem ihre Dörfer verließen und nun hoffen, die Regierung werde auch ihnen – wie den Einwohnern der regulären Townships bereits versprochen – menschenwürdige Unterkünfte schaffen. Wie groß die Hoffnungen sind, zeigt der Name, den die Bewohner einem dieser Hüttenlager gegeben haben – Sun *City*.

Quellentext 5.4: Grahamstown – Miniaturmodell der Nach-Apartheid-Stadt
aus: Süddeutsche Zeitung, 14.10.1995

wesentliche Teile der Großstädte und Agglomerationen Südafrikas verallgemeinern. Sie weisen die Entwicklung gemischtrassiger Gewerbegebiete in der City nach, die Herausbildung gemischtrassiger Wohngebiete in der Innenstadt und den Aufbau planmäßig angelegter multirassischer Wohngebiete im städtischen Umfeld (Free Settlement Areas). Sie betonen aber auch, daß zunächst nur eine Minderheit von Besserverdienenden, wie Geschäftsleute, Unternehmer, höhere Angestellte, Politiker und Militärs, den Sprung aus den Apartheid-Ghettos in attraktive, früher Weißen vorbehaltene Wohngegenden geschafft hat. Die Grundstruktur der Apartheidstadt besteht weiter, da die Persistenz vorhandener Strukturen nachwirkt. Von einem Ausgleich im Sinne der Ablösung rassisch bedingter Bevölkerungsviertel kann in Anfängen die Rede sein, doch bahnt sich eine sehr deutliche sozio-ökonomische Viertelbildung an, die nunmehr zu einer sozialen Ghettoisierung führt – denn mit Ausnahme einer kleinen schwarzen Elite und einer ebenfalls noch schmalen Mittelschicht gilt auch an der Wende zum zweiten Jahrtausend noch immer: schwarz = arm, farbig =

Unterschicht bis Mittelschicht, weiß = obere Mittelschicht und Oberschicht (Kap. 3.3). BÄHR et al. (1998) zeigten in einer kleinräumigen Analyse auf, wie sozialer Status und informelle Diskriminierung zu einem „rassischen Selektionsprozeß" in gemischt-rassisch konzipierten Wohngebieten führen; es entstehen ghettoartige Strukturen, wie sie aus den Städten der USA bekannt sind. Die hohen Kriminalitätsraten bedingen ein Einmauern der Reichen in sogenannten Gated Communities (Gemeinschaften hinter Toren), wie es in Städten der Schwellen- und Industrieländer (Brasilien, Mexiko und in Teilen der USA) der Fall ist. VAN DER MERWE (1993a) wies darauf hin, wie die Postapartheidstadt nicht mehr durch politische Entscheidungen zugunsten der Weißen, sondern durch Marktkräfte und persönliche Situation und Bedürfnisse der Bewohner bestimmt wird. Er betont, wie Wirtschaftsstruktur und soziales Umfeld durch das rapide Wachstum des informellen Sektors sowie von Spontansiedlungen „afrikanisiert" werden. Erste Welt-Strukturen und Elemente der Dritten Welt treffen unmittelbar räumlich und sozial aufeinander und gestalten das Management schwierig.

In Abb. 5.8 sind die räumlichen Prozesse dargestellt, die sich in der Spät- und Post-apartheidphase innerhalb und im Umfeld von Verdichtungsgebieten in Südafrika voll-ziehen. In der City und in der Cityrandzone werden die Problemfelder von Cityverfall und punktueller Gentrification angedeutet, die in Kap. 5.3 diskutiert wurden. Die Wohn-gebiete weisen als Ergebnis der allmählich eintretenden sozioökonomischen Verände-rungen der Bevölkerungsschichtung unter-schiedliche Ausmaße geographischer Mobi-lität in Form von Zuwanderung und Abwan-derung auf. „Gated communities", „eingemauerte Gemeinschaften" mit priva-ten Sicherheitsdiensten, konzipiert und aus-gestattet nach US-amerikanischen Vorbil-dern, sind eine extreme Form der sozialen Segregation der „neuen Elite". In den Townships der Kernstadt und den entfernten Satellitenstädten wirken sich die Maßnah-men des RDP (Kap. 1.2) und private Investi-tionen in einer Verbesserung der Infrastruk-tur und in der Schaffung neuer Arbeitsplätze aus, wenn auch meist im informellen Sektor. Die Abbildung zeigt optisch, wie das Wachs-tum der Squattersiedlungen zum einen an die Kerne bestehender Hüttensiedlungen anschließt, wie es zum anderen neue Flä-chen erobert, insbesondere in den bisheri-gen „Pufferzonen" oder „neutralen Zonen", die die Wohngebiete der verschiedenen Be-völkerungsgruppen trennten. Während sich der informelle Sektor in allen Stadtteilen aus-breitet, stagnieren die Industriegebiete, so-fern nicht an den Grenzen des Verdichtungs-raumes neue Anlagen oder Ausbauten ent-stehen, meist durch Auslandsinvestitionen. Völlig neu in der Spät- und Postapart-heidstadt ist das Phänomen der „edge city", der Außenstadt, in der in „sicherer Distanz" von der Kriminalität der Citybereiche und der Wohngebiete hochrangige Dienstleistungs-funktionen mit exzellentem Anschluß an na-tionale und internationale Verkehrsknoten geschaffen wurden, um den Besuchern von Kongressen und Messen oder den Reprä-sentanten des Kapitals bzw. ausländischer Mächte ein „problemfreies Südafrikas" vor-zuführen. Die großen Pfeile deuten die mas-siven täglichen Pendlerströme an, die als Erbe der Apartheidphase weiter bestehen, und die umfangreiche nationale und inter-nationale Zuwanderung, die die Umzugsmo-bilität innerhalb des Verdichtungsraumes bei weitem übertrifft.

5.6 Perspektiven einer neuen Stadtplanung

Mitte der 1990er Jahre veröffentlichte DEWAR (1995), einer der besten Kenner der formel-len und informellen Prozesse in Südafrikas Städten, Gedanken zu einer grundsätzlichen Neuorientierung der Stadtplanung in Süd-afrika. Seine Ist-Analyse zu Beginn der Post-Apartheidphase betont zunächst den für afri-kanische Verhältnisse hohen Urbanisie-rungsgrad sowie das anhaltend starke Wachstum, inbesondere der führenden Ver-dichtungsräume, und zwar Pretoria-Witwa-tersrand-Vaaldreieck, Durban-Pinetown, Kapstadt und Port Elizabeth-Uitenhage. Er unterstreicht, daß die meisten Zuwanderer zu den Ärmsten des Landes gehören, die finanziellen Ressourcen des Staates aber für eine unmittelbare Verbesserung der Lebens-situation der Menschen nicht ausreichen. Angesichts dieser Situation weist er auf fol-gende Schwachstellen hin:
– Die Entwicklung von freistehenden Ein-familienhäusern auf Grundstücken von über 400 m^2 bedingt eine in Zukunft nicht mehr zu finanzierende flächenhafte Ausdehnung der Städte.
– Die Diskontinuität der städtisch bebauten Fläche in Form von Zellen, die durch Puffer-zonen getrennt sind, widerspricht der Not-wendigkeit eines funktionierenden kohären-ten Stadtgebildes.

– Die Trennung der städtischen Nutzungsformen, insbesondere von Wohnplatz, Arbeitsplatz und Freizeiteinrichtungen widerspricht neueren stadtplanerischen und sozialen Konzepten. Die Zeit monofunktionaler
Wohnvorstädte (suburbs, townships) ist vorbei.
– Der Aufbau von Einkaufszentren/Malls für
die Wohlhabenden widerspricht der Notwendig von dezentralen kleineren Versorgungs-
einheiten für die Masse der Armen.
Aus dieser Schwachstellenanalyse ergibt
sich für DEWAR folgende zentrale Forderung
an die Stadtplanung im neuen Südafrika:
Die Planung hat den wirtschaftlichen, sozialen, kulturellen und freizeitrelevanten Bedürfnissen der Masse der Bevölkerung zu dienen; sie soll die Qualität von „Urbanität" und
„Stadt" schaffen. Dies bedeutet:
– Schaffung einer kompakten Stadt durch
Verdichtung.
– Integration unterschiedlicher städtischer
Nutzungsformen (vergleiche Funktionsmi-
schung im Sinne einer nachhaltigen Stadtentwicklung in: BMBau: Raumordnung in
Deutschland 1996).
– Kontinuität städtischer Flächennutzung
statt der oben genannten Fragmentierung.

– Schaffung eines dichten Netzes von öffent-
lichem Personennahverkehr.
– Integration aller Akteure bei der Stadtentwicklungsplanung.
Aus seinen Erfahrungen heraus weiß DEWAR
um die Schwierigkeiten der Umsetzung eines
derartigen Konzepts: Technokraten und Büro-
kraten beherrschen als „urban managers" die
Szene: Gesetze und Verordnungen stammen
aus den Industrieländern und werden oft noch
durch die bilaterale und multilaterale Entwicklungszusammenarbeit gestützt, Kapital- und
Grundeigentümer stehen der Durchsetzung
sozialer Aspekte im Städtebau entgegen,
auch die neue nichtweiße Elite: Klassen-
schranken ersetzen die Rassenschranken, so
daß die „Fragmentierung der Stadt" mit dem
Ende der Apartheid nicht beendet ist.
DEWAR setzt wie manche Entwicklungspolitiker seine Hoffnung auf das Durchset-
zungsvermögen von Nichtregierungsorganisationen auf der grass roots-Ebene, um eine
Stadtentwicklungsplanung zu erreichen, die
Grundbedürfnisbefriedigung und Nachhaltigkeit verbindet. Wie dies angesichts einer
Armutsrate von 40 % der Bevölkerung und
„knappen Kassen" zu bewerkstelligen ist,
bleibt offen.

5.7   Raumordnung und Regionalentwicklung

Landesplanung und Raumordnung stellen
nicht nur in den Industrienationen der Ersten
Welt, sondern gerade in Ländern wie Südafrika mit Erster Welt und Dritter Welt in einem
Land, mit einem ausgeprägten Kern-Rand-
Gefälle, unabdingbare Voraussetzungen der
räumlichen Gestaltung, der wirtschaftlichen
und sozialen Entwicklung dar.
Aufgrund der Verteilung der Bodenschätze
und der historischen Entwicklung bestehen
mehrere ausgeprägte Kerne, die metropolitanen Regionen, wie um das Goldbergbau-
zentrum Johannesburg und die Seehafenstädte Durban und Kapstadt. Sie werden
umgeben von einer Übergangszone, zu der

der Nordosten und der Nordwesten des
Landes gehören sowie die Achsen bis
Bloemfontein und Kimberley. Daran schließt
sich die Peripherie an, zu der der Westen,
Teile des gering besiedelten Binnenlandes,
aber auch dichtbesiedelte Gebiete der Provinz Ost-Kap gehören (Abb. 5.9).
Die Zahlen zu den Zentralen der 100 führenden   südafrikanischen   Unternehmen
(ROGERSON 1996) in den Jahren 1994 und
1965 zeigen das Bedeutungsniveau und die
Tendenzen in der Kern-Peripherie-Struktur
Südafrikas: Mit 65 Unternehmenszentralen
(1994) nimmt Johannesburg bei weitem den
ersten Rang ein, gefolgt von Kapstadt (1994:

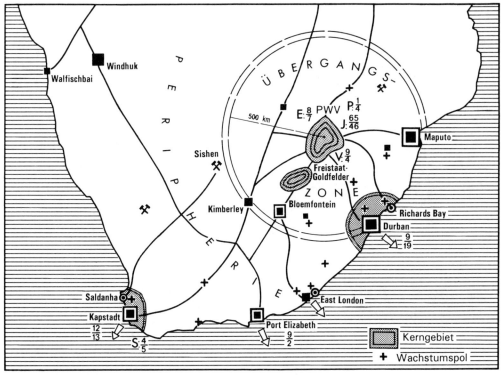

Abb. 5.9: Kern-Peripherie-Struktur in Südafrika – Tendenzen ins 21. Jahrhundert
WIESE 1999; Daten zu den Unternehmenszentralen nach ROGERSON 1996

12) und Durban (1994: 9). Die Dominanz des „Kerns" Johannesburg, das zusammen mit dem benachbarten East Rand (1994: 8) zu betrachten ist, hat sich seit 1965 erheblich verstärkt, wie die Vergleichszahlen zwischen den Stichjahren 1994 und 1965 zeigen: Während Kapstadt (12:13) und Stellenbosch (4:5) ihre Stellung in der Zentrenhierarchie halten konnten, ihre Existenz auf einen relativ „autonomen" Kernraum „Südwestliches Kap" verweist, sanken Durban (9:19), Pretoria (1:4), Vereenigiing (0:4) und Port Elizabeth (0:2) deutlich ab – ein alarmierendes Zeichen für die sich verschärfenden ökonomischen Ungleichgewichte der Raumstruktur in der Spät- und Postapartheidphase.

Aufschlußreich ist ein Vergleich zwischen der Herausprägung der Kern-Peripherie-Struktur in Südafrika und den Raumstrukturmodellen von FRIEDMANN (1966), die man mit den Phasen historisch-genetischer Wirtschaftsstufen nach ROSTOW (1960) verbinden kann (Abb. 5.10). Dieses Modell zeigt im Sinne der Modernisierungstheorie den Weg vom Entwicklungsland (Stufe 1) über ein Schwellenland (Stufe 2 und 3) bis zur Industrie- bzw. Dienstleistungsgesellschaft mit Massenkonsum (Stufe 4). Wenn auch in der wissenschaftlichen Diskussion die Modernisierungstheorie, die den Hintergrund zum Stufenmodell von ROSTOW bildet, heftig kritisiert wurde, so ist sie im „Entwicklungsalltag" und in der Erwartungshaltung der Bevölkerung noch stark gegenwärtig. Es ist eine reizvolle Aufgabe, diese Phasen mit den Modellvorstellungen räumlicher Organisation in unterschiedlichen Stadien der wirt-

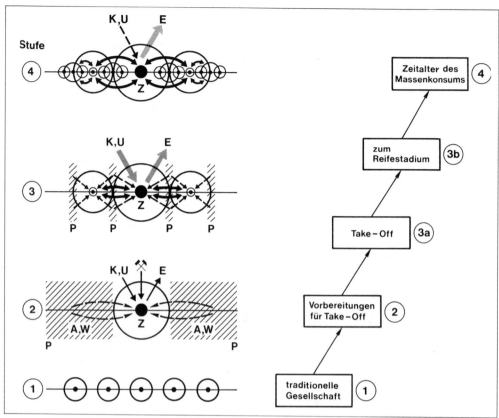

Z = Zentrum, P = Peripherie; A = Agrarprodukte, ✕ = Bergbauprodukte, W = Wanderarbeiter;
K = Kapital, U = Unternehmer; E = Exporte

Abb. 5.10: Friedmanns Raumstrukturen und Rostows Stufenmodell im Modernisierungsprozeß
WIESE 1999

schaftlich-sozialen Entwicklung zu paralleli-
sieren. Grundelemente der Raumstruktur
sind Kerne oder Knoten, zugeordnete Flächen sowie Bewegungen in einem Gravita-
tionsfeld. Die Entwicklung der Raumstruktur
Südafrikas läßt sich in folgende Phasen und
zugehörige Muster der räumlichen Organisation gliedern:
– Die *vorindustrielle Phase* (von den Anfängen bis 1870):
Sie ist gekennzeichnet durch eine weitgehend selbstversorgungsorientierte Agrarwirtschaft traditioneller Gesellschaften. Es bestanden Schweifgebiete von Wildbeutern,
Wirtschaftsräume von Halbnomaden, afrikanische Königreiche bäuerlicher Feudalge-
sellschaften und expandierende Einfluß-
sphären europäischer Kolonialmächte.
– Die *Übergangsphase* (1870 bis 1914):
Entdeckung und Abbau der Bodenschätze
zeigen eine extrem zentrenbildende Wirkung. Schon bald entwickelt sich Johannesburg und der Witwatersrand zum domi-
nierenden Zentrum, um das sich eine innere
und eine äußere Peripherie ausprägt. Das
Verkehrsnetz fördert die Polarisierung zwischen dem Witwatersrand, in abgeschwäch-
tem Maße den Seehafenstädten, und dem

Rest Südafrikas. Die Außenorientierung zur Metropole (Großbritannien) verstärkt die monozentrierte Entwicklung.

– Der *Weg in die industrielle Phase* kann in eine *Startphase* (1914 bis 1945) und eine *Phase „zum Reifestadium"* (1945 bis 1985/86) gegliedert werden.

Diese Phasen sind gekennzeichnet durch ein kumulatives städtisch-industrielles Wachstum und die Ausprägung einer gegliederten Zentrenhierarchie (eine dominante metropolitane Region: Gauteng/PWV-Komplex; zwei Großzentren: Durban und Kapstadt; weitere Ober- und Mittelzentren). Die räumlichen Interaktionen nahmen an Zahl und Umfang zu, wobei die Erreichbarkeit der Kerne zum wichtigen Entwicklungsfaktor wurde. Die Zentren sind Kerne der Diffusion von Innovationen, insbesondere für die Randzone, während bis in die ausgehenden 1960er Jahre die Peripherie im Kern-Rand-Gefälle weiter absank.

– Die *industrielle Phase* wurde von südafrikanischen Wirtschaftswissenschaftlern in den 1970er Jahren für die Zeit ab 2000 angesetzt.

Es sollte die Phase des Massenkonsums und eines in der Prognose funktional interdependenten Systems von Kernen sein. Das Kern-Rand-Gefälle würde sich als Folge von Fördermaßnahmen deutlich abgeschwächt haben.

Wie die wirtschaftlich-soziale und politische Entwicklung in Südafrika zeigt, ist diese Vision der Planer nicht in Erfüllung gegangen. Das Land ist von einer Integration der Wirtschaftsräume auf nationaler Ebene weit entfernt. Bereits in den Krisenjahren der Spätapartheid, die zu wirtschaftlicher Rezession und zu bürgerkriegsartigen Zuständen führten (vor allem Mitte der 1970er bis Ende der 1980er Jahre) verschärften sich die regionalen Ungleichgewichte. Im neuen Südafrika besteht zwar der politische Wille, gerade die vernachlässigte Peripherie und ihre Bevölkerung im Sinne von Armutsbekämpfung zu stützen, aber der Prozeß der Polari-

sierung und der Existenz weniger Wirtschaftskerne in diesem Flächenstaat hat erneut eingesetzt. Für die global players gilt: „Money goes where the money is".

DREWES/BOS (1995) stellten eine Evaluierung des im Jahr 1991 eingerichteten Regional Industrial Development Programme (RIDP) vor. Nach den unbefriedigenden Erfahrungen mit dem bis dahin geltenden Wachstumspolkonzept wurde 1991 beschlossen, daß alle neuen Industrieansiedlungen außerhalb der beherrschenden metropolitanen Gebiete von Gauteng und Durban-Kerngebiet eine Förderung erhalten sollten. Die Wirklichkeit zeigte jedoch in wenigen Jahren, daß sich die Investitionen wiederum auf die „Kerne" konzentrierten, wenn auch in den preisgünstigen Randzonen dieser Verdichtungsräume, z.B. in Pinetown-Pietermaritzburg im Hinterland von Durban oder im Umland von Kapstadt. Die poli-tische Absicht, Periphergebiete zu fördern, durch ein regional „ausbalanciertes Wachstum" dort die Chancen zur Überwindung der Arbeitslosigkeit und der Armut zu verbessern, wurde von den Investoren nicht angenommen. DREWES/BOS sprechen sich dafür aus, zum Konzept der Wachstumspole in „Entwicklungsgebieten" zurückzukehren, wenige Pole in ökonomisch bester Lage effizient zu fördern, aber nicht nur bei Industrieinvestitionen, sondern vor allem im Dienstleistungssektor als dem auch in Südafrika entscheidenden Wachstumsbereich (Kap. 4.5). Sie fordern gleichzeitig mit Recht eine enge Verflechtung zwischen regionaler Entwicklungspolitik und Verstädterungspolitik, wobei ausgewählte Mittelzentren eine besondere Förderung erfahren. Dies allerdings setzt politische Entscheidungen über Standorte voraus – statt einer politisch „einfacheren" Laisser-faire-Förderung auf Landesebene.

Seit 1994 liegt die Kompetenz für Raumplanung und Regionalentwicklung bei den Provinzen. Hierdurch soll eine regional angepaßte und selektive Förderung von Entwicklungspolen möglich werden. Erste interessante Initiativen sind zu verzeichnen (Abb.

4.7): 1998 kam es zu einem trilateralen Abkommen zwischen Südafrika, Mosambik und Swasiland zur Entwicklung der Lubombo-Region. Die Lubombo Spatial Development Initiative verfolgt das Ziel, den Nordosten der südafrikanischen Provinz Kwa-Zulu/Natal durch den Osten von Swasiland an den Süden von Mosambik mit der Seehafenstadt Maputo anzubinden. In Partnerschaft zwischen den Regierungen und der Privatwirtschaft geht es um regionales Wirtschaftswachstum und die Schaffung von Arbeitsplätzen. Im Vordergrund stehen der Ausbau der Landwirtschaft (Bewässerungswirtschaft) und des Tourismus, wobei ausländische Investoren gesucht werden. Nördlich schließt sich seit Mitte 1998 der Maputo-Korridor an. Er verbindet Südafrikas Wirtschaftszentrum Johannesburg durch die Provinz Mpumalanga mit Maputo, der Hauptstadt von Mosambik. Es ist die größte Infrastruktur-Investition in der SADC-Region. Eine vierspurige Autobahn wird Südafrika an den Seehafen Maputo für Exporte und Importe anschließen. Man erhofft sich industrielle Investitionen und einen erheblichen Touristenstrom bis an die Küste des Indischen Ozeans.

6 Südafrikas neun Provinzen – Kurzporträts

Südafrika umfaßt seit dem Inkrafttreten der Übergangsverfassung am 27. April 1994 neun Provinzen: Gauteng mit Johannesburg und Pretoria als „Herzstück" des Landes, umgeben von der Nord-Provinz mit Pietersburg als Verwaltungssitz, Nord-West-Provinz mit Mmabatho, Mpumalanga mit Nelspruit im Osten und dem Freistaat mit Bloemfontein im Süden. Auf der Ostseite des Landes liegen KwaZulu/Natal mit Pietermaritzburg/Ulundi sowie Ost-Kap mit Bisho. Den Westen und Südwesten des Landes nehmen die Provinz Nord-Kap mit Kimberley und West-Kap mit Kapstadt ein. Die ehemaligen „Unabhängigen Homelands" bzw. Autonomstaaten wurden aufgelöst und in die neuen Einheiten eingegliedert (Abb. 1.1 bis 1.3). Diese folgen in ihrer Grenzziehung eng den zu Beginn der 1980er Jahre eingeführten ökonomischen Entwicklungsregionen. Die neue Verwaltungsgliederung Südafrikas ist damit nicht mehr an einer ethnisch determinierten Grenzziehung orientiert, sondern mehr an ökonomischen Einheiten. Die Provinzen sind in Distrikte, Städte und Gemeinden gegliedert.

Die Provinzen besitzen, wie in der Verfassung festgelegt, ein Parlament und eine Regierung mit einem Ministerpräsidenten. Erziehung/Bildung/Kultur, Gesundheits- und Sozialwesen, Wohnungsbau, Industrie- und Wirtschaftsförderung, Tourismus, Landwirtschaft, Polizei, Regionalplanung und -entwicklung, Straßenbau, Natur- und Umweltschutz sind Bereiche, in denen die Provinzen legislative Kompetenzen haben. Man kann Südafrika allerdings nicht als föderative Republik nach dem Muster Deutschlands bezeichnen, da die südafrikanische Verfassung die letzte Entscheidungsbefugnis der nationalen Ebene zuspricht. Zudem ist die Macht der Zentralregierung durch Gesetzgebung und Steuerhoheit beträchtlich. Entspricht eine Provinz nicht den Forderungen der nationalen Regierung, so kann die Provinzverwaltung „entmündigt" werden. Der National Council of Provinces hat nicht die Kompetenzen wie der deutsche Bundesrat; er besitzt z.B. nur ein bedingtes Vetorecht, da die National Assembly mit Zweidrittel-Mehrheit Gesetze auch ohne den Provinzrat verabschieden kann. Kritiker sprechen deshalb im Fall von Südafrika von einem „unitarischen Föderalismus" im Unterschied zum „kooperativen Föderalismus" wie er in Deutschland besteht.

Die Daten zur Bevölkerungs-, Sozial- und Wirtschaftsstruktur der neun neuen Provinzen verdeutlichen die Spannweite bezüglich Bevölkerungszahl, Bevölkerungsdichte, Einkommen, sozialer Situation, Wirtschaftsstruktur und Wirtschaftskraft in der zweiten Hälfte der 1990er Jahre: Sie zeigen „Erste Welt" und „Dritte Welt" in einem Land. Der Datenvergleich macht deutlich, wie Gauteng und West-Kap als „Erste Welt"-Regionen Armutsgebieten, wie der Provinz Ost-Kap und der Nord-Provinz, mit „Dritte Welt"-Indikatoren, gegenüberstehen. Zu erinnern ist an die Aufgaben in Deutschland, die angesichts der „Übernahme" der neuen Bundesländer auftraten und wo jetzt „Spannweiten" zwischen Mecklenburg-Vorpommern, am Ende der regionalen EU-Skala, und Frankfurt/Main als „boom town" auftreten.

6.1   Gauteng

Hauptstadt:	Johannesburg
Fläche:	17010 km^2
	= 1,6 % der Gesamtfläche
Bevölkerung:	7,35 Mio. Ew.
(1996)	= 18 % der Gesamtbevölkerung
Hauptsprachen:	Afrikaans 21 %
	Zulu 18 %
	Englisch 16 %
Brutto-Regional-	
produkt (1994):	R 144,4 Mrd.
Anteil am	
nationalen BIP:	37,7 %

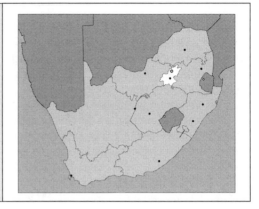

Die 1994 geschaffene Provinz Pretoria-Witwatersrand-Vaaldreieck (PWV) erhielt 1995 mit Zustimmung des Parlaments den Namen Gauteng, in der Sotho-Sprache „Platz des Goldes". Johannesburg, Hauptstadt der Provinz, Soweto und Umland können als das ökonomische Herz Südafrikas und des gesamten südlichen Afrika bezeichnet werden. Nur 50 km nördlich von Johannesburg liegt Pretoria, die Landeshauptstadt, ruhiger als die brodelnde Weltstadt Johannesburg. In beiden metropolitanen Gebieten (Kap. 5.4.1 und 5.4.2, Abb. 5.5) besteht eine gut entwickelte Infrastruktur – bis auf die bisher vernachlässigten Townships, die seit 1994 allmählich im Zuge der RDP-Maßnahmen eine Aufwertung erfahren. Die Einkaufszentren, Kongreß- und Vergnügungsstätten sind Attraktionen für eine wachsende Zahl von Touristen, vor allem aus Afrika. Entscheidend aber sind die Geschäftsleute, die diese internationale Metropolregion frequentieren. Die Basis an natürlichen Ressourcen ist überaus reich, bilden doch Gold und Steinkohle bis heute wichtige Bodenschätze (Abb. 4.5). Die landwirtschaftliche Produktion dagegen ist bis auf Intensivbetriebe in der Randzone der metropolitanen Gebiete zu vernachlässigen. Dies wird verständlich angesichts der Tatsache, daß der Verstädterungsgrad 97 % und die Bevölkerungsdichte über 370 Ew./km^2 beträgt. Südafrikas kleinste Provinz hat ca. 7 Mio. Ew. Bei einer jährlichen Zuwachsrate von 3 %, vor allem durch Zuwanderung, wird sich die Zahl bis 2010 auf 13–18 Mio. erhöhen. Zirka 70 % der Bevölkerung sind Schwarze, 23 % sind Weiße; in Gauteng leben ca. 40 % aller weißen Südafrikaner. Dies verwundert nicht angesichts der Tatsache, daß in Gauteng ca. 40 % (1995) des südafrikanischen BIP erwirtschaftet wird – mit steigender Tendenz. Zirka 50 % der direkten Steuern des Landes kommen aus Gauteng. Doch dürfen diese Zahlen nicht über die schwerwiegenden Wohlstandsdifferenzen hinwegtäuschen, wobei Armut ein zunehmendes Problem bildet. Die Kriminalität erreicht in Gauteng „Weltspitze" (Kap. 3.3.3). Bei der Vorlage des Provinzhaushalts Anfang 1999 unterstrichen die Oppositionsparteien, daß es in dieser Region bisher nicht gelungen ist, ökonomisches Wachstum und Privatisierung so zu forcieren, daß Arbeitsplätze entstanden. So verwundert es nicht, daß 91 % des Provinzhaushalts für Sozialausgaben vorgesehen sind, für Erziehungswesen, Gesundheitswesen (insbesondere AIDS-Aufklärungskampagnen) und Sozialleistungen. Zu den Provinzeinnahmen tragen nicht unwesentlich die zunächst mit einer temporären Genehmigung betrieben, fünf Casinos bei, und auch die Tourismusindustrie soll in Zukunft stärker dazu beitragen.

Die Wirtschaftsstruktur wird bestimmt durch Dienstleistungen und Industrie, wobei Industriestädte wie Vanderbijlpark und Vereeinigung, Rosslyn bei Pretoria oder Germiston im East Rand zu nennen sind. Der Bergbau verliert in Gauteng an Bedeutung, während die tertiärwirtschaftlichen Aktivitäten die Zukunft der Provinz bestimmen. Südafrikas führende Ausbildungsstätten und Forschungseinrichtungen sind ebenfalls in Gauteng konzentriert. Als Hauptaufgabenbereiche sind die infrastrukturelle Verbesserung in den Townships, eine zukunftsorientierte Planung für die Sicherung der Wasserversorgung (Kap. 2.2), die Verkehrsplanung sowie die Bekämpfung der Kriminalität zu nennen.

Seit Ende 1995 besteht ein Vertrag zwischen dem Bundesland Bayern und der Provinz Gauteng über Zusammenarbeit und technische Hilfe (Aufbau der Verwaltung, Wohnungsbau, Polizeiausbildung). In den Großräumen Witwatersrand/Johannesburg und Pretoria sind die meisten Niederlassungen deutscher Industrieunternehmen angesiedelt, etwa AEG, BMW, Bosch, Hoechst, Mercedes-Benz, Siemens, und aus dem Finanzsektor Allianz, die Münchener Rückversicherung sowie bayerische Banken. Johannesburg ist Sitz der Deutsch-Südafrikanischen Industrie- und Handelskammer.

6.2   West-Kap

Hauptstadt:	Kapstadt	
Fläche:	129370 km^2	
	= 10,6 % der Gesamtfläche	
Bevölkerung:	3,7 Mio. Ew.	
(1996)	= 9 % der Gesamtbevölkerung	
Hauptsprachen:	Afrikaans	63 %
	Englisch	20 %
	isiXhosa	16 %
Brutto-Regional-		
produkt (1994):	R	53,9 Mrd.
Anteil am		
nationalen BIP:		14 %

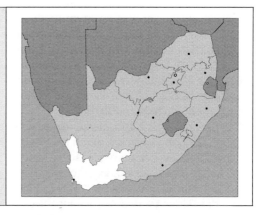

Der Südwesten des Landes wird von der Provinz West-Kap mit dem Agglomerationsraum Kapstadt im äußersten Südwesten eingenommen. Kennzeichnend sind die weißen Strände der West- und Südküste, die Faltengebirgsketten des Kaplandes, die heißen Täler und Beckenlandschaften. Der Hafen von Kapstadt bzw. der internationale Flughafen sind Haupteinfallstore für Südafrika. Kapstadt selbst verfügt über eine breite institutionelle und administrative Basis, da es zugleich Sitz des südafrikanischen Parlaments und Provinzhauptstadt ist. Städte wie Stellenbosch und Worcester repräsentieren die kapholländische Kultur des 18. Jh., Wissenschaft und Forschung und die moderne Weinwirtschaft. Oudtshoorn ist bis heute Zentrum der Straußenproduktion (Fleisch, Straußenfedern, Lederwaren) und des Obstanbaus am Südrand der Karoo-Schafzuchtregion. An der Südküste, im Gebiet von Knysna-Tsitsikamma, besteht eines der größten außertropischen Regenwaldgebiete der Welt, und die Edelhölzer, wie Gelbholz, Stinkholz oder „Weiße Birne", sind die Grundlage für eine auserlesene Möbelindustrie. Landschaft, Kultur und Lebensstil machen verständlich, daß neben der Industrie, die im Ballungsraum Kapstadt konzentriert ist (Textil- und Bekleidungsindustrie, Metallverarbeitung, Druck- und Verlagswesen), der Tourismus den entscheidenden Wachstumssektor darstellt. Auch die Landwirtschaft ist aufgrund ihrer Spezialisierung auf den Wein- und Obstbau sowie auf den Weizenanbau im südhemisphärischen Winterregengebiet ein Bereich mit Zukunft, da nach der Öffnung des neuen Südafrika die Wein- und Obstexporte (Tafeltrauben, Äpfel, Orangen) über Kapstadt wieder voll aufgenommen wurden. Die Meeresfischerei im Bereich des Benguela-Stroms wird durch eine 200-km-Wirtschaftsfischereizone und ein strenges Quotensystem geschützt. Hechtmakrelen, Kap-Hummer, Tintenfische, Austern und Muscheln finden sich in vielen Küstenrestaurants. Ein ökologischer Konflikt im marinen Bereich, der bereits jetzt von episodischen Tankerunfällen schwer betroffen wird, kann sich aus der Nutzung der Gas- und Öllagerstätten vor Mosselbay ergeben, die jedoch im „neuen Südafrika" ihre strategische Bedeutung verloren haben (Kap. 4.2.2).

Die Provinz West-Kap unterscheidet sich von den übrigen Provinzen durch die Bevölkerungsmehrheit der Farbigen sowie einen sehr hohen Anteil afrikaanssprachiger Bürger. Die kulturelle und politische Entwicklung sowie das Bildungs- und Ausbildungsniveau der Bewohner (1991: höchste Alphabetisierungsrate Südafrikas = 95 %, zweithöchste Urbanisierungsrate Südafrikas = 90 %) hat dazu geführt, daß die Provinz den höchsten „Faktor der menschlichen Entwicklung" (HDI) in Südafrika aufweist (1991 = 0,81). Die NP erhielt bei den Parlaments- und Kommunalwahlen die Mehrheit. Die seit 1980 anhaltende Zuwanderung aus den Armutsgebieten von Ost-Kap stellt die Provinz vor erhebliche Probleme der Schaffung von Arbeitsplätzen und Wohnraum; auch die internationale illegale Zuwanderung aus afrikanischen Ländern sowie der „Aufstieg" von Kapstadt zu einem Drogenumschlagplatz von internationalem Rang stellen Herausforderungen für die Provinz dar. Nach einer Analyse der Foundation for Research Development (1995) besitzt aber West-Kap unter allen Provinzen das höchste Entwicklungspotential: Industrie mit einer bedeutenden high-tech-Komponente, ein hohes Tourismuspotential, hochproduktives Farmland, ein gut ausgebildetes Arbeitskräftepotential, ein effizientes Erziehungssystem und eine ausgezeichnete Verkehrsinfrastruktur (Seehäfen, Flughäfen, Schnellstraßen).

Seit 1995 besteht ein Vertrag zwischen dem Bundesland Bayern und dem West-Kap, der einzigen von der NP regierten Provinz, und zur NP hatte die CSU zur Zeit der „weißen Herrschaft" enge Bindungen. Es geht um die Zusammenarbeit in den Bereichen Handel, Wissenschaft, Technologie, Tourismus und Kultur.

6.3   KwaZulu/Natal

Hauptstadt:	Pietermaritzburg oder Ulundi (noch nicht entschieden)	
Fläche:	92 100 km^2 = 7,6 % der Gesamtfläche	
Bevölkerung: (1996)	8,7 Mio. Ew. = 21 % der Gesamtbevölkerung	
Hauptsprachen:	isiZulu	80 %
	Englisch	15 %
	Afrikaans	2 %
Brutto-Regional- produkt (1994):	R	57 Mrd.
Anteil am nationalen BIP:		15 %

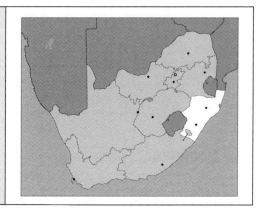

KwaZulu/Natal umfaßt das randtropisch-sub-tropische Stufenland zwischen Indischem Ozean im Osten und der Großen Randstufe bzw. dem Basotho-Hochland im Westen. Die Küstenebene ist Südafrikas wichtigstes Zuk-kerrohranbaugebiet und eine der Haupttouri-stenzonen des Landes (Seebad und Metro-pole Durban, Wildschutzgebiete). Die Natal-Midlands (mittlere Höhe 1000 m) sind zum einen ein erstrangiges Forst-, Maisbau- und Viehwirtschaftsgebiet weißer Farmer, zum an-deren ein dicht bevölkertes Zulu-Kleinbau-erngebiet. Hier besteht ein erhebliches Kon-fliktpotential im Rahmen der Bodenreform. Die Gebirgsteile der Drakensberge im Süd-westen von KwaZulu/Natal gehören zu den markantesten Szenerien Afrikas, die im Rahmen von Nationalparks bzw. Wilderness Areas geschützt sind (Kap. 2.4.1).

In KwaZulu/Natal, Südafrikas bevölke-rungsreichster Provinz, herrscht ein eklatan-ter Gegensatz zwischen der zentralen urba-nisierten Zone, die sich von der Seehafen- und Industriestadt Durban bis zur Provinz-hauptstadt Pietermaritzburg erstreckt, den marktwirtschaftlich orientierten weißen Far-men der Küstenzone und der Midlands und den marginalisierten Zulu-Kleinbauerngebie-ten. Gravierend sind die Unterschiede nicht nur im Grad der Alphabetisierung und Aus-bildung, in der Spannweite von Wohlstand und Armut, sondern auch im politischen Ver-ständnis von Demokratie und traditioneller Autoritärherrschaft: In der Verfassung von 1993 wird die Funktion des traditionellen Zulu-Königtums ausdrücklich anerkannt. Der Machtkampf zwischen ANC und IFP, mit den Leitfiguren Mandela und Buthelezi, stürzte die Provinz bis 1995 in einen Bürger-krieg; zwischen Mitte der 1980er Jahre und 1994 (Parlamentswahlen) kamen mehr als 10000 Menschen um. Erst 1996 gelang es den Parteiführern in Verbindung mit den tra-ditionellen Häuptlingen und dem Zulu-König, den Gewalttaten ein hoffentlich end-gültiges Ende zu bereiten; das 1991 gegrün-dete Friedenskomitee mit Vertretern der Par-teien, der Kirchen, der Gewerkschaften und der Industrie wirkte hierbei mit.

Die wirtschaftliche Zukunft der Provinz hat eine solide Basis: Wie oben dargestellt, bil-den die Landwirtschaft mit Zuckerrohr-anbau, tropischen Früchten, Maisanbau, Viehzucht und Milchwirtschaft sowie die Forstwirtschaft die Säulen des primären Sek-tors. Dem Bergbau (Steinkohle um Dundee, Titansand nördlich Richards Bay) kommt eine untergeordnete Bedeutung zu. Die gute Wasserversorgung und die Verkehrsinfra-struktur mit Seehäfen wie Durban und Richards Bay sind die Basis einer breiten Industrieentwicklung. Die Strände und Nationalparks der Küstenzone und die Gebirgswelt sind Hauptzielgebiete des Tourismus. Die hohe Bevölkerungsdichte, die große Kluft zwischen den Pro-Kopf-Einkommen in den Städten und in den ländlichen Gebieten, das rasche Bevölkerungswachstum, der geringe Bildungs- und Ausbildungsgrad eines erheblichen Teils der Arbeitskräfte sowie das Auseinanderklaffen von Tradition und Moderne sind Problembereiche. Eine Schlüsselrolle bei der Entwicklung der Provinz kommt sicherlich den Indern zu, da 77 % der Inder Südafrikas in KwaZulu/Natal leben, und zwar vorwiegend im Großraum Durban (Kap. 3.2.2). Ihr Know How, ihr Kapital und die Verflechtungen mit der Wirtschaft Indiens können wesentliche Impulse für die Region geben.

6.4   Mpumalanga

Hauptstadt:	Nelspruit	
Fläche:	79 490 km^2	
	= 6,4 % der Gesamtfläche	
Bevölkerung:	2,8 Mio. Ew.	
(1996)	= 7 % der Gesamtbevölkerung	
Hauptsprachen:	siSwati	40 %
	isiZulu	24 %
	Afrikaans	11 %
Brutto-Regionalprodukt (1994):	R	31,2 Mrd.
Anteil am nationalen BIP:		8,2 %

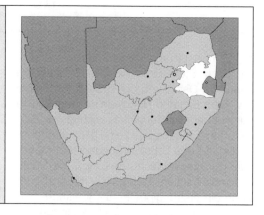

Die Provinz Mpumalanga liegt im Nordosten des Landes und grenzt an Swasiland und Mosambik. Sie erstreckt sich vom subtropischen Steppenhochplateau in ca. 1 800 m Höhe bis zur Großen Randstufe, den Drakensbergen. Dort bricht sie mit einer Höhe von durchschnittlich 1 200 m zum randtropischen Tiefland, dem sog. Lowveld (400 bis 800 m NN) ab. Somit hat die Provinz Anteil an den Steinkohlelagerstätten des Hochlands (Witbank als Zentrum des Kohlebergbaus), an den Hochweideflächen des subtropischen Plateaus mit Milchwirtschaft (Standerton) und Wollproduktion (Ermelo), der Forstzone (Sabie) in den Drakensbergen, und den Anbaugebieten tropischer und subtropischer Früchte (Zitrus, Avocados, Bananen, Zuckerrohr) sowie von Gemüse-Sonderkulturen in den Bewässerungsgassen des Lowvelds. Auf der Basis der Steinkohlelagerstätten verfügt die Provinz über hervorragende Energieressourcen, die in den größten Wärmekraftwerken des Landes um Witbank/Ermelo genutzt werden (Kap. 4.3). Auch die Kohlechemieanlage von SASOL in Secunda liegt in dieser Provinz. Das touristische Potential ist durch die eindrucksvolle Gebirgsszenerie der Drakensberge mit dem Blyde-River-Cañon und zahlreichen Wasserfällen sowie dem Südteil des Krüger-Nationalparks mit anschließenden privaten Wildschutzgebieten außerordentlich reich. Die Provinz profitiert zudem von der Nähe der Region Gauteng mit dem Witwatersrand und der Landeshauptstadt Pretoria, die durch gutausgebaute Verkehrslinien mit Maputo in Mosambik bzw. Mbabane in Swasiland verbunden sind. Es bestehen Pläne für den Bau eines internationalen Flughafens am Krüger-Nationalpark.

Die reiche Ausstattung an natürlichen Ressourcen kann aber nicht darüber hinwegtäuschen, daß deren Erschließung und Inwertsetzung außerordentlich ungleich ist: hochentwickelten Bergbau- und Industriestandorten und einer blühenden marktorientierten Farm- und Plantagenwirtschaft stehen als „Erblast" überbevölkerte Kleinbauerngebiete gegenüber, in denen die Masse der Bewohner zur Arbeitsmigration auf die Farmen, in die Forsten, in den Bergbau oder die Industrie gezwungen ist. Diese auf topographischen Karten und Luftbildern sofort erkennbare Antithese zwischen Erster Welt und Dritter Welt ist Erbe der Apartheidphase und der bereits 1913 grundgelegten Land-aufteilung. Die Überwindung der Armut, der infrastrukturellen Unterentwicklung in Teilen von Mpumalanga und eine Verbesserung des Bildungsniveaus bei der Masse der Bevölkerung sind Hauptaufgaben im Rahmen des Umbau- und Entwicklungsprogramms RDP (Kap. 1.2). Illegale Migration sowie Schmuggel (Waffen, Menschen) von Mosambik nach Mpumalanga/Südafrika stellen ein Sicherheitsproblem dar.

Das Bundesland Nordrhein-Westfalen leistet im Rahmen eines Partnerschaftsabkommens Hilfe bei der Stärkung der administrativen Strukturen auf der Ebene der Provinz und Kommunen, bei der Berufsausbildung und der Entwicklung von Kleinunternehmen.

6.5 Freistaat

Hauptstadt:	Bloemfontein	
Fläche:	129 480 km^2	
	= 11 % der Gesamtfläche	
Bevölkerung:	2,8 Mio. Ew.	
(1996)	= 7 % der Gesamtbevölkerung	
Hauptsprachen:	Sesotho	56 %
	Afrikaans	14 %
	isiXhosa	9 %
Brutto-Regional- produkt (1994):	R	23,7 Mrd.
Anteil am nationalen BIP:		6,2 %

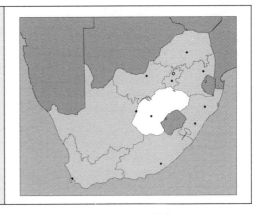

Die Provinz Freistaat, vormals Oranje Freistaat, liegt in den zentralen Landesteilen auf dem südafrikanischen Steppenhochland (durchschnittliche Höhe 1500 m NN) zwischen den Flüssen Vaal im Norden und Oranje im Süden. Mit den riesigen Stauseen an diesen beiden Flüssen hat die Provinz eine Schlüsselstellung in der Wasserversorgung Südafrikas (Kap. 2.2). Bloemfontein, Provinzhauptstadt, regionales Zentrum von Bildung und Forschung, wirbt damit, im Herzen Südafrikas zu liegen: Die Hauptstädte aller anderen Provinzen sind von hier aus in weniger als 10 Autofahrstunden zu erreichen. Das Image des Freistaates wird geprägt durch „Mais und Weizen" als eine Kornkammer des Landes, durch Wollschafe und Rinder sowie durch Gold und Steinkohle, den entscheidenden Bodenschätzen. Die politische Vorstellung „Freistaat" verbindet sich mit einer konservativen afrikaanssprachigen Farmer- und Arbeiterbevölkerung und geringem Lebenshaltungsniveau der Schwarzen und Mischlinge. Da industrielle und tertiärwirtschaftliche Arbeitsplätze auf Bloemfontein und die nördliche Städte-

reihe mit Welkom und Odendaalsrus (Goldbergbau) sowie Sasolburg (Öl-aus-Steinkoh-
le, chemische Industrie) konzentriert sind, ist
die Quote an Arbeitslosen und Unterbeschäftigten hoch, die ihr Auskommen im
informellen Sektor finden müssen. Die Funktion von Bloemfontein als Konferenzzentrum
kann nicht darüber hinwegtäuschen, daß ansonsten die touristischen Attraktionen gering
sind, sieht man vom Golden Gate-Highlands
Nationalpark im Osten an der Grenze zu Lesotho ab (Kap. 2.4.1). Die Zukunftsperspektiven der Provinz liegen in einer Intensivierung
der landwirtschaftlichen Produktion (vgl.
Sonderkulturen wie Speisekartoffeln im

Osten, Kirschen um Ficksburgs, Saatgut-
erzeugung um Bethlehem) und einer Förderung der Industrialisierung, die vor allem in
den nördlichen Teilen die Nähe des nationalen und internationalen Kernraums Gauteng
nutzen kann. Die natürlichen Risiken der
Agrarentwicklung auf dem südafrikanischen
Binnenhochland dürfen aber nicht unterschätzt werden: Dürre, Frost und Schnee,
Stürme und Hagelschlag auf dem ca.
2000 m hohen Plateau und in den Maluti
Mountains. Die Desertifikation bedroht die
Provinz in einer breiten Front, die von der
Karoo-Halbwüste im Westen nach Osten
vorrückt (Kap. 2.3.3).

6.6   Ost-Kap

Hauptstadt:	Bisho	
Fläche:	169 580 km^2	
	= 14 % der Gesamtfläche	
Bevölkerung:	6,4 Mio. Ew.	
(1996)	= 16 % der Gesamtbevölkerung	
Hauptsprachen:	isiXhosa	82 %
	Afrikaans	9 %
	Englisch	3 %
Brutto-Regional- produkt (1994):	R	29,1 Mrd.
Anteil am nationalen BIP:		7,6 %

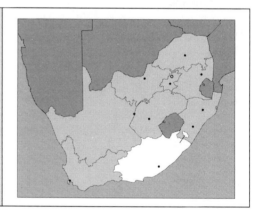

Die Provinz Ost-Kap, geographisch wie die
Nord-Provinz „an der Peripherie" Südafrikas
gelegen, trägt an einem schweren politischen Erbe: Ihre Führung muß die ehemaligen Homelands Transkei und Ciskei sowie weiße Gebiete der östlichen Kapprovinz
zusammenfügen – angesichts der ererbten
Strukturen der Ungleichheit ein fast unmög-
liches Unterfangen. Die Aufgabe wird erschwert durch die Tatsache, daß angesichts
der unklaren Übergangssituation zwischen
1989/90 und 1994 und den Unsicherheiten
hinsichtlich Beschäftigung und „Pfründen"
Recht und Ordnung weitgehend zusammen-

brachen: Korruption und Kriminalität ge-
hören zum Alltag. Der Premierminister der
Provinz Ost-Kap bezeichnete Mitte 1995 die
Region als „fast unregierbar". Die Provinz
steht wegen unkontrollierter Ausgaben auch
finanziell vor dem Ruin, und Stimmen wer-
den immer lauter, die eine Teilung des
Gebietes in die ehemalige Transkei und den
Rest der Provinz verlangen – und eine
Staatsadministration für die ehemalige
Transkei.

Die geoökologische Situation der Provinz
Ost-Kap auf der feuchten Ostseite Südafrikas
wird zwar eingeschränkt durch Gebirgs-

lagen, aber sie hat ein befriedigendes Potential für Land- und Forstwirtschaft. Das Längstal der Langkloof im Südwesten ist ein bekanntes Obstanbaugebiet, die semiaride Karoo hat eine traditionsreiche Wollschaf- und Angoraziegen-Farmwirtschaft. Sonderkulturen, wie Ananas und Gemüse, finden sich um Grahamstown. In den kleinbäuerlichen Siedlungsgebieten der Xhosa dominiert Mais- und Hirseanbau mit ergänzender Viehhaltung. Die niederschlagsreiche Randstufenzone um Keiskammahoek sowie in der Transkei weist große Forsten und eine bedeutende Holzwirtschaft auf. Nachteilig ist die Unterentwicklung im Bereich der Infrastruktur und der „menschlichen Ressourcen", die Investoren abschreckt. Nur Industriestädte wie Port Elizabeth und das benachbarte Uitenhage mit dem VW-Werk, Universitätsstädte wie Grahamstown oder Dienstleistungszentren wie King Williams Town haben z.Z. Entwicklungschancen. So verwundert die extreme Landflucht nicht, die

aus Ost-Kap in die Provinz West-Kap und nach Gauteng gerichtet ist und die Region „wertvoller Köpfe und Arme" beraubt – es verbleiben Alte, Kinder, Risikoscheue. Das Tourismuspotential ist angesichts einer faszinierend wilden Küste und der Gebirgswelt (Hogsback, Katberg, Amatola Mountains) sowohl für einen Ökotourismus als auch für den Standardtouristen hinsichtlich der Nationalparks (Mountain-Zebra-Nationalpark, Addo-Elephant-Nationalpark) bzw. der historischen Architektur in zahlreichen Städten, wie Graaff-Reinet, King William's Town und Queenstown, erheblich. Es wird bisher wegen mangelnder Infrastruktur und zunehmender Kriminalität kaum genutzt.

Das Bundesland Niedersachsen und die Provinz Ost-Kap haben 1995 ein Partnerschaftsabkommen geschlossen, das eine Zusammenarbeit in den Bereichen Verwaltungsaufbau, Berufsausbildung in kleinen und mittleren Betrieben, Umweltplanung und Tourismus vorsieht.

6.7   Nord-Provinz

Hauptstadt:	Pietersburg	
Fläche:	129910 km^2	
	= 12 % der Gesamtfläche	
Bevölkerung:	4,9 Mio. Ew.	
(1996)	= 13 % der Gesamtbevölkerung	
Hauptsprachen:	Sesotho	56 %
	Shangaan	22 %
	Venda	12 %
Brutto-Regional-		
produkt (1994):	R	14,2 Mrd.
Anteil am		
nationalen BIP:		3,7 %

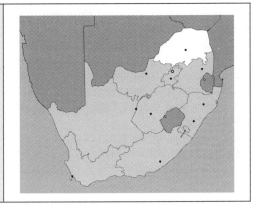

Die Nord-Provinz erstreckt sich südlich des Grenzflusses Limpopo zwischen Botswana im Westen, Simbabwe im Norden und Mosambik im Osten. Sie umfaßt die randtropischen Trockensavannen zwischen dem Ostrand des Kalaharibeckens und dem Low-

veld im Grenzgebiet zu Mosambik. Gebirgs-Leitlinien sind die Drakensberge im Osten und die Soutpansberge im Norden. Von der südlichen Nachbarprovinz Gauteng kommend, gelangt man in der Nord-Provinz in die „Peripherie" Südafrikas mit zahlreichen

Kennzeichen von Unterentwicklung, wie sie auch Tropisch-Afrika aufweist.

Die Landwirtschaft bildet für die meisten Bewohner die Haupterwerbsquelle: in Form der Farmwirtschaft (Rinderhaltung, Baumwolle, Mais, Erdnuß), in Form der Plantagenwirtschaft im Lowveld (tropische Früchte wie Bananen, Ananas, Mangos um Tzaneen und Louis Trichardt, Zitrusfrüchte), in Form einer kleinbäuerlichen Subsistenzwirtschaft bei den meisten Schwarzen. Forstwirtschaft und Sägewerke sind bedeutend in den Soutpansbergen und entlang der Großen Randstufe um Tzaneen. An bergbaulichen Ressourcen verfügt die Nord-Provinz über die Kupfer-Vermikulit-Lagerstätte von Phalaborwa, den Kupferbergbau um Messina, die Eisenerzbergwerke von Thabazimbi und den Asbestbergbau im Pediland. Als besondere Attraktionen des Tourismus sind der Nordteil des Krüger-Nationalparks, die Drakensberge und die Soutpansberge mit alten Kultstätten der Venda, wie dem Heiligen See Fundudzi, zu nennen.

Die Urbanisierungsrate ist mit 12 % (1996) die geringste Südafrikas, der HDI weist mit 0,47 (1991) den geringsten Landeswert auf, aber das Bevölkerungswachstum liegt mit 3 % an der Landesspitze. Das Pro-Kopf-Einkommen ist mit Abstand das niedrigste im ganzen Land. Diese Indikatoren machen deutlich, daß die Nord-Provinz insgesamt zur Dritten Welt gehört, regional sogar zur Vierten Welt.

Entwicklungsmaßnahmen sind dringend erforderlich angesichts einer Arbeitslosenrate von durchschnittlich 50 %, erheblicher Arbeitsmigration nach Gauteng und einem Anteil von über 30 % Subsistenzlandwirtschaft. Zusätzlich wird die Region durch die illegale Einwanderung von Bewohnern aus Simbabwe und Mosambik sowie durch ihre Funktion als Durchgangsprovinz für Schmuggeltransporte zwischen Gauteng und den Ländern nördlich des Limpopo belastet. Es geht um Intensivierung der Landwirtschaft, Förderung kleinbäuerlicher Betriebssysteme und Ausbau der Infrastruktur, unter anderem des internationalen Flughafens in Pietersburg. Agroindustrie sowie Kleingewerbe für den lokalen und regionalen Markt sind Ansatzpunkte einer sekundärwirtschaftlichen Entwicklung. Mit dem Krüger-Nationalpark, den Gebirgsszenerien oder dem Thermalbadeort Warmbad besitzt die Nord-Provinz ein beachtliches Tourismuspotential. Zur Zeit hängt die Provinz noch in erheblichem Maße von Überweisungen der Zentralregierung ab. Sie erhält im Rahmen des RDP beträchtliche Mittel zum Ausbau der Trinkwasserversorgung im ländlichen Raum, der Elektrifizierung sowie des Gesundheitsdienstes.

Die Provinzregierung hat die Absicht, die Peripherregion zum Zentrum einer überregionalen Zusammenarbeit im südlichen Afrika zu machen, da sie als eine Drehscheibe nach Botswana, Simbabwe und Mosambik fungieren kann. Dazu soll der ehemalige Militärflughafen Pietersburg zu einem internationalen Flughafen umgebaut werden. Ein grenzüberschreitender Nationalpark von Botswana durch Simbabwe und Südafrika bis Mosambik könnte der größte Nationalpark der Welt werden.

6.8   Nord-West-Provinz

Hauptstadt:	Mmabatho	
Fläche:	116 320 km^2	
	= 10 % der Gesamtfläche	
Bevölkerung:	3,4 Mio. Ew.	
(1996)	= 8 % der Gesamtbevölkerung	
Hauptsprachen:	Setswana	59 %
	isiXhosa	6 %
	Sesotho	5 %
Brutto-Regional-		
produkt (1994):	R	21,3 Mrd.
Anteil am		
nationalen BIP:		5,6 %

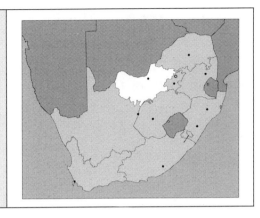

Die Provinz weist außerordentliche räumliche Disparitäten auf: Es besteht ein deutliches Ost-West-Gefälle von der Grenzzone zu Gauteng bis an den Rand der Kalahari an der Grenze zu Botswana, sowie ein Nordost-Südwest-Gefälle von der semihumiden Grenzzone gegen die Nord-Provinz (Bushveld) zur Halbwüste in der Provinz Nord-Kap.

Im Osten der Nord-West-Provinz sind Infrastruktur, Städtewesen und Landwirtschaft hoch entwickelt, während die westlichen Provinzteile aufgrund der sehr begrenzten natürlichen Ressourcen und ihrer peripheren Lage im Staatsgebiet deutliche Merkmale regionaler Unterentwicklung aufweisen. Die Nutzung der Bodenschätze, allen voran Platin (Rustenburg, Brits), Gold und Uran (Orkney, Klerksdorp) und Diamanten (Lichtenburg, Koster, Christiana und Bloemhof), gibt der Provinz eine solide wirtschaftliche Basis, die allerdings den Preisschwankungen von Bergbauprodukten auf dem Weltmarkt unterworfen ist. Die Verarbeitende Industrie (Metallverarbeitung, Kraftfahrzeugbau) ist in Brits, Rustenburg und Klerksdorp konzentriert, Industriestädte mit engen Verflechtungen mit der Provinz Gauteng. Die Farmwirtschaft (Mais, Sonnenblumen, Rinder) in den östlichen Teilen trägt zum Wohlstand der Provinz bei. Vergnügungszentren im Stile von Las Vegas bzw. Disneyland, wie Sun City und Lost City, ziehen erhebliche Besucherströme aus Gauteng, dem gesamten Südafrika und den Nachbarländern an.

Der geringe HDI-Wert (0,54 im Jahre 1991) verweist auf das niedrige Einkommensniveau der Provinz mit erheblichen Disparitäten zwischen Räumen und Bevökerungsgruppen: In den ländlichen Gebieten herrscht verbreitet Armut, während Industriestädte wie Rustenburg oder Klerksdorp bzw. die Universitätsstadt Potchefstroom Inseln des Wohlstands bilden. Die enge Verflechtung mit Gauteng kann dazu beitragen, tertiärwirtschaftliche Aktivitäten in der Nord-West-Provinz im Rahmen von Dezentralisierungsbemühungen zu entwickeln – die infrastrukturellen und Human-Ressourcen sind lokal vorhanden.

6.9 Nord-Kap-Provinz

Hauptstadt:	Kimberley	
Fläche:	361 830 km^2	
	= 30 % der Gesamtfläche	
Bevölkerung:	0,8 Mio. Ew.	
(1996)	= 2 % der Gesamtbevölkerung	
Hauptsprachen:	Afrikaans	65 %
	Setswana	20 %
	Xhosa	6 %
Brutto-Regional-		
produkt (1994):	R	8,0 Mrd.
Anteil am		
nationalen BIP:		2,1 %

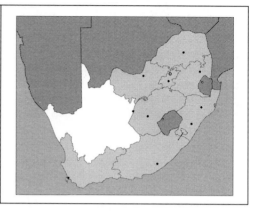

Die Provinz Nord-Kap ist die größte Provinz des Landes. Sie umfaßt die Halbwüsten und Wüsten der westlichen und zentralen Landesteile. Beim Flug von Johannesburg nach Kapstadt sind die Tafelberge, Wadis und weiten Spülflächen sichtbar, nur unterbrochen von den grünen Bändern oder Scheiben der Bewässerungslandwirtschaft (Mais, Weizen, Tafeltrauben). Extensive Schaf- und Ziegenweidewirtschaft auf riesigen Farmen dominiert. Entlang der Küste trägt der offshore-Diamantenabbau zur wirtschaftlichen Basis der Provinz bei, ergänzt durch den Abbau diamanthaltiger Schlote im Binnenland, wie in Kimberley. Bei Sishen liegt Südafrikas größte Eisenerzmine, und die Kupferbergwerke von Okiep, Springbok und Aggeneys gehören zu den führenden des Landes. Der Kalahari Gemsbok Nationalpark im äußersten Norden sowie der Richtersveld Nationalpark im Westen führen die Wüstenlandschaft der Provinz vor Augen; noch bekannter aber ist die Wildblumenblüte im Namaqualand, zu der Zehntausende von Besuchern alljährlich im September/ Oktober vom Kapland aus aufbrechen. Städte wie Kimberley, die Hauptstadt der Provinz, Upington und Springbok sind Zentren der Dienstleistungen mit einem geringen Grad an Industrie.

In dieser Wüsten- und Halbwüstenregion sind Bevölkerungszahl und Bevölkerungsdichte außerordentlich gering. Der Urbanisierungsgrad von 75 % ist darauf zurückzuführen, daß die meisten Menschen in den Klein- und Mittelstädten mit einer sicheren Wasserversorgung leben. Die meisten Bewohner von Nord-Kap sind Farbige (1994: 53 %) mit enger Bindung über Wanderarbeit in die West-Kap-Provinz. Die schwarze Bevölkerung nimmt durch Zuwanderung aus der Provinz Ost-Kap langsam zu, wärend das Farmsterben zu einem allmählichen Rückgang der weißen Bevölkerung führt.

Die Abgelegenheit der Provinz, die Weite und Menschenleere, die sehr begrenzten natürlichen Ressourcen, insbesondere an Trinkwasser, die Dürregefährdung der Landwirtschaft sowie die Desertifikation geben der Nord-Kap-Provinz nur eine begrenzte Zukunftsperspektive. Ob die Attraktivität der Region für Ruheständler (sehr niedrige Kriminalitätsrate, exzellentes Bioklima, niedrige Immobilienpreise) nach dem Vorbild des US-amerikanischen Sun Belt eine Alternative ist, sei dahingestellt.

6.10   Der „Volksstaat" – eine „utopische Region"

Trotz des Endes der Apartheidära „träumen Südafrikas Buren immer noch vom 'Recht auf Selbstbestimmung'" (taz, 3. Juni 1995). Der „Volksstaat-Rat" war entsprechend der Verfassung von 1993 im November 1994 eingesetzt worden – ein Zugeständnis des ANC an die rechte „Freiheitsfront". Mitte 1995 präsentierten extrem konservative Buren dem Staatspräsidenten und der Verfassunggebenden Versammlung den Vorschlag für einen unabhängigen „Afrikaaner"-Staat, den „Volksstaat". Er soll dazu dienen, aktiv die afrikaanse Sprache, Kultur und Traditionen auszuüben und weiterzuentwickeln. Inwieweit hiermit die Prinzipien von Demokratie und rassischer Gleichheit im neuen Südafrika pervertiert werden oder Minderheitenrechte respektiert werden können, um Konflikte zu minimieren, bleibt zu überlegen. Probleme gibt es mit der Lokalisierung eines derartigen Territoriums: Der Volksstaat-Rat als Verfasser des „Ersten Zwischenberichtes" (Mai 1995) schlug das Gebiet rings um die südafrikanische Hauptstadt Pretoria vor.

Hier sollen bis zu 61 % „Afrikaaner" leben. Alternativ wird ein Gebiet in der oben dargestellten Provinz Nord-Kap angesprochen – dort würden die Bürger in diesem „Oranje-Projekt" mit der möglichen Hauptstadt Orania in der Halbwüste leben, wo sie nach dem Vorbild der Israelis High-Tech-Produktionsstätten gründen wollen.

Ende 1996/Anfang 1997 scheint diese Idee aber von Regierungsseite offiziell begraben zu sein. Das Komitee für Verfassungsfragen legte der Nationalversammlung im Mai 1997 einen Bericht vor, in dem es die Auflösung des Volksstaat-Rats vorschlug und seine Eingliederung in die in der neuen Verfassung vorgesehene Kommission für die Förderung und den Schutz der Rechte kultureller, religiöser und sprachlicher Gemeinschaften. In diesem Sinne äußerte sich Staatspräsident Mbeki im Juli 1999 vor Mitgliedern des Afrikanerbond in Pretoria: „Afrikaaners are Africans". Zugleich stellte er fest, daß das Afrikaans durch die Verfassung geschützt sei und sich weiter ausbreiten solle.

6.11   Potentiale und Entwicklungsaufgaben in den Provinzen

Im Juni 1995 veröffentlichte die Foundation for Research Development (FRD, Pretoria) eine vergleichende Untersuchung über die Stärken der neun neuen Provinzen Südafrikas – die „positive Seite" einer Stärken-Schwächen-Analyse auf regionaler Ebene. Die neue Verfassung erlaubt den Provinzen, Eigeninitiativen zu für ihre wirtschaftliche und soziale Entwicklung zu unternehmen, was bisher wegen der streng zentralistischen Organisation nicht möglich war. Die Stärken-Schwächen-Analyse erlaubt eine Bewertung des Entwicklungspotentials, das für potentielle Investoren sowie für Politiker und Planer auf regionaler und nationaler Ebene von erheblicher Bedeutung ist.

In der Untersuchung wurden 17 Faktoren innerhalb von vier Kategorien analysiert. Die menschlichen Ressourcen stellen die erste Kategorie dar, gemessen an Faktoren wie dem Human Development Index (HDI), dem Bildungsniveau der Erwachsenen oder dem Anteil von Fachkräften an der wirtschaftlich aktiven Bevölkerung. Die Physischen Ressourcen bilden die zweite Kategorie, wobei z.B. der Anteil der Produktion in Landwirtschaft und Bergbau am nationalen Gesamtwert oder das Tourismuspotential als Faktoren in die Berechnung eingingen. Wirtschaftliche Stärke als dritte Kategorie wurde u.a. am regionalen BIP pro Kopf, an seiner Entwicklung sowie am gesamten verfügbaren Einkommen gemessen. Als vierte Kategorie wurden die wissenschaftlichen und technologischen Ressourcen bewertet. Hierbei gingen die Ausgaben der privaten Unternehmen für Forschung und Entwicklung (F&E) sowie die Beschäftigten in diesen beiden Bereichen in die Berechnung ein. Die Bedeutung von F&E ist vor allem vor dem Hintergrund zu sehen, daß die meisten Provinzen Südafrikas zwar über traditionsreiche physische Ressourcen, wie Gold, Diamanten, Steinkohle oder Erze, verfügen, diese aber auf dem internationalen Markt eine immer geringere Rolle spielen. Er wird beherrscht von High-Tech-Produkten, die erhebliche Ressourcen und Investitionen in den Bereichen F&E verlangen. Hier sind Südafrikas nationale Multis, wie Gencor und De Beers bedeutend, in zunehmendem Maß aber internationale Multis als Investoren in Südafrika, man denke an VW, Siemens oder Bayer von deutscher Seite. Auch gilt es, von unproduktiven Investitionen, wie Einkaufszentren und Bürogebäuden, zu produktiven, innovationsorientierten Investitionen in Industrieanlagen in den Provinzen zu kommen.

Die Ergebnisse der Stärken-Analyse werden in folgenden Übersichten deutlich (Reihenfolge jeweils von „stark" bis „schwach"):

– Rangfolge der Provinzen auf der Basis der Physischen Ressourcen: Freistaat, West-Kap, Mpumalanga, KwaZulu/Natal, Nord-West, Nord-Kap, Nord-Provinz, Ost-Kap, Gauteng;

– Rangfolge auf der Basis der menschlichen Ressourcen: West-Kap, Gauteng, Freistaat, KwaZulu/Natal, Nord-Kap. Mpumalanga, Nord-Provinz, Nord-West, Ost-Kap;

– Rangfolge auf der Basis der wirtschaftlichen Stärke: Gauteng, West-Kap, KwaZulu/Natal, Mpumalanga, Freistaat, Ost-Kap, Nord-Provinz, Nord-West, Nord-Kap;

– Rangfolge auf der Basis der Ressourcen in Forschung und Entwicklung: Gauteng, West-Kap, KwaZulu/Natal, Freistaat, Ost-Kap, Nord-West, Mpumalanga, Nord-Provinz, Nord-Kap.

Eine Zusammenfassung auf der Basis aller vier Kategrien ergab folgende Rangfolge der Provinzen von „stark" bis „schwach": West-Kap, Gauteng, KwaZulu/Natal, Freistaat, Mpumalanga, Nord-West, Ost-Kap, Nord-Provinz, Nord-Kap.

Potentiale, regionale Entwicklungsdisparitäten, Aufgaben und Zwänge für die Wirtschafts- und Entwicklungspolitik der Provinzen werden in dieser Klassifikation voll sichtbar (vgl. Kap. 5.7).

7   Swasiland – eines der letzten Königreiche Afrikas

7.1   Swasiland und der Wandel in Südafrika

Swasiland gehört mit Marokko und Lesotho zu den drei letzten *Monarchien* Afrikas. Das Land wird von dem beispielhaften Demokratisierungsprozeß in Südafrika innenpolitisch und ökonomisch entscheidend getroffen. Mit einer Fläche von 17364 km^2 (etwa die Größe von Rheinland-Pfalz) und knapp 1 Mio. Ew. gehört Swasiland zu den *Kleinstaaten* des Kontinentes, vergleichbar mit Gambia in Westafrika. Auf drei Seiten vom „großen Nachbarn" Südafrika begrenzt, durch Mosambik vom Indischen Ozean getrennt, fällt Swasiland wie Lesotho in die Kategorie der *Binnenstaaten* unter den Entwicklungsländern. Aus dieser geographischen Lage ergibt sich seine ökonomische und infrastrukturelle Abhängigkeit von der Republik Südafrika, mit der es seit 1909 in der Zollunion (SACU, Kap. 4.1) und der Währungsunion Common Monetary Area (CMA) verbunden ist. Der Freiheitskampf und der *Demokratisierungsprozeß* in Südafrika haben das Königreich (Unabhängigkeit 1968) seit 1992 erschüttert, indem Gewerkschaften (SFTU, Gewerkschaftsvereinigung Swasiland) und Oppositionsparteien wie PUDEMO (Volksvereinigung für demokratische Bewegung) nun offen die traditionellen Autoritäten und die Monarchie in Frage stellen. 1995 kam es zu Bombenanschlägen gegen Regierungseinrichtungen, 1995 und 1996 zu Generalstreiks, aber auch im Jahre 1995 zu einer vom Gewerkschaftsdachverband einberufenen Konferenz über die politische Krise; politische Ziele sind die Abschaffung des seit 1973 geltenden Ausnahmezustands (inklusive Parteienverbot), des reaktionären Arbeitsgesetzes (inklusive Streikverbot) und

die Ausarbeitung einer neuen Verfassung mit einer erheblichen Reduzierung der Rechte der traditionellen Autoritäten, durch die sich König Mswati III. mit seinen Beratern und der Leitfigur der Königs-Mutter das letzte Wort bei Entscheidungen über Legislative und Exekutive sichert. Zugleich ist seit der „Wende" in Südafrika die bevorzugte Stellung von Swasiland als Mitglied der „Frontstaaten" gegen das Apartheidregime entfallen; Swasiland profitierte davon als Empfänger überproportionaler Entwicklungshilfemittel und als Standort für Investitionen solcher Unternehmen, die das Apartheid-Südafrika vermieden bzw. verließen (vgl. die Investitionen ostasiatischer Unternehmer und die Verlegung der Fabrik für Getränkekonzentrate der Firma Coca Cola aus Durban/Südafrika nach Matsapa/Swasiland). Die wirtschaftliche Öffnung Südafrikas und die Bemühungen um ausländische Investoren ließen die Investitionen in Swasiland seit 1994/95 fast zusammenbrechen, ein Prozeß, der durch die innenpolitischen Spannungen und Streiks noch verstärkt wurde.

Die niedrige Beteiligung der Bevölkerung an den Parlamentswahlen im Oktober 1998 zeigte, wie stark der Rückhalt der verbotenen Oppositionspartei und der Gewerkschaften ist, die zum Wahlboykott aufgerufen hatten; dennoch unterstrich der König, er sehe keine Notwendigkeit für die Zulassung von Parteien. Mit Recht wiesen südafrikanische Medien Anfang 1999 darauf hin, daß Swasiland durch ein neues Gesetz, das die Macht des Königs und der traditionellen Häuptlinge erweitert, noch stärker zu einem Instabilitätsfaktor in der Region wird.

I. Lebombos

1. Mittlere Höhenlage: 300–800 m NN
2. Mittlere Jahresniederschläge: 500–1000 mm bei 5–6 humiden Monaten
3. Mitteltemperatur des wärmsten Monats: 25–27 °C
4. Mitteltemperatur des kühlsten Monats: 14–16 °C
5. Morphologie und Böden: Schichtstufe mit Lithosolen, über tiefgründig verwitterten Basalten Ferralsole
6. Vegetation: Trockensavanne
7. Ökologische Eignung: Die ausgedehnten Naturweiden mit Süßgräsern bilden eine tragfähige Grundlage für die Rinderhaltung. Das Tälerrelief begünstigt die Anlage von Rückhaltebecken und ermöglicht damit die ganzjährige Wasserversorgung auch dort, wo perennierende Flüsse und Quellen fehlen Akkerbau als Ergänzung ist weitgehend an Senken und Flußtäler gebunden.

II. Lowveld

1. Mittlere Höhenlage: 200–500 m NN
2. Mittlere Jahresniederschläge: 500–700 mm bei 5–6 humiden Monaten
3. Mitteltemperatur des wärmsten Monats: 29 °C
4. Mitteltemperatur des kühlsten Monats: 16 °C
5. Morphologie und Böden: von E nach W ansteigende Rumpffläche über Granit und Gneis, von Inselbergen überragt; Arenosole, in Talauen Fluvisole, auf Kolluvium Vertisole
6. Vegetation: Trockensavanne; Mopane-Wälder, entlang der Flüsse Galeriewälder
7. Ökologische Eignung: Von S nach N nehmen Niederschläge ab, die Niederschlagsverteilung wird unregelmäßiger. Der Regenfeldbau ist risikoreich. Im nördlichen Lowveld wird am Great Letaba die agronomische Trockengrenze erreicht. Die Süßgrasfluren der Trockenwälder bieten gute Voraussetzungen für die Rinderweidewirtschaft. Entlang der Dauerflüsse bestehen vielfältige Möglichkeiten für den Bewässerungsfeldbau. Außerhalb der großen Täler ist die Wasserversorgung in der Trockenzeit sehr schwierig. Episodische Dürreperioden führen zu schweren Verlusten bei den Herden.

III. Middleveld

1. Mittlere Höhenlage: 800–900 m NN
2. Mittlere Jahresniederschläge: 800–1200 mm bei 6–7 humiden Monaten
3. Mitteltemperatur des wärmsten Monats: 26 °C
4. Mitteltemperatur des kühlsten Monats: 13 °C
5. Morphologie und Böden: stark zerschnittene und in Hügelländer aufgelöste Rumpfflächen mit Inselbergen über Granit und Gneis, Lithosole, zum Teil Ferralsole
6. Vegetation: Trockensavanne
7. Ökologische Eignung: Ausreichende Niederschläge in günstiger Verteilung und mit hoher Zuverlässigkeit bilden eine gute Grundlage für den Regenfeldbau. Die Temperaturverhältnisse erlauben ein breites Anbauspektrum. Empfindliche Kulturen werden gelegentlich durch Hagelschlag geschädigt. Relief und Starkregen machen den Raum für die Bodenerosion anfällig. Episodische Dürren.

IV. Randstufenzone (Drakensberge und Hochveld)

a) Randstufenzone (Drakensberge)
1. Mittlere Höhenlage: 1000–2000 m NN
2. Mittlere Jahresniederschläge: 1000–2200 mm bei bis zu 12 humiden Monaten
3. Mitteltemperatur des wärmsten Monats: 21–25 °C
4. Mitteltemperatur des kühlsten Monats: 15–16 °C
5. Morphologie und Böden: Steilabfall der Großen Randstufe, durch Schluchten und Taldurchbrüche gegliedert Reste alter Verebnungsflächen mit Ferralsolen
6. Vegetation: Immergrüne Feucht- und Nebelwälder, durch Forsten ersetzt
7. Ökologische Eignung: Die Reliefenergie verhindert eine agrarische Nutzung. Hohe Niederschläge, zum Teil Nebelniederschlag, und geeignete Temperaturen bedingen gute Wachstumsraten bei Hölzern. Die feuchtkühlen Hochflächenreste eignen sich für Anbau und Saatvermehrung mitteleuropäischer Kulturpflanzen.

b) Hochveld (im Westen)

1. Mittlere Höhenlage: 1700–2000 m NN
2. Mittlere Jahresniederschläge: 800–1 000 mm bei 6–8 humiden Monaten
3. Mitteltemperatur des wärmsten Monats: 20–22 °C
4. Mitteltemperatur des kühlsten Monats: 9–11 °C
5. Morphologie und Böden: Rumpfflächen mit breiten Muldentälern, zur Randstufe hin zerschnitten; auf tertiären Altflächen. Ferralsole, sonst vorwiegend podsolige Bodentypen.
6. Vegetation: Höhengrasland
7. Ökologische Eignung: Zuverlässige Niederschläge ermöglichen den Regenfeldbau. Fröste und episodische Schneefälle lassen in den höchsten Lagen nur eine Schafweidewirtschaft zu.

Übersicht 7.1: Ökologische Kennzeichen und agrarwirtschaftliches Potential der Höhenstufen von Swasiland

nach: C ECH u. a. 1982, S. 8–10

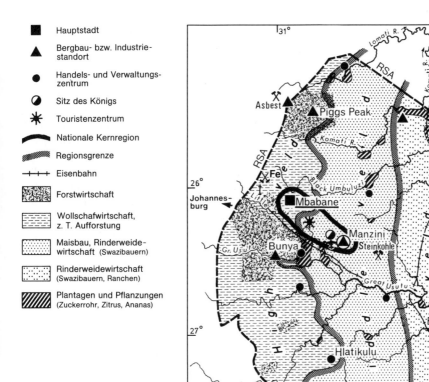

■ Hauptstadt

▲ Bergbau- bzw. Industriestandort

● Handels- und Verwaltungszentrum

◑ Sitz des Königs

✳ Touristenzentrum

〰 Nationale Kernregion

▨ Regionsgrenze

+++ Eisenbahn

▨ Forstwirtschaft

▨ Wollschafwirtschaft, z. T. Aufforstung

▨ Maisbau, Rinderweidewirtschaft (Swazibauern)

▨ Rinderweidewirtschaft (Swazibauern, Ranchen)

▨ Plantagen und Pflanzungen (Zuckerrohr, Zitrus, Ananas)

Abb. 7.1: Höhenstufen und Wirtschaftsräume in Swasiland
W IESE 1988

7.2 Geoökologische Höhenstufen, Bevölkerung und agrare Wirtschaftsräume

In Swasiland, als einem „Randstufenland" auf der feuchten Ostseite Südafrikas, lassen sich lehrbuchhaft vier *geoökologische Höhenstufen* unterscheiden:

– Die Schichtstufe der Lebomboberge an der Grenze gegen Mosambik im Osten,
– das Lowveld/Tiefland als Teil des randtropischen, trockenen Küstenhinterlandes,
– das Berg- und Hügelland des Middlevelds/Mittelvelds in den zentralen Landesteilen als Teil der bioklimatischen Gunstzone an der Grenze der Tropen,
– das Highveld/Hochveld mit der Randstufenzone, den Drakensbergen in Südafrika vergleichbar, und einem kleinen Anteil am subtropischen Binnenhochland.

Übersicht 7.1 gibt Details der geoökologischen Kennzeichen und des agrarökologischen Potentials der Höhenstufen von Swasiland. Nicht zu unterschätzen für die weitere wirtschaftliche und soziale Entwicklung mit steigender Abhängigkeit vom Faktor „Wasser" in Landwirtschaft, Forstwirtschaft und Industrie ist der episodische Einfluß von Dürrekatastrophen im südlichen Afrika (Kap. 2.1.3). Für Swasiland bedeutete die Dürre Anfang der 1990er Jahre (Höhepunkt 1992) einen Rückgang der Maisproduktion um 30 %, substantielle Verluste an Vieh, einen Einbruch in der Agroindustrie (Konserven, Zitrusfrüchte, Zucker) und in der holzverarbeitenden Industrie (Zelluloseherstellung). Die Zerstörung der Wirtschaftsgrundlagen „Wasser" und „Weideland" hat bisher nicht die gebührende Aufmerksamkeit erhalten; 1992 wurde ein Vertrag mit Südafrika über die Nutzung der Wasserressourcen geschlossen, erst 1993 wurde eine Nationale Umweltbehörde (National Environment Agency) eingerichtet, die eine nationale Umweltstrategie ausarbeitet.

Die *agrargeographische Gliederung* des Landes entspricht weitgehend den Höhenstufen. Die Bodenrechtssituation trägt allerdings regional zu einer erheblichen Differenzierung bei: Auf Swasi Nation Land, Kollektiveigentum der Nation, vom König verwaltet, von den Häuptlingen unter Nutzrecht vergeben, leben ca. 90 % der ländlichen Bevölkerung, weitgehend subsistenzorientierte Kleinbauern in Einzelhöfen und Weilern; auf Privatland (title deed land) existieren Farmbetriebe und Plantagen (bis ca. 5000 ha).

Das sehr dünn besiedelte *Lowveld* wurde seit den 1950er Jahren, nach Bekämpfung der Malaria und der Tsetsefliege, Überträgerin der Nagana-Rinderseuche, durch Kleinbauern, Ranchen und Plantagen flächenhaft erschlossen. Die britische Kolonial-Entwicklungs-Gesellschaft (Colonial Development Corporation) finanzierte Zuckerrohrplantagen mit ergänzendem Anbau von Zitrusfrüchten (vermarktet als südafrikanische Outspan); Zucker ist bis heute eines der wichtigsten landwirtschaftlichen Exportprodukte. Randtropische Temperaturen, lange Sonnenscheindauer, die Verfügbarkeit von Wasser aus den Flüssen des Hochlandes für die Bewässerung sowie tiefgründige, mineralreiche Böden machen das Lowveld zu einem wichtigen Produktionsraum. Abseits der Flüsse hat sich aufgrund der Erschließung eine semiintensive Rinderweidewirtschaft entwickelt, z.T. staatliche Ranchen zur Mast der Tiere aus kleinbäuerlichen Betrieben.

Das *Middleveld* ist der alte Kernsiedlungsraum des Landes. Hier liegen in Lobamba bzw. Lozita die Kraale des Königs und der Königs-Mutter, traditionelle Herrschafts- und Verwaltungszentren, sowie das Parlamentsgebäude. Die Städte Manzini, das aktuelle Handels- und Industriezentrum mit dem internationalen Flughafen, und Mbabane, die Landeshauptstadt, markieren die funktionale Kernregion des Landes, das nur einen Verstädterungsgrad von 23 % besitzt. In der im langjährigen Mittel gut beregneten Höhenstufe des Middlevelds konzentrieren sich die kleinbäuerlichen Betriebe der Swasi auf der Basis von Regenfeldbau (Mais, Hirse, Baum-

Sektoren	1976–77	1985–86
BIP insgesamt (zu laufenden Kosten)	245,0	888,6
Forstwirtschaft	75,5	136,0
Bergbau	9,9	18,0
Verarbeitende Industrie	52,5	106,5
Bauwirtschaft	11,7	24,8
Dienstleistungen insgesamt	40,2	335,0
Handel/Hotels		83,1
Transport/Kommunikation		43,5
Banken/Versicherungen		70,5
Dienstleistungen (öffentl. Sektor)		137,9

Tab. 7.1: Swasiland – BIP insgesamt und nach ausgewählten Sektoren (in Mio. Lilangeni = Rand)
nach: MAYER 1993, Tab. 2; für neuere Daten siehe Tab. A 3.5.1

Exportprodukte	1977	1986
Zucker	53,2	245,3
Früchte und Gemüse		66,5
Holz und Holzprodukte	21,5	153,2
Asbest	14,9	24,0
Kohle		10,4
Andere		105,2

Tab. 7.2: Swasiland – ausgewählte Exporte (in Mio. Lilangeni = Rand)
nach: MAYER 1993, Tab. 3; für neuere Daten siehe Tab. A 3.5.7

wolle, Obst) mit ergänzender Rinder- und Ziegenhaltung. Die Bevölkerungsdichte von 120 Ew./km^2 übersteigt aber aufgrund des Bevölkerungswachstums, der Landknappheit und fehlender landwirtschaftlicher Innovationen die aktuelle Tragfähigkeit dieser Höhenstufe. Bodenerosion und Landschaftsdegradierung haben ein alarmierendes Ausmaß erreicht. Gegenmaßnahmen zeigen aufgrund der sozioökonomischen Situation (Bevölkerungswachstum, Wanderarbeit, Verarmung; Prestige-Rinderhaltung) und des Landmangels keine Wirkung. Auf Eigentum und Pachtland existieren im Middleveld Farmen von weißen Betriebsleitern; sie stellen ein Politikum dar, da sie auf der einen Seite erhebliche Flächen von ehemaligem „Swasi"-Land einnehmen, auf der anderen Seite einen wichtigen Beitrag zur Maisproduktion, dem Hauptnahrungsmittel, und zur Exportproduktion von Südfrüchten (Zitrusfrüchte, Ananas) leisten – die Frage der Bodenreform stellt sich auch in Swasiland.

Die *Hauptstadt Mbabane* wurde Ende des 19. Jahrhunderts von der britischen Kolonialverwaltung im malariafreien, bioklimatisch für Europäer günstigen *Highveld* angelegt. Sie ist eine typische Beamtenstadt – und mit ca. 75000 Ew. (1995) eine der kleinsten Hauptstädte Afrikas. In den 1950er Jahren wurden von der Kolonialverwaltung – und anschließend vom Staat – im Highveld riesige Kiefern- und Eukalyptusforsten angelegt. Sie ersetzten die extensiv genutzten

Weidegebiete durch „Holzplantagen": Bei idealen Wachstumsbedingungen für schnell wachsende exotische Hölzer (Pinus spp. aus Mexiko und Eukalyptus spp. aus Australien) liefert die ca. 100000 ha große Forst-

zone Holz für die Zelluloseindustrie (ca. 25 % des Exportwertes von Swasiland) und für die Sägewerke des Landes, die im „holzarmen" Südafrika Schnittholz, Grubenholz und Telegrafenmasten produzieren.

7.3   Bergbau, Industrie und Dienstleistungen

Der *Bergbau* in Swasiland hat eine lange Tradition: Am „Eisenberg" von Ngwenya im Highveld wurden Zeugnisse von altem afrikanischem Bergbau und von Eisenverhüttung gefunden (5. Jahrhundert). In den 1960er und 1970er Jahren blühte der Eisenerzbergbau – Exporte nach Japan über Maputo in Mosambik –, aber die Erschöpfung der Reicherze und die internationale Konkurrenz führten zur Schließung des Tagebaus im Jahre 1979. Der Asbestbergbau im Nordwesten des Landes überlebte bisher dank seiner „Einbettung" in einen südafrikanischen Konzern. Die Steinkohle im Middleveld hat einen wichtigen Stellenwert für die Energieproduktion und trägt zum Export (nach Kenia) bei.

Seit den 1960er Jahren baute Simbabwe eine exportorientierte *Konsumgüterindustrie* auf. Nach der Agroindustrie (Zuckerfabriken auf den Plantagen im Lowveld; Nahrungs- und Genußmittelindustrie im Industriegelände von Manzini-Matsapa) und der Holz-, Möbel- bzw. Zelluloseindustrie im Hochland waren es arbeitsintensive Branchen für Billiglohngruppen, wie Textil- und Bekleidung, die in der zweiten Hälfte der 1980er Jahre expandierten. Manzini in geographisch und

funktional zentraler Lage wurde zum Industriezentrum des Landes. Swasiland nutzte die Vorteile, die sich aus der Zugehörigkeit des „Frontstaates" zur SACU (freier Handel mit Südafrika) und zu den AKP-Ländern (Handelspräferenzen mit den Industrieländern) ergaben. Der Anteil der Industrie am BIP stieg auf 38 % (1992), und Swasiland wurde von der Weltbank in die Kategorie der lower-middle income developing countries eingeordnet (BIP/Kopf US-$ 1520, 1997). Nach der „Wende" in Südafrika stagniert, wie oben angedeutet, die Industrieentwicklung in Swasiland, da ausländische Investoren nun unmittelbar im größten und kaufkräftigsten Markt Afrikas südlich der Sahara investieren.

Der *Tourismus* hat ebenfalls „ausgedient". In der Apartheidphase Südafrikas war Swasiland wie Lesotho eine „nicht-rassische" Zufluchtsstätte mit Hotels, Casinos – und einer bedeutenden Prostitutionsszene. Der Fortfall überholter Kontrollen und die Werbestrategie des „neuen Südafrika" als Hoffnungsträger Afrikas sorgen dort für einen boomenden Fremdenverkehr (Kap. 4.5.2), während in Swasiland und Lesotho Entlassungen erfolgten.

7.4   Perspektiven

Wirtschaftliche Stagnation wegen ausbleibender Auslandsinvestitionen, Unruhen aufgrund offen ausgetragener sozial-politischer Konflikte zwischen Konservativen/Traditionalisten und Progressiven/Demokraten bedingen seit 1993 Instabilität in „Afrikas letzter ab-

soluter Monarchie" (taz 30.01.96; Neues Deutschland 01.04.96). Die traditionellen Herrschaftsstrukturen des Dlamini-Clans, der die leitenden Beamten stellt und dem die beiden größten Unternehmensgruppen des Landes gehören, haben in der „Schweiz Südafrikas" bisher politische Stabilität durch Unterdrückung und Korruption erreicht, doch erwarten viele Einwohner nach den Veränderungen in Südafrika (1991/92) auch einen *demokratischen Wandel* in Swasiland – sozialen, wirtschaftlichen und politischen Umbau.

Dies wird mitbedingt durch die Tatsache, daß mindestens 30000 Swasi als *Wanderarbeiter* in Südafrika beschäftigt sind. Im Einzugsbereich der Bergbau- und Industrieagglomeration Witwatersrand, der Plantagenwirtschaft in Osttransvaal/Mpumalanga und Nordnatal ist Swasiland seit dem 19. Jahrhundert bereits in das Wanderarbeitersystem Südafrikas eingebunden (Kap. 3.4.2), galt es – wie Lesotho – als „Arbeitskräftereservoir". Angesichts eines Bevölkerungswachstums von 3,2 % und eines erheblichen Anteils von landwirtschaftlichen Klein- und Kleinstbetrieben an der Armutsgrenze sind die Bewohner von Swasiland auf den Arbeitsmarkt in Südafrika angewiesen. Sie werden durch die verminderte Einstellung ausländischer Wanderarbeiter in Südafrika hart getroffen. Die Zunahme der *Arbeitslosigkeit* (1990 ca. 30 %) und der *Armut* bei ungerechter Einkommens- und Wohlstandsverteilung (1990: die wohlhabenden 5 % der Bevölkerung verfügen über 25 % des Gesamteinkommens, die armen 40 % über 11 % des Gesamteinkommens des Landes) bedingen ein starkes Anwach-

sen der Erwerbstätigkeit im informellen Sektor (1990 ca. 92500 Personen im formellen Sektor, ca. 15000 im informellen Sektor; 1990–1993: pro Jahr nur ca. 2000 neue Arbeitsplätze im formellen Sektor bei jährlichem Bedarf von ca. 8000 Arbeitsplätzen; nach Unterlagen der ADB) und in der bereits überbesetzten Landwirtschaft, in der 80 % der Haushalte unter der Armutsgrenze leben (nach Unterlagen der ADB, 12/1994). Die politische und ökonomische Perspektivlosigkeit der Jugendlichen führen zu illegaler Arbeitssuche in Südafrika, das eine Welle von politischen Flüchtlingen aus Swasiland verhindern will, bzw. zu *Kriminalität* (inklusive Kfz.- und Waffenschmuggel) und Drogenhandel.

Das von der Weltbank mit Swasiland ausgehandelte „modifizierte Strukturanpassungsprogramm" und die vom Planungsministerium vorbereitete *Nationale Entwicklungsstrategie* im Sinne einer an den nationalen Ressourcen orientierten Ent-wicklung sollten ab 1996 neue Perspektiven eröffnen (BAUMHÖGGER 1996, S. 391). Angesichts der bisher bekannten negativen sozialen Folgen der Weltbank-Strukturanpassungsprogramme in Afrika, angesichts des Mangels an nationalem Management-Know-how, an Kapital und Unternehmern sowie angesichts der Enge und geringen Kaufkraft des nationalen Marktes sind diese Entwicklungsansätze fraglich. Sie müssen im Lichte der

Tab. 7.3: Swasiland – Grunddaten der Lebensverhältnisse
nach: MAYER 1993, Tab 4; UNDP 1998, Tab. im Anhang

	Jahr	Wert	Einheit
Bevölkerung unterhalb der Armutsgrenze	1980/1989	49	% der Gesamtbevölkerung
Lebenserwartung	1990/1996	56,8/57	Jahre
Sterberate bei Kindern unter 5 Jahren	1990	167	pro 1000 Lebendgeburten
Alphabetisierungsrate bei Erwachsenen	1990/1995	72 /77	%
Zugang zu Gesundheitsdienstleistungen	1989/1995	80 /70	% der Gesamtbevölkerung
sauberer Wasserversorgung	1990/1996	53 /60	% der Gesamtbevölkerung

engen Verflechtungen von Swasiland mit Südafrika (Abhängigkeit von Südafrika als Außenhandelspartner, als Quellenland der Gastarbeiterüberweisungen und des SACU-Anteils, als Herkunftsland privater Investitionen) sowie angesichts der sich vertiefenden regionalen Kooperation im größeren südlichen Afrika überdacht werden (Kap. 9). Ein Rückgang der bis in die ausgehenden 1980er Jahre hohen öffentlichen Entwicklungshilfezahlungen hat bereits eingesetzt (Swasiland gehörte z.B. noch im Jahre 1990 mit US-$ 69/Ew. und 175 im Lande operierenden Gebern zur Spitzengruppe der Empfängerländer; nach Unterlagen der ADB, 12/1994). Zur Zurückhaltung der bilateralen und multilateralen Geber trug auch ein im Mai 1996 veröffentlichter Länderbericht des US-Außenministeriums bei. In ihm werden massive Menschenrechtsverletzungen, die Einschränkung der Versammlungsfreiheit und der politischen Betätigung, die Verhaftung oppositioneller Führer sowie die gesellschaftliche und kulturelle Diskriminierung von Frauen in Swasiland dokumentiert. Die Regierung allerdings verbat sich diese Aussagen und verurteilte sie als Einmischung in die inneren Angelegenheiten des Landes. Südafrika, wo in Mpumalanga ca. eine Millionen Swasi leben, wird sein politisches Gewicht in der Region einsetzen, um, wie im Falle von Lesotho, eine bürgerkriegsartige Eskalation zu verhindern und eine regionale *Konfliktregelung* durchzusetzen. Im März 1996 trafen sich die Präsidenten von Südafrika, Simbabwe und Botswana mit dem König von Swasiland in Pretoria; sie rieten ihm „väterlich", die Jahre 1973 suspendierte Verfassung wieder in Kraft zu setzen.

8 Lesotho – ein Gebirgsland der Peripherie

Das *Königreich* Lesotho, mit ca. 30000 km² etwa so groß wie Nordrhein-Westfalen oder Belgien, ist – wie Swasiland – ein von Südafrika in zahlreicher Hinsicht abhängiger kleiner *Binnenstaat* mit ca. 2 Mio. Ew. Da das Land durchschnittlich über 1500 m NN hoch liegt und ca. 70 % der Landesfläche dem subtropischen Gebirgsmassiv des Basuto-Hochlandes angehören (mittlere Höhe 2500 m NN, höchste Gipfel im südlichen Afrika um den 3482 m NN hohen Thabana N'Tlenyana), wird es auch als „Dach Afrikas" oder „Kingdom in the Sky" bezeichnet. Der Senqu-Oranje und seine Nebenflüsse zerschneiden das Gebirgsland in tiefe Cañons. Das Hochland bricht an seiner Nordost- bzw.

Südostseite mit den über 1000 m NN hohen Drakensbergen gegen die südafrikanischen Provinzen KwaZulu/Natal bzw. Ost-Kap ab.

Lesotho, seit 1966 unabhängig, ging – wie Swasiland – aus einem ehemaligen Britischen Protektorat hervor: Das kleine Königreich hatte sich 1868 nach erheblichen Landverlusten durch burische Siedler unter den Schutz der Britischen Krone gestellt, um nicht vollends von Südafrika annektiert zu werden. Es widerstand allen derartigen Versuchen, ist aber bis heute „Arbeitskräftereservoir" für Südafrika (ca. 250000 Lohnarbeiter aus Lesotho, davon ca. 90000 im Bergbau, mit rückläufiger Tendenz), und noch stärker als Swasiland von den Ver-

Abb. 8.1: Entwicklung des Staatsgebietes von Lesotho
WIESE 1998

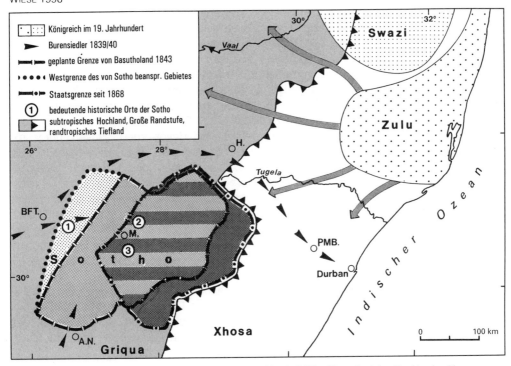

① Thaba Nchu, ② Thaba Bosiu, ③ Morija; A.N. = Aliwal North; BFT = Bloemfontein; H = Harrismith; M = Maseru; PMB = Pietermaritzburg

kehrslinien, von Handel und Kapital aus Südafrika abhängig. Seit Jahrzehnten ist Lesotho – wie Swasiland – Mitglied der Zollgemeischaft SACU und des gemeinsamen Währungsblocks CMA. Im Rahmen des Lesotho Highlands Water Project (Kap. 8.4) erfährt der Kleinstaat allerdings eine Aufwertung: Lesotho verkauft seit 1998 offiziell Wasser an Südafrika, dessen Ressourcen angesichts der steigenden Nachfrage in Gauteng und Mpumalanga nicht mehr ausreichen (Kap. 2.2, Abb. 2.11), und Lesotho verfügt seit 1998 über eine nationale Elektrizitätsversorgung.

8.1   Lesotho und der Wandel in Südafrika

Lesotho wurde wie Swasiland seit Anfang der 1990er Jahre durch die politischen, sozialen und wirtschaftlichen *Veränderungen* in Südafrika betroffen. Auch hier verschärfte sich der Gegensatz zwischen Traditionalisten/Königstreuen und Demokraten, zwischen machtbesessenen „Altstrukturen" und Bewegungen, die von den demokratischen Veränderungen in Südafrika angeregt wurden. 1993 gab sich Lesotho eine neue Verfassung, und die ersten freien Wahlen seit 1970 fanden statt. Die Auseinandersetzungen zwischen Traditionalisten und Progressiven, aber auch zwischen unterschiedlichen Clans, führten bei sich verschlechternder Wirtschaftslage zu immer wieder aufbrechenden Unruhen. 1994 bedurfte es mehrerer Friedensmissionen durch die Vermittlerstaaten Südafrika, Simbabwe und Botswana, um die bürgerkriegsartigen Konflikte zu beenden (BAUMHÖGGER 1995).

Ende 1998 eskalierten die innenpolitischen Auseinandersetzungen in Lesotho wiederum derartig, daß der Premierminister Länder der SADC um eine militärische Intervention bat. 3000 Soldaten aus Südafrika und Botswana marschierten in Lesotho ein, wo sie auf unerwarteten Widerstand stießen. Diese Truppen stehen auch Anfang 1999 noch im Lande, und sollen solange bleiben, bis demokratische Verhältnisse wieder eingeführt sind; für die Oppositionsparteien stellt die Truppenpräsenz aber eine unnötige Einmischung in die inneren Angelegenheiten des Landes dar. Für Südafrika bedeutet die Teilnahme an dieser Intervention erstmals den Eingriff in einen Konflikt in einem Nachbarland. Die Medien wiesen darauf hin, daß damit eine neue Diskussion über Südafrikas außenpolitische Rolle einsetzte.

Wie für Swasiland hat sich auch die entwicklungspolitische Bewertung von Lesotho mit dem Ende der Apartheid in Südafrika verändert: Es ist nicht mehr von internationalen Gebern bevorzugtes Mitglied der „Frontstaaten"; es profitiert nicht mehr als „Ausweichland" von Investitionen in Industrie und Dienstleistungen. Die Rezession der beginnenden 1990er Jahre und die neue Innenpolitik Südafrikas ließen die Zahl der Sotho-Wanderarbeiter in Südafrikas Bergbau zurückgehen, auf deren Überweisungen bis zu 80 % der Familien angewiesen sind. Große Teile der Bevölkerung sanken unter die Armutsgrenze ab, da zugleich in Lesotho die sozialen Folgen des Strukturanpassungsprogramms der Weltbank spürbar wurden: Ansteigen der Arbeitslosigkeit auf über 25 % durch Entlassungen im öffentlichen Dienst, Arbeitsplatzverluste durch Privatisierung oder Schließung staatlicher und halbstaatlicher Unternehmen, wie der Omnibusgesellschaft, der Mühlenbetriebe oder des Schlachthofs. Eine „Rückkehr" der Betroffenen in die Landwirtschaft verschärft in diesem ökologisch risikoreichen Sektor den Druck auf die Ressourcen und erhöht die *Armut*.

8.2 Begrenzte Ressourcen und Armut

Die *Bevölkerung* Lesothos konzentriert sich in den sog. Lowlands und in den Foothills im Nordwesten des Landes. Hier leben in 1 200 bis 1 800 m NN auf einem Drittel des Staatsgebietes ca. 70 % der Bevölkerung. Sie konzentriert sich in der Landeshauptstadt Maseru (ca. 50 000 Ew.) sowie in den Klein- und Mittelstädten in Grenznähe. Der Verstädterungsgrad ist mit ca. 20 % gering, da die Masse der Bevölkerung noch in Einzelhöfen und Weilern im ländlichen Raum lebt. In den Lowlands und Foothills herrscht mit Dichten bis zu 200 Ew./km^2, bis zu 600 Ew./km^2 ackerbaulich genutzter Fläche, strukturelle Übervölkerung; nur die Überweisungen der Gastarbeiter aus Südafrika, inzwischen auch der Schmuggel von Autos und Drogen sowie Viehdiebstahl sichern das Überleben. Die Degradierung der natürlichen Ressourcen, wie die Vernichtung der Busch- und Grasvegetation, – natürliche Wälder existieren nicht, Forsten kommen wegen Viehverbiß und Baumdiebstahl zum Heizen und Kochen nicht auf – und Bodenerosion schreitet fort, und vor allem in der Gebirgsregion herrscht wachsende Armut. Der Bevölkerungsdruck hat inzwischen bei mittleren jährlichen Zuwachsraten von 2,6 % zu erheblicher Bevölkerungsverdichtung auch in den Tälern und Becken sowie auf den bis zu 3000 m NN

hohen Flächen des Basuto-Hochlandes geführt. Auf den bis in die 1980er Jahre dünn besiedelten, an der Grenze der Dauersiedlung gelegenen Hochflächen wächst die Bevölkerung durch Zuwanderung. *Die Zerstörung der natürlichen Ressourcen* durch Überweidung (Rinder, Schafe, Ziegen), durch die Ausdehnung von Anbauflächen in marginale Lagen und durch die Gewinnung von Brennmaterial – die Winter sind bitterkalt – hat alarmierende Ausmaße erreicht. Die Umsetzung des Nationalen Umweltaktionsplans (National Environment Action Plan, NEAP) läßt zu wünschen übrig: Die Handwerks- und Industriebetriebe eignen sich nicht als erstrangige Zielgruppe für Umweltauflagen, da sie für Arbeitsplätze und Steueraufkommen lebensnotwendig sind. In der Landwirtschaft lassen sich Umweltschutzmaßnahmen kaum durchsetzen: Traditionelle Autoritäten, wie die Häuptlinge, wollen nicht auf die Vergabe profitabler Weiderechte verzichten, dabei ist eine Senkung des Viehbestandes dringend erforderlich; die Bauern wollen die Zahl der Tiere nicht senken, da die Rinder als „Sparkasse auf vier Beinen" betrachtet werden, als „Brautpreisgabe" sozial bedeutend sind, und das Kleinvieh Bareinkommen aus Wolle bzw. Fleisch bringt. Zudem ist das Interesse an arbeitsaufwendigen, erst langfristig wirk-

Tab. 8.1: Lesotho – Sozialindikatoren
nach: Post 1993, Tab. 4; UNDP 1998, Tab. im Anhang

	Einheit	1960	1980	1990	1995
Lebenserwartung bei Geburt	Jahre	41,6	51	57,3	58
Säuglingssterblichkeit	pro 1000 Geburten	144	115	96	96
Zugang zu Trinkwasser	% der Bevölkerung	–	17	48	62
Alphabetisierungsrate	% der Bevölkerung	–	52	78	71
Einschulungsraten					
in Primarschulen	%	94	104[1]	112[1]	114
in Sekundarschulen	%	4	17	25	28

[1] Eingeschult sind 100 % der Altersstufe; zusätzlich besuchen Erwachsene die Primarschulen.

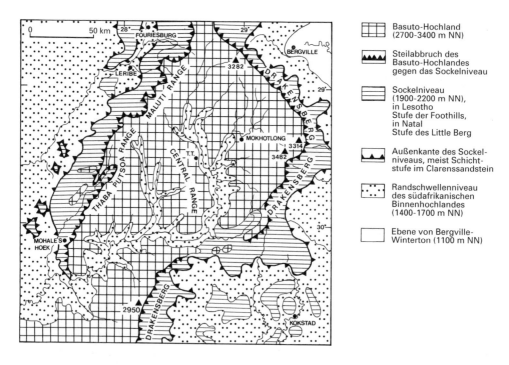

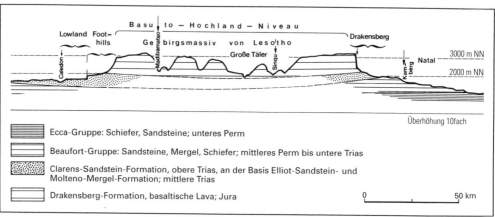

Abb. 8.2: Lesotho – Oberflächenformen und Landschaftsgliederung
WIESE 1997

samen Konservierungsmaßnahmen in einer Armutssituation (wie in anderen Ländern Afrikas, vgl. das Gebirgsland Rwanda) gering, da es zunächst einmal gilt, das Überleben der Familie zu sichern und Bareinkommen zu erwirtschaften.

Hier hat die *Wanderarbeit* eine umstrittene Funktion: Sie führt zu einer beträchtlichen – und notwendigen – Erhöhung der Kaufkraft im ländlichen Raum, und auch der Staatshaushalt von Lesotho erzielte bis in die 1990er Jahre 40 bis 70 % seiner Einnahmen aus

Art des Problems	% der Bauern, die Problem nannten	
	in den Foothills	im Gebirge*
Wurmbefall von Mais	100	100
Dürre	97	100
Hagel	66	94
zuviel Regen	60	50
Unkrautbefall	56	12
Fehlen von landwirt-schaftlichen Geräten	50	25
Fehlen von Zugkraft	44	12
kein gutes Saatgut	19	0
Frost	13	63
Viehdiebstahl	9	13
arme Böden	9	0
Rattenplage	9	0
Sturmschäden	9	0
Fehlen von Düngemitteln	6	0
Bodenerosion	3	0
Vogelschäden	3	0
Schneefall	0	38
Wildschäden	0	6
Mangel an Arbeitskräften	0	6

* vorwiegend Wollschaf- und Mohairziegen-Weide-wirtschaft, ergänzender Ackerbau

Tab. 8.2:　Probleme in der Landwirtschaft in Lesotho

nach:　　Unterlagen des Ministry of Agriculture, Maseru 1978

den mit Südafrika vereinbarten Zwangsüber-weisungen der Gastarbeiter. Die Wander-arbeit hat jedoch gravierende soziale Fol-gen, wobei die Aussagen von MURRAY (1981) in seiner Studie „Families divided" noch weitgehend gelten. Die Wanderarbeit schwächt zudem die landwirtschaftliche Ent-wicklung und Produktion: Sie entzieht dem Land im Durchschnitt 50 %, regional bis zu 80 % der arbeitsfähigen Männer; es fehlt die

Motivation zur vollberuflichen Tätigkeit in der Landwirtschaft, da die Lohnarbeit in Süd-afrika ein höheres Einkommen bringt als schwere Feldarbeit unter erheblichen öko-logischen Risiken im Heimatdorf. Zudem überschwemmt das Warenangebot süd-afrikanischer Farmen (Mais, Gemüse, Obst, Fleisch) den Markt von Lesotho, wo schlech-tere Qualität aus traditionellen Bauernbetrie-ben keinen Absatz findet.

Der Staat bemüht sich mit erheblicher internationaler Kapital- und Expertenhilfe um die Förderung der *Landwirtschaft:* Pflugbau und Traktorenstationen, Saatgut- und Düngemittelverkaufszentren, kleine Bewäs-serungsanlagen für den Gemüsebau, land-wirtschaftlicher Beratungsdienst und inte-grierte ländliche Entwicklung sollen zur Stei-gerung der landwirtschaftlichen Produktion und zur Qualitätsverbesserung beitragen, um die Erhöhung der Einkommen im länd-lichen Raum und den Abbau der Wander-arbeit zu fördern. Die Vielzahl der unkoor-dinierten Entwicklungsmaßnahmen zahl-reicher Geberländer und Organisationen wirkt aber eher verwirrend als fördernd und ist sogar kontraproduktiv, indem sie eine „Empfängerhaltung" hervorruft (HUISMAN 1994).

Die Agrarproduktion leidet unter erhebli-chen *ökologischen Risiken:* Die Hauptan-baugebiete erhalten zwar im langjährigen Mittel ausreichende Sommerregen von 600 bis 800 mm/Jahr bei 4 humiden Monaten, aber die Niederschlagsvariabilität, Dürren wie zwischen 1990 und 1993, Spätfröste und verheerende Stürme bedeuten ein erhebli-ches Ernterisiko. Hinzu kommt ein starker Schädlingsbefall, vor allem beim Basisgut Mais. Die natürlichen Ressourcen der Wei-dewirtschaft in den Gebirgstälern und auf den Hochflächen nehmen von Jahr zu Jahr ab: Der Übergang von einer transhumanen Wanderweidewirtschaft zur Dauerweide in der ökologisch fragilen Hochgebirgsstufe wegen Landmangel und unzureichendem Futterbau im Tiefland führt zu katastrophaler

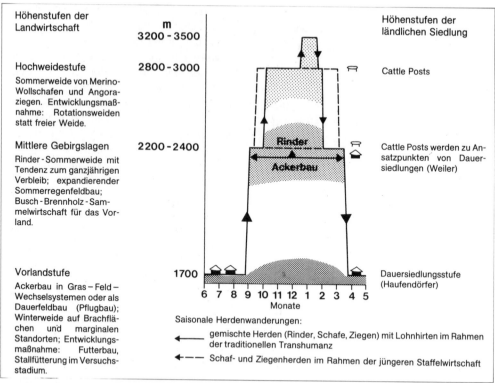

Höhenstufen der Landwirtschaft	m 3200 - 3500		Höhenstufen der ländlichen Siedlung

Hochweidestufe 2800-3000
Sommerweide von Merino-Wollschafen und Angora-ziegen. Entwicklungsmaß-nahme: Rotationsweiden statt freier Weide.

Cattle Posts

Mittlere Gebirgslagen 2200-2400
Rinder-Sommerweide mit Tendenz zum ganzjährigen Verbleib; expandierender Sommerregenfeldbau; Busch-Brennholz-Sam-melwirtschaft für das Vor-land.

Rinder
Ackerbau

Cattle Posts werden zu An-satzpunkten von Dauer-siedlungen (Weiler)

Vorlandstufe 1700
Ackerbau in Gras–Feld–Wechselsystemen oder als Dauerfeldbau (Pflugbau); Winterweide auf Brachflä-chen und marginalen Standorten; Entwicklungs-maßnahme: Futterbau, Stallfütterung im Versuchs-stadium.

Dauersiedlungsstufe (Haufendörfer)

6 7 8 9 10 11 12 1 2 3 4 5
Monate

Saisonale Herdenwanderungen:

◄——— gemischte Herden (Rinder, Schafe, Ziegen) mit Lohnhirten im Rahmen der traditionellen Transhumanz

◄– – – Schaf- und Ziegenherden im Rahmen der jüngeren Staffelwirtschaft

Abb. 8.3: Die Dynamik in den Höhenstufen der Landnutzung in Lesotho
WIESE 1988, nach Forschungsreisen 1981 und 1983

Überweidung durch Merino-Wollschafe und Mohair-Ziegen, die für die bäuerlichen Ein-kommen und den Export (Wolle, Mohair) be-deutend sind. Angesichts der ökologischen Risiken und der Ressourcendegradierung ist an eine Ernährungssicherung auf nationaler Ebene in Lesotho nicht zu denken; das Land wird auf Nahrungsmittelimporte, bei Dürre-katastrophen auf Nahrungsmittelhilfe, ange-wiesen bleiben.

8.3 Die nicht-agrare Wirtschaft

In den 1970er Jahren setzte in Lesotho mit staatlicher und internationaler Förderung die Schaffung von Arbeitsplätzen in der *Industrie* ein. Arbeitsintensive Klein- und Mittelbetriebe mit Frauenarbeit in den Sektoren Bekleidung, Schuhe oder Montage von Elektroartikeln so-wie das Handwerk (Teppichweberei, Keramik-herstellung) für den Export nach Südafrika und in die EU hatten Erfolg. Mitte der 1990er Jahre trugen Industriewaren zu 80 % des Ex-portwertes bei, u.a., da die Weltmarktpreise für die traditionellen Exportwaren Wolle und Mohair niedrig waren. Die ausländischen In-vestitionen konzentrierten sich auf den Wachstumspol Mapoetso an der Grenze zu Südafrika im Westen des Landes. Seit der „Wende" in Südafrika ist das Interesse aus-ländischer Investoren an Lesotho erheblich zurückgegangen, da man nun unmittelbar auf dem südafrikanischen Markt produziert, wenn

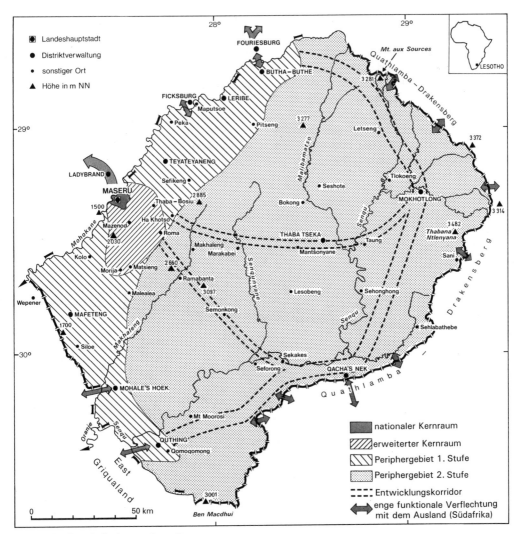

Abb. 8.4: Raumgliederung Lesotho
WIESE 1998

Tab. 8.3: Lesotho – Entstehung des BIP   nach: POST 1993, Tab. 2; Weltbank 1999, Tab. im Anhang

	Einheit	1975	1980	1990	1997
BIP	Mio. US-$	k.A.	369	k.A.	950
BSP pro Kopf	US-$	k.A.	420	530	670
Sektorenanteile[1]	%				
Landwirtschaft	%	43,3	23,5	21,3	14
Verarbeitende Industrie	%	4,1	6,5	14,2	16
Baugewerbe	%	3,0	13,3	22,2	k.A.
Dienstleistungen	%	13,7	47,0	k.A.	45

[1] Wertschöpfung in % vom BIP

auch die Löhne für Frauenarbeit in Lesotho um bis zu 50 % unter dem südafrikanischen Standard liegen. Zugleich bedingen die Billigimporte von Textilien und Schuhen aus asiatischen Ländern eine verschärfte Konkurrenz für einheimische Produzenten, so daß die industrielle Entwicklung trotz steuerlicher Anreize und restriktiver Lohnpolitik stagniert. Der *informelle Sektor* wird mehr und mehr zum Auffangbecken der Erwerbstätigen.

Der *Tourismus* bleibt marginal, da Lesotho zwar eine faszinierende Gebirgskulisse zu bieten hat, die Besucher aber „Sonne, Strände, wilde Tiere" wünschen, und die touristische Infrastruktur in Lesotho sehr schwach entwickelt ist. Wie in Swasiland entfallen seit den ausgehenden 1980er Jahren auch die „verbotenen Reize", wie Spielcasino und Prostitution, da diese „Sektoren" auch in Südafrika immer zugänglicher wurden.

Abb. 8.5: Mittlere Jahresniederschläge in Lesotho
nach: Unterlagen des Metereologischen Dienstes Maseru

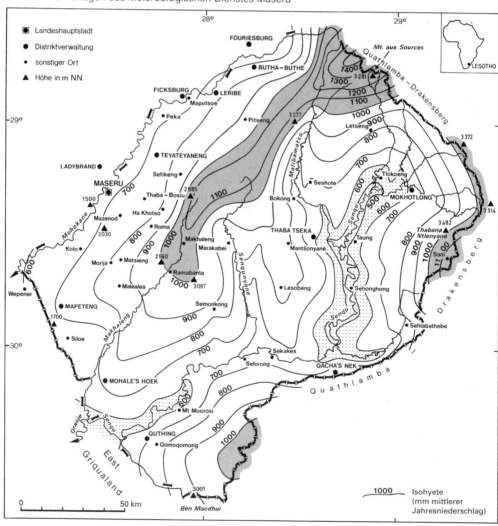

8.4 Das Lesotho Highlands Water Project

Um die Staatseinnahmen zu erhöhen, vermarktet Lesotho seinen *Wasserreichtum.* Im Hochland liegen die Quellgebiete der großen Ströme Senqu-Oranje und Tugela, die wasserwirtschaftlich von erheblicher Bedeutung für den Nachbarn Südafrika sind. Das Lesotho Highlands Water Project (LHWP) ist das größte Wasserbauvorhaben in der Geschichte des gesamten südlichen Afrika. Fünf Staudämme und 200 km Tunnel werden errichtet, um aus dieser niederschlagsreichen Höhenstufe die Wirtschaftsmetropo-

len von Gauteng im semiariden Binnenhochland von Südafrika zu versorgen (Abb. 2.11; Kap. 6.1). Der Oranje-Senqu-Fluß und seine Nebenflüsse werden in ihren Quellgebieten gefaßt, nach Norden umgeleitet und in das Flußsystem des Vaal eingespeist. Elektrizitätserzeugung und kleine Bewässerungsvorhaben in Lesotho ergänzen das Projekt. 1986 schlossen Lesotho und Südafrika den Vertrag über das LHWP. Ende 1996 aber verlangte Südafrika die Revision des Vertrags, und zwar vor Beginn der nächsten Baupha-

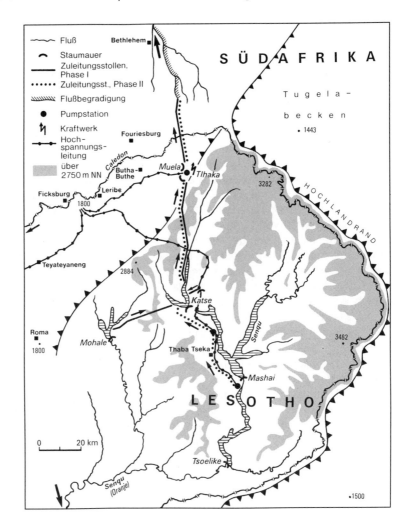

Abb. 8.6:
Das Lesotho Highlands Water Project
nach:
Unterlagen der Lesotho Highlands Water Authority

se, da Südafrika bisher keinen Einfluß hat auf die Ausgaben der erheblichen Summen, die Lesotho von Südafrikas Wasserverbrauchern beziehen wird.

Die vorbereitenden Arbeiten, wie Straßenbau in die abgelegene Gebirgsregion, begannen 1988, der Baubeginn für Phase I, den Katse-Staudamm (182 m Höhe, höchste Staumauer in Afrika) und die ersten Tunnelanlagen, erfolgte 1992; 1996 wurden der Staudamm und der erste Tunnel für die Wasserüberleitung nach Südafrika fertiggestellt – seit 1997 fließt Wasser aus Lesotho zum Witwatersrand. Die Kosten für den ersten Bauabschnitt (Staudämme von Katse und Muela, Fernwasserleitungen inklusive 82 km Tunnelstrecken, Wasserkraftwerk in Muela und Bewässerungsanlagen) beliefen sich zwischen 1988 und 1997 auf ca. US-$ 5 Mrd. Die Kosten für die nächste Phase, unter anderem den Bau des Mohale-Staudamms, werden auf weitere US-$ 3 Mrd. geschätzt.

Für die Abwicklung gründete die Regierung von Lesotho die *Lesotho Highlands Water Authority* (LHWA), die sich angesichts der Größenordnung dieses Projektes zu einem „Staat im Staat" entwickelt hat. Zinsen und Tilgung für die Hauptkomponente „Wasserversorgung" werden von Südafrika bedient, da sie die Kapazitäten von Lesotho bei weitem übersteigen; der Kleinstaat ist für die beiden Komponenten „Elektrizitätsgewinnung" und „Bewässerung" zuständig, die in seinem unmittelbaren nationalem Interesse liegen. Das Projekt wird von Südafrika sowie über Kredite der Weltbank, der Afrikanischen Entwicklungsbank und des Europäischen Entwicklungsfonds finanziert. Nach der Fertigstellung des Gesamtvorhabens im Jahre 2020 wird Lesotho, das zu den ärmsten Ländern Afrikas gehört, Staatseinnahmen von ca. US-$ 50 Mio./Jahr aus dem Verkauf des Wassers (bis zu 30 m^3 Wasser/Sekunde) an

Südafrika erzielen, die die Verluste durch den Rückgang der Einnahmen von Wanderarbeitern teilweise wettmachen. Ein beachtlicher Teil der Einnahmen aus dem LHWP wird in den 1993 eingerichteten LHWP Development Fund eingespeist, aus dem mittel- und langfristige Entwicklungsmaßnahmen finanziert werden.

Wie bei einem solch gewaltigen Projekt nicht anders zu erwarten, haben sowohl die sozialen, kulturellen als auch die ökologischen Folgen erhebliche *Proteste* hervorgerufen: Die Beschäftigung von Gastarbeitern aus den Philippinen als Bauarbeiter statt arbeitsloser Sotho; die Umsiedlung von ca. 2000 Bauern in der Hochgebirgsregion; die massiven Eingriffe in den Wasserhaushalt des Senqu-Oranje, der entscheidenden Wasserader von Lesotho und großer Teile von Südafrika; der Verlust von Hunderten sogenannter Buschmann-Felsmalereien, entstanden zwischen dem ersten Jahrtausend vor bis in das 19. Jahrhundert unserer Zeitrechnung. Angesichts der Armut von Lesotho, das langfristig auf die Einnahmen aus dem „Wasserverkauf" angewiesen ist, und des drohenden Wassernotstandes in der Region Gauteng, einem Verdichtungsraum von internationalem Rang, müssen diese Folgen aber inkaufgenommen werden.

SCHLÖMER (1998) faßte die Kritik von Umweltschützern und Ethnosoziologen zusammen, indem er darauf hinwies, daß bis zu 20000 Sotho ihre bäuerliche Lebensgrundlage verlieren. Zwar sieht der Vertrag zwischen Südafrika und dem Königreich Lesotho Entschädigungen für die Betroffenen vor, denen man auch für die nächsten 15 Jahre die Ernteausfälle in der Landeswährung bezahlt. Die Bewohner aber fordern „Land für Land" – dies aber ist im übervölkerten und ökologisch risikoreichen Lesotho nicht vorhanden.

8.5   Perspektiven

Lesotho ist als *Armutsland* der geographischen, ökologischen und entwicklungspolitischen Peripherie auf eine gute Zusammenarbeit mit Südafrika angewiesen. Jede *Realpolitik* muß die Abhängigkeit im Verkehrs- und Energiesektor, hinsichtlich des Arbeitsmarktes, der Handels- und Kapitalverflechtungen berücksichtigen. So investiert Lesotho in den Bildungs- und Ausbildungsbereich, um sein „Humankapital" für eine qualifizierte Tätigkeit in Südafrika vorzubereiten. Seit sich die offizielle internationale Entwicklungszusammenarbeit auf Südafrika als „Hoffnungsträger" der SADC-Region konzentriert, fließen auch Entwicklungshilfemittel nach Lesotho wesentlich spärlicher, das als „Frontstaat" von seiner Lage zum Apartheidregime profitierte und dessen Bedeutung nun „gleich Null" ist.

Nach POST (1993, S. 361) wurde die Pro-Kopf-Entwicklungshilfe für Lesotho 1989 in Afrika nur noch von Botswana, Gabun und Somalia übertroffen. Die Botschaften von Deutschland, Irland, Schweden, UdSSR/Rußland in Lesotho wurden 1995/96 geschlossen. Politiker und Journalisten diskutierten bereits, ob nicht ein Anschluß von Lesotho an das neue Südafrika im Sinne einer „zehnten Provinz" sinnvoll wäre (Quellentext 8.1). Südafrika und Lesotho

– haben eine gemeinsame Geschichte,
– 50 % der arbeitsfähigen Männer von Lesotho arbeiten in Südafrika,
– mehr Sotho leben in Südafrika als in Lesotho,
– die wirtschaftlichen und infrastrukturellen Verflechtungen sind außerordentlich eng.

These 1: Eingliederung nach Südafrika

Wird Lesotho das erste Staatsgebilde, das – die DDR einmal ausgenommen – von der politischen Landkarte freiwillig verschwindet? Warum nicht, meint Herr Phikoe, Chefredakteur einer populären Zeitschrift in Lesotho, der sich für den Beitritt Lesothos zur Republik Südafrika einsetzt. Beitritt? „Ganz einfach", sagt Phikoe: „Südafrika besteht aus neun Regionen Lesotho wird die zehnte sein." Seine Begründung leuchtet ein: „Unsere Länder haben eine lange gemeinsame Geschichte. Die Hälfte unserer Männer arbeitet in südafrikanischen Bergwerken. In Südafrika leben mehr Basotho als in Lesotho."

Zudem kann Lesotho ohne seinen Nachbarn nicht überleben. „Unsere Polizei arbeitet nicht", so Herr Phikoe. „Unser Militär schafft seit Jahren eine instabile Situation im Land, unsere Regierung kümmert sich nicht um steigende Arbeitslosigkeit Wir leben in einem Stadium der Gesetzlosigkeit. Um das zu ändern, brauchen wir Südafrika. Aber Südafrika braucht auch uns." Aber weil er von diesem Argument selbst nicht ganz überzeugt ist, fügt er mit Blick auf das gigantische Wasserprojekt, das die Region um Johannesburg mit Wasser versorgen soll, hinzu: „Es braucht jedenfalls unser Wasser".

These 2: Föderation mit Südafrika

Tom Thabane ist ganz oben – mal wieder ‚Sonderberater des Premierministers‘ steht auf der Tür seines Büros.

Eingeweihte wollen wissen, er sei mehr als „nur" ein Berater des greisen Premiers Mokhehle. Er führe bereits wichtige Amtsgeschäfte aus und bereite sich auf die Nachfolge vor. Schon während der Militärdiktatur war Thabane einige Jahre Außenminister.

Eine Föderation mit Südafrika? Ja, sagt Thabane, diese Diskussion gebe es in Lesotho. Doch

viel wichtiger seien Frieden und Stabilität. Die Armee müsse unter Kontrolle gebracht, die Polizei arbeitsfähig gemacht werden. „Ohne Stabilität gibt es keine wirtschaftliche Zukunft". Wenn diesem Ziel die „gegenwärtigen Grenzen" im Wege stünden, dann müsse man über sie sprechen. Das gesamte südliche Afrika wachse doch zusammen, er sehe Lesotho in Zukunft als Teil einer südafrikanischen Staatenunion. Dann und nur dann könne er sich vorstellen, daß Lesotho einen Teil seiner Souveränität aufgebe.

These 3: Groß-Lesotho

Samstagnachmittag in einem kleinen Dorf im abgelegenen Hochland. Chief Monyane hat die Männer „seines" Dorfes zusammengetrommelt. Die Chiefs haben traditionell eine starke Stellung in Lesotho. Wenn Land verteilt, Recht gesprochen oder eine Straße gebaut wird, hat ihr Wort Gewicht.

Chief Monyane aber geht es heute weder um Land noch um Recht. Er will Stimmung gegen den Abgeordneten der Regierungspartei machen, der dem Dorf eine Wasserleitung versprochen hatte und sich nach den Wahlen nicht mehr blicken ließ. Die Männer nicken zustimmend bei Monyanes Schimpftiraden, bei besonders abfälligen Bemerkungen über die junge Demokratie klatschen sie. Gerade will er sich zu den Männern für ein abschließendes Schwätzchen setzen, da fällt ihm der Besucher ein, der ihn zur Zukunft des Landes befragt hat. Und dann legt er noch mal los: „Diese Regierung ist nicht nur unfähig, unser Land gerecht zu regieren, nein, sie verrät obendrein noch die Existenz Lesothos."

Schon am Morgen hatte der Chief seine Vision erläutert. Nicht auflösen solle sich Lesotho, sondern größer werden, um jene Gebiete, die das Land 1868 an den Oranje-Freistaat, den ursprünglichen Burenstaat, verloren hatte. Auch könne man die Gebiete anschließen, die von Sotho im 20. Jh. besiedelt worden seien. Nur als Groß-Lesotho könne das Land dem Druck der wachsenden Bevölkerung begegnen.

Natürlich weiß der Chief, daß sein Ziel unrealistisch ist. Niemals wird Südafrika seinem kleinen Nachbarn Land abtreten. Aber Bürger Südafrikas möchte der Chief auf keinen Fall werden. „Die Apartheid wird noch lange in den Köpfen der Südafrikaner lebendig sein. Ich möchte nicht, daß wir in Lesotho Townships bekommen und Bürger zweiter Klasse werden", sagt er bestimmt und nicht ohne Hintergedanken. Denn ein Anschluß an Südafrika würde auch seine Machtstellung beschränken. „Die Menschen hängen an den Traditionen. Dazu gehören auch wir, die Chiefs."

Übersicht 8.1: Thesen zur Zukunft von Lesotho
aus: Das Sonntagsblatt 02.02.96

9 Südafrika und die SADC-Länder

9.1 Von Frontlinienstaaten zur Entwicklungsgemeinschaft

Das größere südliche Afrika, wie es die internationalen Organisationen heute definieren, deckt sich mit der 1992 gegründeten Entwicklungsgemeinschaft des Südlichen Afrika (Southern African Development Community, SADC, Abb. 9.1). Bereits 1980 hatten sich Angola, Botswana, Mosambik, Tansania, Sambia, Simbabwe sowie ANC und PAC zu den Frontlinienstaaten (FLS) zusammengeschlossen, um der Destabilisierungspolitik Südafrikas gemeinsam zu widerstehen. Die FLS-Staaten gründeten zusammen mit Lesotho, Malawi und Swaziland ebenfalls 1980 die Southern African Development Coordination Conference (SADCC) mit dem Ziel einer abgestimmten wirtschaftlichen und infrastrukturellen Entwicklung im größeren südafrikanischen Raum. Sie wollten eine wirtschaftliche Gegenmacht gegen Südafrika aufbauen, die Süd-Süd-Kooperation unter Abschwächung der Nord-Süd-Kooperation fördern, das Entwicklungsprinzip der Self-Reliance (Stützung auf die eigenen Ressourcen) verwirklichen. Man erwartete eine Finanzierung der weitreichenden Pläne durch die westlichen Industrienationen, die Weltbank und die Ölländer.

Trotz ihrer „Frontstellung" konnten die o. g. Länder die Zusammenarbeit mit der „Regionalmacht" Südafrika nicht einstellen. Zwischen Südafrika und den Staaten des größeren südlichen Afrika, den gegenwärtigen SADC-Ländern, bestanden beachtliche Verflechtungen, trotz der scharfen Ablehnung der Apartheidpolitik durch die Vereinten Nationen und durch die Organisation für Afrikanische Einheit (OAU).

Nach den grundlegenden Veränderungen in Südafrika und im gesamten südlichen Afrika seit 1990/91, seit der Aufhebung der Sanktionen und dem Ende der internationalen Isolierung Südafrikas in den Jahren zwischen 1992 und 1994 findet die Zusammenarbeit „öffentlich" statt, und ihr Volumen hat erheblich zugenommen. Südafrika, seit 1994 Mitglied der SADC, gilt dabei als Regionalmacht und als „die Lokomotive" für die gesamte Region (PIAZOLO 1998, LEISTNER 1995). Durch die Aufnahme der Demokratischen Republik Kongo (Ex-Zaire) im Jahre 1997 wurde jedoch eine regionale und politische Fehlentscheidung getroffen, an der die gesamte SADC, die heute 14 Länder umfaßt, angesichts der kriegerischen Auseinandersetzungen in Zentralafrika schwer trägt.

Die etablierte Zusammenarbeit mit Südafrika umfaßte bereits vor 1994 Verkehrsinfrastruktur, Handel, Energieversorgung, medizinische Hilfe, Wissenschaft und Forschung (WITULSKI 1990). In dieser Zusammenarbeit wird das wirtschaftliche und infrastrukturelle Gewicht Südafrikas deutlich, dessen Ausstrahlung bis nach Zentralafrika (Zaire, Gabun) und seit 1992 auch bis Ostafrika (Kenia) reicht.

Das Außenhandelsvolumen mit 46 Ländern Afrikas stieg zwischen 1988 und 1996 von 9,6 % auf 18 % des Exportwertes (Official Yearbook South Africa 1993, S. 101). Wichtigste Handelspartner sind die SACU-Mitglieder Botswana, Lesotho, Swasiland und Namibia. Die Handelsbeziehungen gehen bis zur fast vollständiger „Abhängigkeit": Botswana, Lesotho, Malawi und Swasiland beziehen über 70 % ihrer Importe aus Südafrika. Simbabwe ist Südafrikas wichtigster Handelspartner in Afrika außerhalb der SACU. Mosambik stieg seit dem Ende des 25jährigen Bürgerkriegs und dem Beginn des Wiederaufbaus im Jahre 1992/93 zum zweitgrößten Importeur südafrikanischer Waren auf. Tansania und Sambia wurden ebenfalls zu wichtigen Handelspartnern. Auch das zentralafrikanische Land Zaire gehört zu den Abnehmern von Konsum- und Investitionsgütern, sogar Nigeria ist (bis 1992 über Drittländer) Kunde von Südafrika (Nahrungsmittel, Bergbau- und Baumaterialien, Ersatzteile).

Der Handel ist der markanteste Indikator der Verflechtungen. Er ist das Ergebnis des wirtschaftlich völlig verschiedenen Entwicklungsniveaus zwischen Südafrika und den Ländern des südlichen, zentralen und östlichen Afrikas, zwischen einem Schwellenland und Entwicklungsländern. Dabei gehören Angola, Lesotho, Malawi, Mosambik, Sambia, Tansania und Zaire nach den Kriterien der UNO zu den am wenigsten entwickelten Ländern der Welt (Least Developed Countries, LDC, nach BMZ 1996, S. 289–290), auf der HDI-Liste des UNDP rangieren sie auf den letzten Plätzen.

Das *Verkehrswesen* ist ein Fundament der Verflechtungen zwischen Südafrika und den Ländern des südlichen Afrikas, von denen mehrere Binnenländer sind. Die Verbindungen werden erleichtert durch die technische Situation, daß von 45 000 km Schienennetz in Süd-, Zentral- und Ostafrika 39 000 km die gleiche Spurweite haben (1 067 mm, Kapspur), so daß das rollende Material grenzüberschreitend verwendet werden kann, von Kapstadt bis Süd-Zaire. Technisches Niveau, Zuverlässigkeit und Schnelligkeit der Südafrikanischen Eisenbahnen und Seehäfen sind weitere Faktoren, die die Nachbarländer veranlassen, sich auf diese Verkehrseinrichtungen zu stützen. Die temporäre Schließung und die technisch-personell bedingte Ineffizienz der internationalen Linien, wie der Benguelabahn zwischen Angola und Süd-Zaire oder der Tanzam zwischen Tansania und Sambia, verstärken die Notwendigkeit der Nutzung südafrikanischer Bahnstrecken (Transportvolumen auf der Tanzam zwischen Daressalam und Sambia 1978: 5 200 t pro Tag; auf der Natal-Hauptlinie von Durban zum Witwatersrand: 43 000 t pro Tag). In den Jahren der Dürrekatastrophe 1992 und 1993 erfolgte die

Lieferung von 250 000 t Mais aus den USA und Argentinien an Simbabwe über Südafrikas Verkehrssystem, 1992 liehen die Südafrikanischen Eisenbahnen 500 Güterwagen an die Tanzam aus, um den Transport von Nahrungsmitteln in die Dürregebiete sicherzustellen, zwischen Dezember 1992 und Mitte 1993 nahmen 21 Güterzüge der Südafrikanischen Eisenbahnen an einem Nahrungsmittel-Verteilungsprojekt im südlichen Afrika teil, das vom Welternährungsprogramm der UNO und der EU finanziert wurde (nach Official Yearbook South Africa 1993, S. 100, 102). Der Ausbau des Eisenbahn- und Straßenübergangs Beitbridge (1992/93) zwischen Südafrika und Simbabwe war eine Reaktion auf das gewaltige Anschwellen der Güterströme. Rund 95 % der Exporte und der Importe von Simbabwe werden über südafrikanische Schienen und Seehäfen abgewickelt, da die Seehäfen Maputo und Beira in Mosambik zu langsam sind und unzuverlässig arbeiten. Die Verflechtungen mit der ehemaligen Sozialistischen Volksrepublik Mosambik bestehen weiter: Der Seehafen Maputo bietet Präferenztarife für Ladungen zum Witwatersrand; 20 % der Importe von Mosambik und 25 % der Deviseneinnahmen (vorwiegend aus der Wanderarbeit) stammen aus Südafrika. Mit Sambia besteht ein reger Güteraustausch per Schiene, per Straße und auf dem Luftweg. Kupfer aus Sambia und Süd-Zaire wird über East London exportiert (ca. 60 % der Gesamt-Kupferexporte von Sambia), südafrikanische Bergbauausrüstungen, Konsumgüter und Nahrungsmittel werden nach Sambia geliefert. Das Binnenland Malawi war als Ergebnis enger politischer Zusammenarbeit unter der Führung des früheren Präsidenten Banda ein traditioneller Wirtschaftspartner Südafrikas. Investitions- und Konsumgüter sowie Nahrungsmittel erreichen Malawi aus Südafrika, das auch in erheblichem Umfang technische Entwicklungshilfe in Malawi leistete.

Die wirtschaftliche Verflechtung zwischen Südafrika und seinen unmittelbaren Nachbarn wird mitbedingt durch die 1911 gegründete *Südafrikanische Zollunion* (Southern African Customs Union, SACU) zwischen der damaligen Union von Südafrika und den heutigen Staaten Botswana, Lesotho, Swasiland und Namibia. Innerhalb der Union herrscht völliger Freihandel. Einfuhrabgaben für Importe aus Ländern außerhalb der SACU werden nach einem von Zeit zu Zeit revidierten Schlüssel unter den Mitgliedsländern aufgeteilt. Die Einnahmen aus dieser Kasse tragen wesentlich zu den Staatseinnahmen der Nachbarländer Südafrikas bei. Der Freihandel wird auch dadurch erleichtert, daß Südafrika, Lesotho, Swasiland und Namibia ein gemeinsames Währungsgebiet bilden, auch wenn ihre nationalen Währungen eigene Bezeichnungen tragen; Botswana koppelte sich 1976 ab.

Das internationale *Energienetz* im südlichen Afrika besitzt eine entscheidende Funktion für den Entwicklungsprozeß, insbesondere für die Industrialisierung der Länder. Das Verbundsystem reicht von Kapstadt im Süden bis in die Katanga/Shaba-Provinz von Kongo/Zaire im Norden. Strom des südafrikanischen Energieganten ESCOM sichert die Versorgung von Lesotho, Swasiland, Südmosambik und Namibia (Kap. 4.3 und Abb. 4.6).

Produkte und Dienstleistungen aus Südafrika drängen seit 1992/94 verstärkt auf die Märkte der Nachbarländer und hinein bis Zentralafrika. Sie treten in Konkurrenz mit den Industrienationen und Schwellenländern der Nordhemisphäre.

Dies gilt auch für die Sektoren Wissenschaft, Forschung und Entwicklungszusammenarbeit: Wie oben erwähnt, verfügt Südafrika über international anerkannte Forschungsstätten im Bereich der Landwirtschaft, der Veterinärmedizin, der Humanmedizin, der Bergbautechnologie und der Umwelt. Im Rahmen der Southern African Regional Commission for the Conservation and Utilization of the Soil/SARCCUS (Sitz Pretoria) werden länderübergreifende Studien und Maßnahmen zum Schutz des Bodens, der Wasserressourcen und der Vegetation durchgeführt.

In Kap. 3.4.2 wurde die internationale *Wanderarbeitermigration* im südlichen Afrika dargestellt. Sie ist Indikator des Gefälles zwischen Südafrika als einem Land attraktiver Löhne bzw. Gehälter und den benachbarten Entwicklungsländern als Arbeitskraftüberschußgebiete; dabei reicht das „Einzugsgebiet" Südafrikas etwa für Ärzte und Universitätsdozenten bis nach West- und Ostafrika, in ehemalige Anti-Apartheidländer, heute ohne Hoffnung auf sozialökonomische Entwicklung. Die Zuwanderung illegaler Arbeitskräfte aus den Nachbarländern und aus Gesamtafrika (bis Äthiopien und Nigeria) hat ein alarmierendes Ausmaß angenommen (Kap. 3.4.2). In der SADC-Region ist es die Flucht aus dem nach 25 Jahren Bürgerkrieg zu einem Armutsland abgesunkenen Mosambik, Flucht sogar aus dem durch Bergbau und Tabak einst „blühenden" Simbabwe, wo Inflation, steigende Arbeitslosigkeit und Unterdrückung der Demokratiebewegung im Rahmen der „Einparteien-Diktatur" von Mugabe zu Revolten führten.

9.2 Perspektiven

Die wirtschafts- und sozialgeographischen Folgen der SADC sind zur Zeit schwer abzusehen: Zunächst ist festzuhalten, daß der SADC als Organisation kein durchschlagender Erfolg beschieden ist, trotz erheblicher internationaler Förderung, auch durch Deutschland; zu groß ist der Mangel an politischem Willen zur Kooperation, zur Delegation von Aufgaben, sind Mängel in der Organisation und im Management; hinzu

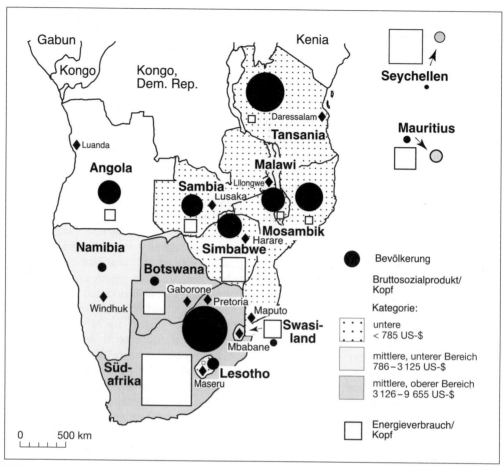

Länder	Fläche 1 000 km²	Bevölkerung (Mio.)	BSP Mrd. US-$	BSP / Kopf (US-$)	Energieverbrauch (kg ÖE / Ew.)	Lebenserwartung Jahre
Angola	1 247	11,7	3,0	260	96	46
Botswana	582	1,5	5,0	3 310	388	47
Kongo, Dem. Rep.			k. A.			
Lesotho	30	2,0	1,4	680	10	56
Malawi	118	10,3	2,1	210	38	43
Mauritius	2	1,1	4,4	3 870	388	71
Mosambik	802	16,6	2,4	140	38	45
Namibia	824	1,6	3,4	2 110	k. A.	56
Sambia	753	9,2	3,5	370	146	48
Seychellen	0,5	0,08	0,5	6 910	1 633	71
Simbabwe	391	11,5	8,2	720	424	52
Südafrika	1 221	40,3	130,2	3 210	2 400	65
Swasiland	17	0,9	1,5	1 520	265	60
Tansania	945	31,3	6,6	210	35	48

Abb. 9.1: Die SADC-Länder
WIESE, 1999; Daten aus World Bank Atlas 1999

kommen finanzielle Engpässe. Zugleich behindern die Bürgerkriege in Angola (auch 1999 noch nicht beendet) und der Demokratischen Republik Kongo sowie bis 1992 auch in Mosambik eine effiziente Umsetzung von Beschlüssen. Mit der Aufnahme Südafrikas in die SADC, Mitte 1994, steht die Organisation vor zwei *Kernfragen:*
– Was ist die Rolle der wirtschaftlichen und militärischen Regionalmacht Südafrika, die man zugleich braucht und fürchtet?
– Wie gestaltet sich das Verhältnis zwischen SADC und der Preferential Trade Area for Southern and Eastern Africa (PTA), seit Dezember 1994 in Common Market for Eastern und Southern Africa (COMESA) umbenannt?
Schon wurden Stimmen gegen die wirtschaftliche und politische Regionalmacht Südafrika laut: Ende 1995 machten die Gewerkschaften in Sambia die ungebremsten Warenimporte aus Südafrika für den Ruin der Konsumgüterindustrie von Sambia verantwortlich – doch ist dies auf die allgemeine Verarmung des Landes seit 1991, auf den Verlust der Kaufkraft und den Niedergang des formalen Wirtschaftssektors zurückzuführen. Mugabe, der in der Anti-Apartheid-phase „umworbene" quasi-Diktator-Staatspräsident von Simbabwe, erträgt die „Verdrängung" durch den wahrhaft demokratischen Mandela auf der internationalen Szene nicht. Namibias Präsident Nujoma versuchte, angesichts der Boykott-Aufrufe der Welt gegen Nigeria (Ermordung des Regimekritikers Ken Saro Wiwa 1995) und des mutigen Angriffs von Mandela gegen die Militärdiktatur in Nigeria, sich durch einen „Schmusekurs" beim ehemaligen Anti-Apartheidstaat Nigeria ins Gespräch zu bringen. Die Kongokrise spaltet seit 1998 das südliche Afrika, wo Simbabwe und Namibia auf Krieg setzen, Südafrika dagegen auf eine diplomatische Lösung drängt. Auch die jüngste Auseinandersetzung zwischen Namibia und Botswana um den Caprivi-Zipfel (1998/99), vor allem aber der Zusam-

menbruch aller Friedensbemühungen in Angola (Anfang 1999) zeigt die latente Instabilität der Region.

Die multilaterale und bilaterale Entwicklungspolitik der Industrieländer setzt dagegen große Hoffnung auf die SADC und betrachtet Südafrika als „Lokomotive" der Region. Die Entwicklungspolitik stützt damit folgende Ziele:
– Überwindung der Fragmentierung in Märkte mit geringem Nachfragepotential (vgl. Namibia, Botswana: geringe Einwohnerzahl, Lesotho und Malawi: gravierende Armut) und verbesserte regionale Handelsbeziehungen,
– wirtschaftliche und politische Zusammenarbeit mit dem Ziel einer regionalen Integration der SADC-Länder nach dem Vorbild der EU, vergleichbar mit der NAFTA-Freihandelszone von Kanada bis Mexiko, um die „Überlebensfähigkeit" der Region angesichts veränderter weltwirtschaftlicher Rahmenbedingungen zu stärken.
– Abbau von Spannungen zwischen dem wirtschaftlich starken Südafrika und seinen Partnern im Sinne von regionaler Sicherheitspolitik,
– länderübergreifender Ressourcenschutz, insbesondere für Böden, Wasser und Vegetation angesichts der im 21. Jahrhundert sich verstärkenden ökologischen Risiken.

Die „Südliches Afrika Initiative der Deutschen Wirtschaft" (SAFRI – siehe http://www.safri.de) will die Beziehungen zwischen dieser Region, einem Hoffnungträger in Afrika, und der deutschen Wirtschaft stärken. 1996 gegründet, will SAFRI dazu beitragen, die wirtschaftlichen und politischen Rahmenbedingungen für die Zusammenarbeit mit dieser Region und innerhalb dieser Region zu verbessern. Zu ihren Zielen gehört die Unterstützung der 14 SADC-Länder bei der Privatisierung der Wirtschaft, die Beratung bei Infrastrukturprogrammen, bei Wissens- und Technologietransfer sowie die Stärkung der regionalen wirtschaftlichen Integration. Während Fachleute und Politiker

der EU diese regionale Kooperation und Integration positiv bewerten, finden sich auch
kritische Stimmen: Der Beschluß der SADC-
Staaten zur Schaffung einer Freihandelszone (1997) wird in seiner Umsetz-
barkeit bezweifelt, da die Region unter
grundsätzlichen strukturellen Schwächen
und unter der Dominanz Südafrikas leidet.
Südafrikas Wirtschaft, Verkehrsinfrastruktur

sowie sein politisch-militärisches Gewicht
sind den übrigen Ländern gegenüber zu
ausgeprägt: Von dem regional erwirt-
schafteten BSP der SADC-Länder von
US-$ 170 Mrd. (1997) kommen 75 % aus
Südafrika mit seinen ca. 40 Mio. Ew., so daß
die übrigen ca. 140 Mio. Ew. der SADC-Länder weitgehend in armen Entwicklungsländern leben (Tab. in Abb. 9.1).

10 Entwicklungsziele und Entwicklungspolitik

Entwicklungsziele, Erfolge, offene Probleme
Die *Entwicklungsziele* des neuen Südafrika lassen sich aus dem Parteiprogramm des ANC und aus dem RDP (ANC 1994) ableiten (vgl. Kap. 1.2):
- Grundbedürfnisbefriedigung und Armutsbekämpfung durch Umverteilung,
- Förderung der bisher Unterprivilegierten, wie Nichtweiße und Frauen, durch affirmative action und empowerment.
- Stärkung der Demokratie auf allen Ebenen,
- Durchsetzung der Menschenrechte.
Im Strategiepapier GEAR (1996; Kap. 4.1.3) wurden die Leitsätze einer neoliberal-marktwirtschaftlichen Wirtschaftspolitik für Südafrika festgeschrieben.
Analysiert man die *Ergebnisse* von fünf Jahren neues Südafrika (April 1994 bis April 1999), so sind zweifellos Erfolge zu verzeichnen
- in der politischen Stabilität aufgrund der Politik der nationalen Versöhnung,
- in der Etablierung eines Mehrparteiensystems,
- in der Beilegung der Gefährdung durch Rechtsextremismus (von Weißen) und Separatismus (von Schwarzen und Weißen),
- in der neuen internationalen Anerkennung und außenpolitischen Bedeutung Südafrikas,
- in der Steigerung der Investitionen, auch Dank neuer ausländischer Direktinvestitionen,
- im mittleren jährlichen Wachstum des BIP von 2 %,
- in der geringen Inflationsrate von 6–7 %,
- in einer „Gesprächskultur" zwischen Regierung, Arbeitnehmern/Gewerkschaften und Arbeitgebern,
- bei der Grundbedürfnisbefriedigung in den Bereichen Wohnungsbau, Trinkwasserversorgung, Elektrifizierung und Straßenbau (Tab 1.2),

- haben affirmative action und empowerment eingesetzt,
- setzt sich eine demokratische Rechtsstaatlichkeit durch,
- hat sich die Verwirklichung der Menschenrechte verbessert.
Ungelöst aber sind folgende *Probleme*
- ungerechte Verteilung der Einkommen, das Phänomen einer in Reiche und Habenichtse „geteilten Gesellschaft", die an Massenarmut leidet (ca. 40 % der Bevölkerung),
- Massenarbeitslosigkeit (ca. 30 % der Erwerbsfähigen) als Erbe der Wirtschaftskrise der 1980er Jahre, des Abbaus von Arbeitsplätzen im Rahmen der Weltmarktöffnung und wegen eines „Wachstums ohne Arbeit",
- hohe Verbrechensrate,
- unzureichende Qualifikation der Masse der Arbeitsuchenden, Mangel an Fachleuten bei anhaltender Auswanderung,
- erhebliche illegale Einwanderung,
- Schwächung des Öffentlichen Dienstes durch affirmative action,
- Korruption und Unterschlagung von großem Ausmaß im Staatsapparat (LODGE 1998),
- innenpolitischen Spannungen hinsichtlich der Wirtschaftspolitik zwischen „neoliberal, global integriert" versus „staats-, national- und sozialorientiert",
- fehlende Anwendung umweltgerechter Technologien,
- unzureichende Umsetzung der Bodenreform,
- verschärfte wirtschaftliche und soziale regionale Disparitäten
- instabile Machtverteilung innerhalb der SADC, wo konkurrierende geopolitische Interessen der Mitgliedsländer aufeinanderstoßen,
- Südafrikas geopolitische Rolle in Afrika (SWATUK/BLACK 1997), z.B. Südafrika als

Regionalmacht im südlichen Afrika oder Kontinentalmacht als Gegenspieler bzw. Partner von Nigeria.

Die 1994 geweckte hohe Erwartungshaltung der Masse der Unterprivilegierten ist 1999 *nicht* erfüllt ist; sie muß sich vielmehr in Jobs des informellen Sektors mit Einkommen an oder unter der Armutsgrenze oder in die Kriminalität flüchten. Hier besteht ein Gefahrenpotential für Südafrikas junge Demokratie. Anfang 1998 brachen Unruhen an zahlreichen Universitäten aus, zusätzlich gab es gewalttätige Demonstrationen von Arbeitnehmern in Johannesburg, und die Tageszeitungen schrieben: „Das ‚neue‘ Südafrika auf dünnem Eis" – „Die Unterprivilegierten fordern ihr vermeintliches Recht" (General-Anzeiger, Bonn, 26. Februar 1998); Welt am Sonntag formulierte einen Titel: „Angst und Armut sind geblieben" (24. Mai 1998). Der Streit zwischen Mandela und dem anglikanischen Erzbischof von Kapstadt im März 1998 über Probleme im Wohnungsbau, bei der Rentenzahlung und bei der Studentenförderung brachte die Brüchigkeit des „Mandela-Zaubers" offen zutage. ANSPRENGER (1998) sprach von einem „Südafrika am Ende des Regenbogens". HALBACH (1998) diskutierte intensiv die wirtschaftliche Führungsrolle Südafrikas für den Kontinent, wobei die schon in Kap. 9.2 angesprochenen Fragen aufgeworfen wurden.

Entwicklungspolitik

Es stellt sich die Frage nach einer Entwicklungspolitik, die mittelfristig (innerhalb von 5 bis 7 Jahren) „Wachstum mit Umverteilung" erreichen kann. Kritische Stimmen in RICH (1996) bedauern, daß mit dem Zusammenbruch des Kommunismus oder „real existierenden Sozialismus" 1989/90 diese „Option" auch für Südafrika obsolet geworden ist, da sie eine Entwicklungspolitik beinhaltete, die eine Lösung für die o.g. Aufgaben anbot. Sie betonen, daß z.Z. nur Kapitalismus-Varianten zur Wahl stehen, die marktwirtschaftlich organisiertes Wachstum als prio-

ritär und als „Schlüsselfaktor" ansehen. Doch zeigt die Erfahrung, nicht nur in Südafrika, daß dieser Weg die Situation der Alt- und Neu-Etablierten stützt, ohne eine wirklich umfassende sozial ausgleichende Entwicklung in den Bereichen Arbeit, Einkommen, Wohnen, Bildung, Gesundheit und persönliche Sicherheit zu bringen. CHERRY äußerte schon 1994 die Befürchtung, daß

– Wachstum vor Umverteilung geht,
– die Verarmung fortschreitet und die Kluft zwischen Arm und Reich sich vertieft,
– Slumbewohner gegen Mittelklasse-Aufsteiger ausgespielt werden und
– ein politisches Desaster folgt, wobei die Armen in Stadt und Land durch Kriminalität, Landbesetzungen und rassistische Übergriffe reagieren. Eine autoritäre, repressivere Gangart der Regierung wird die Folge sein – was die Erinnerung an Verhältnisse in Brasilien und Mexiko aufkommen läßt. Die Situation wird durch die Ausbreitung von Korruption und „Selbstbedienungsmentalität" der neuen Eliten noch verschlimmert.

FITZGERALD u.a. (1995) entwarfen bereits wenige Monate nach den ersten demokratischen Wahlen (April 1994) das Programm für eine *nachhaltige Entwicklung* des neuen Südafrika, wobei sie Vorschläge zur Umsetzung dieser Vision nicht aussparten. Mit Recht unterstreichen die Autoren, daß „Entwicklung" im Sinne von „Nachhaltigkeit" eine umfassende Berücksichtigung der Bereiche „Institutionen", „Wirtschaft", „Soziales" und „Umwelt" bedeutet, sehr zum Unterschied des Konzeptes von internationalen Kapitaleignern oder von Organisationen wie der Weltbank oder des IWF, für die das Primat der wirtschaftlichen Entwicklung im Sinne der Kapitaleigner uneingeschränkt gilt, optisch verbessert durch eine „soziale Komponente" und durch verbale Bekenntnisse zu einer „nachhaltigen Entwicklung" (vgl. BOHLE 1997).

Auch im neuen Südafrika gilt es, „Nachhaltigkeit der *Institutionen"* nicht zu verwechseln mit der Einstellung von Personal im Öffentlichen Dienst. Es geht vielmehr um eine Effizienzsteigerung, um den Erwerb von Managementqualitäten auf allen Ebenen der Verwaltung, um eine vom Staatshaushalt finanzierbare „Dienstleistung für den Bürger" zu erreichen. Wir wissen aus der jüngsten Diskussion um den Öffentlichen Dienst in den Bundesländern oder auf nationaler Ebene sowie um die EU-Bürokratie in Brüssel, daß diese an Entwicklungsländer gestellte Forderung auch in Industrieländern nicht – oder nur sehr schleppend – umsetzbar ist. Die Empfehlungen der Entwicklungspolitiker für einen „schlanken Staat" werden sich auch in Südafrika kaum umsetzen lassen.

Ein zweiter Aspekt einer neuen „Institutionenpolitik" ist die *Dezentralisierung* von Entscheidungsbefugnissen von der zentralen Ebene auf lokale „grass root"-nahe Institutionen. Aus der bitteren Erfahrung mit zentralistischen, korrupten, die Bedürfnisse der Bevölkerung mißachtenden Präsidialregimen in Afrika, man denke nur an vergangene Regime, wie Mobutu in Zaire, oder bestehende, wie Moi in Kenia und Mugabe in Simbabwe, und ihre katastrophalen Folgen für die betreffenden Länder, lauten die Empfehlungen der südafrikanischen Experten dahingehend, Südafrikas NROs, die sog. Civics, an der Basis in Verantwortung und lokale Entwicklung einzubinden (LLOYD/WAIT 1996). Die NROs, Basisgruppen, die sich zu landesweiten, schlagkräftigen Anti-Apartheidgruppen zusammentaten, waren und sind politische und faktische Hoffnungsträger in den Township-Wohnsiedlungen und im ländlichen Raum, vor allem Stimme und Handlungsorgan der benachteiligten Armen, engagierter Frauengruppen und kirchlicher Organisationen. Während des Anti-Apartheid-Kampfes erhielten sie wesentliche finanzielle, personelle und infrastrukturelle Hilfe aus dem Ausland, sowohl von NROs als auch von bilateralen und multilateralen „amtlichen" Gebern. Seit dem Antritt der Re-

gierung der Nationalen Einheit im April 1994 hat sich die Situation erheblich verändert, und manche NROs sind in eine entwicklungspolitische und finanzielle Krise geraten. Es entfällt der direkte Kampf gegen das Regime, und dies bedeutet einen Identitätsverlust für viele NROs. Zugleich treten nunmehr staatliche Stellen als Hauptgesprächspartner der Entwicklungszusammenarbeit auf, so daß die Civics in eine Nebenrolle gedrängt wurden. Zahlreiche Führungskader von NROs sind in den Öffentlichen Dienst des Staates, der Provinz oder der Gemeinde eingetreten, was ihr Aktivitätspotential schwächt. Die Diskussion um den Grad der „Dezentralisierung" reicht zudem bis in hohe Regierungskreise, wo sich „Zentralisten" und „Föderalisten" immer wieder Debatten liefern. Auch die traditionellen Autoritäten, wie die chiefs, sind Gegner basisnaher, demokratischer Gruppen, da sie einen Machtverlust um jeden Preis verhindern wollen (vgl. Kap. 3.2.5). Entwicklungspolitiker empfehlen dagegen eine enge Partnerschaft zwischen Regierungsstrukturen und NROs, um eine Entwicklung mit und für den grass rootlevel, die bisher am stärksten benachteiligten Gruppen, zu erreichen, und die aus der Zeit des Anti-Apartheid-Kampfes ererbte Strategie eines „bottom-up-approach", einer politisch-sozialen Strategie „von unten nach oben", fortzusetzen.

„Nachhaltige wirtschaftliche Entwicklung" dient dem dreifachen Ziel, wirtschaftliche Entwicklung mit effektiven Institutionen und ökologischer Nachhaltigkeit zu verbinden, um eine nachhaltige Verbesserung der sozialen Situation zu erreichen, der „Schlüsselgröße" für Südafrika. Wie mehrfach erörtert, gehören die Schaffung von Arbeitsplätzen und Einkommen zu den absoluten Prioritäten des Landes, um mindestens eine Grundbedürfnisbefriedigung und vielleicht einen Beginn von Wohlstand bei der Masse der Bevölkerung zu erzielen, um auf diesem Weg zugleich mittelfristig Stabilität und Frieden zu sichern. Die Diskussion über „wirtschaftliche Nachhaltigkeit" ist jedoch auch in Südafrika sehr akademisch: Einführung von Ökosteuern, sozialökologischer Umbau, neue Wertesysteme („Sein statt Haben") – wie soll man dies in einer Armutssituation verlangen und umsetzen?

Die Vertreter einer nachhaltigen wirtschaftlichen Entwicklung wenden sich auch gegen die bisher verfolgte und wohl auch in Zukunft geltende Politik der „industriellen Dezentralisierung", um Flächenverluste und Umweltbelastung zu minimieren. Sie nutzen, z.T. zurecht, das Argument der Agglomerationsvorteile, um ein weiteres Wachstum in den bestehenden fünf Ballungsräume zu unterstützen, statt landesweit neue Gewerbe- und Industriegebiete zu erschließen. Auch hier muß man sich nach der politischen Durchsetzbarkeit und den sozialen Folgen einer solchen „Vision" fragen. Größere Effizienz bei der Nutzung der natürlichen Ressourcen, wie Wasser und Boden, Koordination zur Vermeidung von Umweltkonflikten auf der Ebene des Landes, der Provinz oder der Gemeinde, Umwelt-Sensibilisierungskampagnen, Pflicht zur Messung und Veröffentlichung umweltrelevanter Parameter durch Behörden und Unternehmen sind Schritte, die in Südafrika – wie in Deutschland – schon eingeleitet wurden, die aber noch keine „nachhaltige wirtschaftliche Entwicklung" in der „Einen Welt" garantieren.

Entwurf und Umsetzung einer nationalen Entwicklungspolitik ist im Zeitalter der *Globalisierung* nicht mehr – oder nur sehr eingeschränkt – möglich, ein Faktum, welches das neue Südafrika nur sehr widerstrebend akzeptiert (HABIB 1998). Bis in die beginnenden 1990er Jahre wegen der Apartheidpolitik vom mainstream der Weltpolitik und der Weltwirtschaft isoliert, wie Israel gegen eine ständige „Bedrohung" von außen kämpfend – Südafrika gegen den Weltkommunismus – müssen sowohl die führenden Mitglieder des ANC wie Führer des Burentums eine „vernetzte" Weltordnung akzeptieren. Es sind internationale „Entwicklungs-

akteure", die Südafrikas Politik mitbestimmen – auch das neue Muster seiner wirtschafts- und sozialgeographischen Konfiguration.

Entwicklungsakteure

Betrachtet man die Akteure bei der mittelfristigen Gestaltung des neuen Südafrika, so lassen sich Regierung, Gewerkschaften, Unternehmerverbände, NROs sowie bilaterale und internationale Geber unterscheiden. Die Regierungskonzepte für eine mittelfristige Entwicklungspolitik, wie RDP und GEAR, wurden bereits angesprochen (Kap. 1.2 und 4.1.3). Situation und Funktion der NROs wurden in diesem Kapitel dargestellt.

Bilaterale und internationale Geber (donors) sind nicht zu unterschätzende neue Akteure in Südafrika. Das Geber-Verhalten Südafrika gegenüber hat sich seit den ersten demokratischen Parlamentswahlen im April 1994 und dem Antritt der Regierung der Nationalen Einheit gegenüber der Apartheidphase erheblich geändert: Der Staat ist nun Gesprächspartner, was man bis dahin vermied. Die Rückkehr Südafrikas in die Weltgemeinschaft, die Wiederaufnahme in die UN und ihre Unterorganisationen, die Zugehörigkeit zum Commonwealth und zur OAU hat das Land zu einem Partner auf globaler Ebene gemacht. Die Gestalt Mandelas, der friedliche Übergang zur Demokratie, das RDP mit den Zielen der Armutsbekämpfung und Grundbedürfnisbefriedigung und die regionalpolitische Bedeutung Südafrikas in der SADC führen dazu, daß das Land einen erheblichen Zustrom an bilateraler und multilateraler Hilfe erhält – für manche Südafrikaner schon „zuviel", da sie sich „überfahren" fühlen. Insbesondere die Bemühungen des Internationalen Währungsfonds (IWF) und der Weltbank werden von den Gewerkschaften sehr kritisch verfolgt; es besteht die berechtigte Sorge, daß der 1996/97 steigende Druck des IWF auf Privatisierung der Staatsunternehmen und Deregulierung des Finanzmarktes gegen die Interessen der

Arbeitnehmer durchgesetzt wird, zu einer Zunahme der Arbeitslosigkeit und fortschreitender Verarmung führt – eine Annahme, die sich mit der katastrophalen Spekulation gegen den Rand im Juni/Juli 1998 bewahrheitete. Die Regierung hat die zahreichen Fälle von IWF-diktierten „Strukturanpassungsprogrammen" in Afrika vor Augen, die in ihrer verheerenden sozialpolitischen Wirkung den Zielen des ANC-Parteiprogrammes und des RDP diametral entgegengesetzt sind.

Es ist daher nicht verwunderlich, wenn in Südafrika „Gebern" gegenüber große Skepsis herrscht und USAID, der amtliche „Entwicklungsdienst" der USA, bereits zeitweilig des Landes verwiesen wurde, wegen Einmischung in die inneren Angelegenheiten. Die „Wiederentdeckung" Afrikas durch die USA, wie sie mit dem Besuch Clintons im Frühjahr 1998 deutlich wurde, stieß auch in Südafrika auf Skepsis, da die „Führungsmacht der ein-poligen Welt" als neokoloniale Bedrohung betrachtet wird. Zudem stoßen seit dem Rückzug Frankreichs aus Afrika südafrikanische und amerikanische Wirtschaftsinteressen in Bergbau, Industrie und Dienstleistungen aufeinander, die dabei sind, das Vakuum in Zentral- und Westafrika zu füllen. Frankreichs Angebot einer „neuen Partnerschaft" in Afrika, wie sie Staatspräsident Chirac im Sommer 1998 bei einem Staatsbesuch in Südafrika zum Ausdruck brachte, wird zwar als Gegengewicht zu den USA gerne gesehen, aber auch mit Vorsicht aufgegriffen.

Sehr deulich ist, daß Südafrika, wie Nigeria oder Uganda, über Politiker und Staatsmänner verfügt, die es mit der „afrikanischen Renaissance" ernst meinen – auch im Sinne einer politischen Selbstbestimmung. Dies können sich vor allem wirtschaftlich starke und weltpolitisch wichtige Länder wie Südafrika und Nigeria erlauben. Sehr zum Unwillen der global agierenden Institutionen IWF und Weltbank sowie der USA erörterten Nelson Mandela und Fidel Castro im Juli 1998, im Vorfeld der im September des gleichen Jahres in Südafrika stattfindenden Konferenz der Blockfreien, eine Wiederbelebung dieser Bewegung. Die einst von Leitfiguren wie Gandhi, Tito und Nyerere bestimmte Staatengemeinschaft des „Südens" tritt für eine Demokratisierung der internationalen Beziehungen und die Selbstbehauptung der „Südländer" in Zeiten der Globalisierung ein. Mandela und Castro haben dabei die auch in „Nordländern" begonnene „Wertedebatte" über Solidarität, Würde und Chancengleichheit als Gegengewicht zum Neoliberalismus und zur Strategie der transnationalen Unternehmen verstärkt. Hier bietet sich wiederum ein Bezug zu Brasilien an: Die Katholische Bischofskonferenz Lateinamerikas hat Anfang 1998 in einer „moralischen Absichtserklärung" eine „menschliche Entwicklung" verlangt, an deren Anfang „Bildung für alle" steht.

Das von SENGHAAS (1995) vorgelegte „zivilisatorische Hexagon" (Übersicht 10.1) mit seinen Komponenten und Rückkoppelungen wird mit Recht von TETZLAFF (1998) als Grundmuster weiterer politischer und sozioökonomischer Fortschritte im südlichen Afrika bezeichnet. Diese sind durch Konfliktpotentiale in Bereichen wie Politisierung von Ethnizität, wirtschaftliche Verteilungskämpfe, soziale Spannungen und ökologische Risiken gefährdet. Man kann SENGHAAS (1995, S. 42) nur zustimmen, daß „das zivilisatorische Hexagon angesichts einbruchsgefährdeter Stellen ein immer erneut zu sicherndes Unternehmen" darstellt – auch in Deutschland.

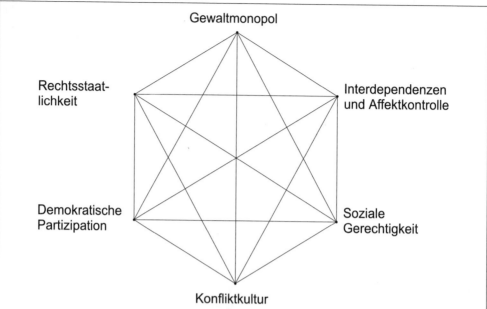

Gewaltmonopol

Rechtsstaat-
lichkeit

Interdependenzen
und Affektkontrolle

Demokratische
Partizipation

Soziale
Gerechtigkeit

Konfliktkultur

Begreift man das zivilisatorische Hexagon differenziert von seinen Komponenten und den Rückkopplungen her, so erschließt es sich als ein fragiles Kunstgebilde, das, so wie es von seinen Eckpunkten her sich aufbaut, von dort her auch immer zusammenbruchsgefährdet ist: Das Gewaltmonopol kann in einen Polizeistaat umkippen; Rechtsstaatlichkeit und demokratische Prozesse können sich als reine Fassade herausstellen und damit an Legitimität verlieren; überwältigende nicht mehr durchschaubare Interdependenzen können zu Identitätsverlust und in der Folge zur erneuten Freisetzung von Affekten führen; Verteilungsungerechtigkeit gehört zu den politisch sensitivsten Gefährdungen. Wenn solche und andere abträglichen Sachverhalte sich bündeln, hat auch konstruktive Konfliktkultur keine Chance.

Die Komponenten sind dabei wichtig, aber auch die Rückkopplungen, denn über sie finden die Komponenten eine Abstützung und Rückversicherung: Ohne gesichertes Gewaltmonopol keine Rechtsstaatlichkeit, auch keine gewaltfreie demokratische Partizipation; ohne Verteilungsgerechtigkeit keine Bestandsgarantie für eine als legitim empfundene Rechtsstaatlichkeit und demzufolge kein verläßlich eingehegtes Gewaltmonopol, auch keine Konfliktkultur; ohne demokratische Partizipation und Verteilungsgerechtigkeit keine Bürgergesinnung usf.

Das zivilisatorische Hexagon ist also angesichts einbruchsgefährdeter Stellen ein immer erneut zu sicherndes Unternehmen. Um den Gefährdungen mit Erfolg entgegenzuwirken, bedarf es deshalb anhaltender Anstrengungen in allen von den sechs Eckpunkten bezeichneten Bereichen. Wie in analytischer, so muß dabei auch in praktischer Hinsicht konfigurativ gedacht werden.

Übersicht 10.1: Das zivilisatorische Hexagon
aus: SENGHAAS 1995, S. 41–42

Literatur

Dokumentationszentren in Deutschland:
Deutsches Übersee-Institut, Übersee-Dokumentation, Referat Afrika (AFDOK), Hamburg. Tel. (040) 42834-598, Fax (040) 3562-512
Deutsche Stiftung für Internationale Entwicklung (DSE).
Zentralstelle für Erziehung, Wissenschaft und Dokumentation, Bonn. Tel. (0228) 4001-0; Fax (0228) 4001-111
Zentralstelle für Auslandskunde, Bad Honnef. Tel. (02224) 182-0; Fax (02224) 182-151
Informationsstelle Südliches Afrika (ISSA), Bonn-Beuel. Tel. (0228) 46 43 69

Für aktuelle länderbezogene Informationen und Daten sind zu empfehlen:
Institut für Afrika-Kunde/HOFMEIER, R. [Hrsg.]:
Afrika Jahrbuch. Politik, Wirtschaft und Gesellschaft in Afrika südlich der Sahara. Opladen
Bundesstelle für Außenhandelsinformation (BfAi), Köln. Jahresberichte.
Sektorinformationen, unregelmäßig
South African Institute of Race Relations (SAIRR):
Fast Facts. Johannesburg, wöchentlich (Standort in Deutschland: ISSA, Bonn)
South African Institute of Race Relations (SAIRR):
Race Relations Survey. Johannesburg. (zuletzt für 1994/95), fortgesetzt als:
South African Institute of Race Relations (SAIRR):
South Africa Survey 1997/98. Johannesburg 1998

Als Atlas ist zu empfehlen:
Readers Digest Illustrated Atlas of Southern Africa. Cape Town. 1994

Zeitschriften:
Africa Insight. Pretoria
Afrika Süd. Zeitschrift zum Südlichen Afrika. ISSA, Bonn
Internationales Afrika-Forum
Journal of Modern African Studies
Journal of Southern African Studies
South African Geographical Journal
South African Journal of African Affairs
South African Journal of Economic History
South African Journal of Economics
South African Journal of International Affairs
South African Journal of Science
South African Journal of Sociology
South African Medical Journal
South African Sociological Review
Southern Africa Political and Economic Monthly (SAPEM)
Southern African Ecomomist

Die Zeitschrift GeoJournal veröffentlichte 3 Themenhefte zu Südafrika, die den Ablauf der dortigen Entwicklung widerspiegeln:
1986 South Africa – Geography in a state of emergency. 12, (2)
1990 A New South Africa – A new South African geography? 22, (3)
1993 South African Geography and post-apartheid reconstruction. 30, (1)

Der Überblick. Zeitschrift für ökumenische Begegnung und internationale Zusammenarbeit. Quartalsschrift der Arbeitsgemeinschaft Kirchlicher Entwicklungsdienste, ebenfalls 3 Themenhefte zu Südafrika:
1991 Südafrika: Der schwierige Weg zur Demokratie. Heft 4/1991
1992 Entwicklungsperspektiven für das südliche Afrika. Heft 1/1992
1994 Südafrika: Beginn einer neuen Ära. Heft 2/1994

Literatur

Die länderspezifischen Bibliographien sowie die länderübergreifende Bibliographie in NOHLEN, D./NUSCHELER, F. [Hrsg.] (1993): Handbuch der Dritten Welt, Bd. 5: Ostafrika und Südafrika. Bonn.
bieten wichtige Literatur bis 1992; hierauf sei ausdrücklich verwiesen. In der folgenden Zusammenstellung werden nur wenige Veröffentlichungen vor 1992 genannt, der Schwerpunkt liegt auf jüngsten Publikationen.

Abkürzungen für die folgende Literatur:

GR Geographische Rundschau
JSAS Journal of Southern African Studies
SAGJ South African Geographical Journal
SAJE South African Journal of Economics
SAJIA South African Journal of International Affairs

ACOCKS, J.P.H. (1953):
Veld Types of South Africa. Memoirs of the Botanical Survey of South Africa. Pretoria

ADAM, H., ET AL. (1997):
Comrades in Business: Post-liberation politics in South Africa. Cape Town

ADELZADEH, A. (1996):
From the RDP to GEAR: The gradual embracing of neo-liberalism in economic policy. In: Transformation 31, p. 66–95.

African Development Bank [ed.], (1995):
South Africa: Report on prospects for equity and growth. Report ADB/BD/IF/95/206. Abidjan

African National Congress (ANC, 1994):
The Reconstruction and Development Programme. A policy framework. Johannesburg

ANSPRENGER, F. (1994):
Südafrika. Eine Geschichte von Befreiungskämpfen. Meyers Forum 27. Mannheim

ANSPRENGER, F. (1998):
Südafrika am Ende des Regenbogens. In: Blätter für deutsche und internationale Politik 43, (6), S. 720–728

ARKIN, A./MAYGAR,K./G. PILLAY [eds.], (1989):
The Indian South Africans. Durban

BÄHR, J. (1994):
Johannesburg – Entwicklung der Stadt von der Spät- zur Post-Apartheid. In: GORMSEN, E./THIMM, A.: Megastädte in der Dritten Welt. Johannes-Gutenberg-Universität Mainz. Interdisziplinärer Arbeitskreis Dritte Welt. Veröff. Bd. 8. Mainz. S. 135–166

BÄHR, J. (1998):
Südafrika Abbau ethnischer und regionaler Disparitäten seit dem Ende der Apartheid? In: GR 50, (4), S. 251–254

BÄHR, J./JÜRGENS, U. (1990):
Die Auswirkungen des jüngeren politischen Wandels auf die Struktur südafrikanischer Innenstädte. In: Geographische Zeitschrift 78, (2), S. 93–114

BÄHR, J./JÜRGENS, U. (1993):
Die Stadt in der Republik Südafrika. Von der Spät-Apartheid zur Post-Apartheid. In: GR 45, (7–8), S. 410–419

BÄHR, J./JÜRGENS, U. (1996):
Ethnic change in Late-Apartheid South African cities. In: ROSEMAN C.C., et al. (eds.): EthniCity. Geographic perspectives on ethnic change in modern cities. London. p. 223–249

BÄHR, J./JÜRGENS, U./BOCK, S. (1998):
Desegregation in der Post-Apartheid-Stadt? Petermanns Geographische Mitteilungen 142, (1), S. 3–18

BÄHR, J./KÖHLI, J. (1988):
Lesotho: Entwicklungsmerkmale einer abhängigen Wirtschaft. In: GR 40, (12), S. 31–37

BARNARD, D. [ed.], (1996):
Small business development. Programme for Development Research (PRODDER) Newsletter 8, (1): Special Issue. Braamfontein

BARTHELT, R. (1996):
Die deutsche EZ in Südafrika. In: Entwicklung und Zusammenarbeit 7, S. 178–180

BAUMHÖGGER, G. (1995):
Lesotho. In: Institut für Afrika-Kunde/ HOFMEIER, R.: Afrika-Jahrbuch 1994. Opladen. S. 339–345

BAUMHÖGGER, G. (1996):
Swasiland. In: Institut für Afrika-Kunde/ HOFMEIER, R.: Afrika-Jahrbuch 1995. Opladen. S. 387–391

BECKEDAHL, H.R. (1998):
Subsurface soil erosion phenomena in South Africa. Petermanns Geographische Mitteilungen/Ergänzungsheft 290. Gotha

BEHRENS, M./VON RIMSCHA, R. [Hrsg.], (1994):
Südafrika nach der Apartheid. Aspekte des politischen, sozioökonomischen und kulturellen Wandels in der Ära de Klerk. Baden-Baden

BERG-SCHLOSSER, D. (1997):
Demokratie und Entwicklung in Afrika. In: BREDOW, W./JÄGER, TH. [Hrsg.]: Demokratie und Entwicklung. Theorie und Praxis der Demokratisierung in der Dritten Welt. Opladen

BINSWANGER, H.P./DEININGER, K. (1993):
South Africa's land policy. the Legacy of history and current options. In: World Development 21, (9), p. 1451–1475

BIRKENHAUER, J. (1991):
The Great Escarpment of Southern Africa and its Coastal Forelands – A Re-Appraisal. Münchener Geographische Abhandlungen, Reihe B, Bd. B 11. München

BLACK, P.A. (1996):
Affirmative action in South Africa. Racial discrimination according to Akerlof. In: SAJE 64, (1), p. 74–82

BLUMENFELD, J. (1997):
From icon to scapegoat: the experience of South Africa's Reconstruction and Development Programme. In: Development Policy Review 15, (1), p. 65–91

BOHLE, H.G./GRANER, E. (1997):
Arme Länder – Reiche Länder. Neue Untersuchungen über Nachhaltigkeit und den Reichtum der Nationen. In: GR 49, (12), S. 735–742

BOLLENS, S. A. (1998):
Urban policy in ethnically polarized societies. In: International Political Science Review 19, (2), p. 211–215

Bonn International Center for Conversion (BICC) (1997): Conversion Survey 1997. Oxford

BOTHA, R.F. (1995):
Mining in South Africa. In: Mining Magazine, 172, (5), p. 1–64

BRAUN, G. (1988):
Südafrika: Zwischen Erster und Dritter Welt. In: GR 40, (12), S. 15–21

BREUTZ, P. L. (1975):
Die Südost-Bantu. In: BAUMANN, H. [Hrsg.]: Die Völker Afrikas und ihre traditionellen Kulturen. Bd. 1, S. 409–456. Wiesbaden

BRILL, H. (1991):
Die Republik Südafrika im Spannungsfeld interner, regionaler und globaler Konflikte. Geopolitische und geostrategische Aspekte einer Krisenregion. Baden-Baden

BRINCATE, T.A./HANVEY, P.M. (1996):
Perceptions and attitudes towards soil erosion in the Madebe community, Northwest Province. In: SAGJ 78, (2), p. 75–82

BRIXEN, P./TARP, F. (1996):
South Africa: macroeconomic perspectives for medium term. In: World Development 24, (6), p.989–1001.

BRUNOTTE, E./SPÖNEMANN, J. (1997):
Die kontinentale Randabdachung Nordwestnamibias: eine morphotektonische Untersuchung. In: Petermanns Geographische Mitteilungen 141, (1), S.3–15

BÜDEL, J. (1977):
Klima-Geomorphologie. Berlin, Stuttgart

CAMERER, L., et al. (1998):
Crime in Cape Town. Results of a City

Victim Survey. Institute for Security Studies, Monograph Series No. 23. Halfway House

CAMPBELL, G./SCERRI, M. (1995):
The prospects for an Indian Ocean Rim (IOR) economic association. In: SAJIA 2, (2), p. 11–37

CARIM, X. (1995):
Illegal immigration to South Africa.
In: Africa Insight 25, (4), p. 221–223

Central Statistical Service (CSS) (1995a):
Demographic Statistics 1995. Pretoria

CSS (1995b):
RSA 1995, Statistics in Brief. Pretoria

CSS (1996a):
October Household Survey 1995. Pretoria

CSS (1996b):
Living in South Africa. Selected findings of the 1995 October Household Survey. Pretoria

CSS (1997a):
Census '96. Preliminary estimates of the size of the population of South Africa. Pretoria

CSS (1997b):
Earning and spending in South Africa. Selected findings of the 1995 income and expenditure survey. Pretoria

CSS (1997c):
Statistics in brief 1997. Pretoria

(CSS wurde im September 1998 in Statistics South Africa/Stats SA/SSA umbenannt; siehe unter der neuen Bezeichnung)

CHERRY, J. (1994):
Development, conflict and politics of ethnicity in South Africa's transition to democracy. In: Third World Quarterly 15, (4), p. 613–631

CHRISTOPHER, A.J. (1992):
The final phase of urban apartheid zoning in South Africa. In: SAGJ 74, p. 29–34

CHRISTOPHER, A.J. (1994):
The Atlas of Apartheid. London, New York

CHRISTOPHER, A.J. (1996):
Land reform in the Commonwealth. South Africa and the Irish precedent. In: SAGJ 78, (2), p. 83–90

COETZEE, C.B. [ed.], (1992):
Mineral ressources of the Republic of South Africa. 4th impression. Pretoria

COETZEE, ST./DE CONING, C. (1994):
Towards an urban research agenda for South Africa. Africa Institute of South Africa. Research Papers No. 57. Pretoria

COLE, K. [ed.], (1994):
Sustainable development for a democratic South Africa. London

CRAIG-SMITH, S.J./FAGANCE, M. [eds.], (1995):
Recreation and tourism as a catalyst for urban waterfront redevelopment: an international survey. Westport, London

CRANKSHAW, O. (1993):
Squatting, apartheid and urbanisation on the southern Witwatersrand.
In: African Affairs 92, p. 31–51

CROSS, S., et al. [eds.], (1996):
Facing up Aids. The socio-economic impact in Southern Africa. New York

CRUSH, J./JAMES, W. [eds.], (1995):
Crossing boundaries. Mine migrancy in a democratic South Africa. Cape Town

CUNNINGHAM, A.B. (1991):
Indigenous plant use: balancing human needs and resources.
In: HUNTLEY, B.J. (ed.), p. 93–106

DAVIES, R./HEAD, J. (1995):
The future of mine migrancy in the context of broader trends in migration in Southern Africa. In: JSAS 21, (3), p. 439–450

DEAN, W.R.J./MILTON, S.J./DU PLESSIS, M.A. (1995):
Where, why, and to what extent have rangelands in the Karoo, South Africa, desertified? In: Environmental Monitoring and Assessment 37, p. 103–110

DELVARE, I. (1995):
Tertiary pass rates in South Africa. South African Institute of Race Relations. Spotlight. Braamfontein

DENG, LUAL A./TJONNELAND, E.N. [eds.], (1996):
South Africa: wealth, poverty and reconstruction. Bergen

Department of Environment Affairs (1992):
Building the foundation for sustainable development in South Africa. National Report for the UN Conference on Environment and Development (UNCED), Rio, June 1992. Pretoria

Department of Environmental Affairs and Tourism (1997):
White Paper on the Conservation and Sustainable Use of South Africa's Biological Diversity. Pretoria

Department of Environmental Affairs and Tourism (1998):
Coastal Policy Green Paper. Towards sustainable coastal development in South Africa. Pretoria.

Department of Home Affairs (1997):
Draft Green Paper on International Migration. Mai 1997. Pretoria

Department of Minerals and Energy (1997):
The Minerals Industry. Pretoria

Department of Minerals and Energy (1998):
White Paper on Minerals and Mining Policy for South Africa. September 1998. Pretoria

Department of Water Affairs (1986):
Management of Water Resources of the Republic of South Africa. Pretoria

Department of Water Affairs and Forestry (1996):
Sustainable forest development in South Africa – The policy of the Government of National Unity. White Paper. Pretoria

Department of Water Affairs and Forestry (1997):
White Paper on Water Policy. Pretoria.

DEWAR, D. (1995):
The urban question in South Africa. The need for a planning paradigm shift. In: Third World Planning Review 17, (4), p. 407–419

DEWAR, R./UYTENBOOGAARDT, R.S. (1991):
South African cities: A manifesto for change. Cape Town

DRAKAKIS-SMITH, D. [ed.], (1992):
Urban and regional change in Southern Africa.

DRECHSEL, P./SCHMIDT, B. (1995):
Südafrika: Chancen für eine pluralistische Gesellschaftsordnung. Geschichte und Perspektiven. Opladen

DREWES, J.E. (1995):
The regional industrial development programme. An evaluation. In: SAJE 63, (2), p. 247–271

ERASMUS, B.J./HOUGH, J. (1994):
South Africa: Future training needs for commercial and small farmers. In: Africa Insight 24, (2), p. 110–115

EVANS, G. (1996):
South Africa in remission. The foreign policy of an altered state. In: Journal of Modern African Studies 34, (2), p. 249–269

Experience with agricultural policy:
some lessons for South Africa (1993): In: World Development 21, (9), p. 1447–1566

FINE, B./RUSTOMJEE, Z. (1996):
The political economy of South Africa: From minerals-energy complex to industrialiation? London

FINE, D. (1997):
Marine Fisheries Policy for South Africa. Chief Directorate of Sea Fisheries of the Department of Environmental Affairs and Tourism. Roggebaai

FITZGERALD, P., et al. (1995):
Managing sustainable development in South Africa. Cape Town

FLÜGEL, W.-A. (1991):
Wasserwirtschaft und Probleme der Dryland-Salinity in der Republik Südafrika. In: GR 43, (6), S. 374–383

FOURIE, F.C. (1996):
Industrial concentration levels and trends in South Africa. In: SAJE 64, (1), p. 97–121

FRIEDMANN, J. (1966):
Regional development policy. Cambridge.

FUGGLE, R.F./RABIE, M.A. (1996):
Environmental management in South Africa. Cape Town.

GOODLAND, R. (1997):
The housing challenge in South Africa. In: Urban Studies 33, p. 1629–1645

GRAYBILL, L. (1996):
Religion and resistance politics in South Africa. Westport, London

GUTTERIDGE, W. [ed.], (1996):
South Africa's defence and security into the 21st century. Research Institute for the Study of Conflict and Terrorism. Dartmouth

GYEKYE, A./REMPEL, H. (1995):
Regional cooperation as a means to food security in the SADC. In: SAJE 63, p. 272–282

HABIB, A. (1998):
South Africa and the global order. The structural conditioning of a transition to democracy. In: Journal of Contemporary African Studies 16, (1), p. 95–115

HALBACH, A./RÖHM, T. (1998):
Das neue Südafrika: Wachstumsimpulse für den schwarzen Kontinent? IFO-Institut für Wirtschaftsforschung München. Afrika-Studien 126. München, Köln, London

HARBER, A./LUDMANN B. [ed.], (1995):
A–Z of South African Politics. London

HARRISON, PH., et al. (1997):
Transforming South Africa's cities: Prospects for the economic development of urban townships. In: Development Southern Africa 14, (1), p. 43–60

HEEB, C., et al. (1995):
Kapstadt. Metropolen der Welt. München

HEEB, C., et al. (1996):
Südafrika. München

HEEB, C./WIESE, B. (1996):
Südafrika. München

HEINE, K. (1988):
Klimavariabilität und Bodenerosion in Südafrika. In: GR 40, (12), S. 6–14

HEINE, K. (1998):
Klimawandel und Desertifikation im südlichen Afrika – ein Blick in die Zukunft. In: GR 50 (1998), 4, S. 245–250

HINZ, R./KIEFER, R. [Hrsg.], (1994):
Südafrika – die Konflikte der Welt in einem Land. Kirchen-Anwälte für Gerechtigkeit und Versöhnung. Texte zum Kirchlichen Entwicklungsdienst 54. Hamburg

HOFFMANN, F. (1997):
Deutsche Direktinvestitionen in Südafrika als Faktor sozialökonomischer Entwicklung. Hans-Böckler-Stiftung. Manuskripte; 231. Düsseldorf

HORN, A.C./HENNING, ST. (1997):
Dimensions of change in white South African education. In: Tijdschrift voor Ekonomiese en Sociaale Geographie 88, (3), p. 273–283

HORN, G.S. (1995):
Die rol van die dienstesektor in Suid Afrika. In: SAJE 63, (1), p. 36–51

HOSKING, S. (1995):
Redistributive land policy. A case study. In: SAJE 64, (2), p. 44–74

HUISMAN, H. (1994):
Donor-driven development in Lesotho: Lessons for rural South Africa. In: HARTS-BROEKHUIS, A./VERKOREN, O. (eds): No easy way out: essays on Third World development in honour of Jan Hinderink. Netherlands Geographical Studies; 186, Utrecht, p. 186–196

HULME, M. [ed.], (1996):
Climate Change and Southern Africa: an exploration of some potential impacts and implications in the SADC region. Norwich

HUNTLEY, B.J. [ed.], (1991):
Biotic diversity in Southern Africa: Concepts and conservation. 2nd. ed. Cape Town

HUNTLEY, B.J., et al. (1989):
South African Environments into the 21st Century. Cape Town.

International Energy Agency [ed.], (1996):
Energy policies in South Africa-1996 Survey. OECD, Paris

International Labour Office (ILO, 1996):
Restructuring the labour market. The

South African challenge. An ILO Country Review. Genf.

JAMES, W. (1992):
Our precious metal: African labour in South Africa's gold industry 1970–1990. Cape Town, London

JAMES, W., ET AL. (1996):
Now that we are free: Coloured communities in a democratic South Africa. Cape Town

JÜRGENS, U. (1991):
Gemischtrassige Wohngebiete in südafrikanischen Städten. Kieler Geographische Schriften; 82. Kiel

JÜRGENS, U. (1998):
Kapstadt – Entwicklungspotentiale und -hemmnisse im neuen Südafrika. In: GR 50 (4), S. 21–217

JÜRGENS, U./BÄHR, J. (1992):
Die Öffnung südafrikanischer Innenstädte für nicht-weiße Unternehmer, In: Zeitschrift für Wirtschaftsgeographie 36, S. 175–184

JÜRGENS, U./BÄHR, J. (1993):
Free settlement areas in der Republik Südafrika: Erfahrungen mit legalisierten Formen gemischtrassiger Wohngebiete. In: Die Erde 124, S. 19–36

JÜRGENS, U./BÄHR, J. (1994):
Squatter und informelle Wohnbereiche in südafrikanischen Städten. In: Festschrift für E. GORMSEN. Mainzer Geographische Studien 40, S. 149–166

JÜRGENS, U./BÄHR, J. (1996):
Inder in Südafrika. In: GR 48, (6), S. 358–365

JÜRGENS, U./BÄHR, J. (1998):
Johannesburg: Stadtgeographische Transformationsprozesse nach dem Ende der Apartheid. Kieler Arbeitspapiere zur Landeskunde und Raumordnung; 38. Kiel

KAYSER, K. (1983/1986):
Geomorphologie-Südafrika. Afrika-Kartenwerk. Hrsg. im Auftrag der Deutschen Forschungsgemeinschaft von MENSCHING, H.; et al., Serie S: Karte S 2

(1983) und Beiheft (1986). Berlin, Stuttgart

KILIAN, D.K./DODSON, B. (1995):
The capital see-saw: understanding the rationale for the Victoria and Alfred redevelopment. In: SAGJ 77, (1), p. 12–20

KILIAN, D./DODSON, B. (1996):
Forging a postmodern waterfront: Urban form and spectacle at the Victoria and Alfred Docklands. In: SAGJ 78, (1), p. 29–40

KITTELMANN, A. (1998):
Jüngere Entwicklungen des Tourismus in Südafrika: Städtetourismus am Beispiel von Kapstadt. Schriftliche Hausarbeit Lehramt SII. Staatliches Prüfungsamt Köln

KLAGGE, B. (1998):
Armut in westdeutschen Städten. In: GR 50, (3), S. 139–145

KLIMM, E., et al. (1980):
Das südliche Afrika I: Republik Südafrika-Swasiland-Lesotho. Wissenschaftliche Länderkunden, Bd. 17. Darmstadt

KNAPP, R. (1973):
Die Vegetation von Afrika. Vegetationsmonographien der einzelnen Großräume 3. Stuttgart

KOCH, E. (1994):
Reality or rhetoric? Ecotourism and rural reconstruction in South Africa. Geneva.

KOCH, E., et al. (1990):
Water, Waste and Wildlife. The Politics of Ecology in South Africa. London

KOTZE, H. (1997):
Culture, ethnicity and religion: South African perceptions of social identity. Konrad-Adenauer-Stiftung. Johannesburg

KREILE, R. (1997):
Politisierung von Ethnizität in Afrika. In: Aus Politik und Zeitgeschichte, B9/97, S. 12–18

KUSCHEL, H.-D. (1996):
Die zukünftigen Handels- und Wirtschaftsbeziehungen zwischen der EU und Südafrika. In: Internationales Afrikaforum 32, (3), S. 269–271

294

Lange, M.A. (1999):
  Die Parlamentswahlen in Südafrika 1999. In: KAS-Auslandsinformationen (8), S. 58–107

LECLERC-MADLALA, S. (1997):
  „Die Geißel unserer Generation". Junge Südafrikaner in Natal riskieren bewußt, Aids zu verbreiten. In: Der Überblick. Quartalsschrift der AGKED 4/97, S. 39–41

LEISTNER, E. (1995):
  Prospects of increasing regional cooperation. A South African perspective. In: Africa Insight 25, (1), p. 55–60

LEMON, A. [Hrsg.], (1995):
  The geography of change in South Africa. Chichester

LEVIN, M. (1995):
  The urban poor and employment creation. In: Africa Insight 25, (3), p. 172–179

LICHTENBERGER, E. (1990):
  Die Auswirkungen der Ära Reagan auf Obdachlosigkeit und soziale Probleme in den USA. In: GR 42, (9), S. 476–481

LIPTON, M./LIPTON, M. (1993):
  Creating rural livelihoods. Some lessons for South Africa from experiences elsewhere. In: World Development 21, (9), p. 1515–1548

LLOYD, H.R./WAIT, C.V.R. (1996):
  NGO's in regional and provincial economic development. In: SAJE 64, (2), p. 24–43

LODGE, T. (1998):
  Political corruption in South Africa. In: African Affairs 387, p. 157–187

Louw, A., et al. (1998):
  Crime in Johannesburg. Results of a city Victim Survey. Institute for Security Studies. Monograph Series No. 18. Halfway House

LUIZ, J.A., et al. (1995):
  The Aids threat in South Africa. In: Africa Insight 25, (1), p. 31–36

MAASDORP, G. (1996):
  Can South and Southern Africa become globally competetive economies? London

MACCARTHY, C.L. (1994):
  Revenue distribution and economic development in the Southern African Customs Union. In: SAJE 62, (3), p. 167–187

MAHARAJ, B. (1997):
  The politics of local government restructuring and apartheid transformation in South Africa. The case of Durban. In: Journal of Contemporary African Studies 15, (2), p. 261–285

MAIR, S. (1994):
  Dürre im südlichen Afrika. Ihre wirtschaftlichen, sozialen und politischen Folgen. In: Asien, Afrika, Lateinamerika 20, (4), S. 329–350

MANDELA, N. (1994):
  Der lange Weg zur Freiheit. Frankfurt/Main

MANSHARD, W. (1963):
  Tropisches und Südliches Afrika. In: Die Große Illustrierte Länderkunde. Bd. 2. Gütersloh. S. 233–524

MARCUS, T., et al. (1996):
  Down to earth. Land demand in the new South Africa. Durban

MARÉ, G. (1995):
  Ethnicity, regionalisation and conflict in a democratic South Africa. In: SAJIA 3, (1), p. 1–21

MARX, J. (1995):
  South African foreign policy in the new era. Priorities in Africa and the Indian Ocean Islands. In: SAJIA 2, (2), p. 1–10

MASILELA, C./WEINER, D. (1996):
  Resettlement planning in Zimbabwe and South Africa's rural land reform discourse. In: Third World Planning Review 18, (1), p. 23–43

MAULL, H.W. [Hrsg.], (1990):
  Südafrika. Politik, Gesellschaft, Wirtschaft vor dem Ende der Apartheid. Opladen

MEAD, D.C. (1994):
  The contribution of small enterprises to employment growth in Southern and Eastern Africa. In: World Development 22, (12), p. 1881–1894

MENCK, K.W. (1997):
Armut und Armutsbekämpfung in der Republik Südafrika. In: Aus Politik und Zeitgeschichte 21.02.1997, B9, S. 30–37

MESSNER, F. (1994):
Umweltpolitische Kooperation und Strategien zur Umsetzung nachhaltiger Entwicklung in der SADC-Region. In: BRANDSTETTER, A.M., et al. [Hrsg.]: Afrika hilft sich selbst. Schriften der Vereinigung von Afrikanisten in Deutschland 15, S. 136–149

MEYNS, P. (1993):
Die Region des Südlichen Afrika. In: NOHLEN, D./NUSCHELER, F. (Hrsg): Handbuch der Dritten Welt, Bd. 5. Bonn. S. 290–318

MICHLER, W. (1995):
Afrika. Wege in die Zukunft. Ein Kontinent zwischen Bürgerkriegen und Demokratisierung. Unkel

MILTON, S.J./DEAN, W.R.J. (1995):
South Africa's arid and semiarid rangelands: Why are they changing and can they be restored? In: Environmental Monitoring and Assessment 37, p. 245–264

MINNAAR, A. [ed.], (1993):
Communities in isolation. Perspectives on hostels in South Africa. Human Sciences Research Council. Pretoria

MINNAAR, A./HOUGH, M. (1996):
Who goes there? Perspectives on clandestine migration and illegal aliens in Southern Africa. HSRC. Pretoria

MOYO, S., et al. (1993):
The Southern African Environment. Profiles of SADC Countries. London

MUNSLOW, B./FITZGERALD, P. (1994):
South Africa: the sustainable development challenge. In: Third World Quaterly 15, (2), p. 227–243

MURRAY, C. (1981):
Families divided. The impact of migrant labour on Lesotho. Boulder/Col.

NEL, P. (1995):
Übergang durch Erosion: Südafrikas Demokratisierung im Vergleich. In: Aussenpolitik, 1, S. 81–92

NOLAN, B. (1995):
Poverty, inequality and reconstruction in South Africa. In: Development Policy Review 13, (2), p. 151–171

NORDAS, H.K. (1995):
South African manufacturing industries. Catching up or falling behind? Bergen

O'HAGEN, T. (1996):
Wild places of Southern Africa. Southern Africas game reserves, nationals parks and safaris. Halfway Hose, Southern Book Publishers

OTTAWAY, M. (1996):
Development without a peasantry: a forgotten aspect of the land issue in South Africa. In: Development in Practice (Oxford), 6, (2), p. 129–139

PARNELL, S. (1997):
South African cities: Perspectives from the ivory tower of Urban Studies. In: Urban Studies 34, (5/6), p. 891–906

PARNELL, S./MABIN, A. (1995):
Rethinking urban South Africa. In: JSAS 21, (1), p. 39–61

PENDERIS, S.P./VAN DER MERWE, I.J. (1994):
Kaya Mandi hostels, Stellenbosch: place, people and policies. In: SAGJ, 75, (1), p. 33–38

PIAZOLO, M. (1994):
Südafrikas wirtschaftliche Perspektiven. In: ZUGEHÖR, R. [Hrsg.]: Kap der besseren Hoffnung? Unkel/Rh., Bad Honnef. S. 63–87

PIAZOLO, M. (1996):
Südafrika: Wachstumsmotor des südlichen Afrika? In: Afrika Spectrum 31, (3), S. 255–275

PIAZOLO, M. (1998):
Südafrika – Ein Löwe auf dem Sprung? In: GR 50, (4), S. 204–210

PIAZOLO, M./WÜRTH, M. (1995):
Productivity in the South African manufacturing industry. In: SAJE 63, (2), p. 189–193

PIESSE, J., et al. (1996):
The efficiency of smallholder agriculture in South Africa. In: Journal of International Development 8, (1), p. 125–144

PILLAY, U. (1995):
The spontaneous settlement question in South Africa: Insigts from the international experience. In: SAGJ 77, (2), p. 45–50

PISCHEL, E. (1996):
Südafrikas Elektroenergiewirtschaft – Potenzen und Probleme. In: Berichte. IWVWWW 6, Nr. 49, S. 55–68

POGGENSEE, C.C. (1996):
Die Landfrage in Südafrika. Zwangsumsiedlungen schwarzer Gemeinschaften und Probleme der Rückführung im ländlichen Raum – eine Analyse mit Fallbeispielen. 2. Aufl. Hamburg

POST, U. (1993):
Lesotho. In: NOHLEN, D./NUSCHELER, F. (Hrsg): Handbuch der Dritten Welt, Bd. 5. Bonn. S. 352–367

PRAETORIUS, B. (1997):
Energiepolitik und Klimaschutz in Südafrika. In: Deutsches Institut für Wirtschaftsforschung/Wochenbericht 64 (21.08.1997), S. 618–623

PRESTON-WHYTE, E./ROGERSON, C. [ed.], (1991):
South Africa's informal economy. Cape Town.

PRESTON-WHYTE, R.A./TYSON, P.D. (1988):
The atmosphere and weather of southern Africa. Cape Town.

RANDALL, D.J. (1996):
Prospects for the development of a black business class in South Africa. In: Journal of Modern African Studies 34, (4), p. 661–686

RICH, P.B. (1996):
Reaction and renewal in South Africa. London

ROGERSON, C.M. (1990):
Environmentally hazardous industry in South Africa: a spatial view. In: GeoJournal 22, (3), p. 321–328

ROGERSON, C.M. (1995):
South Africa's economic heartland. Crisis, decline or restructuring? In: Africa Insight 25, (4), p. 241–247

ROGERSON, C.M. (1996):
Dispersion within concentration: the changing location of corporate headquarter offices in South Africa. In: Development Southern Africa 13, p. 567–579

ROGERSON, C.M. / MCCARTHY, J. [eds.], (1992):
Geography in a changing South Africa: Progress and prospects. Cape Town

ROGERSON, J. (1995):
The changing face of retailing in the South African City: the case of inner-city Johannesburg. In: Africa Insight 25, p. 163–171

ROSTOW, W.W. (1960):
The stages of economic growth. London

ROWLANDS, I.H. (1996):
South Africa and global climate change. In: Journal of Modern African Studies 34, (1), p. 163–178

RWIGMA, H.B. (1995):
South Africa's revised industrial incentives. An assessemant. In: Regional Studies 29, (6), p. 531–591

SADIE, Y. (1995):
Affirmative action in South Africa. A gender development aproach. In: Africa Insight 25, (3), p. 180–185

SAPIRE, H. [ed.], (1995):
Urban studies and urban change in Southern Africa. In: JSAS 21, (1): Special Issue, p. 3–164

SARTORIUS VON BACH, H./NUPPENAU, E.-A. (1995):
Measuring inter-dependent socio-economic variables affecting development and their impact on South African traditional agriculture. In: Quaterly Journal of International Agriculture 34, (3), p. 259–277

SAVILLE, A.D./LUMBY, A.B. (1997):
The economic impact of marine pollution

on the South African fishing industry. In: SAJE 65, (3), p. 354–372

SCHERRER, CH. (1995):
Selbstbestimmung statt Fremdherrschaft: Sezessions- und Autonomieregelungen als Wege zur konstruktiven Bearbeitung ethno-nationaler Konflikte. In: ROPERS, N./DEBIEL, T. [Hrsg.]: Friedliche Konfliktbearbeitung in der Staaten- und Gesellschaftswelt. Bonn, S. 257–283

SCHNEIDER, K.-G./WIESE, B. (1983):
Die Städte des südlichen Afrika. Urbanisierung der Erde, Bd. 2. Stuttgart

SCHOEMAN, J.L./SCOTNEY, D.M. (1987):
Agricultural potential as determined by soil, terrain and climate. In: South African Journal of Science 83, p. 260–268

SEETHAL, C. (1996):
Reconstruction and postdevelopmentalism in South Africa: the case of an informal settlement in Pietermaritzburg-Msunduzi (1990–1995). In: SAGJ 78, (2), p. 64–74

SENGHAAS, D. (1995):
Hexagon-Varianten: Zivilisierte Konfliktbearbeitung trotz Fundamentalpolitisierung. In: ROSPERS, N./DEBIEL, T. [Hrsg.]: Friedliche Konfliktbearbeitung in der Staaten- und Gesellschaftswelt. Bonn. S. 37–54

SHAW, M. (1995):
Urban conflict, crime and policing in South African cities. In: Africa Insight 25, (4), p. 216–220

SHAW, M./LOUW, A. (1998):
Environmental design for safer communities. Preventing crime in South Africa's cities and towns. Institute for Security Studies. Monograph Series No. 24. Halfway House

SIMPSON, A.J./McGEE, O.S. (1996):
Analysis of fumigation effect on polluants over Pietermaritzburg. In: SAGJ 78, (1), p. 41–46

SITAS, A. (1996):
The new tribalism. Hostels and violence. In: JSAS 22, (2), p. 235–248

SLABBERT, T.J.C., et al. (1996):
Poverty among Blacks in the Vaal Triangle. In: Africa Insight 26, (2), p. 146–155

SOLOMON, H. (1994):
Migration in Southern Africa: a comparative perspective. In: Africa Insight 24, (1), p. 60–71

SOLOMON, H. (1996):
Illigal immigrants in South Africa: causes, conditions and startegies. In: DENG, LUAL A., et al., p. 116–136

South Africa Yearbook 1998. Fifth Edition. Editor: Government Communication and Information System. Pretoria.

South African Institute of Race Relations (SAIRR) (1998):
South Africa Survey 1997/98. Johannesburg.

SPIEGEL, A.D. (1997):
Using clanship, making kinship. The dynamics of reciprocity in Khayelitsha, Cape Town. In: African Anthropology 4, (2), p. 37–76

Statistics South Africa/SSA (1998a):
Census in Brief 1998. Pretoria

Statistics South Africa/SSA (1998b):
Unemployment and Employment in South Africa. Pretoria

Statistics South Africa/SSA(1998c):
Victims of crime survey. Pretoria

Statistisches Bundesamt [Hrsg.]:
Länderbericht Lesotho 1991. Stuttgart

Statistisches Bundesamt [Hrsg.]:
Länderbericht SADC-Staaten 1993. Stuttgart

Statistisches Bundesamt [Hrsg.]:
Länderbericht Südafrika 1994. Wiesbaden

Statistisches Bundesamt [Hrsg.]:
Länderbericht Swasiland 1993. Stuttgart

STRIJDOM, P.D.F. (1995):
International trade and economic growth. The opening-up of the South African economy. In: SAJE 63, (4), p. 556–576

SWATUK, L./BLACK, D.R. (1997):
Bridging the rift: The "new" South Africa in Africa. Boulder/Col.

SWILLING, M./BOYA, L. (1991):
Local governance in transition. In: SWILL-

ING, M., et al.: Apartheid city in transition. Cape Town. p. 169–194

SYCHOLT, A. (1995):
Reiseführer Natur Südliches Afrika. München

TARP, F./BRIXEN, P. (1996):
South African economy: Macroeconomic prospects for the medium term. London

TETZLAFF, R. (1993):
Sicherheitspolitik in Afrika zwischen Bürgerkriegen, Staatszerfall und Demokratisierungsbemühungen. In: DAASE, CHR. [Hrsg.]: Regionalisierung der Sicherheitspolitik, Baden-Baden, S. 127–149

TETZLAFF, R. (1998):
Afrika zwischen Demokratisierung und Staatszerfall. In: Aus Politik und Zeitgeschichte, B21/1998, S. 3–15

THOMAS, W.H. (1980):
Südafrikas Couleredbevölkerung. Wirtschaftliche, soziale und politische Entwicklung. Arbeiten aus dem Institut für Afrika-Kunde 20. Hamburg

THOMPSON, L. (1996):
A history of South Africa. revised edition

TYSON, P.D. (1981):
Climate and desertification in Southern Africa. In: GeoJournal, Suppl. Issue 2, p. 3–10

TYSON, P.D. (1986):
Climatic change and variability in Southern Africa. Cape Town

United Nations Development Programme (UNDP)/Deutsche Gesellschaft für die Vereinten Nationen (1998):
Bericht über die menschliche Entwicklung 1998. Bonn

United Nations Environment Programme (UNEP) [ed.], (1992):
World Atlas of Desertification. London, New York

United Nations High Commissioner for Refugees (UNHCR) [ed.], (1995):
UNHCR-Report 1995/96. Zur Lage der Flüchtlinge in der Welt. Bonn

VAN DER MERWE, I.J. (1993a):
The South African city in relation to international city form. In: Development Southern Africa 10, (4), p. 481–496

VAN DER MERWE, I.J. (1993b):
The urban geolinguistics of Cape Town. In: GeoJournal 31, p. 409–417

VAN DER MERWE, I.J./VAN NIEKERK, L.O. (1994):
Language in South Africa. Distribution and change. Stellenbosch

VAN HOREN, C./EBERHARD, A. (1995):
Energy, environment and the rural poor in South Africa. In: Development Southern Africa 12, (2), p. 197–211

VAN WYK, J. (1998):
Towards water security in Southern Africa. In: African Security Review 7, (2), p. 59–68

van Zyl, J., et al. (1996):
Agricultural land reform in South Africa: Policies, markets and mechanisms. Cape Town

VERHOEF, G. (1996):
The role of women in the South African economy. In: SAJE 64, (3), p. 216–234

WALTER, H./BRECKLE, S.W. (1984):
Ökologie der Erde, Bd. 2: Spezielle Ökologie der Tropischen und Subtropischen Zonen. Stuttgart

WALTER, H./LIETH, H. (1960):
Klimadiagramm-Weltatlas. Leipzig

WATSON, H.K. (1996):
Short and long-term influences on soil erosion of settlement by peasant farmers in Kwazulu/Natal. In: SAGJ 78, (1), p. 1–6

WANGEMANN, DR. (1868):
Ein Reise-Jahr in Süd-Afrika. Ausführliches Tagebuch über eine in den Jahren 1866 und 1867 ausgeführte Inspectionsreise durch die Missions-Stationen der Berliner Missions-Gesellschaft. Berlin.

Weltbank (1999):
Entwicklung durch Wissen: mit ausgewählten Kennzahlen der Weltentwick-

lung (Weltentwicklungsbericht 1998/99). Frankfurt a. M.

WERGER, M.J.A. [ed.] (1978):
Biogeography and ecology of Southern Africa. Monographiae biologicae; 31. The Hague.

WIESE, B. (1981):
Seaports and port cities of southern Africa. Wiesbaden

WIESE, B. (1985):
Der Funktionswandel einer Gebirgsregion im südlichen Afrika – das Beispiel der Natalischen Drakensberge. In: Zeitschrift für Wirtschaftsgeographie 29, (3–4), S. 217–237

WIESE, B. (1987):
Südafrika. Geographie einer Krisenregion. Köln

WIESE, B. (1988a):
Aktuelle wirtschafts- und sozialgeographische Prozesse in Gebirgen Südostafrikas – ein Beitrag zum Funktionswandel von Gebirgsregionen im Entwicklungsprozeß. In: MÄCKEL, R./ SICK, W.-D. [Hrsg.]: Natürliche Ressourcen und ländliche Entwicklungsprobleme der Tropen. Festschrift für Walther Manshard. Erdkundliches Wissen; 90, S. 105–122

WIESE, B. (1988b):
Elfenbeinküste. Erfolge und Probleme eines Entwicklungslandes in den westafrikanischen Tropen. Wissenschaftliche Länderkunden; Bd. 29. Darmstadt

WIESE, B. (1993):
Wanderungsbewegungen in Westafrika. In: Migration in der Dritten Welt. Interdisziplinärer Arbeitskreis Dritte Welt. Veröff. Bd. 7. Mainz. S. 57–83

WIESE, B. (1997):
Afrika. Ressourcen, Wirtschaft, Entwicklung. Teubner Studienbücher der Geographie – Regional, Bd. 1. Stuttgart

WILKE-LAUNER, R./KÜHNE, W. (1993):
Südafrika. In: NOHLEN, D./NUSCHELER, F. (Hrsg): Handbuch der Dritten Welt, Bd. 5. Bonn. S. 417–463

WILLIAMS, G. (1996):
Setting the agenda. A critique of the World Bank's Rural Restructuring Programme for South Africa. In: JSAS 22, (1), p. 139–166

WITULSKI, U. (1990):
Macroeconomic linkages among southern African countries. IFO-Afrika-Studien 117. München, Köln

World Bank (1999):
World Bank Atlas. Washington

World Tourism Organization (1997):
Tourism Market Trends Africa 1986–1996. WTO Commission for Africa, 13. Meeting, Addis Abeba

ZAFFIRO, J. (1996):
Casting shadows on SADC. Aids policy in Southern Africa into the next century. In: Africa Insight 26, (4), p. 325–338

ZUGEHÖR, R. [Hrsg.], (1994):
Kap der besseren Hoffnung? Unkel/Rh./ Bad Honnef

Dichtung aus Südafrika – zum kulturellen Einstieg, eine Auswahl:

BREYTENBACH, B. (1995):
Rückkehr ins Paradies. Ein afrikanisches Journal. Frankfurt a.M.

BRÜCKNER, TH., et al. [Hrsg.], (1997):
Hinter dem Regenbogen. Geschichten aus Südafrika. München

COETZEE, J.M. (1998):
Der Junge. Eine afrikanische Kindheit. Frankfurt

GORDIMER, N. (1995):
Niemand, der mit mir geht. Berlin.

GORDIMER, N. (1998):
Die Hauswaffe. Berlin

GORDIMER, N. (1998):
Livingstones Gefährten. Frankfurt a. M.

KEHLER-MAQWAZIMA, J. (1994):
Es ist nicht einfach, eine Frau zu sein! Porträts schwarzer Frauen aus Südafrika. Frankfurt a. M.

Lesego Rampolokeng (o.J.):
  Blue V's. Edition Solitude. o.O.
Lesego Rampolokeng (o.J.):
  End Beginnings. o.O.
MAGONA, S. (1993):
  Bitterer Nektar der Nacht: Erzählungen aus Südafrika. Frankfurt a.M.

MASEKO, B. (1991):
  Mamlambo and other stories. Johannesburg
MICHENER, J.A.A. (1984):
  Verheißene Erde. Roman. München
WILLIAMS, M. (o.J.):
  Crocodile burning. Wuppertal
WILLIAMS, M. (o.J.):
  Wer tötete Jimmy Valentine? o.O.

Südafrika: Online Adressen Stand: Mitte 1999

Südafrika ist als eines der wenigen Länder Afrikas mit zahlreichen Homepages im Internet vertreten.

Von Regierungsseite stehen zur Verfügung:
Botschaft Südafrikas in Deutschland
www.suedafrika.org
mit Hyperlinks zu südafrikanischen Ministerien, Zeitungen, Universitäten, Forschungsinstitutionen u.ä.
eMail Adressen der Südafrikanischen Botschaft:
  botschaft@suedafrika.org
  media@suedafrika.org
  konsular@suedafrika.org

Neue Website der Regierung (seit Januar 1999):
  www.gov.za
Parliament of South Africa:
  www.parliament.gov.za
Parliament and Government:
  www.polity.gov.za

Das Landespresseamt ist zu erreichen unter:
Government Communication and Information System
  www.gcis.gov.za oder
  www.sacs.org.za

Eine Suchmaschine für amtliche Veröffentlichungen in Südafrika:
  www.polity.org.za/search.html
Das Statistische Landesamt trägt seit 17. September 1998 die Bezeichnung:

Statistics South Africa
mit folgenden Internetadressen:
  www.statssa.gov.za
Tel. +27 (12) 3108911, Fax +27 (12) 3223374
eMail: info@statssa.pwv.gov.za

Ministerien:
Department of Agriculture:
  www.agric.za/
Department of Arts, Culture, Science and Technology:
  www.dacst.gov.za
Department of Education:
  www.gov.za/doe/
Department of Environmental Affairs and Tourism:
  www.gov.za/envweb
Department of Finance:
  www.finance.gov.za
Department of Defence:
  www.mil.za
Department of Land Affairs:
  http://land.pwv.gov.za
Department of Transport:
  www.transport.gov.za/
Department of Water Affairs and Forestry:
  www.dwaf.pwv.gov.za/idwaf/index.html
Department of Welfare:
  www.gcis.gov.za/gov/welfare/home/welfhp.htm
Police: Info and crime prevention hints:
  www.saps.co.za

Organisationen:

African National Congress:
www.anc.org.za
Homepage bietet Zugang zu zahlreichen Dokumenten der Regierung

Agricultural Research Council:
www.arc.agric.za/

Business Against Crime:
www.web.co.za/bac/

Captour:
www.africa.com/captour/

Chamber of Mines of South Africa:
www.bullion.org.za

Coastal Management Policy Programme:
www.cmpp.co.za

Congress of South African Trade Unions:
www.cosatu.org.za

Constitutional Assembly:
www.constitution.org.za

Council for Geoscience:
www.geoscience.org.za/

CSIR:
www.csir.co.za

Development Bank of Southern Africa:
www.dbsa.org

The Durban Experience:
http://durban.org.za

Earthlife Africa:
www.earthlife.org.za

Endangered Wildlife Trust:
http://ewt.org.za/

Eskom:
www.eskom.co.za/

Geographische Institute in Südafrika:
www.und.ac.za/und/geog/geogdept.html

Health Link:
www.healthlink.org.za/

Historical papers through WITS Library:
www.wits.za/library/histp.html.

Human Sciences Research Council:
www.hsrc.ac.za

Inkhata Freedom Party:
http://ifp.org.za

Institute of Democracy in South Africa:
www.idasa.org.za

Kruger National Park:
www.ecoafrica.com/krugerpark/

KwaZulu/Natal Nature Conservation Service:
http://wildnetafrica.co.za/
kwazulunatalparks/home.html

KwaZulu/Natal Tourism:
http://tourism-kzn.com

LibraryNet:
www.librarynet.co.za/

Media Information:
www.ananzi.co.za

Medical Research Council of South Africa:
www.mrc.ac.za

National Economic Development and
Labour Council:
www.nedlac.org.za

NEDCOR ISS crime index:
www.iss.co.za

Ntsika Enterprise Promotion Agency:
www.ntsika.org.za

Sangonet Development page:
http://wn.apc.org/dev/

Sasol:
www.sasol.com/

SchoolNet SA:
www.school.za/

Sea Fisheries Research Institute:
www.gov.za/sfri/sfri.htm

Small Business Development Corporation:
www.sbdc.co.za

South African Arts Scene:
www.artslink.co.za

South Africa Online:
www.southafrica.co.za/

South African Defence Force:
www.mil.za

South African Health Review:
www.healthlink.org.za/hst/sahr/

South African Institute of Race Relations:
http://pcb.co.za/sairr

South African legislation since 1993:
www.parliament.gov.za/legislation

South African legislation since 1997:
www.gcis.gov.za/level4/acts.htm

South African National Gallery:
www.gem.co.za/sang

South African National Parks:
http://africa.com/+venture/saparks/
index.htm

South African Reserve Bank:
www.resbank.co.za
South African Parliament:
www.parliament.gov.za
South African Police Service:
www.saps.co.za/
Southern Africa Environment Project:
www.ru.ac.za/saep/saep.html
Spoornet:
www.spoornet.co.za/
Transnet:
www.tnet.co.za/
Transport related information:
www.transport.co.za/
University of Cape Town:
www.uct.ac.za
University of South Africa:
www.unisa.ac.za/
University of the Witwatersrand:
www.wits.ac.za
V&A Waterfront, Cape Town:
www.waterfront.co.za/
Water Research Commission:
www.wrc.ccwr.ac.za
Western Cape Tourism:
www.wcapetourism.co.za
Wilderness Trust of South Africa:
www.wildernesstrust.org.za
Wildnet Africa:
www.wildnetafrica.co.za

Women'snet-networking Support
Programme:
http://womensnet.org.za

Städte:
Cape Town Municipality:
www.ctcc.gov.za
Cape Town Tourism:
www.africa.com/captour/captour.htm
Durban:
http://durban.org.za
Johannesburg:
www.joburg.org.za
Pretoria:
www.pretoria.co.za

Tages- bzw. Wochenzeitungen aus Südafrika:

Beeld:
www.ebeeld.com
Business Day:
www.bday.co.za
Financial Mail:
www.fm.co.za
The Star:
www.star.co.za
The Mail&Guardian weekly newspaper:
www.mg.co.za   oder/und
www.web.co.za/mg/

Register

Abkürzungen

Einmalnennungen, die direkt im Text erläutert werden, stehen nicht in diesem Verzeichnis

ADB	African Development Bank
AKP	Staaten Afrikas, der Karibik und des Pazifik
ALUSAF	Aluminium Industries of South Africa
ANC	African National Congress
BfAi	Bundesstelle für Außenhandelsinformation
BIP	Bruttoinlandprodukt
BMBau	Bundesministerium für Raumordnung, Bauwesen und Städtebau
BMZ	Bundesministerium für wirtschaftliche Zusammenarbeit und Entwicklung
BSP	Bruttosozialprodukt
CBD	Central Business District
CODESA	Convention for a Democratic South Africa
COMESA	Common Market for Eastern und Southern Africa
COSATU	Congress of South African Trade Unions
CSIR	Council for Scientific and Industrial Research
CSS	Central Statistical Survey
DAC	Development Assistance Committee/Entwicklungshilfeausschuß der OECD
DBSA	Development Bank of Southern Africa
DWAF	Department of Water Affairs and Forestry
ESCOM	Electricity Supply Commission
FAO	Food and Agriculture Organisation of the United Nations
FAZ	Frankfurter Allgemeine Zeitung
FR	Frankfurter Rundschau
GATT	General Agreement on Tariffs and Trade
GEAR	Growth, Employment and Redistribution Policy
HDI	Human Development Index
HSRC	Human Sciences Research Council
IDC	Industrial Development Corporation
IFP	Inkatha Freedom Party
ISCOR	Iron and Steel Corporation of South Africa
ITC	Intertropical Convergence Zone
IUCN	International Union for the Conservation of Nature
IWF	Internationaler Währungsfonds

LDC	Least Developed Countries
LHWP	Lesotho Highlands Water Project
NAFTA	North American Free Trade Area
NICs	Newly Industrialising Countries
NMU	National Mineworkers Union
NP	National Party
NRO	Nicht-Regierungsorganisation
OAU	Organisation of African Unity
ODA	Official Development Assistance/Öffentliche Entwicklungszusammenarbeit
OECD	Organisation for Economic Co-Operation and Development
OHS	October household survey
PAC	Pan Africanist Congress
PAGAD	People Against Gangsterism And Drugs
PWV	Pretoria-Witwatersrand-Vaaldreieck
RDR	Reconstruction and Development Programme
SAA	South African Airways
SACU	Southern African Customs Union
SADC	Southern African Development Community
SAFRI	Südliches-Afrika-Initiative der deutschen Wirtschaft
SAIRR	South African Institute of Race Relations
SATOUR	South African Tourism Organisation
SAYB	South Africa Yearbook
SSA	Statistics South Africa
SZ	Süddeutsche Zeitung
TBVC	Transkei, Bophutatswana, Venda, Ciskei
UNCED	United Nations Conference on Environment and Development
UNDP	United Nations Development Programme
UNEP	United Nations Environment Programme
UNESCO	United Nations Educational, Scientific and Cultural Organisation
UNHCR	United Nations High Commissioner for Refugees
USAID	United States Agency for International Development
WHO	World Health Organisation
WTO	World Trade Organisation
WWF	World Wide Fund for Nature

Anhang

Fakten, Zahlen, Übersichten

1 Südafrika

1.1 Staat und Territorium

Südafrika – South Africa

Vollform: Republik Südafrika –
Republic of South Africa
Kurzform: Südafrika / RSA
Flagge: s. Vorsätze

Amtssprachen: 11 – Englisch, Afrikaans, Ndebele, Nordsotho, Südsotho, Setswana, Swati, Tsonga, Venda, Xhosa, Zulu

Währung: 1 Rand = 100 Cents
Wechselkurs: 1992   R 1 = DM 0,55
1994   R 1 = DM 0,46
1996   R 1 = DM 0,35

Fläche: 1 219 912 km²
andere Quelle: 1 224 691 km²
(inklusive der unbewohnten Inseln Marion Island 388 km² und Prince Edward Island 41 km², ca. 1 900 km südöstlich von Kapstadt)

Küstenlinie: 2 798 km
Maritime Rechte:
exklusive Wirtschaftszone 200 Seemeilen

Lage im Gradnetz (ohne Inseln):
nördlichster Punkt::
nordwestlich von Messina, Nord-Provinz –
ca. 22° 15' s. Br., 29° 30' ö. L.
südlichster Punkt:
Cape Agulhas –
ca. 34° 50' s. Br., 20°00' ö. L.
westlichster Punkt:
bei Alexander Bay –
ca. 28° 40' s. Br., 16° 30' ö. L.
östlichster Punkt:
Küste nordöstlich Maputa, Kwa Zulu / Natal –
ca. 26° 50' s. Br., 32°50' ö. L.

Bevölkerungszahl:
Zählung 1996: 40,6 Mio. Ew.
Schätzung 1999; 43,05 Mio. Ew.

Hauptstadt:
Pretoria (Exekutive), Kapstadt (Legislative), Bloemfontein (Jurisdiktion)

Staatsform und Verwaltungsaufbau, Verwaltungsgliederung:

Südafrika ist eine parlamentarische Demokratie innerhalb des Britischen Commonwealth. Übergangsverfassung von 1994, endgültige Verfassung vom Februar 1997 tritt bis 1999 schrittweise in Kraft.

Staatsoberhaupt war nach den Parlamentswahlen vom April 1994 (erste freie Wahlen) Nelson R. Mandela und ist seit den zweiten Wahlen im Juni 1999 Thabo Mbeki.

Das Parlament besteht aus der Nationalversammlung von 400 gewählten Mitgliedern und dem Nationalrat der Provinzen aus 90 Mitgliedern. Allgemeine, direkte und geheime Wahlen für alle Südafrikaner ab dem vollendeten 18. Lebensjahr zum Parlament finden alle 5 Jahre statt. Wahl des Präsidenten als Staats- und Regierungschef alle 5 Jahre durch die Nationalversammlung.

Die 9 südafrikanischen Provinzen haben je ein eigenes Parlament mit einem Ministerpräsidenten und fünf bis zehn Ministern. Die Provinzen haben nicht die Stellung wie Bundesländer in Deutschland, so daß man für Südafrika von einer Präsidialdemokratie mit föderalen Elementen spricht.

An der Basis existieren Kommunalverwaltungen in der Form von Stadt- und Gemeinderäten. Traditionelle Führer sind auf allen drei Regierungsebenen fakultativ vertreten.

Provinz	Fläche (km²)	Bevölkerung	Bevölkerungsdichte (pro km²)
West-Kap	129 370	3 956 875	30,59
Ost-Kap	169 580	6 302 525	37,17
Nord-Kap	361 830	840 321	2,32
Freistaat	129 480	2 633 504	20,34
KwaZulu / Natal	92 100	8 417 021	91,39
Nord-West	116 320	3 354 825	28,84
Gauteng	17 010	7 348 423	432,01
Mpumalanga	79 490	2 800 711	35,23
Nord-Provinz	123 910	4 929 368	39,78
Rep. Südafrika insgesamt	1 219 090	40 583 573	33,29

Tab. A 1.1.1:
Fläche, Bevölkerung und Bevölkerungsdichte Südafrikas nach Provinzen 1996

Partei	1994 absolut	1994 Anteil (%)	1994 Sitze	1999 absolut	1999 Anteil (%)	1999 Sitze	Differenz Anteil (%)	Differenz Sitze
African National Congress (ANC)	12 237 655	62,65	252	10 601 330	66,35	266	+3,71	+14
Democratic Party (DP)	338 426	1,73	7	1 527 337	9,56	38	+7,82	+31
Inkatha Freedom Party (IFP)	2 058 294	10,54	43	1 371 477	8,58	34	−1,95	−9
New National Party (NNP)	3 983 690	20,39	82	1 098 215	6,87	28	−13,52	−4
United Democratic Movement (UDM)	–	–	–	546 790	3,42	14	+3,42	+14
African Christian Democratic Party (ACDP)	88 104	0,45	2	228 975	1,43	6	+0,98	+4
Freedom Front (FF)	424 555	2,17	9	127 217	0,80	3	−1,37	−6
United Christian Democratic Party (UCDP)	–	–	–	125 280	0,78	3	+0,78	+3
Pan- Africanist Congress (PAC)	243 478	1,25	5	113 125	0,71	3	−0,54	−2
Federal Alliance (FA)	–	–	–	86 704	0,54	2	+0,54	+2
Minority Front (MF)	13 433	0,07	–	48 277	0,30	1		+1
Afrikaner Einheitsbewegung (AE)	–	–	–	46 292	0,29	1	+0,29	+1
Azianian People's Organization (AZAPO)	–	–	–	27 257	0,17	1	+0,16	+1
übrige	–	–	–	28 866	0,19	–	–	–
insgesamt	19 533 497	100	400	15 977 142	100	400		+/−71

Tab. A 1.1.2:
Politische Parteien in Südafrika und Sitzverteilung in der südafrikanischen Nationalversammlung nach den Wahlen von 1994 und 1999

	1991/92	1994/95	1996/97
Bildungswesen	19 929	30 850	39 166
Gesundheitswesen	10 630	14 299	18 464
andere Wohlfahrtsausgaben	11 282	17 945	23 738
Wirtschaft	12 530	16 367	19 509
Verteidigung	19 229	25 385	28 125
Unallocable: interests	14 460	24 573	34 628
Unallocable: other	8 743	10 918	13 925
insgesamt	96 803	140 337	177 555

Tab. A 1.1.3:
Südafrikas Staatshaushalt 1991–1997

1.2 Landesnatur

Südafrika besteht aus dem riesigen Binnenhochland von 900–1 200 m NN, umrandet von
der Großen Randstufe (2 200–3000 m NN),
den schmalen Küstenstreifen im Osten und
Westen und den Kapketten (bis 2 300 m NN)
im Süden. Südafrika hat nur im äußersten Norden und Nordosten noch Anteil am tropischen
Klima (Trockensavanne). Folgende subtropischen Klimagebiete lassen sich unterscheiden: Das sommerfeuchte Ostküstengebiet und
das östliche Binnenhochland (bis 1 000 mm
Jahresniederschlag), das winterfeuchte Kapland (Mittelmeerklima, bis 800 mm Jahresniederschlag), das halbwüstenhafte zentrale und
westliche Binnenhochland – im äußersten
Nordwesten herrscht Wüstenklima. Sonnenscheindauer und Wärme sind Positivfaktoren
des Klimas, Risikofaktoren sind regionaler
Wassermangel und Dürren, im Hochland Frost
und selten Schnee. Die Pflanzenwelt entspricht der klimatischen Gliederung: im Norden und Nordosten randtropische Trockensavannen, an der Ostküste sommerfeuchte
Buschvegetation, an den Drakensbergen
Reste von Bergregenwald. Das östliche Hoch-
plateau ist eine baumfreie Steppenlandschaft,
im Binnenland abgelöst von Halbwüsten (u. a.
Sukkulenten). Im Kapland findet sich eine einmalige Macchienvegetation (Fynbos). Auf einer
Küstenlänge von ca. 3 000 km weisen die lito-
ralen und marinen Biome eine große Vielfalt
auf. Wassermangel, Bodenerosion, Desertifikation und die Folgen der globalen Klimaänderung bedrohen weite Landesteile.

Berg	Gebirge	Höhe (m NN)
Njasuthi	Drakensberge	3 408
Die Berg	Steenkampsberg Range	2 332
Kompasberg	Sneeuberge	2 504
Matroosberg	Kapketten	2 249
Seven Weeks		
Poorts Mountain	Swartberg Range	2 326

Tab. A 1.2.1: Höchste Berge Südafrikas

Fluß	Länge (km)	Einzugs-gebiet (km²)
Orange und Vaal	2 340	6 067
Limpopo	960	1 096
Olifants und Letaba	760	683
Tugela	520	290
Umzimvubu	470	198
Pongola	440	118
Umzimkulu	380	67
Komati und Crocodile	340	217
Breë	310	126
Great Usutu	290	167

Tab. A 1.2.2: Längste Flüsse Südafrikas
inklusive Lesotho und Swasiland

Tab. A 1.2.3: Größte Talsperren Südafrikas

Name	Flußsystem	Speicher-kapazität (Mio. m³)
Gariep (Hendrik Verwoerd)	Orange	5 952
Van der Kloof (P. K. le Roux)	Orange	3 237
Sterkfontain	Vaal	2 656
Vaal	Vaal	2 536
Pongolapoort	Pongola	2 500
Bloemhof	Vaal	1 273
Theewaterskloof	Riviersonderend	480
Heyshope	Assegai	460
Brandvlei	Breë	444
Woodstock	Tugela	381

	Beobach-tungsdauer	Jan.	Febr.	März	April	Mai	Juni	Juli	Aug.	Sept.	Okt.	Nov.	Dez.	Jahr
an: 29°50'S/31°02'E; 5 m NN														
temperatur (°C)	60	24,7	24,9	23,9	22,1	10,0	18,3	17,9	18,7	19,8	20,9	22,3	23,8	21,4
res Maximum emperatur (°C)	30	27	28	27	26	24	22	22	22	23	23	25	26	25
res Minimum emperatur (°C)	30	20	21	20	18	14	11	11	12	15	17	18	19	16
rer Niederschlag (mm)	30	118	128	113	91	59	36	26	39	63	85	121	124	1 003
maler Niederschlag (mm)	30	383	358	267	315	260	356	109	136	143	251	278	363	1 397
naler Niederschlag (mm)	30	10	22	23	8	5	0	1	2	7	25	21	41	631
enscheindauer (Std.)	10	202	188	192	204	229	207	214	214	174	161	171	186	2 342
ntielle Verdunstung* (mm)	4	203	170	180	127	99	84	89	122	142	170	173	196	1 755
rsburg: 23°51'S/29°27'E; 1 230 m NN														
ltemperatur (°C)	45	21,4	20,8	19,4	17,5	13,6	10,8	11,1	13,3	16,4	19,1	20,3	21,4	17,1
res Maximum emperatur (°C)	30	27	27	26	25	22	20	20	22	25	27	27	27	25
res Minimum emperatur (°C)	30	16	16	15	12	8	4	4	6	10	14	15	16	11
rer Niederschlag (mm)	30	84	71	54	33	12	6	3	1	13	34	67	98	485
imaler Niederschlag (mm)	30	218	214	139	159	70	47	33	8	56	82	173	252	792
maler Niederschlag (mm)	30	17	6	8	0	0	0	0	0	0	10	0	18	208
enscheindauer (Std.)	13	248	210	233	243	267	267	267	276	261	270	246	251	3 039
ntielle Verdunstung* (mm)	4	244	198	206	167	163	124	140	180	234	295	272	239	2 462
berley: 28°48'S/24°46'E; 1 197 m NN														
ltemperatur (°C)	66	24,8	23,7	21,7	18,0	14,0	16,6	10,3	13,2	16,6	20,0	22,0	24,1	18,3
res Maximum Temperatur (°C)	30	33	31	29	25	21	19	19	22	25	28	30	32	26
res Minimum Temperatur (°C)	30	18	17	15	11	6	3	3	5	8	12	14	16	11
rer Niederschlag (mm)	30	55	64	72	44	19	13	6	11	11	31	47	58	431
imaler Niederschlag (mm)	30	171	235	220	141	73	104	40	117	63	1 351	131	72	710
maler Niederschlag (mm)	30	9	2	18	3	0	0	0	0	0	2	0	3	179
nenscheindauer (Std.)	14	301	266	276	270	267	264	282	301	291	301	306	326	3 461
entielle Verdunstung* (mm)	4	363	290	246	185	127	99	130	185	254	338	373	378	2 986
t Nolloth: 29°14'S/16°52'E; 7 m NN														
leres Maximum Temperatur (°C)	–	19,3	19,4	19,4	19,0	18,7	18,4	16,9	17,3	17,5	17,6	19,0	19,0	18,5
leres Minimum Temperatur (°C)	–	11,9	12,2	11,6	9,9	9,0	8,0	7,0	7,4	8,1	9,5	10,3	11,4	9,7
lerer Niederschlag (mm)	–	2	2	5	5	9	8	9	8	5	3	3	2	61
ostadt: 33°54'S/18°32'E; 17 m NN														
eltemperatur (°C)	79	21,2	21,5	20,3	17,5	15,1	13,4	12,6	13,2	14,5	16,3	18,3	20,1	17,0
tleres Maximum Temperatur (°C)	30	26	26	25	22	19	18	17	18	19	21	23	25	22
tleres Minimum Temperatur (°C)	30	16	16	14	12	10	8	7	8	9	11	13	15	12
tlerer Niederschlag (mm)	30	12	8	17	47	84	82	85	71	43	29	17	11	506
ximaler Niederschlag (mm)	30	56	61	53	250	163	173	202	156	123	102	59	37	756
imaler Niederschlag (mm)	30	0	1	4	4	13	18	14	18	3	4	2	0	347
nnenscheindauer (Std.)	10	338	294	282	207	183	180	177	198	216	276	297	344	2 992
entielle Verdunstung* (mm)	4	322	257	213	135	74	63	71	91	135	193	259	328	2 141

Tab. A 1.2.4: Klimadaten ausgewählter Stationen in Südafrika

Quelle: MÜLLER 1979

* Verdunstung über freier Wasserfläche in einer Symons-Verdampfungspfanne bis 1958,
  seitdem „A"-Klasse-Verdunstungspfannen amerikanischer Art

316

Provinz Name	Fläche (ha)
Westkap	
Cape Peninsula National Park	30 000
Wilderness National Lake Area	10 000
Karoo National Park	32 792
West Coast National Park	20 000
Knysna National Lake Area	15 000
Nordkap	
Richtersveld National Park	162 000
Augrabies Falls National Park	9 415
Kalahari-Gemsbok National Park	959 103
Vaalbos National Park	22 696
Tankwa Karoo National Park	27 063
Ostkap	
Tsitsikamma National Park	80 km Meeresküste
Addo Elephant National Park	12 126
Mountain Zebra National Park	6 536
Freistaat	
Golden Gate Highlands National Park	11 630
KwaZulu/Natal	
Natal Drakensberg Park (ex Royal Natal National Park)	8 094
Hluhluwe-Umfolozi Park	96 000
Drakensberg Region (mit Giant's Castle Reserve) (noch zu konsolidieren)	260 000
Itala Game Reserve	29 653
Nduma Game Reserve	10 100
Greater St. Lucia Wetland Park	250 000
St. Lucia Marine Reserve	k. A.
Mkuzi Game Reserve	34 000
Mpumalanga	
Kruger National Park (mit nörd- licher Hälfte in der Nordprovinz)	1 948 528
Blyde River Canyon Nature Reserve	25 000
Nordprovinz	
Kruger National Park, nördliche Hälfte	
Nordwestprovinz	
Madikwe Game Reserve	75 000
Pilanesberg National Park	60 000

Tab. A 1.2.5: Bedeutende Nationalparks und andere Schutzgebiete in Südafrika

1.3 Landesgeschichte

Chronik

Die Epoche der Wildbeuter und Nomaden
Südafrika gehört nach den heutigen Erkenntnissen zu den „Wiegen der Menschheit" in Afrika. Vorläufer des Menschen, Australophitezinen, bewohnten das südliche Afrika vor 3 bis 1 Mio. Jahren. Vor ca. 1,5 Mio. Jahren taucht die Spezies Homo auf. Funde von Steinwerkzeugen in der Nord-Provinz und in Gauteng weisen auf ur- und früh-geschichtliche Besiedlung um ca. 100 000 v. Chr. durch Homo sapiens-Wildbeuter hin.

„Buschmannzeichnungen" in zahlreichen Teilen des Landes, datiert zwischen der Zeitenwende und dem Beginn des 19. Jahrhunderts, sind Zeugnisse der Wildbeuterkultur der San. Gleichzeitig sind Hirtennomaden, sog. Khoi-Khoi, nachgewiesen.

Die Epoche der Bantu-Einwanderung
3. Jh. n. Chr.
Schmelzöfen für Eisenerz, wie sie sich um Phalaborwa in der Nord-Provinz finden, sowie Funde von Hacken, Äxten, Klingen und Messern Stahl weisen auf die Einwanderung neuer Kulturgruppen um die Zeitenwende hin. Mit der „eisenzeitliche Revolution" kommen bantusprachige Ackerbauern und Viehhalter von Nordosten nach Südafrika

6. Jh.
Die „Lydenburger Köpfe" (Ort in der Nord-Provinz); die reich verzierte Tonplastiken weisen auf den hohen handwerklichen Stand der Töpferei hin.

12. Jh.
Am Fundort Mapungubwe (bei Messina, Nord-Provinz) finden sich Reste von Bergbau- und Hüttenbetrieben sowie einer Handelssiedlung; die vergoldeten Figuren sind Dokumente der Goldgewinnung und -verarbeitung. Es erfolgte eine allmähliche Ausbreitung der Bantukulturen nach Süden, vor allem auf der feuchten Ostseite Südafrikas. Die Wildbeuter und Nomaden ziehen sich in die Gebirge bzw. Steppen und Halbwüsten zurück, wo sie bis Ende des 19. Jahrhunderts in Restgruppen überlebt haben.

Die Epoche der Seefahrer und Pioniersiedler
1488
Der portugiesische Seefahrer Bartolomäus Dias segelt auf der Suche nach einem Seeweg nach Indien um das Kap der Guten Hoffnung bis Mossel Bay.
1497
Der portugiesische Seefahrer Vasco da Gama eröffnet den Seeweg um das Kap der Guten Hoffnung und weiter über Mombasa bis nach Ostindien (Südasien, Südostasien) für den Gewürzhandel. Auch Engländer und Niederländer nutzen die Hafenplätze an der Südküste, um ihre Ostindienfahrer mit Frischwasser und Fleisch (Tauschware mit den Nomaden) zu versorgen.
1652
Jan van Riebeeck gründet im Auftrag der niederländischen Vereinigten-Ostindischen Kompagnie eine Versorgungsstation am Fuß des Tafelbergs, die erste Dauersiedlung von Europäern in Südafrika. Bis 1795 bleibt die Kolonie unter der Verwaltung der Vereinigten-Ostindischen Kompagnie, abhängig von Beschlüssen in den fernen Niederlanden.
1657
Die ersten Bauern aus den Niederlanden und Deutschland werden bei Kapstadt angesiedelt, um die Versorgung der Siedlung und der Schiffe zu sichern, da der Tauschhandel mit Nomaden und Wildbeutern nicht ausreicht. Sklaven aus den südostasiatischen Gebieten der Niederländer (Java) werden als Arbeitskräfte gebraucht. Zwischen 1681 und 1749 werden politisch Deportierte, meist islamische Führer, sowie Handwerker aus Niederländisch-Asien in Kapstadt angesiedelt, Kern der „Kapmalaien".
1678
Das Kasteel in Kapstadt wird als Militär-Hauptquartier fertiggestellt.
1688
Französische Siedler, Hugenotten, treffen als Glaubensflüchtlinge am Kap ein. Sie werden als Bauern in den fruchtbaren Tälern der Kapketten angesiedelt (Franschhoek-Hugenotten-

museum). Sie tragen zum Erfolg des Wein- und Obstbaus (Zitrusfrüchte, Kernobst) im Kapland bei.

18. Jh.

Treckburen-Pioniersiedler dringen als halbnomadische Viehzüchter vom Kapland aus nach Norden und Nordosten vor.

1739

Die Einfuhr von Merinoschafen aus Spanien schafft die Grundlage für eine wirtschaftliche Erschließung des trockenen Binnenlandes der Kapprovinz; Südafrika liefert nunmehr Fleisch, Wein, Weizen und Wolle an die Kompagnie.

1779

Erste kriegerische Auseinandersetzungen zwischen Xhosa, Bantu-Bauern, und weißen Siedlern am Großen Fischfluß, der Ostgrenze der Kapkolonie.

Die Epoche der kolonialen Auseinandersetzung und Aufteilung

1795

Die Herrschaft der niederländischen Vereinigten-Ostindischen Kompagnie am Kap ist als Folge des wirtschaftlichen Niedergangs der Handelskompagnie und der politischen Veränderungen in Europa (1789 Französische Revolution, 1795 Ausrufung der Batavischen Republik in den Niederlanden) beendet. England besetzt als aufstrebende Kolonialmacht das strategisch wichtige Kapstadt und seine Hinterland. Es folgt ein „Britisches Zwischenspiel" bis 1802, als die Kapkolonie im Vertrag von Amiens (Friede zwischen England und Frankreich) den Niederlanden zugesprochen wird.

1802 bis 1806

Kurze holländische Herrschaft am Kap.

1806

Erneute Annexion der Kapkolonie durch Großbritannien, das sich den Seeweg nach Asien sichern will (in Europa neue Spannungen zwischen England und Frankreich). Kapkolonie als „Gibraltar des Indischen Ozeans".

1814

Im Londoner Vertrag wird die niederländische Kapkolonie Großbritannien zugesprochen. Die Britannisierung in Recht, Kultur (Sprache bisher Holländisch, protestantische Bekenntnisse, niederländisches Erziehungswesen) und Verwaltung beginnt.

1820

Großbritannien siedelt ca. 5 000 Personen (Bauern, Handwerker) in der Kapkolonie an, Reaktion auf Arbeitslosigkeit und Armut in England und Ziel der Grenzsicherung gegen die afrikanischen Völker im Nordosten. Beginn der Expansion des britischen Kolonialismus im südlichen Afrika.

1834

Aufhebung der Sklaverei in den britischen Kolonien, auch in der Kapkolonie.

1836

Beginn des Großen Trecks: Die Kapholländer, auch Buren genannt, wandern nach Norden ab, um der Anglisierung und den zunehmenden Weiß-Schwarz (Xhosa)-Konflikten an der Ostgrenze der britischen Kolonie zu entgehen. Die Siedler weichen in die dünn bevölkerten Steppen des Landesinneren aus, wo sie Ndebele und Sotho verdrängen.

1838

Bei einem Vorstoß nach Natal an den Indischen Ozean treffen die Buren auf den erbitterten Widerstand der Zulu. Im Gebiet des heutigen KwaZulu/Natal hatte Zulukönig Tschaka (Chaka) zwischen 1818 und 1828 durch Eroberungszüge ein Zulureich geschaffen. Die Voortrekker schlagen die Armee der Zulu am Blutfluß und gründen die Republik Natal.

1842

Ende der Voortrekker Republik Natal. Natal wird Britische Kolonie, um den Einfluß Englands an der Ostküste Afrikas zu sichern. Die Buren wandern ins Binnenhochland zwischen Oranje, Vaal und Limpopo.

1846

Beginn der Reservatspolitik in der Britischen Kolonie Natal: „Schutzgebiete" sollen die afrikanische Bevölkerung vor weißen Bodenspekulanten schützen; die Reservate werden aber zu Armutsgebieten. Nach dem Sieg der Briten über die Zulu 1879 wird Zululand in viele kleine Reservate aufgeteilt.

1852/1854

Großbritannien muß die Unabhängigkeit der Burenrepubliken Oranje Freistaat und Transvaal anerkennen. In Südafrika gibt es zwei Britische Kolonien (Kap, Natal) und zwei Burenrepubliken.

1857

Großbritannien siedelt Angehörige der Deutschen Legion, die im Krim-Krieg auf britischer Seite gegen Rußland gekämpft haben, an der Ostgrenze der Kolonie an (deutsche Ortsnamen und Gemeinde in der Ciskei). Monatlicher Postverkehr zwischen Kapstadt und England eingerichtet.

1860

Großbritannien muß Inder als Arbeiter auf den Zuckerrohrplantagen in Natal rekrutieren,

319

da die Zulu sich der quasi-Sklaverei entziehen.

Die Bergbauepoche:
Der Kampf um Wirtschaftsmacht, die Marginalisierung der Schwarzen
1867 und 1869
Erste Diamantenfunde im Norden der Britischen Kapprovinz: Das Diamantenfieber bricht aus; 1869 Gründung von Kimberley. Aus der armen, nur kolonial-strategisch interessanten Kapkolonie wird eine Hauptinteressenregion von britischem Kapital und britischer Politik.
1868
Basutoland wird Britisches Protektorat, um die Ausbreitung der Buren auf dem Hochland einzudämmen.
1871/1873
Entdeckung von Gold in Nordtransvaal (heute Nord-Provinz), erster Goldrausch.
1877
Versuch von Großbritannien, die Republik Transvaal zu annektieren.
1879
Verlegung des ersten Seekabels zwischen Europa und Südafrika über Aden/Suezkanal (1869 eröffnet).
1880
Gründung der De Beers Bergbaugesellschaft durch den englischen Kaufmann Cecil Rhodes, seit 1888 De Beers Consolidated Mines, die nach und nach die weltweite Kontrolle des Diamantenhandels an sich ziehen.
1880–1881 Erster Krieg zwischen Briten und Buren um die Burenrepubliken Oranje Freistaat und Transvaal, vor allem um die Kontrolle der Diamantengebiete. Vertrag von Pretoria sichert Unabhängigkeit von Transvaal, aber zunehmende Spannungen zwischen britischem Imperialismus und Nationalismus der Buren/Afrikaaner.
1883–1900
Paul Kruger Staatspräsident der Republik Transvaal, Hauptgegenspieler von Cecil Rhodes.
1886
Am Witwatersrand werden Goldvorkommen entdeckt: Das Goldfieber bricht aus. Gründung von Johannesburg. Handel, Handwerk, Landwirtschaft blühen auf. Südafrika wird zu einem wesentlichen wirtschaftlichen Interessengebiet von Großbritannien. Britisches Kapital und Know How kommen mit tausenden von Siedlern nach Südafrika. Die Buren reagieren abwartend. Die Schwarzen werden in ein kontrolliertes Wanderarbeitersystem gezwungen, das bis heute besteht, und die Massenverarmung in den Reservaten beginnt
1890–1896
Cecil Rhodes, überzeugter britischer Imperialist, ist Gouverneur der Kapkolonie. Er entwickelt die politische Vision einer englischen Herrschaft „Vom Kap bis Kairo".
1892
Die Eisenbahnlinie Kapstadt–Johannesburg wird fertiggestellt, die Bergbauregion an den wichtigsten Seehafen angeschlossen. Es folgen 1894 die Verbindung mit Maputo, 1895 mit Durban.
1896
Der Jameson-Überfall vom britischen Protektorat Bechuanaland aus gegen Transvaal mißlingt. Großbritanniens Versuche zur Destabilisierung von Transvaal halten an.
1897
Das Siedlungsgebiet der Xhosa in der Transkei wird endgültig von Großbritannien besetzt.
1899–1902
Im Zweiten Freiheitskrieg (auch Zweiter Burenkrieg) versuchen die Buren, ihre kulturelle, wirtschaftliche und politische Autonomie zu verteidigen. Großbritannien siegt durch massiven Truppennachschub aus England.
1902
Transvaal und Oranje-Freistaat werden britische Kolonien. Südafrika und das gesamte südliche Afrika (inklusive der Protektorate Basutoland, Swasiland, Bechuanaland, Rhodesien) stehen unter britischer Herrschaft. Der Goldbergbau ist die Basis der wirtschaftlichen Entwicklung.
1907
Beginn der industriellen Textilproduktion in Kapstadt.

Die Epoche der Südafrikanischen Union
1910
Gründung der Südafrikanischen Union. Zusammenfassung der vier britischen Kolonien Kapkolonie, Natal, Oranje-Freistaat und Transvaal zu einem Dominium des Britischen Reiches mit völliger innerer Autonomie. Kapstadt, die „Mutterstadt", wird legislative Hauptstadt (Parlament), Pretoria Sitz der Exekutive (Regierung), Bloemfontein Sitz des Obersten Gerichtshofs.
1911
Die Volkszählung ergibt eine Einwohnerzahl von ca. 6 Mio., davon ca. 4 Mio. Schwarze,

1,3 Mio. Weiße, ca. 500 000 Farbige und 150 000 Inder.

1912
Gründung des African National Congreß (ANC), damals unter dem Namen African Native National Congress (ANNC) als politischer Bewegung der Schwarzen.

1913
Einrichtung von „Eingeborenen-Reservaten" für die Schwarzen: Die Mehrheit der Bevölkerung (ca. 80 %) kann nur auf ca. 13 % der Fläche von Südafrika Land erwerben, die weiße Minderheit verfügt über fast 90 % der Landesfläche, die der Staat allmählich in weißes Privateigentum überführt. Hier liegt die Wurzel des Kampfes um die Bodenreform, der seit 1994/95 eingesetzt hat.

1914
Gründung der Nationalen Partei, Sammelbewegung der Buren.

1917
Ernest Oppenheimer gründet die Anglo-American Corporation, die zu einer der größten Bergbaugesellschaften der Welt aufsteigt.

1921
Gründung der Kommunistischen Partei Südafrikas (CPSA, seit 1953 SACP / Südafrikanische Kommunistische Partei): Eintreten für eine Verbesserung der wirtschaftlichen und politischen Lage der Arbeiter (Weiße und Nichtweiße)

1921
Gründung der South African Reservebank, der Zentralbank Südafrikas.

1922
Streik der Bergarbeiter am Witwatersrand gegen die Ausbeutung durch die Bergbaukonzerne, Weiße im Konkurrenzkampf gegen Schwarze.

1924
Die „Job Reservation" sichert die Bevorzugung Weißer bei Ausbildung und beruflicher Stellung.

1925
Afrikaans wird neben Englisch zweite Amtssprache anstelle des Niederländischen.

1927
Grundsteinlegung für das erste Stahlwerk von ISCOR in Pretoria.

1931
Das Westminster-Statut gibt der Südafrikanischen Union die volle Souveränität.

1931/1932
Südafrika wird von den Folgen der Weltwirtschaftskrise getroffen, durch Dürrekatastrophe verstärkt: Massenarbeitslosigkeit, Verarmung, Flucht in die Städte. Staatliche Arbeitsbeschaffungsmaßnahmen und Siedlungsprogramme für Weiße.

1932
Erste drahtlose Telefonverbindung und Eröffnung des Luftpostverkehrs zwischen Südafrika und Großbritannien.

1936
Die schwarzen Wähler der Kap-Provinz verlieren das Stimmrecht. Auf Landesebene erfolgt eine geringe Erweiterung der Reservate für Schwarze um ca. 6 Mio. Hektar.

1937
Einführung der Zuwanderungskontrolle von Nicht-Weißen in die Städte.

1939
Beginn des Zweiten Weltkriegs. Südafrikanische Truppen kämpfen auf Seiten der Alliierten, u. a. in Nordafrika und in Italien.
Die Kriegswirtschaft bedeutet einen Industrialisierungsschub für Südafrika. 1940 wird die Industrieentwicklungsgesellschaft IDC gegründet.

1948
Nach Jahrzehnten politischer Dominanz der britisch orientierten Parteien gewinnen die burisch-afrikaansen Parteien (Nationale Partei, Afrikanerpartei) die Parlamentswahlen.

1950
Verbot der Kommunistischen Partei zur Unterdrückung des Kommunismus; die Partei setzt ihre Arbeit im Untergrund fort.

1951
vereinigen sich die burischen Parteien zur Nationalen Partei. Apartheid = Trennung wird Regierungsprogramm zur Lösung der „Eingeborenenfrage".
Rassentrennung regelt alle Lebensbereiche: Verbot von Mischehen, getrennte Wohngebiete, Kontrolle der Bevölkerungswanderung. Vergleiche: 1952: Abschaffung der Rassentrennung in den Schulen der USA.
Bau der Steinkohleverflüssigungsanlage SASOL zur Sicherung der Ölversorgung.

1959
Abspaltung des linksradikalen Pan Africanist Congress (PAC) vom ANC.

1960
Massaker von Sharpeville: Massiver Widerstand der Schwarzen gegen die Apartheidpolitik führt zu einer schweren Staatskrise. Für sieben Monate wird der Ausnahmezustand verhängt, ANC und PAC verboten.

Die Epoche der Südafrikanischen Republik
1961
Ausrufung der Republik Südafrika. Triumph des Nationalismus der Afrikaaner. Südafrika tritt aus dem Commonwealth aus, das wie die UNO und Großbritannien die Rassenpolitik verurteilt. Internationale politische Isolierung Südafrikas nimmt zu. Das Land betrachtet sich als ein Bollwerk gegen den Kommunismus (vgl. 1961: Mauerbau in Berlin). Es beginnt der bewaffnete Kampf des militärischen Flügels (MK) des ANC gegen das weiße Regime.
1962
Aus den Eingeborenenreservaten werden „Homelands" mit beschränkter Selbstverwaltung. Im gleichen Jahr Verhaftung des ANC-Führers Nelson Mandela.
1964
Mandela und andere ANC-Führer werden als staatsgefährdende Kommunisten zu lebenslanger Haft verurteilt.
1966
erhalten die britischen Protektorate Bechuanaland und Basutoland als Botswana und Lesotho die Unabhängigkeit.
1967
Erste Herztransplantation der Welt durch Prof. Dr. Chris Barnard in Kapstadt.
1968
erhält das britische Protektorat Swasiland die Unabhängigkeit.
1969
Gründung der Südafrikanischen Studentenorganisation als Arm der „Schwarzen Bewußtseins-Bewegung"; Führer Steve Biko.
1973
Streik schwarzer Arbeiter; Neugründung unabhängiger schwarzer Gewerkschaften.
1974–1980
Bau der Kohleverflüssigungsanlagen SASOL II und III zur Sicherung der Öl-aus-Kohle-Versorgung angesichts der Welt-Ölkrisen.
1975
Angola und Mosambik werden als Sozialistische Volksrepubliken unabhängig.
seit 1976
Gründung von „Unabhängigen Staaten" Transkei (1976), Bophuthatswana (1977), Venda (1979) und Ciskei (1981), um dem internationalen Druck gegen die Apartheidpolitik entgegenzutreten. Diese „Staaten" werden international nicht anerkannt. Südafrika nimmt eine Urananreicherungsanlage in Betrieb, Gerüchte über den Bau einer Atombombe weiten sich aus.

1976
Soweto-Aufstand, ein weiteres Zeichen des schwarzen Widerstands gegen Diskriminierung, Unterdrückung und Ausbeutung. Die Seehäfen Saldanha im West-Kap und Richards Bay in Natal werden als Massengut-Exporthäfen für Erz bzw. Kohle und Industrie-Wachstumspole eröffnet.
1977
Steve Biko, Symbol des Widerstandes der Schwarzen, wird von der Polizei ermordet. 17 Widerstandsorganisationen werden verboten. Die UNO verhängt ein Waffenembargo gegen Südafrika.
1980
Rhodesien wird nach jahrelangem Buschkrieg zwischen weißen Siedlern und schwarzen Freiheitskämpfern als Simbabwe unabhängig.
1983
werden Inder und Farbige auf höchster Regierungsebene in Legislative und Exekutive einbezogen.
1985
Gründung des Gewerkschaftsdachverbandes Congress of South African Trade Unions (COSATU) als militante Arbeiterbewegung ohne Rassenschranken.
ab 1985
wird die Wirtschaftslage immer schwieriger, Folge der Sanktionen, des Anstiegs der Arbeitskosten durch die Anwendung von Arbeitskodices unter internationalem Druck (USA, EU) und hoher Ausgaben für den Sicherheitsapparat (Polizei, Militär, Geheimdienste, Rüstungsindustrie-Subventionen).
1986
Eskalation der Gewalt in den Townships, den Groß-Wohnsiedlungen der Schwarzen, als Ausdruck allgemeinen Rechtsverlustes und der politischen Auseinandersetzungen zwischen ANC und IFP um die Vorherrschaft. Erneute Verhängung des Ausnahmezustands, Dauer bis Juni 1990. Einige Apartheidgesetze wie Rassentrennung in Restaurants und Hotels, Zuzugskontrollen in die Städte und das Paßgesetz werden aufgehoben. Trotzdem Beginn internationaler Wirtschaftssanktionen gegen Südafrika, Abzug zahlreicher ausländischer Unternehmen und ausländischen Kapitals.
seit 1989
vollzieht sich im südlichen Afrika unter dem weltweiten Wandel, der Perestroika, eine Annäherung zwischen Südafrika und Angola

322

(mit dem Verbündeten Kuba), die der Unabhängigkeit von Namibia (1990) den Weg bereitet; Südafrika muß eine veränderte Weltlage anerkennen (vgl.: 1989: Bush und Gorbatschow erklären den Kalten Krieg für beendet; Öffnung der Mauer in Berlin)
1989
De Klerk löst Botha als Staatspräsident ab. Letzte Parlamentswahlen ohne Beteiligung von Schwarzen.
1990
Staatspräsident De Klerk bricht mit der Apartheid. Nelson Mandela wird aus der Haft entlassen und vom ANC zum Vizepräsidenten gewählt. Die Regierung hebt das Verbot von ANC, PAC und SAPC auf und erklärt das Ende des Ausnahmezustands. Der ANC „suspendiert" den 1960 begonnenen Guerillakampf. ANC, SAPC und der Gewerkschaftsverband COSATU schließen sich zu einem Bündnis zusammen.
1991
Die letzten Apartheidgesetze, wie das Gesetz über die Registrierung der Bevölkerung, die getrennten Wohngebiete und die Landgesetze, werden aufgehoben.
Mandela wird zum Präsidenten des ANC gewählt. Die Verhandlungen über eine neue Verfassung und für eine Übergangsregierung beginnen im Rahmen der Convention for a Democratic South Africa (CODESA). EU und USA heben die Wirtschaftssanktionen auf; die internationale Isolierung Südafrikas ist beendet. Die Auseinandersetzungen zwischen ANC und

IFP um die politische Vorherrschaft nehmen an Stärke zu.
1993
Mandela und De Klerk erhalten den Friedens-Nobelpreis. Die Übergangsverfassung wird durch das Mehrparteienforum verabschiedet. Beginn der Verhandlungen über die endgültige Verfassung.

Das Neue Südafrika
1994
Am 26. bis 29. April finden die ersten freien und demokratischen Wahlen zum Parlament und den zwölf Provinzparlamenten in Südafrika für alle Bevölkerungsgruppen statt. Am 10. Mai wird Mandela als Staatspräsident vereidigt. Bildung eines Kabinetts der nationalen Einheit. Südafrika wird in die Organisation für Afrikanische Einheit (OAU), den Commonwealth und die South African Development Community (SADC) aufgenommen. Zahlreiche Staatsbesuche Mandelas im Ausland und ausländischer Staatsmänner in Südafrika.
1995
Erste freie und demokratische Kommunalwahlen. Die Wahrheits- und Aussöhnungskommission sowie die Menschenrechtskommission nehmen ihre Arbeit auf.
1996
Die endgültige Verfassung wird vom Staatspräsidenten unterzeichnet.
1997 bis 1999
Schrittweise Ablösung der Übergangsverfassung durch die endgültige Verfassung.

Zusammenstellung: B. Wiese nach verschiedenen Quellen

1.4 Bevölkerung und Siedlungen

Südafrika ist eine „Regenbogennation": Vier Bevölkerungsgruppen (Schwarze, Farbige, Inder/Asiaten, Weiße) leben in diesem Land,- bis 1989/90 im Rahmen einer Rassendiktatur amtlich getrennt, seit 1991/92 in einer neuen, demokratischen Form des Zusammenlebens. Mit ca. 43 Mio. Ew. ist Südafrikas die größte Nation des südlichen Afrika. Die sozialen Probleme lassen sich mit den Schlagwörtern Massenarmut, Massenarbeitslosigkeit, geringe schulische und berufliche Qualifikation großer Bevölkerungsteile umschreiben. Trotz massiver Bemühungen der Regierung, der Kirchen und Gewerkschaften sind die Probleme bisher nicht bewältigt.

Der Wohlstand der Oberschicht (meist Weiße und Inder, eine neue schwarze Elite) und einer wachsenden Mittelschicht zieht Millionen Arme aus den Nachbarländern und ganz Afrika als „Wirtschaftsmigranten" an. Gleichzeitig schwächt der „brain drain" durch Auswanderung von Fachkräften das Land. Das Bevölkerungswachstum ist mäßig, wird aber durch erhebliche Zuwanderung verstärkt. Die „Zeitbombe" Aids hat Südafrika erreicht. Dies wird bis 2010/20 zu einem Ansteigen der Sterberaten und einer Abnahme der Erwerbstätigenzahl führen.

Die Verstädterung ist mit durchschnittlich 55 %, bei Weißen und Indern mit 95 % hoch. Johannesburg und die Provinz Gauteng, aber auch Kapstadt und sein Umland sind Attraktionspole nationaler und internationaler Zuwanderung. Marginalsiedlungen der Armen wachsen schnell, das Wohnungsproblem ist bisher nicht gelöst.

	1970	1980	1985	1991	1994	1996
Insgesamt	100,0	100,0	100,0	100,0	100,0	100,0
Afrikaner	70,6	72,5	73,7	75,3	76,0	76,7
Farbige	9,5	9,2	9,0	8,7	8,6	8,9
Inder	2,9	2,8	2,7	2,6	2,6	2,6
Weiße	16,9	15,5	14,7	13,4	12,8	10,9

Tab. A 1.4.1: Bevölkerungsgruppen in Südafrika 1970–1996

	Südafrika insgesamt	West-Kap	Ost-Kap	Nord-Kap	Frei-staat	KwaZulu/Natal	Nord-West	Gauteng	Mpuma-langa	Nord-Provinz
Städtische Bevölkerung	55,4	89,9	37,3	71,7	69,6	43,5	34,8	96,4	37,3	11,9
Nichtstädtische Bevölkerung	44,6	10,1	62,7	28,3	30,4	56,5	65,2	3,6	62,7	88,1

Tab. A 1.4.2: Städtische und nichtstädtische Bevölkerung in Südafrika nach Provinzen 1996 (in %)

Tab. A 1.4.3: Geschlechterverteilung der südafrikanischen Bevölkerung nach Provinzen 1996 (in %)

	Südafrika insgesamt	West-Kap	Ost-Kap	Nord-Kap	Frei-staat	KwaZulu/Natal	Nord-West	Gauteng	Mpuma-langa	Nord-Provinz
männlich	48,0	50,0	46,1	49,1	49,3	46,7	49,1	50,9	48,7	45,5
weiblich	52,0	50,0	53,9	50,9	50,7	53,3	50,9	49,1	51,3	54,5

Natürliches Bevölkerungswachstum	1,42 %		
Geburtenrate	26,43 Geburten / 1 000 Ew.		
Sterberate	12,28 Todesfälle / 1 000 Ew.		
Altersgruppe	Anteil an der Gesamtbevölkerung		davon weiblich
(Jahre)	absolut	Anteil (in %)	absolut
0 – 14	14 868 540	35	7 366 144
15 – 64	26 027 413	61	13 079 892
65 und älter	1 938 567	4	1 159 800

Tab. A 1.4.4:
Natürliche Bevölkerungsbewegung und Altersgliederung der Bevölkerung in Südafrika 1998

	Südafrika insgesamt	Afrikaner	Farbige	Inder	Weiße
1980	58,8	56,2	58,5	65,4	70,4
1991	62,3	60,3	66,5	68,9	73,1

Tab. A 1.4.5:
Lebenserwartung bei Geburt in Südafrika nach Bevölkerungsgruppen 1980 und 1991 (Jahre)

	Südafrika insgesamt	West-Kap	Ost-Kap	Nord-Kap	Frei-staat	KwaZulu/Natal	Nord-West	Gauteng	Mpuma-langa	Nord-Provinz
1980	58,8	62,8	54,4	56,7	57,0	59,9	56,3	61,7	57,7	60,1
1991	62,8	67,7	60,7	62,7	61,9	61,6	59,7	66,0	62,4	62,7

Tab. A 1.4.6: Lebenserwartung bei Geburt in Südafrika nach Provinzen 1980 und 1991 (Jahre)

	Südafrika insgesamt	West-Kap	Ost-Kap	Nord-Kap	Frei-staat	KwaZulu/Natal	Nord-West	Gauteng	Mpuma-langa	Nord-Provinz
Afrikaans	15,1	62,2	9,6	66,0	14,7	1,9	8,8	20,5	9,3	2,6
English	9,1	20,0	4,2	2,6	1,5	16,0	1,0	16,1	2,0	0,4
Afrikaans/English	0,2	0,7	0,1	0,1	0,1	0,1	0,1	0,4	0,1	0,0
isiNdebele	1,5	0,0	0,0	0,0	0,3	0,0	2,6	1,4	11,3	1,6
Sepedi	9,8	0,1	0,0	0,2	1,1	0,1	5,2	8,8	10,2	56,7
Sesotho	6,9	0,2	2,1	0,7	57,4	0,3	5,0	11,2	1,9	0,3
siSwati	2,6	0,0	0,0	0,0	0,2	0,0	1,0	1,3	30,2	0,8
Xitsonga	4,2	0,0	0,0	0,1	0,8	0,0	5,4	3,8	3,8	22,7
Setswana	7,2	0,1	0,0	19,0	6,4	0,0	59,0	7,2	2,6	1,5
Tshivenda	1,7	0,0	0,0	0,0	0,1	0,0	0,5	1,1	0,1	11,8
isiXhosa	17,5	15,3	82,6	6,2	9,4	1,2	6,3	6,2	1,7	0,2
isiZulu	22,4	0,1	0,8	0,3	5,2	79,3	2,7	18,4	24,2	0,8
andere	1,8	1,3	0,6	4,8	2,8	1,1	2,4	3,6	2,6	0,6

Tab. A 1.4.7: Muttersprache der südafrikanischen Bevölkerung nach Provinzen 1991 (in %)

Christen: 68 %;
diese in: 15 christlichen Bekenntnissen,
überwiegend aber in den etablierten christlichen Kirchen (Niederländisch-reformierte Kirche, Katholische Kirche, Anglikanische Kirche)
Unbhängige afrikanische Kirchen
Muslime: 2 %
Hindus: 1,5 %
Animisten: 28,5 %

Tab. A 1.4.8:
Religionszugehörigkeit der Bevölkerung von Südafrika
(Anteil an der Gesamtbevölkerung in %) 1996

Jahr	Einwanderer	Auswanderer	Gewinn/Verlust
1965	38 337	9 479	28 858
1970	41 523	9 278	32 245
1975	50 464	10 255	40 209
1980	29 365	11 363	18 002
1985	17 284	11 401	5 883
1990	14 499	4 722	9 777
1995	5 064	8 725	-3 661
1997	4 532	10 079	-5 547

Tab. A 1.4.9:
Südafrika – Ein- und Auswanderung 1965–1995

	Einwanderer				Auswanderer			
	1980	1985	1990	1995	1980	1985	1990	1995
insgesamt	29 365	17 284	14 499	5 064	11 363	11 401	4 722	8 725
darunter aus								
Europa	13 581	9 388	7 560	2 272	5 975	7 669	2 371	2 963
Afrika	13 992	6 391	3 084	1 304	925	758	269	1 114
Australien und Ozeanien	666	505	319	85	5 228	3 731	2 648	2 449
Saldo	+18 002	+5 883	+9 777					-3 661

Tab. A 1.4.10: Südafrika – Ein- und Auswanderung 1980–1995 nach Herkunfts- und Zielgebieten

Tab. A 1.4.11:
HDI-Index in Südafrika nach Bevölkerungsgruppen 1980 und 1991

	Südafrika insgesamt	Afrikaner	Farbige	Asiaten/Inder	Weiße
1980	0,557	0,394	0,532	0,655	0,739
1991	0,677	0,500	0,663	0,836	0,901

	Südafrika insgesamt	West- Kap	Ost- Kap	Nord- Kap	Frei- staat	KwaZulu/ Natal	Nord- West	Gauteng	Mpuma- langa	Nord- Provinz
1980	0,557	0,643	0,416	0,545	0,556	0,491	0,483	0,634	0,513	0,367
1991	0,677	0,826	0,507	0,698	0,657	0,602	0,543	0,818	0,694	0,470

Tab. A 1.4.12: HDI-Index in Südafrika nach Provinzen 1980 und 1991

1.5 Wirtschaft

Südafrika gehört zur Gruppe der Schwellenländer (Upper-middle Income Countries; Newly Industrialized Countries/NICs). Auf der Basis reicher bergbaulicher Ressourcen ist es ein führender Bergbaustaat der Erde. Südafrika ist das einzige „Industrieland" Afrikas, aufbauend auf den Bodenschätzen, einer marktorientierten Farmwirtschaft, der Verfügbarkeit von in- und ausländischem Kapital, nationaler und internationaler Wanderarbeit, von nationaler Forschung und Entwicklung. Es besitzt als eines der wenigen Länder Afrikas eine gute Infrastruktur (Geld- und Kreditwesen, Verkehrsinfrastruktur, Telekommunikation, Energie- und Wasserversorgung, Gesundheitswesen). Die Wachstumsraten seit 1994 blieben trotz ausländischer Direktinvestitionen bescheiden und reichen für einen Abbau der gravierenden Arbeitslosigkeit nicht aus. Folge ist ein großer informeller Sektor in Gewerbe und Dienstleistungen. Empowerment, d. h. politisch gezielte Förderung von Nichtweißen und Frauen, zeigt auch in der Wirtschaft Fortschritte. Die Massenkaufkraft ist weiterhin durch Armut eingeschränkt. Im Wirtschaftsprogramm GEAR (Wachstum, Beschäftigung, Umverteilung) von 1996 hat sich die Regierung Südafrikas auf eine freie Marktwirtschaft, auf eine Intergration in den Weltmarkt, auf Privatisierung und Liberalisierung festgelegt; das Programm wird bis heute von den Gewerkschaften heftig kritisiert.

Starke regionale Disparitäten bestehen zwischen den Kernregionen (Gauteng, Westkap, zentrale Teile von KwaZulu/Natal) und den Periphergebieten entlang der Landesgrenzen im Norden und Osten sowie in den Halbwüsten der zentralen und westlichen Landesteile. Entwicklungskorridore nach Maputo (Mosambik) und nach Swasiland (Lubumbokorridor) sind im Aufbau.

Landwirtschaft	k. A.
Bergbau	563 266
Verarbeitende Industrie	1 433 649
Elektrizität, Gas, Wasser	40 112
Baugewerbe	325 926
Groß-/Einzelhandel, Hotel- und Gaststättengewerbe	755 575
Verkehr und Fernmeldewesen	204 222
Geld- und Keditwesen	212 908
Öffentlicher Dienst	
– Regierung, Provinzen	1 292 066
– Kommunen	212 908

Tab. A 1.5.1: Beschäftigte in Südafrika nach Wirtschaftsbereichen 1996

Tab. A 1.5.2:
Arbeitslosigkeit in Südafrika nach Bevölkerungsgruppen und Geschlecht 1995
* Anteil an der Bevölkerung im arbeitsfähigen Alter

	Anzahl (1 000)	Arbeitslosenrate* (%)
Rep. Südafrika insgesamt	4 204	29,3
männlich	1 824	22,5
weiblich	2 380	38,0
Afrikaner insgesamt	3 665	36,9
männlich	1 592	28,9
weiblich	2 073	46,9
Farbige insgesamt	347	22,3
männlich	151	17,8
weiblich	195	27,8
Inder insgesamt	57	13,4
männlich	28	9,9
weiblich	29	19,9
Weiße insgesamt	135	5,5
männlich	54	3,7
weiblich	82	8,3

Insgesamt	14 497
Schwarze	10 078
Farbige	1 509
Inder	414
Weiße	2 496

Tab. A 1.5.3:
Bevölkerung im arbeitsfähigen Alter nach
Bevölkerungsgruppen in Südafrika 1995 (in 1 000)

Bruttoinlandprodukt 1996 insgesamt	
– zu konstanten Preisen von 1990	296 469
– zu laufenden Preisen 1996	482 974
Bruttoinlandprodukt nach Wirtschaftssektoren zu laufenden Preisen 1996	
Primärer Sektor	
Land- und Forstwirtschaft, Fischerei	22 550
Bergbau	39 122
Sekundärer Sektor	
Verarbeitende Industrie	114 916
Elektrizität, Gas und Wasser	18 960
Baugewerbe	14 315
Tertiärer Sektor	
Groß- und Einzelhandel, Hotel- und Gaststättengewerbe	77 752
Verkehr und Fernmeldewesen	37 154
Geld- und Kreditwesen, Immobilien	65 371
Regierung (öffentlicher Dienst)	73 449
Sonstige Dienstleistungen*	19 385

Tab. A 1.5.4:
Bruttoinlandprodukt Südafrikas 1996 (in Mio. R)

Bergbau

Gold	26 482
Eisenerz	1 692
Kupfer	1 491
Manganerz	784
Steinkohle	14 810
Baumaterialien	2 070
andere	15 770
insgesamt	63 099

Tab. A 1.5.5:
Bergbauerlöse Südafrikas 1996 (Mio. R)

Energiewirtschaft

	Elektroenergie-erzeugung (Mio. kWh)	Elektroenergie verbrauch (Mio. kWh)
1970	50 791	46 647
1980	99 967	101 296
1990	165 515	151 444
1996	163 560	178 938

Tab. A 1.5.6:
Elektroenergieerzeugung und -verbrauch in Südafrika 1970–1996

Bauwesen

	1970	1980	1990	1996
Wertschöpfung (Mio. R)	1 146	4 026	21 455	26 409
Anzahl der errichteten Gebäude				
– Privatsektor	457	1 330	7 242	11 456
– Öffentliche Gebäude	105	275	1 946	2 640

Tab. A 1.5.7:
Bauwesen in Südafrika 1970–1996

Industrie

Gesamtumsatz	326 028
Nahrungsmittelindustrie	17 681
Chemische Industrie	18 506
Erdöl- und Kohleverarbeitung	20 329
Eisen- und Stahlproduktion	21 201
Metallverarbeitende Industrie einschl. Maschinenbau	33 907

Tab. A 1.5.8: Umsätze in ausgewählten Industrie-bereichen Südafrikas 1996 (Mio. R)

Landwirtschaft

	Bestände (1 000 Stück)		Produktions- wert (Mio. R)	
	1995	1996	1995	1996
Landwirtschaft insgesamt			30 701	37 765
Rinder	13 015	13 389		
Schafe	28 784	28 934		
	Produktion (1 000 t)			
Fleisch	1 299	1 490		
Wolle	61	64		
Ackerbau insgesamt			9 321	14 254
davon Mais	4 856	10 138	2 825	5 995
Weizen	2 135	2 700		1 929
Zuckerrohr	16 714	20 951	1 657	2 207
davon Sonderkulturen			7 590	8 384
davon Gemüse			1 525	1 214
Kernobst			1 964	1 976
Zitrusfrüchte			988	1 377

Tab. A 1.5.9:
Kennwerte der land-
wirtschaftlichen
Produktion Südafrikas
1995 und 1996

Tourismus

	Einreisen		Ausreisen	
	Ausländer	Südafrikaner	Ausländer	Südafrikaner
1992	2 892	858	2 875	849
1993	3 358	1 475	2 778	1 516
1994	3 897	1 728	3 159	1 766
1995	4 684	2 468	3 817	2 520
1996	5 186	2 875	4 282	2 882

Tab. A 1.5.10:
Tourismusentwicklung in Südafrika 1992–1996

Außenhandel

	Importe[1]	Exporte[1]
Gold		20 117,7
insgesamt	98 512,8	81 386,7[2]
Nahrungsmittel	4 222,3	7 769,0
Sonstige Rohstoffe	1 822,1	
Metallerze		5 022,0
Diamanten[3]		8 472,5
Chemische Erzeugnisse	17 628,8	7 144,3
Textilien	2 644,3	
Metalle und Metallwaren	4 684,8	13 908,7
Maschinen und Transportmittel	44 375,6	9 152,7
Sonstige Industrieerzeugnisse	18 792,8	
Sonstige	4 342,1	29 917,5

Tab. A 1.5.11:
Außenhandel Südafrikas 1995 (in Mio. R)
1 Daten für die Südafrikanische Zollunion,
   d.h. mit Botswana, Lesotho und Namibia
2 ohne Gold
3 ohne Industriediamanten

1.6   Verkehr und Kommunikation

Der Abbau der Bodenschätze im Landesinneren (Gold um Johannesburg, Diamanten um Kimberley) bedingte bereits im ausgehenden 19. Jahrhundert ein ausgedehntes Streckennetz der Eisenbahn. Sie ist bis heute beim Transport von Massengütern, aber auch von Containern ein erstrangiger Verkehrsträger. Die Seehäfen Südafrikas sind die am besten ausgestatteten Häfen in Afrika südlich der Sahara. Sie haben eine Umschlagfunktion bis weit nach Zentralafrika. Neben der Bahn kam seit den 1960er Jahren der Lastkraftwagen für Ferntransporte hinzu. Zwischen den Ballungsräumen entwickelte sich ein starker Pkw-Verkehr, so daß heute Autobahnen die Zentren Südafrikas verbinden. Der Flugverkehr expandiert anhaltend, sowohl national wie international. Das Telekommunikationsnetz hat im Binnenland und für den Überseeverkehr die Qualität von Industrieländern; das Handy hat seinen Siegeszug angetreten. Vielen Bürgern Südafrikas mangelt es aber an Geld, diese hervorragende Infrastruktur zu benutzen. Die hohe Zahl der Unfälle und der Verkehrstoten ist ein Problem im südafrikanischen Verkehrswesen.

	Personenverkehr[1, 2] (1 000)	Güterverkehr[1] (1 000 t)
Straße und Eisenbahn	347 809	380 914
Privatunternehmen	453 218	182 676
Überregionale Verbindungen	100 197	
Nahverkehr	4 529	
Luftverkehr	772[3]	67 026
– staatlich	27[3]	
– Privatunternehmen	18 239	
Schiffsverkehr		112 462[4]

Tab. A 1.6.1:
Personen- und Güterverkehr in Südafrika 1995
1 ohne die ehemaligen homelands   2 ohne Taxis
3 1990   4 Umschlag in südafrikanischen Häfen

Fahrgäste (Mio.)	415,2
– im Fernverkehr	1,7
– im Nahverkehr	413,5
Streckenlänge (km)	20 319
– elektrifiziert	9 078

Tab. A 1.6.2: Eisenbahnverkehr in Südafrika 1995

Straßen, geteert (in 1 000 km)	137,5
Kraftfahrzeugbestand (in Mio.)	6,34
– davon Minibusse Taxis (in Mio.)	0,217

Tab. A 1.6.3: Straßenverkehr in Südafrika 1992

Zahl der Passagiere (in Mio.)	4,6
Luftfracht (in Mio. t)	62,2

Tab. A 1.6.4: Luftverkehr in Südafrika 1993

	Afrikaner	Farbige	Asiaten/ Inder	Weiße
Radio	83,8	85,9	95,0	97,9
Fernsehen	43,8	83,6	95,5	96,2
Telefon*	insgesamt 9,5			

Tab. A 1.6.6:
Anteil der Haushalte mit Telekommunikationsmitteln in Südafrika nach Bevölkerungsgruppen 1995 (in %)   * 1994

Umschlag (in Mio. t)	
gelöscht	21,7
verladen	97,3

Tab. A 1.6.5: Seehafenumschlag in Südafrika 1993

1.7 Soziales, Gesundheit, Bildung und Kultur

Südafrika zeigt in den hier zu behandelden Bereichen tiefe „Verwerfungen" als Folge der Apartheidära. Zahl und Ausstattung der Einrichtungen im Gesundheitswesen, für Bildung und Kultur entsprechen in keiner Weise dem zahlenmäßigen Verhältnis der Bevölkerungsgruppen; erst langsam setzt ein Prozeß des „Aufholens" der bisher benachteiligten Gruppen von Schwarzen und Farbigen ein, auch im ländlichen Raum. Die Folgen von Armut und Arbeitslosigkeit werden spürbarer, die etwa die Hälfte der Bevölkerung in einem Schwellenland wie Südafrika ertragen müssen. Angesichts des Zerfalls der traditionellen Bande von Großfamilie und Dorf, der Umbrüche im Zug der Demokratisierung und der Marktwirtschaft wachsen die sozialen Probleme, wie Kriminaliät und Drogenabhängigkeit. Im Gesundheitswesen, in Bildung und Kultur entsteht eine geteilte Gesellschaft von Habenden und Nicht-Habenden, von Bürgern, die sich Standards der Industrieländer leisten können, und solchen, die auf dem Niveau der „Vierten Welt" überleben müssen. Trotz staatlicher Förderung der Unterprivilegierten wächst die soziale Kluft innerhalb der Gesellschaft, ein Kennzeichen der Schwellenländer, mit fatalen politischen Folgen.

	absolut 1996	pro 10 000 Einwohner 1994
Fachärzte	4 102	1,4
Allgemeinärzte	19 753	4,0
Zahnärzte	7 544	0,9
Apotheker	15 794	3,6
Krankenschwestern	200 000	27,8

Tab. A 1.7.2: Beschäftigte im Gesundheitswesen Südafrikas

	Anzahl	Zahl der Betten
Öffentliche Einrichtungen	433	109 603
Privatkrankenhäuser	217	26 091
insgesamt	650	135 694

Tab. A 1.7.3: Krankenhäuser und Krankenhausbetten in Südafrika 1996

insgesamt	2 448 239
Babys	57 077
Erwachsene	2 391 162

Tab. A 1.7.4:
HIV-infizierte Personen in Südafrika 1996

Tab. A 1.7.1:
Staatsausgaben für Gesundheits- und Wohlfahrtswesen in Südafrika 1996/97

	absolut (Mio. R)	Anteil am Staatshaushalt (%)
Gesundheitswesen	18 464	10,4
Soziale Sicherheit und Wohlfahrt	16 426	9,3

Tab. A 1.7.5: Bildungswesen in Südafrika 1996

Zahl der Schüler 1995: 11,765 Mio.
Zahl der Schüler, Collegebesucher, Studenten an Universitäten und Technika 1995: 13,553 Mio.
Zahl der Schulen insgesamt 1995: 26 730
  – öffentlich: 26 178
  – nichtöffentliche Träger: 552
Universitäten 1996: 21
Zahl der Stdenten 1996: 382 348
Technika 1996: 15
Zahl der Studenten 1996: 191 440
Bildungsausgaben der Südafrikanischen Regierung 1996/97:
              39 166 Mio. R = 22,1 % des Budget

NQF[1] level	Band	Types of Qualifictions and Certificates	Locations of Learning for units and qualifications		
8	Higher	Doctorates Further Research Degrees	Tertiary / Research / Professional institutions		
7	Education	Higher Degrees Professional Qualifications	Tertiary / Research / Professional institutions		
6	and	First Degrees Higher Diplomas	Universities / Technikons / Colleges / Private / Professional institutions / Wokplace, etc.		
5	Training	Diplomas Occupational Certificates	Universities / Technikons / Colleges / Private / Professional institutions / Wokplace, etc.		
Further Education and Training Certificate					
4	Further	School / College / Trade Certificates Mix of units from all	Formal high	Technical Community	RDP and Labour Market
3	Education and	School / College / Trade Certificates Mix of units from all	schools / Private	Police Nursing	schemes / Industry Training
2	Training	School / College / Trade Certificates Mix of units from all	State schools	Private Colleges	Boards / Unions / Workplace, etc.
General Education and Training Certificate					
1	General Education and Training	Senior Phase — ABET[2] Level 4			
		Intermediate Phase — ABET[2] Level 3	Formal schools (Urban / Rural / Farm / Special)	Occupation Workbased training / RDP / Labour Market schemes / Upliftment / Community programmes	NGOs / Churches Night schools / ABET programmes / Private Providers / Industry Training Boards / Unions Workplace, etc.
		Foundation Phase — ABET[2] Level 2			
		ABET[2] Level 1			
		Preeschool			

1 NGF = National Education Framework
2 ABET = Adult Basic Education and Training

Abb. A 1.7.1: Bildungssystem in Südafrika (Einführung 1998–2003)
Quelle: Curriculum 2005, Department of Education 1997

Tab. A 1.7.6: Landesverteidigung in Südafrika 1998

South African National Defense Force (SANDF): ca. 80 000 Mitglieder,
    davon: ca. 55 000 Armee, ca. 11 000 Luftwaffe, 8 000 Marine

Kürzungen des Verteidigungshaushaltes von ca. 8,7 % des Staatshaushaltes (1994) auf 5 % (1998).

Ende 1998 großes Rüstungsgeschäft mit Deutschland für Fregatten und U-Boote, scharfe Kritik von Kirchenvertretern in Südafrika und Deutschland

Name	Erscheinungsort, Adresse	Erscheinungsweise	Sprache	Verkaufte Exemplare
Beeld	PO Box 5425, 2000 Johannesburg	täglich, morgens	Afrikaans	111 139
Business Day	PO Box 1138, 2000 Johannesburg	täglich, morgens	Englisch	39 853
Die Burger	PO Box 692, 8000 Cape Town	täglich, morgens	Afrikaans	106 757
EP Herald	PO Box 1117, 6000 Port Elizabeth	täglich, morgens	Englisch	32 656
Sowetan	PO Box 6663, 2000 Johannesburg	täglich, morgens	Englisch	225 985
The Citizen	PO Box 7712, 2000 Johannesburg	täglich, morgens	Englisch	129 647
The Mercury	PO Box 950, 4000 Durban	täglich, morgens	Englisch	42 911
The Argus	PO Box 56, 8000 Cape Town	täglich, abends	Englisch	84 071
The Daily News	PO Box 1491, 4000 Durban	täglich, abends	Englisch	71 716
The Star	PO Box 1014, 2000 Johannesburg	täglich	Englisch	115 606
Ilanga	PO Box 2159, Durban	zweimal wöchentlich	Zulu und Englisch	116 447
City Press	PO Box 3413, 2000 Johannesburg	sonntags	Englisch	259 374
Rapport	PO Box 8422, 2000 Johannesburg	sonntags	Afrikaans	386 742
Sunday Times	PO Box 1090, 2000 Johannesburg	sonntags	Englisch	457 552
Sunday Tribune	PO Box 1491 4000 Durban	sonntags	Englisch	115 650
Mail & Guardian	PO Box 260425, 2023 Excom	Wochenende	Englisch	34 450

Tab. A 1.7.7: Wichtigste Printmedien in Südafrika 1997

Im Zuge des Reformprozesses in der Republik Südafrika wurde 1992 die offizielle bilaterale Entwicklungszusammenarbeit aufgenommen. Nach 1995 und 1996 wurden 1997 die dritten Regierungsverhandlungen durchgeführt. Der kontinuierliche Ausbau der entwicklungspolitischen Beziehungen wurde gleichzeitig durch den Abschluß eines Rahmenabkommens über die Technische Zusammenarbeit bekräftigt. Im Mittelpunkt der Zusammenarbeit stehen Programme und Projekte zur Beseitigung der sozialen und wirtschaftlichen Folgen der Apartheidpolitik.

Schwerpunktbereiche sind:
• Grundbildung und berufliche Ausbildung,
• Förderung des Privatsektors mit besonderer Gewichtung von Kleinunternehmen,
• Regierungs- und Verwaltungsberatung mit besonderer Ausrichtung auf die Wirtschafts- und Wirtschaftsordnungspolitik, Fragen des Föderalismus und der Dezentralisierung sowie der Rechtspolitik,
• Hausbau- und Infrastrukturentwicklung sowie ländliche Entwicklung und Management natürlicher Ressourcen

Die gesetzten Schwerpunktbereiche stehen in Übereinstimmung mit den Prioritäten des südafrikanischen Wiederaufbau- und Entwicklungsprogramms (RDP).

Die Gesamtbewilligungen der Jahre von 1975 bis 1996 betrugen bisher – unter Einschluß der Leistungen, die über die EU finanziert wurden – rd. 880 Mio. DM. 1997 wurden weitere Mittel in Höhe von rd. 56,4 Mio. DM zugesagt, davon rd. 26,4 Mio. DM zur Konsolidierung des laufenden Programms der Technischen Zusammenarbeit im Bereich des sozialen Einfachwohnungsbaus.

Übersicht A 1.7.1: Entwicklungszusammenarbeit Deutschland – Südafrika

Quellen für Anhang 1: Südafrika

BMZ: Journalistenhandbuch Entwicklungspolitik 1998
The Courier / Le Courier

diverse Internet-Daten (s. Literaturverzeichnis)
Munzinger Archiv 1996
The Statesman's Yearbok 1997/98, London 1998
South Africa Yearbook 1998, Pretoria 1998

2 Lesotho

2.1 Staat und Territorium

Lesotho
Vollform: Königreich Lesotho,
        Kingdom of Lesotho,
        Mmuso wa Lesotho

Flagge: s. Hinteres Vorsatz

Amtssprachen: Englisch, Sesotho

Währung:
1 Loti (Plural: Maluti) = 100 Lisente;
Währungsparität zum südafrikanischen Rand,
der ebenfalls Zahlungsmittel in Lesotho ist.

Fläche: 30 355 km²

Lage im Gradnetz:

nördlichster Punkt::
        ca. 28° 40' s. Br., 28° 40' ö. L.
südlichster Punkt:
        ca. 30° 42' s. Br., 28°00' ö. L.
westlichster Punkt:
        ca. 29° 40' s. Br., 27°00' ö. L.
östlichster Punkt:
        ca. 29° 20' s. Br., 29°20' ö. L.

Bevölkerungszahl:
Zählung 1986: 1,578 Mio.
Schätzung 1998: 2,090 Mio.

Hauptstadt: Maseru
(1989: 109 000 Ew.; 1996: ca. 150 000 Ew.)

**Staatsform und Verwaltungsaufbau,
Verwaltungsgliederung:**
Das Königreich Lesotho ist eine konstitutionelle Monarchie im Commonwealth (Verfassung von 1993). Staatsoberhaupt ist König Letsie III. (seit Febr. 1996), vom Rat der Häuptlinge ernannt. Das Parlament (National Assembly) mit 65 Mitgliedern wird alle 5 Jahre gewählt; der Senat besteht aus 22 Häuptlingen und 11 von der führenden Partei nominierten Mitgliedern.

Verwaltungsgliederung:
Es gibt 10 Distrikte: Berea, Butha-Buthe, Leribe, Mafeteng, Maseru, Mohale's Hoek, Mokhotlong, Qacha's Nek, Quiting, Thaba-Tseka

2.2 Landesnatur

Lesotho bezeichnet sich als „kingdom in the sky", und dies zu Recht: Ca. zwei Drittel des Landes werden von einem 2 500 bis 3 000 m NN hohen Plateau gebildet, dem Basuto-Hochland. Es hat fällt nach allen Richtungen mit einem Steilabbruch von 800 bis 1000 m Höhe gegen die umgebenden Hochflächen ab. Im Westen sind dies die Malutiberge, im Osten und Norden die Drakensberge (bis zu 2000 m Steilabbruch!). Nur im Westen hat das Land einen kleinen Saum von ca. 1500 m NN Höhe. Nur hier ist Ackerbau möglich, ansonsten setzen Frost und Schnee gravierende ökologische Grenzen für den Feldbau. Das subtropische Gebirgsland empfängt Sommerregen von ca. 800 mm im langjährigen Mittel. In den Gebirgslagen werden bis 2000 mm erreicht. Hier entspringen der Senqu / Oranje und seine Nebenflüsse, die das Lesotho Highlands Water Schemes speisen. Wie in Südafrika treten allerdings episodisch Dürrejahre auf. Höhenlage, Klima und Beweidung haben die Vegetation auf eine Grasflur reduziert. Bodenerosion und Vegetationsvernichtung durch Übernutzung der natürlichen Ressourcen sind anhaltende Probleme.

höchster Punkt:
Mount Thabana Ntlenyana –
3 482 m NN (höchster Berg des südlichen Afrika)
tiefster Punkt: Vereinigung von Oranje-Fluß und Makhaleng River – 1 400 m NN

Sehlabathebe-Nationalpark
(in den Drakensbergen): k. A.

Tab. A 2.2.1: Klima in Lesotho Quelle: Taschenatlas der Klimastationen, Braunschweig 1983, S. 104

	Beobachtungsdauer	Jan.	Febr.	März	April	Mai	Juni	Juli	Aug.	Sept.	Okt.	Nov.	Dez.	Jah
Maseru: 29° 19' S / 27° 29' E; 1 527 m NN														
Mitteltemperatur (°C)	58													15,
Mittlerer Niederschlag (mm)	58	100	95	94	55	26	12	13	15	20	57	79	81	646
Mokhotlong: 29° 17' S / 29° 05' E; 2 375 m NN														
Mitteltemperatur (°C)	6	16,6	16,1	14,4	11,5	7,6	4,6	4,6	7,2	10,8	13,4	14,5	16,2	11,
Mittleres Maximum der Temperatur (°C)	25	25	24	22	20	16	14	14	17	20	22	22	23	20
Minimum der Temperatur (°C)	25	9	9	7	4	−1	−4	−5	−2	2	6	7	9	3
Mittlerer Niederschlag (mm)	25	96	85	63	34	26	5	10	15	20	57	83	92	586
Maximaler Niederschlag (mm)	25	151	153	141	75	131	21	48	71	121	128	179	177	806
Minimaler Niederschlag (mm)	25	55	24	22	5	0	0	0	0	0	17	32	32	285

2.3 Landesgeschichte

Chronik

Funde der San-Buschmänner-Wildbeuterkultur seit der Zeitenwende

im 18. Jh.
vor der Zulu-Expansion ziehen sich Sothogruppen in die Maluti- und Drakensberge zurück
1818
König Moshoeshoe I. einigt die Sotho
1868
Lesotho Britisches Protektorat als „Schutz" gegen die Besetzung durch Buren
1871
Teil der Britischen Kapkolonie in Südafrika
1889
Britisches Protektorat

1959
innere Autonomie
4.10.1966
Unabhängigkeit als Königreich Lesotho
1970
Verfassung außer Kraft gesetzt und Parteienverbot
1973
Beendigung des Ausnahmezustandes
1980 (Dez.)
Südafrikanisches Kommandounternehmen gegen ANC-Kämpfer in Lesotho
1986 (Jan.)
Südafrika blockiert das kleine Binnenland für mehrere Wochen

1986 (Okt.)
Südafrika und Lesotho unterzeichnen Abkommen zum Bau des Lesotho Highlands Water Project
seit 1988
immer wieder politische Auseinandersetzungen zwischen Königstreuen/Konservativen und Opposition, die auf Armee und Polizei übergreifen
1995 (Juli)
Staatsbesuch des südafrikanischen Präsidenten Mandela in Lesotho
1995 (Sept.)
Konstituierende Sitzung des Nationalen Forums als Basis einer friedlichen Entwicklung
1995 (Okt. / Nov.)
Katse-Staudamm als Kernstück der ersten Phase des Lesotho Highlands Water Project fertiggestellt
1998 (Jan.)
König Letsie III. und Präsident Mandela von Südafrika nehmen in einer Zeremonie in Muela das Lesotho Highlands Water Project offiziell in Betrieb
1998 (Sept.)
erneute Eskalation der politisch-militärischen Auseinandersetzungen in Lesotho
1998
die SADC-Gemeinschaft schickt eine Eingreiftruppe (Soldaten aus Botswana und Südafrika) nach Lesotho
1999 (Febr.) Truppen stehen noch in Lesotho „bis zur Wiederherstellung der Demokratie"

2.4 Bevölkerung und Siedlungen

Das kleine Binnenland ist mit ca. 2 Mio. Ew., die sich zu ca. 80% im westlichen „Tiefland" konzentrieren, übervölkert. Seit 1870/71 (Diamantenbergbau bei Kimberley) bot die Wanderarbeit nach Südafrika einen Ausweg aus der Armut, so daß die meisten arbeitsfähigen Männer außer Landes waren. Seit 1990/94 ist die Wanderarbeit stark zurückgegangen (Krise im Goldbergbau Südafrikas); Arbeitslosigkeit und Armut breiten sich aus. Grenzüberschreitende Kriminalität zwischen Lesotho und Südafrika führt zu Spannungen. Marginale Gebiete des Landes werden unter hohen Risiken besiedelt. Die Verstädterung ist gering und nimmt nur langsam zu, da weder die Landeshauptstadt noch die Kleinstädte über ausreichend Arbeitsplätze verfügen. Der Ausbau der Infrastruktur in den Kleinstädten soll die Lebensbedingungen verbessern.

1956	1966	1976	1986	1996
641,7	969,6	1216,8	1577,5	2023,0

Tab. A 2.4.1: Bevölkerungsentwicklung (in 1 000) in Lesotho 1956–1996

Altersstruktur			
Altersgruppe	Anteil	absolut	
	(%)	männlich	weiblich
0–14 Jahre	40	420 526	419 059
15–64 Jahre	55	558 068	596 598
65 Jahre und älter	5	39 782	55 796
Geschlechterverteilung nach Altersgruppen			
Altersgruppe	männliche Ew./ weibl. Ew.		
bei Geburt	1,03		
unter 15 Jahre	1		
15–64 Jahre	0,93		
65 Jahre und älter	0,71		

Bevölkerungswachstumsrate: 1,9 %
Geburtenrate: 31,84 Geburten/1 000 Ew.
Fruchtbarkeitsrate: 4,13 Geborene/Frau
Sterberate: 12,76 Todesfälle/1 000 Ew.
Kindersterblichkeit:
  81,6 Todesfälle/1 000 Lebndgeborene
Lebenserwartung bei Geburt 1996

insgesamt	männlich	weiblich
58 Jahre	57 Jahre	60 Jahre

Bevölkerungsverteilung Stadt/Land
1990: 20 %/ 80 %; 1996: 25 %/75 %

Ethnische Gruppen: 99,7 % Sotho,
1 600 Europäer; 800 Asiaten

Religionen:
  80 % Christen, 20 % afrikanische Religionen

Tab. A 2.4.2: Bevölkerungsstruktur von Lesotho 1998

Tab. A 2.4.3: Größte Orte von Lesotho (Schätzung 1992)

Maseru	150 000
Teyateyaneng	14 300
Mafeteng	12 700
Leribe	10 000

2.5 Wirtschaft

Agrarökologische Risiken, Mangel an Anbaufläche und die Möglichkeit, durch Wanderarbeit in Südafrika Geld zu verdienen, haben dazu geführt, daß Lesotho wirtschaftlich völlig unterentwickelt ist. Zwar hat der Staat seit den 1970er Jahren eine kleine „industrielle Revolution" eingeleitet, die arbeitsintensive Niedriglohnbetriebe (Textil, Elektro) anzog, aber seit dem Wandel in Südafrika (1990 / 92) sind diese bedeutungslos geworden. Auch der Tourismus ist kaum entwickelt, da das benachbarte Südafrika mit seinen Nationalparks und Stränden ein zu starker Konkurrent ist. Dem Land bleibt nichts anderes übrig, als weiterhin seine qualitativ gute Arbeitskraft nach Südafrika zu „verkaufen", was fast nur noch „illegal" möglich ist. Der Staat selbst zieht erhebliche Gewinne aus dem Verkauf von Wasser an Südafrika im Rahmen des Lesotho Highlands Water Project, aber davon erreicht die Bevölkerung fast nichts. Wirtschaftliche Entwicklung ist nur in enger Bindung an den „großen Nachbarn" Südafrika möglich; manche diskutieren den Anschluß des Landes an Südafrika im Status einer Provinz.

	1990		1992		1996
	absulut	%	absolut	%	%
insgesamt	1 509,2	100	2 025,0	100	100
Land- und Forstwirtschaft, Fischerei	252,9	16,7	177,0	8,7	11
Industrie	473,1	31,3	744,9	36,8	43
– Verarbeitendes Gewerbe	166,7	11,0	253,5	12,5	17
– Baugewerbe	291,7	19,3	458,5	22,6	k. A.
Dienstleistungen	542,3	35,9	771,1	38,1	46

Tab. A 2.5.1:
Entstehung des Bruttoinlandproduktes von Lesotho 1990–1995 (zu Marktpreisen in Mio. Maluti)

wirtschaftlich aktive Einwohner (1996): 689 000

in der Subsistenz-Landwirtschaft tätig:
 86,2 % der Bevölkerung

60 % der aktiven männlichen Lohnarbeiter arbeiten in Südafrika: 1990 ca. 160 000,
 davon ca. 120 000 im Bergbau;
 1995 noch ca. 100 000

Lohnarbeiter in Lesotho:
 Industrie – 27 000
 Dienstleistungssektor – 64 000

Arbeitslosenrate (amtlich):
 1988 – 23 %; 1993 – 40 %;
 1996 geschätzt mehr als 50 %

Ackerland	11 %
Dauerkulturen	k. A.
Weideland	66 %
Wald und Forsten	k. A.
andere	23 %
Bewässerungsland	30 km²

Tab. A 2.5.2: Landnutzung in Lesotho 1993

Tab. A 2.5.3:
Beschäftigtenstruktur in Lesotho 1993

	1990/91	1991/92	1992/93
ackerbauliche Erzeugung (1 000 t)			
Mais	49,9	61,1	91,8
Weizen	6,8	12,0	16,0
Hirse	10,0	19,5	27,0
Bohnen (trocken)	2,4	1,3	k. A.
Erbsen (trocken)	0,9	1,9	k. A.
Viehbestand (1 000 Stck.)			
Rinder	660	600	650
Schafe	1 676	1 600	1 665
Ziegen	850	1 000	1 010
Schweine	75	75	76
Pferde	122	122	123

Tab. A 2.5.4: Ackerbau und Viehwirtschaft von Lesotho 1990–1993

	Besucherzahlen		Einnahmen (Mio. US-$)
	Besucher	Anteil aus Südafrika	
1991	357 000	95	18
1993	349 000	95	17

Tab. A 2.5.5: Tourismus in Lesotho

	1989	1992	1994
Haupthandelspartner Export (Anteil in %)			
SACU	53,5	23,0	51,0
EU	30,7	35,0	10,0
Amerikanischer Kontinent	13,6	31,0	38,0
Haupthandelspartner Import (Anteil in %)			
SACU	95,0	87,8	90,0
Asien	k. A.	8,3	6,0
EU	2,0	3,9	2,0

Tab. A 2.5.6: Außenhandelsbilanz von Lesotho 1990–1994

2.6 Verkehr und Kommunikation

Der äußerste Westen des Landes ist infrastrukturell gut erschlossen und zugleich eng an Südafrika angebunden (Teerstraßen, Eisenbahn mit Containeranschluß). Über Südafrika ist das kleine Binnenland mit den Seehäfen am Indischen Ozean verbunden (Durban, Maputo). Zirka 90% des Landes verfügen nur über Pisten, davon einige Allwetterstraßen, die in das Gebirge führen. Nach Starkregen und Schneefall „ruht" das Land für einige Tage. Die Sotho selbst nutzen das Basuto Pony als Reittier, Maultiere für die Lasten. Kleine Pisten in allen Teilen des Landes werden angeflogen, vor allem für die Gesundheitsversorgung. Auch die Fernmeldeverbindungen konzentrieren sich auf den Westen des Landes, und im Gebirge erschwert das Relief die Nutzung des Fernsehens.

Eisenbahnen (1995)
Streckenlänge (Anschluß von Maseru an das südafrikanische Netz): 2,6 km in Kapspur (1 067 mm)
Straßenverkehr (1996)
Länge des Straßen- und Pistennetzes: 4 955 km davon: 887 km Teerstraßen
Flugverkehr (1997): 29 Flugplätze, davon internationaler Flughafen in Thota-ea-Moli, 20 km südlich von Maseru, mit mehr als 3 km ausgebauter Pistenlänge und mehreren Verbindungen täglich nach Südafrika, Johannesburg
Kommunikationswesen
Telefonanschlüsse (1991): 12 000 Radiostationen (1992): 7 Radiogeräte (1992): 66 000 Fernsehstationen (1992): 1 Fernsehgeräte (1992): 11 000

Tab. A 2.6.1: Verkehr und Kommunikation in Lesotho

2.7 Soziales, Gesundheit und Bildung

Die meisten arbeitsfähigen Sotho-Männer arbeiten in Südafrika; als legale Arbeitskräfte haben sie an der dortigen Kranken-, Renten- und Arbeitslosenversicherung teil. In Lesotho haben nur wenige Männer eine formale Beschäftigung, meist im Öffentlichen Dienst; dort sind staatliche Kranken-, Renten- und Arbeitslosenversicherung in Kraft. Die wenigen Beschäftigten in der Industrie, meist Frauen, sind „offiziell" versichert, aber haben kaum Anspruch auf spätere Leistungen. Die Arbeitsgesetzgebung bezüglich Löhnen wird nur lax gehandhabt. Die Frauen sind fast alle in der Landwirtschaft tätig: Selbstversorgung mit Verkauf von Überschüssen, Verkauf von Wolle bildet das wichtigste Familieneinkommen. Immer mehr Menschen müssen sich dem „informellen Sektor" zum Überleben zuwenden.

Das subtropische Höhenklima führt dazu, daß Tropenkrankheiten nicht auftreten. Armutsbedingte Krankheiten und Erkrankungen der Atemwege (Gebirgsklima) sind häufig.

Im Gesundheitswesen gibt es 20 Krankenhäuser (11 staatliche, 9 kirchliche). Zentralkrankenhaus ist das Queen Elizabeth II-Krankenhaus in Maseru. Für schwierige Fälle erfolgt eine Behandlung in Südafrika. Auf 19 880 Einwohner kommt ein Arzt. AIDS ist auf dem Vormarsch; ca. 12 000 Ew. sind HIV-positiv.

Das Schulwesen ist Dank der jahrzehntelangen Tätigkeit der Missionen gut entwickelt. Es besteht keine Schulpflicht. Die Grundschule (7. bis 14. Lebensjahr) ist gebührenfrei, aber von schlechter Qualität. Die steigenden Schülerzahlen überschwemmen die Schulen. Lehrergehälter werden oft monatelang nicht gezahlt.

Tab. A 2.7.1:
Bildungswesen in Lesotho

Staatsausgaben für das Bildungswesen 1992: ca. 22 % des Staatshaushaltes				
Alphabetisierungsrate der Bürger ab 15 Jahre (1995): 71,3 %; darunter männlich: 81,1 %, weiblich: 62,3 %				
Schulstatistik 1992	Anzahl	Lehrer	Schüler/ Studenten	davon weibl. (%)
Primarschulen	1 201	7 051	362 657	54
Sekundarschulen	186	2 443	51 895	60
Berufsbildende Schulen	8	141	1 590	54
Lehrerbildende Institute	1	94	723	84
Universitäten	1	190	1 612	61

Militär: Lesotho Defence Force
Royal Lesotho Mountend Police
Staatsausgaben für Verteidigung 1994:
25 Mio. US-$

Tab. A 3.7.2: Landesverteidigung in Lesotho

340

Für die Jahre 1997 / 1998 hat die deutsche Bundesregierung dem Königreich Lesotho Mittel in Höhe von 9,0 Mio. DM für die Technische Zusammenarbeit zur Verfügung gestellt. Die Mittel erhält das Land, das zu den ärmsten des afrikanischen Kontinents zählt, als nicht rückzahlbare Zuschüsse.

Schwerpunkte des Programms sind Maßnahmen zur ländlichen Entwicklung, für den Umweltschutzes und zur Förderung der Forstwirtschaft, des Gemüse- und Obstanbaus, der Tierhaltung und der Weidewirtschaft sowie zur Erhaltung der Ressourchen durch Erosionsschutz.

Ein neues Vorhaben im Bereich der Berufsbildung soll auch den informellen Sektor (Kleinstbetriebe) mit einbeziehen.

Quellen für Anhang 2: Lesotho

BMZ: Journalistenhandbuch
Entwicklungspolitik 1998
The Courier / Le Courier. Marchés Tropicaux
Economist Intelligence Unit (EIU):
Country Profil, jährlich
diverse Internet-Daten (s. Literaturverzeichnis)
Munzinger-Archiv / IH-Länder aktuell, 2 / 1998
The Statesman´s Yearbok 1997 / 98,
London 1998
South Africa Yearbook 1998, Pretoria 1998

Übersicht A 2.7.1:
Entwicklungszusammenarbeit
Deutschland – Lesotho

3 Swasiland

3.1 Staat und Territorium

Swasiland
Vollform: Königreich Swasiland,
Umbuso wakaNgwane
Kurzform: kaNgwane

Flagge: s. Hinteres Vorsatz

Amtssprachen: Englisch, Siswati

Währung:
1 Lilangeni (E, Plural: Emalangeni) = 100 Cents;
Währungsparität zum südafrikanischen Rand,
der ebenfalls Zahlungsmittel in Swasiland ist

Fläche: 17 363 km^2

Lage im Gradnetz:
nördlichster Punkt::
    ca. 25° 43' s. Br., 31° 25' ö. L.
südlichster Punkt:
    ca. 27°20' s. Br., 31°58' ö. L.
westlichster Punkt:
    ca. 26° 40' s. Br., 30° 50' ö. L.
östlichster Punkt:
    ca. 26° 45' s. Br., 32°07' ö. L.

Bevölkerungszahl:
1986: 681 059
1998: 966 462

Hauptstadt: Mbabane (Administration)
Lobamba (Legislative)

**Staatsform und Verwaltungsaufbau,
Verwaltungsgliederung:**
Swasiland ist eine Parlamentarische Monarchie im Commonwealth. Die Verfassung von 1968 ist seit 1973 außer Kraft; seit Juli 1996 Erarbeitung einer neuen Verfassung durch die Verfassungsgebende Versammlung. Staatsoberhaupt ist König Mswati III. (seit 1986).

Verwaltungsgliederung:
Es gibt 4 Distrikte (Hhohho, Lubombo, Manzini, Shiselweni) und
273 Verwaltungseinheiten traditioneller Art (Häuptlingstümer, traditionelle Räte), sog. Tinkhundlas.

3.2 Landesnatur

Swasiland erstreckt sich vom südafrikanischen Binnenhochland im Westen bis zum Tiefland im Osten. Das Land umfaßt damit vier Nord-Süd-verlaufende Höhenstufen: Das Hochveld im Westen (ca. 1 800 m NN), das Middleveld (ca. 1 000 m NN) in den zentralen Landesteilen, das Lowveld (Tiefland, ca. 200 m NN) im Osten und einen schmalen Streifen des Lubombo-Höhenzuges an der Grenze zu Mosambik (ca. 500 m Höhe). Dieser Gliederung entsprechen klimatische Höhenstufen vom subtropischen Hochlandklima (gemäßigt) bis zum randtropischen Tieflandklima (sommerheiß, wintermild). Alle Regionen haben Sommerregen (Oktober bis März) zwischen ca. 1 000 mm im Hochland und 500 mm im Tiefland. Frost gefährdet die Landwirtschaft im Hochland und im Middleveld. Dürren treten wie im gesamten südlichen Afrika episodisch auf. Wegen der hohen Bevölkerungsdichte und der jahrhundertelangen Feueranwendung ist die natürliche Vegetation weitgehend vernichtet und durch Gras- und Buschland ersetzt. Auch die Wildpopulation ist dezimiert. Allgemeine Landdegradation und Bodenerosion wegen Überweidung stellen anhaltende Probleme dar.

höchster Punkt: Emlembe – 1 862 m NN
tiefster Punkt:: Great Usutu River – 21 m NN

Nationalparks: keine

Tab. A 3.2.1: Klima in Swasiland   Quelle: Taschenatlas der Klimastationen, Braunschweig 1983, S. 104

Mbabane: 26° 19' S / 31° 08' E; 1 163 m NN														
	Beobachtungsdauer	Jan.	Febr.	März	April	Mai	Juni	Juli	Aug.	Sept.	Okt.	Nov.	Dez.	Ja
Mitteltemperatur (°C)	53													1
Mittlerer Niederschlag (mm)	53	243	212	187	71	34	19	23	28	62	126	169	213	1 38

3.3 Landesgeschichte

Chronik

seit der Zeitenwende Zeugnisse der
San-"Buschmann"-Wildbeuterkultur

seit der Zeitenwende:
Einwanderung von Bantu-sprachigen Gruppen

seit dem 16./17. Jh.:
Einwanderung von Swasi und Zulu

im 18. Jh.:
Gründung der bis heute herrschenden Ngosi-
Dlamini-Dynastie

1815 Gründung des Swasi-Königreiches
     unter Sobhuza I. (ca. 1780–1839)
1823–1868
     König Mswati I.
1879/1894–1902
     Protektorat der südafrikanischen
     Republik Transvaal
1899–1902
     während des Burenkriegs in Südafrika
     britisches Protektorat

1902–1968
     britisches Protektorat; "indirect rule"
     unter Swasi-Königen und Häuptlingen
1910 Zollunion mit Südafrika
1921–1982
     König Sobhuza II.
1968 (6. Sept.)
     Unabhängigkeit
1973 Verfassung suspendiert, Ausnahme-
     zustand wegen wachsender Opposition
     gegen die Monarchie
1978 neue Verfassung:
     Monarchie ohne politische Parteien
1980 Beitritt zur SADCC
1986 König Mswati III.
1990/91 gewaltsame Unterdrückung der
     (illegalen) Opposition
1995 gewaltsame Proteste und Streiks gegen
     fehlende Demokratie, vom „neuen Süd-
     afrika" Druck zugunsten der Demo-
     kratiebewegung
1996 Einsetzung einer Verfassungskommission
1997 Zersplitterung der Demokratiebewe-
     gung, staatliche Repression
1999 innenpolitische Spannungen ungelöst

3.4 Bevölkerung und Siedlungen

Mit ca. 1 Mio. Ew. gehört Swasiland zur Kategorie der Kleinstaaten Afrikas (vgl. Gambia in Westafrika). Es ist das Territorium der Swasi-Ethnie, das Königreich der Swasi, die sich Ende des 19. Jahrhunderts gegen die vorrückenden Buren unter den Schutz der Britischen Krone stellten. Heute lebt ca. eine weitere Million Swasi im westlich und nördlich angrenzenden Südafrika, teils ehemaliges Swasiterritorium, teils Siedlungsraum von Einwanderern. So ist die Bevölkerung sehr homogen und für Afrika „ethnisch problemlos". Dafür sind aber die sozialen Spannungen hoch: Den Traditionalisten um den König und die Häuptlinge stehen junge Demokraten gegenüber. Sie haben in Südafrika den Kampf der Schwarzen für Demokratie und Menschenrechte erlebt und dulden die Unterdrückung in ihrer Heimat nicht mehr. Steigende Arbeitslosigkeit wegen Verlust von Arbeitsplätzen in Südafrika, das ein Jahrhundert lang Zielgebiet der Wanderarbeit war, und Mangel an Investitionen in Swasiland sind gekoppelt mit wachsender Armut. Der Wohlstand, der sich in Swasiland während der Boykottjahre gegen Südafrika ausgebreitet hatte, als man von der „Schweiz Afrikas" sprach, befindet sich nur in den Händen der Königlichen Familie und ihrer Vasallen.

So ist es auch in Mbabane, einer der kleinsten Hauptstädte der Welt, sehr still geworden. Im Handels- und Industriezentrum Manzini boomt das Leben noch in gewissem Rahmen. Die übrigen Kleinstädte sind Verwaltungs- und Handelszentren ohne Attraktionen.

Größte Siedlungen (1991):
Mbabane 48 000 Ew.
Manzini 60 000 Ew.

| Bevölkerungszahl | 1986: 681 059 | | |
| | 1998: 966 462 | | |

Altersstruktur			
Altersgruppe	Anteil	absolut	
	(%)	männlich	weiblich
0–14 Jahre	46	223 649	224 782
15–64 Jahre	51	238 547	255 137
65 Jahre und älter	3	9 625	14 722

Geschlechterverteilung nach Altersgruppen	
Altersgruppe	männliche Ew. / weibl. Ew.
bei Geburt	1,03
unter 15 Jahre	0,99
15–64 Jahre	0,93
65 Jahre und älter	0,65

Bevölkerungswachstumsrate: 1,96 %
Geburtenrate: 41 Geburten / 1 000 Ew.
Fruchtbarkeitsrate: 5,96 Geborene / Frau
Sterberate: 21,4 Todesfälle / 1 000 Ew.
Kindersterblichkeit:
103,37 Todesfälle / 1 000 Lebndgeborene
Lebenserwartung bei Geburt 1996

| insgesamt | männlich | weiblich |
| 57,26 Jahre | 53,25 Jahre | 61,4 Jahre |

Bevölkerungsverteilung Stadt / Land 1995:
31 % städtisch / 69 % ländlich

Ethnische Gruppen: 97 % Swasi, 3 % Zulu, Shangaan, Tsonga, Europäer, Südafrikaner

Religionen:
60 % Christen, 40 % afrikanische Religionen

Tab. A 3.4.1: Bevölkerungsstruktur von Swasiland 1996

3.5 Wirtschaft

Die Basis an natürlichen Ressourcen, wie ganzjährige Verfügbarkeit von Wasser, eine große klimatische Spannweite von subtropisch-gemäßigt bis tropisch-heiß und Bodenschätzen (Eisenerz, Steinkohle, Asbest), ist für die wirtschaftliche Entwicklung des Landes günstig. Hinzu kamen Fördermittel sowie industrielles Know How, vorwiegend aus Großbritannien und Südafrika. Die liberale Wirtschaftspolitik und die Boykottjahre gegen Südafrika brachten Swasiland erhebliche Investitionen. So verfügt das Land über eine breite Agroindustrie (Zucker, Nahrungsmittel), eine holzverarbeitende Industrie (Zellulose, Möbel) sowie Bergbaubetriebe (Asbest, Steinkohle). Arbeitsintensive Niedriglohnbereiche, wie Textil und Bekleidung sowie Elektroartikel, nutzen die Arbeitskraft der Frauen. Seit 1992/94 gehen die Investoren wieder unmittelbar nach Südafrika, mit dem Swasiland auf das engste wirtschaftlich verflochten ist. Ein Problembereich bleibt die traditionelle Landwirtschaft von etwa 80 % der Kleinbauern, die kaum für den Markt produzieren. Hier reichen die Familieneinkommen aus der Landwirtschaft nicht aus, die Wanderarbeit als Einkommensquelle versiegt. Intensivierung und Spezialisierung in den Kleinbetrieben sind angesagt, werden aber wegen Kapitalmangel und fehlender Förderung durch den Staat nicht verwirklicht. Dies wäre um so wichtiger, da auch der Tourismus stagniert. 1994 besuchten 371 000 Touristen das Land. Wie in Lesotho ist der „große Nachbar" Südafrika mit seinen Nationalparks und Stränden der Hauptkonkurrent. Die regionale Entwicklunglungsinitiative des Lubombo-Korridor von KwaZulu/Natal durch Swasiland nach Maputo in Mosambik soll neue Impulse bringen. Vielleicht wird sich auch ein gemeinsamer Markt der SADC-Länder positiv auf die Wirtschaft des Kleinstaates auswirken.

Kohle ist inländischer Energieträger. Die Diamantenproduktion wurde wegen Unrentabilität 1996 eingestellt. Das industrielle Wachstum betrug 1993 4,2 %.

	absulut (US-$)	%
insgesamt	1 042	100
Land- und Forstwirtschaft		12
Industrie und Bergbau		42
Dienstleistungen		44

Tab. A 3.5.1: Entstehung des Bruttoinlandproduktes von Swasiland 1996

Erwerbspersonen (1995)		303 000
davon in		
Landwirtschaft		65 %
Industrie		13 %
Dienstleistungen		22 %
Arbeitslosigkeit	1992	1995
	15 %	40 %

Tab. A 3.5.2: Beschäftigungsstruktur und Arbeitslosigkeit in Swasiland

Ackerland	10,9 %
Dauerkulturen	0,2 %
Weideland	62,2 %
Wald und Forsten	6,9 %
andere	19,8 %
Bewässerungsland	640 km²

Tab. A 3.5.3: Landnutzung in Swasiland 1993

	1993	1994	1995
Asbest	33 565	26 720	28 574
Kohle	49 644	227 730	171 666

Tab. A 3.5.4:
Bergbauproduktion (t) von Swasiland 1993–1995

Tab. A 3.5.5: Elektroenergie in Swasiland 1993

Kraftwerkskapazität: 120 000 kW
Kraftwerksleistung: 410 Mio. kWh
Verbrauch pro Einwohner: 1,003 kWh
60 % der Elektroenergie werden aus Südafrika importiert

	1994	1995	1996	1997
Mais	99	76	136	84
Zuckerrohr	3 786	3 440	3 846	k. A.
Orangen	48	29	33	k. A.
Grapefruit	46	37	35	k. A.
Baumwolle	5	4	9	k. A.

Tab. A 3.5.6:
Landwirtschaftliche Haupterzeugnisse (1 000 t)
von Swasiland 1994 – 1997

	1994	1995	1996*
Export insgesamt (Mio. US-$)	745	798	888
Import insgesamt (Mio. US-$)	819	898	943
Saldo (Mio. US-$)	−73	−100	−555

Haupthandelspartner (1995 / 1996 – Anteil in %)		
	Export	Import
Südafrika	58	97
EU	17	
Japan, Singapur, Großbritannien	je unter 1	

Haupthandelsgüter 1996 (Anteil in %)			
Export		Import	
Softdrink-Konzentrate	20	Maschinen und Transport-ausrüstungen	23
Zucker	17	Nahrungsmittel	13
Holzpulpe	10	Chemikalien	11
Kühlschränke	6	Brennstoffe	4
Zitrusfrüchte (frisch und als Konserven)	4	sonstige Industriewaren	27

Tab. A 3.5.7: Außenhandelsbilanz von Swasiland

3.6 Verkehr und Kommunikation

Die westlichen und zentralen Landesteile sind durch Teerstraßen eng mit Südafrika (Gauteng, Mpumalanga) verbunden. Es besteht auch eine durchgehend befahrbare Straßenverbindung nach Maputo in Mosambik und Durban in KwaZulu/Natal. Die ländlichen Gebiete sind durch Pisten erschlossen, auf denen der Verkehr in der Regenzeit aber zeitweise zum Erliegen kommt. Episodische Überschwemmungen richten große Straßenschäden an. Die Eisenbahn besitzt für den Transport der Massengüter Steinkohle, Holz, Zucker u. a. eine große Bedeutung. In Südafrika bzw. Mosambik stehen die Seehäfen Richards Bay bzw. Maputo zur Verfügung. Die Luftverkehrsverbindungen mit Südafrika sind eng, es existieren aber auch regionale Linienflüge in alle Hauptstädte der SADC-Länder. Die allgemeine Kommunikationsinfrastruktur ist außerhalb der Zentren und der Wirtschaftsachse Mbabane – Manzini schwach.

Eisenbahnen (1995)		
Streckenlänge: 297 km in Kapspur (1 067 mm), davon 71 km z. Z. außer Betrieb		
Gütertransport auf der Schiene: ca. 3 Mrd. tkm		
Straßenverkehr (1995)		
Länge des Straßen- und Pistennetzes: 3 825 km davon: ca. 1 100 km Teerstraßen		
registrierte Motorfahrzeuge:	27 300	Pkw
	2 440	Busse
	23 900	Lieferwagen und Lkw
Flugverkehr		
Internationaler Flughafen:		
Manzini – Matsapa mit mehreren Anschlüssen pro Tag nach Johannesburg		
Zahl der Passagiere:		
1991: 95 000, 1995: 60 000		
18 Landepisten		
Kommunikationswesen		
Telefonanschlüsse (1993): 30 364		
Radiostationen (1993): 13		
Radiogeräte (1992): 129 000		
Fernsehstationen (1992): 10		
Fernsehgeräte (1992): 12 500		

Tab. A 3.6.1: Verkehr und Kommunikation in Swasiland

3.7 Soziales, Gesundheit und Bildung

Für die wenigen Beschäftigten im formellen Sektor bestehen Kranken-, Alters- und Hinterbliebenenversicherung auf niedrigem Niveau.

Gesundheitseinrichtungen des Staates und der Kirchen existieren in den größeren Orten. Es herrscht Ärzte- und sonstiger Personalmangel (1990: 83 Ärzte); Behandlungen in mittleren bis schweren Fällen in Südafrika.

Es besteht Schulpflicht in der siebenjährigen Grundschule, meist werden aber nur vier Jahre absolviert. Die Sekundarschule umfaßt fünf Jahre. Es bestehen drei Lehrerbildungsanstalten, zwei Berufsschulen und eine Universität (ca. 2 500 Studenten). Hochschulstudium in Südafrika und den USA wird vorgezogen.

Staatsausgaben für das Gesundheitswesen:
8,7 % des Staatshaushaltes (1995/96)
Gesundheitsversorgung (1990): 1 Arzt / 9 265 Ew.
Haupttodesursachen (1992)
Unfallverletzungen: 10 %
Darmerkrankungen: 13 %
Tuberkulose: 10 %
Unterernährung: 6 %
Erkrankungen der Atemwege: 6%
Kreislauferkrankungen: 5 %
22% der Erwachsenen sind HIV-positiv.

Tab. A 3.7.1: Gesundheitswesen in Swasiland

Staatsausgaben für das Bildungswesen:
ca. 25 % des Staatshaushaltes (1995/96)
Alphabetisierungsrate
der Bürger ab 15 Jahre (1995): 76,7 %,
darunter männlich: 78 %, weiblich: 75,6 %
Schüler (1995)
Primary schools (6–13 Jahre): 196 000
Secundary schools (13–18 Jahre): 56 000
Hochschulwesen 1994/95
Studenten: 2 083
Lehrkräfte: 256

Tab. A 3.7.2: Bildungswesen in Swasiland

Übersicht A 3.7.1:
Entwicklungszusammenarbeit
Deutschland – Swasiland

> **1997 wurden Swasiland im Rahmen der Technischen Zusammenarbeit von der Bundesrepublik Deutschland weitere 2 Mio. DM für das Projekt Berufsausbildung Matsapha zugesagt**
>
> **In der finanziellen Zusammenarbeit werden Swasiland seit 1991 keine neuen Mittel mehr zur Verfügung gestellt. Die noch in Durchführung befindlichen Projekte – Industriepark Matsapha und Rehabilitierung des Distriktkrankenhauses Hlatikulu – werden zu Ende geführt.**

Tab. A 3.7.3: Landesverteidigung in Swasiland

Militär:
Swaziland Defence Force:
3 000 bis 4 000 Mann unter leichten Waffen
Royal Swaziland Police Force
Staatsausgabenfür Verteidigung:
7% des Staatshaushaltes = 2 % des BIP

Quellen für Anhang 3: Swasiland

BMZ: Journalistenhandbuch
Entwicklungspolitik 1998
The Courier/Le Courier. Marchés Tropicaux
Economist Intelligence Unit (EIU):
Country Profil, jährlich

diverse Internet-Daten
Munzinger-Archiv/IH-Länder aktuell, 2/1998
The Statesman´s Yearbok 1997/98,
London 1998
South Africa Yearbook 1998, Pretoria 1998

Perthes Länderprofile
Mit einem Anhang „Fakten, Zahlen, Übersichten"
Seit 1993 in Hardcover erschienen, ab 1999 mit farbigem Fotoanhang!

Algerien / Adolf Arnold
1. Aufl. 1995, 224 S., 3-623-00665-3
Argentinien / Jürgen Bünstorf
1. Aufl. 1992, 206 S., 3-12-928905-4
Australien / Heinrich Lamping
2., vollständig überarb. Aufl. 1999, 248 S., 3-623-00687-4
China / Dieter Böhn
1. Aufl. 1987, 320 S., 3-12-928892-9
Frankreich / Alfred Pletsch
1. Aufl. 1987, 256 S., 3-12-928732-9
Die kleinen Golfstaaten / Fred Scholz (Hrsg.)
2., vollständig überarb. Aufl. 1999, 304 S., ISBN 3-623-00695-5
Ghana / Einhard Schmidt-Kallert
1. Aufl. 1994, 232 S., 3-623-00661-0
Großbritannien / Heinz Heineberg
2., vollständig überarb. Aufl. 1997, 416 S., 3-623-00669-6
Indien / Dirk Bronger
1. Aufl. 1996, 526 S., 3-623-00667-X
Kanada / Roland Vogelsang
1. Aufl. 1993, 356 S., 3-623-00680-7
Kenya / Karl Vorlaufer
1. Aufl. 1990, 261 S., 3-12-928898-8
Marokko / Klaus Müller-Hohenstein und Herbert Popp
1. Aufl. 1990, 229 S., 3-12-928803-1
Mexiko / Erdmann Gormsen
1. Aufl. 1995, 368 S., 3-623-00668-8
Norwegen / Rolf Lindemann
1. Aufl. 1986, 193 S., 3-12-928871-6
Peru / Werner Mikus
1. Aufl. 1988, 230 S., 3-12-928802-3
Sambia / Axel Drescher
1. Aufl. 1998, 198 S., 3-623-00686-6
Saudi Arabien / Hans Karl Barth und Konrad Schliephake
1. Aufl. 1998, 248 S., 3-623-00689-0
Senegal (Gambia) / Bernd Wiese
1. Aufl. 1995, 160 S., 3-623-00664-5

Südafrika (mit Lesotho und Swasiland) / Bernd Wiese
1. Aufl. 1999, ca. 300 S., 3-623-00694-7
Tansania / Karl Engelhard
1. Aufl. 1994, 295 S., 3-623-00662-9
Türkei / Volker Höhfeld
1. Aufl., 1995, 284 S., 3-623-00663-7
USA / Roland Hahn
1. Aufl. 1990, 287 S., 3-12-928901-1
Westsamoa / Werner Hennings
1. Aufl. 1996, 200 S., 3-623-00688-2

Baden-Württemberg / Siegfried Kullen
3. Aufl. 1989, 312 S., 3-12-928805-8
Bayern / Jörg Maier (Hrsg.)
1. Aufl. 1998, 296 S., 3-623-00692-0
Berlin und Brandenburg / Konrad Scherf und Hans Viehrig (Hrsg.)
1. Aufl. 1995, 480 S., 3-623-00671-8
Hamburg / Ilse Möller
2., vollständig überarb. Aufl. 1999, 304 S., 3-623-00697-1
Mecklenburg-Vorpommern / Wolfgang Weiß (Hrsg.)
1. Aufl. 1996, 240 S., 3-623-00685-5
Nordrhein-Westfalen / Ewald Gläßer, Martin W. Schmied und Claus-Peter Woitschützke
2., vollständig überarb. Aufl. 1997, 424 S., 3-623-00691-2
Sachsen-Anhalt / Eckart Oelke (Hrsg.)
1. Aufl. 1997, 424 S., 3-623-00673-4

Bundesrepublik Deutschland */ Gerhard Fuchs
5. Aufl. 1992, 296 S., 3-12-928904-6
DDR */ Karl Eckart
3. Aufl. 1989, 246 S., 3-12-928889-9

* Letzte Bestandsaufnahme und Ausgangspunkt für die heutige Entwicklung!

Neu!
Perthes Regionalprofile:

Sibirien / Norbert Wein
1. Aufl. 1999, 248 S., davon 8 S. farbiger Fotoanhang, 3-623-00693-9

Perthes GeographieKolleg

Diese neue Studienbuchreihe behandelt wichtige geographische Grundlagenthemen. Die Bücher dieser Reihe bestechen durch ihre Aktualität (Erscheinungsdaten ab 1994), ihre Kompetenz (fast ausschließlich von Hochschuldozenten verfaßt) und ihre gute Lesbarkeit (zahlreiche Abbildungen, Karten und Tabellen). Sie sind daher für den Studenten und Lehrer aller geo- und ökowissenschaftlichen Disziplinen eine unverzichtbare Informationsquelle für Aus- und Weiterbildung.

Physische Geographie Deutschlands
Herbert Liedtke und Joachim Marcinek (Hrsg.):
2. Auflage 1995, 560 Seiten, 3-623-00840-0

Das Klima der Städte
Von Fritz Fezer: 1. Auflage 1995, 199 Seiten, 3-623-00841-9

Das Wasser der Erde – Eine geographische Meeres- und Gewässerkunde
Von Joachim Marcinek und Erhard Rosenkranz:
2. Auflage 1996, 328 Seiten, 3-623-00836-2

Naturressourcen der Erde und ihre Nutzung
Von Heiner Barsch und Klaus Bürger: 2. Auflage 1996, 296 Seiten, 3-623-00838-9

Geographie der Erholung und des Tourismus
Von Bruno Benthien: 1. Auflage 1997, 192 Seiten, 3-623-00845-1

Wirtschaftsgeographie Deutschlands
Elmar Kulke (Hrsg.): 1. Auflage 1998, 563 Seiten, 3-623-00837-0

Agrargeographie Deutschlands
Von Karl Eckart: 1. Auflage 1998, 440 Seiten, 3-623-00832-X

Allgemeine Agrargeographie
Von Adolf Arnold: 1. Auflage 1997, 248 Seiten, 3-623-00846-X

Lehrbuch der Allgemeinen Physischen Geographie
Manfred Hendl und Herbert Liedtke (Hrsg.): 3. Auflage 1997, 867 Seiten, 3-623-00839-7

Umweltplanung und -bewertung
Von Christian Poschmann, Christoph Riebenstahl und Einhard Schmidt-Kallert:
1. Auflage 1998, 152 Seiten, 3-623-00847-8

Landschaftsentwicklung in Mitteleuropa
Von Hans-Rudolf Bork u.a.: 1. Auflage 1998, 328 Seiten, 3-623-00849-9

Geographisch denken und wissenschaftlich arbeiten
Von Axel Borsdorf: 1. Auflage 1999, 160 Seiten, 3-623-00649-1

Perthes Exkursionsführer

Hier erfahren Sie das, was herkömmliche Exkursionsführer nicht enthalten ist. In einem grundlegenden regionalen Einführungsteil geben die „Perthes Exkursionsführer" umfassende Informationen zu einzelnen Landschaftselementen. Neben den vorgeschlagenen Exkursionsrouten wird dem Leser so die Möglichkeit gegeben, sich selbst individuelle Exkursionsrouten zusammenzustellen und die ausgetretenen touristischen Wege zu verlassen.

Von Berlin in die Mark Brandenburg
Von J. Marcinek, W. Sadler und L. Zaumseil
1995, 20 x 13 cm, 184 Seiten, 20 Abb. und Karten, 23 Fotos – ISBN 3-623-00656-4
Nach einer umfangreichen regionalgeographischen Einführung werden auf zwölf Tagesexkursionen die von Natur und Mensch geprägten Grundstrukturen der märkischen Kulturlandschaft um die deutsche Hauptstadt erschlossen. Dieser Band ist ein hilfreicher Ratgeber zur Vorbereitung, Durchführung und Auswertung von Wanderungen und geographischen Exkursionen im Umland von Berlin.

Streifzüge durch die Erdgeschichte Nordwest-Thüringens
Von G. Patzelt
1994, 23 x 17 cm, 96 Seiten, 21 Abb. und Karten, 33 Fotos – ISBN 3-623-00842-7
Wegen seiner etwas abseitigen Lage und dem angeblichen Mangel an spektakulären geologischen Objekten und Sehenswürdigkeiten war das Gebiet vor der deutschen Einigung wenig bekannt. Dabei ist die Trias dort geradezu klassisch ausgeprägt, es bestehen vielfältige Beobachtungsmöglichkeiten zu Bau und Entwicklungsgeschichte des Mesozoikums. Nach einer Einführung stellen sechs geologische Exkursionen die Region von Eichsfeld, Ohmgebirge, Hainich und Werratal bis hin zum Mühlhäuser Raum vor.

Der Harz • Geologische Exkursionen
Von F. Knolle, B. Oesterreich, R. Schulz und V. Wrede
1997, 20 x 13 cm, 232 Seiten, 53 Abbildungen und Karten, 16 Fotos – ISBN 3-623-00659-9
Der Harz hat von jeher wie kaum ein zweites deutsches Mittelgebirge das interessierte geologische Publikum angezogen.
Die Autoren führen auf 22 Exkursionen durch das Gebirge und sein Vorland. Dabei haben sie sich bemüht, regionale wie auch thematische Spezialitäten herauszugreifen, ohne dabei an den landschafts- und kulturgeschichtlich interessanten Begleitinformationen vorbeizu gehen. Von besonderem Interesse dürfte dabei auch eine Exkursion durch den zentralen Harz bis zum Kyffhäuser sein, die unter dem Aspekt „Umweltgeologie" angeboten wird. Auch der Naturschutz und die Großschutzgebiete des Harzes kommen nicht zu kurz.

Schottland • Geographische Exkursionen
G. C. Falk und D. Lehmann (Hrsg.), Wiss. Beratung: Prof. F. Voss, Berlin
1997, 20 x 13 cm, 208 Seiten, 40 Abbildungen und Karten, 25 Fotos – ISBN 3-623-00645-9
Die Natur ist Schottlands Kapital. Der rauhe Charakter der Steilküsten im Westen und die ausgedehnten, sanften Buchten im Osten des Landes haben ebenso ihren Charme wie die schroffen, schwer zugänglichen Highlands und die sanften Hügellandschaften der Lowlands.
So abwechslungsreich wie sich die Landschaft zeigt sich das Leben in den großen Städten. Die Werften- und Industriestadt Glasgow vollzog in den letzten Jahrzehnten einen grundlegenden Wandel zum führenden Hochtechnologie- und Dienstleistungszentrum. Die Hauptstadt Edinburgh präsentiert sich als alte und neue kulturelle Metropole; hier wird sich um die Jahrtausendwende das neue schottische Parlament konstituieren.
Zwölf als Rundreise angebotenen Routen vermitteln dem interessierten Leser einen vertiefenden Einblick in die Vielfalt einer tradionell geprägten aber ebenso modernen europäischen Region, in der man ungeachtet aller Schwierigkeiten selbstbewußt und optimistisch in das 21. Jahrhundert blickt.

Bildanhang

Foto 1: Südafrika – Natur und Umwelt
Afrikanisches Hochland; Große Randstufe in Mpumalanga

Flächen und Gebirgsstufen bestimmen die Groß-
gliederung Südafrikas: Hier ein Blick aus dem Tiefland (ca. 900 m NN) auf die Große Randstufe
(ca. 2000 m NN) im Osten von Mpumalanga.

Foto 2: Südafrika – Natur und Umwelt
Savanne mit Baobab, Nordprovinz

Der Baobab oder Affenbrotbaum *(Adansonia digitata)*
ist ein Leitelement der Trockensavannen in den
nördlichen Landesteilen.
Diese dienen großflächig der Weidewirtschaft.

Foto 3: Südafrika – Natur und Umwelt
Kapmacchie – Fynbos, West-Kap

Die *Protea* vor der Gebirgskulisse der Kapketten bei
Stellenbosch, West-Kap, symbolisiert das Fynbos-
Biom, das kleinste, aber äußerst artenreiche Biom
Südafrikas.

Foto 4: Südafrika – Natur und Umwelt
Umweltbelastung, Gauteng

Die Abraumhalde des Goldbergbaus (Feinsand) und
der Giftmülltransporter sind Indikatoren der
Umweltbelastung, die durch Bergbau und Industrie
hervorgerufen werden.

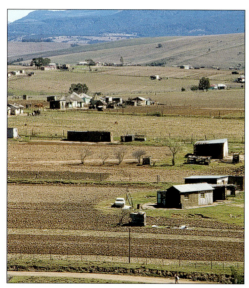

Foto 5: Südafrika – Siedlungen
Ländliche Siedlung, Ost-Kap

Südafrikas Kleinbauern stecken durch Landmangel und Armut in einer Krise. Die politisch geförderte Aufteilung von früherem weißem Farmland im Rahmen der Bodenreform ist nur eine Teillösung.

Foto 7: Südafrika – Siedlungen
Hüttensiedlung in KwaZulu/Natal

Zuwanderung läßt die Marginalsiedlungen Tag für Tag wachsen, Zeichen der „Dritte Welt - Stadt". Der informelle Sektor (Kleinhandel, Gewerbe) bietet eine Überlebenschance.

Foto 6: Südafrika – Siedlungen
Die City von Johannesburg

Die City der „Goldenen Stadt" mit Kennzeichen einer amerikanischen Downtown markiert den Kern der Wirtschaftsmetropole und des Zuwanderungspoles Nr. 1 im gesamten südlichen Afrika.

Foto 8: Südafrika – Siedlungen
Wohnungbau in Selbsthilfe, Nordprovinz

Selbsthilfegruppen, gestützt durch Kleinkredite, tragen zur Behebung der gravierenden Wohnungsnot bei. Ein Einfamilienhaus ist die Regel, Mietwohnungen werden kaum akzeptiert.

**Foto 9: Südafrika – Lebensweisen
Schulkinder, KwaZulu/Natal**

Das Schulwesen in Südafrika besitzt hohe Förder-
priorität. Eine gute Schulbildung gilt als Schlüssel
zum sozialen Aufstieg und zur nationalen
Entwicklung.

**Foto 10: Südafrika – Lebensweisen
Pendler auf dem Heimweg, Johannesburg**

Mit seinen Tüten aus dem Supermarkt ist dieser
Pendler am Bahnhof von Johannesburg auf dem
Heimweg – ein uns auch in Deutschland bekanntes
Alltagsbild.

**Foto 11: Südafrika – Lebensweisen
Junge Unternehmerin in Nord-Provinz**

Für die junge Ladeninhaberin posieren zwei Bekannte mit Coca Cola (!) vor den wohlgefüllten
Regalen des Ladens: Die neue Mittelschicht ist stolz
auf ihren Aufstieg.

**Foto 12: Südafrika – Lebensweisen
Wohnen der Oberschicht**

Villa mit tropischem Garten und Swimming Pool –
Traum vieler Südafrikaner, Wirklichkeit bei der
„alten" weißen und indischen, jetzt auch bei der
„neuen" schwarzen und farbigen Oberschicht.

Foto 13: Südafrika – Bergbau / Industrie
Das Big Hole in Kimberley

„Das tiefste von Menschenhand gegrabene Loch der Erde" (Tagebauboden in 400 m Tiefe) verdankt seine Enstehung dem Diamantenabbau in der schlotförmigen Lagerstätte (pipe).

Foto 14: Südafrika – Bergbau / Industrie
Kraftwerk auf dem Hochveld, Mpumalanga

Die riesigen Steinkohlenlagerstätten in Mpumalanga und um den Witwatersrand sind die Basis der Stromerzeugung und der Kohleverflüssigung, zugleich Hauptverursacher der Luftverschmutzung.

Foto 15: Südafrika – Bergbau / Industrie
Industriebetriebe in Rosslyn, Gauteng

Die planmäßig angelegten, moderen Industrieanlagen in Rosslyn bei Pretoria stehen für Südafrikas Metall-verarbeitende- und Kraftfahrzeugindustrie, die sich seit 1989 / 90 dem globalen Wettbewerb stellen muß.

Foto 16: Südafrika – Bergbau / Industrie
Baustelle in Johannesburg

Der Bausektor gehört zu den arbeitsintensiven Beschäftigungsbereichen. Südafrikas Bauindustrie bietet Beratung, Planung und Ausführung von Bauaufträgen im größeren südlichen Afrika (SADC-Länder).

Foto 17: Südafrika – Landwirtschaft
Maisbau in Freistaat

Das Maisviereck in Freistaat gehört zu den Korn-
kammern Afrikas. Moderne Farmwirtschaft sichert
große Ernten für Binnenmarkt und Export, falls
keine Dürre die Erträge schmälert.

Foto 18: Südafrika – Landwirtschaft
Weinbau bei Stellenbosch, Westkap

Ein Bild wie in der Provence, – von dort kamen französische Siedler, die im 17. Jahrhundert den Weinbau ins mediterrane Kapland brachten, heute eine
erstrangige „Exportindustrie".

Foto 19: Südafrika – Landwirtschaft
Schaffarm in der Großen Karroo, West-Kap

In den riesigen Halbwüstengebieten des Landesinneren ist nur eine extensive Schafweidewirtschaft
zur Woll- und Fleischproduktion möglich. Das Wind-
rad ist geradezu das Symbol der „Farm".

Foto 20: Südafrika – Landwirtschaft
Straßenmarkt in Nordprovinz

Überschüsse aus dem Gartenbau werden von den
Frauen am Straßenrand angeboten – Kleinproduk-
tion und informeller Handel, der zum Familieneinkommen beiträgt.

Foto 21: Südafrika Tourismus
Game Watching im Addo Elephant Nationalpark

„Wildtiere in ihrer natürlichen Umwelt" stehen als Reisemotiv für Südafrika ganz obenan. Dieses Bild vermittelt einen Eindruck aus dem größten Schutzgebiet von Ostkap.

Foto 22: Südafrika – Tourismus: Drakensberge am Blyde River Canyon, Mpumalanga

„Scenery" besitzt ebenfalls einen hohen Attraktivitätsgrad für den Tourismus – angesichts der herrlichen Gebirgslandschaft der Drakensberge von Mpumalanga bis KwaZulu / Natal keine Frage.

Foto 23: Südafrika – Tourismus
Souvenirverkauf in Durban

Informeller Handel und Kleingewerbe (Herstellung von Holzschnitzereien, Tonwaren etc.) werden durch den Tourismus belebt.

Foto 24: Südafrika – Tourismus
Traumstrände an der Kaphalbinsel

Vor der Kulisse der Zwölf Apostel (ca. 1 000 m Höhe) erstrecken sich Villenviertel und Strände wie an der Riviera, die zu den besten und teuersten Lagen in Südafrika gehören.

Foto 25: Lesotho – Gebirge

Schneefall hat für einige Tage die Hochgebirgsstufe von Lesotho (oberhalb von ca. 2200 m NN) in ein winterliches Bild verwandelt, das die ökologische und ökonomische „Kargheit" der Lebenssituation widerspiegelt. Weidewirtschaft und Wanderarbeit sind die Einkommensquellen der Familien.

Foto 26: Lesotho – Männer auf dem Weg nach Südafrika

Über die trocken-braune Winterweide des Hochgebirges ziehen diese beiden Männer nach Südafrika, wo sie als Gastarbeiter ein Einkommen suchen.

Foto 27: Lesotho – Frauenförderung via Agrarentwicklung

Stolz zeigen diese Frauen auf einer lokalen Landwirtschaftsschau die Produkte ihrer Kooperative – Schaffung von Einkommen und auch Selbstbewußtsein für Armutsgruppen.

Foto 28: Swasiland – Ländlicher Raum

Das Middleveld von Swasiland ist ein dicht besiedelter, ökologisch degradierter Raum kleinbäuerlicher Landwirtschaft.
Auch hier zwingt Armut die Menschen zur Wanderarbeit nach Südafrika.

Foto 30: Swasiland – Zuckerrohrplantage

Im randtropischen Tiefland (ca. 600 m NN) werden unter ergänzender Bewässerung hohe Erträge auf Zuckerrohrplantagen erzielt – wichtige Standorte für Arbeit, Einkommen und Export.

Foto 29: Swasiland – Kleinbauern

In traditioneller „Ausgehkleidung" ziehen die drei Swasi zum Tanzfest, zugleich ein soziales und politisches Ereignis. „Schlagstock" und Lanze/Speer erinnern an die militärische Tradition der „Swasi Bataillone".

Foto 31: Swasiland – Holzverarbeitende Industrie

An der Großen Randstufe verfügt Swasiland wie Südafrika in 1 300 bis 2 000 m NN über eine bedeutende Forstwirtschaft mit holzverarbeitender Industrie für Binnenmarkt und Export.